DIREITO AGRÁRIO

Homenagem à Octavio Mello Alvarenga

COORDENADORES

FREDERICO PRICE GRECHI

MARIA CECILIA LADEIRA DE ALMEIDA

DIREITO AGRÁRIO

Homenagem à Octavio Mello Alvarenga

AUTORES

Anaximandro D. Almeida
Aurora de Oliveira Coentro
Augusto Ribeiro Garcia
Aristides Junqueira Alvarenga
Eugênio Muller Lins de Albuquerque
Fábio de Salles Meirelles Filho
Flavio Galdino
Francisco Ferreira Jorge Neto
Frederico Price Grechi
Helio Roberto Novoa da Costa
Homero Moro Martins
Inacio Roberto Gonçalves
Jouberto de Quadros Pessoa Cavalcante
Luciano de Souza Godoy
Luiz Edson Fachin
Luiz Stefanini
Lutero de Paiva Pereira
Marcelo Junqueira Calixto
Marcelo Campos
Maria Cecilia Ladeira de Almeida
Marcos Alberto Rocha Gonçalves
Mauricio Jorge Pereira da Mota
Nancy Malanos
Patrícia Cristina de Castro
Ricardo Pedro Guazzelli Rosario
Ronaldo de Albuquerque
Rudy Maia Ferraz
Silvio Luiz de Almeida
Sônia Helena Novaes Guimarães Moraes

GZ EDITORA

Rio de Janeiro

2016

1ª edição – 2016

CIP – Brasil. Catalogação-na-fonte.
Sindicato Nacional dos Editores de Livros, RJ.

D635

Direito agrário: homenagem à Octavio Mello Alvarenga / Anaximandro D. Almeida ... [et al.] ; coordenação Frederico Price Grechi, Maria Cecilia Ladeira de Almeida. - 1. ed. - Rio de Jnaeiro: LMJ Mundo Jurídico, 2016.

428 p.; 24 cm
Inclui índice
ISBN 978-85-62027-76-5

1. Direito agrário - Brasil. 2. Solo - Uso - Legislação - Brasil. I. Almeida, Anaximandro D. II. Grechi, Frederico Price. III. Almeida, Maria Cecilia Ladeira de.

16-29993

CDU: 349.42(81)

GZ EDITORA

e-mail: contato@editoragz.com.br
www.editoragz.com.br
Av. Erasmo Braga, 299 – sala 202 – 2º andar – Centro – Rio de Janeiro – RJ – CEP 20010-170
Tels.: (0XX21) 2240-1406 / 2240-1416 – Fax: (0XX21) 2240-1511

Impresso no Brasil
Printed in Brazil

Impressão e acabamento:
Grupo Smart Printer
Soluções em impressão

O LEGADO DE OCTAVIO MELLO ALVARENGA

Octavio Mello Alvarenga era um apaixonado. E uma das suas grandes paixões era o Direito Agrário. Nesta área, deixou um importantíssimo legado para o mundo jurídico brasileiro, sendo considerado um dos maiores conhecedores dos problemas fundiários do País, defensor intransigente da criação de uma Justiça Agrária especializada e do estudo obrigatório da disciplina em nossos cursos de graduação em Direito.

Hoje, seus trabalhos representam um alicerce para o estudo do Direito Agrário. Algumas das sementes por ele plantadas frutificaram e integram este livro, elaborado em sua homenagem.

Inteligente, cordial, elegante e bem humorado, era muito estimado nos meios sociais, empresariais e políticos brasileiros, especialmente do Rio de Janeiro, onde morava. Sua preocupação com o lado humano e social também era uma de suas características marcantes.

Meu avô era, acima de tudo, um escritor, dotado de uma invejável cultura geral. Publicou seu primeiro livro de poesias aos 19 anos de idade e, quando morreu, aos 84 anos, estava finalizando o texto de seu último livro de literatura, que ainda permanece inédito. Foi autor de 19 livros, dentre os jurídicos, biográficos e de ficção. Escreveu artigos e crônicas para diversos jornais. Elaborou inúmeros pareceres. Publicou artigos em revistas nacionais e internacionais. Ganhou prêmios literários com seus romances Judeu Nuquim e Sexta feira, 16.

Lembro-me bem que seu espaço preferido era a vasta e diversificada biblioteca, onde mantinha livros jurídicos, principalmente sobre o que ele denominava de "agrarismo", e também o que há de melhor na literatura internacional e brasileira. Era lá onde nos recebia e gostava de conversar, muitas vezes citando e retirando um ou outro livro de suas estantes.

Para mim, a única entre seus netos a seguir a carreira jurídica, o legado mais importante foi a convivência com a sua inquietante busca pelo conhecimento, sua permanente curiosidade intelectual e seu infindável apreço pela leitura. Dele herdei a paixão pelo estudo do Direito.

Ao longo de toda a minha graduação, o tive como grande incentivador e incansável professor, transmitindo-me a importância da leitura, da reflexão e da necessidade incessante de estudar e aperfeiçoar o saber.

A sua influência em minha formação jurídica foi tão marcante que, até mesmo após a sua morte, em sonhos e lembranças, continuei a sentir o seu incentivo nos meus estudos e na busca por novos conhecimentos.

Apesar de não ter seguido a sua trilha no agrarismo, aceitei fazer a apresentação deste livro para compartilhar com os jovens estudantes o grande legado que tive o privilégio de receber de meu avô: ler, estudar, refletir, escrever...e apaixonar-se pelo Direito.

São Paulo, 14 de outubro de 2015

Luísa Baran de Mello Alvarenga
Procuradora do Estado de São Paulo
Mestranda em Direito Civil pela Universidade de São Paulo

PREFÁCIO

Desde o surgimento da civilização a relação do homem com a terra tem sido o pilar da própria sobrevivência da espécie humana. De fato, já no Livro do Gênesis, em seu terceiro capítulo, recebemos a sentença para da terra retirarmos, com trabalhos penosos, nosso sustento por todos os dias de nossas vidas(versículos 17- 19).

Essa relação, ao longo dos tempos, recebeu diferentes tratamentos jurídicos, até o ponto de, hoje, constituir-se em objeto de estudo específico da ciência jurídica ou, como tradicionalmente dito, em ramo do direito, com princípios e normas próprios.

Tais normas, como não poderia deixar de ser, em se tratando desse campo científico, são resultado de escolhas políticas e ideológicas influenciadas por questões sociais e econômicas de uma determinada época e de um determinado país.

No Brasil, com sua extensão continental, e especialmente após a Constituição da República de 1988, o Direito Agrário assume especial relevância e, por que não dizer, protagonismo, ante a dimensão que as questões agrárias representam perante nossa economia e nossa sociedade.

Em boa hora, portanto, somos brindados com essa obra em homenagem a Octavio Mello Alvarenga, e cujo convite para prefaciar agradeço imensamente ao Dr. Frederico Price Grechi.

A cruzada do homenageado pela efetiva especialização, no âmbito do Poder Judiciário, de juízos com competência específica para a apreciação da desafiadora demanda que se apresenta envolvendo o tema ganha fôlego com a excelência e profundidade com que os textos foram elaborados, servindo de base de pesquisa e consulta não apenas para os profissionais do direito, mas para todos aqueles que se interessam por melhor compreender o desenvolvimento de nosso país e que buscam soluções para os diversos desafios que o Brasil necessita urgentemente superar para uma melhor inserção social, política e econômica ao lado das grandes nações desenvolvidas.

O momento não poderia ser mais propício para o lançamento deste livro, ante a sensível interiorização da justiça federal após a lei n.º 12.011/2009 que, a meu sentir, para sua plena eficiência, necessita ser acompanhada de melhor estruturação do segundo grau de jurisdição, o que pode ocorrer em breve com a aprovação do PL n.º 8.132/2014 que prevê a ampliação dos atuais Tribunais Regionais Federais, bem como com a instalação dos novos tribunais criados pela Emenda Constitucional n.º 73/2013. É de se esperar, pois, que, uma vez concretizado esse processo estrutural, o Direito Agrário receba a devida atenção mediante a especialização de órgãos jurisdicionais de primeiro e segundo graus, com vistas à plena eficácia do disposto no art. 126 da Constituição da República.

Não se pode descurar que a multifuncionalidade do Direito Agrário e, consequentemente, o seu caráter multidisciplinar, exigem do jurista aprofundamento específico e dedicação destacada, para que as soluções obtidas atinjam efetivamente as promessas constitucionais e legislativas, e a especialização é o caminho necessário para esse fim.

Muito além do direito, os temas abordados nesta obra por estudiosos do mais alto gabarito e de formações e hisótricos profissionais notáveis propiciam ao leitor uma ampla visão a respeito das relações entre o homem e a terra, e sem dúvida contribuem para propulsar os avanços que urgem.

Fabrício Fernandes de Castro
Professor de Direito Administrativo da Universidade Cândido Mendes, Juiz Federal, Juiz de Direito do Tribunal de Justiça do Rio de Janeiro de novembro de 2001 a junho de 2002, Presidente da Associação dos Juízes Federais do Rio de Janeiro e do Espírito Santo - AJUFERJES de dezembro de 2008 a dezembro de 2010, vice-presidente da Associação dos Juízes Federais do Brasil - AJUFE de março de 2010 a março de 2012.

COORDENADORES E AUTORES DA OBRA

O IMPACTO DO DIREITO DO AGRONEGÓCIO NA INTEGRAÇÃO E NA SUSTENTABILIDADE DO CAMPO-CIDADE (CIDADE-MÉDIA): ANÁLISE SOB A PERSPECTIVA DO ESTATUTO DA CIDADE
Frederico Price Grechi
Professor da ESA (OAB/RJ). Pós-Doutorando, Doutor e Mestre em Direito pela Faculdade de Direito da UERJ. Membro do IAB. Presidente da Comissão de Direito Agrário e Urbanístico do IAB. Diretor Institucional da ABAMI - Associação Brasileira dos Advogados do Mercado Imobiliário. Diretor Imobiliário do CBMA - Centro Brasileiro de Mediação e Arbitragem. Membro do Conselho Fiscal da SNA - Sociedade Nacional de Agricultura. Advogado.

REGULARIZAÇÃO FUNDIÁRIA DE POPULAÇÕES TRADICIONAIS. UM MARCO JURIDICO NORMATIVO PARA O DESENVOLVIMENTO TERRITORIAL
Maria Cecilia Ladeira de Almeida
Mestre em Direito Civil, Universidade São Paulo; Especialista em Direito Empresarial, Universidade Mackenzie, SP. Pós graduada em Direito Cooperativo, *Universidad Politécnica,* Madrid; Pós graduada em Direito Agrário, *Asociación Española de Derecho Agrario*, Madrid; Professora de Direito Civil, de Direito Agrário e de Direito Ambiental dos cursos de Bacharelado em Direito da Universidade Presbiteriana Mackenzie, SP. Foi professora e coordenadora do Curso *ecompany* de Direito Ambiental da Universidade Presbiteriana Mackenzie,SP e OAB/SP-CAASP; professora convidada para a especialização em Direito Empresarial da Universidade Presbiteriana Mackenzie, de SP e nos cursos de Especialização em Direito Agrário da Faculdade Atual de Boa Vista, RR. Lecionou ainda como professora concursada em Direito Civil na PUC/Minas Poços de Caldas e como professora de Direito Agrário e Civil da Universidade São Judas Tadeu e FAAP. Autora de diversos artigos em obras coletivas no Brasil e no exterior e de "Direitos Reais" (Ed. Atlas) Procuradora Federal aposentada exerceu a Assessoria Jurídica da Procuradoria da AGU/SP e a Chefia da Procuradoria Regional Especializada da AGU no INCRA/SP. Associada, entre outras, das seguintes Instituições: Instituto Paulista de Direito Agrário - IPDA; Associação Brasileira de Direito Agrário - ABDA; *Unione Mondiale degli Agraristi Universitari – UMAU (*Pisa, Itália), Instituto dos Advogados Brasileiros - IAB (onde exerceu a vice presidência e Presidência *ad hoc* da Comissão Agrária) e da Sociedade Nacional da Agricultura – SNA, membro da Diretoria.

DEMAIS AUTORES

LA UNIDAD ECONÓMICA EN LA ARGENTINA, ANTECEDENTES. PROBLEMÁTICA ACTUAL EN LA PROVINCIA DE SANTA FE
Nancy Malanos
Profesora de la Cátedra "Recursos Naturales y Derecho Ambiental" en la Facultad de Derecho y Ciencias Sociales del Rosario de la Pontificia Universidad Católica Argentina y de la Cátedra "Derecho Agrario" en la Facultad de Derecho de la Universidad Nacional de Rosario; Secretaria del Instituto Argentino de Derecho Agrario; Secretaria General del Comité Americano de Derecho Agrario; Representante por América del Sur ante el Consejo Directivo de la Unión Mundial de

Agraristas Universitarios; Miembro Titular del Instituto de Ciencias Jurídicas y Sociales de la Región Centro de la Academia Nacional de Derecho y Ciencias Sociales de Córdoba.

REGULARIZAÇÃO FUNDIÁRIA

Helio Roberto Novoa da Costa

Procurador Federal no INCRA; Professor Titular de Direito Agrário da Fundação Dom André Arcoverde – Valença/RJ; Secretário-Geral da Associação Brasileira de Direito Agrário – ABDA; Titular da Cadeira nº 4 da Academia Brasileira de Direito Agrário – ABLA; Membro da União Mundial de Agraristas Universitários – UMAU; Membro da Comissão de Direito Agrário do IAB.

AQUISIÇÃO DE IMÓVEL RURAL POR PESSOA JURÍDICA BRASILEIRA EQUIPARADA À ESTRANGEIRA

Inacio Roberto Gonçalves

Especialista em Gestão da Cadeia Produtiva de Biocombustíveis com Ênfase em Biodiesel pela Faculdade de Ciências Agronômicas da Universidade Estadual Paulista "Júlio de Mesquita Filho" - UNESP - Campus de Botucatu/SP (2009); - Advogado Militante; - Bacharel em Direito pela Faculdade de Direito da "Universidade Presbiteriana Mackenzie" - São Paulo (2007); Servidor Público Federal – Técnico Agrícola – do Instituto Nacional de Colonização e Reforma – INCRA – em São Paulo (1997); - Técnico em Agropecuária pela Escola Técnica Agrícola – ETA – Dona Sebastiana de Barros – São Manuel/SP (1984).

QUILOMBOS E A INTERSEÇÃO ENTRE ANTROPOLOGIA E DIREITO: COMENTÁRIOS A PARTIR DO DECRETO 4.887/03

Homero Moro Martins

Bacharel em Ciências Sociais pela Universidade Federal do Paraná (2003), Mestre em Antropologia Social pela Universidade de Brasília (2006), onde elaborou a dissertação "Os Katukina e o Kampô", um estudo de caso acerca dos direitos indígenas sobre seus conhecimentos tradicionais associados a recursos genéticos. Desde 2006, trabalha como Analista em Reforma e Desenvolvimento Agrário na Superintendência do INCRA em São Paulo, integrando o Serviço de Regularização de Territórios Quilombolas.

PROBLEMATIZAÇÕES SOBRE A DICOTOMIA PÚBLICO-PRIVADO NO PROCESSO AGRÁRIO

Luiz Edson Fachin

Professor Titular de Direito Civil da Faculdade de Direito da UFPR (Universidade Federal do Paraná), Mestre e Doutor em Direito das Relações Sociais pela PUC/SP (Pontifícia Universidade Católica de São Paulo); pós-doutorado no Canadá pelo Ministério das Relações Exteriores do Canadá; membro do IAB (Instituto dos Advogados Brasileiros), do IAP (Instituto dos Advogados do Paraná); membro da Academia Paranaense de Letras Jurídicas (APLJ) e da Academia Brasileira de Direito Constitucional; atuou como colaborador no Senado Federal na elaboração do novo Código Civil brasileiro; membro da Associação Andrès Bello de juristas franco-latino-americanos; autor de diversas obras e artigos. Ministro do Supremo Tribunal Federal.

Marcos Alberto Rocha Gonçalves

Mestre em Direito pela Pontifícia Universidade Católica de São Paulo (PUC-SP), com dissertação no âmbito do Direito Civil, com ênfase na temática dos direitos reais e sua interlocução com a economia, sob a orientação do Prof. Dr. José Manoel de Arruda Alvim Netto e co-orientação do Prof. Dr. Luiz Edson Fachin. Bacharel em Direito pela Universidade Federal do Paraná (UFPR), Instituição de Ensino na qual, durante a graduação, foi bolsista do CNPq pelo Programa de Iniciação Científica e desenvolveu atividades de monitoria. Advogado, sócio e chief legal officer do escritório de advocacia Fachin Advogados Associados. Foi Professor de Direito Civil e Processual Civil da Faculdade Dom Bosco, Curitiba - PR e das Faculdades

Integradas do Brasil (UNIBRASIL), Curitiba - PR. Atualmente é Professor de Direito Civil da Escola de Direito da Pontifícia Universidade Católica do Paraná (PUC-PR). Possui interesse acadêmico e profissional ligado à área da Teoria Geral do Direito, Direito Civil, Direito Processual Civil, Economia e Arbitragem.

OS CONTRATOS AGRÁRIOS NOMINADOS E INOMINADOS SOB A ÓTICA CONTEMPORÂNEA E PRAGMÁTICA
Augusto Ribeiro Garcia
Advogado agrarista pós-graduado em Direito Agrário pela USP e jornalista especializado em legislação rural. Membro do Instituto Paulista de Direito Agrário, da Associação Brasileira de Direito Agrário, da Associação Brasileira de Advogados Ambientalistas, da Academia Brasileira de Letras Agrárias, da Comissão de Direito Agrário da OAB-SP e da Unione Mondiale degli Agraristi Universitari. Foi coordenador da equipe de juristas que elaborou o anteprojeto de lei que criou o Programa de Arrendamento Rural do Ministério do Desenvolvimento Agrário e os Condomínios e Consórcios Agrários. É autor dos livro "Manual Prático de Arrendamento e Parceria Rural".

O DIREITO À TERRA E À MORADIA PARA OS POBRES: TITULAÇÃO OU POLÍTICAS DE INCLUSÃO SOCIAL?
Sônia Helena Novaes Guimarães Moraes
Advogada, Mestre em Teoria do Estado e Direito Agrário pela Universidade de São Paulo-USP. Participou da elaboração de leis urbanísticas municipais e leis agrárias federais e estaduais. Foi Professora Universitária e Coordenadora do Grupo de Desenvolvimento Sustentável e de Segurança Alimentar, da Prefeitura Municipal de Campinas/SP. Atualmente é vice-presidente da Associação Brasileira de Reforma Agrária- ABRA e pesquisadora. É pesquisadora no Centro Universitário de Araraquara – UNIARA e presta assessoria na elaboração de projetos especiais em Instituições Governamentais e em Organizações Não-Governamentais, sobre e planejamento urbano e rural nos municípios, agricultura urbana e assentamentos.

O EMPREGADO RURAL SOB A ÓTICA DO DIREITO DO TRABALHO ATUAL
Jouberto de Quadros Pessoa Cavalcante
Professor da Faculdade de Direito Mackenzie. Vice-Coordenador Acadêmico do Curso de Pós-Graduação em Direito Material e Processual do Trabalho Damásio de Jesus. Professor Convidado no Curso de Pós-Graduação Lato Sensu PUC/PR. Ex-Coordenador do Curso de Direito da Faculdade Inegração Zona Oeste (FIZO). Ex-Procurador Chefe do Município de Mauá. Mestre em Direito Político e Econômico pela Universidade Presbiteriana Mackenzie. Mestre em Integração da América Latina pela Universidade de São Paulo (USP/PROLAM). Membro da Academia Paulista de Letras Jurídicas.

Francisco Ferreira Jorge Neto
Desembargador Federal do Trabalho (TRT 2ª Região). Professor Convidado em Curso de Pós-Graduação *Lato Sensu* da Escola Paulista de Direito. Mestre em Direito das Relações Sociais – Direito do Trabalho pela PUC/SP. Co-autores em diversos artigos e livros jurídicos, com destaques para: *Direito do Trabalho* (5ª edição, 2010) e *Direito Processual do Trabalho* (4ª edição, 2009), publicados pela Editora Lumen Juris, Curso de Direito do Trabalho (2ª edição, 2011) e Prática Jurídica Trabalhista (2ª edição, 2011), publicados pela Editora Atlas.

O PAGAMENTO DO IMPOSTO SOBRE A PROPRIEDADE TERRITORIAL RURAL (ITR) COM TÍTULOS DA DÍVIDA AGRÁRIA (TDA)
Ricardo Pedro Guazzelli Rosario
Doutorando em Meio Ambiente e Biodiversidade pelo Instituto de Botânica da Secretaria Estadual do Meio Ambiente de São Paulo (2011-2015), Mestre em Direito Político e

Econômico pela Universidade Mackenzie (2008-2010), Mestre em Meio Ambiente e Biodiversidade pelo Instituto de Botânica da Secretaria Estadual do Meio Ambiente de São Paulo (2008 – 2010), Especialista em Direito Ambiental e Gestão da Sustentabilidade pela Pontifícia Universidade Católica de São Paulo (2007 – 2008), Graduado em Dircito pela Universidade Mackenzie (1999- 2004), Graduado em Ciência Biológicas pela Universidade Mackenzie (1998- 2001). Diretor de Biodiversidade da Coordenadoria de Biodiversidade e Recursos Naturais da Secretaria de Estado de Meio Ambiente de São Paulo (2014 - 2015), Professor de Direito Ambiental da Faculdade de Direito e Professor do Curso de Ciências Biológicas da Universidade Mackenzie (desde 2014), Advogado e Consultor Autônomo nas áreas de Direito Ambiental, Direito do Agronegócio e Sustentabilidade (2011 - 2013), Advogado do escritório Kümmel Advogados Associados (2010 - 2011), INCRA - Assistente da Procuradoria Especializada e do Licenciamento Ambiental (2007 - 2009), Advogado do escritório Vella Buosi Advogados Associados (2007), Advogado do escritório Del Mar Advogados Associados (2005 - 2007).

DIREITO AGRÁRIO E DIREITO DO CONSUMIDOR: UM "DIÁLOGO" POSSÍVEL
Marcelo Junqueira Calixto
Doutor em Direito Civil (UERJ). Professor Adjunto da PUC-Rio. Professor dos cursos de Pós Graduação da PUC-Rio, FGV, UERJ, UCAM e EMERJ. Membro efetivo do IAB e Diretor do BRASILCON. Advogado no Rio de Janeiro

O IMPOSTO SOBRE A PROPRIEDADE TERRITORIAL RURAL – ITR
Marcelo Campos
Advogado e Engenheiro agrônomo, Professor de Direito Processual Tributário na Faculdade de Direito da Universidade Presbiteriana Mackenzie. Presidente do Conselho Diretor da Academia Brasileira de Direito Tributário - ABDT e titular respectivamente das cadeiras n. 1e 30 da Academia Paulista de Letras Jurídicas- APLJ e da ABDT; Sócio de Dejalma de Campos Advogados.

AGRICULTURA E O FOMENTO ESTATAL
Lutero de Paiva Pereira
Advogado. Pos-graduado em Direito Agrofinanceiro (Cesumar/Maringá/PR). Membro Honorário do Comité Americano del Derecho Agrario (CADA). Membro Associado do Comité Européen de Droit Rural - CEDR.

INSEGURANÇA JURÍDICA NA AQUISIÇÃO DE PROPRIEDADES RURAIS POR EMPRESA BRASILEIRA COM CAPITAL MAJORITÁRIO ESTRANGEIRO: EFEITOS DO PARECER CGU/AGU 01/2008
Rudy Maia Ferraz
Advogado, Pós-graduado em Direito Civil e Processo Civil pela Universidade Paulista, especialista em Direito Agrário pela Universidade Federal de Goiás e sócio da Ferraz Advogados Associados.

Anaximandro D. Almeida
Engenheiro Agrônomo, formado pela Universidade de Brasília (UnB), especialista em Gestão da Informação do Agronegócio pela Universidade Federal de Juiz de Fora (UFJF) e acadêmico do curso de Direito do Centro Universitário de Brasília (UniCEUB).

Fábio de Salles Meirelles Filho
Advogado, Vice-Presidente Tesoureiro do Instituto Pensar Agropecuaria. Exerceu a Vice-Presidência Executiva e a Presidência da Comissão Nacional de Assuntos Fundiários da Confederação da Agricultura e Pecuária do Brasil (CNA).

JUSTIÇA AGRÁRIA. NÃO TENHAM MEDO

Ronaldo de Albuquerque

Advogado. Atividades em Furnas-Centrais Elétricas: Chefe do escritório de Guapé-MG, Chefe da Divisão Legal; No Estado da Guanabara (cargos em comissão): Assistente direto do Secretário de Economia, substituto do Secretário e do Chefe de Gabinete; Na Prefeitura da cidade do Rio de Janeiro (cargos em comissão): Chefe de Gabinete da Secretaria de Administração, Chefe da Assessoria Jurídica da Secretaria de Cultura e de Esportes e Laser; Diretor da Sociedade Nacional de Agricultura, Membro do Conselho Fiscal do SEBRAE-RJ, do Instituto dos Advogados Brasileiros (IAB), da Academia Nacional de Agricultura, da Comissão de Direito Agrário do IAB; Participou: do Grupo de Trabalho encarregado, pela Portaria nº 322 do Ministério de Agricultura, de implantar a Justiça Agrária no país; da Delegação brasileira no V Simpósio Jurídico de Eletricidade em Montevidéu-Uruguai; Supervisor do Grupo de Trabalho da Eletrobras sobre invasão de linhas de transmissão; Cursos: Escola Superior de Guerra (ESG), Direito e Política Agrária- Fundação Getulio Vargas; da Banca Examinadora para selecionar advogados para Furnas, de debates no IAB sobre a criação da Justiça Agrária, Missão Agrarista na Europa; Trabalhos publicados: Missão Agrarista na Europa- Revista Internacional de Direito Agrário- Florença, Itália, Estudo e observações sobre Reforma Agrária, Direito Agrário e Justiça Agrária, Consolidação do Direito agrário e a criação da Justiça Agrária, Desapropriação- Meio Ambiente-Critérios e Procedimentos, O desenvolvimento Sustentável da Amazônia, Direito Agrário e Justiça Agrária, Justiça Agrária- Não tenham Medo, Quilombolas. O Brasil espera por uma Reforma Agrária. Livro-Desapropriação e Constituição de Servidão Administrativa-Editora Atlas-SP. Conferencista em vários Estados brasileiros e no exterior.

PRINCIPIOLOGIA DO DIREITO AGRÁRIO

Luiz Stefanini

Graduação pela Faculdade de Direito da Universidade de São Paulo-USP, em 1972. Pós-Graduação Doutorado pela Faculdade de Direito da Universidade de São Paulo-USP, em 1980 – 1981. Exerceu o cargo de Procurador da República em Campo Grande/MS desde 1983, cargo que ocupou até ser nomeado Desembargador Federal no Tribunal Regional Federal da 3.ª Região, em outubro de 2003. Proferiu várias palestras, cursos, seminários, conferências. Escreveu vários livros dentre os quais: Direito Agrário Moderno, editora Jurisd. São Paulo, em 2001 e Direito dos Interesses – Teoria sobre o conceito de obrigação, editora Federal, São Paulo, 2005. Escreveu o livro "Código Indígena no Direito Brasileiro", publicado pela Editora Juruá, em 2011. Atualmente é Desembargador Federal do Tribunal Regional Federal da 3.ª Região/São Paulo, onde exerce a Presidência da 5.ª Turma.

INTRODUÇÃO AO DIREITO AGRÁRIO

Eugênio Muller Lins de Albuquerque

Advogado da União, Mestre em Direito Tributário pela Universidade Cândido Mendes, Especialista em Direito Público pela Universidade de Brasília, Membro efetivo do Instituto dos Advogados Brasileiros – IAB, no qual integra a Comissão de Direito Agrário.

TRABALHO RURAL – UMA BREVE HISTÓRIA

Aurora de Oliveira Coentro

Ex-Juíza do Trabalho Substituta, do Tribunal Regional do Trabalho da 1ª Região, iniciou a carreira na magistratura na então 5ª Junta de Conciliação e Julgamento. Foi advogada militante com atuação, inclusive, no Sindicato dos Trabalhadores Rurais. No período de 1997 a 1999 presidiu a Associação dos Magistrados da Justiça do Trabalho da 1ª Região (Amatra1). Entre 2000 e 2002, assumiu a titularidade da 69ª VT/RJ. No final desse período foi promovida à 2ª Instância. Integrou a Subseção Especializada em Dissídios Individuais I (Sedi) e presidiu a 2ª Turma do TRT/RJ. // Biografia retirada da internet//

JUSTIÇA AGRÁRIA NO BRASIL
Aristides Junqueira Alvarenga
Ex-Procurador-Geral da República (junho de 1989 a junho de 1995) e Advogado.

Patrícia Cristina de Castro
Advogada.

OS CRITÉRIOS FIXADOS PELO STJ NO INCIDENTE DE DESLOCAMENTO DA COMPETÊNCIA PARA JULGAMENTO DE VIOLAÇÕES DE DIREITOS HUMANOS
Flavio Galdino
Professor-Adjunto de Direito Processual da Faculdade de Direito da UERJ. Doutor em Direito. Advogado.

A FUNÇÃO SOCIOAMBIENTAL DA PROPRIEDADE: A COMPENSAÇÃO AMBIENTAL COMO DECORRÊNCIA DO PRINCÍPIO DO USUÁRIO PAGADOR
Mauricio Jorge Pereira da Mota
Professor Adjunto de História do Direito, do Mestrado e Doutorado da Faculdade de Direito da UERJ. Doutor e Mestre em Direito pela Faculdade de Direito da UERJ. Procurador do Estado do Rio de Janeiro. Membro do IAB. Advogado.

A NECESSÁRIA REFORMA DO CÓDIGO FLORESTAL
Luciano de Souza Godoy
Advogado, Graduação em Direito pela Faculdade de Direito da USP (1991), Mestre (1997) e Doutor (2002) também pela USP na área de Direito Civil; no período entre agosto de 2006 e março de 2007 foi *Visiting Scholar* na *Columbia Law School*, New York/NY, EUA, dedicando-se à pesquisa de Direito Comparado e Transações Imobiliárias, bem como à Arbitragem Internacional. Atualmente é advogado e sócio do PVG – *Perlman, Vidigal e Godoy Advogados* com atuação no contencioso cível, regulatório, administrativo e arbitragens de grandes grupos empresariais nacionais e estrangeiros. Foi executivo do Departamento Jurídico da Companhia Siderúrgica Nacional e do Banco Santander. Foi Juiz Federal em São Paulo por 10 anos e procurador do Estado de São Paulo, ocasião em que atuou em diversos temas de Direito Agrário, Direito Ambiental, Questões Indígenas e Regularização de Áreas de Quilombo. É professor da Escola de Direito de São Paulo da Fundação Getúlio Vargas (DIREITOGV) nos cursos de Graduação e Mestrado, com foco específico em Direito de Propriedade e Direito Agrário. Também é conferencista na área de Direito Privado, Direito Civil e Direto Agrário.

COMUNIDADES QUILOMBOLAS, PODERES ESTATAIS E EXPANSÃO DO CAPITAL
Silvio Luiz de Almeida
Pós-doutorando em Direito pela Faculdade de Direito da Universidade de São Paulo. Doutor em Direito pela Faculdade de Direito da Universidade de São Paulo. Bacharel e Mestre em Direito Político e Econômico pela Universidade Presbiteriana Mackenzie. Graduado em Filosofia pela Faculdade de Filosofia, Letras e Ciências Humanas da Universidade de São Paulo. Professor da Faculdade de Direito da Universidade Presbiteriana Mackenzie. Professor da Faculdade de Direito da Universidade São Judas Tadeu. Presidente do Instituto Luiz Gama. Advogado.

ÍNDICE SISTEMÁTICO

JUSTIÇA AGRÁRIA NO BRASIL

Aristides Junqueira Alvarenga
Patrícia Cristina de Castro

SUMÁRIO: 1. História. **2.** Experiências. **3.** Perspectivas.

1. HISTÓRIA

A fim de se entender o porquê da necessidade da instauração de uma justiça agrária especializada no Brasil, voltada, tão somente, para os litígios agrários e agroambientais, cumpre discorrer um pouco sobre a origem do Direito Agrário e da realidade agrícola brasileira.

Em sua obra *Teoria e prática do Direito Agrário*, publicada em 1979, o saudoso doutrinador Octavio Mello Alvarenga tratou da evolução do Direito Agrário de maneira primorosa, especialmente no que se refere à ocupação territorial brasileira no século XVI e à instauração do regime latifundiário das sesmarias, de origem portuguesa, trazido para o Brasil, como meio para o seu povoamento.

Segundo o saudoso doutrinador, o espírito do sistema de sesmarias português girava em torno de três principais obrigações, que refletiam um ideal de "função social", a saber:

> 1ª) os donos de terras ociosas seriam constrangidos a lavrá-las; 2ª) caso não pudessem fazê-lo, por qualquer motivo justo, deveriam transferi-las a outrem, para que as herdades fossem 'aproveitadas compridamente como for mister'; 3ª) em caso de recusa ao cumprimento dessas duas primeiras obrigações (cultivar ou arrendar), a propriedade seria simplesmente confiscada, retornando 'ao bem comum'.[1]

Assim, por aquisição originária, o Rei passou a ter o domínio das terras brasileiras, que, durante a colonização, foram desmembradas, tendo tal situação do regime de sesmarias perdurado até a proclamação da Independência do Brasil, momento do declínio do aludido sistema.

1 *Teoria e prática do Direito Agrário*. ALVARENGA, Octavio Mello. Ed. Consagra, 1979, p. 23.

Sobre esse tema, cabe transcrever trecho do voto proferido pelo Excelentíssimo Ministro Aliomar Baleiro, do egrégio Supremo Tribunal Federal, no Recurso Extraordinário n° 51.290/GO, nos seguintes termos:

> As terras do Brasil foram objeto de conquista e posse, por Pedro Alvares Cabral para o Rei de Portugal. Ele passou a ser uma fazenda do Rei, ficando no domínio real até a independência, quando foi transferida para o Patrimônio Nacional, lá permanecendo todo o tempo do Império, até que o art. 64 da Constituição de 1891 as distribuiu aos Estados em cujos limites se encontrava. Então, os Estados, como sucessores da nação brasileira, e a nação brasileira, como sucessora do patrimônio pessoal do Rei de Portugal, não necessitam trazer nenhum título. O título é a posse histórica, o fato daquela conquista da terra. A terra do Brasil, originariamente, era pública. O Rei desmembrou pedaços, áreas enormes, as chamadas sesmarias, e doou-as. Houve esse processo até quase a Independência. Depois da Independência estabeleceu-se que não poderiam ser mais objeto de doações ou concessões. Deveriam ser vendidas. Ora, o Rei de Portugal não dava terras. Ele fazia uma espécie de concessão aos sesmeiros, para sua efetiva utilização econômica. O que queria era fundar um Império. Queria que o sujeito trouxesse dinheiro, homens, ferramentas, animais, lavrasse a terra, valorizasse-as com o que o Rei receberia seus impostos, tanto que reservava certos direitos regaleanos. Basta o fato de não terem cumprido suas obrigações como, geralmente, não cumpriam para com a Coroa Portuguesa, para que caíssem em comisso, por diferentes maneiras.[2]

Contudo, o regime latifundiário das sesmarias não vingou no Brasil. Em virtude da sua flagrante ineficiência, D. Pedro I, em 17 de julho de 1822, baixou uma resolução para suspender a concessão de terras de sesmaria.

Desde então, instaurou-se um caos maior, eis que invasores, posseiros e ocupantes passaram a se apossar ilegalmente de terras brasileiras, pouco se importando em obter títulos ou registro delas, bem como em saber se já teriam outros proprietários.

A fim de regularizar a situação, veio ao ordenamento jurídico brasileiro a Lei de terras – Lei n° 601, de 18 de setembro de 1850 –, dispondo sobre as terras devolutas do Império, que foram possuídas por título de sesmaria sem preenchimento das condições legais, bem como aquelas possuídas por simples título de posse mansa e pacífica.

Com efeito, essa lei legitimou as posses mansas e pacíficas de terras adquiridas por ocupação primária ou havidas do primeiro ocupante, mas com a condição de que fossem cultivadas e que houvesse moradia habitual do respectivo posseiro. Essa lei também condicionou a aquisição de terras devolutas somente para compra.

2 Recurso Extraordinário n° 51.290/GO, Relator Ministro Evandro Lins e Silva, julgado em 24 de setembro de 1968, Segunda Turma, Supremo Tribunal Federal.

Muito mais tarde, outro marco legislativo da evolução da disciplina de terras rurais no Brasil ocorreu, já agora no âmbito constitucional.

De fato, em 1964, o Direito Agrário ganhou espaço na Constituição da República de 1946, por meio da Emenda Constitucional nº 10, que dispôs sobre a competência da União para legislar sobre direito agrário. O ilustre doutrinador Octavio Mello Alvarenga destacou, *apud* Evaristo de Moraes Filho, que esta emenda constitucional equivale à "certidão de nascimento do Direito Agrário brasileiro".[3]

Após tal emenda constitucional, a primeira lei que tratou sobre Direito Agrário ficou conhecida como Estatuto da Terra – Lei nº 4.504, de 30 de novembro de 1964, que regula os direitos e obrigações concernentes aos bens imóveis rurais, para os fins de execução da reforma agrária e promoção da política agrícola.

Verifica-se que, apesar do tímido avanço, o Direito Agrário ganhou espaço no ordenamento jurídico brasileiro. A partir do Estatuto da Terra, começou a crescer o número de agraristas defensores da criação de uma Justiça Agrária especializada, eis que ausente foro específico para tratar das questões a ela inerentes.

A instauração de uma Justiça Agrária especializada, com estrutura própria, a fim de dar celeridade aos conflitos fundiários, apesar de ter sido cogitada durante a Constituinte de 1988, não se consolidou, eis que o dispositivo – artigo 211, proposto pelo senador Afonso Arinos – foi subitamente retirado do projeto. Tal dispositivo previa a organização e competência desta Justiça especializada, bem como o cabimento de recursos de decisões proferidas pelos juízes federais da Justiça Agrária aos tribunais regionais federais, onde haveria turmas especializadas.

De qualquer forma, ficou estabelecido na Constituição da República de 1988, em seu art. 126, que "para dirimir conflitos fundiários, o Tribunal de Justiça designará juízes de entrância especial, com competência exclusiva para questões agrárias".

Com efeito, a previsão de designação de juiz de entrância especial para dirimir conflitos fundiários e a exclusão do dispositivo que criava a Justiça Agrária, nos mesmos moldes da Justiça Eleitoral e da Justiça Trabalhista, não agradou aos juristas especializados em Direito Agrário, principalmente a Octavio Mello Alvarenga.

Em carta aberta ao Deputado José Genoíno, em 25 de setembro de 1995, esse saudoso jurista desabafou todo o seu inconformismo, tendo evocado, entre outras coisas, "as lutas pela implantação de uma Justiça Federal

---

3 *Direito Agrário e meio ambiente na Constituição de 1988*. Rio de Janeiro: Forense, 1992, p. 03. FILHO, Evaristo de Moraes.

que naufragaram nos arrecifes do artigo 126, o mais mal redigido artigo da Constituição de 1988, subscrita inclusive por Vossa Excelência".[4]

Posteriormente, com a edição da Emenda Constitucional nº 45, de 2004, foi inserida nova regra tendente a dirimir os conflitos agrários, passando o art. 126 da Constituição da República a ter a seguinte redação:

> Art. 126. Para dirimir conflitos fundiários, o Tribunal de Justiça proporá a criação de varas especializadas, com competência exclusiva para questões agrárias.
> Parágrafo único. Sempre que necessário à eficiente prestação jurisdicional, o juiz far-se-á presente no local do litígio.

Com efeito, a nova regra estabeleceu que cabe aos Tribunais de Justiça, tão somente, propor ao Poder Legislativo a criação de novas varas agrárias.

Se Octavio Mello Alvarenga tinha razão quanto à má redação do dispositivo constitucional, seu conteúdo também é criticável, pois refere-se apenas a Tribunais de Justiça, nomenclatura reservada aos órgãos de cúpula dos Estados-membros da Federação, olvida a Justiça Federal, cujas varas exclusivas para dirimir conflitos agrários são mais necessárias do que as previstas para a Justiça Estadual. Com efeito, tratando-se de conflitos fundiários e desapropriações a eles relativas, a cargo do Instituto Nacional de Colonização e Reforma Agrária (Incra), autarquia federal, a competência da Justiça Federal é inquestionável.

2. EXPERIÊNCIAS

Aliás, antes mesmo do advento da Constituição da República promulgada em 5 de outubro de 1988, a Lei nº 7.583, de 6 de janeiro de 1987, já previa, em seu art. 4º, a competência do Conselho da Justiça Federal (CJF), mediante ato próprio, para "especializar Varas em matéria de natureza agrária, estabelecendo a respectiva localização, competência e atribuição, bem como transferir sua sede de um município para outro, de acordo com a necessidade de agilização da prestação jurisdicional."

Também em 17 de novembro do mesmo ano de 1987, veio a Lei nº 7.631, cujo art. 3º incumbiu ao CJF a especialização de varas em matéria de natureza agrária, relativamente às varas criadas pelo art. 1º.

Ambas as leis já criavam varas da Justiça Federal em municípios outros além das Capitais, em efetivo processo de interiorização, cada vez mais crescente nos nossos dias.

Em consequência, desde o dia 19 de março de 1987, em que o CJF exarou o Provimento nº 311, especializando a 7ª Vara Federal, em Salvador,

---

4 ALVARENGA, Octávio Mello. *Agricultura brasileira*: realidade e mitos. Rio de Janeiro: Revan, 1998, pp. 73/75.

Bahia, em matéria agrária, vários outros provimentos foram editados, no mesmo sentido, com relação a varas federais de diversos Estados da Federação.

Convém pôr em relevo que, em todos os provimentos que especializam varas agrárias, fica expresso que a especialização é sem prejuízo da distribuição normal de feitos de outra natureza. Assim, a exclusividade de que, posteriormente, falaria o art. 126 da Constituição da República não foi objeto de consideração pelo CJF, à época.

No que tange à Justiça dos Estados, o saudoso doutrinador Octavio Mello Alvarenga, em 1998, festejava a criação da primeira vara agrária, no estado do Pará:

> Enfim, temos justiça! Justiça agrária especializada no estado do Pará. Dentro dos limites permitidos pela atual Constituição, cujo artigo 126 e parágrafo único delega aos estados poderes para nomear "juízes de entrância especial" com competência para o julgamento das "questões agrárias".
>
> A Assembleia Legislativa do estado do Pará estatuiu e o governador Jáder Barbalho – que foi presidente do Incra – acaba de sancionar a Lei n° 14, de 17 deste mês, que modifica o Código de Organização Judiciária do estado, criando as primeiras varas agrárias do Brasil.
>
> Uma novidade salta aos olhos: também as questões minerárias se subordinarão aos novos magistrados. A lei é clara. São novas varas privativas, nas áreas do direito agrário, minerário e ambiental.
>
> Os novos juízes irão tratar dos problemas de invasões de propriedades, de derrubada de florestas, da poluição dos rios, de crimes contra os índios e ainda as complexas questões relativas à exploração de reservas minerais.
>
> [...]
>
> Em janeiro de 1989, aproveitando uma visita do então ministro da Justiça Oscar Dias Corrêa à Sociedade Nacional de Agricultura, dirigi-lhe um apelo veemente, historiando a ideia da especialização – que remonta à campanha civilista de Ruy Barbosa. Fui confessadamente retórico:
>
> 'E a paz no interior? Até quando os produtores se sentirão intimidados nos episódios tão frequentes de tensões sociais, nos quais sua imagem é sistematicamente denegrida? Até quando permanecerá aberta a porta para a demagogia? Sem desmerecer os delegados policiais, serão eles os responsáveis pela solução dos conflitos na Amazônia?
>
> Até quando continuarão a procrastinarem-se sentenças que, clama aos céus, devem ser rápidas, para não agastar ainda mais o ânimo dos interessados na equação trabalho-produção-meio ambiente?'
>
> O apelo surtiu efeito. [...].[5]

No entanto, em 16 de março de 2005, o Excelentíssimo senhor procura-dor-geral da República, à época, ajuizou Ação Direta de Inconstitucionalidade n° 3.433,[6]

---

5 ALVARENGA, Octavio Mello. Agricultura brasileira: realidade e mitos. Rio de Janeiro: Revan, 1998, p. 73.

6 Disponível em: <*http://www.stf.jus.br/portal/processo/verProcessoAndamento.asp?incidente=2280283*>.

a pedido da Comissão Pastoral da Terra (CPT), contra a expressão "além de competência geral, para juízes de Direito, ressalvada a privativa da Justiça Federal", inscrita no *caput* do art. 3°, da alínea '*c*', e dos §§ 1º e 2º, do mesmo artigo, todos da Lei Complementar n° 14, de 17 de novembro de 1993, que modificou o Código de Organização Judiciária do estado do Pará, eis que seria contrária ao artigo 126 da Constituição da República, após redação dada pela Emenda Constitucional n° 45/2004.

Segundo a petição inicial da Ação Direta de Inconstitucionalidade, a Lei Complementar Estadual n° 14/93 teria ampliado o âmbito da competência exclusiva, constitucionalmente atribuída às varas agrárias, permitindo-lhes julgar litígios que não sejam agrários. Entre outros argumentos que embasaram o pedido, arguiu-se que

> as questões agrárias devem ser entendidas como aquelas de natureza eminentemente cível, que envolvem litígio pela propriedade ou posse do imóvel rural como, por exemplo, a ação possessória de cunho fundiário. Por certo, as questões de natureza penal, ainda que derivadas de conflitos fundiários ou a estes relacionadas, não estão inseridas no âmbito da competência constitucionalmente atribuída às varas agrárias, que está expressamente restrita à resolução de conflitos fundiários relativos a questões agrárias.

A CPT destacou sua preocupação quanto à possibilidade de criminosos, que figuram como réus em ações penais que tramitavam nas varas agrárias criadas, arguirem suposta incompetência absoluta do juízo em processar e julgar tais ações.

A defesa do estado do Pará rechaçou a suposta inconstitucionalidade da lei e destacou, entre outros, que a Vara Agrária possui competência para processar e julgar as causas relativas aos delitos cuja motivação for predominantemente agrária, minerária, fundiária e ambiental, excluída a competência do tribunal do júri para processar e julgar crimes dolosos contra a vida. O feito se encontra pendente de julgamento.

De outro turno, após a instauração de varas agrárias no estado do Pará, outras varas especializadas foram criadas em outros Estados brasileiros. Segundo dados do Ministério do Desenvolvimento Agrário, disponibilizados por seu Departamento de Ouvidoria Agrária e Mediação de Conflitos, atualmente existem Varas Agrárias Estaduais em Amazonas, Minas Gerais, Pará, Paraíba, Rondônia e Santa Catarina.

E mais, verifica-se que foram instauradas Varas Agrárias na Justiça Federal na Bahia, Maranhão, Minas Gerais, Mato Grosso, Pará, Amazonas, Rondônia e Rio Grande do Sul.

Além disso, foram criadas Promotorias Agrárias Estaduais no Acre, Alagoas, Minas Gerais, Pernambuco, Paraná, Santa Catarina e Sergipe e instauradas Delegacias Agrárias Estaduais em Minas Gerais e Pará, bem como

Ouvidorias Agrárias Estaduais no Ceará, Maranhão, Mato Grosso do Sul e Pará.

Quanto à competência dessas varas, cabe trazer a baila fato ocorrido no Tribunal de Justiça do Estado do Mato Grosso, que, pela Resolução n° 7/2008, instituiu, em Cuiabá, vara especializada em conflitos fundiários, com competência exclusiva para julgar todos os conflitos fundiários existentes no estado, independentemente do local do litígio. Para a criação desta Vara Agrária, a resolução modificou competência de Vara Criminal já existente.

Recentemente, a legalidade desse ato foi questionada perante o Conselho Nacional de Justiça que, por maioria de votos de seus Conselheiros, o desconstituiu. Entre outros argumentos, o Conselho alegou que:

> a norma do artigo 126 da CF, na sua redação originária, permitia aos Tribunais de Justiça designar juízes de entrância especial para o exercício de jurisdição nas questões agrárias. Na redação atual, dada pela EC nº 45/2004, os Tribunais de Justiça podem propor a criação de Varas Especializadas. Significa dizer que ao Tribunal cabe deflagrar o processo legislativo para a criação dessas unidades jurisdicionais.[7]

Logo, o entendimento adotado pelo CNJ foi no sentido de que os Tribunais de Justiça não têm o poder de, por atos normativos internos, modificar:

> competência de vara já existente na capital, para atribuição de competência exclusiva para processar e julgar ações que envolvam conflitos fundiários coletivos em todo Estado do Mato Grosso, com violação da disciplina da lei processual vigente". Sendo assim, não é possível que, por resolução, haja a criação de varas ou a especialização de varas já existentes, quando em desacordo com o que dispõem os arts. 94 e 95 do Código de Processo Civil.

Não obstante, o estado do Mato Grosso impetrou Mandado de Segurança, com pedido de medida liminar, perante o Supremo Tribunal Federal, contra o ato do CNJ, arguindo que:

> em se tratando da desconstituição de ato normativo que especializou vara já existente em direito agrário, todos os processo que por ela tramitavam há mais de dois anos (a Resolução nº 07 é de 19 de junho de 2008) deverão retornar para as varas das mais diversas comarcas do estado de Mato Grosso, com prejuízo dos atos decisórios praticados, gerando insegurança no jurisdicionado e reversão

7 Procedimento de controle administrativo 0006493-71.2010.2.00.0000, Relator Conselheiro Jefferson Luis Kravchychyn, julgado em 25/01/2011, CNJ.

de situações fáticas já consolidadas pelo eventual cumprimento de decisões que tenham determinado, por exemplo, a reintegração de posse".[8]

Em 23 de maio de 2011, a Excelentíssima senhora Ministra Cármen Lúcia deferiu a liminar pleiteada[9] para suspender os efeitos da decisão do Conselho, eis que, segundo o seu entendimento, a questão versada nos autos estaria, em verdade:

> na possibilidade de mitigação da competência territorial definida no Código de Processo Civil em relação às varas especializadas em conflitos fundiários, com competência exclusiva para questões agrárias, notadamente em face do que disposto no parágrafo único do art. 126 da Constituição da República ("Sempre que necessário à eficiente prestação jurisdicional, o juiz far-se-á presente no local do litígio").

Sendo assim, por entender que se trata de matéria relacionada a critérios de competência, a ilustre ministra determinou a preservação do quadro fático existente, a fim de evitar o deslocamento das ações e possíveis morosidades na prestação jurisdicional, caso o feito seja julgado procedente no mérito.

Portanto, note-se que, apesar do grande avanço, consistente na criação de diversas varas agrárias, vê-se que há diversos questionamentos sobre a matéria, demonstrando que melhor seria a criação de uma Justiça Agrária propriamente dita, conforme sempre defendeu o saudoso Octavio Mello Alvarenga. Em entrevista publicada no *Jornal do Commercio*, em 13 de março de 2009, ele foi categórico:

> é preciso ter uma judicatura diversificada.

Além dos questionamentos já consignados, cabe destacar que muitas varas agrárias atuam de forma precária e ineficiente. Segundo o Relatório preliminar sobre a situação dos conflitos fundiários rurais no Brasil, divulgado pelo CNJ, dos 1.129 (mil cento e vinte e nove) casos de conflitos agrários, com 1.521 (mil quinhentas e vinte e uma) mortes, durante o período de 1985 a 2008, apenas 85 (oitenta e cinco) haviam sido julgados.

Neste período, o estado do Pará teve o maior número de conflitos agrários, com 391 (trezentos e noventa e um) casos registrados e 595 (quinhentas e noventa e cinco) mortes.[10]

---

8 Medida Cautelar em Mandado de Segurança nº 3.0547 Mc / DF– Distrito Federal, STF

9 MS 3.0547 MC, rel.ª Min.ª Cármen Lúcia, julgado em 23/05/2011, publicado em processo eletrônico *DJe*-099, 25/05/2011, 26/05/2011.

10 <http://www.cnj.jus.br/images/programas/forumdeassuntosfundiarios/relat preliminar%20-%20conflitos%20fundirios.pdf.>

E o número de homicídios continua a aumentar, agora, também, por razões ambientais. Daí a criação, pelo CJF, de varas especializadas, de natureza ambiental e agrária, a um só tempo.

De qualquer forma, vê-se importante mobilização do CNJ, que editou a Recomendação nº 22, publicada no *DOU* de 6 de março de 2009, para que os tribunais priorizassem e monitorassem, permanentemente, as demandas jurídicas envolvendo conflitos fundiários, a fim de se ter uma justiça agrária mais eficaz e eficiente.

3. PERSPECTIVAS

No *site* do Ministério do Desenvolvimento Agrário, consta que os estados de Alagoas, Bahia, Goiás, Mato Grosso e Pernambuco estão em fase de criação de Varas Agrárias Estaduais, conforme dados disponibilizados pelo Departamento de Ouvidoria Agrária e Mediação de Conflitos. Além disso, consta que os Estados do Mato Grosso e Pará estão criando Promotorias Agrárias Estaduais. Com efeito, isso significará um grande avanço.

No que se refere à criação de uma Justiça Agrária propriamente dita, diversa daquela prevista pelo malsinado art. 126 da Constituição da República, tramitam, em conjunto, perante a Câmara dos Deputados, três Projetos de Emenda à Constituição, de nº 246/2008, 143/2003 e 122/2003, cujos autores são, respectivamente, os Deputado Sapino Castelo Branco, Carlos Souza e Rodolfo Pereira.

O objetivo unânime de todos os projetos é a instituição da Justiça Agrária propriamente dita. Para isso propõem, resumidamente, a criação dos Juízes Agrários, os Tribunais Regionais Agrários e o Tribunal Superior Agrário, além do Ministério Público Agrário. E mais, fixam a estrutura dos tribunais e a competência da Justiça Agrária.

Por oportuno, vale destacar trecho da justificativa exarada na PEC nº 246 de 2008:

> [...] A justiça comum tornou-se o relicário único para as questões agrárias, gerando um acúmulo extraordinário de ações que, perdidas dentre as demandas mais variadas que tramitam nos juizados cíveis, vagam no universo legal brasileiro sem previsão de sentença.
>
> É inevitável a constatação que, havendo um arcabouço legal codificado, consubstanciado pela existência do "Estatuto da Terra", adveio a existência de um "Direito Agrário", este, porém, abandonado à própria sorte dentro de nosso ordenamento jurídico.
>
> Assim sendo, é de fundamental importância que esse ramo do direito venha a encontrar abrigo em Varas próprias, prontas para o enfrentamento de suas demandas específicas, abrindo mais espaço na justiça ordinária para ações que venham a tratar de outros assuntos.[11]

11 <http://www.camara.gov.br/internet/sileg/Prop_Detalhe.asp?id=391100>.

Não obstante a grandeza das propostas, o Deputado Luiz Couto – eleito relator dos referidos projetos na Comissão de Constituição e Justiça e de Cidadania – proferiu parecer[12] em 14 de maio de 2008, no sentido da inadmissibilidade de todas elas, eis que seriam inconstitucionais. Segundo o seu entendimento, as propostas à emenda constitucional ofenderiam cláusula pétrea da separação dos poderes, tendo em vista usurpação de competência de auto-organização atribuída ao Poder Judiciário. Assim, a iniciativa da propositura de criação da justiça especializada caberia unicamente ao Poder Judiciário, via projeto de lei. Em 31 de janeiro de 2011, as propostas foram arquivadas, porém, recentemente, em 23 de março de 2011, ante solicitação, todas elas foram desarquivadas.

De outro turno, cabe lembrar que um dos argumentos usados pelos defensores da instauração da Justiça Agrária é a necessidade de magistrados especializados nesse ramo do direito. Para corroborar a ideia acima, outra questão muito debatida no momento é a necessidade da implementação de estudo obrigatório da disciplina de Direito Agrário nos cursos de Direito.

Nesse diapasão, em 2010, a Comissão Permanente de Direito Agrário do IAB-RJ formulou uma proposta ao MEC de inclusão do Direito Agrário como matéria obrigatória nas universidades. Em matéria publicada, o saudoso jurista Octavio Mello Alvarenga, presidente da comissão, destacou brilhantemente que

> sem essa medida, nunca poderá haver justiça agrária no país, pois temos uma carência muito grande de magistrados para atuar com eficácia em processos envolvendo invasões de terra e violência no campo.[13]

Portanto, a fim de se resolver os litígios agrários de forma mais célere, eficiente e justa, cumpre seja criada a Justiça Agrária, bem como seja determinada a inclusão do Direito Agrário nos cursos de Direito, a fim de se alcançar a sonhada "mentalidade agrarista", necessária para se ter justiça social e segurança jurídica no âmbito rural.

Uma última advertência: este trabalho é praticamente um eco dos escritos de Octavio Mello Alvarenga, acrescidos de alguns outros dados, com o intuito primeiro de lhe tributar justa homenagem póstuma.

---

12 <http://www.camara.gov.br/sileg/integras/563116.pdf>.

13 <http://www.sna.agr.br/artigos/678/SecSNA-678.pdf>.

TRABALHO RURAL - UMA BREVE HISTÓRIA

Aurora de Oliveira Coentro

A estrutura agrária do Brasil é complexa e, se quiséssemos atualizar o título do livro "*Quatro Século de Latifúndio*", de Alberto Passos Guimarães, poderíamos falar, sem medo de errar, em "Cinco séculos de latifúndio".

As estatísticas confirmam a assertiva acima. Pelo Censo de 2006, 1% das propriedades rurais controla quase 50% das terras (muitas delas griladas), enquanto quase 90% de pequenas propriedades ocupam somente 20%. É a lógica perversa que se repete por anos e séculos: pouca gente com muita terra, muita gente com pouca terra e muitíssimos trabalhadores sem terra.

O conceito de trabalhador rural é amplo. Aí encontram-se abrangidos: os pequenos produtores, os parceiros que pagam a terra que ocupam com percentual da produção, os arrendatários que pagam o aluguel da terra, os posseiros e os assalariados rurais.

Aqui iremos nos limitar à categoria dos trabalhadores rurais assalariados, normalmente egressos da condição de pequenos lavradores ou posseiros, expulsos de suas terras pela própria necessidade (minifúndios) ou pela força de grileiros e pistoleiros a serviço de grandes proprietários e/ou empresas. Aqueles empregados residem em pequenos sítios ou na periferia das cidades, onde também se alojam os desempregados ou subempregados.

Foi a Lei Áurea, no final do século XIX, a primeira iniciativa positivada de libertação dos trabalhadores em geral e do trabalhador rural, em particular. No início do século XX algumas leis se dirigiam ao trabalho assalariado, como a de 1906 que tratava de salários do trabalhador do campo. Dez anos depois, o Código Civil, no capítulo sobre a locação de serviços, se dirige ao trabalhador rural (art. 1.222), quando fixa o prazo para contratos agrários.

Na era Vargas, os trabalhadores assalariados conseguiram importante vitória em sua luta pela melhoria de condições de trabalho, a aprovação da Consolidação das Leis do Trabalho (CLT) que reuniu todas as leis esparsas e passou a regular as relações de trabalho entre empregados e empregadores. A aprovação da CLT buscou dar uma resposta às reivindicações de trabalhadores e suas organizações de classe, que já se utilizavam, inclusive, de greves para a defesa de seus interesses. Assegurou direitos fundamentais como salário, jornada, proteção ao trabalho do menor, da mulher, regulamentou o trabalho de categorias específicas, como os bancários e portuários, tratou da garantia de emprego (estabilidade) e dos pagamentos quando das dispensas imotivadas (aviso prévio).

Mas não se deve esquecer que, ao avanço na regulamentação do direito individual do trabalhador se contrapôs o atraso no direito coletivo, cujas normas, na CLT, impunham o efetivo controle do Estado sobre as organizações de classe. Sob o argumento da "proteção" e necessidade de fiscalização por parte do Estado foi introduzido o enquadramento sindical, o reconhecimento de sindicato pela autoridade do Ministério do Trabalho, o imposto sindical e a prestação de contas obrigatória. Assim, era o governo quem apontava o sindicato em que deveria se filiar o trabalhador, controlava as eleições e as receitas do órgão sindical.

A CLT, grande cartão de visitas da era Vargas e umas das bandeiras erguidas pelos trabalhistas daquela época, data de 1943, mas excluía de seu âmbito protetor, e de forma expressa, os trabalhadores rurais.

Direitos fundamentais foram assegurados aos trabalhadores em geral (os rurais, inclusive) pela Constituição de 1946, mas as normas ficaram no âmbito dos princípios e seu conteúdo, quanto aos trabalhadores do campo, era meramente programático.

Somente na década de 1960, com a efervescência política que se seguiu ao término do governo Kubitschek e à renúncia de Janio Quadros, o quadro se mostrou propício para a aprovação de lei que regulasse o trabalho assalariado no campo. Nessa ocasião, na esteira do crescimento dos movimentos dos trabalhadores urbanos, os rurais partem para a ofensiva na direção de seus direitos, por meio de sindicatos, grupos católicos, partidos políticos (PTB e PCB) e ligas camponesas criadas pelo Deputado Francisco Julião.

No auge dessa luta, é aprovado o Estatuto do Trabalhador Rural (ETR) (Lei nº 4.214), em 1963, assinado pelo Presidente João Goulart. O ETR sofreu grande influência da CLT e, como esta, ali se encontravam as definições de empregador e trabalhador rural, os direitos individuais e coletivos e até normas de previdência social rural. Destaca-se na lei, porém, o instituto da prescrição de direitos, em relação ao qual o ETR inovou ao fixar o prazo inicial do biênio contado da cessação do contrato de trabalho rural. Confira-se que, na CLT, o prazo era também bienal, mas contado da violação do direito.

Tão significativo foi o crescimento da mobilização dos camponeses e assalariados na década de 1960 que outra alternativa não teve o grupo que tomou o poder, em 1964, que não seguir na regulamentação da questão agrária, não só mantendo o ETR, mas também aprovando a Lei nº 4.504/64 – o Estatuto da Terra, até hoje em vigor e importante instrumento legal para a reforma agrária e regulamentação de contratos agrários.

Voltando ao trabalhador rural assalariado e às normas de proteção, não é preciso lembrar que, a partir do Golpe Militar de 1964, verdadeiro "pente fino" foi passado sobre as lideranças no campo. Muitos trabalhadores morreram, outros tantos foram presos. O fato é que o movimento sindical como um todo sofreu um retrocesso. No entanto, é imperioso reconhecer que, ainda que muitas entidades sindicais de trabalhadores rurais, entre 1964 e 1968, se limitassem a cobranças do imposto territorial rural e do imposto sindical, ou à prática de medidas assistencialistas, a partir de 1968 o movimento de resistência marca um tento com a vitória nas eleições da Confederação Nacional dos Trabalhadores na Agricultura (Contag), entidade de cúpula do movimento sindical representativa dos trabalhadores do campo. Nessa eleição o grupo do nordeste derrota o grupo paulista e o pernambucano José Francisco da Silva assume a presidência. A política da entidade se volta, então, para a conscientização do trabalhador, buscando o cumprimento da legislação (Estatuto do Trabalhador Rural [ETR] e Estatuto da Terra) e, sobretudo, exigindo a reforma agrária prevista exatamente no Estatuto da Terra (Lei nº 4.504/64) aprovada pelo governo do M^{al}. Castelo Branco.

A Contag, como estava amparada na Constituição de 1967 e nas leis vigentes (ETR e Estatuto da Terra) conseguiu executar um trabalho de organização dos trabalhadores rurais (assalariados, posseiros, pequenos proprietários) que se espalhou por todo o país, ajudado pelas federações dos trabalhadores nos estados, organizando sindicatos que se multiplicaram em toda década. Embora ainda remanescessem os que apenas cuidavam da assistência (médica, odontológica, previdenciária) de seus associados, muitos foram os sindicatos que se organizaram para a luta pelo cumprimento de seus direitos individualmente, por meio de ações na Justiça do Trabalho ou coletivamente, por meio de concentrações e audiências junto às autoridades, sobretudo do Ministério da Agricultura, Incra e Ministério do Trabalho, chegando até aos movimentos paredistas, como o dos canavieiros do Nordeste, na segunda metade da década. Ressalte-se que a política de lutas coletivas de forma programada e organizada antecedeu aquela dos trabalhadores da cidade.

Todo esse trabalho findou por alterar a legislação trabalhista rural sem prejuízo das conquistas consolidadas no ETR. A Lei nº 5.889/73, de rigor, apenas enxugou o antigo Estatuto. Os 183 artigos da lei anterior são substituídos por apenas 21. Isso porque o art. 1º já cuida de esclarecer que as relações de trabalho rural serão regidas pela Lei nº 5.889, pela CLT, naquilo em que com a primeira não colidir e por leis especiais, como a que regula o repouso semanal e a gratificação natalina. No mais, foi retirada a parte relativa ao direito coletivo e à organização sindical (até porque já constavam na CLT), bem como os temas ligados ao direito previdenciário. Mas, o que se revela interessante é a manutenção no art. 10 da nova Lei da prescrição do crédito trabalhista rural (dois anos a contar da rescisão do contrato de trabalho). Note-se que todo o processo legislativo que levou à aprovação da Lei nº 5.889 foi marcado por forte pressão de fazendeiros e grandes proprietários pela derrubada da prescrição especial do trabalhador rural. E quase lograram êxito, dado que o projeto chegou a ser aprovado no Congresso. Contudo, foi vetado pelo Presidente Médici, atendendo não só às pressões da Contag, mas também aos interessados de se manter a relativa popularidade que tinha junto aos pobres do campo, em razão da instituição da previdência social rural, por meio do Funrural. O instituto permaneceu na Constituição de 1988, a despeito da pressão dos parlamentares do chamado Centrão (assim eram identificados aqueles de posição ultraconservadora na Constituinte), e só vai ser modificado no ano de 2000, com a Emenda Constitucional nº 28, que unifica o prazo prescricional para trabalhadores urbanos e rurais em cinco anos e até dois anos da cessação do contrato.

A Lei nº 5.889/93 permanece ainda em vigor com as alterações introduzidas pela CR/88 e leis supervenientes. Portanto, existe um arcabouço legal de proteção para o assalariado rural.

No entanto, assim como o assalariado urbano, os rurais, mesmo com a legislação protecionista, não conseguiram alterar o quadro de profunda exploração da mão de obra e que vai do simples descumprimento da lei até o trabalho escravo ou degradante.

Segundo dados do Pesquisa Nacional por Amostra de Domicílios(Pnad), em 1998, mais de 90% dos trabalhadores rurais deixaram de efetuar qualquer recolhimento à previdência social e mais de 70% não possuíam CTPS assinada. É o quadro de informalidade que se revela mais grave no campo, onde a presença do Estado é menor e a impunidade maior. O resultado se demonstra com dados abaixo.

Em 2005, em Ribeirão Preto, mais de 400 mortes de trabalhadores agrícolas foram notificadas ao Ministério do Trabalho, sem contar os acidentados e mutilados; 4.367 empresas rurais foram autuadas, incluídas as do agronegócio (fonte: site do MTE). Em trabalho publicado no *No Mérito*, da Associação dos Magistrados do Trabalho da 1ª Região, a Juíza Rosilda Lacerda menciona que, entre 1970 e 2005, quase 140 mil trabalhadores morreram em decorrência de acidentes de trabalho, ressaltando que somente foram computados trabalhadores que possuíam Carteira de Trabalho anotada. Diz ainda que, somente no ano de 2005 ocorreram 2.708 mortes por acidentes de trabalho, enquanto nesse mesmo ano, a dengue matou 45. O anuário estatístico de 2006 revela o espantoso número de 14.332 acidentes de trabalho nas usinas de açúcar e álcool contra 12.727 na construção civil (FSP 29/4/2008). Na ocasião, o secretário executivo do Ministério da Previdência afirmou : "a morte ainda é barata para as empresas". Eis os dados da realidade que transforma o país em um dos campeões em acidentes do trabalho. Os acidentes resultam ou do ato praticado pelo próprio empregado (por muitas vezes não ser devidamente orientado sobre como usar este ou aquele equipamento, este ou aquele defensivo agrícola), ou das condições do meio ambiente do trabalho que não se inserem entre as preocupações daqueles que visam exclusivamente o lucro.

No campo, pela sua inserção na política do agronegócio, merece destaque a análise do trabalho nas lavouras e usinas de cana-de-açúcar. Em reportagem publicada sobre os trabalhadores no corte de cana, o jornalista Mário Magalhães denuncia condições degradantes do corte manual da cana e mergulha no cotidiano dos trabalhadores rurais em várias cidades do interior paulista, onde o trabalho desumano se mantém 500 anos depois da chegada das primeiras mudas. Conclui o jornalista a sua reportagem, pela qual recebeu diversos prêmios (Lorenzo Natali, da União Europeia, Esso, Premio Vladimir Herzog), sugerindo aos jornalistas que gastassem menos orelha ouvindo grandes empresários e mais sola de sapato, verificando *in loco* as condições de trabalho dos que laboram no campo.

Os dados pesquisados revelam que o jornalista tem toda razão. Ao lado dos acidentes de trabalho nas lavouras canavieiras, como acima visto e que ocorrem, sobretudo, nas caldeiras das usinas, no uso de foices, pelo carregamento de peso e pela rotatividade da mão de obra no setor (boias-frias), o Sistema Federal de Inspeção do Trabalho (SFIT), órgão do Ministério do Trabalho, libertou mais de sete mil trabalhadores, entre 2004 e 2009, considerados em situação degradante de trabalho ou em regime de trabalho escravo nas propriedades rurais. Os estados mais representativos dessa anomalia são os do Centro-Oeste e os do Norte e ainda Bahia. Alguns dados são reveladores: 445 libertados em 2004, na Fazenda Roda Velho, agroindústria, Bahia; 340, na Fazenda Olho d'Água, Mato Grosso; 498, na Fazenda Cachoeira, em Mato Grosso; 261, na Fazenda Rio Fresco, no Pará; 1.011, em Brasilândia, Mato Grosso do Sul, estes últimos em 2009.

Em igual linha de super-exploração do trabalho rural, tem-se o trabalho infantil. A despeito do empenho da Organização Internacional do Trabalho (OIT) que, em conjunto com o Ministério Público do Trabalho, vêm lutando na erradicação do trabalho infantil, os números ainda alarmam. Segundo dados do Instituto de Pesquisa Econômica Aplicada (Ipea), em 2008 cerca de 140 mil crianças entre cinco e nove anos trabalhavam e quase 70% delas se encontravam na área rural, sobretudo, no Nordeste. É certo que o governo tem divulgado a expectativa de erradicar o trabalho infantil em dois anos, mas não menos certo que o país, considerando a faixa etária acima citada, ainda se encontra atrás da Colômbia e da Costa Rica. Os técnicos do Ipea admitem que o núcleo mais difícil de combater se situa exatamente na agricultura e nas casas de família.

Feitas as considerações acima, que dão conta de uma legislação protecionista, de um lado, e de uma realidade de violência no campo, descumprimento da lei e impunidade, de outro, há que se pensar em medidas que possam trazer a paz no campo e dias melhores para aqueles que nele trabalham.

A interiorização do estado é a primeira exigência. As políticas públicas devem chegar, com urgência, ao interior. Nessa direção segue a compatibilização do agronegócio com a pequena propriedade, a necessidade do aumento da fiscalização do trabalho, da atuação conjunta entre o Ministério do Trabalho e o Ministério Público do Trabalho, como órgãos defensores da ordem jurídica, do regime democrático e dos interesses sociais e individuais indisponíveis. Há que ser reconhecida a eficácia do grupo móvel de fiscalização, integrado por fiscais do trabalho e por membros do Ministério Público que deve ser ampliado não só quantitativamente, mas também integrando outros Ministérios e órgãos públicos (meio ambiente, reforma agrária, previdência social). Os programas de transferência de renda, como o Bolsa Família, podem ser aproveitados para incentivar programas educacionais, reuniões comunitárias para denúncias e reivindicações, cursos de alfabetização de jovens e adultos (inclusive alfabetização digital), cursos de especialização e de prevenção de acidentes do trabalho, orientações de como utilizar a internet para a coleta de dados que interessem à categoria, nos diversos sites, como o do Incra, SFIT, Instituto Brasileiro de Geografia e Estatística (IBGE), entre outros.

A Justiça deve igualmente buscar maior atuação no interior. Tem sido noticiado o sistema de varas cíveis e do trabalho itinerantes, dando oportunidade de acesso a trabalhadores que não possuem condições de viajar até a cidade para buscar judicialmente seus direitos. O contato e a integração entre o Poder Judiciário, a Igreja e a Prefeitura podem perfeitamente viabilizar, pelo menos, a presença do juiz na localidade, realizando audiências em salas da paróquia ou na escola. Deve ser destacado o movimento dos juízes na direção de maior aproximação com a população que demanda o judiciário, utilizando-se de mecanismos que podem conduzir à maior celeridade no processo e à busca da verdade. Cito como exemplo a teoria da inversão do ônus da prova, em casos, de cartões de ponto inidôneos ou ausência de documentação indispensável quando de pedidos relacionados aos acidentes de trabalho que exigem a prova pericial, cujo custo é elevadíssimo para o trabalhador.

Por fim, não podemos desprezar a atuação dos maiores interessados na modificação do triste cenário de violência e exploração no campo. Os trabalhadores rurais devem, cada vez mais, se organizar, de forma competente e atuante na defesa de seus interesses. Exemplo disso seria a cobrança, nas ações de acidentes de trabalho, do Nexo Técnico Epidemiológico Previdenciário (NTEP), moderna metodologia que permite identificar as doenças e acidentes relacionados com a prática de uma determinada atividade profissional. O NTEP determina automaticamente que se trata de benefício de natureza acidentária quando houver relação estatística entre a doença ou lesão e o setor da atividade econômica do trabalhador. Com a adoção dessa metodologia, caberá à empresa a prova de que o acidente ou doença não foi causado pela atividade desenvolvida pelo trabalhador. Podem e devem ainda os sindicatos cobrar a aprovação de projetos que, no Congresso Nacional, atendam aos seus interesses profissionais, sociais e de defesa do meio ambiente.

Os sindicatos, os grupos eclesiais, o movimento dos sem-terra são espaços eficazes para a cobrança de uma reforma agrária verdadeira que contemple o assentamento daqueles que querem a terra para trabalhar e produzir; que, de forma eficaz, insistam na desapropriação de terras que se encontram nas mãos de insensíveis especuladores ou de quem se utiliza do trabalho degradante, do trabalho infantil ou do desmatamento irresponsável em prejuízo do meio ambiente, sem falar nos que usam a terra como meio para o tráfico de drogas.

Ao lado das propostas punitivas, devem ter relevo as proativas como o incentivo às empresas rurais que cumprem a legislação trabalhista e ambiental, a divulgação de experiências bem-sucedidas na exploração do produtos orgânicos, por exemplo, a orientação quanto ao uso de produtos que não agridem a saúde do trabalhador rural e do consumidor final, dentre outras.

As formas de luta devem ser pensadas e utilizadas com maturidade e determinação, cuidando para que a imagem daqueles que representam os interesses dos trabalhadores sejam por estes respeitados e se imponham perante a sociedade por sua credibilidade, evitando o caminho da violência que constitui tática de provocadores a serviço do retrocesso de um movimento que é legítimo e que está a serviço de dias melhores para quem trabalha e vive da terra.

BIBLIOGRAFIA

JUNIOR, Caio Prado. *História Econômica do Brasil*, 1945.

GUIMARÃES, Alberto Passos. *Quatro Séculos de Latifúndio*, 1960.

DIAS, Everardo. *História das Lutas Sociais no Brasil*, 1962.

SILVA, José Gomes da. *A Reforma Agrária no Brasil,* 1968.

CONTAG. *Anais do 4º Congresso Nacional de Trabalhadores Rurais*, 1985.

SUSSKIND, Arnaldo e MARANHÃO, Délio. *Instituições de Direito do Trabalho*, 1987.

ANTUNES, Ricardo. *Adeus ao Trabalho?* 1998.

MALLET, Estevão. *Empregado Rural*: as novas regras relativas à prescrição – Revista de Direito Trabalhista, Nov/2001.

LACERDA, Rosilda. *Acidentes do Trabalho no Campo* – jornal No Mérito, AMATRA 1, 2009.

MAGALHÃES, Marco. *Reportagens sobre trabalho no corte de cana,* publicadas na *F. S. Paulo, O Globo* e *Estado de S. Paulo*, 2008.

INTRODUÇÃO AO DIREITO AGRÁRIO

Eugenio Müller Lins de Albuquerque

1. INTRODUÇÃO

A existência de um Direito Agrário pode causar alguma estranheza aos menos familiarizados com a matéria, sobretudo para os moradores dos maiores centros urbanos.

É inegável, porém, que a economia brasileira encontra grande suporte no desenvolvimento da atividade agrícola, que responde por importante parcela do seu Produto Interno Bruto (PIB). O país possui extensas áreas propícias ao desenvolvimento das atividades agrárias, sendo o maior produtor mundial de uma série de produtos agrícolas. Tais características indicam que as relações agrárias merecem lugar de destaque na agenda de discussões acerca do desenvolvimento brasileiro, e por via de consequência, também o Direito Agrário precisa ser melhor conhecido e debatido.

O Direito Agrário cuida, em apertada síntese, do aproveitamento do imóvel rural. Oferece extenso e relevante campo de aplicação. Alberga, entre outros, a aquisição e o uso da propriedade rural, a reforma agrária, a proteção do trabalhador rural, os contratos agrários e o agronegócio. Demais disso, as questões agrárias guardam intensa relação com a produção de alimentos e toda a temática ambiental, além da produção de combustível (cultivo de cana para produção de etanol e de oleaginosas para a produção dos chamados biocombustíveis. Tais temas, de suma importância para o desenvolvimento nacional, não devem escapar do acompanhamento e participação da comunidade jurídica.

O objetivo do presente trabalho é apresentar ao leitor algumas noções elementares sobre o Direito Agrário, num breve estudo que alcançará, além de uma introdução histórica, sua autonomia, a afinidade com outros ramos da ciência jurídica, considerações acerca do seu conteúdo e o exame dos seus principais institutos.

Não existe pretensão de exaurir todos os elementos concernentes ao Direito Agrário, mas o desejo de propiciar uma abordagem inicial que desperte a atenção de novos interessados na matéria e, ao mesmo tempo, para os já iniciados, a sistematização de pontos eventualmente dispersos na doutrina.

Optou-se por tratar, primeiramente, da história do Direito Agrário no Brasil.

2. BREVE HISTÓRIA DO DIREITO AGRÁRIO NO BRASIL

A história da distribuição das terras no Brasil tem origem nas capitanias hereditárias, como destaca Arnaldo Rizzardo:[1]

> A origem mais antiga da distribuição de terra no Brasil remonta ao tempo das capitanias hereditárias, quando os reis lusos houveram por bem dividir a terra recém-descoberta a doze ricos portugueses, apesar de nem todos terem se dignado a vir do além-mar para tomar posse do quinhão respectivo.

Diante da necessidade de desenvolvimento da economia agrária das capitanias, Portugal decidiu-se pela distribuição de terras dos donatários das capitanias aos colonos. Para tanto, valeu-se do instrumento vigente no seu ordenamento, que era a sesmaria, transportado para a colônia.[2]

As sesmarias eram assim definidas nas Ordenações Filipinas, de 1603:

> Sesmarias são propriamente dadas de terra, casaes e pardieiros que foram ou são de alguns senhorios, e que já em outro tempo foram lavradas e aproveitadas e agora não o são.

Raymundo Laranjeira[3] destaca que as sesmarias alcançavam não apenas porções de terra, pois casaes eram granjas e pardieiros eram casas abandonadas. Demais disso, a legislação fixava um prazo para que se atribuísse aos bens um destino útil, findo o qual poderiam ser retomadas e dadas a outras pessoas.

Em Portugal, as sesmarias tinham um propósito, que era o da retomada da exploração de terras abandonadas e o combate ao êxodo rural. No entanto, como anota Benedito Ferreira Marques,[4] o Brasil possuía terras nunca antes exploradas e, por consequência, enquanto em Portugal as sesmarias eram

1 RIZZARDO, Arnaldo. O *uso da terra no direito agrário*. 2ª ed., Rio de Janeiro: Aide, 1983, p. 185.

2 LARANJEIRA, Raymundo. *Propedêutica do direito agrário*. 2ª ed., São Paulo: LTr, 1981, p. 20.

3 *Idem*, p. 20.

4 MARQUES, Benedito Ferreira. *Direito agrário brasileiro*. 9ª ed., São Paulo: Atlas, 2011, p.23.

uma forma de confisco, no Brasil assemelhavam-se à enfiteuse. Também a vastidão territorial da colônia sugeria a inadequação do instrumental existente em Portugal, país de pequena dimensão.

Com a introdução do regime sesmarial, o Brasil passou a ser uma fazenda do Rei de Portugal, como assinalou Octavio Mello Alvarenga,[5] ressaltando a origem pública da terra em nosso país.

O regime sesmarial no Brasil foi extinto em 14 de julho de 1822, sem ter alcançado resultados plenamente satisfatórios. Para que fossem consideradas regulares as sesmarias, os sesmeiros eram obrigados a cultivar, demarcar e obter da autoridade o reconhecimento das medidas das glebas. Dado que os agrimensores eram raros, como informa Octavio Mello Alvarenga,[6] e as terras apresentavam difíceis vias de penetração, os colonos não realizavam as medições, tampouco obtinham as confirmações. Ao revés, preferiam a "demarcação natural do espigão, divisor das águas que vertiam para este ou para aquele rio" (prática que origina, até hoje, problemas). Isso numa época em que os colonizadores da América do Norte já se valiam de medianos e paralelos para a demarcação, consoante acrescentou o autor em questão.

Em paralelo ao regime oficial das sesmarias, pairava a ocupação indiscriminada de terras.

Demais disso, o tratamento conferido às capitanias e sesmarias por Portugal, interessado exclusivamente nos rendimentos imediatos das culturas, é apontado como responsável pelo surgimento dos latifúndios brasileiros, como ilustra o seguinte trecho da lavra de Raymundo Laranjeira:[7]

> Por isso mesmo que se deu margem à proliferação dos latifúndios, no Brasil. Os imensos tratos de terra sesmeira eram compatíveis com a lavoura canavieira do litoral e com a pecuária extensiva dos sertões, as quais se achegavam à ganância, cada vez mais larga, da aristocracia latifundiária. Eram os nobres e outros apaniguados do reino os que mais se iam apropriando do território sesmariado.

Somente em 1850 o país recebeu a primeira lei sobre terras, a Lei nº 691, de 18 de setembro do mesmo ano. O longo hiato transcorrido desde a extinção das sesmarias deu ensejo só à concentração de muitas terras nas mãos de poucos, mas também propiciou a proliferação de minifúndios.[8]

Assim, a mencionada Lei representava uma tentativa de sistematizar a aquisição de propriedade imobiliária por meio da compra e venda e, simul-

---

5 ALVARENGA, Octavio Mello. *Manual de direito agrário*. Rio de Janeiro: Forense, 1985, p. 14.

6 LARANJEIRA, Raymundo. Op. cit., p. 25.

7 p. 28-29.

8 MARQUES, Benedito Ferreira. *Direito agrário brasileiro*. 9ª ed., São Paulo: Atlas, 2011, p. 127.

taneamente, trazer para o mundo jurídico situações fáticas decorrentes do regime sesmarial e de sua falência. Sobre os objetivos da citada lei, Benedito Ferreira Marques[9] assinalou:

> A "Lei de Terras", como tal consagrada e ainda hoje assim apelidada, foi votada pela Assembleia Geral e sancionada pelo Imperador e teve por objetivos básicos: (1) proibir a investidura de qualquer súdito, ou estrangeiro, no domínio de terras devolutas, excetuando-se os casos de compra e venda; (2) outorgar títulos de domínio aos detentores de sesmarias não confirmadas; (3) outorgar títulos de domínio a portadores de quaisquer outros tipos de concessões de terras feitas na forma da lei então vigorante, uma vez comprovado o cumprimento das obrigações assumidas nos respectivos instrumentos; e (4) assegurar a aquisição do domínio de terras devolutas através da legitimação de posse, desde que fosse mansa e pacífica, anterior e até a vigência da lei.

A chamada Lei de Terras também foi responsável pela criação do conceito de terras devolutas, que seriam aquelas dadas em sesmaria e devolvidas, por terem os sesmeiros caídos em comisso. Outro ponto a ser considerado foi a instituição do Registro do Vigário, no qual, facultativamente, as terras poderiam ser cadastradas.

Nada obstante, a mencionada lei não alcançou os resultados almejados, fosse pela falta de pessoal habilitado para a sua aplicação, fosse pelo enorme volume de terras para medir e a dificuldade de acesso.

O Código Civil de 1916, desprovido de caráter social, com enfoque apenas sobre relações privadas em matéria rural, tratou dos seguintes aspectos pertinentes ao Direito Agrário: divisão entre bens públicos e particulares, posse e regime de propriedade, espécies de direitos reais aplicáveis sobre imóveis rurais e outros institutos de eventual natureza agrarista (parceria, arrendamento, empreitada etc.).

A Constituição de 1934 previu, em seu artigo 5º, inciso XIX, alínea *c*, que competia à União legislar sobre "normas fundamentais do Direito Rural". No entanto, esta previsão motivou uma "avalanche de leis" sobre os mais diversos aspectos do território rural brasileiro, nas palavras de Raymundo Laranjeira. Tais iniciativas, para o autor, em razão de sucessivas crises políticas retardaram efetivas alterações fundamentais para a ordem agrária nacional.[10]

Cumpre assinalar que, antes do Estatuto da Terra, existiram vários projetos que objetivavam regular as atividades agrícolas. Todavia, nenhum foi

9 MARQUES, Benedito Ferreira. Op. cit., 9ª ed., São Paulo: Atlas, 2011 p. 25

10 LARANJEIRA, Raymundo. Op. cit., 2ª ed., São Paulo: LTr, 1981 pp. 48-49.

aprovado, embora os elaborados por Coutinho Cavalcanti (em 1954) e por Milton Campos (em 1961) sejam apontados como os mais próximos do enviado ao Congresso em outubro de 1964 pelo então Presidente da República.[11]

O surgimento de um verdadeiro Direito Agrário brasileiro deu-se com a Emenda Constitucional nº 10, de 10 de novembro de 1964, consoante registrou Octavio Mello Alvarenga:[12]

> Sintetizando as observações feitas até aqui: o Direito Agrário brasileiro tem sua certidão de nascimento na Emenda Constitucional nº 10, de 10 de novembro de 1964, pela qual se acrescentou à competência da União "legislar sobre direito agrário". O primeiro mandamento legal que se referiu ao novo capítulo da ciência jurídica foi o Estatuto da Terra – Lei nº 4.504, de 30.11.64 – que não somente criou o Instituto Brasileiro de Reforma Agrária (Ibra), e do Instituto Nacional do Desenvolvimento Agrícola (Inda), mais tarde transformados na Superintendência de Política Agrária (Supra), como criou o sistema do Cadastro das Terras Rurais.

Para Raymundo Laranjeira,[13] a Emenda sob comento teria sido editada para respaldar o Estatuto da Terra, Lei nº 4.0504, de 30 de novembro de 1964, principal fonte do Direito Agrário.

Por outro lado, a promulgação da mencionada Emenda caracterizou a autonomia legislativa do Direito Agrário.

Sua autonomia, além de legislativa, é científica e didática. Com efeito, apresenta conteúdo próprio, além de princípios e institutos peculiares. É, sob o ponto de vista didático, disciplina específica de cursos de graduação e pós-graduação.

Há quem acrescente ao Direito Agrário a autonomia jurisprudencial e a autonomia judiciária.[14]

No tocante à autonomia judiciária ou jurisdicional, não se concretizou, a despeito da Emenda Constitucional nº 45, de 2004, que deu ao artigo 126 da Carta Magna a redação seguinte:

> Art. 126. Para dirimir conflitos fundiários, o Tribunal de Justiça proporá a criação de varas especializadas, com competência exclusiva para questões agrárias.

---

11 ALVARENGA, Octavio Mello. Op. cit., Rio de Janeiro: Forense, 1985, pp. 79-80.

12 ALVARENGA, Octavio Mello. *Reforma, direito agrário e justiça agrária*. Disponível em: <http://www.iabnacional.org.br/IMG/pdf/doc-1908.pdf>. Acesso em 25/03/2011.

13 LARANJEIRA, Raymundo. Op. cit., 2ª ed., São Paulo: LTr, 1981, p. 53.

14 BARROS, Wellington Pacheco. *Curso de direito agrário*. 6ª ed., Porto Alegre: Livraria do Advogado, 2009, Vol. 1. p. 22.

A propósito da autonomia do Direito Agrário Brasileiro, Benedito Ferreira Marques[15] sentenciou:

> Já é entendimento pacífico entre os doutrinadores que o Direito Agrário goza de autonomia sob os seguintes aspectos: legislativo, científico, didático e jurisdicional. No Brasil, essa autonomia se apresenta apenas sob os aspectos legislativo, científico e didático, porquanto ainda não temos a Justiça Agrária, que representaria a autonomia jurisdicional.

Os principais diplomas legislativos que regem o Direito Agrário, além da Constituição Federal (artigos 184 a 191), são o Estatuto da Terra (Lei nº 4.504, de 30 de novembro de 1964) e a Lei nº 8.629, de 25 de fevereiro de 1993 (Reforma Agrária).

3. CONCEITO DE DIREITO AGRÁRIO

Wellington Pacheco Barros[16] chama a atenção para a dificuldade de conceituação do Direito Agrário, em razão da forte estrutura legislativa aplicável e da complexidade de situações que pretende abranger. A dificuldade, contudo, não o impediu de manifestar sua própria concepção:

> Por isso, de forma concisa, tenho que o Direito Agrário pode ser conceituado como o ramo do direito positivo que regula as relações jurídicas do homem com a terra.

Silvia Carlinda Barbosa Opitz e Oswaldo Opitz[17] trazem a seguinte conceituação do que entendem por Direito Agrário:

> Uma definição que nos parece abranger todo o seu campo é a seguinte: direito agrário é o conjunto de normas jurídicas concernentes ao aproveitamento do imóvel rural.

Já Raymundo Laranjeira[18] introduz a função social no conceito que formulou, *verbis*:

> Dessarte, diremos que o Direito Agrário é o conjunto de princípios e normas que, visando a imprimir função social à terra, regulam relações afeitas à sua pertença e uso e disciplinam a prática das atividades agrárias.

---

15 MARQUES, Benedito Ferreira. Op. cit., 9ª ed., São Paulo: Atlas, 2011, p. 10.

16 BARROS, Wellington Pacheco. Op. cit., p. 16.

17 OPITZ, Silvia C. B. e Opitz. Oswaldo. *Curso completo de direito agrário*. 4ª ed., São Paulo: Saraiva, 2010, p. 55.

18 LARANJEIRA, Raymundo. Op. cit., 2ª ed., São Paulo: LTr, 1981, p. 60.

Octavio Mello Alvarenga[19] cunhou definição que congrega os princípios da produtividade e justiça social:

> Direito agrário é o ramo da ciência jurídica, composto de normas imperativas e supletivas, que rege as relações emergentes da atividade do homem sobre a terra, observados os princípios de produtividade e justiça social.

Interessa esclarecer a razão da preferência, em sede nacional, da denominação Direito Agrário sobre Direito Rural. Para tanto, recorre-se a Benedito Ferreira Marques,[20] que sustenta:

> Explica-se que a preferência pela denominação "Direito Agrário" está no substantivo *ager*, *agri*, de que decorre o *agrarius*, significando campo. O Direito Rural, proveniente do substantivo *rus*, *ruris*, de que decorreu o *ruralis*, também quer significar campo. Mas esses termos não têm, a rigor, o mesmo sentido. O rural é concebido como o terreno que se situa distante da *urbs*, pouco importando a sua destinação. Já o agrário é considerado o campo suscetível de produção ou destinado à exploração. O rural tem a conotação estática, enquanto o agrário tem caráter dinâmico.

Corroboram a preferência pela nomenclatura Direito Agrário as palavras de Octavio Mello Alvarenga:[21]

> "Rural", refletindo um conceito estático, fotográfico e residual, indicará local distante da cidade. É termo que mais se destina ao museu etimológico da ciência agrarista. Contrapõe-se à raiz cinética, de agilização dos fatores produtivos, dos interesses em ação, do trabalho, do fluxo de progresso que se regulará pelo incremento "agrário".

Além disso, a doutrina brasileira acabou por consagrar a expressão Direito Agrário, não parecendo adequado substituí-la.

Uma vez examinadas algumas de suas definições, resta abordar o conteúdo do Direito Agrário, ou seja, o seu objeto.

4. CONTEÚDO DO DIREITO AGRÁRIO

A delimitação do conteúdo do Direito Agrário passa pelo elemento ruralidade ou agrariedade, como leciona Raymundo Laranjeira:[22]

---

19 ALVARENGA, Octavio Mello. Op. cit., Rio de Janeiro: Forense, 1985, p. 5.

20 MARQUES, Benedito Ferreira. Op. cit., 9ª ed., São Paulo: Atlas, 2011, p. 3.

21 ALVARENGA, Octavio Mello. Op. cit., p. 9.

22 LARANJEIRA, Raymundo. Op. cit., 2ª ed., São Paulo: Ltr, 1981, pp. 66-67.

> O ponto de partida para a verdadeira caracterização da matéria jus agrarista, da delimitação do conteúdo do Direito Agrário, vai se achar no que hemos de designar por elemento ruralidade. Este nos conduz à ideia do mundo rural, o que é de *rus*, e ainda nos mostra a noção de trato da terra, aquilo que é de *ager*; pode, por isso, ser também designado como *elemento agrariedade*. (original grifado)

A agrariedade, na visão do autor, é composta pelos seguintes fatores: a) o uso do solo e de seus acessórios; b) a pertinência a bens vegetais e/ou animais; c) a avaliação econômica, científica ou conservacionista dos produtos da terra.

Vale sublinhar que o autor traz exemplos de atividades despidas de agrariedade, os quais, por seu caráter didático, seguem reproduzidos:

> Não é rural ou agrário, p. ex., o labor da cata ou extração de minérios ou da captação de energia, como o cavucar de uma mina em uma fazenda, ou a obtenção de eletricidade a partir duma queda d'água no imóvel. Da mesma forma a tarefa, sem qualquer valoração significante, como da criação de gatos caseiros ou da formação de floricultura de jardim.[23]

Augusto Zenun,[24] ao tratar do conteúdo do Direito Agrário, observa que este abrange as relações decorrentes das atividades agrárias, isto é, as relações entre o homem e o solo e entre os próprios homens. Assim, sujeitos e objetos estariam voltados para "o racional e econômico aproveitamento da terra, ou seja, o desempenho da função social, que é a condicionante advinda da Constituição".

Entende Raymundo Laranjeira[25] que existe um tripé que dá sustentação ao conteúdo do Direito Agrário, formado por: a) as atividades agrárias; b) a organização do sistema fundiário; c) as relações jurídicas agrárias.

As atividades agrárias incluem a lavoura, a pecuária, o extrativismo vegetal e animal, as atividades hortigranjeiras, a agroindústria, o transporte e a comercialização dos produtos. Não pode ser olvidada, ainda, a agroindústria, que pode ser compreendida, de acordo com Benedito Ferreira Marques,[26] como o "processo industrializante desenvolvido nos mesmos limites territoriais em que são obtidos os produtos primários". Exemplificam a agroindústria as usinas de beneficiamento de arroz, a produção de rapaduras e farinha de mandioca.

23 Op. cit., p. 67.

24 ZENUN, Augusto. *O direito agrário e sua dinâmica.* Uberaba: Editora Vitória, 1984, p. 56.

25 LARANJEIRA, Raymundo. Op. cit., 2ª ed., São Paulo: LTr, 1981, p. 67.

26 MARQUES, Benedito Ferreira. Op. cit., 9ª ed., São Paulo: Atlas, 2011, p. 8.

Com relação à organização do sistema fundiário, compreende dois grupos de assuntos, que são os relacionados com apropriação da terra e os relacionados com a reorganização do sistema fundiário. No primeiro bloco, segundo classificação de Raymundo Laranjeira,[27] estariam as noções de direitos reais em torno do domínio e posse do prédio rústico, a identificação das terras públicas e privadas, as terras devolutas, a regularização das posses, as terras indígenas, os modos de aquisição e perda da propriedade rural e as regras sobre aquisição de terras pelos estrangeiros. O segundo bloco, do reordenamento, alcançaria as noções concernentes ao módulo rural, à indivisibilidade do prédio rústico, à caracterização do latifúndio e do minifúndio e das terras ociosas, à colonização, à reforma agrária, às formas de exploração agrária, aos órgãos de execução da reorganização fundiária e outros responsáveis por função administrativa ou judicante sobre a coisa rural.

Já as relações jurídicas agrárias, segundo o citado autor,[28] envolvem o exame do vínculo das pessoas com os bens e serviços rurais, notadamente o relacionamento contratual que tenha por objetivo o uso da terra. Tais relações abarcam ampla sorte de matérias, tais como: a utilização da terra; a empresa rural; a tributação do imóvel rural; a assistência as atividades agrárias (como a assistência financeira ou creditícia); os contratos de uso temporário da terra e demais contratos agrários.

O desenvolvimento das atividades agrárias apresenta características peculiares que demandam um sistema próprio de proteção, como explica Augusto Zenun:[29]

> Entretanto, é notório que, para consecução dos objetivos da atividade agrária, o trabalho exige determinada forma de vida, marcada por peculiaridades que, dadas as circunstâncias, têm características próprias e inigualáveis, fazendo compatibilizar o homem com o meio rural.
>
> Por isso mesmo é que se deve dar ao rurícola uma política toda especial, ou por melhor explicar, proteção e amparo condizentes com os maiores riscos, imprevisíveis e incontroláveis, oriundos das atividades agrárias, bastante diferenciadas dos demais setores da economia.
>
> Avulta-se, assim, nas atividades agrárias, mais do que em qualquer outra, um inescondível e deveras acentuado relacionamento entre o econômico e o social, cujas nuanças exigem tratamentos específicos e, ao mesmo tempo, multiformes.

Tais peculiaridades justificam a existência do Direito Agrário como ramo jurídico autônomo.

27 Op. cit., pp. 85-86.

28 *Ibidem*, p. 87.

29 ZENUN, Augusto. Op. cit., Uberaba: Editora Vitória, 1984, p. 25.

5. RELAÇÕES DO DIREITO AGRÁRIO COM OUTROS RAMOS DO DIREITO

Apesar de gozar de autonomia, o Direito Agrário não é um compartimento estanque, comunicando-se com outras áreas do conhecimento jurídico.

A relação com o Direito Civil é intensa, sendo este apontado como fonte principal do Direito Agrário. Isto se dá porque o primeiro deve ser aplicado em caso de omissão do segundo.

Destaca-se, ainda sua afinidade com o Direito Administrativo, mormente em razão das disposições do Estatuto da Terra relativas ao Incra. Além disso, o aproveitamento da terra, não raro, depende da instauração de processos administrativos.

O contato do Direito Agrário com o Direito do Trabalho, por sua vez, decorre da proteção do trabalhador rural.

É possível identificar áreas de contato também com o Direito Empresarial e com o Direito Imobiliário (sobretudo no que toca ao registro e ao cadastro do imóvel rural).

Assume especial relevo a relação com o Direito Ambiental. Para Wellington Pacheco Barros,[30] a disciplina teria origem no Estatuto da Terra:

> Mas, onde o direito agrário tem repercutido intensamente e mantém uma forte relação, é no direito ambiental. Isso porque, ao definir o que seria função social da propriedade rural, o Estatuto da Terra, no seu art. 2º, parágrafo único, exigindo o resguardo dos recursos naturais, em verdade, plantou a semente no país de um novo ramo da ciência do direito.

Já Augusto Zenun,[31] ao ressaltar que o solo e a água são recursos naturais indispensáveis ao desenvolvimento da produção agrícola e, como elementos perecíveis devem ser cuidados, deixa entrever a proximidade entre as disciplinas. E William Paiva Marques Júnior[32] relembra que, nos termos do artigo 186, inciso II, para que a propriedade rural cumpra a sua função social, deverá obedecer a legislação ambiental, o que demanda análise da respectiva legislação.

Quanto ao Direito Tributário, fornece ao Agrário elementos referentes ao Imposto sobre a Propriedade Rural, inclusive sua incidência progressiva sobre a propriedade improdutiva.

É certo, ainda, que o direito sofre o fenômeno da constitucionalização ou filtragem constitucional. Em decorrência, os institutos do Direito Agrário devem ser lidos e relidos a partir dos princípios e valores fixados

---

30 BARROS, Wellington Pacheco. Op. cit., 6ª ed., Porto Alegre: Livraria do Advogado, 2009, Vol. 1, p. 25.

31 Augusto. Op. cit., Uberaba: Editora Vitória, 1984, p. 51.

32 MARQUES JÚNIOR, William Paiva Marques. Op. cit., São Paulo: Atlas, 2010, p. 7.

na Constituição. Acerca da filtragem constitucional, Luís Roberto Barroso[33] teve oportunidade de assinalar:

> A Constituição passa a ser, assim, não apenas um sistema em si – com a sua ordem, unidade e harmonia – mas também um modo de olhar e interpretar todos os demais ramos do Direito. Este fenômeno, identificado por alguns autores como filtragem constitucional, consiste em que toda a ordem jurídica deve ser lida e apreendida sob a lente da Constituição, de modo a realizar os valores nela consagrados. A constitucionalização do direito infraconstitucional não identifica apenas a inclusão na Lei Maior de normas próprias de outros domínios, mas, sobretudo, a reinterpretação de seus institutos sob uma ótica constitucional

Observa-se, por consequência, que deve haver forte ligação entre o Direito Constitucional e o Direito Agrário. Lembre-se, por oportuno, que um dos seus princípios fundamentais, que é o da função social da propriedade rural, encontra fundamento e requisitos expressos na Constituição de 1988.

Não se cuidará, neste texto, da classificação do Direito Agrário como público ou privado. Tal classificação não se mostra compatível com o Estado Democrático de Direito, que prima pela eliminação ou redução da dicotomia entre a esfera pública e a privada.

6. INSTITUTOS DO DIREITO AGRÁRIO

O Direito Agrário possui institutos próprios, com definições peculiares, em torno dos quais as discussões da disciplina se desenrolam. Tais institutos lhe dão feição própria, distinguindo-o de outras famílias do Direito.

O Estatuto da Terra cuidou de criar institutos, fixando, no próprio texto legal as respectivas definições. A técnica de conceituação pelo direito positivo, apesar de criticável, é justificada por Wellington Pacheco Barros:[34]

> É verdade que se critica o sistema de conceituação de nomenclaturas mediante lei. No entanto, é possível se justificar a pretensão do legislador no Estatuto da Terra, pelo simples fato de que se estava querendo criar algo novo, sem qualquer parâmetro anterior. Portanto, ao invés de se deixar que a doutrina explicasse a terminologia do novo direito, que importaria em razoável decurso de tempo até sua plena sedimentação, o legislador procurou, de imediato, fixar-lhe o conteúdo e alcance, visando com isso a produzir efeitos imediatos.

O autor, conforme se vê, relaciona a nomenclatura positivada no Estatuto com o caráter inovador do Direito Agrário. Destaque-se que tal téc-

---

33 BARROSO, Luís Roberto (Org.). Op. cit., 3ª ed., Rio de Janeiro: Renovar, 2008, p. 44.

34 BARROS, Wellington Pacheco. Op. cit., 6ª ed., Porto Alegre: Livraria do Advogado, 2009, Vol. 1, p. 28.

nica também foi utilizada na Lei nº 8.666, de 21 de junho de 1993 (Lei de Licitações e Contratos da Administração Pública).

Embora a maioria dos institutos que serão examinados tenha previsão no Estatuto da Terra, há alguns que têm assento na Constituição de 1988 e na Lei nº 8.629/93.

Benedito Ferreira Marques[35] elenca como institutos jurídicos agrários: a) o imóvel rural; b) a função social do imóvel rural; c) o dimensionamento do imóvel rural e d) a classificação do imóvel rural. A função social configura-se como verdadeiro princípio do Direito Agrário e, portanto, ultrapassa o escopo deste trabalho.

É sobre o imóvel rural que se desenvolvem as atividades agrárias, de modo que este pode ser apontado como o principal instituto a ser estudado.

O Estatuto define o imóvel rural em seu artigo 4º, *verbis*:

> Art. 4º Para os efeitos desta lei, definem-se:
> I – Imóvel rural, o prédio rústico, de área contínua, qualquer que seja a sua localização, que se destine a exploração agrícola, pecuária ou agroindustrial, quer através de planos públicos de valorização, quer através da iniciativa privada.

A expressão "área contínua" tem um sentido econômico e não meramente físico, segundo o magistério de Sílvia C. B. Opitz e Oswaldo Opitz,[36] para quem:

> A palavra "contínuo" aqui tem um sentido que transcende todos os sentidos apontados. É a *utilitas* da área, isto é, deve haver continuidade na utilidade do imóvel, embora haja interrupção por acidente, por força maior, por lei da natureza ou fato do homem. Há unidade econômica na exploração do prédio rústico. A vantagem é econômica e não física, como aparenta a expressão legal. Se a propriedade é dividida em duas partes por uma estrada ou por um rio, embora não haja continuidade no espaço, há continuidade econômica desde que explorada convenientemente por seu proprietário. É o proveito, a produtividade, a utilidade que se exige da continuidade da área que constitui o imóvel rural.

A destinação do imóvel é critério que prevalece sobre a localização geográfica. Portanto, não basta tomar como rústico o imóvel situado fora do perímetro urbano. Se a legislação tributária chegou a sugerir que a localização do imóvel em área rural preponderava sobre a sua destinação, a doutrina cuidou de superar a controvérsia. É exemplo de tal orientação a lição de Octavio Mello Alvarenga[37] a seguir transcrita:

---

35 MARQUES, Benedito Ferreira. Op. cit., 9ª ed., São Paulo: Atlas, 2011, pp. 29-69.

36 OPITZ, Silvia C. B. e Opitz, Oswaldo. Op. cit., 4ª ed., São Paulo: Saraiva, 2010, p. 64.

37 ALVARENGA, Octavio Mello. Op. cit., Rio de Janeiro: Forense, 1985, p. 9.

> No que respeita ao direito agrário a conceituação básica de imóvel rural significa a superação do velho critério distintivo do rural e urbano, estabelecido no Código Civil pela localização, que até mesmo a jurisprudência, em sua função criadora, veio a repudiar, acolhendo o conceito de destinação como repousante da distinção entre imóvel rural e urbano, num país em que, dentre quase 4.000 municípios, sem exagero não cheguem a mil aqueles que tenham o seu perímetro urbano definido regularmente em lei municipal.

Não são imóveis rurais os sítios ou chácaras de recreio, destinados ao lazer e cuja produção não é voltada à comercialização.[38]

No que toca ao dimensionamento do imóvel rural, tem-se o módulo rural, a fração mínima de parcelamento e o módulo fiscal.

O módulo rural está previsto no artigo 4º, inciso III, do Estatuto da Terra. Corresponde à área de terra para o desenvolvimento de determinada atividade agrícola, suficiente para a produção dos meios de subsistência. Varia de acordo com a região e o tipo de atividade exercida. É a unidade básica da terra e equivale à área da propriedade familiar.[39]

Quanto à fração mínima de parcelamento, prevista na Lei nº 5.868, de 12 de dezembro de 1972, é a menor porção em que pode ser desmembrado o imóvel rural. Prevalecerá a menor medida resultante da comparação do módulo rural com a fração mínima de parcelamento.

O módulo fiscal tem finalidade tributária, servindo especialmente como elemento constitutivo de fixação do Imposto Territorial Rural.

A classificação do imóvel rural divide-se em: latifúndio, minifúndio, propriedade familiar, pequena propriedade, média propriedade, empresa rural e propriedade produtiva.

Existem duas formas de latifúndio (artigo 4º, inciso V, do Estatuto da Terra): por extensão e por exploração. O latifúndio por extensão é caracterizado pelo tamanho, que deve ser 600 vezes maior que o módulo fiscal. Já o por exploração existe quando não é explorado ou o é de forma deficiente.

Os latifúndios não cumprem a função social da propriedade rural e são combatidos por intermédio da desapropriação e da tributação elevada.

Minifúndio (artigo 4º, inciso IV, do Estatuto) é o imóvel rural de área e possibilidade inferiores às da propriedade familiar. É nocivo porque não gera o suficiente para a subsistência da família que o explora, impedindo seu progresso. Não gera impostos, nem viabiliza a obtenção de crédito. Não cumpre, pois, a função social, devendo ser combatido. Arnaldo Rizzardo[40] associa minifúndio e êxodo rural:

---

38 RIZZARDO, Arnaldo. *O uso da terra no direito agrário*. 2ª ed., Rio de Janeiro: Aide, 1983, pp. 56-57.

39 Op. cit., p. 14.

40 Op. cit., p. 18.

> À sua proliferação, até há bem pouco, se credita incomensurável mal à nação, qual seja, o êxodo rural de grande leva de agricultores, os quais vieram a se marginalizar nas periferias das metrópoles, pois não conseguiram subsistir no reduzido imóvel que possuíam.

Propriedade familiar é o imóvel com extensão superficial para o sustento do agricultor e da sua família, possibilitando, ainda, certo progresso econômico e social. Está previsto no artigo 4º, inciso II, do Estatuto da Terra. Equipara-se ao imóvel rural.

Pequena propriedade e média propriedade não foram termos previstos no Estatuto da Terra, mas na Constituição de 1988 que, em seu artigo 185, considerou-as insuscetíveis de desapropriação para fins de reforma agrária. Ambas foram definidas pela Lei nº 8.629, de 25 de fevereiro de 1993. Por força de veto presidencial, restou como requisito exclusivo destas classificações o tamanho do imóvel, de modo que pequena propriedade será aquela de área entre um e quatro módulos fiscais, ao passo que a média terá área entre 4 e 5 módulos fiscais.

A empresa rural (artigo 4º, inciso VI) é um empreendimento que, por meio da produção agrícola, objetiva a obtenção do lucro. Alinha Benedito Ferreira Marques,[41] a partir da legislação de regência, as seguintes características da empresa rural:

> I – é um empreendimento que se consubstancia na exploração de atividades agrárias;
> II – pressupõe um estabelecimento, composto de uma área rural, pertencente ou não ao empresário;
> III – tem por finalidade o lucro;
> IV – é de natureza civil, portanto não é comercial nem industrial.

A definição de propriedade produtiva é encontrada no artigo 6º da Lei nº 8.629/93. Corresponde à propriedade que "explorada econômica e racionalmente, atinge, simultaneamente, graus de utilização da terra e de eficiência na exploração, segundo índices fixados pelo órgão federal competente". Num primeiro momento, parece haver identidade entre o instituto e a empresa rural. Porém, como adverte Benedito Ferreira Marques,[42] a propriedade produtiva prende-se apenas ao componente econômico da função social da propriedade rural, ao passo que a empresa rural tem alcance mais abrangente.

41 MARQUES, Benedito Ferreira. Op. cit., 9ª ed., São Paulo: Atlas, 2011, p. 64.

42 MARQUES, Benedito Ferreira. Op. cit., 9ª ed., São Paulo: Atlas, 2011, p. 65.

Além dos institutos examinados, destaca-se a colonização, que veio delineada no inciso IX do artigo 4º do Estatuto da Terra nos termos seguintes:

> Art. 4º Para os efeitos desta Lei, definem-se:
> [...]
> IX – "Colonização", toda a atividade oficial ou particular, que se destine a promover o aproveitamento econômico da terra, pela sua divisão em propriedade familiar ou através de Cooperativas

A definição, considerada falha por Octavio Mello Alvarenga,[43] foi aperfeiçoada com a edição do Decreto nº 59.428, de 27 de outubro de 1966, cujo artigo 5º estabeleceu, *verbis*:

> Art. 5º Colonização é toda atividade oficial ou particular destinada a dar acesso à propriedade da terra e a promover seu aproveitamento econômico, mediante o exercício de atividades agrícolas, pecuárias e agroindustriais, através da divisão em lotes ou parcelas, dimensionados de acordo com as regiões definidas na regulamentação do Estatuto da Terra, ou através das cooperativas de produção nela previstas.

A respeito do sentido atual da colonização, Benedito Ferreira Marques[44] anotou que, ao contrário do trabalho iniciado no país com Martim Afonso de Souza, em 1531, seu objetivo não é mais o de ocupação de áreas vazias, mas o de povoamento com preocupação de atribuir-se sentido econômico as áreas, por meio de exploração de atividades agrárias. A colonização pode ser oficial ou particular, conforme seja o colonizador o Poder Público ou a iniciativa privada.

A relação de institutos ora empreendida não é exaustiva, sendo certo que se optou por tratar daqueles tidos por exclusivos do Direito Agrário e considerados mais relevantes no âmbito da disciplina.

7. BIBLIOGRAFIA

ALVARENGA, Octavio Mello. *Manual de direito agrário*. Rio de Janeiro: Forense, 1985.

________. *Reforma, direito agrário e justiça agrária*. Disponível em: <http://www.iabnacional.org.br/IMG/pdf/doc-1908.pdf>. Acesso em 25/03/2011.

BARROS, Wellington Pacheco. *Curso de direito agrário*. Vol. 1. 6ª ed., Porto Alegre: Livraria do Advogado, 2009.

43 ALVARENGA, Octavio Mello. Op. cit., Rio de Janeiro: Forense, 1985, p. 19.

44 MARQUES, Benedito Ferreira. Op. cit., p. 66.

BARROSO, Luís Roberto (Org.). *A nova interpretação constitucional:* ponderação, direitos fundamentais e relações privadas. 3ª ed., Rio de Janeiro: Renovar, 2008.

LARANJEIRA, Raymundo. *Propedêutica do direito agrário.* 2ª ed., São Paulo: LTr, 1981.

MARQUES, Benedito Ferreira. *Direito agrário brasileiro.* 9ª ed., São Paulo: Atlas, 2011.

MARQUES JÚNIOR, William Paiva. *Direito agrário.* São Paulo: Atlas, 2010.

OPITZ, Silvia C. B. e Opitz, Oswaldo. *Curso completo de direito agrário.* 4ª ed., São Paulo: Saraiva, 2010.

RIZZARDO, Arnaldo. *O uso da terra no direito agrário.* 2ª ed., Rio de Janeiro: Aide, 1983.

ZENUN, Augusto. *O direito agrário e sua dinâmica.* Uberaba: Editora Vitória, 1984.

O IMPACTO DO DIREITO DO AGRONEGÓCIO NA INTEGRAÇÃO E NA SUSTENTABILIDADE DO CAMPO-CIDADE (CIDADE-MÉDIA): ANÁLISE SOB A PERSPECTIVA DO ESTATUTO DA CIDADE

Frederico Price Grechi

1. DIREITO URBANÍSTICO: ESTATUTO DA CIDADE E OS SEUS POSTULADOS

O Direito Urbanístico é uma recente disciplina autônoma,[1] em acentuada evolução, tanto no direito brasileiro[2] quanto no direito comparado.[3] O seu conceito está intimamente relacionado à cidade e às necessidades conexas com o estabelecimento humano. Daí porque o urbanismo evolui com a cidade. No Brasil, por força de influxos políticos e sócioeconômicos na

---

1 LIRA, Ricardo Pereira. Direito Urbanístico, Estatuto da Cidade e Regularização Fundiária. In *Direito da Cidade*. Novas Concepções sobre as Relações Jurídicas no Espaço Social Urbano. Rio de Janeiro: Lumen Juris, 2007, p. 5: "a autonomia do Direito Urbanístico deita suas raízes no próprio Direito Constitucional".

2 No âmbito do direito brasileiro, pode-se dizer que foi concebido por MEIRELLES, Hely Lopes. *Direito Municipal brasileiro*. 11ª ed. São Paulo: Malheiros Editores, 2000, p. 433: "Para nós, urbanismo é o conjunto de medidas estatais destinadas a organizar os espaços habitáveis, de modo a propiciar melhores condições de vida ao homem na comunidade. Entendam-se por espaços habitáveis todas as áreas em que o homem exerce coletivamente qualquer das quatro funções sociais: habitação, trabalho, circulação, recreação. Assim sendo, o urbanismo é incumbência de todos os níveis de governo e se entende a todas as áreas da cidade e do campo, onde as realizações humanas ou a preservação da natureza possam contribuir par ao bem-estar individual e coletivo. Mas, como nas cidades se concentram populações, suas áreas exigem mais e maiores empreendimentos urbanísticos, visando a oferecer o maior bem para o maior número – objetivo supremo do moderno urbanismo."

3 Consulte-se, por todos, ANTUNES, Luis Filipe Colaço. *Direito urbanístico. Um outro paradigma: a planificação modesto-situacional*. Coimbra: Almedina, 2002, p. 70.

segunda metade do século XX, esse centro populacional urbano cresceu em proporção superior à população rural, gerando graves e sérios problemas cuja solução demanda a ordenação e a correção dos espaços urbanos habitáveis por meio de um planejamento adequado com vistas a assegurar a preservação do meio ambiente natural e cultural e o desenvolvimento sustentável econômico-social da *urbs* em favor do bem-estar da coletividade,[4] presente e futura.[5]

Dada a localização da cidade, a sua extensão, a sua configuração e a sua magnitude não são e nem podem ser realizações privadas, mas sim, públicas, na medida em que interessam à coletividade, condicionando a vida comunitária e pessoal de todos os membros da comunidade no espaço urbano.[6] Razão pela qual, no Direito Urbanístico, são tutelados, de forma precípua, os interesses e direitos transindividuais.[7]

A dignidade da pessoa humana figura como o núcleo central de um sistema composto por feixe de interesses e direitos[8] (moradia, educação, trabalho,

---

4 Expressão tomada numa acepção ampla para albergar direitos difusos e coletivos, espécies do gênero transindividual. A garantia do direito a cidades sustentáveis para as gerações presentes e futuras está assegurada no artigo 2º, inciso I, da Lei nº 10.257/2001 (Estatuto da Cidade).

5 SILVA, José Afonso da. *Direito Urbanístico brasileiro*. 5ª ed. São Paulo: Malheiros Editores, 2008, pp. 19-27: "Enfim, do ponto de vista urbanístico, um centro populacional assume característica de cidade quando possui dois elementos essenciais: (a) as unidades edilícias – ou seja, o conjunto de edificações em que os membros da coletividade moram ou desenvolvem suas atividades produtivas, comerciais, industriais ou intelectuais; (9b) os equipamentos públicos – ou seja, os bens públicos e sociais criados para servir às unidades edilícias e destinados à satisfação das necessidades de que os habitantes não podem prover-se diretamente e por sua própria conta (estrada, ruas, praças, parques, jardins, canalização subterrânea, escolas, igrejas, hospitais, mercados, praças de esportes, etc.). [...] A urbanização gera enormes problemas. Deteriora o ambiente urbano. Provoca a desorganização social, com carência de habitação, desemprego, problemas de higiene e de saneamento básico. Modifica a utilização do solo e transforma a paisagem urbana".

6 LIRA, Ricardo Pereira. *Elementos de Direito Urbanístico*. Rio de Janeiro: Renovar, 1997, p. 371.

7 A propósito da definição de interesses ou direitos transindividuais, remetemos ao artigo 81 da Lei nº 8.078/90: "Art. 81. A defesa dos interesses e direitos dos consumidores e das vítimas poderá ser exercida em juízo individualmente, ou a título coletivo. Parágrafo único. A defesa coletiva será exercida quando se tratar de: I – interesses ou direitos difusos, assim entendidos, para efeitos deste código, os transindividuais, de natureza indivisível, de que sejam titulares pessoas indeterminadas e ligadas por circunstâncias de fato; II – interesses ou direitos coletivos, assim entendidos, para efeitos deste código, os transindividuais, de natureza indivisível de que seja titular grupo, categoria ou classe de pessoas ligadas entre si ou com a parte contrária por uma por uma relação jurídica base".

8 PERLINGIERI, Pietro. *Perfis de Direito Civil – Introdução ao Direito Civil Constitucional*. Rio de Janeiro: Renovar, 1999, p. 156: "Não existe um número fechado de hipóteses tuteladas: tutelado é o valor da pessoa sem limites, salvo aqueles colocados no seu interesse e naqueles de outras pessoas"

saúde, serviços e transporte públicos, patrimônio cultural, meio ambiente natural etc.), que, em última análise, promovem o direito às cidades sustentáveis.[9]

Nesse contexto, insta salientar que a Constituição de 1988, norma fundamental[10] que confere unidade e coerência ao sistema jurídico,[11] houve por bem consagrar a dignidade da pessoa humana como o primeiro dos direitos fundamentais,[12] privilegiando, assim, as situações jurídicas existenciais,[13] Este novel cenário metodológico da constitucionalização dos diversos ramos do direito – entre os quais o Direito Urbanístico –, tem como mola

---

9 CAVALAZZI, Rosangela Lunardelli. O estatuto epistemológico do Direito Urbanístico brasileiro: possibilidades e obstáculos na tutela do direito à cidade. In *Direito da Cidade*. Novas Concepções sobre as Relações Jurídicas no Espaço Social Urbano. Rio de Janeiro: Lumen Juris, 2007, p. 57: "[...] como direito humano na categoria dos interesses difusos".

10 ENTERRÍA, Eduardo García de. *La Constitución como norma y el tribunal constitucional*. Madrid: Civitas, 1994, p. 95: "La supremacía de la Constitución sobre todas las normas y su caráter central em la construcción y em la validez del ordenamiento em su conjunto, obligan a intepretar este em cualquier momento de su aplicación – por operadores públicos o por operados privados, por Tribunales o por órganos legislativos o administrativos – em el sentido que resulta de los princípios y reglas constitucionales, tanto los generales como los específicos referentes a la matéria de que se trate".

11 BOBBIO, Noberto. *Teoria do ordenamento jurídico*. tradução Maria Celeste Cordeiro Leite dos Santos. 10ª ed., Brasília: UnB, 1999, p. 58-59: "Dado o poder constituinte como poder último, devemos pressupor, portanto, uma norma que atribua ao poder constituinte a faculdade de produzir normas jurídicas, essa norma é a norma fundamental. [...]. Posto um ordenamento de normas de diversas procedências, a unidade do ordenamento postula que as normas que o compõem sejam unificadas. [...] Essa norma única não pode ser senão aquela que impõe obedecer ao poder originário do qual deriva a Constituição, que dá origem às leis ordinárias, que, por sua vez, dão origem aos regulamentos, decisões judiciárias etc.".

12 A dignidade da pessoa humana foi consagrada como o primeiro dos direitos fundamentais (CF, art. 1º, inciso III). A sua posição topológica no texto da Carta Constitucional revela, a um só tempo, o seu superior *status* principiológico, como alicerce central dos objetivos a serem implementados pelo Estado, e a sua função como vetor axiológico. MORAES, Maria Celina Bodin de. O princípio da dignidade humana. *In: Princípios do Direito Civil contemporâneo*. Rio de Janeiro: Renovar, 2006, p. 14: "[...] a Constituição democrática de 1988 explicitou, no art. 1º, III, a dignidade da pessoa humana como um dos 'fundamentos da República'. A dignidade humana, então, não é criação da ordem constitucional, embora seja por ela respeitada e protegida. A Constituição consagrou o princípio e, considerando a sua eminência, proclamou-o entre os princípios fundamentais, atribuindo-lhe o valor supremo de alicerce da ordem jurídica democrática".

13 O legislador constituinte privilegiou os valores não patrimoniais para os quais devem se voltar as situações jurídicas patrimoniais. TEPEDINO, Gustavo. Premissas metodológicas para a constitucionalização do Direito Civil. *In: Temas de Direito Civil*. Rio de Janeiro: Renovar, 1999, p. 22.

propulsora o vetor jurídico-axiológico da dignidade da pessoa humana, que foi alçado ao vértice do ordenamento jurídico, desencadeando a crise da dicotomia rígida entre o público e o privado. A dignidade da pessoa revela-se, pois, num ponto de confluência de interesses públicos e privados, transindividuais e individuais, impondo-se, assim, a releitura da *summa divisio* público-privado,[14] e, por via de consequência, dos inúmeros institutos jurídicos, como a propriedade urbana.[15]

O legislador constituinte de 1988 dispensou tratamento específico ao Direito Urbanístico. Foram traçadas normas de competência em favor da União, dos Estados e dos Municípios de modo a lhes facultar o estabelecimento do regramento sobre o urbanismo (arts. 21, incisos IX, XX e XXI; 24, inciso I; 30, incisos I, II, VIII e IX, da CF).[16]

Na Carta Constitucional foram também consagradas normas sobre a política do desenvolvimento urbano[17] e ordenação do pleno desenvolvimento das funções sociais da cidade e da garantia do bem-estar dos seus habitantes, propriedade urbana e a sua função social, desapropriação dos imóveis urbanos mecanismos para o adequado aproveitamento do solo urbano, etc. (arts. 30, inciso VIII; 182 e 183 da CF), bem como foi dada proteção paisagística, artística e histórica (arts. 30, inciso IX; 215 e 216, da CF).[18]

Em atendimento ao comando do constituinte, ao Estatuto da Cidade, instituído pela Lei nº 10.257/2001, coube estabelecer as diretrizes gerais.[19] Seu objetivo precípuo foi de ordenar o pleno desenvolvimento das fun-

---

14 GIORGIANNI, Michelli. Direito Privado e as suas atuais fronteiras. *In: Revista dos Tribunais*, São Paulo, vol. 747, jan. 1998, p. 55. NEGREIROS, Teresa. Dicotomia público-privado frente ao problema da colisão de princípios. *In Teoria dos Direitos Fundamentais*. Ricardo Lobo Torres (Org.). Rio de Janeiro: Renovar, 1999, pp. 340 e 372.

15 Acerca da releitura da propriedade urbana imóvel, consulte-se, por todos, TORRES, Marcos Alcino de Azevedo. Instrumentos urbanísticos e a propriedade urbana imóvel. *In: Problemas de Direito Civil-Constitucional*. TEPEDINO, Gustavo (Coord.). Rio de Janeiro: Renovar, 2000, pp. 467-473.

16 Sobre as competências urbanísticas, confira-se DI SARNO, Daniela Campos Libório. *Estatuto da Cidade (comentários à Lei Federal 10.257/2001)*. 2ª ed. DALLARI, Adilson Abreu, FERRAZ, Sérgio (Coord.). São Paulo: Malheiros Editores, 2006, pp. 61-70.

17 Confira-se VICHI, Bruno de Souza. *Política urbana. Sentido jurídico, competências e responsabilidades*. Belo Horizonte: Fórum, 2007.

18 Veja-se, entre outros, MACHADO, Paulo Affonso Leme. *Direito Ambiental brasileiro*. 16ª ed. São Paulo: Malheiros Editores, 2008, pp. 929-945.

19 Sobre o conceito de normas gerais, confira-se BARROSO, Luís Roberto. *Temas de Direito Constitucional*. 2ª ed. Rio de Janeiro: Renovar, 2002, p. 188: "[...] deve a União limitar-se a estabelecer normas gerais, conceito sujeito a elevado grau de indeterminação. É certo, todavia, que tem sido considerada norma geral aquela que tem por objeto princípios e questões fundamentais, tratados em termos esquemáticos, não sendo próprio a norma dessa natureza cuidar de pormenores ou esgotar o tema que está sendo versado".

ções sociais da cidade e garantir o bem-estar dos seus habitantes (art. 182 da CF). Daí porque diz-se, acertadamente, que o Estatuto da Cidade é um do pilares do Direito Urbanístico que contém relevantes instrumentos para implantação das funções sociais da cidade e da propriedade urbana.[20]

Entre os postulados estabelecidos no Estatuto da Cidade com objetivos de nortear os legisladores e os administradores,[21] destacamos, para o escopo deste projeto, (i) a garantia do direito às cidades sustentáveis, entendido como o direito à terra urbana, à moradia, ao saneamento ambiental, à infraestrutura urbana, ao transporte e aos serviços públicos, ao trabalho e ao lazer, para as presentes e futuras gerações, (ii) a integração e complementariedade entre as atividades urbanas e rurais, tendo em vista o desenvolvimento econômico no município e do território sob a sua área de influência e (ii) a cooperação entre os governos, a iniciativa privada e os demais setores da sociedade no processo de urbanização, em atendimento ao interesse social e (art. 2º, incisos I, III e VII).

2. INTEGRAÇÃO E SUSTENTABILIDADE DO CAMPO-CIDADE NO ESTATUTO DA CIDADE. UTOPIA?

Autorizada doutrina reconhece na integração do campo-cidade um indeclinável ponto relevante na política urbana, que impede raciocinar-se e agir em termos de separação rígida entre o espaço urbano e o espaço rural. As fronteiras se flexibilizaram, as atividades se integram e se complementam, pois o urbano e o rural fazem parte do território do município.[22]

Cumpre, então, ao urbano estar atento ao rural, e dele não se olvidar. A política pública urbana deve direcionar-se no sentido de promover a integração entre a cidade e o campo, levando em conta o setor rural e as peculiaridades que lhe são próprias.

O setor rural produz artigos agrícolas, alimentícios, laticínios direcionados ao setor urbano, no qual, por sua vez, estão localizados os setores industrial, comercial e de prestação de serviços mais desenvolvidos. Não se pode, pois, conceber a ideia de considerá-los – urbano (cidade) e rural (campo) –, em separados; é necessário promover a integração entre as atividades urbanas e rurais, harmonizando e compatibilizando-as.

---

20 LIRA, RICARDO PEREIRA. Op. cit., pp. 6-7.

21 FILHO, José dos Santos Carvalho. *Comentários ao Estatuto da Cidade*. Rio de Janeiro: Lumen Juris, 2005, pp. 20-21: "Diretrizes gerais da política pública são o conjunto de situações urbanísticas de fato e de direito a serem alvejadas a ordem urbanística, de modo a assegurar o bem-estar das comunidades em geral".

22 MEDAUAR, Odete. *Estatuto da Cidade. Comentários*. 2ª ed. São Paulo: RT, 2004, p. 34.

Tal exigência impõe ao Poder Público o dever de promover ações com vistas a estreitar as relações sociais e econômicas entre o campo e a cidade, notadamente nas áreas de influência desta,[23] utilizando as técnicas e os instrumentos da ciência urbanística no planejamento da cidade, disciplinando o seu crescimento e suprindo as necessidades básicas do homem[24]. Somente assim se poderá, concretamente, implementar a integração urbano-rural necessária à função social da cidade com vistas ao bem-estar da coletividade.

Nessa linha de raciocínio, o grupo formado por membros do Ministério do Meio Ambientedo, Instituto Brasileiro do Meio Ambiente e Recursos Naturais Renováveis (Ibama), Consórcio 21 do Instituo Brasileiro de Administração Municipal (Ibam), do Instituto de Estudo da Religião (Iser) e da Rede de Desenvolvimento Humano (Redeh), baseando-se nos princípios da Agenda 21 e Agenda Habitat, dos tratados internacionais dos quais o Brasil é signatário, da Constituição de 1988 e da legislação infraconstitucional, concebeu 4 (quatro) estratégias para a sustentabilidade urbana como sendo prioritárias para o desenvolvimento sustentável das cidades brasileiras.[25] Entre elas, pontuou-se a promoção do desenvolvimento institucional e o fortalecimento da capacidade de planejamento e gestão democrática da cidade, incorporando no processo a dimensão ambiental urbana e assegurando a efetiva participação da sociedade, por meio da "integração entre as políticas urbanas e rurais, visando a complementariedade das atividades e a redução dos impactos ambientais provocados nessas duas esferas, seja pelos perfis de produção e consumo, pela poluição e contaminação geradas ou pelos fluxos de população".

Além da colaboração entre governos, uma eficiente integração entre as dimensões urbana e rural pressupõe, também, a participação da iniciativa privada e dos demais setores da sociedade no processo de transformação da cidade, em atendimento ao interesse social, consoante o disposto na diretriz prevista no artigo 2º, inciso VII, do Estatuto da Cidade. Nesse contexto, vale salientar, ainda, o relevante papel da iniciativa privada e das entidades sociais também na gestão democrática da cidade, por meio de mecanismos criados pelo Estatuto da Cidade.[26]

23 FILHO, JOSÉ DOS SANTOS CARVALHO. Op. cit., pp. 29-30.

24 SÉGUIN, Élida. *Estatuto da Cidade*. 2ª ed. Rio de Janeiro: Forense, 2005, p. 12.

25 VIEIRA, Juliana de Souza Reis. Cidades sustentáveis. *In: Fundamentos Teóricos do Direito Ambiental*. MOTA, Mauricio (Coord.). São Paulo: Elsevier, 2008, p. 337.

26 Entre eles, podemos citar os órgãos colegiados de política urbana nos âmbitos nacional, estadual, municipal; debates, audiências e consultas públicas; conferências sobre assuntos de interesse urbano, nos níveis nacional, estadual e municipal; e iniciativa popular de projeto de lei e de planos, programas e projetos de desenvolvimento urbano.

Deveras, a propriedade urbana não pode ficar ociosa, sem destinação específica ou ainda sem qualquer utilização, e o interesse do particular (proprietário)[27] cede lugar para o interesse público transindividual urbanístico,[28] que, por sua vez, deve promover uma interseção público/privado,[29] com vista ao atendimento das necessidades, coletivas e particulares, dos cidadãos quanto à implementação da justiça[30] social[31] à qualidade de vida e ao desenvolvimento sustentável das atividades econômicas, observados os postulados (diretrizes) do Estatuto da Cidade.

---

27 Há quem entenda que deva ser protegido o núcleo mínimo (poder de disposição) do direito de propriedade, como é o caso da garantia da justa indenização a ser fixada pelo juiz na hipótese prevista do § 4º do artigo 1.228 do Código Civil. Sobre o assunto, confira-se CARDOSO, Fernanda Lousada. *Propriedade privada urbana obriga? Análise do discurso doutrinário e da aplicação jurisprudencial.* Rio de Janeiro: Renovar, 2008.

28 CARRERA, Francisco. *Cidade sustentável. Utopia ou realidade?* Rio de Janeiro: Lumen Juris, 2005, p. 100.

29 GARCIA, Maria (Coord.). *A Cidade e seu estatuto.* São Paulo: Juarez de Oliveira, 2005, p. 40: "Para que serve uma cidade? Acontece na interseção público/privado: habitar em comum, mantendo as distinções, as individualidades."

30 SANCHÍS, Luis Pietro. *Apuntes de teoria del Derecho.* 2ª ed. Madrid: Editorial Trotta, 2007, p. 99: "El Derecho positivo ha incorporado gran parte de los contenidos o valores de justicia". CUNHA, Paulo Ferreira. *Filosofia do Direito.* Coimbra: Almedina, 2004, pp. 189-192: "A Justiça, que segundo refere uma glosa, é mãe do Direito, tem dificuldades idênticas não por vicissitudes civilizacionais, mas por razões temporais. Cada tempo se concentra em alguns dos seus aspectos, dela projectando uma diversa imagem. Elenquemos rapidamente o que pode ser a Justiça, ou seja, em que categoriais se manifesta ela: como uma virtude, como um valor, como um princípio – sobretudo. [...] A Justiça passa de algum modo a encontrar-se num Direito Natural de princípios. E as grandes Declarações de Direitos e Constituições modernas serão os arautos de tal Direito Natural. O qual, de tão positivado, se arriscou a tornar-se supérfluo. Menos ambiciosos, os tempos seguintes de vez em quando invocam o princípio da Justiça. Hoje se invoca em alguns ramos mais que noutros. O valor Justiça corresponde, por seu turno, a uma fase moderna axiologizada e laicizada. Mas todas as teorias são de todos os tempos. E nos nossos dias, neste nosso tempo de confluências e encruzilhadas, a Justiça pode e talvez deva ser virtude, valor e princípio. E pode ser outras coisas. Por exemplo, à falta de Bem Comum, conceito cheio de significado, mas por vezes contado negativamente, fala-se cada vez mais em Justiça Social. As Justiças adjectivadas abundam. Temos de perseguir nas palavras os sentidos para além das circunstâncias dos tempos".

31 A noção de justiça social derivada da igualdade, infere-se, segundo parece-me, da seguinte passagem de RAWLS, John. *O Direito dos Povos.* Rio de Janeiro: Martins Fontes, 2004, p. 46: "Inicialmente, podemos supor que o resultado de elaborar o Direito dos Povos apenas para sociedades democráticas liberais será a adoção de certos princípios da igualdade entre os povos. Esses princípios, suponho, também abrirão espaço para várias formas de associação e federações cooperativas entre os povos, mas não afirmarão um Estado mundial". Para um aprofundamento sobre a Teoria da Justiça formulada por John Rawls, consulte-se CIOTALA, Marcello Raposo. *Relativismo, universalismo e justiça distributiva:* um estudo sobre a Teoria da Igualdade Complexa e a Teoria da Justiça como imparcialidade. Tese. Pontifícia Universidade Católica do Rio de Janeiro (PUC-RIO), 2005.

Embora a expressão "qualidade de vida" seja um conceito jurídico indeterminado e, portanto, mutável e dinâmico em vista do desenvolvimento da sociedade e da alteração dos padrões de consumo,[32] é preciso estabelecer um conjunto de fatores (ações e instrumentos) que servirá de balizamento para um padrão mínimo de qualidade de vida.[33]

Tais fatores hão de ser suficientes e necessários à garantia de um *standard* digno de vida ao homem e ao atendimento dos anseios das futuras gerações, que se relaciona com uma mínima implementação dos direitos sociais[34] (arts. 6º e 225 da CF) cujo fundamento está assentado no princípio da solidariedade (art. 3º, inciso I, da CF).[35] [36] [37]

---

32 MUKAI, Toshio. *Direito Urbano e Ambiental*. 3ª ed. Belo Horizonte: Fórum, 2006, p. 31: "Como o urbanismo, hoje, tem seus objetivos ampliados para alcançar não só as quatro funções do homem (habitação, trabalho, recreação e circulação) mas também a sua melhor qualidade de vida no contexto urbano, embora seu conceito técnico não esteja ainda consolidado definitivamente, é certo que trata ele da disciplina físico-social dos espaços habitáveis, podendo ser concebido, num sentido amplo, como arte e técnica social destinadas a promover a adequação dos espaços físicos às necessidades de habitação e exercício das outras funções humanas".

33 VIEIRA, Juliana de Souza Reis. Op. cit., pp. 326-327.

34 *Idem*.

35 Cf. BARRETO, Vicente de Paulo. Ética e direitos humanos: aporias preliminares. *In: Legitimação dos Direitos Humanos*. Ricardo Lobo Torres (Org.). Rio de Janeiro: Renovar, 2002, p. 527: "Existe, modernamente, uma outra linha de investigação e argumentação que sustenta haver uma dependência necessária e lógica entre os direitos humanos e os direitos sociais. O argumento de que os direitos sociais inserem-se na categoria dos direitos humanos tem sido desenvolvido em torno da ideia de que a responsabilidade social do Estado é uma das dimensões definidoras do estado democrático de direito, ideia essa que se encontra consagrada em diferentes textos constitucionais sob a forma do princípio da solidariedade (Constituição brasileira de 1988, art. 3º, I). Para que essa ideia seja plenamente analisada é necessário situá-la no quadro de uma teoria normativa completa do Estado. Höffe propõe dois tipos de argumentos para legitimar a responsabilidade social do Estado e, em consequência, incluir os direitos sociais como direitos humanos. Os dois argumentos de Höffe fundamentam-se ambos nas raízes morais dos direitos humanos e, em função desse natureza ética, permite que se analise o problema de ângulo diferente daquele utilizado pelo economicismo". Sobre a preservação do bem-estar social mínimo pelo Estado, as áreas e a extensão (medida) da sua intervenção, confira-se GARCIA, Eusebio Fernandez. *Filosofia política y Derecho*. Madrid: Marcial Pons, 1995, pp. 127-128.

36 STF, Tribunal Pleno, ADI-MC 3.540/DF, Relator Ministro Celso de Mello, julgamento 01.09.2005, *DJ* 03.02.2006: "Meio Ambiente. Direito à preservação de sua integridade (CF, art. 225). Prerrogativa qualificada por seu caráter de metaindividualidade. Direito de terceira geração (ou de novíssima dimensão) que consagra o postulado da solidariedade. Necessidade de impedir que a transgressão a esse direito faça irromper, no seio da coletividade, conflitos intergeneracionais. Espaços territoriais especialmente protegidos (CF, art. 225, §1º, III) [...]".

37 STF, Tribunal Pleno, MS 22.164/SP, Relator Ministro Celso de Mello, julgamento 30.10.1995, DJ 17.11.1995, pp. 39.206: "[...] Direito de terceira geração. Princípio da

Na efetivação mínima dos direitos sociais é imperioso, pois, assegurar um padrão mínimo de qualidade de vida do homem nas cidades, no que diz respeito tanto às gerações presentes quanto às gerações futuras, em consonância com a noção de sustentabilidade. Esta, por sua vez, gravita em torno de alguns indicadores, dentre os quais destacamos: (i) crescer sem destruir; (ii) indissociabilidade da problemática ambiental e social; (iii) especificidade da Agenda Marrom;[38] (iv) incentivar a inovação e a disseminação de boas práticas; (v) fortalecimento da democracia; gestão integrada e participativa; (vi) foco na ação local; (vii) mudança do enfoque das políticas de desenvolvimento e preservação; (viii) informação para tomada de decisão; e, por fim, (ix) diálogo entre as estratégias da Agenda 21 brasileira e as atuais opções de desenvolvimento.[39]

A implantação da sustentabilidade nas áreas urbanas exige uma busca de padrões, ações e instrumentos práticos e de acordo com a realidade brasileira, que venham conjugar razoavelmente os diversos feixes de interesses transindividuais, públicos (p. ex.: políticas de governo) e particulares (p. ex.: empresários), pois, caso contrário, se revelará algo utópico, desprovido de consistência[40]. Ademais, em razão dos vários indicadores e opções traduzidas nos possíveis valores dos recursos naturais em confronto com os diversos interesses em jogo que se apresentam em nossa realidade atualmente, frise-se que a orientação do desenvolvimento sustentável pode ser tratada

solidariedade. O direito à integridade do meio ambiente. Típico direito de terceira geração. Constitui prerrogativa jurídica de titularidade coletiva, refletindo, dentro do processo de afirmação dos direitos humanos, a expressão significativa de um poder atribuído, não ao indivíduo identificado em sua singularidade, mas, num sentido verdadeiramente mais abrangente, a própria coletividade social. (...) Acentuam o princípio da igualdade, os direitos de terceira geração, que materializam poderes de titularidade coletiva atribuídos genericamente a todas as formações sociais, consagram o princípio da solidariedade e constituem um momento importante no processo de desenvolvimento, expansão e reconhecimento dos direitos humanos, caracterizados, enquanto valores fundamentais indisponíveis, pela nota de uma essencial inexauribilidade".

38 Cf. Banco Mundial (Bird) e o Banco Interamericano de Desenvolvimento (BID), a Agenda Marrom tem como pauta notadamente a melhoria da qualidade sanitário-ambiental das populações urbanas, indicativa, no Brasil, do princípio da universalização de saneamento ambiental nas cidades brasileiras (art. 2º da Lei nº 11.445/2007). Cf. MUKAI, Toshio. Coord. *Saneamento Básico:* diretrizes gerais. Comentários à Lei nº 11.445 de 2007. Rio de Janeiro: Lumen Juris, 2007.

39 VIEIRA, Juliana de Souza Reis. Op. cit., pp. 332-335.

40 CARRERA, Francisco. Op. cit., pp. 105-106.

como um problema de escolha, uma opção política ligada à estratégia de desenvolvimento a ser adotada, a qual deve pautar-se numa coerente estrutura social (arts. 3º, inciso I, e 6º da CF) e econômica eficiente (art. 170 da CF), capaz de promover um adequado equilíbrio entre reprodução dos sistemas naturais e a reprodução e distribuição[41] da produção social,[42] este relacionado ao conceito material de direito como um produto.[43]

---

41 Segundo RABENHORST, Eduardo Ramalho. *Justiça*. *In* Dicionário de Filosofia do Direito. BARRETO, Vicente (Coord.). Rio de Janeiro: Renovar, 2006, p. 493: "O termo" justiça apresenta uma grande diversidade de significados. [...]. As suas dimensões da justiça suscitam grandes discussões filosóficas. A dimensão procedimental, [...].
A dimensão substancial, por sua vez, enfrenta a difícil tarefa de escolher, entre os princípios de distribuição tão antitéticos, aquele que deve ser considerado o mais adequado como também o desafio de justificar as desigualdades dele decorrentes (Perelman)". Acerca da noção (dimensão substancial) de justiça distributiva encerrando a idéia de igualdade e de proporção geométrica, confira-se lição de ARISTÓTELES, *Ética a Nicômaco*. São Paulo: Martin Claret, 2002, Livro V, p. 109: "Temos então que a justiça distributiva é a conjunção do primeiro termo de uma proporção com o terceiro, e do segundo com o quarto, e o justo neste sentido é o meio-termo, e o injusto é o que viola a proporção, pois o proporcional é o intermediário, e o justo é o proporcional". A respeito da idéia de Justiça Comutativa, confira-se LUMIA, Giuseppe. *Elementos de Teoria e Ideologia do Direito*. São Paulo: Martins Fontes, 2003, pp. 137-138: "A justiça comutativa preside as relações entre os particulares, sejam elas originadas de fatos lícitos, com os contratos, sejam relações originadas de fatos ilícitos, como os delitos. Essa forma de justiça estabelece uma relação entre duas coisas, e importa uma equivalência aritmética entre a prestação e a contraprestação nas obrigações originadas por contrato, e entre o ressarcimento e o dano nas obrigações originadas por ilícito". A respeito das modernas idéias de justiça, consulte-se KOLM, Serge-Christphe. *Teorias Modernas da Justiça*. Rio de Janeiro: Martins Fontes, 2000.

42 DERANI, Cristiane. *Direito ambiental econômico*. 3ª ed. São Paulo: Saraiva, 2008, pp. 120-122.

43 MOTA, Mauricio (Coord.). O conceito de natureza e a reparação das externalidades ambientais negativas. In: *Fundamentos Teóricos do Direito Ambiental*. São Paulo: Elsevier, 2008, p. 22: "O direito como um resultado de um processo de distribuição, em que cada qual tenha do todo social (dos bens que existem para distribuir) aquilo que lhe corresponda, irá postular a noção de desenvolvimento sustentável. Este implica, então, o ideal de um desenvolvimento harmônico da economia e ecologia que devem ser ajustados numa correlação de valores em que o máximo econômico reflita igualmente um máximo ecológico".

3. O IMPACTO DO DIREITO DO AGRONEGÓCIO NA INTEGRAÇÃO E NA SUSTENTABILIDADE DO CAMPO-CIDADE (CIDADE-MÉDIA): ANÁLISE SOB A PERSPECTIVA DO ESTATUTO DA CIDADE

De acordo com Banco Nacional de Desenvolvimento e Econômico Social-BNDES,[44] a participação do agronegócio nas atividades agrícolas de produção é um dos principais indicadores da sua importância no cenário econômico do país já que, por exemplo, o setor agropecuário apresentou um resultado de 8% do PIB brasileiro, representando a cifra de R$520 bilhões no ano de 2005.

O agronegócio, além de ser um dinamizador da expansão produtiva, desempenha outro papel de extrema relevância para a economia brasileira: o de principal gerador de saldos comerciais para o país. Segundo os dados do Ministério do Desenvolvimento, Indústria e Comércio Exterior (MDIC/SECEX) e do Banco Central do Brasil (BACEN), no ano de 2005, o saldo comercial do agronegócio atingiu o patamar de U$ 38,4 bilhões e no âmbito da economia brasileira vem contribuindo para a redução expressiva da sua vulnerabilidade externa.

Em determinadas regiões do Brasil, registre-se que certas cadeias de produção do agronegócio já alcançaram estágios avançados de desenvolvimento tecnológico e empresarial, como é o caso dos grandes pólos agroindustriais que se formaram em São Paulo (álcool, açúcar, laranja), no Rio Grande do Sul (fumo e calçado), em Santa Catarina e no Paraná (aves e suínos) e no sudoeste de Goiás (carnes).[45]

No Estado do Rio de Janeiro, atenta a importância e a expansão desse segmento mercadológico, a Federação das Indústrias do Estado do Rio de Janeiro (FIRJAN),[46] criou um grupo executivo de agroindústria que tem por finalidade apoiar a criação e implantação de projetos setoriais de caráter estruturante que promovam o desenvolvimento do interior do estado (regiões Norte e Nordeste), com geração de empregos e aumento de renda. A atuação desse grupo executivo está voltada para ações a fim de atrair novos investimentos, disseminar informações tecnológicas e de mercado e promover a articulação entre os diversos agentes que atuam nesse mercado, tendo, entre outras iniciativas, a parceria entre os setores público e priva-

---

44 Confira-se http://www.bndes.gov.br/agropecuaria/default.asp. Acesso em 14.07.08.

45 Cf. SOUZA, Adriano Boni de. *Direito Agrário Brasileiro e o Agronegócio Internacional.* São Paulo: Observador Legal Editora, 2007, p. 38.

46 Cf. http://www.firjan.org.br/notas/cgi/cgilua.exe/sys/start.htm. Acesso em 26.06.2008.

do. Atualmente, estão em andamento os projetos de Fruticultura Irrigada,[47] Floricultura[48] e Indústria de Base Florestal.[49]

O agronegócio promove a sustentação de um novo recorte territorial, as chamadas cidades-médias, que vêm se tornando os elos mais densos entre a rede rural e a rede urbana, representando um importante instrumento de organização do território (interno) na atual ordem econômica internacional, com o fortalecimento dos governos municipais.[50] Assim, contribui-se para a implantação de um novo modo de estruturação da dinâmica da atividade econômica, permitindo a articulação entre as grandes cidades (globais)

---

47 "A fruticultura irrigada é uma opção para os produtores por sua alta rentabilidade e pela possibilidade de diversificação das fontes de renda. A atividade, devido às suas características técnicas, pode ser praticada com sucesso pelos pequenos e médios produtores e tem elevado potencial para geração de empregos. O Sistema FIRJAN iniciou o desenvolvimento de seu projeto para a fruticultura fomentando o Pólo de Fruticultura Irrigada das Regiões Norte e Noroeste Fluminense, que têm hoje um plantio representativo de frutas tropicais, notadamente, abacaxi, maracujá, goiaba e coco, e aptidão para várias outras culturas. Nessas regiões, estão instaladas diversas pequenas agroindústrias, e algumas de médio porte, que processam as frutas produzidas. Além do Rio de Janeiro, o Pólo conta com um vasto mercado no Brasil e também no exterior".

48 "A floricultura tem ganhado destaque no cenário nacional do agronegócio, movimentando cerca de US$ 750 a US$ 800 milhões anualmente. A cadeia produtiva no Brasil vem tendo contínuas e expressivas melhorias de sua performance, com destaque para as exportações, demonstrando um processo de profissionalização do setor. No entanto, no estado do Rio de Janeiro, que já foi o principal produtor de flores e ícone do paisagismo nacional, o segmento vinha perdendo sua expressão econômica ao longo das últimas décadas. Devido à tradição e às condições favoráveis do estado para a produção de flores e plantas ornamentais, aliado a expressiva capacidade de geração de emprego (média de 4 empregos diretos/ha) e renda (R$ 50 a R$ 100 mil/ha/ano) dessa cadeia produtiva, o Sistema FIRJAN passou a atuar, a partir de 2002, como agente articulador, com objetivo de fomentar a estruturação e crescimento do volume de produção e organização da comercialização e exportação. A expansão do segmento aumentará o consumo de bens e serviços e possibilitará o desenvolvimento das indústrias de insumos, substratos, embalagens e equipamentos de irrigação, para citar alguns exemplos".

49 "O desenvolvimento da Indústria de Base Florestal contribui de forma significativa para o crescimento da renda e para a geração de empregos no interior do Estado. Além disso, uma de suas componentes prevê a recomposição de florestas nativas, com impactos positivos para o meio ambiente. O mercado de madeira está em crescimento e oferece uma grande oportunidade para diversificação das fontes de renda dos produtores rurais. A atividade pode ser praticada por pequenos, médios e grandes produtores. O projeto tem por objetivo a implantação e expansão das indústrias moveleira, de papel e celulose, siderúrgicas a carvão vegetal, serrarias e outras que dependem da matéria prima florestal. O passo inicial deste projeto é a criação do ambiente institucional propício à produção de matéria prima, com o apoio de empresas âncora. O projeto teve início nas regiões noroeste, norte e sul fluminense e deverá se estender a outras áreas do Estado do Rio de Janeiro".

50 A propósito da emergência de novos recortes territoriais, consulte-se, SANTOS, Ângela Moulin S. Penalva. *Município, Descentralização e Território*. Rio de Janeiro: Forense, 2008, pp. 161-180.

e as demais cidades (médias e pequenas), aumentando a importância destas como agentes do processo de descentralização das políticas públicas. No processo de organização e ordenação espaço urbano-rural é preciso pensar em um todo articulado entre as cidades, sendo, pois, relevante o papel das cidades-médias.

As cidades-médias encontram no agronegócio uma atividade econômica sustentável, geradora de alimentos, de insumos (energia), de serviços de saúde, de saneamento, de lazer, de educação, etc. que contribuem para um padrão mínimo de qualidade de vida digna da coletividade, presente e futura.[51]

Ademais, o agronegócio favorece e inspira a criação de produtos para o consumo verde, que desponta de forma estratégica no país, contando com a participação de diversos atores sociais (empresas, mídias, Ong´s, governos, consumidores), contribuindo, assim, para transformar de maneira sustentável a natureza em "bem de consumo".

Sob a perspectiva jurídica,[52] o Direito Agrário no Brasil,[53] denominado no passado de Direito Rural por influência francesa, também vem sofrendo importantíssima releitura, mormente após o advento da Constituição de 1988

---

51 O solo, em especial o rural, tem incomensurável valor, tanto para os particulares, como para o povo em seu conjunto. Confira-se, LIRA, Ricardo Pereira. Op. cit., 312: "Nele se radicam a fonte de alimentação das gentes, as riquezas criadoras dos instrumentos elementares para a satisfação das incontáveis necessidades vitais, e todo o sistema habitacional dos seres humanos. Dele se extraem as substâncias curativas e de fortalecimento, as possibilidades inesgotáveis de recreio e lazer, e, sobretudo, nele se exerce basicamente a liberdade essencial do homem de ir e vir. O solo é toda hipótese e possibilidade de vida".

52 No Direito Comparado, em especial na Itália, confira-se, por todos, GERMANÒ, Alberto. *Manuale di Diritto Agrário*. Sesta edizione. Torino: G. Giappichelli, 2006, CARROZZA, Antonio *Lezioni di Diritto Agrario*. 1ª ed., Milano: Dott. A. Giuffrè, 1988. Para uma digressão histórica evolutiva do direito civil ao direito agrário, confira-se IRTI, Natalino. *Dal diritto civile ao diritto agrario (momenti di storia giuridica francese)*. Milano: Dott. A. Giuffrè, 1962, p. 106: "L´attività agricola se iscrive nell´orizzonte di um nuovo diritto, che è, appunto, diritto dell´attività, e non diritto della proprietà. Dal seno del diritto civile nasce il diritto agrário: il diritto della terra come unità di organizzazione e di utilizzazione, produttiva".

53 Sobre o Direito Agrário e a sua autonomia científica, consulte-se, entre outros, LARANJEIRA, Raymundo. *Propedêutica do direito agrário*. 2ª ed. São Paulo: LTr, 1981; ALMEIDA, Paulo Guilherme de. *Direito Agrário. A propriedade imobiliária rural*. São Paulo: LTr, 1980; SODERO, Fernando Pereira. *Esboço histórico da formação do direito agrário*. *In* Coleção "Seminários", nº 13, Ajup-Fase, 1990; LUZ, Valdemar P. da. *Curso de Direito Agrário*. 2ª ed. São Paulo: Sagra-DC Luzzato, 1996; MARQUES, Benedito Ferreira. *Direito Agrário*. 7ª ed. São Paulo: Atlas, 2007; OPITZ, Silvia C.B., e OPITZ, Oswaldo, *Curso Completo de Direito Agrário*. 2ª ed. São Paulo: Saraiva, 2007; BARROS, Wellington Pacheco. *Curso de Direito Agrário*. Vol. 1. 5ª ed. Porto Alegre: Livraria do Advogado, 2007.

que trouxe à baila uma nova realidade da dogmática constitucional, o neoconstitucionalismo ou pós-positivismo.[54] [55]

A disciplina do Direito Agrário tinha o seu contorno clássico definido como "*conjunto de princípios e normas, de direito público e de direito privado, que visa disciplinar as relações emergentes da atividade rural com base na função social da terra. E a expressão 'atividade rural' compreende, além da posse e uso da terra, a sua exploração em qualquer das várias modalidades, quer agrícola, quer pecuária, agroindustrial ou extrativa*".[56]

Ocorre que, a partir desse novel marco teórico inaugurado pela Constituição Federal de 1988, recentes investigações jurídicas foram realizadas no âmbito do Direito Agrário, sobretudo a partir da Filosofia do Direito,[57] do Direito Empresarial,[58] do Direito Civil (propriedade e contrato),[59] do

---

54 MAIA, Antônio Cavalcanti. *As Transformações dos Sistemas Jurídicos Contemporâneos: Apontamentos acerca do neoconstitucionalismo*. *In* Revista de Direito do Estado, nº 5, janeiro/março, 2007, pp. 244-245: "Estas transformações impuseram à nossa dogmática constitucional a necessidade de elaboração de uma nova referência: o pós-positivismo, situando assim o pensamento jurídico contemporâneo para além da estiolada querela jusnaturalismo *versus* positivismo jurídico. (...) Eis que esta nova realidade jurídico-constitucional que ensejou o surgimento da categoria da categoria pós-positivista em nosso âmbito cultural vem sendo denominada nas doutrinas espanhola e italiana neoconstitucionalismo".

55 BARROSO, Lucas Abreu. MIRANDA, Alcir Gursen de, SOARES, Mário Lúcio Quintão. *O Direito Agrário na Constituição*. 2ª ed. Rio de Janeiro: Forense, 2006. BARROSO, Lucas Abreu, PASSOS, Cristiane Lisita. Coord. *Direito Agrário Contemporâneo*. Belo Horizonte: Del Rey, 2004.

56 SODERO, Fernando Pereira. *Direito Agrário e Reforma Agrária*. São Paulo: Livraria Legislação Brasileira, 1968, p. 32.

57 ZIBETTI, Darcy Walmor. *Teoria Tridimensional da Função da Terra no Espaço Rural*. 1ª ed. 2ª tiragem. Curitiba: Juruá, 2006; LISITA, Cristiane. *Fundamentos da Propriedade Rural. Conflitos Agrários e Justiça Social*. Belo Horizonte: Mandamentos, 2006, p. 176: "A política de desenvolvimento deve ter como objetivo a efetivação da propriedade privada como mecanismo de justiça, em que o homem, trabalhando a terra, possa afirmar os seus direitos sociais, valendo-se de processos produtivos que não interfiram de forma maléfica nos recursos naturais disponíveis. A valorização de recursos biológicos ou orgânicos faz parte das mudanças que devem ser operadas na utilização dos avanços científicos e tecnológicos".

58 SCAFF, Fernando Campos. *Aspectos fundamentais da empresa agrária*. São Paulo: Malheiros, 1997, ________. *Teoria do Estabelecimento Agrário*. São Paulo: R.T., 2001.

59 Para uma digressão histórica sobre a propriedade e posse da função social da terra rural, consulte-se, por todos, TORRES, Marcos Alcino de Azevedo. *A Propriedade e a Posse. Um confronto em torno da função social*. Rio de Janeiro: Lumen Júris, 2007, especialmente, pp. 51-71. COELHO, José Fernando Lutz. *Contratos Agrários. Uma Visão Neo-Agrarista*. Curibita: Juruá, 2006; REZEK, Gustavo Elias Kallás. *Imóvel Agrário. Agrariedade, Ruralidade e Rusticidade*. Curitiba: Juruá, 2007.

Direito Ambiental,[60] do Direito Securitário,[61] e, mais recentemente do Direito do Agronegócio,[62] que considera 4 (quatro) grandes componentes (campos de investigação): I. Núcleo do Complexo Agroindustrial – CAI: Agropecuária; II. Segmentos antes da porteira: engloba os (ii.a) insumos para agropecuária,[63] (ii.b) as inter-relações de produtores e insumos com agropecuaristas,[64] e (ii.c) os serviços agropecuários,[65] III. Segmentos

---

60 HIRONAKA, Gizelda Maria F. Novaes. *Direito Agrário e os seus mecanismos de conservação e preservação do meio ambiente, In* Revista de Direito Civil, Imobiliário, Agrário e Empresarial. São Paulo: R.T, nº 55, p. 155. ________. *Atividade Agrária e proteção ambiental: simbiose possível.* São Paulo: Cultural Paulista, 1997, p. 125. VAZ, Paulo Afonso Brum, *O Direito Ambiental e os Agrotóxicos. Responsabilidade Civil, Penal e Administrativa.* Porto Alegre: Livraria do Advogado. 2006. FIGUEIREDO, Guilherme José Purvin de. *A Propriedade no Direito Ambiental.* 3ª ed. São Paulo: R.T., 2008, pp. 243-255: "Os bens ambientais existentes em propriedade rurais tornam-se bens sociais pela sua manutenção ou transformação através do trabalho. (...) a definição das responsabilidades ambientais decorrentes do cumprimento da função social da propriedade privada rural. O desempenho integral da função social da propriedade da terra passará a estar condicionado ao atendimento simultâneo de quatro exigências legais: a) favorecimento do bem-estar dos proprietários e dos trabalhadores que nelas labutam, assim como de suas famílias, b) manutenção de níveis satisfatórios de produtividade do imóvel; c) conservação dos recursos naturais; d) observância das disposições legais que regular as justas relações de trabalho entre os que a possuem e a cultivam".

61 ZIBETTI, Darcy Walmor. *Seguro Agrícola e Desenvolvimento Sustentável.* Curibita: Juruá, 2006, p. 180: "A agricultura desempenha fundamental papel na sustentabilidade do planeta, e a capacidade de uso da terra deve ser mantida e otimizada, com o auxílio da alta tecnologia disponível. O seguro da produção agrícola é uma reivindicação histórica dos pequenos produtores familiares, justamente aquele que não dispõe de recursos para realimentar ou dinamizar sua atividade".

62 A partir da obra do professor ARAÚJO, Massilson J., *Fundamentos de Agronegócio*, atribui-se os contornos do Direito do Agronegócio à QUEIROZ, João Eduardo Lopes. *Direito do Agronegócio: é Possível a sua Existência Autônoma*? In Direito do Agronegócio. Coord. SANTOS, Márcia Walquiria Batista dos. e QUEIROZ, João Eduardo Lopes. Belo Horizonte: Editora Fórum, 2005, pp. 28-29.

63 "Entre os insumos, podermos arrolar as máquinas, implementos, equipamentos e complementos, água, energia, corretivos de solos, fertilizantes, agroquímicos, compostos orgânicos, materiais genéticos, hormônios, inoculantes, rações, sais minerais e produtos veterinários".

64 "As inter-relações de produtores de insumos com agropecuaristas se traduzem na comercialização de máquinas e suprimentos agrícolas. Araújo explica que 'os agentes econômicos atuantes no agronegócio 'antes da porteira' são as indústrias (de máquinas, adubos, etc.), as empresas de materiais genéticos e os distribuidores de insumo (atacadistas, varejistas e seus representantes)".

65 "Quando aos serviços agropecuários, os principais são: as pesquisas agropecuárias; os estímulos de positivos (aqui incluídos créditos, financiamentos e incentivos fiscais), extensão rural e assistência técnica, elaboração de projetos, análises laboratoriais,

dentro da porteira – segmentos produtivos que se realizam dentro da porteira constituem a produção agropecuária propriamente dita, os quais são divididos em subsegmentos distintos: agricultura (ou produção agrícola) e pecuária (ou criação de animais), albergando desde as atividades iniciais dentro das fazendas de preparação para começar a produção até a obtenção dos produtos agropecuários *in natura* prontos para a comercialização; IV. Segmentos depois da porteira – constituídos basicamente pelas etapas de processamento e distribuição de produtos agropecuários até atingir os consumidores, envolvendo diferentes tipos de agentes econômicos, como comércio, agroindústrias, prestadores de serviços, governo e outros.

Além dos estudos desenvolvidos nas searas do Direito Civil, Econômico, Direito Processual Civil, Direito Comunitário, Direito Penal, Direito Tributário,[66] [67] [68] [69] abre-se, a partir dessa nova e relevante perspectiva, espaço para mais um novo diálogo entre o Direito Urbanístico e o Direito Agrário, em especial o Direito do Agronegócio, na busca de novas ações, instrumentos e mecanismos fundamentais e práticos para promover o bem-estar social da coletividade e sustentabilidade das cidades – notadamente as cidades-médias –, cujo estatuto legal também permite a utilização

---

vigilância e defesa agropecuária, planejamento ambiental, comunicações, infraestrutura, treinamento de mão-de-obra e assentamentos dirigidos".

---

66 SILVA, José Afonso da. Op. cit., p. 48-49. SÉGUIN, Élida. Op. cit., pp. 36-47.

67 Nessa linha, fala-se em um Direito Civil Urbanístico, estabelecendo um elo entre o direito civil, notadamente após o advento do Código Civil de 2002, e o direito urbanístico. Cf. BONIZZATO, Luigi, *Propriedade Urbana Privada & Direitos Sociais*. Curitiba: Juruá, 2007, p. 115: "Originariamente, sempre se estabeleceram como ele entre o direito civil e o direito urbanístico as normas relativas aos direitos de vizinhança e, posteriormente, ao próprio direito de propriedade. Entretanto, a nova codificação civil de 2002 trouxe à tona outros institutos, os quais com o direito urbanístico detém íntima relação, tais como o direito da superfície, para o qual também se dedica uma seção específica do Estatuto da Cidade. (...), dedicar-se-á atenção direcionada para os preceitos civil relacionados à fraude à lei e ao abuso de direito".

68 Veja-se, também, sob o aspecto ambiental, MOREIRA, Bruno, MARANGONI, Marina, CASTILHO, Rafael. *As áreas de Proteção Ambiental e os Impostos sobre a Propriedade. In* Direito Tributário Ambiental. Coord. ORLANDO, Breno L.adeira Kingma, GUDIÑO, Daniel Mariz, TROUW, Ernesto Johannes, GONÇALVES, Fábio Fraga, MUNIZ, Igor, MURAYAMA, Janssen Hiroshi. Rio de Janeiro: Lúmen Júris, 2008, pp. 161-177.

69 SILVA, José Afonso da. *Direito Ambiental Constitucional*. 6ª ed. São Paulo: Malheiros, 2008, pp. 224-225: "a Política Agrícola há de conjugar-se, cada vez mais, com a Política Fundiária; e, em conseqüência, o Direito Agrário com o Direito Ambiental".

de outros instrumentos além daqueles previstos nele (artigos 2º e 4º do Estatuto da Cidade).[70]

Em vista da realidade sócio-econômica brasileira e da relevante problemática que, atualmente, se apresenta na busca de padrões mínimos de qualidade de vida e na escolha de opções de ações e de instrumentos práticos na concretização da sustentabilidade das cidades, proponho a tese de que agronegócio – a ser analisado sob o prisma legal do Direito do Agronegócio, novel ramo do Direito Agrário em acentuado desenvolvimento – revela-se um importantíssimo elo de integração dos espaços urbano e o rural através do desenvolvimento das cidades-médias, tanto nas relações verticais (estado e particular) e como horizontais (entre particulares), sendo apto a estabelecer as necessárias conexões entre o urbano-cidade (Direito Urbanístico) e o rural-campo (Direito Agrário), e melhor promover, de forma equilibrada,[71] a

---

70 "Art. 4º. Para os fins desta Lei, serão utilizados, entre outros instrumentos: (...)". Trata-se de rol exemplificativo, cf., entre outros, FIORILLO, Celso Antonio Pacheco. *Estatuto da Cidade Comentado.* 3ª ed. São Paulo: R.T., 2008, p. 81: "Para fins previstos no Estatuto da Cidade, a saber, na execução da política urbana vinculada ao objetivo de ordenar a cidade em proveito da dignidade da pessoa humana, a Lei nº 10.257/2001 estabeleceu alguns instrumentos, dentre outros, exatamente com a finalidade de fazer com que o diploma se efetive no sentido de organizar as necessidades de brasileiros e estrangeiros aqui residentes dentro da ordem econômica capitalista".

71 Vários princípios de justiça (social, distributiva, comutativa, econômica) podem ser introduzidos no discurso jurídico. Cf. ALEXY, Robert. *La institucionalización de la justicia.* Trad. José Antonio Seone, Eduardo Roberto Sodero y Pablo Rodríguez.. Granada: Editorial Comares, 2005: "En principio, ninguna tradicíon y ninguna autocomprensión están excluídas del discurso. Con ello, todos los princípios de justicia pueden, en principio, ser introducidos en el discurso". A idéia de justiça econômica está ligada à racionalidade do mercado, alocação e distribuição de bens escassos, e aos custos da transação, obtendo o máximo de eficiência e bem-estar social, bem como se relaciona com o papel intervencionista do Estado na economia. Confira-se POSNER, Richard A., PARISI, Francesco. *Economic Foundations of Private Law.* Cheltenham: Elgar Critical Writings Reader, 2002. Ressalve-se, contudo, os limites da contribuição para a ciência jurídica da análise do custo-benefício dos institutos jurídico, conforme a arguta lição de PERLINGIERI, Pietro. Op. cit., p. 64: "A '*economic analysis*', como teoria global do direito conforme a racionalidade do mercado, postula que todas as avaliações, que no sistema se apresentam como fundamento dos negócios, podem esgotar-se no aspecto econômico e que todas as escolhas dos sujeitos econômicos são apresentáveis em função de uma utilidade global. (...) O jurista sabe que nem todas as avaliações do direito são traduzidas em avaliações econômicas: as soluções jurídicas são assumidas sobretudo com base no consentimento formulado em termos políticos. Com isso não se nega que possa ser útil o emprego de esquemas e critérios microeconômicos para 'escrutinar o direito' e para avaliar a congruidade de seus institutos. É, todavia, necessário ter consciência que se é verdade que a análise custo-benefício contribui para realizar a eficiência, ela sozinha não consegue representar a especificação e a complexidade da ciência jurídica".

reprodução dos sistemas naturais e reprodução e a distribuição da produção social, com reflexos positivos na qualidade de vida e no bem-estar da coletividade, presente e futura.

Esse traço comum entre o urbano (cidade) e o rural (campo) propiciado pelo Direito do Agronegócio, não pode dispensar a regulação de um sem considerar-se o outro, pois, caso contrário, estará incompleto.[72]

O tratamento do espaço agrícola (rural) deve conjugar-se com o espaço urbano, notadamente no desenvolvimento sustentável das cidades-médias. Nessa confluência da regulação entre o urbano e o rural insere-se o relevante papel a ser desempenhado pelo Direito do Agronegócio na harmonização das respectivas políticas públicas e das ações e iniciativas públicas e privadas (empresário e trabalhador urbano; empresário e trabalhador rural)[73] e, por fim, dos seus correspondentes mecanismos e instrumentos jurídicos a fim permitir o desenvolvimento econômico sustentável em conformidade com as necessidades do presente e à reserva de direito das gerações futuras, garantindo-se um padrão mínimo de qualidade de vida e de bem-estar da coletividade.[74]

---

72 SUNDFELD, Carlos Ari. *Estatuto da Cidade (Comentários à Lei nº 10.257/2001)*. Coordenadores DALLARI, Adilson Abreu, FERRAZ, Sérgio. 2ª ed. São Paulo: Malheiro, 2006, p. 50: "Mas nenhuma política pública específica pode existir isoladamente, devendo coordenar-se com a política geral do Estado e com as inúmeras políticas setoriais. A política urbana, enquanto política espacial, precisa necessariamente coordenar-se com a política econômica do país e com as políticas de transporte, saneamento, energia e agrária etc."

73 O BNDES identificou algumas externalidades da empresa agrária em face do espaço urbano, incentivando um "conjunto de projetos que integram o planejamento e as ações dos agentes municipais em diversos setores com vistas a contribuir para a solução dos problemas estruturais dos centros urbanos. Os projetos a serem financiados pelo BNDES também podem ser focados a um setor específico, como saneamento ou transporte, por exemplo, na medida em que compõem planos de governos municipais mais abrangentes. O Projeto Multissetorial Integrado é um modelo alternativo de tratamento dos problemas sociais que abrange soluções para os variados tipos de carências, articulando, no âmbito municipal, investimentos em diversos setores sociais, como, por exemplo, saneamento básico e transportes. Dentre as características especiais do Projeto Multissetorial Integrado destacam-se as seguintes: a formulação de soluções integradas, considerando-se as especificidades locais; o desenvolvimento de processos de participação das comunidades: o gerenciamento; o acompanhamento e avaliação dos resultados e metas estabelecidas; e manutenção e sustentabilidade das transformações promovidas".

74 STF, Tribunal Pleno, ACO-MC-AgR 876/BA, Relator Ministro Menezes Direito, julgamento 19.12.2007, DJ 01.08.2008, pp. 00044: "(...) 4. O meio ambiente não é incompatível com projetos de desenvolvimento econômico e social que cuidem de preservá-lo como patrimônio da humanidade. Com isso, pode-se afirmar que o meio ambiente pode ser palco para a promoção do homem e de todos os homens".

Na harmonização acima proposta,[75] será preciso considerar, entre os mecanismos previstos no Estatuto da Cidade, o plano diretor (art. 4º, inciso III, "a"), porquanto este se trata de instrumento básico e fundamental da política de desenvolvimento e de expansão urbana (art. 182, §1º da CF), nos seus aspectos (i) físico, (ii) social, (iii) econômico, (iv) ambiental e (v) administrativo-institucional.[76]

75 A título de lustração sobre a possibilidade de harmonização entre o desenvolvimento econômico nacional sustentável e a preservação do meio-ambiente objetivando um justo equilíbrio entre as exigências econômicas e as ecológicas, confira-se o julgado do STF, Tribunal Pleno, ADI-MC 3540/DF, Relator Ministro Celso de Mello, julgamento 01.09.2005, DJ 03.02.2006: (...) "Questão do desenvolvimento nacional (CF, Art. 3º, II) e a necessidade de preservação da integridade do meio ambiente (CF, Art. 225): O princípio do desenvolvimento sustentável como fator de obtenção do justo equilíbrio entre as exigências da economia e as da ecologia. O princípio do desenvolvimento sustentável, além de impregnado de caráter eminentemente constitucional, encontra suporte legitimador em compromissos internacionais assumidos pelo Estado brasileiro e representa fator de obtenção do justo equilíbrio entre as exigências da economia e as da ecologia, subordinada, no entanto, a invocação desse postulado, quando ocorrente situação de conflito entre valores constitucionais relevantes, a uma condição inafastável, cuja observância não comprometa nem esvazie o conteúdo essencial de um dos mais significativos direitos fundamentais: o direito à preservação do meio ambiente, que traduz bem de uso comum da generalidade das pessoas, a ser resguardado em favor das presentes e futuras gerações. O art. 4º do Código Florestal e a Medida Provisória nº 2.166-67/2001: Um avanço expressivo na tutela das áreas de preservação permanente. A Medida Provisória nº 2.166-67, de 24/08/2001, na parte em que introduziu significativas alterações no art. 4o do Código Florestal, longe de comprometer os valores constitucionais consagrados no art. 225 da Lei Fundamental, estabeleceu, ao contrário, mecanismos que permitem um real controle, pelo Estado, das atividades desenvolvidas no âmbito das áreas de preservação permanente, em ordem a impedir ações predatórias e lesivas ao patrimônio ambiental, cuja situação de maior vulnerabilidade reclama proteção mais intensa, agora propiciada, de modo adequado e compatível com o texto constitucional, pelo diploma normativo em questão. – Somente a alteração e a supressão do regime jurídico pertinente aos espaços territoriais especialmente protegidos qualificam-se, por efeito da cláusula inscrita no art. 225, § 1º, III, da Constituição, como matérias sujeitas ao princípio da reserva legal. – É lícito ao Poder Público – qualquer que seja a dimensão institucional em que se posicione na estrutura federativa (União, Estados-membros, Distrito Federal e Municípios) – autorizar, licenciar ou permitir a execução de obras e/ou a realização de serviços no âmbito dos espaços territoriais especialmente protegidos, desde que, além de observadas as restrições, limitações e exigências abstratamente estabelecidas em lei, não resulte comprometida a integridade dos atributos que justificaram, quanto a tais territórios, a instituição de regime jurídico de proteção especial (CF, art. 225, § 1º, III)".

76 Sobre o conteúdo do plano diretor, SILVA, José Afonso. Op. cit., pp. 140-143. FILHO, José dos Santos Carvalho. Op. cit., pp. 264-266.

Por fim, será preciso, ainda, estabelecer as conexões adequadas entre o espaço urbano (arts. 182 e 183 da CF)[77] e o espaço rural (arts. 184 e 191 da CF)[78] [79] para um desenvolvimento econômico sustentável e garantindo, a um só tempo, um padrão mínimo de qualidade de vida digna do homem e o atendimento às necessidades da coletividade, presente e futura (arts. 1º, inciso III, 3º, incisos I, II, III, IV, 6º, 170 e 225 da CF).

---

77 Estatuto da Cidade – Lei nº 10.257/2001.

78 Estatuto da Terra – Lei nº 4.504/1964. Cf. LIRA, Ricardo Pereira. Op. cit., pp. 327-328 e 332: "Pelo princípio da continuidade das leis, ocorreu a recepção do Estatuto da Terra pelos textos constitucionais supervenientes, em razão da evidente compatibilidade daquela lei ordinária com a nova sistemática" (...) Como se vê é um rosário de expressões destinadas a impedir a implementação imediata de uma reforma agrária e de uma política agrícola. (...) Temos, então, que, basilarmente, as formas de utilização da terra rural no ordenamento jurídico brasileiro são aquelas previstas no Código Civil brasileiro, e na legislação extravagante, com os obstáculos, já apontados, trazidos pela Constituição Federal de 1988, representando um retrocesso nos caminhos conducentes a uma nova estrutura da propriedade fundiária no campo, ensejadora da reforma agrária".

79 A propósito da função social da propriedade rural e a utilização adequada dos recursos naturais disponíveis e a preservação do meio ambiente, confira-se o julgado do STJ, 1ª Turma, REsp 821083/MG, Ministro Luiz Fux, julgamento 25.03.2008, DJ 09.04.2008: "Administrativo. Ambiental. Arts. 16 e 44 da Lei nº 4.771/65. Matrícula do imóvel. Averbação de área de reserva florestal. Necessidade. 1. A Constituição Federal consagra em seu art. 186 que a função social da propriedade rural é cumprida quando atende, seguindo critérios e graus de exigência estabelecidos em lei, a requisitos certos, entre os quais o de "utilização adequada dos recursos naturais disponíveis e preservação do meio ambiente" 2. A obrigação de os proprietários rurais instituírem áreas de reservas legais, de no mínimo 20% de cada propriedade, atende ao interesse coletivo. 3. A averbação da reserva legal configura-se, portanto, como dever do proprietário ou adquirente do imóvel rural, independentemente da existência de florestas ou outras formas de vegetação nativa na gleba. 4. Essa legislação, ao determinar a separação de parte das propriedades rurais para constituição da reserva florestal legal, resultou de uma feliz e necessária consciência ecológica que vem tomando corpo na sociedade em razão dos efeitos dos desastres naturais ocorridos ao longo do tempo, resultado da degradação do meio ambiente efetuada sem limites pelo homem. Tais conseqüências nefastas, paulatinamente, levam à conscientização de que os recursos naturais devem ser utilizados com equilíbrio e preservados em intenção da boa qualidade de vida das gerações vindouras (RMS nº 18.301/MG, DJ de 03/10/2005). 5. A averbação da reserva legal, à margem da inscrição da matrícula da propriedade, é conseqüência imediata do preceito normativo e está colocada entre as medidas necessárias à proteção do meio ambiente, previstas tanto no Código Florestal como na Legislação extravagante. (REsp 927979/MG, DJ 31.05.2007) 6. Recurso Especial provido".

4. BIBLIOGRAFIA

ALEXY, Robert. *La institucionalización de la justicia*. Trad. José Antonio Seone, Eduardo Roberto Sodero y Pablo Rodríguez. Granada: Editorial Comares, 2005.

ALMEIDA, Paulo Guilherme de. *Direito Agrário. A propriedade imobiliária rural*. São Paulo: LTr, 1980.

ALVARENGA, Octavio Junqueira de Mello. *Direito agrário e ecologia. In* Revista do Instituto dos Advogados Brasileiros, Rio de Janeiro, vol. 8 , nº 44, pp. 179-190, fev. 1974.

ANTUNES, Luis Filipe Colaço. *Direito Urbanístico. Um outro paradigma: A Planificação Modesto-Situacional*. Coimbra: Almedina, 2002.

ARISTÓTELES, *Ética a Nicômaco*. São Paulo: Martin Claret, 2002.

ÁVILA, HUMBERTO. *Sistema Constitucional Tributário*. 2ª ed. São Paulo: Saraiva, 2006.

_________. *Teoria dos Princípios. Da definição à aplicação dos princípios jurídicos*. 7ª ed. São Paulo: Malheiros, 2007.

BAPTISTA, Luiz Olavo. Conceito de propriedade e sua extensão no direito agrário. *In* Revista dos Tribunais, São Paulo, v. 59, nº 413, pp. 27-40, mar.,1970.

BARBOZA, Heloisa Helena. *Bioética x Biodireito: insuficiência dos conceitos jurídicos. In*; BARRETO, Vicente de Paulo (Coord.). Temas de Biodireito e Bioética. Rio de Janeiro: Renovar, 2001.

BARCELLOS, Ana Paula de. *A Eficácia Jurídica dos Princípios Constitucionais. O Princípio da Dignidade da Pessoa Humana*. Rio de Janeiro: Renovar, 2002.

_________. e BARROSO, Luís Roberto. *O Começo da História. A Nova Interpretação Constitucional e o Papel dos Princípios no Direito Brasileiro. In* A Nova Interpretação Constitucional. Ponderação, Direitos Fundamentais e Relações Privadas. Org. Luís Roberto Barroso. Rio de Janeiro: Renovar, 2003.

BARRETO, Vicente de Paulo. *Ética e Direitos Humanos: Aporias Preliminares. In* Legitimação dos Direitos Humanos. Org. Ricardo Lobo Torres. Rio de Janeiro: Renovar, 2002.

_________. Coord. *In* Dicionário de Filosofia do Direito. Rio de Janeiro: Renovar, 2006.

BARROS, Wellington Pacheco. *Curso de Direito Agrário*. Vol. 1. 5ª ed. Porto Alegre: Livraria do Advogado, 2007.

BARROS, Sergio Resende de. *Autonomia do direito brasileiro. Direito Agrário. In* Revista da Procuradoria Geral do Estado de São Paulo, São Paulo, nº 29, p. 259-276,jun.,1988.

BARROSO, Lucas Abreu. MIRANDA, Alcir Gursen de, SOARES, Mário Lúcio Quintão. *O Direito Agrário na Constituição.* 2ª ed. Rio de Janeiro: Forense, 2006.

_________. e REZEK, Gustavo Elias Kallas. *Accessio Possessionis e usucapião constitucional agrário: inaplicabilidade do artigo 1.243, primeira parte, do Código Civil.* In Revista de Direito Privado, São Paulo, vol. 7 , nº 28, pp. 113-124, out./dez. 2006.

_________. Cristiane Lisita. Coord. *Direito Agrário Contemporâneo*. Belo Horizonte: Del Rey, 2004.

BARROSO, Luís Roberto. *Interpretação e Aplicação da Constituição.* 6ª ed. São Paulo: Saraiva, 2008.

_________. e BARCELLOS, Ana Paula de. *O Começo da História. A Nova Interpretação Constitucional e o Papel dos Princípios no Direito Brasileiro. In* A Nova Interpretação Constitucional. Ponderação, Direitos Fundamentais e Relações Privadas. Org. Luís Roberto Barroso. Rio de Janeiro: Renovar, 2003.

_________.*Temas de Direito Constitucional*. 2ª ed. Rio de Janeiro: Renovar, 2002.

BENJAMIN, Antonio H., SICOLI, José Carlos M. Org. *Agricultura e Meio Ambiente. Agriculture and the Enviroment. In* Congresso Internacional de Direito Ambiental, 4. São Paulo, 2000, São Paulo, IMESP, 2000.

BNDES, Banco Nacional de Desenvolvimento e Econômico Social http://www.bndes.gov.br/agropecuaria/default.asp. Acesso em 14.07.08.

BONAVIDES, Paulo. *Curso de Direito Constitucional.* 10ª ed. São Paulo: Malheiros, 2000.

BOBBIO, Noberto. *Teoria do Ordenamento Jurídico*. trad. Maria Celeste Cordeiro Leite dos Santos. 10ª ed., Brasília: UnB, 1999.

_________. *Teoria da norma jurídica.* Trad. Fernando Pavan Baptista e Ariani Bueno Sudatti. São Paulo: Edipro, 2001.

_________. *La funzione promozionale dei diritto*. In *Dalla strutura alla funzione*. Milano: Edizioni de Comunita, 1977.

BONIZZATO, Luigi, *Propriedade Urbana Privada & Direitos Sociais*. Curitiba: Juruá, 2007.

BRAGA, Jose dos Santos Pereira. *O trabalho agrícola e o Estatuto da Terra.* In Revista da Academia Brasileira de Letras Jurídicas, Rio de Janeiro, vol. 6, nº 3, pp. 213-220, jan./jun. 1992.

CARDOSO, Fernanda Lousada. *Propriedade Privada Urbana Obriga? Análise do Discurso Doutrinário e da Aplicação Jurisprudencial*. Rio de Janeiro: Renovar, 2008.

CARROZZA, Antonio *Lezioni di Diritto Agrario.* 1ª ed., Milano: Dott. A. Giuffrè, 1988.

CARRERA, Francisco. *Cidade Sustentável. Utopia ou Realidade*? Rio de Janeiro: Lúmen Júris, 2005.

CAVALAZZI, Rosangela Lunardelli. *O Estatuto Epistemológico do Direito Urbanístico Brasileiro: possibilidades e obstáculos na tutela do direito à cidade. In* Direito da Cidade. Novas Concepções sobre as Relações Jurídicas no Espaço Social Urbano. Rio de Janeiro: Lúmen Júris, 2007.

CHACON, Enrique Ulate. *Influencia del Codigo Procesal Civil 'Modelo' en el proceso agrario latinoamericano (caracteristicas tendenciales y unificacion procesal). In* Roma e America. Diritto Romano Comune, Roma, nº17, pp. 179-212, jan./jun. 2004.

CIOTALA, Marcello Raposo. *Relativismo, Universalismo e Justiça Distributiva: Um Estudo sobre a Teoria da Igualdade Complexa e a Teoria da Justiça como Imparcialidade.* Tese. Pontifícia Universidade Católica do Rio de Janeiro – PUC-RIO, 2005.

CITTADINO, Gisele. *Pluralismo, Direito e Justiça Distributiva. Elementos da Filosofia Constitucional Contemporânea.* 2ª ed. Rio de Janeiro: Lumen Juris, 2000.

COELHO, José Fernando Lutz. *Contratos Agrários. Uma Visão Neo-Agrarista.* Curibita: Juruá, 2006.

COSTATO, Luigi. *Imprenditore agricolo, novita codicistiche e polemiche 'retro'.* In Rivista di Diritto Civile. CEDAM, Padova, vol. 52, nº 1, pp. 89-100, jan./fev.,2006.

COUTO, Jose Pedro do. Estruturação do juízo agrário estadual, segundo exegese do art. 126 da Carta Política. *In* Julgados da Justiça de Rondônia, Porto Velho, vol. 7, nº 8, pp. 73-111, dez. 1992.

CORREIA, Fernando Alves. *Manual de Direito Urbanismo.* volume 1. Coimbra: Almedina, 2001.

CUNHA, Paulo Ferreira. *Filosofia do Direito.* Coimbra: Almedina, 2004.

ENTERRÍA, Eduardo García de. *La Constitución como Norma y el Tribunal Constitucional.* Madrid: Civitas, 1994.

DI SARNO, Daniela Campos Libório. *Estatuto da Cidade (Comentários à Lei Federal 10.257/2001).* 2ª ed. Coordenadores DALLARI, Adilson Abreu, FERRAZ, Sérgio. São Paulo: Malheiros, 2006.

DUQUE CORREDOR, Roman Jose. *Justicia agraria en Latinoamerica y veinte anos de justicia agraria en el Peru. In* Revista de Direito Civil, Imobiliário, Agrário e Empresarial, São Paulo, v. 15, nº 58, p. 116-120, out./dez., 1991.

FACHIN, Luis Edson. *Teoria Crítica do Direito Civil*. 2ª ed. Rio de Janeiro: Renovar, 2003.

_________. *Justiça e injustiça agrária*. *In* Revista de Direito Agrário e Meio Ambiente, Curitiba, vol. 1, nº1, pp. 80-84, ago., 1986.

FERNANDES, Edésio e ALFONSIN, Betânia. Coord. *Direito Urbanístico – Estudos Brasileiros e Internacionais*. Belo Horizonte: Del Rey, 2006.

FERRAZ JR., Tercio Sampaio. *Introdução ao Estudo do Direito. Técnica, Decisão e Dominação*. 5ª ed. São Paulo: Atlas, 2007.

FIGUEIREDO, Guilherme José Purvin de. *A Propriedade no Direito Ambiental*. 3ª ed. São Paulo: R.T., 2008.

FILHO, José dos Santos Carvalho. *Comentários ao Estatuto da Cidade*. Rio de Janeiro: Lúmen Júris, 2005.

FIORILLO, Celso Antonio Pacheco. *Estatuto da Cidade Comentado*. 3ª ed. São Paulo: R.T., 2008.

FIRJAN, Federação das Indústrias do Estado do Rio de Janeiro. http://www.firjan.org.br/notas/cgi/cgilua.exe/sys/start.htm. Acesso em 26.06.2008.

GAMA, Guilherme Calmon Nogueira da. *Direito Civil. Parte Geral*. São Paulo: Atlas, 2006.

GARCIA, Eusebio Fernandez. *Filosofia Política y Derecho*. Madrid: Marcial Pons, 1995.

GARCIA, Maria. Coord. *A Cidade e seu Estatuto*. São Paulo: Juarez de Oliveira, 2005.

GELSI BIDART, Adolfo. *Reforma agraria y medio ambiente*. *In* Revista de Direito Agrário e Meio Ambiente, Curitiba, vol. 2, nº 2, pp. 1-7, ago., 1987.

GERMANÒ, Alberto. *Manuale di Diritto Agrário*. Sesta edizione. Torino: G. Giappichelli, 2006.

GIORGIANNI, Michelli. *Direito Privado e as suas atuais fronteiras*. *In* Revista dos Tribunais, São Paulo, vol. 747, jan. 1998.

GODOY, Luciano de Souza. *O ITR como instrumento de política agrária*. *In* Revista de Direito Civil, Imobiliário, Agrário e Empresarial, São Paulo, vol. 16, nº 59, pp.109-116,jan./mar.,1992.

HESSE, Konrad. *Derecho Constitucional y Derecho Privado*. Madrid: Civitas, 1995.

HIRONAKA, Gizelda Maria F. Novaes. *Direito Agrário e os seus mecanismos de conservação e preservação do meio ambiente*, *In* Revista de Direito Civil, Imobiliário, Agrário e Empresarial. São Paulo:vol. 15, nº 56, pp. 153-161, abr./jun., 1991.

_________. *Atividade Agrária e proteção ambiental: simbiose possível*. São Paulo: Cultural Paulista, 1997.

IRTI, Natalino. *Dal diritto civile ao diritto agrario (momenti di storia giuridica francese)*. Milano: Dott. A. Giuffrè, 1962.

KOLM, Serge-Christphe. *Teorias Modernas da Justiça*. Rio de Janeiro: Martins Fontes, 2000.

LARANJEIRA, Raymundo. *Propedêutica do direito agrário*. 2ª ed. São Paulo: LTr, 1981.

LARENZ, Karl. Derecho Justo. *Fundamentos de Etica Juridica*. Trad. Luis Díez-Picazo. Madrid: Civitas, 1993.

LIMA, Rafael Augusto de Mendonça. *Fundamentos do direito agrário*. *In* Revista de Direito Civil, Imobiliário, Agrário e Empresarial, São Paulo, vol. 13, nº 47, pp. 77-99, jan./mar.,1989.

LIRA, Ricardo Pereira. *Elementos de Direito Urbanístico*. Rio de Janeiro: Renovar, 1997.

__________. *Direito Urbanístico, Estatuto da Cidade e Regularização Fundiária*. In Direito da Cidade. Novas Concepções sobre as Relações Jurídicas no Espaço Social Urbano. Rio de Janeiro: Lúmen Júris, 2007.

LISITA, Cristiane. *Fundamentos da Propriedade Rural. Conflitos Agrários e Justiça Social*. Belo Horizonte: Mandamentos, 2006.

LOBO, Paulo Luiz Netto. *Teoria Geral das Obrigações*. São Paulo: Saraiva, 2005.

LOTUFO, Renan. *Direito Civil Constitucional*. Cadernos 1. São Paulo: Max Limonad, 1999.

LUMIA, Giuseppe. *Elementos de Teoria e Ideologia do Direito*. São Paulo: Martins Fontes, 2003.

LUZ, Valdemar P. da. *Curso de Direito Agrário*. 2ª ed. São Paulo: Sagra-DC Luzzato, 1996.

MACHADO, Paulo Affonso Leme. *Direito Ambiental Brasileiro*. 16ª ed. São Paulo: Malheiros, 2008.

MAFRA FILHO, Francisco de Salles Almeida. *O Direito agrário e a geopolítica da alimentação*. In Fórum de Direito Urbano e Ambiental, Belo Horizonte, vol. 4, nº19, pp. 2202-2204, jan./fev. 2005.

__________. *As normas constitucionais de direito agrário no Brasil e os desafios da reforma agrária apos a constituição de 1988*. *In* Fórum de Direito Urbano e Ambiental, Belo Horizonte, vol. 4, nº 23, pp. 2764-2768, set./out. 2005.

MAIA, Antônio Cavalcanti. *As Transformações dos Sistemas Jurídicos Contemporâneos: Apontamentos acerca do neoconstitucionalismo*. *In* Revista de Direito do Estado, nº 5, janeiro/março, 2007.

MARQUES, Benedito Ferreira. *Direito Agrário*. 7ª ed. São Paulo: Altas, 2007.

MASSART, Alfredo. *Spunti di riflessione sull evoluzione e la metamorfosi degli Istituti del Diritto Agrario (nella manualistica italiana). In* Revista de Direito Civil, Imobiliário, Agrário e Empresarial, São Paulo, vol. 16 , nº 59, pp. 94-99, jan./mar. 1992.

MATTIA, Fabio Maria de. *A interpretação no direito agrário. In* Revista de Informação Legislativa, Brasília, vol. 33, nº 129, pp. 267-273, jan./mar. 1996.

_________. *Noções introdutórias ao direito agrário. In* Revista Forense, Rio de Janeiro, vol. 90, nº 328, pp. 53-59, out./dez., 1994.

MATTOS NETO, Antonio José de. *Institutos básicos do direito agrário à luz da Constituição Federal de 1988. In* Revista de Direito Civil, Imobiliário, Agrário e Empresarial, São Paulo, vol. 14, nº 54, pp. 128-135, out./dez., 1990.

_________. Os interesses difusos agrários da Amazônia. *In* Revista de Direito Civil, Imobiliário, Agrário e Empresarial, São Paulo, vol. 13, nº 48, pp.81-85,abr./jun.,1989.

MAXIMILIANO, Carlos. *Hermenêutica e Aplicação do Direito*. 18ª ed. Rio de Janeiro: Forense, 1998.

MEDAUAR, Odete. *Estatuto da Cidade. Comentários*. 2ª ed. São Paulo: R.T., 2004.

MEIRELLES, Hely Lopes. *Direito Municipal Brasileiro*. 11ª ed. São Paulo: Malheiros, 2000.

MENDONÇA, Octavio. *Direito agrário – novas dimensões. In* Revista de Informação Legislativa, Brasília, vol. 17, nº 66, pp. 293-302, abr./jun. 1980.

_________. *O direito agrário e o desenvolvimento da Amazônia. In* Revista de Informação Legislativa, Brasília, vol. 18 , nº 72, pp. 305-324, out./dez. 1981.

_________. *O direito agrário na Constituição de 1988. In* Revista do Tribunal de Justiça do Estado do Pará, Belém, vol. 33 , nº 48, pp. 17-29, abr./jun. 1989.

MEZZOMO, Marcelo Colombelli. *Aspectos dos contratos agrários no Mercosul. In* Revista Forense, Rio de Janeiro, vol. 98, nº 361, pp. 325-337, maio/jun. 2002.

MILARÉ, Edis. *Direito do Ambiente. A Gestão Ambiental em foco*. 5ª ed. São Paulo: R.T., 2007.

MORAES, Maria Celina Bodin de. *O Princípio da Dignidade Humana. In* Princípios do Direito Civil Contemporâneo. Rio de Janeiro: Renovar, 2006.

_________. *Danos à Pessoa Humana. Uma Leitura Civil-Constitucional dos Danos Morais*. Rio de Janeiro: Renovar, 2003.

_________. *Constituição e Direito Civil. Tendências*. Revista dos Tribunais, São Paulo, ano 89, vol. 779, set. 2000.

MOREIRA, Bruno, MARANGONI, Marina, CASTILHO, Rafael. *As áreas de Proteção Ambiental e os Impostos sobre a Propriedade. In* Direito Tributário Ambiental. Coord. ORLANDO, Breno Ladeira Kingma, GUDIÑO, Daniel Mariz, TROUW, Ernesto Johannes, GONÇALVES, Fábio Fraga, MUNIZ, Igor, MURAYAMA, Janssen Hiroshi. Rio de Janeiro: Lúmen Júris, 2008.

MOTA, Mauricio. *O conceito de natureza e a reparação das externalidades ambientais negativas. In* Fundamentos Teóricos do Direito Ambiental. Coord. São Paulo: Elsevier, 2008.

MUKAI, Toshio. Coord. *Saneamento Básico: Diretrizes Gerais. Comentários à Lei nº 11.445 de 2007*. Rio de Janeiro: Lumen Júris, 2007.

_________. *Direito Urbano e Ambiental*. 3ª ed. Belo Horizonte: Fórum, 2006.

NEGREIROS, Teresa. *Dicotomia Público-Privado frente ao Problema da Colisão de Princípios*. In Teoria dos Direitos Fundamentais. Org. Ricardo Lobo Torres. Rio de Janeiro: Renovar, 1999.

NETO, Cláudio Pereira de Souza. *Teoria Constitucional e Democracia Deliberativa. Um estudo sobre o papel do direito na garantia das condições para a cooperação na deliberação democrática*. Rio de Janeiro: Renovar, 2006.

NINO, Carlos Santiago. *Ética Y Derecho Humanos (En un Estado de Guerra)*. *In* Derecho, moral y política II: fundamentos del liberalismo político: derechos humanos y democracia deliberativa. 1ª ed. Buenos Aires: Gedisa, 2007.

OPITZ, Silvia C.B., e OPITZ, Oswaldo. *Curso Completo de Direito Agrário*. 2ª ed. São Paulo: Saraiva, 2007.

PECZENIK, Aleksander. *On Law and Reason*. Netherlands: Kluwer, 1989.

PEREZ, Jesús Gonzáles. *La Dignidad de la Persona*. Madrid: Civitas, 1986.

PERLINGIERI, Pietro. *Perfis de Direito Civil – Introdução ao Direito Civil Constitucional*. Rio de Janeiro: Renovar, 1999.

POSNER, Richard A., e PARISI, Francesco. *Economic Foundations of Private Law*. Cheltenham: Elgar Critical Writings Reader, 2002.

QUEIROZ, João Eduardo Lopes. *Direito do Agronegócio: é Possível a sua Existência Autônoma*? In Direito do Agronegócio. Coord. SANTOS, Márcia Walquiria Batista dos. e QUEIROZ, João Eduardo Lopes. Belo Horizonte: Editora Fórum, 2005.

TEPEDINO, Gustavo. *Premissas Metodológicas para a Constitucionalização do Direito Civil. In* Temas de Direito Civil. Rio de Janeiro: Renovar, 1999.

_________. *Problemas de Direito Civil-Constitucional*. Rio de Janeiro: Renovar, 2004.

_________. *Crise de fontes normativas e técnica legislativa na parte geral do Código Civil de 2002. In* A Parte Geral do novo Código Civil. Coord. Gustavo Tepedino. Rio de Janeiro: Renovar, 2002.

RAWLS, John. *O Direito dos Povos*. Rio de Janeiro: Martins Fontes, 2004.

_________. *Justiça com Eqüidade. Uma reformulação*. São Paulo: Martins, 2003.

RABENHORST, Eduardo Ramalho. *Justiça. In* Dicionário de Filosofia do Direito. BARRETO, Vicente. Coord. Rio de Janeiro: Renovar, 2006.

REIS, Glaucia Maria Teodoro. *Direito Agrário. Da Colônia à República. In* Revista Síntese de Direito Civil e Processual Civil /Continua como/ RIDP, Porto Alegre, vol. 03, nº 17, pp. 122-130, maio/jun. 2002.

REZEK, Gustavo Elias Kallás. *Imóvel Agrário. Agrariedade, Ruralidade e Rusticidade*. Curitiba: Juruá, 2007.

SANCHÍS, Luis Pietro. *Apuntes de teoria del Derecho*. 2ª ed. Madrid: Editorial Trotta, 2007.

SANTORO-PASSERELLI, Francesco. *Saggi di Diritto Civile*. Napoli: Jovene, 1961.

SARLET, Ingo Wolfgang (org.). *Constituição, Direitos Fundamentais e Direito Privado*. Porto Alegre: Livraria do Advogado, 2003.

SARMENTO, Daniel. *A Ponderação de Interesses na Constituição Federal*. Rio de Janeiro: Lumen Juris, 2000.

_________. *Direitos Fundamentais e Relações Privadas*. Rio de Janeiro: Lumen Juris, 2004.

SCAFF, Fernando Campos. *Aspectos fundamentais da empresa agrária*. São Paulo: Malheiros, 1997.

_________. *Teoria do Estabelecimento Agrário*. São Paulo: R.T., 2001.

SCALINI, PAOLO. *L'Impresa agrária e i contrati agrari*. Torino: Unione Tip. Ed. Torinese, 1968.

SÉGUIN, Élida. *Estatuto da Cidade*. 2ª ed. Rio de Janeiro: Forense, 2005.

_________. *O Direito Ambiental*. 3ª ed. Rio de Janeiro: Forense, 2006.

SILVA, José Afonso da. *Direito Urbanístico Brasileiro*. 5ª ed. São Paulo: Malheiros, 2008.

_________. *Direito Ambiental Constitucional*. 6ª ed. São Paulo: Malheiros, 2008.

SODERO, Fernando Pereira. *Direito Agrário e Reforma Agrária*. São Paulo: Livraria Legislação Brasileira, 1968.

_________. *Esboço histórico da formação do direito agrário*. *In* Coleção "Seminários", nº 13, Ajup-Fase, 1990.

SOUZA, Adriano Boni de. *Direito Agrário Brasileiro e o Agronegócio Internacional*. São Paulo: Observador Legal Editora, 2007.

SOUZA, Adalberto Pimentel Diniz de. *Direito agrário hereditário*. *In* Revista de Direito Privado, São Paulo, vol. 2, nº 5, pp. 9-23, jan./mar. 2001.

SOUZA, Luciano Godoy de. *Direito agrário constitucional*. *In* Justiça e Poder, Sao Paulo, vol. 1, nº 7, pp. 76-81, maio 1999.

SUNDFELD, Carlos Ari. *Estatuto da Cidade (Comentários à Lei 10.257/2001)*. Coordenadores DALLARI, Adilson Abreu, FERRAZ, Sérgio. 2ª ed. São Paulo: Malheiro, 2006.

TORRES, Marcos Alcino de Azevedo. *A Propriedade e a Posse. Um confronto em torno da função social*. Rio de Janeiro: Lumen Júris, 2007.

_________. *Instrumentos Urbanísticos e a Propriedade Urbana Imóvel*. *In* Problemas de Direito Civil-Constitucional. TEPEDINO, Gustavo. Coord. Rio de Janeiro: Renovar, 2000.

TORRES, Ricardo Lobo, *Tratado de Direito Constitucional Financeiro e Tributário*. Volume II. Valores e Princípios Constitucionais Tributários. Rio de Janeiro: Renovar, 2005.

VIEIRA, Iacyr de Aguilar. *Empresa agrária e contratos agrários*. *In* Revista dos Tribunais, São Paulo, vol. 87, nº 757, pp. 29-51, nov. 1998.

VAZ, Paulo Afonso Brum, *O Direito Ambiental e os Agrotóxicos. Responsabilidade Civil, Penal e Administrativa*. Porto Alegre: Livraria do Advogado. 2006.

VICHI, Bruno de Souza, *Política Urbana. Sentido jurídico, competências e responsabilidades*. Belo Horizonte: Fórum, 2007.

VIEIRA, Juliana de Souza Reis. *Cidades Sustentáveis*. *In* Fundamentos Teóricos do Direito Ambiental. Coord. MOTA, Mauricio. São Paulo: Elsevier, 2008.

ZELEDON, Ricardo. *Dos institutos a ciência do direito agrário*. *In* Revista de Direito Civil, Imobiliário, Agrário e Empresarial, São Paulo, vol. 16, nº 59, pp.100-108,jan./mar.1992.

ZIBETTI, Darcy Walmor. *Teoria Tridimensional da Função da Terra no Espaço Rural*. 1ª ed. 2ª tiragem. Curitiba: Juruá, 2006.

_________. *Seguro Agrícola e Desenvolvimento Sustentável*. Curitiba: Juruá, 2006.

REGULARIZAÇÃO FUNDIÁRIA

Helio Roberto Novoa da Costa

1. PRÓLOGO

Julho de 2010 marca um trágico fim. Com o falecimento do aguerrido Octávio Mello Alvarenga, morte anunciada, pois há muito vinha brigando, como era de seu feitio, contra a doença, chega ao fim a Escola Operacional do Direito Agrário.

Dita Escola se caracterizou em congregar um grupo de procuradores federais que labutaram no Instituto Nacional de Colonização e Reforma Agrária (Incra), exercitando, praticando e operacionalizando ações intimamente ligadas ao Direito Agrário, podendo tal instituição também ser identificada como Escola Funcional do Direito Agrário ou ainda Escola Intimista do Direito Agrário.

Os ditos procuradores trafegaram com facilidade entre a teoria e a prática e muitos foram extremamente generosos em socializar seus conhecimentos como professores de Direito Agrário em diversas instituições de ensino superior. Para tanto, muitos buscaram os títulos de Mestre e Doutor que confirmaram seus profundos conhecimentos sobre a matéria, à qual se dedicaram com exclusividade, em tempo integral, na maioria das vezes.

Todavia, um a um, seus membros foram se retirando de campo, quer derrotados pela morte, quer por buscarem novos campos de atuação, quer por merecerem o descanso da aposentadoria, deixando um vazio intransponível, a prenunciar o fim do Direito Agrário, malgrado a Comissão de Direito

Agrário do IAB venha tentando vivificar o ramo do Direito criado pela EC nº 10/64. Oxalá consigamos!

Octavio Mello Alvarenga foi o decano da Escola Operacional. Há muito aposentado como procurador, entreicheiro-se na Sociedade Nacional de Agricultura (SNA), com sede no Rio de Janeiro, e de lá comandou, por anos a fio, o tema agrário sendo seu *leitmotiv*, a **justiça agrária**, praticamente desde que criou a nati morta Associação Latino-Americana de Direito Agrário (Alada). Seu livro **Teoria e Prática do Direito Agrário**, Rio de Janeiro: ADCOAS, 1979, é fundamental ao estudo da matéria.

Altir de Souza Maia teve relevantíssimo papel à frente do processo discriminatório de terras levado a cabo pelo Incra na década de 1980. De Brasília comandou o programa até o mesmo ser preterido pelo processo de reforma agrária encetado pelo governo Sarney.

Darcy Zibetti, homem do meridião, é o representante da Associação Brasileira de Direito Agrário (ABDA), no Rio Grande do Sul. Ademais, adquiriu o título de Doutor na Faculdade de Direito da Universidad del Museu Social Argentino, de Buenos Aires.

Rafael Augusto de Mendonça Lima dedicou-se ao magistério na Faculdade de Direito da Universidade Federal do Rio de Janeiro (UFRJ), todavia, julgo ser a maior contribuição do saudoso professor, o curso de Direito Agrário a distância, que promoveu com o patrocínio do Instituto Brasileiro de Administração Municipal (Ibam), na fim da década de 1970, onde o autor aprendeu o beabá da matéria. Suas obras trazem luz à disciplina: *Direito agrário, reforma agrária e colonização*. Rio de Janeiro: Francisco Alves, 1975; *Direito Agrário – Estudos*. Rio de Janeiro: Freitas Bastos, 1977 e *Direito agrário*. Rio de Janeiro: Renovar, 1994.

Paulo Guilherme de Almeida, saudoso colega, amigo e professor, adquiriu os títulos de Mestre Doutor na Faculdade de Direito da Universidade de São Paulo (USP), onde lecionou nos cursos de graduação e pós-graduação. Publicou *Direito agrário. a propriedade imobiliária rural: limitações*. São Paulo: LTr, 1980, *Temas de Direito Agrário*. São Paulo: LTr, 1988, e *Aspectos jurídicos da reforma agrária no Brasil*. São Paulo: LTr, 1990.

Olavo Acyr de Lima Rocha, embora um pouco mais velho que Paulo Guilherme, seguiu seus passos. O também saudoso colega, amigo, professor e orientador do autor, adquiriu os títulos de Mestre e Doutor na Faculdade de Direito da USP, onde lecionou nos cursos de graduação e pós-graduação.

Publicou *Costume no Direito Privado*. In: FRANÇA, R. Limongi (org.), Enciclopédia Saraiva de Direito. São Paulo: Saraiva, v. p.

José Jorge Nogueira de Mello, presidiu por quase toda a vida o Instituto Paulista de Direito Agrário (IPDA), que teve sede nas dependências de seu escritório privado na Rua Barão de Itapetininga, no Centro de São Paulo, e foi o primeiro professor titular de Direito Agrário da Faculdade de Direito da Associação Padre Anchieta de Ensino, em Jundiaí/SP, tendo sido substituído pelo autor.

Germano Foster, homem de notório saber, serviu ao Incra no Paraná e posteriormente em São Paulo.

Luiz de Lima Stefanini, antes de ingressar no Ministério Público Federal, serviu ao Incra como procurador no Pará. Adquiriu o título de Mestre na Faculdade de Direito da USP e publicou *A questão jusagrarista na Amazônia.* Belém: Cejup, 1984. Hoje é Desembargador federal junto ao Tribunal Regional Federal da 3ª Região.

Maria Cecília Ladeira de Almeida, adquiriu o título de Mestre na Faculdade de Direito da USP e dedicou-se ao magistério, lecionando na Universidade Mackenzie. Até a aposentadoria chefiou a Procuradoria Regional do Incra no estado de São Paulo.

Maria Célia dos Reis, adquiriu o título de Mestre na Faculdade de Direito da Universidade Federal de Goiás (UFGO) e, desde sempre abnegada, idealizou e fundou ABDA junto com o autor, em 1994; a instituição que tem como escopo a difusão do Direito Agrário.

Joaquim Modesto Pinto Júnior, é merecedor de todas as reverências e, *permissa maxima venia* de todos os demais membros da Escola Operacional, deve ser considerado o maior conhecedor da matéria, em especial no que pertine ao Direito Fundiário, terras públicas e faixa de fronteiras. Passou pouco tempo no Incra, desafortunadamente, indo engrossar as fileiras da Advocacia Geral da União e da Consultoria Jurídica do Ministério do Desenvolvimento Agrário.

Roberto Élito dos Reis Guimarães, colecionou grande conhecimento agrário ao ingressar no Incra como Técnico Agrícola, onde permaneceu por mais de um quarto de século, deixando a instituição para perfilar-se no quadro de advogados da Advocacia Geral da União, socializando seus conhecimentos junto à Consultoira Jurídica do Ministério do Desenvolvimento Agrário.

Adquiriu o título de Mestre na Faculdade de Direito da Universidade Federal de Goiás.

Sebastião Azevedo e **Amélia Cristina Marques Caracas**, tiveram relevantíssimo papel na Escola Operacional. Ele primeiramente como procurador geral e posteriormente como presidente do Incra e ela como assessora da Procuradoria Geral, sempre pestigiaram e incrementaram o fomento do Direito Agrário. Estes maranhenses, ele homem sagaz e ela Mestre na Faculdade de Direito da USP, foram os responsáveis pela viabilização de patrocínio da maioria dos eventos (seminários, congressos etc.) promovidos pela ABDA.

Ridalvo Machado de Arruda, oriundo de Cartório de Registro de Imóveis e **Luciano Camargos**, ingressaram no Incra no último concurso específico para Procurador da Autarquia Agrária. São autoridades, respectivamente, em Direito Registral e Direito Tributário e os únicos que ainda remanescem ativos em seus bastiões, o primeiro na Paraíba e o último em Minas Gerais, onde adquiriu o título de Mestre na Universidade Federal (UFMG).

Por fim, chega-se ao autor, que militou 30 anos na Procuradoria da Autarquia Agrária (1980/2010), tendo chefiado a Procuradoria Regional do Incra nos estados de São Paulo e Rio de Janeiro. Adquiriu o título de Mestre na Faculdade de Direito da USP e publicou *Discriminação de terras devolutas*. São Paulo, Livraria e Editora Universitária de Direito, 2000, Abordagem constitucional da reforma agrária. In: *Revista de Direito Agrário*. Brasília, Ministério do Desenvolvimento Agrário/Instituto Nacional de Colonização e Reforma Agrária, ano 16, nº 14, 2º sem. 2000, Agroturismo ou Turismo Rural – Atividade agrária acessória. In: *Revista de Direito Agrário*. Brasília, Ministério do Desenvolvimento Agrário/Instituto Nacional de Colonização e Reforma Agrária, ano 17, nº 15, 1º sem. 2001 e Retomada de terras públicas: a situação do estado de Rondônia. In: *Revista de Direito Agrário*. Brasília, Ministério do Desenvolvimento Agrário/Instituto Nacional de Colonização e Reforma Agrária/Associação Brasileira de Direito Agrário, ano 19, nº 18, 2006. Ademais, lecionou Direito Agrário na Associação Padre Anchieta de Ensino, em Jundiaí/SP (1988/1998) e na Organização Sorocabana de Assistência e Cultura, em Itu/SP (1992/1997) e leciona na Fundação Dom André Arcoverde, em Valença/RJ.

Mister ressaltar que, ainda que não tenham pertencido aos quadros da autarquia agrária, Luiz Edson Fachin, que comandou a Procuradoria Geral do Incra no início do processo de redemocratização e também Sonia Novaes Guimarães Moraes, que prestou serviço ao Incra e atualmente preside a Associação Brasileira de Reforma Agrária (ABRA), devem ser incluídos como membros da Escola Operacional, dado suas contribuições.

Com efeito, com as saídas ocorridas no biênio 2010/2011, ou seja, das Dr[as] Maria Cecília e Maria Célia e também do autor, remanesce na Escola Operacional, tão somente, o Dr. Luciano.

Diversos fatores contribuíram para a acelerada desmotivação e desmobilização do grupo, sendo o mais óbvio a criação da Procuradoria Geral Federal, em 2005, que deixou de fomentar a especialização, facultando a rotatividade dos procuradores, malgrado os árduos esforços encetados pela última Procuradora Geral da instituição, Gilda Diniz, em manter o *status quo*.

Como se vê, desafortunadamente, há de se celebrar um réquiem para a Escola Operacional *et pour cause*, para o Direito Agrário como um todo, que, de resto, agoniza.

2. INTRODUÇÃO

No que diz respeito ao tema a ser abordado, pretendo traçar um painel da atuação do Estado na administração das terras públicas e mostrar que a balbúrdia fundiária hodierna nada mais é do que o desdobramento da incapacidade ou omissão do Estado em ter deixado de aplicar o texto constitucional e as leis infra constitucionais que advieram para regulamentar a matéria, impossibilitando que se tenha traçado uma política pública consistente no que diz respeito à agricultura sustentável, que pudesse ter feito com que o país, há muito, tivesse alcançado índices de desenvolvimento similares a alguns de seus vizinhos-irmãos.

Como dito antanho, urge que o Estado tome providências quanto à detenção irregular ou precária das terras públicas, ou seja, que promova a regularização, pois índice muito grande de terras públicas federais, bem como estaduais, também se encontra detido irregular ou precariamente Brasil afora.

Reiterando o posicionamento anterior, tem-se que as detenções irregulares ou precárias advêm de diversas situações fáticas que não guardam nenhuma salvaguarda jurídica, entre outras: a) áreas devolutas ocupadas por posseiros; b) áreas incorporadas ao patrimônio público oriundas de ações discriminatórias e ainda não destinadas, todavia ocupadas; c) áreas licitadas com cláusulas resolutivas (Contrato de Alienação de Terras Públicas – CATP), cujos adquirentes tornaram-se inadimplentes; d) áreas desapropriadas cuja imissão não ensejou a desocupação dos desapropriados; e) parcelas em projetos de assentamento ocupadas por não beneficiários da reforma agrária ou ainda detidas com exploração não agrária; f) áreas foreiras inadimplentes e áreas foreiras remidas sem a liberação, como o caso da Fazenda Nacional de Santa Cruz, no Estado do Rio de Janeiro etc.

Com efeito, o Estado está devendo à sociedade uma solução equânime, que possibilite conhecer a malha fundiária e ter uma matriz agrária, que proporcione uma verdadeira política agrícola, em especial da pequena e média propriedade, viabilizando a sustentabilidade da agricultura familiar.

O processo de ocupação da *terra brasilis* foi desordenado, como se sabe, sendo originário do Direito de Conquista, não é difícil, pois, entender a razão de tal desordem.

Há muito o ser humano já entendeu que se deve racionalizar a ocupação do espaço demográfico e agrário, afinal a Lei Semprônia, de Tibério Graco, já em 133 a.C. determinava em seu art. 1º, *verbis*:

> I – Que todas as terras públicas, ilegalmente ocupadas, sejam retomadas.

No Brasil, é verdade, o Estado já tentou várias vezes, como se verá adiante, todavia, numa visão ampla, ainda se está na situação de um Brasil sem dono, de um país que não se conhece. A retomada das terras públicas, pois, é imperativo moral!

3. BREVÍSSIMA SÍNTESE DA FORMAÇÃO DO PATRIMÔNIO PÚBLICO

No alvorecer da humanidade a propriedade era detida sob a forma coletiva pelas *famílias comunistas matriarcais*, e, paulatinamente, evoluiu ou involuiu de coletiva para privada, com o advento de novas formas de grupamento humano em *comunidades domésticas patriarcais* e, posteriormente, em *famílias individuais modernas*, que sucederam ao primitivo grupamento, modificando a forma de detenção do bem de coletivo em privado e facultando o surgimento da sociedade organizada.

Organizado o Estado, não tardaram em advir as leis para garantir e disciplinar o direito de propriedade. O arcabouço jurídico desta garantia consta de todos os textos legais, por mais antigos que sejam, desde as Leis de Eshnunna e do Código de Hamurabi, passando à Grécia heroica quando o foco recai sobre a consagração da propriedade privada, adentrando em Roma com o sentido personalíssimo, individualista, vale dizer, absoluto, exclusivo, unívoco do direito de propriedade, em virtude do *jus utendi, fruendi et abutendi* e nas compilações justinianeias e seus desdobramentos nas Escolas de Direito, que codificaram as esparsas leis romanas, que abrem o caminho para a introdução do instituto do direito de propriedade nos moldes absolutistas, introduzindo o liberalismo.

No arcabouço jurídico pátrio, hoje, os bens imóveis da União podem ser identificados como: a) Terrenos de marinha, seus acrescidos, inclusive os terrenos à margem de rios e lagoas, onde se faça sentir a influência das marés; b) Terrenos de simples reserva, à margem dos rios navegáveis, fora da influência das marés; c) Próprios federais, ou seja, aqueles bens sobre os quais o poder federal tem propriedade; d) Terras devolutas.

4. A EPOPEIA EUROPEIA DE EXPANSÃO DE SEUS DOMÍNIOS

Mesmo que não se abrace o determinismo ibérico, não se pode deixar de aquiescer que a estrutura agrária brasileira apresenta distorções que não são outras senão as originárias. O colonizador, ao introduzir o sistema sesmarial, vaticinou um duradouro regime de detenção e exploração do imóvel rural, não mais justificável e/ou condizente com a conscientização dos problemas sociais há muito consolidada. Da mesma sorte, a Administração, quer a colonial, quer a republicana, quer a dos anos de chumbo, quer a da Nova República, quer, por fim, a do novel governo, malgrado pudesse ou possa bradar soluções previstas nos diversos textos constitucionais e leis ordinárias, não teve pulso de enfrentar a questão de regularizar e retomar as terras públicas irregularmente detidas.

Fazendo outro breve parênteses, ainda no que concerne à atávica desordenada ocupação territorial, há de se perquirir por que, comparando os processos de apropriação de terras públicas entre o Brasil e os Estados Unidos, este último não apresenta distorções fundiárias gritantes como nosso país. O processo ocupacional dos Estados Unidos teve tudo para ser caótico, haja vista que o processo de privatização das terras públicas tem como ponto de partida a emblemática Oklahoma's Land Race – verdadeira corrida pela terra, deflagrada às 12h do dia 16.09.1893. Por quê aquele modelo, desde sempre fadado ao insucesso, não deixou sequelas identificáveis hodiernamente?

No Brasil, o processo ocupacional se deu de forma atípica. Muito antes de o Brasil ser descoberto, o Infante D. Henrique, para assegurar todas as terras conquistadas pela talássica vocação portuguesa que então se impunha, conseguiu do Papa Eugênio IV, em 9 de janeiro de 1442, a Bula *Etsi Suscepti*, que concedia à Ordem da Milícia de Nosso Senhor Jesus Cristo todas aquelas terras descobertas e a descobrir no caminho das Índias. A origem da propriedade, pois, foi por Direito de Invenção.

Estupefato, o saudoso Paulo Garcia[1] afirmou:

> A História do nosso país começa com um paradoxo: antes de descoberto o Brasil, suas terras já pertenciam a Portugal.

Antes da descoberta do Brasil todo o território do novo mundo já era alvo de cobiça e de partilhas entre as nações poderosas de antanho, Espanha e Portugal.

1 GARCIA, Paulo. *Terras devolutas,* Belo Horizonte: Oscar Nicolai, 1958, p. 9.

5. APROPRIAÇÃO DE TERRAS PÚBLICAS

Descoberto ou inventado o Brasil, o conquistador português utilizou-se do instituto jurídico da sesmaria, encontrado nas arcas de sua tradição, para consolidar o povoamento. O Regime das Sesmarias perdurou de 1504 a 1822.

No território recém-conquistado deu-se a quem quisesse a quantidade de terras pedidas, muitas vezes em estreita observância ao espírito feudal de duas gerações. A primeira concessão de carta de sesmaria, datada de 24 de janeiro de 1504, no período de D. Manuel I, o Venturoso, *ex vi* do Livro IV, Título 81 das Ordenações Afonsinas, concedeu a Ilha de São João ou da Quaresma ao armador/mercador Fernando de Noronha. A concessão assentada sobre a base do *morgadio* perdurou tão somente nesta primeira ou duas primeiras concessões, haja vista que a Coroa Portuguesa afastou as terras do Brasil deste regime, não admitindo o mesmo nas transferências das sesmarias.

Passavam, pois, as concessões de terras a serem feitas em caráter de domínio pleno e perpétuo, estabelecendo-se a propriedade *alodial*, diferentemente do que ocorria em Portugal, pois lá a concessão da sesmaria era temporária, devendo ser observado o quinquênio e o encargo do cultivo.

No Brasil, as sesmarias somente se davam em relação às terras públicas, o que não acontecia em Portugal, onde também as terras particulares, desde que abandonadas por determinado período de tempo, podiam ser concedidas a terceiros.

São com as Cartas Régias, a de foral, de 1531, e a de doação, de 1535, expedidas a Martim Afonso de Souza, que surge a concessão com caráter estritamente **enfitêutico**. As datas de terras virgens do Brasil não se podiam chamar sesmarias e se assim foram chamadas foi só pelo fato de estarem desaproveitadas. Messias Junqueira lecionou:[2]

> Em Portugal as terras concedidas por sesmarias podiam ser ou não foreiras; no Brasil só houve sesmarias regidas pelos forais e assim, todas elas debaixo do regime enfitêutico.

No interregno das duas Cartas Régias supracitadas adveio a Carta Régia de 28 de setembro de 1532, que dividiu o Brasil em capitanias hereditárias, nos moldes do sistema de colonização anteriormente empregado nas Ilhas da Madeira e dos Açores. Todavia, esta sistemática jurídica vigorou por escassos anos. A falência do sistema donatorial, que gerava poderes quase ilimitados aos donatários, ensejou a criação, em 1548, do Governo-Geral, que

2 JUNQUEIRA, Messias. *O Instituto Brasileiro das Terras Devolutas*. São Paulo: Lael, 1976, p. 31.

dividia o poder em três, constituindo-se de um governador geral ou capitão mor, um provedor mor e um ouvidor mór, cabendo ao primeiro a concessão de sesmarias.

Aos sesmeiros cabiam, pois, três obrigações principais: cultura, medição e confirmação. A inadimplência destas ou de quaisquer outras cláusulas acarretava o *comisso* da concessão.

Dispensável dizer que os encargos supracitados não foram observados.

Contudo, a legislação ou, em última análise, o sistema sesmarial, marcou indelevelmente a estrutura agrária, pois se prestou, sobremaneira, à ocupação do Brasil, e, malgrado seus inúmeros defeitos, contribuiu para a consolidação do território.

Com a suspensão da concessão de sesmarias, pela Resolução de 17 de julho de 1822, tem-se o regime das posses, que se estendeu de 1822 a 1850. Ocorreu um período de lacuna legal, verdadeiro hiato, em que a única forma de acesso à propriedade era a título de singela ocupação, provocando verdadeira complexidade no sistema dominial.

A ocupação é um modo originário de aquisição da propriedade e, segundo doutrina, pode ela recair sobre dois aspectos legais: a *res nullius* e a *res derelictae*. *Res nullius* é a que não tem dono (que não pertence a ninguém), *res derelictae* é a que já teve um dono, mas, em virtude de abandono ou renúncia (não de perda), não mais o tem, no momento da ocupação. Quem se apodera da *res nullius* ou da *res derelictae*, torna-se seu proprietário, pelo simples fato da ocupação.

No sistema anterior o título (autorização) levava à ocupação, doravante a ocupação primária precede o título (autorização), verificando-se a generalização dos apossamentos de terras ainda não ocupadas, ou seja, a apropriação de terras públicas, ocasião em que o território pátrio esteve, com a tolerância do governo, à mercê de quem quisesse pura e simplesmente ocupá-lo, configurando a ausência do estado na administração das terras públicas, tornando-se estas, pois, terras de ninguém!

6. DIFICULDADES TÉCNICAS DE IDENTIFICAÇÃO E INDIVIDUALIZAÇÃO DAS TERRAS PÚBLICAS

Mister salientar que a ausência do Estado na administração das terras foi coadjuvada por outros fatores que possibilitaram a balbúrdia fundiária. A profusão de medidas métricas e a imprecisão dos instrumentos topográficos até o advento do GPS são também fatores decisivos.

a) Métrico – até a imposição do hectare como medida agrária, muitas medidas foram praticadas e no dia a dia algumas ainda são utilizadas: sesmaria, data, litro, alqueire paulista, alqueire goiano, alqueire mineiro etc.

b) Escritural – a imprecisão dos dados constantes nos títulos. Trata-se de impedimento que remonta à história pátria, pois desde os primórdios os detentores de imóveis foram levados a sonegar informações cruciais, gerando informações incompletas, insuficientes. Exemplifica-se com o torpe dispositivo do art. 103 do Decreto Regulamentador nº 1.318/1854, referente à Lei de Terras de 1850, *verbis*:

> Art. 103. Os vigários terão livros de registro por eles abertos, numerados, rubricados e encerrados. Nesses livros lançarão por si, ou por seus escreventes, textualmente, as declarações, que lhes forem apresentadas, e por esse registro cobrarão do declarante o emolumento correspondente ao número de letras que contiver um exemplar, à razão de dois reais por letra, e do que receberem farão notar em ambos os exemplares".

Cento e dezenove anos mais tarde, a Lei nº 6.015, de 31 de dezembro de 1973, vem em socorro à atrocidade e dispõe sobre a necessidade das minúcias que permitam identificar o imóvel, dispõe o art. 224, *verbis*:

> Art. 224 Nas escrituras, lavradas em decorrência de autorização judicial, serão mencionadas por certidão, em breve relatório, com todas as minúcias que permitam identificá-los, os respectivos alvarás.

c) Registral – sobreleva informar que a passagem do sistema transcricional para o sistema matricular mitigou a dificuldade, todavia não a espancou, pelos seguintes motivos:

i) Descuido – oriundo da falta de cuidado na manutenção dos livros, mormente os mais antigos, sem falar que alguns desapareceram, se tendo conhecimento de fogo criminoso. Ademais, é comum o descuido no que tange em não citar o registro anterior, como determina o art. 176, da Lei nº 6.015/1973, *verbis*:

> Art. 176 O Livro nº 2 – Registro Geral – será destinado, à matrícula dos imóveis e ao registro ou averbação dos atos relacionados no art. 167 e não atribuídos ao Livro nº 3.
> § 1º A escrituração do Livro nº 2 obedecerá às seguintes normas:
> [...]
> II – são requisitos da matrícula:
> [...]
> 5) O número do registro anterior.

ii) Equívoco – em especial nos rincões mais distantes dos grandes centros urbanos, onde a precariedade de conhecimento é uma realidade. Cabe exemplificar com o Cartório de Registro de Imóveis de Cortês/PE que não contava, em 2007, com uma só linha telefônica, fazendo contatos somente via telefônico público (orelhão). Não é difícil entender porque alguns serviços registrais cometem equívocos inaceitáveis, como dar uma numeração independente, própria e não de forma sequencial a cada registro e averbação em uma mesma matrícula (*v. g.* R-1, R-2, AV-1, R-3, AV-2), em flagrante desrespeito ao art. 232 da Lei nº 6.015/1973.

iii) Incorreção – oriunda da insegurança de alguns serviços registrais na lavratura dos assentos. Cabe citar o exemplo de um imóvel rural matriculado no Cartório de Registro de Imóveis de Cortês/PE, uma vez mais, cuja certidão fornecida informa que a área do imóvel da matrícula equivale a "1/3 de 5/12 da área remanescente" (?).

d) Cadastral – por incorreções de informação do declarante ou de lançamento dos dados fornecidos por ele, o que dificulta, sobremaneira, a atuação do Estado.

Na se perca de vista, também, a crucial necessidade e dificuldade, face aos elementos acima enunciados, de elaboração da cadeia dominial.

A intervenção do Estado no processo de retomada de suas terras públicas impõe cuidados necessários à escorreita individualização das mesmas, inclusive pesquisa da legitimidade do título matriculado, daí a necessidade de elaboração da cadeia dominial, que, pelo menos na faixa de fronteira, deve retroagir até o destaque do Estado.

7. TENTATIVAS DE REGULARIZAÇÃO (ORDENAMENTO) DA ESTRUTURA FUNDIÁRIA

Houve algumas tentativas, senão de por ordem, ao menos de conhecer a estrutura fundiária pátria, todavia, na maioria das vezes, a intenção não teve condições políticas e/ou administrativas de ser levada a cabo.

8. A LEI DE TERRAS DE 1850

A Lei de Terras – Lei nº 601, de 18 de setembro de 1850, cognominada código de terras, vence o tempo e permanece até hoje como o diploma legal que definiu o que eram terras devolutas, sendo, pois, referência obrigatória e inspiração perene da legislação, malgrado tenha sido diretamente influenciada pelo sistema do teórico do colonialismo inglês Edward Gibson Wakefield e também possa ser vista como excessivamente pródiga.

Em síntese, a Lei de Terras previa um recenseamento que possibilitaria conhecer o espaço agrário, ou seja, previa uma fórmula de identificar e regularizar o *ager publicus*.

Contemplou três pontos de suma importância, no que concerne às terras devolutas: conceituação jurídica, apuração física e legitimação de seus detentores.

Além de definir o que eram terras devolutas a Lei de Terras: a) proibiu a aquisição de terras devolutas por outro título que não o de compra; b) tratou da revalidação das sesmarias e outras concessões; c) estabeleceu a legitimação das posses mansas e pacíficas; d) autorizou a venda de terras devolutas em hasta pública ou fora dela, sendo obrigatório a medição, divisão, demarcação etc.

Doravante, somente mediante compra as terras devolutas poderiam ser destacadas do patrimônio público, todavia o regime de apropriação das terras públicas mediante compra revelou-se "teoria jurídica divorciada da realidade ambiente", no entender de Messias Junqueira.[3] Na realidade, a ocupação do *ager publicus*, entregue à iniciativa particular, continuou, de fato, sob o regime primitivo da conquista pioneira pura e simples, começando a aparecer nesta época a hedionda figura do grileiro.

Eis um breve resumo da prodigalidade da Lei de 1850: a) posseiro com cultivo efetivo e morada habitual obteria título de domínio da área efetivamente ocupada e outra porção igual de área devoluta contígua; b) sesmeiro ou concessionário, mesmo aqueles em comisso, mas com princípio de cultivo e morada habitual, e que tivesse requerido a medição dentro do prazo legal assinalado, teria o título de sesmaria ou concessão revalidado; c) sesmeiro ou concessionário que não houvesse requerido a medição permaneceria com a área cultivada, sendo considerada terra devoluta toda a área restante do título de sesmaria ou concessão.

O art. 10 da Lei de Terras estabelecia a obrigação do governo em extremar (discriminar) o domínio público do particular. Para tanto instituiu a figura do juiz comissário das medições, que tinha por atribuição medir, a requerimento e às custas dos interessados, terras integrantes das sesmarias e concessões revalidáveis e das posses legitimáveis.

Ademais, a Lei de Terras instituiu o registro do vigário e a faixa de fronteira.

Era impossível que o problema do não conhecimento da estrutura fundiária e consequentemente da propriedade territorial pública ficasse sem solução, mas ainda não fora desta feita que o Brasil se fez conhecer.

A DISCRIMINAÇÃO DO GOVERNO MILITAR: LEI Nº 6.383, DE 7 DE DEZEMBRO DE 1976

Inaugurada no final da década de 1970, a alvissareira política de discriminação de terras do governo militar teve vida efêmera, não perdurando sequer muito mais que um lustro.

O embrião do processo discriminatório encontra-se na Lei de Terras de 1850. Este diploma legal foi o primeiro que cuidou da discriminação de terras

---

3 JUNQUEIRA, Messias. In: *Justificativa e anteprojeto de Lei de Terras*. São Paulo: Revista dos Tribunais, 1942, p. 51.

no Brasil, sem usar, contudo, esta expressão e sem ter as características atuais. O art. 10, supracitado previa a discriminação administrativa.

Todos os bens imóveis da União, alhures citados, à exceção das terras devolutas, podem ser individualizados, através de processo demarcatório, pois todos têm caracterização e medidas certas. Contrariamente dos demais bens públicos, as terras devolutas para serem individualizadas dependem de procedimento especial, de processo mais complexo denominado discriminação de terras devolutas, que objetiva extremar, deslindar o público do privado, pondo termo a dúvidas divisórias.

O caráter devoluto de determinada gleba de terras precisava ser declarado, pela autoridade competente, em ação discriminatória; haja vista que a propriedade pública sobre as terras devolutas só pode ser juridicamente conceituada por exclusão. As terras devolutas, pois, careciam de ser identificadas, conhecidas, descobertas, para que pudessem ser destinadas.

Talvez o conceito mais fidedigno para discriminação de terras, quiçá o mais abrangente, seja o que se segue. Discriminação de terras é o processo pelo qual se apura a devolubilidade de terras para ulterior destinação. Não se concebe que estas terras, após devidamente apuradas, permaneçam na titularidade do Estado, senão transitoriamente.

Cabe aduzir, por fim, que a discriminação de terras devolutas foi desditosamente interrompida em meados da década de 1980, única e exclusivamente pela falta de visão do então novo governo que se inaugurava, como se verá a seguir.

10. O RECUO DA NOVA REPÚBLICA: REGULARIZAÇÃO FUNDIÁRIA *VS.* REFORMA AGRÁRIA

O maior equívoco do então novel governo instalado em 1985 foi preterir a política de regularização fundiária em favor da política de reforma agrária. Ambas teriam de caminhar, forçosamente, *pari passu*, contudo, no interregno do último governo militar e do primeiro governo civil, olvidou-se da regularização fundiária. A meta do Governo Figueiredo foi outorgar um milhão de títulos para a reforma agrária, já o governo Sarney promoveu o Plano Nacional de Reforma Agrária (PNRA), ambos, diga-se de passagem, com resultados pífios. Afinal, para alcançar a faraônica meta do último presidente do governo militar, muitos artifícios, próprios do período, foram perpetrados, sem se promover a inclusão social dos beneficiados; já a política do primeiro presidente civil após 1964, malgrado se possa crer que tivesse efetivamente vontade política para tanto, vez que fruto dos ventos redemocratizadores que assolavam o país, deixou de alcançar os resultados colimados, mormente para o momento político e pelo espaço democrático que grassava.

11. A ISOLADA E INTRÉPIDA AÇÃO CONJUNTA INCRA/ CORREGEDORIA-GERAL DA JUSTIÇA DO ESTADO DO AMAZONAS

Inquestionável é que a não regularização das ocupações irregulares ou precárias de terras públicas vem tomando proporções descomunais, em especial na Região Amazônica, porquanto, além do avanço do setor madeireiro desde sempre, também, a avidez, não tão recente, do *agrobusiness*, vem impondo maior pressão à questão.

Foi neste sendero que, quase anonimamente, de forma isolada, como se fora balão de ensaio, sem divulgação, o Incra, no governo Fernando Henrique Cardoso, envidou esforços junto à Corregedoria-Geral da Justiça do estado do Amazonas, à época capitaneada pela Desembargadora Marinildes Costeira de Mendonça Lima, no sentido de promover a retomada administrativa das terras públicas irregularmente ocupadas por grileiros.

Este modelo administrativo, mais célere, cancelou à época, final da década de 1990, inúmeros registros irregulares; desafortunadamente, contudo, o próprio Tribunal de Justiça do estado do Amazonas revogou vários cancelamentos, mantendo-se, basicamente o *status quo*.

A LEI Nº 10.267, DE 28 DE AGOSTO DE 2001

Alterando diversos dispositivos legais sobre a matéria, a saber: Leis nº 4.947, de 06.04.1966, nº 5.868, de 12.12.1972; nº 6.015, de 31.12.1973, nº 6.739, de 05.12.1979 e nº 9.393, de 19.12.1996, a nova Lei nº 10.267, de 28/08/2001 trouxe significativas mudanças para o sistema de registro de imóveis e para o Sistema Nacional de Cadastro Rural do Incra, dando maior transparência aos negócios imobiliários e permitindo o conhecimento real da malha fundiária do país.

O largo passo dado aqui é a criação do Cadastro Nacional de Imóveis Rurais (CNIR), que consiste em reunir, em um único banco de dados, o maior número de informações sobre os imóveis rurais.

Na sequência, foram editados a Resolução Incra n° 38, de 23.10.2002 e o Decreto nº 4.449, de 30.10.2002.

Seus pontos positivos são a obrigatoriedade de: a) transcrição do Certificado de Cadastro de Imóvel Rural (CCIR) nas Escrituras; b) apresentação do CCIR e da prova de quitação do Imposto Territorial Rural (ITR), correspondente aos últimos cinco exercícios, quando do registro de toda e qualquer transação dominial; c) intimação do Incra das sentenças proferidas nas ações de usucapião; d) intercâmbio de informações que importem modificações no domínio, na área e no uso do imóvel rural, entre os serviços registrais e o Incra.

Desafortunadamente, contudo, malgrado a ameaça de enquadramento na pena de responsabilidade administrativa, civil e criminal, os serviços registrais não têm conseguido dar conta da tarefa e sequer o Incra tem tido fôlego de processar as tímidas demandas que lhe são direcionadas.

Todavia, o grande avanço é a auspiciosa imposição da identificação do imóvel rural por meio de memorial descritivo, contendo coordenadas georreferenciadas. Ademais, o memorial descritivo tem de ter a anuência dos lindeiros e a certificação do Incra, possibilitando alocá-lo em seu devido espaço do quebra-cabeça fundiário.

Para tanto, o Decreto nº 4.449/2002 indicou prazos, outro não é o entendimento de seu art. 10, *verbis*:

> Art. 10. A identificação da área do imóvel rural, prevista nos §§ 3º e 4º do art. 176 da Lei nº 6.015, de 1973, será exigida nos casos de desmembramento, parcelamento, remembramento e em qualquer situação de transferência de imóvel rural, na forma do art. 9º, somente após transcorridos os seguintes prazos:
> I – noventa dias, para os imóveis com área de cinco mil hectares, ou superior;
> II – um ano, para os imóveis com área de mil a menos de cinco mil hectares;
> III – cinco anos, para os imóveis com área de quinhentos a menos de mil hectares;
> IV – oito anos, para os imóveis com área inferior a quinhentos hectares.

13. A PORTARIA MDA/INCRA Nº 10, DE 1º DE DEZEMBRO DE 2004

Privilegiando os estados da Amazônia Legal, a Portaria tentou trazer para o cadastro e a cartografia do Incra os imóveis rurais detidos como posse por simples ocupação, determinando que todos nesta situação, independentemente da área, apresentassem planta e memorial descritivo georreferenciado. A ideia, louvável, esbarrou nos exíguos prazos estabelecidos, 120 dias para imóveis com área entre 100 e 400 hectares e 60 dias para imóveis com área superior a 400 hectares. Como executar tão árdua tarefa em espaço de tempo tão exíguo?

14. O CADASTRO DE TERRAS E REGULARIZAÇÃO FUNDIÁRIA

Acordo de Empréstimo com o BID nº 1.633/OC/BR, de 17.05.2007, que engloba somente os estados do Maranhão, Ceará, Bahia, Minas Gerais e São Paulo, por ser recentíssimo ainda não se dispõem de dados que possam aferir o seu alcance.

15. O PROGRAMA TERRA LEGAL: LEI Nº 11.952/2009

Trata-se de recentíssimo e açodado programa lançado pelo Governo Federal que, malgrado trate da pedra angular para o real conhecimento da situação fundiária pátria, estabelece o mesmo como política de governo, quando, dada sua relevância, forçosamente, teria de ser tratado como política de estado, possibilitando, inclusive, que os próximos governos lhe deem sequência, ou estaria predestinado a ser nati morto?

Dito programa foi lançado à guisa de simplificar e agilizar o processo de regularização (identificação-georreferenciamento). Seu alcance é limitado, haja vista que somente contempla parte de imóveis, *in casu* imóveis rurais de até 15 módulos fiscais ou até 1.500 hectares, em parte do território nacional, tão somente na Amazônia Legal.

A primeira dúvida é quanto ao método propriamente dito, haja vista que, contra todo o conhecimento acumulado em toda a história da civilização, se quer montar o gigantesco quebra-cabeça fundiário começando pelas peças menores (?). Definitivamente, a lógica determina que se comece pelas peças maiores. Logo, como acreditar que a montagem possa ser exitosa e gerar fidedigno mapa fundiário devidamente georreferenciado, especialmente a curto prazo?

Ademais, se estamos com pelo menos 159 anos de atraso, contados a partir da Lei de Terras de 1850, para que o imediatismo de uma Medida Provisória votada às pressas?

Também não se pode olvidar que o instituto é das terras públicas, e sendo assim, não há como deixar de entender que elas pertencem a todos, à Nação e não ao Estado, malgrado este possa reservar algumas para o uso próprio; razão pela qual a sociedade e a academia não deveriam ter sido alijadas das discussões que levaram ao arranjo jurídico-institucional proposto. Faltou não só trazer a sociedade para dentro do programa mas também faltaram audiências públicas, ou seja, discussão profunda, em processo de consulta setorial.

Melhor do que compilar e flexibilizar a legislação existente teria sido que se criassem condições para uma ação eficaz posterior, menos célere sem dúvida, como, a construção da concórdia entre todos os atores envolvidos. Se não a concórdia, pelo menos mecanismos que mitiguem os conflitos que se avizinham.

A relevância do programa fundiário é tanta que ocorreram diversas disputas internas no governo, para saber a quem caberia tocá-lo. Mangabeira Unger – então Ministro da Secretaria de Assuntos Estratégicos e Coordenador do Plano Amazônia Sustentável (PAS), estribado no entendimento de que "a Amazônia é um quarto escuro, ninguém sabe o que tem lá", tentou levar o assunto para sua pasta e imaginou criar uma nova autarquia, o Instituto de Regularização Fundiária da Amazônia (Irfam) como se a questão fosse institucional e não política. Olvidou-se de que o Incra tem plena capacidade, conhecimento e estrutura para dar conta da hercúlea tarefa, carecendo, sim, de reorganização interna e de um e outro arranjo institucional.

Pior, Mangabeira Unger propôs o confisco de todo e qualquer imóvel com área superior a 2.500 hectares, como se mero ato administrativo não pudesse ser questionado pela via judicial, eternizando-se no foro.

Abandonada a ideia de criação do Irfam, por estapafúrdia, a SAE planejou a criação da Agência Executiva de Regularização Fundiária da Amazônia (Aerfa). Vinculada à Presidência, caberia à ela normatizar, organizar e coordenar a implementação do processo de regularização de terras, primeiro passo do PAS.

Afortunadamente, o bom-senso prevaleceu e o Incra, subordinado ao MDA, permanece à frente da questão, malgrado internamente se fale em uma sutil cisão, estabelecendo-se um Incra paralelo. A readequação de cargos de direção do Incra e do MDA, prevista nos Decretos n°s 6.812 e 6.813, ambos de 03.04.2009, aí estão para confirmar.

Definitivamente, a insegurança jurídica, causada pela desordem fundiária, tem de ter fim.

O marco legal foi refeito, compilando e modificando a legislação anterior, dir-se-ia flexibilizando-a – Lei nº 11.952/2009 (a MP nº 459/2009 também dispõe sobre o assunto). Ocorreram modificações, ao que parece, em uma análise menos apertada, não tão substanciais, todavia a pressa é tanta em tentar fazer com que o programa se opere no atual governo e apareça em exíguo espaço de tempo, que até já existe decreto regulamentador, antes da aprovação da MP (com suas inevitáveis modificações), outro não é o recentíssimo Decreto nº 6.830, de 27.04.2009.

Os estados-membros da Região Norte são trazidos para o processo, a exemplo do que já ocorria na legislação anterior.

Novidade alvissareira, parece, é a que dispõe sobre a regularização urbana, trazendo os municípios para a tarefa, via doações.

Todavia, tarefas anteriores que se mostram necessárias em curto espaço de tempo (predecessoras e impulsionadoras de todo o processo) deixaram de ser levadas a cabo, pois se foi determinada a digitalização de todo o acervo fundiário, até onde se sabe não se determinou, também, o processamento e análise (depuração) do mesmo, possibilitando extremar o público do privado.

O acervo digital fundiário da autarquia agrária foi disponibilizado, porém o mesmo se mostra incompleto e desatualizado, não passando, pois, de mero esboço.

Quiçá a grande lacuna do programa Terra Legal tenha sido a não previsão da criação de um *Juizado Especial Federal Agrário,* transitório e itinerante, com juízes especializados em Direito Público, que pudessem dirimir conflitos que inexoravelmente se acumularão, impedindo a concretização dos objetivos colimados.

Mister ressaltar, por fim, a estranheza que causa a liberalidade e a prodigalidade constante no instrumento legal, a exemplo do que se pretende ao reduzir a área de reserva legal obrigatória para os imóveis rurais localizados na Amazônia Legal, em dissonância com o espírito do atual governo.

16. CONCLUSÃO

Vislumbrado o universo irregular e precário em que cabe a premente atuação da União, conclui-se que o que se impõe não é uma política revisionista, pois não se quer nem se vai tiranizar as políticas pretéritas, e sim uma ação de avaliação da extensão da questão, que permita a regularização fundiária das terras públicas precariamente detidas e a reversão e a retomada das terras públicas irregularmente detidas para o processo de ordenamento agrário, como estatuído na Lei Maior.

Impõe-se uma política centrada em um programa de médio a longo prazo, com mecanismos que permitam conhecer nossa realidade. Cabe, pois, implementar e corrigir no percurso o programa Terra Legal, ampliando-o às outras regiões do país, de forma escalonada, costurando-o politicamente, para que ele tenha a necessária continuidade, pois no prazo avençado é inexequível.

AQUISIÇÃO DE IMÓVEL RURAL POR PESSOA JURÍDICA BRASILEIRA EQUIPARADA À ESTRANGEIRA

Inácio Roberto Gonçalves

INTRODUÇÃO

Dentro de uma perspectiva que envolve a economia do Brasil, sua independência, a Constituição Federal e a soberania nacional, apresentam-se, atualmente, várias situações de fato e de direito onde a constitucionalidade ou não de uma norma, ato jurídico ou administrativo é posta em questionamento. Tais questionamentos constitucionais, se não forem cuidadosamente analisados por órgãos competentes e até mesmo discutidos na sociedade brasileira podem, por vezes, causar reflexos negativos na sociedade, na economia, na soberania e na segurança nacional. É o que acontece com o § 1º, do artigo 1º, da Lei nº 5.709/71, face ao parecer da Advocacia-Geral da União (AGU) GQ-181, devidamente aprovado pelo Presidente da República.

O referido dispositivo legal cuida da necessidade de autorização do Incra para as aquisições de imóveis rurais por pessoa jurídica brasileira, cujo capital majoritário seja estrangeiro.

A AGU é o órgão governamental do Poder Executivo responsável pela defesa dos interesses da União no âmbito judicial e extrajudicial, cabendo, ainda, a assessoria e consultoria a esse Poder, atribuições essas instituídas pela Lei Complementar nº 73, de 10 de fevereiro de 1993. A aludida Lei Complementar (LC), em seu artigo 40, § 1º, preconiza que os órgãos da administração pública federal ficam vinculados aos pareceres da AGU. Assim, o órgão responsável pelo controle das aquisições de imóveis rurais por estrangeiros, que é Incra fica vinculado ao teor do referido parecer.

De antemão, abrem-se dois pontos a serem analisados no presente estudo: a) a recepção do aludido dispositivo legal pela Constituição Federal de 1988 (CF/88); b) a constitucionalidade do referido parecer ante a falta de manifestação do Poder Judiciário – responsável pelo julgamento das matérias de ordem constitucional – tendo em vista que não nos parece ter um ato administrativo o condão de revogar artigo de lei por inconstitucionalidade, pela simples falta de competência para tal.

A alegada desconstitucionalização do conceito de empresa brasileira, feita pela AGU, não nos parece ter guarida, face à interpretação sistemática que deve ter o direito.

Também com a edição do Parecer CGU/AGU nº 01/2008-RVJ, que revogou o Parecer AGU–GQ–181, a questão não se apresenta resolvida, pois se compreende que não afasta a necessidade de autorização e controle governamental, para aquisição de imóvel rural por pessoa jurídica brasileira controlada por estrangeiro.

A partir dos fatos apontados verifica-se a importância do tema, que ganha relevância devido aos poucos estudos sobre o assunto, como bem nos alerta o ilustre Professor Octavio Mello Alvarenga.[1]

O objetivo deste trabalho – para o qual foi utilizado o método hipotético-dedutivo – é analisar a recepção, ou não, do § 1º, do artigo 1º, da Lei nº 5.709/71, como também a constitucionalidade da vinculação dos pareceres da AGU aos entes da Administração Pública Federal do Poder Executivo, em conformidade com a LC nº 73/98, principalmente no que tange às matérias de ordem constitucional não resolvidas perante o Poder Judiciário. Objetiva verificar, ainda, o papel da AGU como mecanismo de intervenção política do Poder Executivo federal, os reflexos dessa intervenção na sociedade, na economia e, também, a questão da soberania nacional face à entrada de empresas estrangeiras no Brasil, visando dar uma pequena contribuição ao desenvolvimento de estudos futuros mais aprofundados sobre o tema.

1. HISTÓRICO DA AQUISIÇÃO DE IMÓVEL RURAL POR ESTRANGEIROS NO BRASIL

A aquisição de imóvel rural por estrangeiros sempre foi preocupação dos governos brasileiros. Datam do tempo do Império as primeiras preocupações com a ocupação territorial de nosso país, em especial, por estrangeiros. A legislação agrária brasileira impõe restrições, limitações e impedimentos à aquisição de imóveis rurais, bem como àquelas áreas rurais reservadas que, por razões de segurança, visam impedir o adensamento por alienígenas em território nacional que escapem ao controle do Poder Público.

1 ALVARENGA, O. M. *Política e direito agroambiental*. 2ª ed., Rio de Janeiro: Forense, 1997, p. 279.

Em 25 de novembro de 1808, mediante decreto, o Príncipe Regente D. João VI permite a concessão de sesmarias aos estrangeiros residentes no Brasil.

Proclamada a Independência do Brasil, surge a Lei Imperial de Terras, Lei nº 601, de 18 de setembro de 1850, regulamentada pelo Decreto nº 1.318, de 1854, que disciplinou a aquisição de terras por estrangeiros, permitindo, com isso, que estes fossem naturalizados.

Nos ensinamentos do Professor Olavo Acyr de Lima Rocha[2] outros textos de legislação ordinária, após a Constituição de 1891 e demais Constituições brasileiras que a sucederam, trataram de restrições à aquisição de imóvel rural por estrangeiros. Assim, como relacionado pelo referido autor:

> [...] o Decreto nº 19.924, de 27.04.1931, vedando a concessão de terras devolutas a estrangeiros não domiciliados na localidade, sem autorização do governo federal. Ainda, o Dec.-Lei nº 406, de 04.05.1938 e o Dec.-Lei nº 1.164, de 18.03.1939. Tal texto alude à concessão de terras na faixa de fronteira, vias de comunicação e indústrias. A faixa de fronteira foi estabelecida em 150 quilômetros ao longo da fronteira de território nacional com os países estrangeiros. Essa concessão não poderia ser feita sem prévia audiência do Conselho de Segurança Nacional. Outrossim, de ressaltar o Dec.-Lei nº 1.202 de 08.04.1939 e o Dec.-Lei nº 1.968, de 17.11.1940 também sobre a faixa de fronteira de 150 quilômetros já referida. Ainda, o Dec.-Lei nº 2.009, de 09.12.1940, organizando núcleos coloniais não só a nacionais como a estrangeiros. E o Dec.-Lei nº 2.610, de 20.09.1940, bem como o Dec.-Lei nº 3.059, de 14.02.1941, sobre colônias agrícolas nacionais. Ainda o Dec.-Lei nº 3.266, de 12.05.1941 e o Dec.-Lei nº 4.504, de 22.06.1942, sobre núcleos coloniais e núcleos coloniais agroindustriais. Também o Dec.-Lei nº 6.430, de 16.04.1944, sobre indústrias, comércio e terras na faixa de fronteira. Outrossim, o Dec.-Lei nº 3.438, de 17.07.1941. Não há como esquecer ainda o Dec.-Lei nº 9.760, de 05.09.1946, dispondo sobre os bens imóveis da União, notadamente seu artigo 205, cuidando de faixa de fronteira, da costa marítima e de fortificações militares.

Em 10 de novembro de 1964, por meio da Emenda Constitucional nº 10, a Constituição Federal vigente sofreu alterações sendo então deferida à União a competência para legislar sobre Direito Agrário e instituir impostos sobre a propriedade rural (artigo 5º, XV, alínea *a* e artigo 15, VII). O Estatuto da Terra, Lei nº 4.504, de 30 de novembro de 1964, foi sancionado com base nas alterações constitucionais introduzidas pela Emenda Constitucional nº 10.

A aquisição de imóveis rurais por pessoas físicas ou jurídicas estrangeiras sofreu a primeira restrição mais séria, sendo editado o Ato Complementar nº 45, de 30.01.1969, seguido pelo Decreto-Lei nº 494, de 10 de março do

2 *Revista de Direito Agrário,* ano 16, nº 13. p. 13. Brasília. Disponível em: <www.incra.gov.br>. Acesso em: 1ºsemestre de 2000.

mesmo ano, devido ao fato de se verificarem a aquisição de extensas áreas de terras, em áreas pouco povoadas, por ádvenas não residentes no Brasil, conforme observa Rocha.[3]

Para os efeitos desse Ato passou a ser considerado residente no país o estrangeiro que aqui possuísse permanência definitiva, conforme estabelecido no artigo 2º, enquanto o artigo 3º fixou que lei especial determinaria as condições, restrições, limitações e demais exigências a que ficaria sujeita a aquisição de imóvel rural por pessoa estrangeira, natural ou jurídica, tendo em vista a defesa da integridade do território nacional, a segurança do Estado e a justa distribuição da propriedade.

O Decreto-Lei nº 924, de 10 de outubro de 1969, apenas sete meses após a edição do Decreto-Lei nº 494, refere-se à matéria alterando algumas disposições dessa norma, que deveria ter sido regulamentada pelo Poder Executivo 30 dias após sua edição. Entretanto, isso não ocorreu e o referido diploma foi revogado pela Lei nº 5.709, de 7 de outubro de 1971.

A Lei nº 5.709/71, conforme preconiza seu artigo 19, foi regulamentada somente depois de decorridos pouco mais de três anos, por meio do Decreto nº 74.965, de 26 de novembro de 1974, sendo que tais dispositivos encontram-se em vigor atualmente regulando as aquisições de imóveis rurais por estrangeiros (pessoas físicas e jurídicas).

Mais recentemente, foi sancionada a Lei nº 8.629, de 25 de fevereiro de 1993, que dispõe sobre a regulamentação dos dispositivos constitucionais relativos à reforma agrária, previstos no Capítulo III, Título VII, da CF/88. A lei em comento, em seu artigo 23, *caput*, acrescenta as questões atinentes ao arrendamento rural tanto para pessoas físicas quanto para pessoas jurídicas estrangeiras. O § 1º remete a disciplina da matéria à Lei nº 5.709/71 estabelecendo as mesmas restrições e limitações por esta imposta. Tais disposições estão em conformidade com o artigo 190, da Constituição Federal, de 5 de outubro de 1988, que preconiza que *a lei regulará e limitará a aquisição ou o arrendamento de propriedade rural por pessoa física ou jurídica estrangeira e estabelecerá os casos que dependerão de autorização do Congresso Nacional.*

Mundialmente, existem três sistemas adotados no que concerne à aquisição de imóvel rural por estrangeiro: a livre-aquisição, a proibição absoluta e o sistema misto, onde se controla a aquisição de imóvel rural por estrangeiros. No Brasil, é adotado o sistema misto, isto é, o de "controle de aquisição".

Como se vê, desde os primórdios de sua formação, o Brasil fomentou a colonização estrangeira, como forma de trazer para o país procedimentos de produção agrícola que implementassem a colonização, visando a entrada

3 *Ibidem*, p. 14.

de conhecimentos na lida agrícola, no mais importante bem de produção, a propriedade imobiliária rural.

2. RAZÕES DO CONTROLE LEGAL NAS AQUISIÇÕES

O § 1º, do artigo 1º, da Lei nº 5.709/71, foi insculpido para impedir a aquisição de terras sem controle. De fato, esse dispositivo equipara à pessoa jurídica estrangeira, ainda que autorizada a funcionar no país, a pessoa jurídica brasileira da qual participem, a qualquer título, pessoas estrangeiras físicas ou jurídicas que tenham maioria de seu capital social e residam ou tenham sede no exterior.

Para resguardar os interesses da Nação quanto a uma ocupação descontrolada, notadamente por pessoas que apenas adquiriam imóveis como forma de fazer reserva de capital, sem nenhum compromisso com o Brasil, e também para evitar as ações inescrupulosas de aventureiros internacionais, que aplicavam "golpes" com compra e venda de terras, a legislação criada, se por um lado fomentava a imigração controlada, com a aquisição desde que legítima, por outro lado, visava inibir a transação com estrangeiros quando esta não tinha nenhum compromisso com o desenvolvimento do Brasil, e sim apenas caráter especulativo.

Assim, o artigo 5º da Lei nº 5.709/71 determina que as pessoas jurídicas devem apresentar projetos técnicos que demonstrem as atividades agrárias que desenvolverão e que deverão estar em consonância com os fins estatutários da entidade adquirente do imóvel.

3. NACIONALIDADE DAS PESSOAS JURÍDICAS

A maior controvérsia quanto à aquisição de imóvel rural por pessoa jurídica diz respeito à definição de sua nacionalidade.

O conceito de empresa brasileira estava inserto no Decreto Lei nº 2.627, de 26 de setembro de 1940, no artigo 60: "são nacionais as sociedades organizadas na conformidade da lei brasileira e que têm no país a sede de sua administração"; e foi mantido pelo artigo 300, da Lei nº 6.404, de 15 de dezembro de 1976 (Lei das Sociedades Anônimas).

Por ser norma infraconstitucional, outra norma de mesma hierarquia ou superior pode alterar esse conceito, com vistas a integrá-lo aos efeitos pretendidos por essa "nova lei".

Foi assim com a Lei nº 5.709/71, que equiparou o conceito de empresa brasileira com controle acionário estrangeiro ao conceito de empresa estrangeira, ainda que essa empresa brasileira tivesse sede no Brasil.

Dessa forma, é possível ver a perfeita admissibilidade de um duplo regime jurídico: uma sociedade pode ser considerada nacional, porque subordinada à lei societária nacional, e ser havida ao mesmo tempo como estrangeira, no tocante ao uso e gozo de vantagens ou prerrogativas reservadas a empresas de controle nacional. Naturalmente, apenas nos casos em que a lei expressamente assim determinar, conforme reza o artigo 172 da Constituição Federal:

> Art.172. A lei disciplinará, com base no interesse nacional, os investimentos estrangeiros, incentivará os reinvestimentos e regulará a remessa de lucros.

Muitos autores, entretanto, entendem que só os casos já disciplinados expressamente pela Constituição poderão conter restrições à participação estrangeira, como o artigo 192, que disciplina as condições do capital estrangeiro nas instituições a que se refere. A lei mencionada no artigo 192 é a que regulamentará tais casos expressos na Constituição.

O § 1º do artigo 1º da Lei nº 5.709/71 traz tal restrição, dando somente à empresa brasileira com controle de capital social nacional a possibilidade de adquirir livremente imóvel rural no Brasil.

Por força do artigo 171 da Constituição, quando da sua promulgação, em 5 de outubro de 1988, o disposto no § 1º, do artigo 1º, da Lei nº 5.709/71, supostamente, não foi recepcionado. Como não há repristinação direta no direito pátrio, a revogação do dispositivo constitucional pela Emenda Constitucional nº 06/95 não revigorou o mencionado parágrafo.

4. CONSTITUCIONALIDADE DO § 1º DO ARTIGO 1º DA LEI Nº 5.709/71

Para fins limitativos da Lei nº 5.709/71, equipara-se à pessoa jurídica estrangeira a pessoa jurídica brasileira da qual participem, a qualquer título, pessoas físicas ou jurídicas estrangeiras que detenham a maioria do seu capital social e residam ou tenham sede no exterior. É o que preconiza o § 1º do art. 1º da Lei nº 5.709/71.

Porém, não é esse o entendimento adotado pela AGU via parecer GQ – 181, de lavra do então ilustre Consultor da União Dr. Luiz Alberto da Silva, que diz, em síntese, ser inconstitucional o aludido parágrafo, tendo em vista, essencialmente, a não recepção pela Constituição Federal de 1988 do § 1º do art. 1º da lei em comento, que conflitava com o inciso I do art. 171 da CF/88, sob a alegação de que não se poderiam impor restrições às pessoas jurídicas brasileiras controladas por pessoas estrangeiras. O artigo constitucional citado foi revogado pela Emenda Constitucional nº 6/95, porém, a AGU mantém o posicionamento de revogação por não recepção, alegando que a revogação pura e simples desse dispositivo não tem o condão de repristinar a norma que se entendera revogada.

Dentre vários métodos estudados para a interpretação da Constituição, entende-se que a interpretação constitucional de uma norma deva ser realizada por diversos métodos para se verificar a sua validade dentro do sistema jurídico. Para tanto, tem-se os seguintes métodos, chamados de clássicos, segundo a melhor doutrina: a) interpretação gramatical; b) interpretação histórica; c) interpretação sistemática; e d) interpretação teleológica.

Se aplicarmos o método de interpretação sistemática ao analisarmos o revogado art. 171 da CF/88 juntamente com o art. 172 da Carta Magna, sendo que os dois dispositivos fazem parte, inclusive, do Título VII – Da Ordem Econômica e Financeira, verificaremos que um dispositivo não está em contradição com o outro. Melhor dizendo, a indicação do art. 172 da CF/88, de que a lei regulará os investimentos estrangeiros, ordena que este capital, que virá ao país sob a propriedade de uma pessoa física ou jurídica, se sujeite às leis brasileiras. Portanto, a empresa brasileira que quiser ter capital estrangeiro em sua constituição terá, sim, de se adequar àquilo que o ordenamento infraconstitucional impuser. No caso em tela, será a equiparação da empresa brasileira com capital majoritário estrangeiro, somente para aquisição de imóveis rurais, que é a restrição do § 1º do art. 1º da Lei nº 5.709/71, em consonância com o que preconiza Rocha.[4] Da mesma forma, encontramos respaldo no art. 190 da CF/88, que diz ser a lei ordinária especial aquela que regulará a matéria de aquisição de imóvel rural por estrangeiro.

Aplicando o método gramatical, dúvida também não resta de que a função das palavras da oração *a lei disciplinará, com base no interesse nacional, os investimentos de capital estrangeiro*, constantes do art. 172 da CF/88, é informar que a lei irá regulamentar os investimentos de capital estrangeiro, com base nos interesses brasileiros. Não há ambiguidade nos termos utilizados.

Em sede de interpretação histórica verificamos que o sentido da lei e da Constituição vigente à época, por meio dos precedentes legislativos, dos trabalhos preparatórios da lei e da *occasio legis* foram, basicamente: a defesa da integridade do território nacional contra investida de estrangeiros, em especial pessoas jurídicas, que tinham intenções meramente especulativas, bem como a proteção de nossa economia e da justa distribuição da propriedade, elementos esses que também se encontram distribuídos na atual Constituição brasileira. As disposições dos artigos 170 e 172, ambos da Constituição Federal/88, exemplificam a existência dessas preocupações. O art. 172 da CF/88 demonstra a preocupação do constituinte em disciplinar os investimentos estrangeiros com base nos interesses nacionais. Da mesma maneira o art. 170, CF/88, em especial o *caput*, os incisos I, II, III e o parágrafo único.

Por fim, mas não por último, a interpretação teleológica desses dispositivos demonstra que os fins visados pelo ordenamento jurídico são a pro-

---

4 ROCHA, Olavo Acyr de Lima. *O imóvel rural e o estrangeiro*. São Paulo: LTr, 1999, p. 110.

teção da integridade do território nacional contra investida de estrangeiros, em especial pessoas jurídicas, que tinham e têm intenções meramente especulativas, a criação de nucleamentos alienígenas com vistas à proteção da soberania nacional, bem como a proteção de nossa economia e da justa distribuição da propriedade rural. Contudo, dão guarida constitucional ao § 1º, do art. 1º, da Lei nº 5.709/71.

O ilustre consultor da União diz que em razão da revogação do art. 171 da CF/88, o que caberá discutir é se lei futura poderá dispor sobre o assunto e estabelecer limitações ao capital estrangeiro. Sobre esse assunto, não nos resta a menor dúvida de que essa legislação já existe, qual seja a Lei nº 5.709/71, em especial o regramento dado pelo § 1º do art. 1º.

Em suas alegações o Consultor da União (§ 25, 2ª parte – Parecer GQ – 181)[5] se justifica dizendo que o art. 172 da CF/88 dá margem ao legislador ordinário para que se possa legislar sobre o assunto:

> 25. Enquanto vigente o art. 171 da Constituição, quando foi proferido Parecer ora examinado, pareceu-me que ele limitava o alcance do transcrito art. 172, razão por que a este não fiz referência. Revogado, porém, o art. 171, entendo que o art. 172 adquiriu maior amplitude, capaz de fundamentar o entendimento que se exporá.

Nossa leitura é de que não havia limitação do art. 172 da CF/88, em relação ao art. 171 da CF/88, enquanto vigente este último. Cada artigo tem o seu alcance próprio sem limitar um ao outro. O *intuito legis* do art. 172 da CF/88, é de caráter programático e informa que a lei ordinária irá disciplinar os investimentos de capitais estrangeiros no Brasil. Por sua vez, a *mens legis* do art. 171 da CF/88, ao conceituar empresa brasileira e empresa brasileira de capital nacional, era dar tratamento especial às empresas cujo capital fosse nacional (art. 171, II, CF/88).

Nesse sentido, dentre os diplomas legais que regulam as atividades de estrangeiros no Brasil, a Lei nº 5.709/71 está incluída, e é lei especial, quando ordena que a pessoa jurídica brasileira, cujo capital majoritário seja estrangeiro, se sujeitará aos seus ditames (§1º, do art. 1º), no que concerne às atividades com imóveis rurais.

5. PARECERES AGU-GQ-181 E CGU/AGU Nº 01/2008-RVJ – ÓTICA CONSTITUCIONAL

A Lei Complementar nº 73, de 10 de fevereiro de 1993, institui a Lei Orgânica daAGU. Nos termos de seu artigo 4º, inciso X, é atribuição do

5 SILVA, Luiz Alberto. *Parecer AGU GQ 181*. Brasília: Advocacia Geral da União, 1999, disponível em: <www.agu.gov.br – http://200.181.70.163/pareceres/index_default.htm>, acesso em 23 de novembro de 2005.

Advogado-Geral da União fixar a interpretação da Constituição, das leis, dos tratados e demais atos normativos, a ser uniformemente seguida pelos órgãos e entidades da Administração Federal.

À AGU cabe, também, a representação judicial e extrajudicial da União, bem como as atividades de consultoria e assessoramento jurídicos ao Poder Executivo, nos termos dessa Lei Complementar (artigo 1º *caput* e parágrafo único). Tais competências têm assento constitucional no artigo 131, *caput*, da Constituição Federal.

Consoante preconiza a Lei nº 5.709/71, o Incra é o órgão da Administração Pública Federal responsável pelo controle das aquisições de imóveis rurais por estrangeiros; portanto, assim como os demais órgãos e entidades do Poder Executivo Federal, está jungido aos pareceres vinculantes da AGU, nos termos da citada Lei Complementar.

A interpretação da Constituição é levada a efeito pelos três Poderes. A interpretação pelo Poder Executivo[6] é necessária para que seus órgãos possam dar cumprimento aos atos normativos de situações jurídicas na conformidade da Constituição. Ocorre que a doutrina e a jurisprudência a ele têm reconhecido o poder de deixar de aplicar os atos legislativos que considere inconstitucionais.[7]

Nesse sentido a jurisprudência do Supremo Tribunal Federal:

> Os poderes Executivo e Legislativo, por sua Chefia – e isso mesmo tem sido questionado com o alargamento da legitimação ativa na ação direta de inconstitucionalidade – podem tão só determinar aos seus órgãos subordinados que deixem de aplicar administrativamente as leis ou atos com força de lei que considerem inconstitucionais (ADIn – MC 221 – DF, 1995, Rel. Min. Moreira Alves).

Assim, também o Superior Tribunal de Justiça:

> Lei inconstitucional. Poder Executivo. Negativa de eficácia. O Poder Executivo deve negar execução a ato normativo que lhe pareça inconstitucional (*DJU*, 8/11/1993, p. 23.521, Resp. 23.121, Rel. Min. Humberto Gomes de Barros).

No caso em estudo, verificamos que a AGU deixou de aplicar, por considerar inconstitucional, uma norma de ordem pública, sobre a qual impera o interesse público geral, sendo coercitiva, inderrogável e não modificável pelas partes nos atos que praticarem e, ainda, atinge a universalidade de pessoas como é o caso da segurança nacional. Ocorre que nos julgados supracitados não foram avaliadas normas de ordem pública, porém, no voto do

6 BARROSO, Luís Roberto. *Interpretação e aplicação da Constituição.* 6ª ed. – São Paulo: Saraiva, 2006, p. 117.

7 BARROSO, Luís Roberto. Op. cit., p. 117.

Relator Ministro Moreira Alves no julgamento da ADIn – MC 221 – DF, 1995, verificamos:

> Os Poderes Executivo e Legislativo podem declarar nulos, por ilegalidade ou inconstitucionalidade, atos administrativos seus, *e não leis ou atos com força de lei*, e quando declaram a nulidade desses atos administrativos ficam sujeitos ao controle do Poder Judiciário e *poderão ser responsabilizados pelos prejuízos advenientes dessa declaração* se este entender que inexiste a pretendida ilegalidade ou inconstitucionalidade. (grifos nossos).

Temos que a fixação da interpretação da Constituição e das leis de que trata o art. 4º, inc. X, da LC nº 73/93, se dá somente no âmbito administrativo da AGU, não sendo dado a este órgão o poder para revogar norma legal, como se fora o próprio Poder Legislativo e, tão menos, judicar como se o Poder Judiciário fosse. Aparentemente, nesse caso, o alcance pretendido pelo inciso X, do art. 4º, da LC nº 73/93, intervém nas competências dos demais Poderes do nosso Estado Democrático e, como consequência, no equilíbrio desejado entre esses Poderes.

Conforme Barroso:[8]

> No Brasil, e de longa data, o princípio tem sido afirmado, assim pela doutrina como pela jurisprudência, que já assentou que *a dúvida milita em favor da lei, que a violação da Constituição há de ser manifesta e que a inconstitucionalidade nunca se presume*. [...] A propósito, a doutrina e a jurisprudência brasileiras têm explorado alguns aspectos conexos ao princípio da presunção de validade dos atos emanados do Poder Público. *Uma questão recorrente é a que diz respeito à possibilidade de o Poder Executivo – a rigor, de qualquer Poder – deixar de aplicar lei que seus órgãos de decisão reputem inconstitucional* (grifos nossos).

Conforme o art. 10, da LC 73/93, compete à Consultoria-Geral da União, direta e imediatamente subordinada ao AGU, principalmente, colaborar com este em seu assessoramento jurídico ao Presidente da República produzindo pareceres, informações e demais trabalhos jurídicos que lhes sejam atribuídos pelo chefe da instituição.

A questão que se levanta, também, é a seguinte: não poderá o Poder Executivo deixar de aplicar aquela lei, que repute inconstitucional, que seja contrária somente por conta de interesses políticos?

Nesse sentido, a AGU terá um papel político ao invés de técnico-jurídico e orientador do Poder Executivo, o que é prejudicial à democracia, haja vista sua interferência, por meio de seus pareceres aprovados pelo Presidente da República, no equilíbrio dos três Poderes.

8 *Ibidem,* p. 183.

O parecer em questão não tem força de lei porque sua eficácia não é *erga omnes*, porém, a eficácia alcançada por ele é a mesma de qualquer diploma normativo, pois faz lei para toda a Administração Pública Federal, declarando a inconstitucionalidade de um dispositivo legal, qual seja o § 1º, do art. 1º, da Lei nº 5.709/71. Atinge-se com o parecer, portanto, por via reflexa, o ordenamento jurídico e todos aqueles que tenham o mesmo interesse jurídico para que sigam sua determinação. Nesse sentido vemos na jurisprudência do Supremo Tribunal Federal, anteriormente citada:

> Em nosso sistema jurídico, não se admite declaração de inconstitucionalidade de lei ou ato normativo com força de lei por lei ou por ato normativo com força de lei posteriores. O *controle de constitucionalidade da lei ou dos atos normativos é da competência exclusiva do Poder Judiciário* (ADin 221-DF, 1995, Rel. Min. Moreira Alves) (grifo nosso).

Ora, se nem uma lei pode declarar inconstitucional outra lei, como pode um parecer, que é um ato normativo administrativo emitido por um órgão que não tem competência para julgar, declarar a inconstitucionalidade de um dispositivo legal?

Como vimos, no aspecto formal, o Parecer GQ – 181, da AGU tem assento constitucional, tendo em vista que é o órgão que exerce as atividades de assessoria e consultoria jurídica do Poder Executivo (art. 131 da CF/88). Porém, sob o ponto de vista material, o aludido parecer padece de inconstitucionalidade, pelo fato de que a matéria nele abordada é de competência exclusiva do Poder Judiciário, qual seja, declarar a constitucionalidade ou não de uma lei ou ato normativo. Desta feita, todas as aquisições que se efetivaram sob a égide desse parecer são nulas, *pleno iure*.

Portanto, o Parecer GQ – 181 da AGU não terá, também, o condão de inibir a atuação institucional do Incra – que, como visto, é o órgão responsável pelo controle das aquisições de imóveis rurais por estrangeiros no Brasil, matéria de grande repercussão para os interesses nacionais.

Em 3 de setembro de 2008, o Parecer AGU-GQ – 181 foi revisto pelo Parecer CGU/AGU nº 01/2008-RVJ, de lavra do Consultor-Geral da União Dr. Ronaldo Jorge Araújo Vieira Júnior.[9] Em apertada síntese, sob a justificativa de se verificar a aplicabilidade do Parecer AGU GQ – 181, considerando-se o novo contexto econômico mundial, dentre outras questões estratégicas, a AGU concluiu pela necessidade de revisão do aludido parecer, culminando

9 VIEIRA JÚNIOR, Ronaldo Jorge Araújo. *Parecer CGU/AGU nº 01/2008-RJV*. Brasília: Advocacia Geral da União, 2008, visto na data de 26 de agosto de 2010, disponível em: <http://www.agu.gov.br/sistemas/site/templateimagemTextoThumb.aspx?idConteudo=14895&id_site=3 >. Acesso em 26 ago. 2010.

com sua revogação ante a recepção do § 1º do art. 1º da Lei nº 5.709/71 pela CF/88, atribuindo-se efeito *ex nunc* ao novo entendimento exarado.

O cerne dessa questão parece estar efetivamente no alcance dos pareceres da AGU. Por ser materialmente inconstitucional, o Parecer AGU-GQ – 181 não existe no mundo jurídico. Nesse sentido, compreende-se que não se revoga aquilo que inexiste juridicamente. Ainda, considerando-se que o § 1º, do art. 1º, da Lei nº 5.709/71 tem assento constitucional, advoga-se pela nulidade de pleno direito de todas as aquisições efetuadas com base no parecer que se deu por revogado.

6. CONCLUSÃO

Conforme restou demonstrado, no contexto histórico-evolutivo sobre a aquisição de imóveis rurais por estrangeiros no Brasil, nas legislações que disciplinaram e que, atualmente, disciplinam a matéria, sempre se buscou o objetivo de defender a integridade do território nacional, a soberania, a independência e a proteção econômico-social do acesso à terra. Entretanto, em nenhum momento tais diplomas legais indicaram rejeição aos estrangeiros, pessoas físicas e jurídicas, ou um nacionalismo exacerbado.

A lei restritiva, por ser norma de ordem pública e de direito público, visa a tutelar os interesses públicos. A Constituição Federal é um sistema jurídico complexo e seus ditames não podem ser interpretados de forma isolada como se fosse um mandamento único e não interligado com outros da ordem constitucional. Ao analisarmos a constitucionalidade do § 1º, do art. 1º, da Lei nº 5.709/71, por intermédio dos métodos clássicos de interpretação constitucional, pudemos concluir que não há e nunca houve conflito com a Magna Carta; pelo contrário, por se tratar de questões atinentes ao imóvel rural verificamos que existe um conjunto de regras constitucionais que possibilitam ampla intervenção do Poder Público e que recepcionam, *ipsis litteris* o § 1º do art. 1º da Lei nº 5.709/71. Portanto, a pessoa jurídica brasileira que possuir capital estrangeiro majoritário em sua constituição terá, sim, de se adequar àquilo que o ordenamento infraconstitucional impuser.

No que tange à constitucionalidade do Parecer GQ – 181, da AGU, que trata da não recepção, pela Constituição, do § 1º do art. 1º da Lei nº 5.709/71, vimos que, sob o aspecto formal, esse ato normativo tem assento constitucional, haja vista que aquele órgão exerce as atividades de assessoria e consultoria jurídica do Poder Executivo (art. 131 da CF/88), atividades essas que culminam com um parecer. Porém, sob o ponto de vista material o aludido parecer padece de inconstitucionalidade, pelo fato de que a matéria nele abordada é de competência exclusiva do Poder Judiciário, qual seja, declarar a constitucionalidade, ou não, de uma lei ou ato normativo. Logo, consequentemente, todas as aquisições que advieram sob o prisma do aludido parecer são nulas de pleno direito. Também, não terá o poder de inibir a atuação institucional do Incra, que é o órgão federal responsável pelo controle das aquisições de imóveis rurais por estrangeiros no Brasil, conforme definido na Lei Especial nº 5.709/71.

Em que pese o novo entendimento exarado no Parecer CGU/AGU nº 01/2008-RVJ, que conclui pela recepção do § 1º do art. 1º da Lei nº 5.709/71, pela CF/88, dando por revogado o Parecer AGU-GQ-181, verifica-se que esse novo ato, emanado da AGU, não é bastante para ilidir a necessidade de autorização para aquisição de imóvel rural por pessoa jurídica brasileira controlada por estrangeiro; pois em direito não se convalida aquilo que é dotado de nulidade absoluta. Por conseguinte, as aquisições efetuadas com fulcro no Parecer AGU-GQ-181 padecem de nulidade de pleno direito, não tendo o "novo" parecer o condão de convalidar ato nulo.

BIBLIOGRAFIA

ALVARENGA, O.M. *Política e direito agroambiental:* comentários à nova lei de Reforma Agrária (Lei nº 8.629, de 25 de fevereiro de 1993). 2ª ed. Rio de Janeiro: Forense, 1997, 345 p.

BARROSO, L.R. *Interpretação e aplicação da Constituição.* 6ª ed. São Paulo: Saraiva, 2006, 427 p.

BASTOS, C.R. *Comentários à Constituição do Brasil.* São Paulo: Saraiva, 1990, 445 p. Vol. 7, arts. 170 a 192.

BONAVIDES, P. *Curso de Direito Constitucional.* 14ª ed. São Paulo: Malheiros Editores, 2004. 806 p.

CYSNEIROS, V.C. *O estrangeiro e a propriedade rural.* Porto Alegre: Sergio Antonio Fabris – Editor, 1985, 236 p.

CASTRO, D.S.L. (Org.) *Direitos difusos e coletivos*: coletânea de artigos. Belo Horizonte: Castro Assessoria e Consultoria, 2003, 198p.

DINIZ, M.H. *Curso de Direito Civil brasileiro.* 19ª ed. São Paulo: Saraiva, 2002.Vol. I.

FERREIRA, P. *Curso de Direito Agrário.* 5ª ed. São Paulo: Saraiva, 2002, 496 p.

GUSMÃO, P.D. *Introdução ao estudo do direito.* 23ª ed. Rio de Janeiro: Forense, 1998, 414 p.

GONÇALVES, I. R. *Aquisição de imóvel rural por pessoa jurídica estrangeira.* São Paulo: Universidade Presbiteriana Mackenzie, 2007. (Trabalho de Graduação Interdisciplinar apresentado ao Curso de Direito)

Índices Básicos 2005. Disponível em: <http://www.incra.gov.br>.

JÚNIOR, R. J. A.V. *Parecer CGU/AGU nº 01/2008-RJV*. Brasília: Advocacia Geral da União, 2008. Disponível em: <http://www.agu.gov.br>.

LIMA, R.A.M. *Direito agrário.* 2ª ed. Rio de Janeiro: Renovar, 1997.

MATTOS NETO, A. J., LARANJEIRA, R. (Coord.). *Direito Agrário brasileiro*. São Paulo: LTr, 2000.

MEDAUAR, O. *Direito administrativo moderno*. São Paulo: Revista dos Tribunais, 7ª ed. 2003, 463 p.

PINTO, A.L.T., WINDT, M.C.S. (Colab.) *Estatuto da Terra*. Coleção Saraiva de Legislação. 14ª ed. São Paulo:Saraiva, 1999. 531 p.

Revista de Direito Agrário. Brasília, ano 16, nº 13.190 p. Disponível em: <http://www.incra.gov.br>.

ROCHA, O.A.L. *O imóvel rural e o estrangeiro*. São Paulo: LTr, 1999. 149 p.

SILVA, J.A. *Curso de Direito Constitucional positivo*. 22ª ed. São Paulo: Malheiros Editores, 2003, 878 p.

SILVA, L.A. *Parecer AGU GQ-181*. Brasília: Advocacia-Geral da União, 1999. Disponível em: <http://www.agu.gov.br – http://200.181.70.163/pareceres/index_default.htm>.

PRINCIPIOLOGIA DO DIREITO AGRÁRIO

Luiz Stefanini

SUMÁRIO: 1. Generalidades. **2.** Princípio da função social da terra. **3.** Princípio da função econômica. **4.** Princípio da preservação dos recursos naturais. **5.** Princípio da beneficidade. **6.** Conclusão.

1. GENERALIDADES

A matéria agrária e seu contexto com a dinâmica da atividade humana constituem uma impressionante geografia dos conflitos sóciorrurais que o tempo histórico tem acompanhado em meio a turbulentos embates e paixões desabridas.

A têmpera de que é dotado o ser humano tem proporcionado indefectíveis e naturais apaziguações às suas condutas instintivas – dosando comportamentos para a atender a sobrevivência – em face da concorrência e limitação dos bens que se apresentam para todos.

O Direito é um destes mecanismos exsurgidos para estabelecer contensão e harmonia nas relações, voltados estes arcabouços para a meta da convivência entre as pessoas.

Assim, a tensão que se instala nos processos de enfrentamento destas questões, especialmente os interesses decantados pelo poder de julgar e em especial o de legislar sobre o agrarismo, e os desdobramentos que levam a ensejar, não são acontecimentos privativos dos séculos recentes.

O provectíssimo Tito Lívio depõe em recuadas quadras da história do Direito que "foi então pela primeira vez promulgada a lei agrária (em 367 a.C.) que, desde aquela época até hoje nunca mais foi discutida sem provocar as mais violentas comoções" (II, 41).

A ciência jurídica, como lembrado, serve aos propósitos de disciplinar e ordenar as relações, em grande parte os conflitos, em busca de soluções. Edificando um sistema de proteção às situações fáticas necessárias – posse de bens materiais – e propiciando os meios de acesso a estes bens, tende a materializar, nesta meta, os processos de socialização dos indivíduos.

Sem embargo disso, o tópico pertinente ao sistema de domínio e uso do solo agrário deve obedecer, como quero acreditar, a princípios fundamentantes direcionados a uma *justiça real* e não como acontece ainda em nossos dias, quando presenciamos uma postura de aceitação doutrinária (convencimento estratificado) de uma *justiça ideal*: seja ela distributiva, seja ela social e de outro matiz.

No período pré-Direito Agrário no Brasil, quando então tínhamos o Direito Civil aplicado às questões agrárias e o grande manancial dos conflitos envolviam o Direito Fundiário, era o aspecto da segurança dominial – disputas de títulos de propriedades e contendas possessórias – que requisitava as atenções do Judiciário.

Refere-se João Afonso Borges no tópico relativo à garantia da relação dominial, como um dos mais importantes dos pilares, a tranquilidade no campo:

> Na verdade, para a realização de uma reforma agrária, eficiente e duradoura, e para a fixação do homem do campo, teremos, precìpuamente, de dar ampla garantia à propriedade privada, incutindo na mente do agricultor, do fazendeiro,[1] do sitiante, a convicção absoluta de que o Estado protege, na verdade e eficazmente, as suas terras, os seus bens, os produto de seu trabalho, podendo, ele, portanto, amanhar a gleba com carinho, entusiasmo e confiança, a nela construir benfeitorias e fazer plantações de caráter permanente, absolutamente tranquilo, por estar protegido contra o espectro das demandas e das invasões, oriundas da incerteza e precariedade dos títulos de domínio.[2]

Nesta realidade agrária propôs o autor a ampliação da prática do registro tórrens.

Mas a propriedade agrária, apartado o caráter da segurança dominial, pela fonte e progressão das doutrinas sociais cristãs (especialmente católicas) e pela hegemonia das teorias nascidas de outra fonte, como o materialismo dialético, difundias pelo pensamento de Karl Marx, fez surgir uma avalanche mutativa "socializadora" atingindo as moléculas das concepções do instituto dominial. Muitas revisões da história do Direito a estas fibrilações teóricas fizeram abundantes marcações remanescendo inapagáveis os desenhos destes acontecimentos.

Mostrado este aspecto social, o lastro econômico, que vitaliza e sustenta a atividade agrária, foi postergado por aquele idealismo dogmático renitente ao qual se tem prestado servil priorização.

É tempo, estou convencido, de se adotar a pertinência cognicente de uma justiça real despojando parte daquele idealismo que tem obnubilado as soluções efetivas das questões agrárias no Brasil e no mundo.

Por outra vertente, considere-se que o imóvel rural, antes de ser um bem patrimonial, bem social ou bem de reserva ambiental, é um *bem econômico.* Como

---

1 A expressão significa uma tutela jurisdicional que considera o quadro real no qual têm vida as pretensões, condicionadores dinâmicos em meios aos quais se operam os fatos, para inserir esta realidade nos limites da lide (o quadro macro jurídico).

2 João Afonso Borges, *O registro torrens no Direito Brasileiro.* São Paulo: Saraiva, p. 10

tal, além de se prestar à produção de outros bens, este veículo produtivo, dimensionadamente complexo, deve realizar o fenômeno efetivamente *econômico*.

Significa dizer e deixar enfaticamente assentado que a função social, segundo uma noção objetiva de bem, mostra que o direito privado no que tange aos poderes ou faculdades submete-se ao direito público, daí a socialidade da função referida.

O direito de propriedade deve ser limitado em seus poderes para obrigar o senhorio a fazer com que o imóvel cumpre sua função própria, qual seja, a de produzir riquezas primárias por força do *interesse social*. A sociedade tem interesse nesta produção, que não pode ficar ao arbítrio do proprietário de realizá-la ou não. Esta é a premissa maior.

Mas isto, advirta-se, não deve ser entendido e interpretado como se o direito de propriedade e os poderes que faculta sejam tidos, aptos por si mesmos, ou seja, autos suficientes para, afinal, levar a consecução de resultados economicamente relevantes (criação de riquezas) tangidas exclusivamente pela vontade operativa do detentor do bem. Esta não é uma verdade inquestionável.

Com certeza, e neste ponto mostra-se unânime a doutrina, a função social tratada pela Constituição Federal outra afirmação não traduz senão a de que o direito privado (direito subjetivo do senhorio em relação do seu bem) jaz sob a estratificação do direito público. E este axioma nada de novo expõe à luz da dogmática jurídica posto que os jurisconsultos romanos já o afirmavam no repositório do Digesto nas palavras de Papiniano (D. 2, 14, 32).

Entendendo nestes termos, a propriedade da terra, destarte, deve atender o requisito da produtividade como imperativo primário.

O binômio terra-trabalho, inseparavelmente, deve ser envolvido com pressupostos de viabilidade efetiva da atividade produtora. Não é razoável exigir a produtividade (ideal ou teórica) da terra quando fatores determinantes do resultado encontram-se ausentes – em caráter permanente ou transitório – em face do complexo sistema da infraestrutura econômica do imóvel, da região ou do país.

É, pois, de aceitação pacífica que a parcela agrária deve produzir os bens de sua vocação para que a sociedade, que necessita daquelas ofelimidades, não seja punida com o flagelo da ausência social de alimentos.[3] Todavia este é um pressuposto que deve ser devidamente considerado, posto que não é inteiramente verdadeiro o postulado de que o direito de propriedade comportando a ausência ou *deficit* da produção do bem rural, tal acontecimento deve ser creditado unicamente aos fins egoísticos e antissociais na destinação

3 Alguns países, como a Itália, ao tempo de sua unificação ocorrida em meados do século XIX, e outros, especialmente do Oriente Médio e do continente africano, puderam sentir os efeitos e consequências de guerras civis determinando os flagelos da escassez de alimentos.

do imóvel, como, *v.g.*, a sua valorização para futura alienação auferindo significativas receitas sem causa.

O Estatuto da Terra, Lei nº 4.504, de 30 de novembro de 1964, quando veio a lume surgiu com o propósito de combater o mal uso do direito subjetivo de propriedade tido como proveniente do absolutismo do conceito dominial nos moldes civilistas. Esta tendência de "socialização" no campo jurídico, conforme já se afirmou, manifestou-se também no Direito Público e especialmente no Direito do Trabalho, no Direito Previdenciário, entre outros, partindo exatamente daqueles ideais, qual seja prover a transfusão, nas artérias da ciência jurídica, do soro social, antídoto contra aquele mal.

Com efeito, mostra, outrossim, já em seu vestíbulo, o art. 1º, parágrafo 1º, do Estatuto da Terra, que a Lei propunha um regime novo de posse e uso da terra para atender aos *princípio da justiça social* e aumento da produtividade.

Percebe-se, desde logo, que o princípio da justiça social vinha à frente do princípio do aumento da produtividade. A prioridade, pois, era fazer da reforma agrária *uma justiça no campo* – um justo social (ideal) e após isso, diria eu se possível, um aumento da produção de alimentos.

Este enigma proposto pela esfinge legal fez por devorar muitos recursos nacionais, e ainda continuam sem resultado efetivo para a melhoria do sociedade agrária.

Não há situação fática, salvo estritamente patrimonial, que se conserve no tempo quando não se pode viver dela o agente e sua família.

Assim, o direito agrário estava, em sua segunda normatividade (materializar a produtividade agrária) além de sua causa eficiente. A realidade soube demonstrar este idealismo.

Destarte, o imóvel rural, tal qual acontece com qualquer bem sob a administração privada, deve trazer *resultados positivos* à atividade exercida. Não há trabalho, seja no campo ou no universo urbano, que subsista sem proporcionar ganhos ao trabalhador, mantendo-o naquele ofício.

A razão de ser do relacionamento com a terra, posto que nosso regime de criação de bens necessário é assentado no sistema privado, sob a égide do direito de propriedade, impõe que se observe que o imóvel rural produza segundo o regime da empresa, ou seja, a custos razoáveis (suportável pelo agente em face do que se pretende produzir) e sob a projeção de que o resultado da comercialização venha a proporcionar um ganho (lucro), capaz de não só manter, mas também promover economicamente o trabalhador empresário, refletindo, outrossim, essas benesses nos demais elos do trabalho produtivo: agregados, familiares, empregados etc.

Hoje a *commodity* agrícola exige a observação de todos estes requisitos retro mencionados.

Fernando Pereira Sodero lembra que a função social se cumpre, antes de tudo, pondo-se o imóvel rural em situação de produzir, e, além disso, requer-se, também, sejam alcançados certos índices de produtividade.[4]

Segundo, portanto, a concepção do saudoso mestre, a função referida se realiza pela produtividade exigindo-se ainda que esta produção atinja determinados índices considerados suficientes para atender a demanda da sociedade de consumo.

Sob esta ótica, a função social se direciona para um norte perfeitamente sinalizado, qual seja, a produtividade de acordo com determinados índices. Mas, indubitavelmente, nesta visão, está se considerando e decantando *pontuais econômicos* e não sociais porque produzir é um fenômeno essencialmente econômico podendo ter reflexos sociais. Apenas pelo fato de o Direito Agrário estigmatizar o exercício de um poder-dever de produzir não significa que nisto resume estritamente uma função social.

Com estas considerações gerais ponteando o quadro onde se insere o jus agrarismo e suas células geratrizes, podemos agora nos ocupar de seus princípios fundamentais para completarmos o em seu organismo científico.

Os princípios que estigmatizam o cunho científica do Direito Agrário, assentando a sua autonomia, são os seguintes: o princípio da função social da terra, o princípio da função econômica, o princípio da preservação dos recursos naturais e o princípio da beneficidade da produção.

2. PRINCÍPIO DA FUNÇÃO SOCIAL DA TERRA

Esta locução, hoje emblemática na linguagem jurídica, apareceu pela primeira vez na Constituição Federal de 1967, em seu art. 157, inc. III, sendo que na legislação infraconstitucional, antes desse ano, alguns dispositivos já a contemplavam. A Constituição anterior de 1946, avançou na sentido de condicionar o uso do direito de propriedade ao bem estar social, sem, todavia, atrelar este direito a uma função social.

A função social da propriedade da terra congrega um sentido objetivo[5] e outro subjetivo, segundo a perspectiva analítica do observador.

a) Perspectiva objetiva

Na acepção objetiva significa que o imóvel rural deve estar conectado com os interesses da sociedade, daí a desapropriação, que é de competência

4 SODERO, Fernando Pereira. In: *Apostilas de Direito Agrário*, Curso de Pós-graduação, 1973, USP.

5 Luiz Carlos Silva de Morais aduz que o art. 186 da CF em sua especificação de critérios e graus "mostra a necessidade de definição objetiva do conteúdo de função social" (*Código Florestal comentado*, São Paulo: Atlas, 2000, p. 16).

exclusiva da União, ser para fins da reforma agrária, ou seja, *para fins de interesse social*. Neste sentido a premissa é a de que o direito privado de propriedade se submete ao direito público (disponibilidade social das riquezas primárias), não sendo de se admitir uma postura anti-social.

Este anátema de que a propriedade agrária *deve* produzir bens de primeira necessidade tem sua gênese em antecedentes históricos bem recuados no tempo.

No reinado de D. Fernando, em Portugal, no século XIV, diante da limitação das terras agricultáveis existentes à época, pela Lei De Sesmarias, de 26.06.1375, estabeleceu-se que

> considerando que por todas as partes de nosso Reino há falta de mantimentos de trigo e de cevada e que antes estes grãos eram largamente produzidos em todas as terras e províncias do mundo – atualmente estas coisas são postas em tamanha carestia ... e a causa disto é porque as terras são deixadas à míngua de lavras já que os homens as deixam para se ocuparem de outras obras e outros misteres que não são tão proveitosos para o bem comum, e as fazendas que deviam ser lavradas e semeadas ficam assim abandonadas e deixadas incultas sem prol e em grande dano para o povo, estabelecemos, ordenamos a todos os que tenham fazendas próprias ou arrendadas ou aforadas *sejam constrangidos a lavrá-las*.

Bem se vê que as razões desencadeantes da punição das propriedades incultas, naquele longínquo ano de 1375, em Portugal, em verdade seriam por efeitos vários, tipicamente identificáveis, podendo ser resumidamente lembrados, a título de composição do quadro sócio-econômico-político, as três guerras contra Castela, lutas intestinas entre nobres proprietários e camponeses, revoltas populares e principalmente o surgimento das corporações de ofício, onde se começou a organizar o setor de serviço com maciço contingente populacional proveniente do campo, o florescimento do comércio nos centros urbanos, enfim, uma real e grave crise motivada topicamente, engendrando, como resultado, a não produção agrária em todo o Reino.[6]

Tomaz Morus em sua *Utopia* descreve os entraves da produção agrícola na Inglaterra nos primeiro anos da década de 1500.

Voltando agora ao nosso país contemporâneo, esta não era a situação econômica rural do Brasil nos finais da década de 1950 e inícios de 1960, em cujo quadro econômico a produção agrária sempre foi suficiente para o mercado interno e insinuante para a exportação e onde a quantidade de terras disponíveis sempre foi uma realidade, isto até os dias atuais. Outrossim, e ao contrário do comprometimento das explorações agrárias, no Brasil o quadro era de real crise nas instituições vigentes o que, efetivamente, veio a culminar com a ruptura do regime em vigor.

---

6 STEFANINI, Luiz. A Propriedade no *Direito Agrário*, RT, 1968, p. 19

Registre-se, quanto ao marco de tempo assinalado, que "durante a segunda metade do século XX, a população urbana brasileira foi a que mais cresceu no mundo passando de 13 milhões para 135 milhões".[7] Isto representou, inquestionavelmente, um êxoto rural sem similar em outros países, mercê dentre outros fatores da ausência do Estado nas paisagens agrárias (atividade remuneratória, saúde, educação etc). Ainda hoje presentes estes fatores e principalmente a ausência de escolas no campo torna o meio rural um grande expulsor de sua população.

Portanto, os delineamentos da função social e a superveniência da reforma agrária no Brasil não teve seu germe na ausência ou crise na produção de alimentos para a população, mas por componentes ideológicos, ou seja, o combate ao latifúndio, principalmente por dimensão, e minifúndio, que não estivessem em produção (em estoque imobiliário). Neste sentido, a desapropriação de áreas minifundiárias para redimensionamento modular constitui um programa que não foi, devidamente, até nossos dias, posto em operação pelas instituições governamentais. Daí a questão estar centrada primeiro na redistribuição. A produtividade viria depois.

Por seu viés, e neste sentido objetivo de função social – interesse social – a colonização, especialmente na Amazônia Legal, tem se mostrado revel às soluções proposta pela legislação.[8]

Em verdade, esta pertinência da redistribuição de terras tem forte apelo social de premiação (concessões governamentais) de pessoas não detentoras de propriedades rurais, em especial ligadas ao movimentos sociais (não necessariamente agricultores).[9]

De resto, a aresta *social* fica absorvida pelo fato do tamanho da terra, *em si* e *per si,* sem responsabilidade com a produção socialmente significativa mostrando, este aspecto, claramente, sua complexidade e extensão rebelde a soluções simplórias como a do acesso à terra; ou também como se pode expressar, seu alcance reflexivo entremeado de interesse misto: público (em tese identificáveis agentes produtores) e privado na medida em que premia e capitaliza o homem do campo, alargando a base da pirâmide social com a redistribuição dos bens sociais. Tais resultados, todavia, é preciso que se registre, podem ocorrer, e ocorrem ordinariamente, como um crédito fugaz e

---

7 Cf. Nabil Bonduki. In *Sem os erros do passado*, Jornal *Folha de São Paulo*, dia 28.04.2005

8 *Vide* sobre a matéria o texto compendiado O instituto jurídico da colonização, no livro *Direito Agrário brasileiro* de nossa autoria, LTr, 2000, p. 112.

9 Grande parte deste contingente de autêntica pretensão rurígena é constituída de pessoas egressas do campo há uma ou duas gerações que não encontraram colocações dignas na sociedade urbana e têm a mente povoada de fantasias e reminiscências passadas desprovidas de realidade e objetividade.

inseminado de volatividade (grande incidência de venda das parcelas rurais) e por outro lado, produções insignificantes, evidentemente antieconômicas, a custo de muito investimento público (financiamentos, cestas básicas, serviços públicos via Incra etc.) *sem sequer prover a subsistência do próprio trabalhador* que está na módulo agrário.

Por outro lado, e ainda na dimensão do *interesse social*, o Estatuto da Terra estabelece em seu art. 2°, parágrafo 1°, que a "propriedade da terra desempenha integralmente a sua função social quando simultaneamente favorece o bem-estar dos proprietários [...]; assegura a conservação dos recursos naturais; observa as disposições legais que regulam essas relações de trabalho entre os que a possuem e a cultivam".

À parte, a meta de promover o bem-estar social do trabalhador rural, que diz respeito ao aspecto subjetivo, e o asseguramento da conservação dos recursos naturais do solo que, para nós, integra outro princípio informador, o referido artigo 2° reza ainda que se deve atender a justiça nas relações entre os possuidores e os cultivadores da terra.

Nesta provisão de lei surgem alguns descompassos também entre a realidade existente e o princípio da função social da propriedade.

A aproximação do possuidor ou do proprietário e o cultivador diz respeito aos contratos agrários: arrendamento, parceria, comodato etc.

No sistema positivo do Estatuto da Terra a relação entre as pessoas do elo contratual compreende o *proprietário* (e não unicamente o *possuidor*) e os que no imóvel *exercem atividade agrícola ou pecuária*, segundo o capítulo Do Uso ou da Posse Temporária da Terra (Estatuto da Terra, Capítulo IV, Título III).

De plano, a justiça nos contratos agrários pressupõe que não haja qualquer exploração de qualquer dos contratantes, em especial daquele que não detém a posse ou a propriedade.

Justas relações de trabalho (objetivamente consideradas) entre os que a possuem e a cultivam significam que os contratos agrários devam observar as normas de *ordem pública* estabelecidas nos arts. 92, parágrafo 7°; arts. 93; art. 95, 96, entre outros, já que, em princípio, presumem-se justo o que as partes livremente dispõem segundo as suas vontades, não viciadas.

Se a vocação das avenças é realizar o ganho das partes, esta expectativa deve nortear toda a acomodação das vontades dos agentes (capital e trabalho), não se podendo desprezar o custo desta para os dois elos do negócio. Outrossim, tal realização não pode ser tratada pela legislação pela via de idealismo impróprio. Isto acontece, todavia, nas previsões do inc. XII, do art. 95, que estabelece que

> o preço do arrendamento, sob qualquer forma de pagamento, não poderá ser superior a 15% (quinze por cento) do valor cadastral do imóvel, incluídas as benfeitorias que entrarem na composição do contrato, salvo se o arrendamento for parcial e recair apenas em glebas selecionadas para fins de exploração in-

tensiva de alta rentabilidade, caso em que o preço poderá ir até o limite de 30% (trinta por cento).

Da mesma forma o irrealismo se repete nas normas *de ordem pública* esculpidas no art. 96, inc. VI, letras "a" a "g".

Com efeito, ainda que considerada a defasagem sempre existente entre o valor cadastral e o valor venal do imóvel sendo este último absurdamente maior, o percentual de 1% a 15% trazido pela lei é inteiramente inviável como base referencial para o arrendatário. O que se pratica, na espécie, e em se tratando de arrendamento de pasto, é o estabelecimento de um percentual sobre o preço *da arroba do boi gordo*, fixado pelo frigorífico, em torno de 6% a 10% (podendo algumas vezes ultrapassar este limite) da arroba, para cada cabeça de gado adulto, seja macho ou fêmea, colocado no campo arrendado, por mês.

Da mesma forma, em relação ao arrendamento agrícola, tomando por empréstimo o exemplo da plantação de milho, o que se pratica nestes negócios (uso temporário da terra) é o ajuste do pagamento de renda no valor de 10% a 15% do que for colhido para remunerar o arrendante. Inexplicavelmente, o art. 95, XII, do Estatuto da Terra referenda o valor cadastral do imóvel, que, como dito, traduz um idealismo por meio de referencial impróprio.

Indicam estas amostragens que o ponto vinculativo entre aqueles que compõem estes negócios é ditado pelo benefício comum a ser proporcionado com a atividade agrária, havendo-se de desprezar valores de outra ordem (cadastral, jurídica, valor de benfeitorias etc.). Devem-se ater, de um lado, aos *instrumentos* diretos mobilizados (capitais), e de outro, o veículo dinâmico (trabalho). Neste organograma não há que se agregar, portanto, componentes não imbricados diretamente com a produção.

Neste aspecto, penso que as normas de ordem pública não devem estabelecer percentuais ou fatores de concretude mas firmar regras tutelares que possam proteger tão somente o elo mais frágil das relações temporárias da terra.

b) Perspectiva subjetiva

No sentido subjetivo, por sua vez, a função social da propriedade significa aquela dinâmica própria, então suficiente, para propiciar ao trabalhador do campo, seja ele proprietário, arrendatário, parceiro, comodatário, ou sob qualquer outra forma de uso e trato da terra, a promoção (o Estatuto da Terra usa a expressão "favorece o bem-estar") pessoal, de sua família, e de seu grupo produtivo aos benefícios sociais encontráveis em outros setores de atividades econômicas. Neste sentido encontramos os dispositivos conscritos nos arts. 2º, § 2º, *b* e 4º, II, do Estatuto da Terra, entre outros.

A progressão do produtor rural em sua condição pessoal e social (alimentação de qualidade, vestuário condigno, cultura, educação, lazer, dignidade social etc) está indelevelmente atrelada, todavia, ao sucesso *econômico e financeiro da atividade exercida dentro das regras do capitalismo hoje vigente.* Esta atividade depende ainda de fatores subjetivos do operário rural tais como experiência agrícola, aplicação no trabalho, profissionalismo etc. Jamais o fato isolado da existência do direito de propriedade ou do acesso ao bem de produção e a existência de possíveis programas de amparo, tutela ou benesses de governos – mecanismos de proteção que hoje disponibiliza o Estado aos "desamparados do campo" – tem o efeito de atingir o resultado de sucesso destas atividades rústicas. É de conhecimento generalizado, amplamente difundido, que nos países da Europa continental, cuja produção é feita sob o regime da empresa privada, com foros de protetorado político-administrativo, onde o Estado tutela e protege de forma significativa o rurícola (até com isenções tributárias), com subsídios de natureza instrumental para atingir a produção primária, está, indubitavelmente, criando um fosso na realidade sócioeconômica criadora destes bens, condenando à pobreza o empresário campesino, em face do contexto não realístico do que é produzido, destinados aos mais diversos mercados.

Nos países industrializados, em especial nos EUA, Europa e Japão, quando os preços do algodão, por exemplo, caem no mercado internacional em razão da ciclotimia de oferta e demanda, não há compra de produção interna, como já ocorreu no Brasil, mas pagam a diferença entre o preço praticado, firmando a política do preço mínimo. Tais práticas de acomodação do insucesso tem-se, nos mercados internacionais, objeto de contendas junto à Organização Mundial do Comércio (OMC). Este é um caso típico em que o remédio alimenta a endemia.

3. PRINCÍPIO DA FUNÇÃO ECONÔMICA

De início, é preciso registrar que os jusagraristas embutem esta função na função social.

Deve-se entender a função econômica da propriedade agrária aquela potencialidade que tem a parcela de produzir riquezas para remunerar o agente produtivo e disponibilizá-las para a sociedade, promovendo, outrossim, o rurícola a outros bens e valores materiais e imateriais (círculo virtuoso produtivo). É a observação da regra isonômica dentre os agentes produtores de riquezas.

O êxito na criação destes bens, conforme ponderado em um passo atrás, está umbilicalmente atrelado ao sucesso da atividade em amplo aspecto que, por sua vez, pressupõe a realização do lucro.

Neste ponto, é oportuno lembrar que observamos no país, e isto não é exclusivo da atividade agrária, a chamada pecha da "vergonha do lucro". O consumidor brasileiro, aponta uma revista econômica, entende "que a missão das empresas é gerar emprego e apoiar projetos sociais. Lucro nem pensar." E conclui: "no Brasil os próprios empresários se sentem obrigados a falar do lucro como se fosse um *mal* necessário".[10]

Tais concepções, todavia, não se mostram adequadas ao sistema e a filosofia de produção privada sob o regime de empresa.

É que aqui, como alhures, sempre volta a assombrar o legislador o espectro perverso dos antigos nobres (hoje empresários-capitalistas), grandes proprietários, que passavam a vida sem fazer nada, "zangões nutridos do trabalho alheio e que, além disso, para aumentar seus rendimentos, tosquiam até a carne viva os meeiros de suas terras", protegidos pelo direito de propriedade.[11]

Assim, estas concepções despropositadas e atávicas remanesceram agregadas à projeção do instituto da propriedade privada e em especial a grandes incultas proporções.

À parte isso, mas também por isso, a propriedade, que desde a primeira Constituição (art. 179) teve *status* constitucional, mostrava-se como óbice intransponível ao novo regramento e às limitações pretendidas. Voltou-se, então o constituinte, contra este realidade positivada. A punição do proprietário pelo uso antissocial do direito, ou abuso em sendo buscado e tendo em vista que este direito se encontrava em sede constitucional, tornava-se necessário alterar a Carta Magna.

A Constituição Federal de 1946 trouxe a autorização necessária, em seu art. 141, § 16, e, assim, pela primeira vez, foi aberta a possibilidade de haver desapropriação por interesse social já que, na Constituição anterior (de 1937), tão somente era contemplada a previsão da necessidade e utilidade pública em seu art. 122, nº 14. Dispunha o art. 147 (CF/46) que o "uso da propriedade será condicionado ao bem-estar social. A lei poderá, com observância do disposto no art. 141, § 16 (desapropriação por interesse social), promover a justa distribuição da propriedade, com igual oportunidade para todos."

Nesta sinalização, em curso o governo João Goulart, sobreveio a Lei nº 4.132, de 10 de setembro de 1962, que definiu os casos de desapropriação por interesse social assentando, inclusive, qual o entendimento desta expressão (*interesse social*) conforme art. 2º. Nessa época o órgão incumbido de executar a reforma agrária era a Superintendência de Política Agrária (Supra) criada pelo Decreto 1.878-A, de 13.12.62. Estas atribuições posteriormente foram transferidas para o Instituto Brasileiro de Reforma Agrária (Ibra) que teve pequena duração, passando para o Incra pelo Decreto-Lei nº 1.110 de 9.07.70.

---

10 Revista *Exame*, São Paulo, nº 06, 30.03.2005.

11 Era o repto do arquifamoso Thomas Morus. A utopia. Porto Alegre: L&PM pocket, 1997, p. 29.

Registre-se que a Emenda Constitucional nº 10, de 09 de novembro de 1964, acrescentou ao artigo 147 da Constituição Federal de 1946 (que dispunha que "o uso da propriedade será condicionado ao bem-estar social") seis parágrafos no qual o primeiro prevê a possibilidade de "desapropriação da propriedade territorial rural, mediante o pagamento da prévia e justa indenização em títulos especiais da dívida pública ...".

Com supedâneo neste lastro constitucional referido é que foi possível albergar os dispositivos do Estatuto da Terra (Lei nº 4.504, de 30/11/1964) no capítulo direcionado à reforma agrária.

A função econômica, com lastro na produtividade, passou a firmar realce, ao lado dos demais causas ensejadoras da desapropriação, sendo que o art. 20, inc. VI, do ET, dispôs que estas desapropriações recairão sobre terras cujo uso segundo estudos do IBRA não sejam adequadas economicamente: latifúndio por exploração (art. 6º, inc. IV, da Lei nº 4.132/62). Portanto, no início da reforma agrária somente o latifúndio por exploração, ao lado das demais hipóteses, é que se submetia à vistoria e declaração de área prioritária.

A partir destas diretrizes condutoras, como visto, a matéria da desapropriação por interesse social passou a ser tratada pela legislação ordinária cujo manancial ensejou toda a regulamentação do Estatuto da Terra. Registre-se, ainda, a superveniência de importantes dispositivos legais tais como a Lei nº 4.947/66, a Lei nº 5.709/71 que criou o Sistema Nacional de Cadastro Rural, dentre outras, até o advento de novas intervenções do legislador constitucional algum tempo depois.

As Constituições de 1967 e 1969 nada inovaram no contexto do jusagrarismo (cf. arts. 153, § 22 combinado com art. 157, inc. III, § 1º da Carta de 1967, bem como os arts. 153, § 22, combinado com art. 160, da Carta de 1960) tendo os comandos supraordinários permanecido como ressalvas ao asseguramento do direito de propriedade.

Na paisagem deste arcabouço jurídico até os anos pós-Constituição de 1988 as atribuições exercitadas pelo Poder Executivo na implantação da reforma agrária foram abaladas por discursos políticos e se desenvolveram a reboque das pressões das organizações paragovernamentais ligadas à igreja católica, especialmente a Pastoral da Terra, à Federação dos Trabalhadores na Agricultura (Fetagri), à Central Única dos Trabalhadores (CUT) e outras, movimentos estes que passaram a reunir os chamados "sem terras" que ainda hoje acham-se ativos. Estas pressões de pessoas organizadas mas sem personalidade jurídica cresceram em importância, excessos e abusos, e o Poder Judiciário tem sido chamado a dar soluções. Muitas áreas de interesses destes movimentos e que segundo o Incra, não poderia ser vistoriadas, posto que classificadas como *produtivas*, eram invadidas para os fins de desapropriação.

Nestas progressões chegou-se, inclusive, a promulgação de uma Lei um tanto desconfortável perante o sistema jurídico – já que faz referencia a *luta* – Lei nº 10.469, de 25.06.02 instituindo o dia 17 de abril como o Dia Nacional de Luta pela Reforma Agrária.

Foi preciso pôr a cobro estas situações de inteira instabilidade das propriedades agrárias no país.

A Constituição de 1988, como visto, posicionou-se a respeito estabelecendo que para fins de reforma agrária são insuscetíveis de desapropriação a pequena, a média e a *propriedade produtiva* (art. 185).

A função econômica estava guindada a patamar constitucional.

Uma ubiquidade foi então possível detectar entre o Estatuto da Terra (art. 2º, § 1º, letra "b") e a legislação constitucional e infraconstitucional sobre o que efetivamente deve-se compreender por uso nocivo do direito de propriedade, ou seja, o que é desatender à função social da propriedade e como deve ser feita a leitura como *função econômica*. Isto porque a Constituição Federal avançou na seara do Direito Agrário ordinário com a inserção de novéis informações. As expressões se transmudam desmembrando, para o fim de atender à lei máxima, nas passadas legislativas infraconstitucionais, em palavras como *produtividades* e *aproveitamentos*.

Segundo os léxicos, o aproveitamento pode ser empregado como sinônimo de exploração, mas não se presta a equivaler, com certeza, à semântica de produtividade. Isto porque, conforme pude discorrer em passo anterior desta exposição, a produtividade representa o *resultado* da comunhão acontecida entre a terra-capital-trabalho, e o aproveitamento em si diz respeito unicamente ao tamanho da terra (exploração do imóvel), sendo, portanto, esta última uma informação cognitiva original e a anterior, eminentemente, derivada (aproveitamento > produtividade).

A Constituição Federal traz a edificação da matéria sob três juízos basilares afetos a proteção ou a punição do proprietário: a condenação (desapropriação) do imóvel que não esteja cumprindo a sua função social (art. 184, *caput)*; o imóvel infenso à desapropriação por ser produtivo (art. 185, inc. II); e que o cumprimento da função social se faça pelo aproveitamento racional e adequado da propriedade rural (art. 186, inc. I). A rigor, os dois últimos juízos integram o conteúdo do primeiro. A exploração adequada está em relação direta com a racionalidade, e implica, em tese, na produtividade, tornado a propriedade infensa a condenação expropriatória. Penso que perfaz uma contradição (antinomia) em si o tema: "*adequada exploração irracional*". É oportuno registrar que o STF já teve oportunidade de conceituar a propriedade produtiva como sendo aquela que apresenta um "grau adequado e suficiente de produtividade fundiária" (STF, Pleno, MS 22.022/ES, Rel. Min. Celso de Melo). Com efeito, pela jurisprudência maior, os termos estão imbricados (exploração racional = exploração adequada).

Creio que a análise doutrinária deva, portanto, começar explorando este espeque constitucional.

Começamos a indagar, partindo das disposições subsequentes para as antecedentes: segundo o sistema positivo agrário o aproveitamento racional e adequado convola a tipicidade da propriedade produtiva e atende, assim, a função social da terra? Há perfeito alinhamento nesta ideias?

A Lei nº 8.629, de 25 de fevereiro de 1993, ao regulamentar os "dispositivos constitucionais relativos à reforma agrária, previstos no Capítulo III, Título VII, da Constituição Federal", objetivando explicitar o que seja aproveitamento *racional* e *adequado,* dispõe no § 1º, de seu art. 9º, *verbis*:

> § 1º Considera-se racional e adequado o aproveitamento que atinja os graus de utilização da terra e de eficiência na exploração especificado nos §§ 1º a 7º do art. 6º desta Lei.

Por primeiro, impende observar e questionar se, atingida a produção daqueles índices nominativos, estará o homem do campo, seguramente, sendo promovido aos valores e benefícios sociais decorrentes daquela produtividade e, bem assim, estaria atendendo as expectativas interessistas da sociedade?

A reflexão requisita melhor análise.

Nos parágrafos citados do art. 6º da Lei, encontram-se declinados os percentuais, os modos de calcular e o instrumento para se chegar ao conceito de exploração racional (e eficiente), impondo-se notar que segundo esta Lei naquela noção de exploração econômica (a expressão "*econômica*" vem inovar já que o Estatuto da Terra usa "níveis satisfatórios de produtividade", art. 2º, § 1º, *b*) não está, *ex lege*, necessariamente compreendida a ideia de exploração racional (art. 6º, *caput*) porquanto entre as duas há a conjuntiva "e".

A citada Lei nº 8.629/93, criou o grau de utilização da terra (GUT) que deverá ser igual ou superior a 80%, calculado pela relação percentual entre a área efetivamente utilizada e a área aproveitável total do imóvel. A locução "área aproveitável" e de inserção constitucional.

Portanto, a utilização, primeira coluna de sustentação, deve atender ao percentual de, no mínimo, 80% da área aproveitável do imóvel.

Cabe aqui o registro de que o Incra não considera para o fim do cálculo a área aproveitável mas sim a área do imóvel, excluída a reserva legal averbado ou não, as matas ciliares, e as áreas com benfeitorias.

Quanto à eficiência desta utilização, medida pelo grau de eficiência econômica (GEE), segunda coluna do juízo de "aproveitamento reacional e adequado", esta deverá ser de 100% (mais) tendo em vista o objetivo da atividade desenvolvida (agricultura ou pecuária). Este impositivo da eficiência é, no mínimo, discutível.

A este respeito a atual Portaria do Incra nº 11/2004 estabelece, por exemplo, que para a lavoura de cana-de-açucar o produtor deve lograr a produção de 70 toneladas por hectare para atingir 100% do GEE.

No que concerne à exploração pecuária impende registrar que este GEE sempre considerou a unidade animal (UA), na qual o bezerro de idade entre zero e 15 meses era embutido na unidade matriz. Hoje nós sabemos que o novilho precoce, o vitelo orgânico pantaneiro, o garrote verde, por exemplo, constituem, indubitavelmente, UAs que devem ser consideradas para composição do GEE. Este pleito dos pecuaristas nacionais, segundo informações recentemente colhidas, parece ter sensibilizado a autarquia federal.

O § 3º, do art. 6º da Lei nº 8,629/93, casuisticamente, nomeia ainda, além da exigência do percentual (incs. I a V), as áreas a serem consideradas como efetivamente utilizadas: com produtos vegetais, com pastagens nativas ou artificiais, extrativismo vegetal etc., no que é tautológico e sem préstimo objetivo.

A produtividade, por conseguinte, de acordo com determinados índices fixados pelo Poder Executivo, conforme se identifica na norma agrária *em branco*, ou seja, sujeita a integração por norma administrativa, pode não estar adequadamente afeiçoada à realidade econômica nacional ou mesmo aos interesses da sociedade, estabelecendo, indubitavelmente, infausta insegurança nas relações jurídicas (segurança dominial). Ademais, submeter toda a sociedade a índices discricionários, teoricamente sujeitáveis a contrariedades, solapando a base da instituição dominial, parece-me um risco imprudente e desaconselhável.

A despeito deste posicionamento, o Incra, quanto ao índice de 80% da lei citada, tendo por meta a ratificação dos títulos de domínio na faixa de fronteiras, por meio da Instrução Normativa nº 42, de 25 de maio de 2000, no tópico relativo à análise técnica do laudo de vistoria, *objetivando concluir pela exploração ou não do imóvel*, para o fim de verificar "se, em qualquer hipótese, a utilização das terras se coaduna com os objetivos do Estatuto da Terra" (art. 4º, inc. III, do Decreto-Lei nº 1414, de 18/19/1975) deixou assentado que:

> 5.1.3. Para fins previstos no art. 4º do Decreto-Lei nº 1414, de 1975, com as alterações introduzidas pela Lei nº 6.925, de 1981, considera-se explorado o imóvel quando atingir, no mínimo 50% de sua área aproveitável, devendo, para tanto, ser observado (grifo nosso):
>
> [...]

Ora, os objetivos do Estatuto da Terra direcionam-se ao *cumprimento da função social da propriedade agrária*, prevista no artigo 2º, § 1º do ET, e portanto, subsumem-se aos mesmos dispositivos constitucionais (art. 186, inc. I, CF), bem como as disposições da Lei nº 8.629/93 e jamais uma Instrução Normativa (ainda que destinada ao fim exclusivo de ratificação de títulos da fronteira) poderia, no que concerne à noção construída a partir das leis superiores (que estratificaram o que seja a função social), contrapor-se àquela plasmada na Lei Maior e nas normas infraconstitucionais.

À parte isso, a locução "área aproveitável", como já apontado, perfazendo outro componente importante nas definições agraristas, só vem aparecer a partir das disposições da Lei Magna (as leis ordinárias anteriores a 1988 não consignavam esta expressão). A Constituição Federal ao trazer a garantia de que a pequena e média propriedade rural, bem como a propriedade produtiva (art. 185, inc. I e II) não seriam desapropriados, firmou, para efeito de exploração, vale dizer, para fins de produtividade, que esta deve levar em conta a área aproveitável (e não a área do imóvel).

Aqui se estabelece a dissensão entre os doutrinadores no sentido de se saber se no juízo da dimensão do módulo rural deve-se excluir as áreas inaproveitáveis para efeito de calcular o *GUT* e o *GEE*

Penso que nenhuma razão plausível pode justificar a procedência da não exclusão das áreas inaproveitáveis.

Se estamos trabalhando com os juízos de *utilidade* e *eficiência* tais formulações estão pressupondo áreas que podem ser exploradas. Em uma propriedade onde exista, por exemplo, um hectare de terras com erosões (boçorocas), terrenos rochosos ou com vasta área de brejo sem vegetação em fazendas de cria e recria de bovinos, não se pode considerar estes terrenos (seguramente inaproveitáveis) para efeito do cômputo da utilização do imóvel. Não observado isso, a propriedade seria penalizada como *sub utilizada*, com deficiente grau de produtividade, e, sem dúvida, antijurídica e injustamente.

Por sua vez, com reflexos na função econômica, é oportuno fazer referência as que seja a pequena e média propriedade para os efeitos constitucionais objetivando a proteção do imóvel do ato desapropriatório, esclarece o art. art. 4º, incs. II e III", da Lei nº 8.629/93:

> Art. 4º Para os efeitos desta Lei, conceituam-se:
> [...]
> II – Pequena Propriedade – imóvel rural:
> a) de área compreendida entre 1(um) e 4 (quatro) módulos fiscais
> III – Média Propriedade – imóvel rural:
> a) de área superior a 4 (quatro) e até 15 (quinze) módulos fiscais.

A discussão que se projeta a partir deste dispositivo é no sentido de se saber se a média propriedade, por exemplo, acomoda-se nas dimensões do módulo rural ou fiscal.

Isto porque há diferença nas dimensões dos dois parâmetros: módulo rural e módulo fiscal. Diferenças estas que traduzem fatores infraestruturais, de localização e outros .

Argumenta o órgão autárquico da reforma agrária que o módulo fiscal tem apenas a precípua subsunção de se prestar para os fins tributários e, portanto, o conceito *não fiscal* de média ou pequena propriedade se submete ao conceito vazado no módulo rural para os efeitos constitucionais.

Aqui estamos diante da alternativa de se observar a lei ou o sistema lógico do Direito da Terra.

Tenho para mim que, *in casu,* não resta a mínima dúvida na interpretação da lei e como tal não se pode negar-lhe vigência, compreendendo todavia que a lei deveria ter respeitado o sistema científico do Direito Agrário, o que não o fez.

4. PRINCÍPIO DA PRESERVAÇÃO DOS RECURSOS NATURAIS

Entende-se por recursos naturais o acréscimo originário do solo, isto é, o que naturalmente é agregado ao imóvel rural.

Certamente, a vida e a perpetuação da espécie humana acarretam por si só o impacto no ambiente. O ato de sobreviver determina o atendimento de suas necessidades que implica o uso do ar, da terra e da água, componentes que fazem por transformar estes elementos para servi-lo. A primeira forma de impacto da natureza advém do cultivo do solo com suas preliminares de eliminação da vegetação original o que desencadeia sucessivos comprometimentos com o meio ambiente, alguns irreversíveis, outros renováveis.

Tais áreas com vegetação não artificial (excluídos pois os reflorestamentos) são protegidas pela lei agrária para que não ocorra a deterioração física, produtiva e econômica do solo agrário. Sabe-se que a cobertura florística tem função precípua de salvaguardar a composição do solo, o húmus existente, e os demais componentes da superfície, da ação de chuvas e de outros agentes, comprometendo a sua textura e produtividade.

Assim, estabelece a Lei nº 8.171, de 17/01/91, que dispõe sobre a política agrícola do país, que o Poder Público deverá preservar o meio ambiente e a conservação dos recursos naturais, disciplinando e fiscalizando o uso racional do solo, da água, da fauna e da flora. Deve, ainda, recuperar áreas em processo de desertificação e o assoreamento dos cursos de águas, protegendo as propriedades ribeirinhas.

Quanto ao imóvel rural particular em face de sua exploração, dispõe o art. 16 do Código Florestal (Lei nº 4771, de 15/09/65), que as áreas florestais inseridas nos imóveis campesinos de domínio privado ficarão sujeitos ao regime desta lei, dividindo-se, para tanto, o país em áreas geográficas distintas.

Naa regiões Leste Meridional, Sul e Centro Oeste (esta na parte sul), "as derrubadas de florestas nativas, primitivas ou regeneradas só serão permitidas desde que sejam, em qualquer caso, respeitado o limite de 20% da área de cada propriedade com cobertura arbórea localizada, a critério da autoridade administrativa".

A localização desta reserva leva em conta não só a identificação física, mas também a viabilidade produtiva em cada imóvel rural.

Nas áreas de formação de fazendas – implantação de módulos produtivos onde nunca se explorou, a lei permite, para desbravamento, a derrubada de até 50% da área da propriedade. Este percentual na Amazônia Legal tem diferente tratamento.

Estabelece, por fim, o Código Florestal, que:

> § 2º A reserva legal, assim entendida a área mínima de 20% de cada propriedade, onde não é permitido o corte razo, deverá ser averbada à margem da inscrição de matricula do imóvel, no registro de imóvel competente, sendo vedada a alteracão de sua destinação, nos casos transmissão a qualquer título, ou de desmembramento da área.

As reservas legais, conquanto obrigatórias, integram os valores que compõem a indenização, em caso de desapropriação, para seus devidos fins. Esta era a antiga aspiração dos proprietários rurais.

Produzir sem comprometer o meio ambiente e os recursos naturais, eis os desafios do presente século.

À parte isso, o que deve promover a atuação das políticas públicas sem reeditar os males causados no passado é o combate incansável de seus efeitos já causados. Estes são permanentes e cobram das autoridades soluções inadiáveis para determinadas situações. Algumas bem degradadas, desincorporadas às aproveitáveis. Hoje, no estado de São Paulo, são raros os rios em que a lavoura, em especial de cana-de-açúcar, e as áreas destinadas à pecuária não chegam literalmente às margens, diminuindo sensivelmente o volume líquido. Já se tem hoje a noção exata do valor existencial da água não só para a produção de alimentos, mas também para a própria vida das comunidades urbana e rural.

5. PRINCÍPIO DA BENEFICIDADE

Não basta que os produtos agrários sejam em quantidade suficientes para atender aos interesse da sociedade; é preciso que haja qualidade para que seja atendido o princípio da beneficidade.

A produção de grãos, não se pode omitir, no cerrado mato-grossense pressupõe a aplicação de alto percentual de defensivos para a obtenção de safra significativa. Certo é que, com a retirada da flora nativa, os insetos tiveram nas lavouras a sua condição de proliferação natural.

Hoje, o Código do Consumidor, Lei nº 8.078, de 11.09.90 estabelece em seu art. 6º que:

> Art. 6º. São direitos básicos do consumidor:
> I – a proteção da vida, saúde e segurança contra os riscos provocados por práticas no uso no fornecimento de produtos e serviços considerados perigosos ou nocivos.

Escreve James Eduardo de Oliveira que os produtos considerados nocivos à saúde ou perigosos à segurança não devem ser colocados no mercado de consumo. Tanto a nocividade quanto a periculosidade refletem a condição defeituosa de algo que em seu estado natural não se apresentava com esse desvalor. E continua: "a lei não exige que o produto ofereça uma segurança absoluta, mas apenas a segurança que se possa legitimamente esperar".[12]

Segundo o art. 13 do Código de Defesa do Consumidor o comerciante é igualmente responsável quando não há indicação da origem do produto ou quando não tenha adequadamente conservado o produto perecível.

Portanto, não é suficiente que a produção aconteça, mas é imperativo que os produtos sejam de composição ou conteúdo (substância) tal que atendam os requisitos da beneficidade para o consumidor. O que seria uma produção que não atenda tal requisito em face da sociedade consumidora?

Evidentemente a questão é complexa e está a exigir um aprofundamento dos doutrinadores.

Penso que o julgamento deva ser feito por exclusão: satisfazem este requisito os produtos que não fazem mal aos consumidores.

No caso do rebanho bovino, no Brasil, existe hoje o controle por parte de órgãos estatais das doenças como a aftosa e a brucelose pela aplicação obrigatória de vacinas para a comercialização futura do gado de corte. Há também vacinas facultativas como a raiva, carbúnculo, e outras contra endemias típicas; na criação de porcos, as prevenções contra esquistossomoses, entre outras; na avicultura, o mal da "gripe do frango". Neste quadro de doenças que podem ser transmitidas ao ser humano, não se pode omitir a referência a multinoticiada endemia do "mal da vaca louca" que ceifou muitas vidas e que, felismente, não chegou ao nosso país.

No Brasil, o Serviço de Inspeção Federal (SIF), criado pela Lei nº 7.889, de 23/11/1989, tem a atribuição para atestar a isenção do produto quanto a sua consumibilidade.

Segundo esta Lei existem três competências legais segundo as quais se distribuem os serviços de inspeção de produtos de origem animal: 1. serviço de inspeção federal. Registram-se nesse serviço os estabelecimentos que comercializam produtos entre estados e/ou para exportação; 2. serviço de inspeção estadual: nesse serviço são registrados os estabelecimentos que comercializam produtos para outro município; 3. serviço de inspeção municipal: são registrados nesse serviço os estabelecimentos que comercializam produtos dentro do município.

---

12 OLIVEIRA, James Eduardo de. Código de Defesa do Consumidor anotado e comentado. São Paulo: Atlas, 2004, p. 85.

Nos estabelecimentos de abate de bovinos o animal é submetido a uma série de exames antes e depois do abate para garantir ao consumidor um produto de qualidade. São as inspeções *ante mortem* e *post mortem* quando então a carne recebe o carimbo da inspeção para ser comercializada.

Doenças infectocontagiosas como a raiva, o tétano, o carbúnculo, podem ser transmitidas ao homem.

Nesta questão, a regra que se impõe é que haja a informação precisa e clara, necessariamente expressa no produto, sobre a sua constituição para que o consumidor saiba o que está consumindo. Hoje, tal diretriz, em alguns tipos de vegetais, (verduras, legumes etc), em face de outros produtos hortifrutigranjeiros, mostra-se com características próprias, como se tivessem sido produzidos sem uso de agrotóxicos ou outros defensivos agrícolas. Nesta diferenciação se inclui, por exemplo, a soja não transgênica, entre outros produtos.

6. CONCLUSÃO

O Direito Agrário, conforme se procurou demonstrar, em cada um de seus princípios informadores, tem uma razão de ser na finalística da dogmática jurídica.

Mas é preciso que fique registrado a grande transformação com que a realidade agrária se manifesta, devendo ao jurista firmar seguro norte para acompanhar a sua dinâmica atenta aos princípios fundamentais deste ramo do Direito e menos nos casuísmos e idealismo de suas formulações legais.

Percebe-se que cada um dos princípios estudados deve ser analisado em perfeita imbricação e harmonia com os demais.

É certo que as diferenças se mostram típicas, em verdade, sendo de registrar que todos tem por finalística fazer do Direito Agrário em direito autônomo, cientificamente dogmático, que desate as amarras do setor rural das cadeias da hegemonia dos setores urbanos.

Aqui se apresenta a dificuldade maior na medida em que a produção agrária precede as demais e lastreia as outras. Isto, todavia, não deve significar a subserviência das conquistas sociais como um todo premiando o agente urbano (do setor de serviço, industrial, comercial etc) em detrimento do sucesso econômico dos agentes do setor primário.

Não temos a lente de ver o futuro, mas, com o aumento da população nas cidades e a sua expansão sobre áreas de preservação permanente e de mananciais, conforme assistimos em São Paulo, já se apresenta atemorizável esta realidade por uma primeira constatação e, se está recuada a perspectiva do exaurimento da produção agrária, certo é que, em um futuro próximo, o princípio da beneficidade será antinômico com o da produtividade, esta então em escala de demanda global.

AGRICULTURA E O FOMENTO ESTATAL

Lutero de Paiva Pereira

SUMÁRIO: 1. Consideração gerais. **2.** Do direito à vida. **3.** Proteção do imóvel rural. **4.** Competência fomentista do estado. **5.** Política agrícola e preceito constitucional. **6.** Instrumentos de política agrícola. **7.** Financiamento rural.

1. CONSIDERAÇÕES GERAIS

O pão, *lato sensu*, já fez a paz e provocou a guerra, derrubou impérios e sustentou reinos, enriqueceu povos e empobreceu nações, enfim, participou ativamente de notáveis momentos da história, e sempre o fará.

Uma volta pela história antiga e recente demonstra que o país que se ufana de gozar de uma produção agrícola abundante também se orgulha de uma economia, de uma estabilidade social e de um desenvolvimento em tudo superior àqueles que dela foram privados.

A República Federativa do Brasil, ao perseguir a realização dos objetivos fundamentais insculpidos no art. 3º de sua Constituição,[1] necessariamente haverá de considerar a alimentação como uma questão de Estado, e isto em razão do seu alcance e poder para dar viabilidade ao que o constituinte alinhavou ali.

Com efeito, não se pode pensar: a) na construção de uma sociedade livre, justa e solidária (inciso I) sem que todos gozem do sagrado direito a uma alimentação constante e ininterrupta, pois o contrário é opressor e injusto; b)

---

1 Art. 3º Constituem objetivos fundamentais da República Federativa do Brasil:
I – construir uma sociedade livre, justa e solidária;
II – garantir o desenvolvimento nacional;
III – erradicar a pobreza e a marginalização e reduzir as desigualdades sociais e regionais;
IV – promover o bem de todos, sem preconceitos de origem, raça, sexo, cor, idade e quaisquer outras formas de discriminação.

em garantir o desenvolvimento nacional (inciso II) a menos que a atividade primária seja levada como projeto prioritário em todos os recantos do território; c) na erradicação da pobreza (inciso III) com menosprezo à agricultura, atividade insubstituível na capacidade de multiplicar empregos, direta e indiretamente, e d) em promover o bem de todos (inciso IV), notadamente no que diz respeito ao exercício dos direitos sociais constitucionalmente assegurados, sem que o alimento tenha primazia.

É bem certo que o art. 6º da Constituição Federal,[2] tardiamente corrigido pela EC nº 64/2010 para contemplar a alimentação como um direito social, passa a exigir do Estado o estabelecimento de uma política idônea que dê ao campo os meios necessários para incrementar o processo produtivo.

Afinal, se a ausência de uma alimentação adequada pode comprometer a saúde, a educação, o trabalho e o lazer, o que não dizer, então, dos seus efeitos negativos na proteção da maternidade e da infância.

Pode-se dizer que, do mesmo modo que a linha pelas mãos habilidosas de uma bordadeira perpassa todos os pontos do tecido para trazer à realidade uma figura digna de ser contemplada, a alimentação pela via da ação do Estado faz o mesmo caminho no tecido social para construir uma nação justa e bem desenvolvida.

Como os direitos sociais estão na categoria dos chamados direitos fundamentais do homem, e a alimentação faz parte deles, não é de somenos importância lembrar que gozam da proteção necessária para torná-los realizáveis de pronto, visto que essenciais em grande parte para a melhoria das condições de vida dos hipossuficientes.

Alexandre Moraes escreve:

> Direitos sociais são direitos fundamentais do homem, caracterizando-se como verdadeiras liberdades positivas, de observância obrigatória em um Estado Social de Direito, tendo por finalidade a melhoria de condições de vida aos hipossuficientes, visando à concretização da igualdade social, e são consagrados como fundamentos do Estado democrático, pelo art. 1º, inc. IV, da Constituição Federal.[3]

---

2 Art. 6º São direitos sociais a educação, a saúde, a alimentação, o trabalho, a moradia, o lazer, a segurança, a previdência social, a proteção à maternidade e à infância, a assistência aos desamparados, na forma desta Constituição (redação dada pela Emenda Constitucional nº 64/2010).

3 MORAES, Alexandre de. *Direito Constitucional*, 5ª ed., São Paulo: Atlas, 2006, p. 177.

Em face de sua essencialidade, a qual diz respeito diretamente à vida e ao seu pleno desenvolvimento, cabe ao Estado, portanto, trazer ao mundo do ser o que está previsto no ambiente do dever ser, relativamente as coisas que podem ser classificadas no gênero alimento, pois uma materialização tardia desse bem pode representar uma agressão terrível à cidadania, resultando em dano de reparação difícil ou mesmo improvável ao cidadão.

Se a saúde, conforme presente no seleto rol constitucional do art. 6º, levou o constituinte a dispor que se trata de um direito de todos e um dever do Estado garanti-la por meio de políticas próprias que visem à redução do risco de doenças e de outros agravos,[4] o que não dizer da ação estatal em prol da alimentação, a qual age profilaticamente na manutenção e preservação daquela?

Com efeito, um povo que padece sob o algoz da fome ou dispõe de uma alimentação sem qualidade não tem saúde, desempenha mal seu trabalho, não assimila bem o conhecimento, e assim se torna um peso para o desenvolvimento do próprio Estado. De outra parte, mesmo que disponha de moradia não a habitará dignamente, e se lhe for oferecido ambiente de lazer, não terá ânimo suficiente para aproveitá-lo.

Como o alimento, em regra, é causa de boa saúde que, por sua vez, é base para o aprendizado que qualifica o homem para o trabalho etc., parece importante dizer que o Estado tem o dever mais que sagrado de garanti-lo a todos, o que volta em benefício do próprio país.

Se as considerações *supra* procedem ou se merecem pequenos reparos para se adequarem a um ou outro ponto de vista, não resta ao Estado outra alternativa que não lançar mão dos instrumentos pertinentes para fomentar o pleno desenvolvimento da produção agropecuária e, então, organizar o abastecimento alimentar interno visando o pleno desenvolvimento.

Sendo assim, propor que o Estado implemente uma política agrícola assentada em bases estruturais condizentes com a realidade do setor e com sua importância para o país, se mostra perfeitamente sintonizado com os princípios constitucionais que apregoam um Estado Social de Direito.

2. DO DIREITO À VIDA

Um dos meios eficientes de que o Estado dispõe para assegurar a vida aos seus cidadãos é, dentre outros, garantir uma alimentação segura e continuada a todos.

4 Art. 196. A saúde é direito de todos e dever do Estado, garantido mediante políticas sociais e econômicas que visem à redução do risco de doença e de outros agravos e ao acesso universal e igualitário às ações e serviços para sua promoção, proteção e recuperação.

Ao levantar os olhos e observar o que alguns Estados estrangeiros fazem com seus nacionais ao privá-los de uma alimentação digna, causa repúdio esse verdadeiro *crime contra a humanidade*, cujo autor não poderia escapar a uma sanção internacional severa.

Afinal, ao retirar do homem o alimento, elemento básico para sua existência e subsistência, ambos com dignidade, nenhum outro bem lhe importa oferecer ou assegurar, já que sem aquele lhe faltarão as condições básicas para delas gozar.

Com efeito, o alimento recusado não somente rouba a dignidade de existir como também, e não poucas vezes, a própria existência.

Paulo Gustavo Gonet Branco ensina:

> O direito à vida, assim, não pode ser compreendido de forma discriminatória com relação aos seus titulares. Se todo o ser humano singulariza-se por uma dignidade intrínseca e indisponível, a todo ser humano deve ser reconhecida a titularidade do direito mais elementar de expressão dessa dignidade única – o direito a existir. A ideia de igual dignidade de todos os seres humanos ficaria ferida se fosse possível graduar o direito à vida segundo aspectos acidentais que marcam a existência de cada pessoa. Não se concilia com a proposição de que todos os seres humanos ostentam igual dignidade classificá-los, segundo qualquer ordem imaginável, para privar alguns desse direito elementar. Nem a origem étnica, nem a origem geográfica, nem as opções de comportamento, nem a idade – nada justifica que se aliene de um ser humano o direito à vida.[5]

O dever do Estado, portanto, de assegurar a vida – e vida com dignidade – deve ser entendido de forma ampla, de modo a implicar não só em se opor contra tudo aquilo que contra a vida se levanta, mas também em favor de tudo que em seu benefício se estabelece.

Como uma alimentação inadequada ou inconstante não deixa de ser uma arma de destruição em massa apontada contra a vida e sua dignidade, compete ao Estado agir eficazmente de modo a impedir seu acionamento, o que requer a instrumentalização de uma política agrícola bem planejada e corretamente executada.

Sobre a supremacia da vida, José Afonso da Silva ensina:

> Por isso é que ela [a vida] constitui fonte primária de todos os outros bens jurídicos. De nada adiantaria a Constituição assegurar outros direitos fundamentais, como a igualdade, a intimidade, a liberdade, o bem-estar, se não erigisse a vida humana num desses direitos.[6]

---

5 MENDES, Gilmar Ferreira; COELHO, Inocêncio Mártires; BRANCO, Paulo Gustavo G. *Curso de Direito Constitucional*. 5ª ed. São Paulo: Saraiva, 2010, pp. 443-444.

6 SILVA, José Afonso da. *Curso de Direito Constitucional Positivo*. 10ª ed. São Paulo: Malheiros Editores, 1995, p. 195.

Dentro do espectro constitucional o Estado brasileiro dispõe dos instrumentos necessários para viabilizar uma boa produção de alimentos capaz de lhe assegurar autonomia em relação aos demais, bem como voz mais respeitável nas relações externas pela importância que o alimento carrega consigo.

Sob este aspecto, então, um Estado minimamente organizado e que aspira desenvolver-se bem para oferecer aos seus cidadãos uma vida melhor, fim último de sua própria constituição, deve cuidar com zelo extremo daquilo que dispõe como riqueza, incrementando sua utilização de forma racional para nunca dela se ver privado.

Afinal, riquezas mal exploradas, por mais paradoxal que possa parecer, empobrecem os que delas assim dispõem, e até mesmo os que têm orgulho de serem possuidores com abundância podem, em algum tempo, serem humilhados pela escassez advinda da incompetência do seu gerenciamento.

O Brasil, como é sabido, mesmo ao tempo em que não gozava de boa tecnologia de cultivo, foi cantado como celeiro do mundo e isto em razão, é certo, da extensão de suas terras, da fertilidade do seu solo e do clima propício a sua exploração.

Esta "mãe gentil", assim imortalizada por Joaquim Osório Duque Estrada no hino nacional, justifica-se a si mesma como tal em razão da capacidade extrema de oferecer bem-estar aos seus "filhos", que, correspondendo ao tratamento recebido na mesma moeda, pode formar uma nação de primeiro mundo mais cedo do que se pode imaginar.

Gentil especialmente na disposição de produzir alimentos, o solo brasileiro predominantemente fértil tem de ser trabalhado por ideias que semeiam o trigo e não por propostas que disseminam o joio, já que a capacidade de responder mais que duplicadamente a semente recebida devolve tanto um quanto outro.

Em obra de excelente valor de consulta, Henrich Eduardo Jacob registra:

> Um povo nasce e cresce numa relação direta com a fertilidade da terra em que vive. Se essa fertilidade se esgota, desaparece o povo, por muito que os seus bens espirituais possam persistir, deslocando-se para outras paragens.[7]

3. PROTEÇÃO DO IMÓVEL RURAL

Não obstante o tema proteção do imóvel rural suscite exame bem mais amplo, e em outros ângulos, neste momento convém focar atenção somente na questão do risco que o país corre de não ter esse patrimônio posto predominantemente em mãos de nacionais.

---

7 JACOB, Heinrich Eduardo. *Seis mil anos de pão*. São Paulo: Nova Alexandria, 2003, pp. 429-30.

Por sua notável vocação agrícola o Brasil passa a despertar o interesse de grandes grupos estrangeiros que chegam por aqui com o interesse de adquirir imóveis rurais, "ataque" quase irresistível em razão do poder de compra da moeda que lhe dá guarida.

No entanto, não se deve olvidar que o constituinte moderno, sem discrepar do seu antecessor, se manteve vigilante no sentido de determinar que o legislador infraconstitucional deve limitar *a aquisição ou o arrendamento de propriedade rural por pessoa física ou jurídica estrangeira,*[8] de modo que a força produtiva do país seja mantida em mãos de nacionais.

Considerando que momentaneamente o tema ganha notoriedade, nosso posicionamento já foi manifestado nos seguintes termos:

> Um Estado politicamente bem organizado sabe que a preservação de suas riquezas contra o interesse e o "ataque" estrangeiro tem grande importância para o incremento de seu desenvolvimento, inclusive soberania.[9]

E mais adiante:

> É preciso ser dito que o processo predatório de ir ao território alheio para dele retirar benefícios em proveito próprio já enriqueceu os que são ricos e empobreceu os que são pobres, criando um desequilíbrio na ordem mundial que não colabora para o bem do que se chama de "aldeia global".
>
> A história é testemunha viva e fiel desses acontecidos.
>
> Em questão de riqueza nacional é de induvidosa certeza que o Estado brasileiro possui, e deve estimá-las como tais, terras férteis e agricultáveis que despertam interesse de além-mar.
>
> Por isto mesmo, incrustado no Capítulo III, do Título VII Da Ordem Econômica e Financeira, o art. 190[10] da Constituição se preocupou em dispor que a lei deve regular e limitar a aquisição ou o arrendamento de propriedade rural por pessoa física ou jurídica estrangeira, estabelecendo ainda que a norma deve dispor sobre os casos em que aquisição ou o arrendamento de imóvel rural por pessoa física ou jurídica estrangeira dependerá de autorização do Congresso Nacional.
>
> É preciso destacar que esta preocupação é da Constituição moderna e vigente, para que desde logo fique afastada a ideia, que alguns sustentam, de que o tema só teria razão de ser num mundo que já não mais existe.
>
> Como o artigo que abre o referido Título VII da Constituição dispõe que a ordem econômica, fundada na valorização do trabalho humano e na livre-iniciativa,

8 Art. 190. A lei regulará e limitará a aquisição ou o arrendamento de propriedade rural por pessoa física ou jurídica estrangeira e estabelecerá os casos que dependerão de autorização do Congresso Nacional.

9 Op. cit., p. 39-40.

10 Art. 190. A lei regulará e limitará a aquisição ou o arrendamento de propriedade rural por pessoa física ou jurídica estrangeira e estabelecerá os casos que dependerão de autorização do Congresso Nacional.

> tem por fim ou por objetivo assegurar a todos existência digna, conforme os ditames da justiça social, elencando, para tanto, dentre outros, os princípios da soberania nacional (inc. I, art. 170), da propriedade privada (inc. II, art. 170), da função social da propriedade privada (inc. III, art. 170), a interpretação do art. 190 deve ser guiada sob esta ótica.

Quando, em 1974, às vésperas da Conferência Mundial de Alimentação, o Secretário da Agricultura americano Earl L. Buntz assegurou que possuir alimento era ter poder, sua famosa expressão "food is power" causou mal estar generalizado a ponto de exigir do Secretário de Estado Assistente, Thomas O. Enderes, a reinterpretação da máxima para "alimento nos dá influência", fato este registrado por Alberto Passos Guimarães.[11]

No entanto, o eufemismo em nada altera a realidade das coisas, pois chame de *poder* ou o denomine de *capacidade de influenciar*, não importa, o fato é que o alimento outorga ao seu possuidor um e outro, a saber, poder e influência. E se o Brasil pode produzir bem não há como negar seu poder e sua influência nas relações internacionais se souber se valer desta riqueza que o distingue.

A Lei nº 5.709/71 já se ocupou em limitar a aquisição de imóveis rurais por estrangeiros no país, estabelecendo condições intransponíveis a serem satisfeitas pelos pretensos adquirentes, crivando de nulo o negócio que for levado a efeito em descumprimento aos preceitos legais especiais.

Assim, seja para ter poder, seja para ter influência, o Estado precisa proteger o proprietário rural da especulação do capital alienígena, dando condições aos produtores rurais de terem uma terra cuja exploração seja sustentada por uma política agrícola responsável.

4. COMPETÊNCIA FOMENTISTA DO ESTADO

Seja para ter influência no relacionamento internacional, seja para ter poder interno para organizar-se bem, o Estado precisa apoiar o desenvolvimento da produção agropecuária porque dela é necessitado, embora esteja constitucionalmente proibido[12] de produzir diretamente os bens de que é carecedor.

Não foi sem razão, então, que o preceito constitucional figurante no inc. VIII, do art. 23[13] dispôs sobre a competência do Estado, em todos os seus níveis, para fomentar a produção agropecuária.

---

11 GUIMARÃES, Alberto Passos. *A crise agrária*. São Paulo: Paz e Terra, 1979, p. 208.

12 Art. 173. Ressalvados os casos previstos nesta Constituição, a exploração direta de atividade econômica pelo Estado só será permitida quando necessária aos imperativos da segurança nacional ou a relevante interesse coletivo, conforme definidos em lei.

13 Art. 23. É competência comum da União, dos Estados, do Distrito Federal e dos Municípios: VIII – fomentar a produção agropecuária e organizar o abastecimento alimentar;

José Afonso da Silva ensina:

> *Competência* é a faculdade juridicamente atribuída a uma entidade, ou a um órgão ou agente do Poder Público para emitir decisões. *Competências* são as diversas modalidades de poder de que se servem os órgãos ou entidades estatais para realizar suas funções.[14]

Assim, quando o texto constitucional atribui competência a União, aos Estados, ao Distrito Federal e aos Municípios para *fomentar a produção agropecuária* o faz por reconhecer, evidentemente, a importância do setor para o bem do país.

Ademais, adequadamente utilizado, o alimento é instrumento eficaz na prática até mesmo da solidariedade internacional, tema inquietante no mundo global que ainda se mostra individualista, de forma que o Estado que pode gozar com abastança desse bem tem como estender sua mão a povos que penam sobre o maior de todos os ditadores, a fome.

Se no aspecto social a produção de alimentos é relevante, não é menos verdadeiro que no campo econômico sua participação é inquestionável, máxime no Brasil, onde aproximadamente 1/3 do produto interno bruto (PIB) tem como origem as atividades vindas do setor primário.

Portanto, não fomentar a agricultura é ao mesmo tempo empobrecer o país, gerar a instabilidade da nação e enfraquecer externamente a República.

Economicamente falando a produção de alimentos movimenta uma cadeia produtiva tão vasta que o mínimo desequilíbrio que ali acontece reflete negativamente de imediato nos índices de emprego pelo país afora, principalmente nas cidades.

Deste modo, quando se protege o campo é a cidade quem mais se beneficia, não obstante não seja este o entendimento corrente.

Aliás, magníficas as palavras de Antonio Feliciano Castilho, filósofo português que em obra notável publicada em meados do século XIX sustenta que a agricultura é a única que em si mesma se mostra fértil, trazendo à existência coisas que não existem, sendo acompanhada de perto por duas filhas estéreis, o comércio e a indústria, que nada mais fazem do que transformar e fazer circular aquilo que somente ela, a agricultura, é capaz de gerar.[15]

---

14 SILVA, José Afonso da. *Curso de Direito Constitucional Positivo*. 10ª ed. São Paulo: Malheiros Editores, 1995, p. 455.

15 "Arte e Comércio encantadores são, que modificam, metamorfoseiam, e transferem tudo sem cessar; mas só a Agricultura cria, só ela, filha primogênita da Divindade, é, sobre a terra, Divindade. Só um povo que lhe quer, e a quer, e a serve com desenganada preferência, só esse é rico; rico sem fausto, mas rico sem receio de empobrecer. Só a terra entretanto não se esgota; só nela se podem empregar benefícios, sem colher ingratidões; só ela pode dizer, como o seu Criador: *pedi e recebereis*; só ela pode suprir tudo, sem poder outra alguma coisa supri-la".

Nesta bela figura o sábio além de se mostrar incontrariável, também não deixa dúvida do quanto a agricultura tem importância para guarnecer outras atividades relevantes para o país e para o mundo, sendo, portanto, engrenagem de sustentação econômico-social insubstituível.

Assim, se o alimento se apresenta como pedra fundamental sobre a qual a vida se edifica e a sociedade se desenvolve, nada mais justo que o Estado se lance no processo de fomentar o seu pleno desenvolvimento, pois o Estado que olha para o seu próprio povo, e o faz com o intento de oferecer-lhe bem-estar, o que não pode ser diverso, não pode deixar de ver o setor produtivo primário senão com olhos que com ele se importem, traçando e executando uma boa e competente política agrícola.

5. POLÍTICA AGRÍCOLA E PRECEITO CONSTITUCIONAL

Política agrícola agora é tema que decorre de preceito constitucional – art. 187 – donde se observa quais são os instrumentos que o constituinte alinhavou como idôneos para o Estado deles se utilizar visando a fomento da atividade.

Ou seja, ao se pretender estudar hoje temas ligados à propriedade rural, sua função social, política, competência fomentista do Estado, desapropriação por descumprimento de sua função social, tudo isto deve ser iniciado com exame da Constituição Federal, o que aponta o quanto as questões ligadas a terra rural ganharam aporte no pensamento do legislador superior.

Como somente aquilo que é relevante para o país faz parte de sua Carta, agricultura agora não pode ser examinada somente pelo prisma do Direito Civil, Agrário, do agronegócio, mas também a partir do próprio Direito Constitucional.

No caso da função social da propriedade, o próprio constituinte se ocupou em estabelecer os parâmetros necessários de sua aferição,[16] e se trata de algo tão importante que o Estado, em função do que dispõe o art. 184 da Constituição Federal,[17] tem o poder de desapropriá-la em face de uso que seja contrário a consecução desse objetivo.

---

16 Art. 186. A função social é cumprida quando a propriedade rural atende, simultaneamente, segundo critérios e graus de exigência estabelecidos em lei, aos seguintes requisitos:
I – aproveitamento racional e adequado;
II – utilização adequada dos recursos naturais disponíveis e preservação do meio ambiente;
III – observância das disposições que regulam as relações de trabalho;
IV – exploração que favoreça o bem-estar dos proprietários e dos trabalhadores.

17 Art. 184. Compete à União desapropriar por interesse social, para fins de reforma agrária, o imóvel rural que não esteja cumprindo sua função social, mediante prévia e justa indenização em títulos da dívida agrária, com cláusula de preservação do valor real, resgatáveis no prazo de até vinte anos, a partir do segundo ano de sua emissão, e cuja utilização será definida em lei.

Contudo, é de se registrar que o mesmo Estado que tem tal poder carrega sobre os ombros a responsabilidade constitucionalmente estabelecida de fomentar a produção agropecuária, de modo que com seu incentivo o proprietário ou o arrendatário tenha condições para fazer a terra cumprir esse desiderato social da terra, e assim não sofra a sanção acima apontada.

Deste modo, já escrevemos:

> Antes mesmo de exercer o poder expropriatório o Estado deve desincumbir-se, isto sim, do seu mister de fomentar a atividade agrícola e, com efeito, somente depois desta sua ação fomentadora é que, legitimamente, poderia expropriar a terra que, a despeito de assim incentivada, não tivesse cumprindo sua função social.[18]

Afinal, não se pode menosprezar o fato de que dar efetividade a uma política agrícola que está presente no bojo da Constituição Federal nada mais é do que cumprir o preceituado pelo inc. I, art. 23 da mesma Carta,[19] onde está previsto que a União, os Estados, o Distrito Federal e os Municípios devem, dentre outras coisas, zelar pela guarda da Constituição e das leis.

6. INSTRUMENTOS DE POLÍTICA AGRÍCOLA

São múltiplos os instrumentos de política agrícola que o Estado tem ao seu alcance para fomentar a atividade produtiva primária, e todos eles presentes no art. 187 da Constituição Federal.

Posteriormente, por força do art. 50 dos Atos das Disposições Constitucionais Transitórias,[20] veio à lume a Lei Agrícola – Lei nº 8.171/91.

De forma categórica a Lei Agrícola dispõe no inc. II, do seu art. 2º[21] que a política para o setor se fundamenta, dentre outras coisas, no pressuposto de que a ordem pública, a paz e o processo de desenvolvimento econômico-social tem como condição básica um abastecimento alimentar adequado.

---

18 PEREIRA, Lutero de Paiva, *Agricultura e Estado*. Curitiba: Juruá, 2011, p. 105.

19 Art. 23. É competência comum da União, dos Estados, do Distrito Federal e dos Municípios:
I – zelar pela guarda da Constituição, das leis e das instituições democráticas e conservar o patrimônio público.

20 Art. 50. Lei agrícola a ser promulgada no prazo de um ano disporá, nos termos da Constituição, sobre os objetivos e instrumentos de política agrícola, prioridades, planejamento de safras, comercialização, abastecimento interno, mercado externo e instituição de crédito fundiário.

21 Art. 2° A política fundamenta-se nos seguintes pressupostos:
IV – o adequado abastecimento alimentar é condição básica para garantir a tranquilidade social, a ordem pública e o processo de desenvolvimento econômico-social;

Se a política agrícola tem o alcance fenomenal de sustentar tanto a ordem pública, a paz social quanto o próprio desenvolvimento econômico-social, não parece que sua execução possa ser retardada sem que um prejuízo de nível nacional e de reflexos perigosos seja suportado por todos.

Os instrumentos e ações de política agrícola nada mais são do que ferramentas eficazes que o Estado tem para dar ao produtor rural as condições básicas necessárias para que ele faça com que a terra cumpra sua função social, pois na nova ordem o indivíduo que a possui não a tem para si somente ou para benefício exclusivamente seu, mas com o propósito de, servindo-se dela servir o semelhante com os frutos que por ela pode obter.

Uma vez que nem comércio, nem indústria, nem turismo etc, nem outra atividade econômica atingiu o privilégio de ter sua política sob proteção constitucional como é o caso da agricultura, não parece justo que falte ao setor os instrumentos de desenvolvimento de que necessita para que na qualidade de bom diácono, sirva a sociedade como um todo.

Patrulhado por uma constituição que se estriba no Estado Social de Direito, onde a tônica é dar ou proporcionar a todos as condições mínimas para o exercício e efetividade dos seus direitos sociais, é mister que a atividade primária seja incrementada cada vez mais em razão do próprio alcance social que enverga.

Com sua vocação socioeconômica de guardião da ordem pública e da paz social, colaborador eficaz para positivar os medidores econômicos, cabe ao Estado planejar e executar uma política agrícola que seja condizente com a necessidade e importância do setor, e isto com a amplitude indicada no *caput* do art. 187 da Constituição.

Não obstante serem vários os instrumentos de política agrícola postos ao alcance do Estado para fomentar o desenvolvimento da atividade primária, a saber: instrumentos creditícios e fiscais; preços compatíveis com os custos de produção e garantia de comercialização; incentivo à pesquisa e à tecnologia; assistência técnica e extensão rural; seguro agrícola; cooperativismo; eletrificação rural e irrigação; habitação para o trabalhador rural, neste momento somente a questão dos instrumentos creditícios serão objeto de consideração mais detida.

7. FINANCIAMENTO RURAL

Alhures escrevemos:

> Num primeiro momento poder-se-ia falar em *momento ativo* como sendo meio de que dispõe o Estado, por meio de instrumentos próprios, de atrair o interesse em relação à atividade agrícola, chamando outros a investirem ali e incentivando aqueles que nela estão a progredir tecnologicamente no processo de exploração da terra. No âmbito do fomento ativo, o crédito rural é dos instrumentos o mais eficaz para estimular o campo a produzir melhor, posto tratar-se de uma linha

> de financiamento sob regras específicas e que, a teor da própria lei que o institucionalizou, tem como objetivo, dentre outros, fortalecer economicamente o seu tomador, consoante tratado no Capítulo 12.[22]

O crédito rural foi institucionalizado no país pela Lei nº 4.829/65, não obstante modernamente, e em alguns aspectos, o mútuo especial encontre disciplina na Lei nº 8.171/91.

O financiamento rural, apregoa o ilustre Pontes de Miranda, é um *crédito de destinação*, de modo que somente poderá ser aplicado no fim contratualmente previsto, e aquilo que se convenciona como finalidade do crédito deve estar autorizado pela Lei Especial. Com tal direcionamento, qualquer desvio que aponte, seja pela ação do tomador, seja pela do emprestador, a sanção se impõe de imediato para proteção do próprio instituto.

É assim porque o Estado tem interesse que os recursos do crédito rural sejam aplicados na atividade específica, já que o art. 1º da lei institucionalizadora apregoa que ele visa o desenvolvimento da produção rural do país e tendo em vista o bem-estar do povo.[23]

Tais as notas que lançamos ao referido art. 1º:

> Assim, aplicar recursos do crédito rural em finalidade diversa de sua institucionalização é prática contrária ao interesse do povo e do Estado, o que justifica uma punição exemplar ao transgressor.
> De outra parte, exatamente por se tratar de crédito de natureza fomentista, sua operacionalização está afeta integralmente ao princípio do dirigismo contratual, de modo que as partes somente podem estipular cláusulas e condições que decorram de autorização expressa da lei ou de norma expedida pela autoridade competente.[24]

Para preservar, então, o mútuo de uma contratação que pudesse contrariar os princípios básicos de sua institucionalização, por força do art. 14 da Lei nº 4.829/65,[25] *todas as condições* do financiamento rural estão adstritas ao que estabelecer o Conselho Monetário Nacional, notadamente no que diz respeito a *juros, termos e condições*, qualquer que seja a natureza da operação.

22 PEREIRA, Lutero de Paiva, Op. cit., Curitiba: Juruá, 2011, p. 116.

23 Art. 1º. O crédito rural, sistematizado nos termos desta Lei, será distribuído e aplicado de acordo com a política de desenvolvimento da produção rural do país e tendo em vista o bem-estar do povo.

24 PEREIRA, Lutero de Paiva. *Legislação especial do Direito Agrofinanceiro – LEDA*. Curitiba: Juruá, 2008, t. I, p. 64.

25 Art. 14. Os termos, prazos, juros e demais condições das operações de crédito rural, sob quaisquer de suas modalidades, serão estabelecidos pelo Conselho Monetário Nacional, observadas as disposições legais específicas, não expressamente revogadas pela presente Lei, inclusive o favorecimento previsto no art. 4º, inciso IX, da Lei nº 4.595, de 31 de dezembro de 1964, ficando revogado o art. 4º do Decreto-Lei nº 2.611, de 20 de setembro de 1940.

Deste preceito legal decorre o fato de que a convenção somente faz lei entre as partes naquilo que se encontra autorizada por ato do referido Conselho, de modo que na espécie não se aplica o tão decantado princípio do *pacta sunt servanda* a ponto de coagir os pactuantes a cumprirem obrigações não autorizadas pela disciplina oriunda da referida autoridade.

O controle que o Estado exerce sobre o mútuo rural na órbita da fixação prévia dos juros tem por objetivo torná-lo menos oneroso ao seu tomador para que o financiamento cumpra seu mister de fomentar a atividade rural sem se tornar em recurso de ônus excessivo capaz de comprometer a receita do produtor rural.

Aliás, apregoa expressamente o art. 3º, da Lei nº 4.829/65, preceito que trata dos objetivos específicos do financiamento rural, que uma de suas vertentes é exatamente *promover o fortalecimento econômico do produtor rural, notadamente pequenos e médios*.[26]

E para conseguir este intento, é certo, o mútuo não poderia ser deixado ao arbítrio do financiador, pois se assim fosse os juros poderiam ser fixados em taxas tais a satisfazer o interesse de ganho do financiador, onerando em demasia o financiado.

Desta forma, qualquer que seja a fonte de recursos em que se lastreia o mútuo rural (art. 48, da Lei nº 8.171/91),[27] não importa, os juros serão sempre pactuados em índices previamente autorizados pelo Conselho Monetário Nacional.

Quando pela via do Decreto-Lei nº 167/67 a cédula de crédito rural foi instituída, ali também ficou consignado – art. 5º[28] – que os juros remuneratórios no mútuo especial teriam suas taxas fixadas pelo Conselho.

---

26 Art. 3º. São objetivos específicos do crédito rural:

I – estimular o incremento ordenado dos investimentos rurais, inclusive para armazenamento, beneficiamento e industrialização dos produtos agropecuários, quando efetuado por cooperativas ou pelo produtor na sua propriedade rural;

II – favorecer o custeio oportuno e adequado da produção e a comercialização de produtos agropecuários;

III – possibilitar o fortalecimento econômico dos produtores rurais, notadamente pequenos e médios;

27 Art. 48. O crédito rural, instrumento de financiamento da atividade rural, será suprido por todos os agentes financeiros sem discriminação entre eles, mediante aplicação compulsória, recursos próprios livres, dotações das operações oficiais de crédito, fundos e quaisquer outros recursos, com os seguintes objetivos:

28 Art 5º As importâncias fornecidas pelo financiador vencerão juros as taxas que o Conselho Monetário Nacional fixar e serão exigíveis em 30 de junho e 31 de dezembro ou no vencimento das prestações, se assim acordado entre as partes; no vencimento do título e na liquidação, por outra forma que vier a ser determinada por aquele Conselho, podendo o financiador, nas datas previstas, capitalizar tais encargos na conta vinculada a operação.

Indo agora à Lei nº 8.171/91 dela se observa que o cronograma de liberação e de pagamento do mútuo também segue regras específicas, de modo que não pode o mutuante estabelecer um e outro em proveito do seu interesse, senão em obediência expressa ao que preceitua o inc. III, do seu art. 50.[29]

Com base em tal preceito legal é possível asseverar, por exemplo, que em termos de pagamento do mútuo a exigibilidade poderá não estar configurada quando a restituição da pecúnia é estabelecida para período diferente e incompatível com aquele que o devedor aufere receita para adimpli-lo.

A fixação do cronograma de pagamento do financiamento rural deve seguir à risca o estabelecido na lei, exatamente porque foi intento do legislador proteger o produtor/mutuário de um inadimplemento involuntário, o qual poderia advir do fato do credor/mutuante exigir o pagamento do mútuo em tempo não condizente com o momento de obtenção de receita da atividade financiada.

Com efeito, em regra, é a atividade financiada que deve gerar receita para cumprimento do financiamento tomado para implementá-la, e isto para evitar que o mútuo se torne um mecanismo de descapitalização do produtor, o que aconteceria se o devedor tivesse de alienar outros bens para satisfação do contrato.

Tanto é fato que a receita da atividade crediticiamente assistida deve ser a base do cumprimento do financiamento que sua frustração dá direito ao devedor e impõe ao credor o dever de repactuar o mútuo para tempo mais conveniente a sua satisfação.

Assim, quando o mutuário tem sua capacidade financeira comprometida em razão de certos eventos, sendo-lhe retiradas as condições de adimplir o mútuo no tempo e na forma como contratados, é-lhe facultada a reprogramação do seu calendário de pagamento, e isto sem a incidência de penalidade moratória alguma.

Este direito consta expressamente do Manual de Crédito Rural (MCR) 2.6.9, o qual contém todos os normativos do Conselho Monetário Nacional aplicáveis ao crédito rural, de observância do mutuante e do mutuário.

---

29 Art. 50. A concessão de crédito rural observará os seguintes preceitos básicos:
I – idoneidade do tomador;
II – fiscalização pelo financiador;
III – liberação do crédito diretamente aos agricultores ou por intermédio de suas associações formais ou informais, ou organizações cooperativas;
IV – liberação do crédito em função do ciclo da produção e da capacidade de ampliação do financiamento;
V – prazos e épocas de reembolso ajustados à natureza e especificidade das operações rurais, bem como à capacidade de pagamento e às épocas normais de comercialização dos bens produzidos pelas atividades financeiras.

Outro aspecto relevante do crédito rural é que sobre ele pesa a obrigação dos agentes financeiros de aplicarem recursos na atividade, tendo em conta o que dispõe o art. 21, da Lei nº 4.829/65.[30]

O fato de o crédito rural contar com o privilégio de ser sustentado por recursos *compulsoriamente* aplicados pelos agentes financeiros aponta para a importância da atividade por ele assistido que, neste caso, em tese, poderá sempre contar com uma disponibilidade de recursos oferecidos pelos integrantes do Sistema Nacional de Crédito Rural.

Se o crédito rural tem tais peculiaridades e outras mais, posto sob disciplina especial que lhe dá distinção em relação a todos os outros empréstimos e financiamentos praticados pelos agentes financeiros, tem razões mais que suficientes para ser tratado de modo muito próprio, exatamente por se prestar a fomentar uma atividade que traz consigo relevante interesse social.

O financiamento rural se divide classicamente em crédito de custeio, de investimento e de comercialização, cumprindo cada um o objetivo estabelecido nas Leis nºs 4.829/65 e 8.171/91.

Ainda de se observar que os créditos de custeio e de investimento se subdividem em agrícola e pecuário.

O Estado, portanto, tem na agricultura uma riqueza que deve não só ser preservada, mas também incrementada, de modo que o povo brasileiro e a República Federativa do Brasil sejam acalentados pela expectativa de dias melhores.

Assim, estudar política agrícola, seus instrumentos e sua execução requer agora uma ida aos preceitos constitucionais, pois é na Constituição Federal que se deve buscar primariamente a orientação para formulação do melhor entendimento.

Com efeito, um país que deseja influenciar deve ter capacidade para tanto e o Brasil, em termos de produção de alimentos, não tem como ser negado, foi dotado de um poder extraordinário para ter voz mais que respeitada no cenário internacional.

---

30 Art. 21. As instituições de crédito e entidades referidas no art. 7º desta Lei manterão aplicada em operações típicas de crédito rural, contratadas diretamente com produtores ou suas cooperativas, percentagem, a ser fixada pelo Conselho Monetário Nacional, dos recursos com que operarem.

O IMPOSTO SOBRE A PROPRIEDADE TERRITORIAL RURAL - ITR

Marcelo Campos

SUMÁRIO: 1. Introdução. **2.** Do contexto histórico. **3.** Dos princípios constitucionais. **4.** Da função social do imposto – a extrafiscalidade. Conclusão. Bibliografia.

1. INTRODUÇÃO

Como parte de obra coletiva em homenagem ao brilhante advogado Dr. Octávio Junqueira Mello Alvarenga expoente do Direito Agrário e eterno Presidente da Sociedade Nacional de Agricultura (SNA), o presente trabalho visa delinear os contornos do Imposto sobe a Propriedade Territorial Rural – ITR, trazendo à luz algumas questões pertinentes a aplicação da norma de incidência do tributo.

2. DO CONTEXTO HISTÓRICO

A grande maioria dos autores aclara que o Imposto Territorial Rural traz suas raízes em Roma, durante o período republicano. O tributo era cobrado daqueles que cultivavam a terra de regiões conquistadas.

Silvio Meira[1] é quem melhor explica o imposto romano. Segundo ele, o imposto não era uniforme em toda a história do povo romano e nem sempre sofreu a mesma incidência. As regiões provinciais sofriam pesada tributação enquanto glebas peninsulares não sofriam qualquer tributação. Ou seja, desde sempre se levou em consideração a localização da província, natureza das terras e a produção; entretanto, diferentemente do imposto brasileiro, era sempre proporcional e nunca progressivo.

No Brasil, a ideia da criação do Imposto Territorial Rural é antiga. Alguns autores ressaltam que, desde 1808, tem-se pretendido criar o imposto territorial no Brasil.

1 MEIRA, Silvio. *Direito Tributário Romano*. São Paulo: Revista dos Tribunais, 1978, p. 16

Em 1843 novamente intentou-se instituir o imposto, tendo sido frustrada a tentativa após a rejeição de 1850. Somente no Parlamento, o imposto fora suscitado em 1849, 1867, 1874 e 1879, onde o tema fora tratado em relatórios e estudos oficiais, sem, contudo, que sua criação tivesse sido efetivada.

Entretanto, somente com a República, através da Constituição de 1891, em seu artigo 9º foi, pela primeira vez, aberta a possibilidade efetiva de exigência de referido imposto:

> "Art 9º – É da competência exclusiva dos Estados decretar impostos:
> 2º) sobre Imóveis rurais e urbanos;"

Após o dispositivo constitucional permissivo, os estados de Minas Gerais, São Paulo e Rio de Janeiro foram os pioneiros na instituição do tributo, seguidos dos demais estados.

O Imposto, em Minas Gerais, foi criado pela Lei 271 de 1º de setembro de 1899, no Rio de Janeiro pela Lei 507 de 14 de dezembro de 1901; no Rio Grande do Sul pela Lei 42 de 25 de dezembro de 1902 e São Paulo criou o seu em 1905.[2]

Com foco na propriedade e não na produção rural, temos um acréscimo do imposto territorial rural em 1927.[3]

Nas Constituições de 1934 a 1946, a competência constitucional do Imposto permaneceu inalterada. Entretanto, a Emenda Constitucional 5º de 21 de novembro de 1961, que alterou a Constituição de 1946, transferiu a competência para criar o imposto para os Municípios.

Em 09 de novembro de 1964, a Emenda Constitucional 10 alterou o art. 15 da Constituição então vigente, atribuindo a competência de instituição para a União e direcionou o produto de arrecadação para os Municípios, o que, em última análise, resulta no entendimento de que referida tributação é, na verdade, instrumento de reforma agrária. Tanto a Constituição de 1967, quanto a de 1988 mantiveram a exação, determinando, esta última, que aos Municípios caberiam cinquenta por cento do produto da arrecadação do imposto da União sobre a propriedade territorial rural, relativamente aos imóveis neles situados, ou, cem por cento, na hipótese de exercerem a respectiva

---

2 "Em 1905, como continuasse o total de impostos arrecadados a não corresponder às necessidades das despesas, foram creados mais os seguintes impostos: o imposto territorial que incide sobre os terrenos rurais e que é exigido do proprietário e do adquirente, possuidor ou ocupante a qualquer título;..." Paul Hugon, O Imposto Teoria Moderna e Principais Sistemas, Coleção Científica da Universidade de São Paulo, Editora Renascença, São Paulo, 1945, p. 232

3 "O imposto territorial sofreu também um aumento, representado por uma nova denominação: imposto sobre terrenos marginais às estradas de rodagem, em 1927." Paul Hugon, Op. cit., p. 233

fiscalização e arrecadação nos termos da lei, sem qualquer forma de redução ou renúncia fiscal.[4]

Ademais, com o advento da Constituição Federal de 1988, o ITR passou a ser utilizado como instrumento de política pública, na medida em que passou a ser muito maior para propriedades não-produtivas[5]. De forma indireta, o resultado foi fomentar a diminuição dos latifúndios improdutivos, contribuindo diretamente para o desenvolvimento acelerado do agronegócio no País.

3. DOS PRINCÍPIOS CONSTITUCIONAIS

Dentre os princípios que regem o Sistema Tributário e, consequentemente, submetem o ITR, temos que o princípio da legalidade é corolário de todo o Estado de Direito, tendo sido consagrado pela Carta Magna, no título de direitos e garantias fundamentais, em seu artigo 5º, II.

Neste sentido, tanto a liberdade quanto a propriedade dos cidadãos, somente poderão sofrer restrição por expressa determinação legal. Neste contexto, a tributação entra como forma coativa de transferência do patrimônio particular, atingindo diretamente a liberdade negocial dos contribuintes e, nesse contexto, a própria Constituição determinou a vedação expressa da exigência dos tributos, bem como a sua majoração, sem lei que o estabeleça.

De se observar que o ITR, em sendo um imposto que incide diretamente sobre a propriedade, com maior razão, é também direcionado pelos princípios constitucionais que delimitam o exercício da competência tributária, despertando especial atenção a expressa compleição do direito de propriedade ao Princípio da Proporcionalidade quando da observação, imposição expressa do Texto Constitucional, da função social da propriedade.

Quanto ao Princípio da Capacidade Contributiva, não é este o critério exclusivo a reger a Progressividade do ITR. Dentro de sua natureza extra fiscal, como veremos a seguir, outros valores passam a fixar o gradiente de alíquotas que ao menos, quer nos parecer, garantem uma igualdade material, com a identidade de tributação entre proprietários rurais de terras que apresentem identidade de extensão, grau de utilização e eficiência de exploração da terra.

Assim, em relação ao princípio da isonomia, na medida em que exerce o ITR, com expresso respaldo constitucional, uma função de instrumento de redução de desigualdades sociais, fomentando a mitigação de disparidades econômicas e social, não se apresenta para aferição a existência de igualdade eminentemente formal.

4 Art. 158, II, c/c ART. 153, § 4º, III, da CF/88, com a redação da EC 42/03.

5 Art. 186 da CF/88.

Ressalte-se que a esta ideia impõem-se uma visão moderna da qual não se pode excluir o reconhecimento da evolução na forma que hoje se procede a exploração da terra pelo agronegócio. Difere, portanto do enfoque binário que em passado relativamente recente prevalecia opondo Coronéis e Sem Terra.

4. DA FUNÇÃO SOCIAL DO IMPOSTO - A EXTRAFISCALIDADE

No contexto em que se insere o ITR, e em decorrência dos entendimentos acima exarados, tal imposto já possuiria, em suas raízes, a natureza social, ressaltando nessa característica uma função extra fiscal.

No entanto, a extrafiscalidade do ITR resta consignada na própria delimitação da competência trazida pelo art. 153 da C. F.[6] ao fixar como pressuposto de validade da norma de incidência, tanto a progressão de alíquotas tendo por critério a produção das propriedades como a imunidade de pequenas glebas rurais exploradas por proprietários de um único imóvel.

A extrafiscalidade, nas palavras de Walter Barbosa Corrêa, "deve ser definida como o fenômeno manifestado em algumas leis relativas à entrada derivada, que lhes confere características de consciente estímulo ao comportamento das pessoas e de não ter por fundamento precípuo apenas arrecadar recursos pecuniários para o ente público". E conclui: "quanto à manifestação do fenômeno, em explícita e implícita. A extrafiscalidade explícita abrange os casos de imunidade, isenção e redução implícita, os tributos e empréstimos compulsórios. Quanto à intensidade do fenômeno, a extrafiscalidade se classifica: a) quanto à extrafiscalidade explícita, em total e parcial; b) quanto à extrafiscalidade implícita, em preponderante média e não preponderante."[7]

A extrafiscalidade, neste contexto, traz em si relevante característica regulatória de mercado, interferindo diretamente na economia e sociedade,

---

6 Art. 153. Compete à União instituir impostos sobre:
VI – propriedade territorial rural;
§ 4º O imposto previsto no inciso VI do caput: (Redação dada pela Emenda Constitucional nº 42, de 19.12.2003)
I – será progressivo e terá suas alíquotas fixadas de forma a desestimular a manutenção de propriedades improdutivas; (Incluído pela Emenda Constitucional nº 42, de 19.12.2003)
II – não incidirá sobre pequenas glebas rurais, definidas em lei, quando as explore o proprietário que não possua outro imóvel; (Incluído pela Emenda Constitucional nº 42, de 19.12.2003)
III – será fiscalizado e cobrado pelos Municípios que assim optarem, na forma da lei, desde que não implique redução do imposto ou qualquer outra forma de renúncia fiscal. (Incluído pela Emenda Constitucional nº 42, de 19.12.2003) (Regulamento)

7 CORRÊA, Walter Barbosa. *Contribuição ao estudo da extrafiscalidade.* São Paulo, Ed. [s.n] 1964 pp. 77-78

incentivando ou desestimulando específicas áreas, pois, expande, concentra, coibi e distribui e, portanto, não tem por fim de mera obtenção de receita, como na grande maioria dos tributos.

Desta forma, além da função arrecadatória, inerente a qualquer tributo, este tem a função de instrumento de intervenção do Estado e, por isso, além de fiscal, o tributo possui função extra fiscal.

Nesse viés, inescondível a vocação do ITR como instrumento voltado à função social redutor de desigualdades e fomentador do desenvolvimento econômico da propriedade com responsabilidade ambiental.

Não se trata de mitigação do Direito de Propriedade, garantia constitucional presente de forma intacta no Texto Constitucional vigente, mas do reconhecimento de que as características do Direito de Propriedade só se verificam em um contexto social.[8]

Para Baleeiro, "um tributo tanto pode ser utilizado com o fito exclusivo de coletar dinheiro para o Tesouro Nacional, quanto para regularizar certas atividades sociais ou possibilitar a intervenção do Estado na vida dos cidadãos. No primeiro caso, sua finalidade é exclusivamente *fiscal*, embora possa suscitar efeitos econômicos inevitáveis na sociedade. No segundo caso, a finalidade assume aspecto *extra fiscal*, regulatório ou de "poder de polícia" do Estado. "[9]

---

8 Sobre a função social e direito de propriedade, precisas as palavras do Ministro Celso de Mello Relator na Ação Direta de Inconstitucionalidade nº 2.213/DF:
"O direito de propriedade não se reveste de caráter absoluto, eis que , sobre ele, pesa grave hipoteca social, a significar que, descumprida a função social que lhe é inerente (CF, art. 5º, XXIII), legitimar-se-á a intervenção estatal na esfera dominial privada, observador, contudo, para efeito, os limites, as formas e os procedimentos fixados na própria Constituição da República. – O acesso à terra, a solução de conflitos sociais, o aproveitamento racional e adequado do imóvel rural, a utilização apropriada dos recursos naturais disponíveis e a preservação do meio ambiente constituem elementos de realização da função social da propriedade. A desapropriação, neste contexto – enquanto sanção constitucional imponível ao descumprimento da função social da propriedade – reflete importante instrumento destinado a dar consequência aos compromissos assumidos pelo Estado na ordem econômica e social. – Incumbe, ao proprietário da terra, o dever jurídico-social de cultivá-la e de explorá-la adequadamente, sob pena de incidir nas disposições constitucionais e legais que sancionam os senhores de imóveis ociosos, não cultivados, não cultivados e/ou improdutivos, pois só se tem atendida a função que condiciona o exercício do direito de propriedade, quando o titular do domínio cumprir a obrigação (1) de favorecer o bem-estar do que a terra labutam; (2) de manter níveis satisfatórios de propriedade; (3) de assegurar a conservação dos recursos naturais; e (4) de observar as disposições legais que regulam as justas relações de trabalho entre que possuem o domínio e aqueles que cultivam a propriedade".

9 BALEEIRO, Aliomar. *Cinco aulas de finanças e política fiscal.* 2ª ed. São Paulo: José Bushatsky, 1975, p. 31.

Nesta senda exegética, o Imposto sobre a Propriedade Territorial Rural se insere como poderoso e eficaz instrumento de reforma da estrutura social relativa à propriedade rural, no entanto sua extrafiscalidade extrapola esses mesmos limites, na medida em que o artigo 186 da Carta de 88[10] agrega a função social da propriedade rural aspectos relativos a promoção e incentivo a utilização racional dos recursos naturais e a preservação do meio ambiente.

Assim, sobre ressaltar o caráter extra fiscal do tributo, impõem a este feições nitidamente sócio-ambientais.[11]

DO CONCEITO DO IMPOSTO

Em linhas gerais, o Imposto sobre a Propriedade Territorial Rural é um tributo de incidência específica sobre propriedade de bem imóvel, quando localizado em zona rural.

Para que se possa identificar a hipótese de incidência, o Código Tributário Nacional trouxe em seu texto, os requisitos para que se considere uma zona urbana:

> Art. 32. O imposto, de competência dos Municípios, sobre a propriedade predial e territorial urbana tem como fato gerador a propriedade, o domínio útil ou a posse de bem imóvel por natureza ou por acessão física, como definido na lei civil, localizado na zona urbana do Município.
>
> § 1º Para os efeitos deste imposto, entende-se como zona urbana a definida em lei municipal; observado o requisito mínimo da existência de melhoramentos indicados em pelo menos 2 (dois) dos incisos seguintes, construídos ou mantidos pelo Poder Público:
>
> I – meio-fio ou calçamento, com canalização de águas pluviais;
>
> II – abastecimento de água;
>
> III – sistema de esgotos sanitários;
>
> IV – rede de iluminação pública, com ou sem posteamento para distribuição domiciliar;
>
> V – escola primária ou posto de saúde a uma distância máxima de 3 (três) quilômetros do imóvel considerado.
>
> § 2º A lei municipal pode considerar urbanas as áreas urbanizáveis, ou de expansão urbana, constantes de loteamentos aprovados pelos órgãos competentes,

---

10 Art. 186. A função social é cumprida quando a propriedade rural atende, simultaneamente, segundo critérios e graus de exigência estabelecidos em lei, aos seguintes requisitos:
I – aproveitamento racional e adequado;
II – utilização adequada dos recursos naturais disponíveis e preservação do meio ambiente;
III – observância das disposições que regulam as relações de trabalho;
IV – exploração que favoreça o bem-estar dos proprietários e dos trabalhadores.

11 da Silveira, Rodrigo Maitto, As Isenções Aplicáveis ao Imposto Sobre o Propriedade Territorial Rural – ITR in Borges, Eduardo de Carvalho (coordenador) Tributação no Agronegócio, Quartier Latin, São Paulo, 2005.

> destinados à habitação, à indústria ou ao comércio, mesmo que localizados fora das zonas definidas nos termos do parágrafo anterior.

Pela leitura do artigo supracitado, identificamos a hipótese em que um imóvel será considerado *inserido* em zona urbana por força de lei municipal.

Cumpre observar que, antes mesmo que a norma veiculada pelo artigo 32 do CTN entrasse em vigor, conferindo essa liberdade aos Municípios, no que concerne a identificação de áreas rurais e urbanas, o art. 15 do DL 57 de 18 de Novembro de 1966 limitou a aplicação do referido dispositivo nos seguintes termos:

> Art 15. O disposto no art. 32 da Lei nº 5.172, de 25 de outubro de 1966, não abrange o imóvel de que, comprovadamente, seja utilizado em exploração extrativa vegetal, agrícola, pecuária ou agro-industrial, incidindo assim, sôbre o mesmo, o ITR e demais tributos com o mesmo cobrados.

Entretanto, para delimitar o alcance da incidência do ITR, é imprescindível que se diferencie zona rural de zona urbana e imóvel rural de imóvel urbano.

Para Cleber Giardino são três os critérios úteis à diferenciação de zonas urbanas e rurais. O primeiro deles é em função da definição jurídica, consubstanciando-se no poder que o Município tem para definir a zona urbana. O segundo, leva em conta a natureza sociológica, no qual a zona será definida de acordo com o fato de ser ou não adjacente ao núcleo do Município e o último considera a destinação do bem.

Outrora, a Lei nº 5.868 de 12 de dezembro de 1972 estabeleceu em seu artigo 6º, que "considera-se imóvel rural aquele que se destinar à exploração agrícola, pecuária, extrativa vegetal ou agroindustrial e que, *independentemente de sua localização*, tiver área superior a 1 (um) hectare" fixando critérios para classificação de imóvel como rural ou como urbano. Em apreciação em recurso (RE 93.850-8/MG), a Corte Suprema disse que a criação deste critério, para fins fiscais, era princípio geral de direito tributário, devendo, portanto, ser objeto de lei complementar. Como referida legislação não tinha esta natureza, não poderia legislar sobre o assunto. Por esta razão, a definição de imóvel rural ou urbano, continua sendo a definição trazida pelo Código Tributário Nacional com a complementação do artigo 15 do DL 57/66

Cabe destaque uma decisão relativamente recente do Superior Tribunal de Justiça, na qual houve o entendimento que a tributação do ITR deve seguir o critério da atividade exercida no imóvel, independente da localização do mesmo, fixando nos seguintes termos:

> TRIBUTÁRIO – IPTU – ITR – FATO GERADOR – IMÓVEL SITUADO NA ZONA URBANA – LOCALIZAÇÃO – DESTINAÇÃO – CTN, ART. 32 – DECRETO-LEI Nº 57/66 – VIGÊNCIA – 1. Ao ser promulgado, o Código

Tributário Nacional valeu-se do critério topográfico para delimitar o fato gerador do Imposto sobre a Propriedade Predial e Territorial Urbana (IPTU) e o Imposto sobre a Propriedade Territorial Rural (ITR): se o imóvel estivesse situado na zona urbana, incidiria o IPTU; se na zona rural, incidiria o ITR. 2. Antes mesmo da entrada em vigor do CTN, o Decreto-lei nº 57/66 alterou esse critério, estabelecendo estarem sujeitos à incidência do ITR os imóveis situados na zona rural quando utilizados em exploração vegetal, agrícola, pecuária ou agroindustrial. 3. A jurisprudência reconheceu validade ao DL nº 57/66, o qual, assim como o CTN, passou a ter o status de lei complementar em face da superveniente Constituição de 1967. Assim, o critério topográfico previsto no art. 32 do CTN deve ser analisado em face do comando do art. 15 do DL nº 57/66, de modo que não incide o IPTU quando o imóvel situado na zona urbana receber quaisquer das destinações previstas nesse diploma legal. 4. Recurso especial provido. (STJ – REsp 492.869/PR – 1ª T. – Rel. Min. Teori Albino Zavascki – DJU 07.03.2005 – p. 141)

Parece-nos assim que, conforme fixado no art. 15 do Decreto-Lei 57/66, norma reconhecidamente em vigor, a tributação do ITR deverá levar em conta a real constatação fática da atividade rural, diga-se "exploração extrativa vegetal, agrícola, pecuária ou agro-industrial". Esse entendimento modifica de certo modo o critério de fiscalização das situações dos imóveis rurais, desmistificando o aspecto territorial como parâmetro absoluto para a incidência do ITR.

Realizadas as ressalvas já demonstradas, em linhas gerais, o conceito de referido tributo poderia ser como aquele incidente sobre a propriedade, domínio útil ou posse, a qualquer título, de imóvel rural, conforme definição da legislação civil e localizado em zona rural do Município.

DA NORMA DE INCIDÊNCIA DO IMPOSTO TERRITORIAL RURAL

No âmbito Constitucional, a competência exclusiva da União é delineada pelo artigo 153, VI.[12] No que concerne à lei complementar, trazemos o Código Tributário Nacional, que fora recepcionado como lei complementar e delimita o imposto em seu artigo 29[13] e seguintes, e art. 15 do DL 57/66. Ainda no âmbito infraconstitucional, a lei 9.393, de 19 de dezembro de 1996[14] veio regular a matéria.

12 Art. 153. Compete à União instituir impostos sobre:
(...)
VI – propriedade territorial rural;

13 Art. 29. O imposto, de competência da União, sobre a propriedade territorial rural tem como fato gerador a propriedade, o domicílio útil ou a posse de imóvel por natureza, como definido na lei civil, localização fora da zona urbana do Município.

14 Art. 1º O Imposto sobre a Propriedade Territorial Rural – ITR, de apuração anual, tem como fato gerador a propriedade, o domínio útil ou a posse de imóvel por natureza,

DOS ASPECTOS DA HIPÓTESE DE INCIDÊNCIA OBRIGAÇÃO TRIBUTÁRIA

É cediço que a estrutura da norma tributária é idêntica às demais normas jurídicas, na medida em que a hipótese de incidência abstrata[15] é a descrição hipotética do fato que, uma vez ocorrido, gera o nascimento da obrigação tributária.

DA MATERIALIDADE

Por meio do aspecto material da hipótese de incidência que se distinguem as espécies tributárias, ou seja, é através da análise do núcleo que se encontram os critérios para a classificação dos tributos.

O Código Tributário Nacional procura delinear em seu corpo a materialidade do imposto:

> "Art. 29. O imposto, de competência da União, sobre a propriedade territorial rural tem como fato gerador a propriedade, o domicílio útil ou a posse de imóvel por natureza, como definido na lei civil, localização fora da zona urbana do Município."

As definições trazidas no corpo do texto direcionam a interpretação a institutos jurídicos de direito privado. Neste contexto, AIRES FERNANDINO BARRETO os definiu das seguintes formas:[16]

> No que concerne à propriedade: "o vocábulo propriedade em sentido jurídico, é significativo de poderes inerentes ao domínio. Assim o conceito de propriedade só pode ser extraído em razão dos direitos ou poderes que a integram, isto é, os emergentes das faculdades do uso, gozo, disposições das coisas, até os confins fixados para a coexistência do direito de propriedade dos demais indivíduos e das limitações de lei"

---

localizado fora da zona urbana do município, em 1° de janeiro de cada ano.

§ 1° O ITR incide inclusive sobre o imóvel declarado de interesse social para fins de reforma agrária, enquanto não transferida a propriedade, exceto se houver imissão prévia na posse.

§ 2° Para os efeitos desta Lei, considera-se imóvel rural a área contínua, formada de uma ou mais parcelas de terras, localizada na zona rural do município.

§ 3° O imóvel que pertencer a mais de um município deverá ser enquadrado no município onde fique a sede do imóvel e, se esta não existir, será enquadrado no município onde se localize a maior parte do imóvel.

---

15 Expressão utilizado por Geraldo Ataliba

16 BARRETO, Aires Fernandino. *Comentários ao Código Tributário Nacional.* São Paulo: José Bushatsky, 1976. 4v. pp. 5-6.

Entretanto, "o domínio útil quando o proprietário, despojando-se dos poderes de uso, gozo e disposição da coisa, outorga-os a outrem (enfiteuta) reservando-se, tão-só, o domínio direto ou eminente, por força do que, passa a denominar-se senhorio direto. Mesmo sem ser proprietário, o titular do domínio útil exerce o mais completo direito sobre o imóvel, qual seja, o decorrente de pagamento da pensão anual e do laudêmio.

Por fim, a posse "examinada per si, reflete o exercício de poderes inerentes à propriedade. Encerra, pois, o fato econômico de relevância jurídica, no caso, contido na hipótese de incidência do tributo em exame. Enfeixando o poder se manifesta quando alguém age como se fora titular do domínio, a posse abriga – notadamente quanto ao uso do gozo – direitos nos quais se faz presente o substrato econômico tributável. Exemplo característico dá-se com o usufruto, em que não se cogita de alcançar o nu-proprietário, em que pese o poder de disposição, porque a substância econômica do fato jurígeno não lhe foi trespassada, continuando em poder do usufrutuário."

O conceito de imóvel para o direito tributário, nas estritas limitações impostas pelo Código Tributário Nacional,[17] se dá pela definição em matéria civil, *in verbis:*

> Art. 79. São bens imóveis o solo e tudo quanto se lhe incorporar natural ou artificialmente.
> Art. 80. Consideram-se imóveis para os efeitos legais:
> I – os direitos reais sobre imóveis e as ações que os asseguram;
> II – o direito à sucessão aberta.
> Art. 81. Não perdem o caráter de imóveis:
> I – as edificações que, separadas do solo, mas conservando a sua unidade, forem removidas para outro local;
> II – os materiais provisoriamente separados de um prédio, para nele se reempregarem.

DA SUJEIÇÃO ATIVA

Com relação aos sujeitos da obrigação tributária, a sujeição ativa se dá pela União, nos estritos termos do art. 153, VI da Constituição Federal.[18] O fato de parte da receita proveniente da arrecadação do tributo ser destinada

---

17 Art. 110. A lei tributária não pode alterar a definição, o conteúdo e o alcance de institutos, conceitos e formas de direito privado, utilizados, expressa ou implicitamente, pela Constituição Federal, pelas Constituições dos Estados, ou pelas Leis Orgânicas do Distrito Federal ou dos Municípios, para definir ou limitar competências tributárias.

18 Art. 153. Compete à União instituir impostos sobre:
VI – propriedade territorial rural;

aos Municípios,[19] nada interfere na sujeição ativa, pois à União, é conferida a competência de instituir, legislando sobre o assunto.

Dando base ao alegado, RUY BARBOSA NOGUEIRA,[20] asseverou:

> Esclarece mesmo o CTN no parágrafo único do artigo 6º que os tributos cuja receita seja distribuída, o todo (como é o caso do imposto territorial rural) ou em parte (caso das demais participações) a outras pessoas jurídicas de direito público, pertencem à competência legislativa a quem tenham sido atribuídos.

E conclui:

> "Portanto, embora beneficiários de participação, não podem estes substituir a tributante, para criar ou regular respectiva tributação".

Conclui-se, portanto, que a matéria de competência é constitucional e estrita, não se comunica nem pode ser suprida por entidade diversa. Veja-se que o CTN declara que "o não-exercício da competência tributária não defere a pessoa jurídica de direito público diversa daquela que a Constituição a tenha atribuído" (art. 8º do CTN).

Ainda, no que concerne à sujeição ativa, os artigos 21, inciso III e 24§ 1º da Constituição Federal de 1967, pela redação dada pela Emenda Constitucional n. 01 de 1969, determinavam a competência da União para a instituição do Imposto, direcionando aos Municípios o produto de arrecadação, sobre os imóveis situados em seu território.

O INCRA, que era o órgão responsável pelo lançamento e arrecadação do ITR, consubstanciado no artigo 4º do Decreto-lei 57/66,[21] e artigo 85, §3º[22] do Código Tributário Nacional, retinha 20% para custeio de respectivo serviço.

Em apreciação pelo Supremo Tribunal Federal,[23] decidiu-se pela inconstitucionalidade de referido artigo, conforme se verifica na ementa abaixo:

---

19 Art. 158. Pertencem aos Municípios:
II – cinquenta por cento do produto da arrecadação do imposto da União sobre a propriedade territorial rural, relativamente aos imóveis neles situados, cabendo a totalidade na hipótese da opção a que se refere o art. 153, § 4º, III;

20 NOGUEIRA, Ruy Barbosa. *Curso de Direito Tributário.* 4ª ed. são Paulo: Saraiva, 1976, p. 112.

21 Art 4º Do produto do ITR e seus acrescidos, cabe ao Instituto Brasileiro de Reforma Agrária (IBRA) a parcela de 20% (vinte por cento) para custeio do respectivo serviço de lançamento e arrecadação. (Suspensa a execução pela RSF nº 337, de 1983)

22 § 3º A lei poderá dispor que uma parcela, não superior a 20% (vinte por cento), do imposto de que trata o inciso I seja destinada ao custeio do respectivo serviço de lançamento e arrecadação.

23 RE 97316 / MG – MINAS GERAIS – RECURSO EXTRAORDINÁRIO Relator(a): Min. MOREIRA ALVES – Julgamento: 01/12/1982

> **"Ementa:** IMPOSTO SOBRE PROPRIEDADE TERRITORIAL RURAL. PARCELA, EM FAVOR DA UNIÃO FEDERAL, DESTINADA AO CUSTEIO DO RESPECTIVO SERVIÇO DE LANCAMENTO E ARRECADAÇÃO DESSE TRIBUTO. 1. PELO MENOS A PARTIR DA EMENDA CONSTITUCIONAL N. 18, DE 1965, E INEQUIVOCO QUE A UNIÃO FEDERAL NÃO PODE ARROGAR-SE COMPETÊNCIA PARA ESTABELECER QUALQUER QUOTA DE RETENÇÃO DO IMPOSTO SOBRE PROPRIEDADE TERRITORIAL RURAL DESTINADA AO CUSTEIO DO SERVIÇO DE LANCAMENTO E ARRECADAÇÃO DESSE TRIBUTO. 2. RECURSO EXTRAORDINÁRIO CONHECIDO E PROVIDO, DECLARANDO-SE A INCONSTITUCIONALIDADE DO ARTIGO 4. DO DECRETO-LEI 57, DE 18 DE NOVEMBRO DE 1966, E DO PARAGRAFO 3. DO ARTIGO 85 DO C. T. N."

Em termos de política fiscal, diversos os fatores que levaram a imposição de repensar a forma como o ITR vinha sendo administrado. A necessidade de manutenção de um controle territorial por parte da União, a pressão do posicionamento jurisprudencial acima somado aos altos custos de fiscalização de um imposto que além de não estar restrito aos grandes Centros Urbanos adotou critérios detalhados para que se pudesse atender desenho legal do lançamento[24] por parte do sujeito ativo, exigiria muito mais do que de fato se exigiu até então levando a se estabelecer, em sede constitucional, uma parceria facultativa entre União e Municípios, positivada pela Emenda Constitucional nº 42, de 19 de Dezembro de 2003, quando estabeleceu que "*O imposto previsto no inciso VI do caput: III – será fiscalizado e cobrado pelos Municípios que assim optarem, na forma da lei, desde que não implique redução do imposto ou qualquer outra forma de renúncia fiscal*"[25]

Posteriormente a Lei nº 11.250, de 27 de dezembro de 2005, por seu artigo 1º estabelece que a União, por intermédio da Secretaria da Receita Federal, para fins do disposto no inciso III do § 4 do art. 153 da Constituição Federal, poderá celebrar convênios com o Distrito Federal e os Municípios que assim optarem, visando a delegar as atribuições de fiscalização, inclusive a de lançamento dos créditos tributários, e de cobrança do Imposto sobre a Propriedade Territorial Rural, de que trata o inciso VI do art. 153 da Constituição Federal, sem prejuízo da competência supletiva da Secretaria da Receita Federal.

24 Art. 142. Compete privativamente à autoridade administrativa constituir o crédito tributário pelo lançamento, assim entendido o procedimento administrativo tendente a verificar a ocorrência do fato gerador da obrigação correspondente, determinar a matéria tributável, calcular o montante do tributo devido, identificar o sujeito passivo e, sendo caso, propor a aplicação da penalidade cabível.

25 Art. 153, § 4º. da CF/88.

Seguindo a linha de comando traçada, passou a Receita Federal a administrar esses convênios através de um Comitê Gestor o CGITR instituído pelo Decreto nº 6.433, de 15 de abril de 2008 (ultima redação dada pelo Decreto nº 6.770, de 10 de fevereiro de 2009).

Ressalte-se que o ente tributante apto a criar a norma de incidência do ITR continua sendo o Federal, sendo que a competência para fiscalização hoje é dividida com vários municípios optantes, e a maior eficiência alcançada pela participação dos Municípios no processo tem resultado em aumento da arrecadação.

DA SUJEIÇÃO PASSIVA

O sujeito passivo do ITR é a pessoa natural ou jurídica obrigada ao seu cumprimento, sendo definida pela legislação como "o proprietário do imóvel, o titular de seu domínio útil, ou o seu possuidor a qualquer título (art. 31 do CTN)."

Analisando referido artigo, alerta Hugo de Brito Machado[26] "Não nos parece que o artigo 31 do CTN assegure opções ao legislador ordinário na escolha do contribuinte. Se está fracionada a propriedade, nos dois domínios, contribuinte será o titular do domínio útil. Finalmente, se a posse pertence a quem não tem nenhum dos dois domínios, contribuinte será o posseiro. É que havendo fracionamento da propriedade, desaparece a figura do proprietário, que só existe efetivamente quando todos os direitos de propriedade encontram na mão um só titular."

Esse entendimento encontra fundamento na própria legislação, na medida em que coloca lado a lado, diferentes detentores de direito, todos como contribuintes da exação.

DO ASPECTO QUANTITATIVO DA HIPÓTESE DE INCIDÊNCIA DO ITR

Quanto à base de calculo do imposto,[27] verificamos que é o valor fundiário, assim entendido como o valor da terra nua.[28] Valor este que é declarado

26 MACHADO, Hugo de Brito. *Curso de direito tributário.* 2ª ed. Rio de Janeiro: Forense, 1981. pp. 179-180.

27 Como esclarece Aires Barreto, tido por Geraldo Ataliba como quem melhor tratou do tema, em seu ensaio *Base de Cálculo, Alíquota e princípios constitucionais*. "Se a base de cálculo tem por função, entre outras, permitir a quantificação da obrigação tributária, se é ela designada e aceita como sendo o elemento de quantificação financeira do tributo, é só e exclusivamente através do valor que se pode chegar ao montante de dinheiro a ser entregue ao Estado. São Paulo: Revista dos Tribunais. 1987, p. 49

28 Reiteradas vezes me questiono, respaldado nas lições de Aires Barreto, se efetivamente existe liberdade ao legislador na fixação da base de cálculo que guarde coerência

pelo proprietário e terá plena validade quando não impugnado pela repartição fiscal.[29]

Fixada esta base em termos gerais, oportuno reiterar uma sensação de se incorrer reiteradamente sobre o mesmo erro. Esta é mesmo a sensação que me acomete sempre que trato da base de cálculo dos impostos incidentes sobre a propriedade. Sinto, também em mesma intensidade, que a repetição deste erro por tantos e tantos anos acabou por sedimentar o erro como acerto.

É comum em Direito Tributário esquecermos o componente Direito atendo-nos única e exclusivamente ao Tributário. Quero crer ter sido esta motivação que permitiu o deslocamento da base de cálculo dos impostos sobre a propriedade para o valor das mesmas. Assim é com o IPTU, o ITR e o IPVA, exemplificativamente.

Reiteradas vezes me questiono, respaldado nas lições de Aires Barreto, se efetivamente existe liberdade ao legislador na fixação da base de cálculo que guarde coerência com a materialidade fixada constitucionalmente, ou, mais precisamente, se o valor da propriedade não apresenta coerência com materialidade própria dos impostos incidentes sobre a transferência da propriedade, não refletindo custos pertinentes a manutenção da propriedade.

Dois são os alicerces que me parecem sustentar plenamente esse ponto de vista. Um, com suporte Constitucional, é o princípio da Capacidade Contributiva, cuja aplicabilidade aos impostos incidentes sobre a propriedade me parece inescondível; outro, também com respaldo Constitucional, resvala nos pontos que a Carta de 88 elegeu como critério identificador dos impostos, qual seja a base de cálculo e o fato gerador, assim entendido como o aspecto material da hipótese de incidência.

Evidente que, ao se fixar como base de cálculo do imposto de propriedade territorial rural nos moldes da legislação vigente, estaremos diante de, no mínimo, duas inconstitucionalidades: a primeira, pertinente à violação capacidade contributiva, uma vez ser notório que a capacidade contributiva manifestada por ocasião da aquisição de determinada propriedade não se repete anualmente. A segunda, em relação à própria outorga de competência, pois não me parece menos evidente restar extrapolado os limites de competência fixado pela CF/88 quando a norma de incidência adota, como base de cálculo, índice quantitativo econômico próprio da transferência da propriedade, em que se constitui o preço, fugindo assim da adoção dos custos

com a materialidade fixada constitucionalmente, ou, mais precisamente, se o valor da propriedade não apresenta coerência com materialidade própria dos impostos incidentes sobre a transferência da propriedade, não refletindo custos pertinentes a manutenção da propriedade.

29 CTN – Art. 30. A base do cálculo do imposto é o valor fundiário.

de manutenção próprios do exercício da propriedade, materialidade fixada constitucionalmente.

Fixada esta base em termos gerais, a legislação estabelece critérios para a determinação do valor do tributo, sendo que estes critérios podem ser fixados em Progressividade de incidência, assim entendido quando "o conjunto de informações analisadas e extraídas da ficha cadastral demonstra passividade do imóvel, o absenteísmo, o baixo rendimento econômico e a insuficiência social da exploração" e Regressividade da incidência "quando os referidos elementos indicarem o melhor uso no amplo sentido técnico, social e econômico que o proprietário dedica empreendimento na agricultura"[30]

Assim, para o cálculo do imposto, se faz necessário o conhecimento de alguns conceitos básicos, principalmente o módulo fiscal, a área aproveitável e a área inaproveitável. Nestes termos, o módulo fiscal é uma medida utilizada para definir o tamanho do imóvel e necessário para dar condições de sustento e progresso à família do contribuinte.

É através do conceito de módulo fiscal que se determina se uma propriedade é suscetível de pagamento do imposto ou não. O módulo fiscal é calculado para cada Município para a determinação de seu tamanho se considerado o tipo de exploração da terra, a renda que é obtida e as demais explorações existentes no Município.

Para que se obtenha o tamanho da terra em módulos fiscais, é preciso, em primeiro lugar, saber qual a área total da terra – medida em hectares-, subtraindo-se a área inaproveitável, que é calculada através da soma das áreas ocupadas por benfeitorias, terras imprestáveis para cultura, criações e explorações florestais e terras ocupadas por florestas que precisam ser conservadas do modo que estão.

De se ressaltar, quanto à exclusão da base de cálculo das chamadas áreas de preservação ambiental, pretenderam amesquinhar a referida exclusão através de atribuição de burocracia inviabilizadora.

No entanto, o STJ vem reiterando o seguinte posicionamento de forma pacífica: *A orientação das Turmas que integram a Primeira Seção desta Corte firmou-se no sentido de que "o Imposto Territorial Rural – ITR é tributo sujeito a lançamento por homologação que, nos termos da Lei 9.393/1996, permite da exclusão da sua base de cálculo a área de preservação permanente, sem necessidade de Ato Declaratório Ambiental do IBAMA" (REsp 665.123/PR, Segunda Turma, Rel. Min. Eliana Calmon, DJ de 5.2.2007). No mesmo sentido: REsp 812.104/AL, Rel. Min. Denise Arruda, Primeira Turma, DJ 10/12/2007; REsp 587.429/AL, Primeira Turma, Rel. Min. Luiz Fux, DJ*

30 CAMPOS, Dejalma de. *Imposto sobre a Propriedade Territorial Rural ITR,* São Paulo: Atlas, 1993, p. 45

de 2/8/2004. (REsp 1108019/SP, Rel. Ministro BENEDITO GONÇALVES, PRIMEIRA TURMA, julgado em 18/08/2009, DJe 02/09/2009)

Da obtenção do módulo fiscal, resultará a aplicação do gradiente de alíquotas, uma vez que o número de módulos fiscais é diretamente relacionado ao percentual da alíquota permitindo assim conferir eficácia dos nortes trazidos pela Carta Constitucional de 1988.

CONCLUSÃO

Evidencia-se através do estudo apresentado uma nítida evolução não somente na importância do Imposto Territorial Rural em face da política pública evidenciada pela priorização da propriedade rural e sua função social, mas também em relação à possibilidade de participação dos Municípios no produto arrecadado em decorrência de sua atuação na fiscalização, o que implica, certamente, aumento de eficiência arrecadatória.

Com efeito, de tímida fonte de receita para o Estado, com uma acanhada componente social, de difícil ou impossível fiscalização, é, hoje, um importante instrumento, cuja eficiência se deve, sem dúvida, à efetiva participação dos Municípios na fiscalização, conferindo e exigindo mobilidade ao campo em termos de produção de riquezas, com resultados perceptíveis por toda a sociedade.

A inviabilização econômica da manutenção da terra como mero investimento imobiliário, certamente, se soma como importante componente aos resultados positivos alcançados pelo setor agrário nos últimos anos.

BIBLIOGRAFIA

BALEEIRO, Aliomar. *Cinco aulas de finanças e política fiscal.* 2ª ed. São Paulo: José Bushatsky, 1975

BARRETO, Aires Fernandino. *Comentários ao Código Tributário Nacional.* São Paulo: José Bushatsky, 1976. 4v.

Base de Cálculo, Alíquota e princípios constitucionais São Paulo: Revista dos Tribunais. 1987

CAMPOS, Dejalma de. *Imposto sobre a Propriedade Territorial Rural ITR,* São Paulo: Atlas, 1993

CAMPOS, Marcelo. O Imposto Sobre a Propriedade Territorial Rural – ITR – na obra coletiva Tributos em Espécie Fundamentos e Elementos, Elsevier Editora Ltda. São Paulo, 2010

CORRÊA, Walter Barbosa. *Contribuição ao estudo da extrafiscalidade.* São Paulo, Ed. [s.n] 1964

FERRAZ JR, Tércio Sampaio, Teoria da Norma Jurídica, Rio de Janeiro, 1978

HUGON, Paul, O Imposto Teoria Moderna e Principais Sistemas, Coleção Científica da Universidade de São Paulo, Editora Renascença, São Paulo, 1945

MACHADO, Hugo de Brito. *Curso de direito tributário.* 2ª ed. Rio de Janeiro: Forense, 1981

MEIRA, Silvio. *Direito Tributário Romano.* São Paulo: Revista dos Tribunais, 1978, p. 16

NOGUEIRA, Ruy Barbosa. *Curso de Direito Tributário.* 4ª ed. são Paulo: Saraiva, 1976

SILVEIRA, Rodrigo Maitto da, As Isenções Aplicáveis ao Imposto Sobre o Propriedade Territorial Rural – ITR in Borges, Eduardo de Carvalho (coordenador) Tributação no Agronegócio, Quartier Latin, São Paulo, 2005.

DIREITO AGRÁRIO E DIREITO DO CONSUMIDOR: UM "DIÁLOGO" POSSÍVEL

Marcelo Junqueira Calixto

SUMÁRIO: 1. Introdução. **2.** O conceito de consumidor padrão e sua aplicação ao direito agrário. **3.** Os princípios contratuais do Código Civil de 2002 e sua repercussão no direito agrário. **4.** Os consumidores equiparados e sua incidência no direito agrário. **5.** Conclusão.

1. INTRODUÇÃO

Hoje é reconhecida a complexidade do ordenamento jurídico brasileiro, o qual passou a ter na Constituição da República o seu centro e diploma capaz de garantir a unidade do sistema. É esta Lei Fundamental que consagra, em seu artigo 5º, inciso XXXII, que o "Estado promoverá, na forma da lei, a defesa do consumidor". Atendendo ao ditame constitucional, o legislador ordinário elaborou a Lei nº 8.078/90, o Código de Defesa do Consumidor (CDC), o qual buscou dar o tratamento legal indispensável à relação jurídica estabelecida entre fornecedores e consumidores.

O presente artigo tem por objetivo refletir sobre a possível aplicação do CDC no Direito Agrário, isto é, busca esclarecer em que casos o produtor rural poderá assumir a posição jurídica de consumidor frente a um possível fornecedor.

2. O CONCEITO DE CONSUMIDOR PADRÃO E SUA APLICAÇÃO AO DIREITO AGRÁRIO

O conceito jurídico de consumidor é tema sujeito a permanente debate. Em verdade, esta parece ser uma característica inafastável deste ramo do direito, uma vez que intimamente ligado à circulação de produtos e à prestação de serviços, as quais podem assumir diversas formas jurídicas. A corroborar esta afirmação, deve-se recordar que o CDC adotou quatro conceitos de consumidor, sendo o primeiro aplicável a todo o sistema protetivo e os outros três de aplicação restrita a determinadas hipóteses reguladas pelo mesmo diploma normativo.

O primeiro conceito que deve ser analisado é aquele constante do artigo 2º, *caput*, da Lei nº 8.078/90, o qual assevera: Art. 2º. Consumidor é toda pessoa física ou jurídica que adquire ou utiliza produto ou serviço como destinatário final.

Tem-se aqui o chamado consumidor padrão ou, em sentido estrito, sendo possível falar em três elementos do conceito de consumidor, a saber, os elementos subjetivo, objetivo e teleológico. O primeiro corresponde ao sujeito de direitos e não parece haver qualquer distinção entre a pessoa física e a pessoa jurídica. Adota-se, igualmente, um conceito positivo de consumidor, ou seja, o consumidor não é visto somente como o "não profissional", solução que se encontra em diplomas de outros países.[1]

O segundo elemento do conceito de consumidor é o elemento objetivo, o qual contempla o produto ou serviço adquirido ou utilizado pela pessoa física ou jurídica. Também aqui são empregados termos muito amplos na conceituação dos dois institutos, o que se depreende da leitura dos §§ 1º e 2º do art. 3º do diploma consumerista.[2]

O terceiro elemento do conceito padrão de consumidor pode ser denominado teleológico, uma vez que se faz expressa referência à "destinação final" do produto adquirido ou do serviço prestado pelo fornecedor. É esta expressão, contudo, que tem sido a principal fonte das controvérsias doutrinárias e jurisprudenciais que se estabeleceram em nosso país desde a edição da Lei nº 8.078/90.

De fato, são por todos conhecidas as duas principais vertentes doutrinárias que se formaram e que atendem pelos nomes de "maximalistas" e "finalistas". Os autores filiados à primeira interpretação da expressão "destinação final" afirmam que esta deve ser entendida como a destinação final *fática* do produto ou serviço, ao passo que os denominados "finalistas" asseveram que o elemento teleológico deve significar a destinação final *fática* e *econômica* do produto ou serviço.[3] Por outro lado, destaque-se que a jurisprudência, em

---

1 Para um estudo das diversas soluções legislativas, sobretudo em países europeus, vide CALIXTO, Marcelo Junqueira. O princípio da vulnerabilidade do consumidor". In *Princípios do Direito Civil Contemporâneo*. MORAES, Maria Celina Bodin de (coord.). Rio de Janeiro: Renovar, 2006, em especial pp. 330-334.

2 Recorde-se a redação do art. 3º do CDC: "Art. 3º Fornecedor é toda pessoa física ou jurídica, pública ou privada, nacional ou estrangeira, bem como os entes despersonalizados, que desenvolvem atividades de produção, montagem, criação, construção, transformação, importação, exportação, distribuição, ou comercialização de produtos ou prestação de serviços. § 1º Produto é qualquer bem, móvel ou imóvel, material ou imaterial. § 2º Serviço é qualquer atividade fornecida no mercado de consumo, mediante remuneração, inclusive as de natureza bancária, financeira, de crédito e securitária, salvo as decorrentes das relações de caráter trabalhista".

3 A distinção foi desenvolvida em outra sede. CALIXTO, Marcelo Junqueira. Op. cit., pp. 335-340.

especial do Superior Tribunal de Justiça, preferiu afirmar que adotava ora uma visão *objetiva* ora uma visão *subjetiva,* do conceito de consumidor, as quais se aproximavam, respectivamente, das duas concepções doutrinárias aqui recordadas.

Estas visões, contudo, não conseguiram solucionar todas as questões que foram sendo colocadas na prática cotidiana dos tribunais. De fato, especialmente quando se tratava da aquisição de um produto ou do recebimento de um serviço por uma pessoa jurídica ou por um profissional, as divergências intensificavam-se e eram temidas tanto a aplicação exagerada da legislação especial quanto a sua total inaplicação.

Para evitar esta última consequência, passou o STJ a admitir a incidência, ainda que "excepcional", do CDC ao profissional ou à pessoa jurídica que adquire produto ou é tomadora de um serviço que servirá de meio para o desempenho de sua atividade-fim. Neste caso, o critério determinante aparentemente deixa de ser a "destinação final" e passa a ser a *vulnerabilidade* do contratante face ao outro componente da relação jurídica, ou seja, o fornecedor.[4] A doutrina consumerista então, a reboque da nova tendência juris-

---

4 O acórdão citado como fundamento desta nova visão do Superior Tribunal de Justiça foi proferido por ocasião do julgamento do Recurso Especial 476.428/SC, Terceira Turma, Relª. Minª. Nancy Andrighi, julgado em 19.04.2005, publicado no *DJ* em 09.05.2005. Na ocasião, tratava-se de ação de indenização proposta por um hotel em face de fornecedora de garrafas de gás liquefeito de petróleo (GLP) argumentando que, pela forma de fabricação de referidas garrafas, não poderia usufruir de todo o gás informado pelo fornecedor. A própria ementa de referido julgado esclarece que "a relação jurídica qualificada por ser 'de consumo' não se caracteriza pela presença de pessoa física ou jurídica em seus polos, mas pela presença de uma parte *vulnerável* de um lado (consumidor), e de um fornecedor, de outro. Mesmo nas relações entre pessoas jurídicas, se da análise da hipótese concreta decorrer inegável vulnerabilidade entre a pessoa-jurídica consumidora e a fornecedora, deve-se aplicar o CDC na busca do equilíbrio entre as partes. Ao consagrar o critério finalista para interpretação do conceito de consumidor, a jurisprudência deste STJ também reconhece a necessidade de, em situações específicas, abrandar o rigor do critério subjetivo do conceito de consumidor, para admitir a aplicabilidade do CDC nas relações entre fornecedores e consumidores-empresários em que fique evidenciada a relação de consumo" (grifo no original).

Pouco antes, no entanto, a Quarta Turma (Recurso Especial 661.145/ES, Rel. Min. Jorge Scartezzini, julgado em 22.02.2005, publicado no *DJ* em 28.03.2005) também já havia adotado entendimento semelhante. No caso, tratava-se de ação de reparação de danos materiais e morais, proposta por microempresa dedicada ao comércio de confecções, pelo fato de a concessionária de energia elétrica, sociedade anônima, ter interrompido o fornecimento de energia embora o pagamento do serviço estivesse sendo realizado. A própria ementa é esclarecedora quando afirma que "no tocante ao segundo aspecto – inexistência de relação de consumo e consequente incompetência da Vara Especializada em Direito do Consumidor – razão assiste ao recorrente. Ressalto, inicialmente, que se colhe dos autos que a empresa-recorrida, pessoa jurídica com fins lucrativos, caracteriza-se como consumidora intermediária, porquanto se utiliza

prudencial, passa a afirmar a existência de um "finalismo aprofundado", no qual, justamente, merece destaque a vulnerabilidade do consumidor frente ao fornecedor, relegando-se a um segundo plano a questão da destinação final.[5]

---

do serviço de fornecimento de energia elétrica prestado pela recorrente, com intuito único de viabilizar sua própria atividade produtiva. Todavia, cumpre consignar a existência de certo abrandamento na interpretação finalista, na medida em que se admite, excepcionalmente, desde que demonstrada, *in concreto*, a vulnerabilidade técnica, jurídica ou econômica, a aplicação das normas do CDC. Quer dizer, não se deixa de perquirir acerca do uso, profissional ou não, do bem ou serviço; apenas, como exceção e à vista da hipossuficiência concreta de determinado adquirente ou utente, não obstante seja um profissional, passa-se a considerá-lo consumidor. Ora, *in casu*, a questão da hipossuficiência da empresa recorrida em momento algum foi considerada pelas instâncias ordinárias, não sendo lídimo cogitar-se a respeito nesta seara recursal, sob pena de indevida supressão de instância".

No mesmo sentido pode ainda ser visto o acórdão proferido por ocasião do julgamento do Recurso Especial 660.026/RJ (Quarta Turma, Rel. Min. Jorge Scartezzini, julgado em 03.05.2005, publicado no *DJ* em 27.06.2005). No caso, tratava-se de ação de reparação de danos materiais e morais proposta por sociedade limitada prestadora de serviço de acesso à rede mundial de computadores (*internet*) em face de concessionária (sociedade anônima) do serviço público de telefonia, a qual teve de interromper seus serviços por força de incêndio não criminoso ocorrido em suas centrais telefônicas. A ementa afirma que "a recorrida, pessoa jurídica com fins lucrativos, caracteriza-se como consumidora intermediária, porquanto se utiliza dos serviços de telefonia prestados pela recorrente com intuito único de viabilizar sua própria atividade produtiva, consistente no fornecimento de acesso à rede mundial de computadores (*internet*) e de consultorias e assessoramento na construção de *homepages*, em virtude do que se afasta a existência de relação de consumo. Ademais, a eventual hipossuficiência da empresa em momento algum foi considerada pelas instâncias ordinárias, não sendo lídimo cogitar-se a respeito nesta seara recursal, sob pena de indevida supressão de instância".

---

5 É esclarecedora, neste sentido, a seguinte passagem de MIRAGEM. Bruno, *Curso de Direito do Consumidor*, 2ª ed., São Paulo, Revista dos Tribunais, 2010, pp. 95-96: "O reconhecimento ou não da vulnerabilidade passa a servir, então, tanto para situações excepcionais, em que a pessoa jurídica empresária, embora não sendo destinatária final fática e econômica, é classificada como consumidora, quanto para excluir, em circunstâncias excepcionais, a aplicação das normas de proteção ao consumidor quando presentes condições particulares do adquirente ou usuário, que o coloquem em situação de superioridade em relação ao vendedor ou prestador de serviços. O princípio da vulnerabilidade, nesta linha de entendimento, firma-se como critério principal para determinação do conceito de consumidor e, em consequência, da aplicação das normas do CDC". Também sobre o vide BENJAMIN, Antônio Herman, MARQUES, Cláudia Lima e BESSA, Leonardo Roscoe, *Manual de Direito do Consumidor*. São Paulo: Revista dos Tribunais, 2007, pp. 71-76. Para uma ampla visão da jurisprudência vide MARQUES, Cláudia Lima, BENJAMIN, Antônio Herman e MIRAGEM, Bruno, *Comentários ao Código de Defesa do Consumidor*. 2ª edição, São Paulo: Revista dos Tribunais, 2006, pp. 87-107.

A fundamentar esta nova visão está a previsão da *vulnerabilidade* como um princípio da política nacional de relações de consumo (art. 4º, inc. I, CDC), o qual deve informar a aplicação da legislação protetiva, deixando-se o regime do Código Civil para a relação entre *iguais*, ou seja, para aqueles casos em que não se reconheça a vulnerabilidade de uma das partes da relação jurídica.[6] O que permanece em debate, no entanto, é se a vulnerabilidade aqui apontada pode ser presumida em alguns casos, ou se deve ser demonstrada em todos os casos concretos, e – o que se mostra como questão prévia – qual deve ser o elemento central desta vulnerabilidade.[7] Certo é, contudo,

---

6 Afirma o art. 4º do CDC, no que aqui interessa: "Art. 4º A Política Nacional das Relações de Consumo tem por objetivo o atendimento das necessidades dos consumidores, o respeito à sua dignidade, saúde e segurança, a proteção de seus interesses econômicos, a melhoria da sua qualidade de vida, bem como a transparência e harmonia das relações de consumo, atendidos os seguintes princípios: I – reconhecimento da vulnerabilidade do consumidor no mercado de consumo".

7 O STJ já afirmou a possibilidade de haver presunção, relativa, da vulnerabilidade do consumidor. Tal se deu por ocasião do julgamento do Recurso em Mandado de Segurança 27.512/BA (Terceira Turma, Relª Minª Nancy Andrighi, julgado em 20.08.2009, publicado no *DJ* em 23.09.2009). No caso, tratava-se de ação de busca e apreensão de aeronave dada em garantia de empréstimo contraído por empresa de produtos cirúrgicos (sociedade limitada) junto a uma instituição financeira (sociedade anônima). O empréstimo foi de R$ 1.200.000,00 (um milhão e duzentos mil reais). Em seu voto, a Relatora afirma que "com efeito, atribuir ao próprio consumidor, ainda que pessoa jurídica, o ônus de demonstrar sua vulnerabilidade, mesmo que não caracterize um empecilho à obtenção da tutela jurisdicional, poderá, em várias hipóteses, desestimular ou ao menos dificultar o acesso ao Judiciário, circunstância que não se coaduna com o princípio constitucional de defesa do consumidor, previsto nos arts. 5º, inc. XXXII, e 170, inc. V, da CF. Ressalto, por oportuno, que a presunção de vulnerabilidade do consumidor pessoa jurídica não é inconciliável com a teoria finalista; ao contrário, harmoniza-se com a sua mitigação, na forma que vem sendo reiteradamente aplicada por este STJ: prevalece a regra geral de que a caracterização da condição de consumidor exige destinação final fática e econômica do bem ou serviço, conforme a doutrina finalista, mas a presunção de vulnerabilidade do consumidor dá margem à incidência excepcional do CDC às atividades empresariais, que só serão privadas da proteção da lei consumerista quando comprovada, pelo fornecedor, a não vulnerabilidade do consumidor pessoa jurídica. [...]. Em outras palavras, a pessoa jurídica deve contar com o mesmo grau de vulnerabilidade que qualquer pessoa comum se encontraria ao celebrar aquele negócio, de sorte a manter o desequilíbrio da relação de consumo. A 'paridade de armas' entre a empresa-fornecedora e a empresa-consumidora afasta a presunção de fragilidade desta. Tal consideração se mostra de extrema relevância, pois uma mesma pessoa jurídica, enquanto consumidora, pode se mostrar vulnerável em determinadas relações de consumo e em outras não". Mas, na hipótese em análise, a Turma terminou por afastar a incidência do CDC por força do capital social da empresa tomadora de empréstimo (R$ 6.200.000,00 – seis milhões e duzentos mil reais) e pelo fato desta gerar "mais de mil empregos diretos e cinco mil empregos indiretos, evidenciando não se tratar de uma companhia de pequeno porte. Obviamente, empresas

que se tem dado especial destaque à vulnerabilidade econômica e se tem observado o pequeno porte econômico daquele apontado como consumidor frente ao poderio econômico daquele apontado como fornecedor.[8]

O chamado "finalismo aprofundado", contudo, não pode ser levado ao extremo de afastar o elemento teleológico eleito pelo legislador como requisito para a própria existência do consumidor em sentido estrito. De fato, ocorrendo o chamado "consumo intermediário", não se mostra possível a aplicação do conceito de consumidor insculpido no art. 2º, *caput*, do CDC, e a relação jurídica deverá estar ordinariamente regulada por outros diplomas jurídicos, em especial pelo Código Civil.[9]

---

desse vulto recebem um tratamento diferenciado pelas instituições financeiras, dado o volume de recursos que circulam".

Observe-se, igualmente, que no citado Recurso Especial 476.428/SC a Relª Minª Nancy Andrighi reconheceu que a vulnerabilidade pode assumir diversas formas além das três tradicionalmente reconhecidas ao instituto, a saber: técnica, jurídica e fática. Afirma, de fato, em seu voto que "em relação a esse componente informador do subsistema das relações de consumo, inclusive, não se pode olvidar que a vulnerabilidade não se define tão-somente pela capacidade econômica, nível de informação/cultura ou valor do contrato em exame. Todos esses elementos podem estar presentes e o comprador ainda ser vulnerável pela dependência do produto; pela natureza adesiva do contrato imposto; pelo monopólio da produção do bem ou sua qualidade insuperável; pela extremada necessidade do bem ou serviço; pelas exigências da modernidade atinentes à atividade, dentre outros fatores".

---

8 Neste sentido é que se afastou a aplicação do CDC ao contrato de arrendamento mercantil (*leasing*) celebrado entre fabricante de aparelho médico e hospital, que utilizaria o mesmo no desempenho de sua atividade (STJ, Terceira Turma, Recurso Especial 684.613/SP, Relª Minª Nancy Andrighi, julgado em 21.06.2005, publicado no *DJ* em 01.07.2005). No caso, a discussão central era sobre a validade da cláusula de eleição de foro estipulada pelas partes, a qual foi confirmada pelo STJ por força tanto do porte econômico da parte tida por consumidora quanto do valor econômico da contratação. Afirma, de fato, a Relatora que "na presente hipótese, entretanto, ainda que se considere a natureza adesiva do contrato firmado entre as partes, informam os autos que a empresa foi devidamente assessorada por profissionais qualificados, fato que, em tese, afasta qualquer indício de abusividade em relação à unilateralidade das cláusulas do contrato e, por conseguinte, uma eventual vulnerabilidade técnico-jurídica. Além disso, mesmo em hipóteses de aplicação imediata do CDC, a jurisprudência deste STJ entende que deve prevalecer o foro de eleição quando verificado o expressivo porte financeiro ou econômico da pessoa tida por consumidora ou do contrato celebrado entre as partes. [...]. Dessa forma, comprovado o porte expressivo da contratação (US$ 859.820,00 – oitocentos e cinquenta e nove mil oitocentos e vinte dólares americanos), afasta-se, de plano, a vulnerabilidade econômica da recorrente, mesmo ao se considerar o valor do capital social da empresa (R$ 20.000,00 – vinte mil reais), apontado nas razões de recurso".

9 A expressão "atividade de consumo intermediária" foi utilizada pela Segunda Seção no paradigmático Recurso Especial 541.867/BA, julgado em 10.11.2004, publicado no *DJ*

É justamente esta situação que tem sido observada no Direito Agrário, destacando-se as hipóteses em que determinado agricultor adquire sementes ou adubo para o exercício de sua atividade econômica. Nos dois casos, de fato, não se reconhece a destinação final exigida pelo diploma consumerista e a relação contratual estará submetida às regras insculpidas no diploma civil.[10]

em 16.05.2005, Rel. para o acórdão Min. Barros Monteiro. No caso, tratava-se de ação de reparação de danos proposta por sociedade empresária em face de administradora de cartão de crédito alegando que esta não teria repassado os valores auferidos por aquela no desempenho de sua atividade. A decisão, por maioria, foi no sentido de dar provimento ao recurso especial para reconhecer a incompetência da Vara Especializada de Defesa do Consumidor, determinando a remessa dos autos para uma das Varas Cíveis da Comarca de Salvador. Outro caso que se tornou paradigmático no STJ e que está especificamente ligado ao direito agrário foi o Conflito de Competência 64.524/MT, julgado pela Segunda Seção em 27.09.2006, publicado no *DJ* em 09.10.2006, Relª Minª Nancy Andrighi. Na ocasião, o STJ, de forma unânime, afastou a incidência do CDC a um contrato celebrado por produtor rural (pessoa física) que se compromete a entregar a determinada pessoa jurídica, em garantia do contrato de fornecimento de insumos agrícolas, cerca de 1.900 toneladas de grãos de soja. A própria ementa esclarece que "a jurisprudência atual do STJ reconhece a existência de relação de consumo apenas quando ocorre destinação final do produto ou serviço, e não na hipótese em que estes são alocados na prática de outra atividade produtiva". A consequência foi afirmar a validade da cláusula contratual de eleição de foro, uma vez que "verificado o expressivo porte financeiro ou econômico da pessoa tida por consumidora ou do contrato celebrado entre as partes".

10 O acórdão que afastou a aplicação do CDC ao contrato de compra e venda de sementes de milho híbrido por agricultor para posterior venda da produção foi proferido por ocasião do julgamento do Recurso Especial 1.132.642/PR (Terceira Turma, Relator para acórdão Min. Massami Uyeda, julgado em 05.08.2010, publicado no *DJ* em 18.11.2010). Tratava-se, na origem, de ação de reparação de danos proposta por agricultor pessoa física contra sociedade limitada, alegando aquele que adquirira 60 sacas de semente de milho e que, apesar de ter adotado todas as práticas de manejo e cultivo da lavoura, atingiu apenas 30% da produção alcançada por outros híbridos, o que decorreria da má-formação das espigas, morte prematura das plantas e severo ataque de ferrugem. O Relator para o acórdão, citando os dois precedentes da nota anterior, afirma que "resta claro que não se aplica o Código de Defesa do Consumidor ao caso dos autos afastando-se as alegadas violações aos artigos 2º, 3º e 6º, da Lei nº 8.078/90". Observe-se que este acórdão teve relatoria originalmente atribuída à Minª Nancy Andrighi, a qual ficou vencida, tendo afirmado que "assim, o direito do consumidor pode ser considerado o direito do contratante hipossuficiente à tutela jurídica diferenciada, sendo irrelevante a distinção pessoa física/jurídica para fins de constatação da vulnerabilidade da parte e recebimento da proteção diferenciada".

Já por ocasião do julgamento do Recurso Especial 1.016.458/RS (Quarta Turma, Rel. Min. Aldir Passarinho Júnior, julgado em 09.02.2010, publicado no *DJ* em 08.03.2010) foi afirmada a não incidência do CDC ao contrato de compra e venda de adubo químico, produzido por sociedade limitada, em favor de produtor de arroz (pessoa física). A decisão, unânime, cita como precedente o REsp. 541.867/BA e conclui que "na hipótese

Tal afirmação, contudo, não mais significa garantir aos contratantes a ampla liberdade de contratar, tal como se observava na vigência do revogado Código Civil de 1916. Ao contrário, é fundamental ressaltar que o vigente diploma é marcado pela consagração de novos princípios contratuais, os quais, se não vieram abolir os antigos, ao menos exigem uma renovada interpretação da liberdade contratual.

Neste sentido, merece destaque a consagração dos princípios da função social do contrato, da boa-fé objetiva e do equilíbrio econômico.[11]

---

em comento, a recorrente contratou a compra de 100 toneladas de adubo químico NPK 05-20-28 produzidos pela recorrida. Vê-se que o autor/recorrente buscou junto à ré a obtenção de insumos para investir em sua atividade comercial, não como destinatária final, de acordo com o entendimento sufragado no precedente supracitado".

O mesmo entendimento já havia sido adotado pela mesma Quarta Turma por ocasião do julgamento do Recurso Especial 1.014.960/RS (Rel. Min. Aldir Passarinho Júnior, julgado em 02.09.2008, publicado no *DJ* em 29.09.2008). No caso, tratava-se de contrato de permuta de sacas de arroz por adubo químico celebrado por pessoa física e sociedade anônima, produtora do adubo. Após citar o mesmo precedente (REsp. 541.867/BA), o Relator conclui que "na hipótese em comento, a recorrente contratou a permuta de 532 sacas de arroz de sua produção agrícola com 15 toneladas de adubo químico NPK 04-12-08 produzidos pela recorrida. Vê-se que a autora/recorrente buscou junto à ré a obtenção de insumos para investir em sua atividade comercial, não como destinatária final, de acordo com o entendimento sufragado no precedente supracitado".

11 Os três "novos" princípios contratuais aqui estudados são aprofundados por NEGREIROS, Teresa. *Teoria do contrato:* novos paradigmas, 2ª ed., Rio de Janeiro: Renovar, 2006, à qual se remete o leitor.

Certo é que estes princípios são tributários da ordem constitucional inaugurada em 1988, e também do CDC, conforme esclarecido por TEPEDINO Gustavo, BARBOZA Heloísa Helena, MORAES Maria Celina Bodin de, *et al.*, *Código Civil interpretado conforme a Constituição da República*. Rio de Janeiro: Renovar, 2006, vol. II, p. 7: "Na experiência brasileira, a passagem do modelo clássico para o modelo contemporâneo da teoria contratual, com o consequente surgimento de novos princípios contratuais, tem por referência normativa fundamental a CF de 1988, que consagrou os valores da dignidade da pessoa humana (art. 1º, inc. III, CF), da solidariedade social (art. 3º, inc. I) e da isonomia substancial (art. 3º, inc. III). Na esteira da nova ordem jurídica assim delineada, personalista e solidarista, promulgou-se o CDC, em 1990, que exprime na disciplina legal dos contratos a nova tábua de valores. A CF e o CDC constituem, pois, marcos dessa transformação. [...]. Com o advento do CDC e com a conexão axiológica da disciplina de proteção do consumidor às regras e aos princípios constitucionais, abriu-se caminho para a definitiva consolidação de uma cultura contratual que, sob vários aspectos, é antagônica à cultura voluntarista clássica. [...]. A autonomia privada, a intangibilidade do conteúdo do contrato e a relatividade de seus efeitos conformam-se, na atualidade, a um conjunto de novos princípios: boa-fé objetiva, equilíbrio econômico entre as prestações e função social do contrato".

3. OS PRINCÍPIOS CONTRATUAIS DO CÓDIGO CIVIL DE 2002 E SUA REPERCUSSÃO NO DIREITO AGRÁRIO

Como primeiro princípio a ser destacado está a *função social do contrato*, a qual ganhou consagração normativa no artigo 421 do Código Civil, *verbis*: A liberdade de contratar será exercida em razão e nos limites da função social do contrato.

A verdade é que, desde 2002, se tem discutido o verdadeiro alcance deste dispositivo e parece possível afirmar que doutrina e jurisprudência têm reconhecido uma eficácia *externa* (*ultra partes*) e uma eficácia *interna* (*inter partes*) a referido princípio.[12] A primeira foi originariamente desenvolvida por Antônio Junqueira de Azevedo, em momento anterior ao próprio diploma civil, e serviu de fundamento para a conhecida "tutela externa do crédito".[13]

Segundo esta visão doutrinária, pode ser dito que o contrato não é mais um átomo isolado, de forma que os terceiros não contratantes não podem ignorar a sua existência, podendo ser eventualmente responsabilizados caso adotem uma conduta capaz de levar um dos contratantes a descumprir o anteriormente contratado. Tem-se, assim, uma mitigação do velho "princípio da relatividade dos efeitos contratuais" segundo o qual o contrato somente poderia gerar efeitos entre os contratantes, sendo inoponível a terceiros.[14]

---

12 A "dupla eficácia" do princípio da função social do contrato é desenvolvida, entre outros, por TARTUCE Flávio. *Função social dos contratos – do Código de Defesa do Consumidor ao Código Civil de 2002*, 2ª ed., São Paulo: Método, 2007, pp. 244-255. TARTUCE inicia o estudo específico do tema com estas palavras: "Verificadas as previsões legais quanto ao princípio da função social dos contratos no Código Civil de 2002, este autor deve deixar clara a sua posição quanto à dupla eficácia, no sentido interno e externo. O sentido interno está relacionado às partes contratantes, enquanto o sentido externo, para além das partes contratantes. Aliás, entendemos que a eficácia interna da função social é muito mais clara do que a eficácia externa".

13 Antônio Junqueira de Azevedo desenvolveu, pioneiramente, a questão em seu parecer "Princípios do novo Direito Contratual e desregulamentação do mercado, direito de exclusividade nas relações contratuais de fornecimento, função social do contrato e responsabilidade aquiliana do terceiro que contribui para inadimplemento contratual". In: *Revista dos Tribunais*, nº 750, São Paulo, Revista dos Tribunais, abril de 1998, pp. 113-120. No referido parecer o professor paulista estabelece um fundamento constitucional para o princípio da função social do contrato no art. 1º, inciso IV, da Lei Maior, o qual dispõe: "Art. 1º A República Federativa do Brasil, formada pela união indissolúvel dos Estados e Municípios e do Distrito Federal, constitui-se em Estado Democrático de Direito e tem como fundamentos: [...]; IV – os valores sociais do trabalho e da livre-iniciativa".

14 Em relação à distinção entre relatividade dos efeitos contratuais e oponibilidade do contrato a terceiros é esclarecedora a seguinte passagem de NEGREIROS Teresa. *Teoria do contrato*. Op. cit., pp. 272-273: "Sai fortalecida, pois, a tese de que o princípio da função social condiciona o exercício da liberdade contratual e torna o contrato,

Posteriormente, no entanto, passou a ser desenvolvida a tese da eficácia interna da função social do contrato, a qual serviria como mitigação da liberdade de contratar, exigindo que as "trocas contratuais sejam úteis e justas".[15] Em outras palavras, o contrato não pode servir de instrumento para a exploração do contratante economicamente mais fraco pelo mais forte, sendo mesmo possível afirmar a incidência dos valores constitucionais na relação jurídica contratualmente estabelecida.[16]

Parece possível afirmar que este último efeito do princípio da função social é que guarda consonância com o disposto no diploma civil, pois ali se estabelece a função social como *limite* à liberdade de contratar. O primeiro efeito, ao contrário, está intimamente ligado à conduta das partes e, portanto, encontra melhor fundamento no princípio da boa-fé objetiva.[17]

---

como situação jurídica merecedora de tutela, oponível *erga omnes*. Isto é, todos têm o dever de se abster da prática de atos (inclusive a celebração de contratos) que saibam prejudiciais ou comprometedores da satisfação de créditos alheios. A oponibilidade do contrato traduz-se, portanto, nesta obrigação de não fazer, imposta àquele que conhece o conteúdo de um contrato, embora dele não seja parte. Isto não implica tornar as obrigações contratuais exigíveis em face de terceiros (é o que a relatividade impede), mas impõe aos terceiros o respeito por tais situações jurídicas, validamente constituídas e dignas da tutela do ordenamento (é o que a oponibilidade exige)".

Esta visão foi igualmente consagrada no Enunciado 21 da I Jornada de Direito Civil, realizada em 2002 e promovida pelo Centro de Estudos Judiciários do Conselho da Justiça Federal. Afirma o enunciado: "Art. 421. A função social do contrato, prevista no art. 421 do novo Código Civil, constitui cláusula geral a impor a revisão do princípio da relatividade dos efeitos do contrato em relação a terceiros, implicando a tutela externa do crédito".

15 A expressão foi consagrada no Enunciado 22 de I Jornada de Direito civil, realizada em 2002 e promovida pelo Centro de Estudos Judiciários do Conselho da Justiça Federal, *verbis*: "Art. 421. A função social do contrato, prevista no art. 421 do novo Código Civil, constitui cláusula geral que reforça o princípio de conservação do contrato, assegurando trocas úteis e justas".

16 É o que afirma o Enunciado 23 da I Jornada de Direito Civil, realizada em 2002 e promovida pelo Centro de Estudos Judiciários do Conselho da Justiça Federal, tal como se lê: "Art. 421. A função social do contrato, prevista no art. 421 do novo Código Civil, não elimina o princípio da autonomia contratual, mas atenua ou reduz o alcance desse princípio quando presentes interesses metaindividuais ou interesse individual relativo à dignidade da pessoa humana".

17 A distinção já foi desenvolvida em outra sede para a qual seja consentido remeter o leitor: CALIXTO Marcelo Junqueira. "A Função Social do Contrato e a Tutela Jurídica do Contratante Vulnerável". In: *Revista Brasileira de Direito Civil Constitucional e Relações de Consumo*, vol. 01, São Paulo, Fiúza, jan./mar. de 2009, pp. 132-135. A mesma distinção pode ser encontrada em TEPEDINO Gustavo. "Notas sobre a função social dos contratos". In: *O Direito e o Tempo: embates jurídicos e utopias contemporâneas*, Rio de Janeiro: Renovar, 2008, pp. 395-405. Neste artigo o autor corretamente afirma

É este último princípio, de fato, que impõe às partes contratantes um dever de lealdade e confiança recíprocas, tal como se consagrou, originariamente, no Código Civil alemão.[18] Caracteriza-se, em suma, por uma "regra de conduta" das partes, as quais passam a ter deveres laterais ou anexos, entre os quais o dever de informar, o dever de sigilo e o dever de cooperar para a boa execução do contrato.[19] Neste sentido é que se expressa o artigo 422 do Código Civil, tal como se lê: Os contratantes são obrigados a guardar, assim na conclusão do contrato, como em sua execução, os princípios de probidade e boa-fé.

A boa-fé objetiva, portanto, não se atém ao conteúdo do contrato, tal como o já estudado princípio da função social, mas veda às partes a realiza-

---

(p. 399) que "deste modo, verifica-se que a questão da responsabilidade do terceiro cúmplice não pode encontrar fundamento no princípio da função social, vez que os interesses em questão restringem-se à esfera privada e patrimonial dos contratantes, não já aos interesses extracontratuais socialmente relevantes".

---

18 Já é vasta em nosso país a doutrina sobre o princípio da boa-fé objetiva. Como pioneira na sistematização deste estudo pode ser destacada Judith MARTINS-COSTA, *A Boa-fé no Direito Privado: sistema e tópica no processo obrigacional*, São Paulo, Revista dos Tribunais, 2000.

Para um estudo comparativo entre a boa-fé no CDC e no Código Civil de 2002 recomenda-se a leitura de TEPEDINO Gustavo e SCHREIBER Anderson, "A Boa-fé Objetiva no Código de Defesa do Consumidor e no Novo Código Civil (arts. 113, 187 e 422)". In: *Obrigações: Estudos na Perspectiva Civil-Constitucional*, coordenado por Gustavo Tepedino, Rio de Janeiro: Renovar, 2005, pp. 29-44.

É válida, igualmente, a referência ao Enunciado 26 da I Jornada de Direito Civil, realizada em 2002 e promovida pelo Centro de Estudos Judiciários do Conselho da Justiça Federal, que afirma: "Art. 422. A cláusula geral contida no art. 422 do novo Código Civil impõe ao juiz interpretar e, quando necessário, suprir e corrigir o contrato segundo a boa-fé objetiva, entendida como a exigência de comportamento leal dos contratantes".

Na jurisprudência do STJ merece referência o acórdão proferido por ocasião do julgamento do Recurso Especial 803.481/GO, Terceira Turma, Rel. Min. Nancy Andrighi, julgado em 28.06.20007, publicado no DJ em 01.08.2007. Colhe-se do voto da Relatora a seguinte passagem: "Quanto à boa-fé objetiva, esta se apresenta como uma exigência de lealdade, modelo objetivo de conduta, arquétipo social pelo qual impõe o poder-dever de que cada pessoa ajuste a sua própria conduta a esse arquétipo, agindo como agiria uma pessoa honesta, escorreita e leal".

19 Veja-se o Enunciado 24 da I Jornada de Direito Civil, realizada em 2002 e promovida pelo Centro de Estudos Judiciários do Conselho da Justiça Federal, *verbis*: "Art. 422. Em virtude do princípio da boa-fé, positivado no art. 422 do novo Código Civil, a violação dos deveres anexos constitui espécie de inadimplemento, independentemente de culpa". Em sentido semelhante é o Enunciado 363, da IV Jornada de Direito Civil, realizada em 2006 e promovida pelo Centro de Estudos Judiciários do Conselho da Justiça Federal, tal como se lê: "Art. 422. Os princípios da probidade e confiança são de ordem pública, estando a parte lesada somente obrigada a demonstrar a existência da violação".

ção de determinadas condutas que sejam incompatíveis com a fiel execução do que foi contratado. Encontram-se aqui, por exemplo, a proibição do comportamento contraditório[20] e o dever de mitigar o próprio prejuízo.[21]

Merece referência, por fim, o princípio do equilíbrio econômico, o qual pode ser visto como uma mitigação do vetusto princípio da força obrigatória. De fato, a doutrina clássica afirmava que a vontade das partes, manifestada quando da celebração do vínculo, deveria ser observada ao longo de toda a vida contratual, sendo vedada ao Poder Judiciário a modificação do contrato mesmo em face de fatos supervenientes que tornassem a prestação excessivamente onerosa para uma das partes. Tratava-se, em suma, da consagração do *pacta sunt servanda*, dependendo sempre do comum acordo das partes a modificação do contrato.

Tal visão sofre o primeiro grande revés com a admissão da *teoria da imprevisão*, já no século XX, a permitir a resolução do contrato por força de fatos supervenientes, extraordinários e imprevisíveis, que tornem a prestação excessivamente onerosa para uma das partes, com vantagem exagerada para a outra. Foi esta teoria, em linhas gerais, que restou consagrada no artigo 478 do vigente Código Civil, *verbis*: Nos contratos de execução continuada ou diferida, se a prestação de uma das partes se tornar excessivamente onerosa, com extrema vantagem para a outra, em virtude de acontecimentos extraordinários e imprevisíveis, poderá o devedor pedir a resolução do contrato. Os efeitos da sentença que a decretar retroagirão à data da citação.

Pela literalidade do dispositivo, ao Judiciário não resta alternativa que não seja a resolução do contrato, o que nem sempre é do interesse das partes, as quais podem preferir a *revisão* do contrato, – de forma a torná-lo novamente equilibrado –, e não sua extinção pura e simples.[22] Esta solução, aliás,

20 Para um aprofundamento da questão pode ser visto SCHREIBER Anderson. *A Proibição de Comportamento Contraditório: Tutela da confiança e venire contra factum proprium*, Rio de Janeiro: Renovar, 2005.
Recorde-se que a mesma vedação foi afirmada pelo Enunciado 362 da IV Jornada de Direito Civil, realizada em 2006 e promovida pelo Centro de Estudos Judiciários do Conselho da Justiça Federal, tal como se lê: "Art. 422. A vedação do comportamento contraditório (*venire contra factum proprium*) funda-se na proteção da confiança, tal como se extrai dos arts. 187 e 422 do Código Civil".

21 Entende-se, assim, o afirmado no Enunciado 169 da III Jornada de Direito Civil, realizada em 2004 e promovida pelo Centro de Estudos Judiciários do Conselho da Justiça Federal, o qual afirma: "Art. 422. O princípio da boa-fé objetiva deve levar o credor a evitar o agravamento do próprio prejuízo".

22 Verdade é que o art. 479 do Código Civil permite ao julgador evitar a resolução do contrato, mas esta solução, aparentemente, fica na dependência da anuência do credor, réu da ação. Observe-se a redação do dispositivo: "Art. 479. A resolução poderá ser evitada, oferecendo-se o réu a modificar equitativamente as condições do contrato". Tratando-se de contrato unilateral, o qual tem como possível exemplo o contrato de mútuo, deve ser

não se mostra inovadora no ordenamento brasileiro, tendo sido consagrada no artigo 6º, inciso V, do Código de Defesa do Consumidor. Este último dispositivo afasta, igualmente, a necessidade de que o fato superveniente seja extraordinário e imprevisível, o que facilita, sobremaneira, a sua incidência.[23]

---

observado o disposto no art. 480 do Código Civil, *verbis*: "Art. 480. Se no contrato as obrigações couberem a apenas uma das partes, poderá ela pleitear que a sua prestação seja reduzida, ou alterado o modo de executá-la, a fim de evitar a onerosidade excessiva". Como síntese doutrinária pode ser visto o Enunciado 365 da IV Jornada de Direito Civil, realizada em 2006 e promovida pelo Centro de Estudos Judiciários do Conselho da Justiça Federal, *verbis*: "Art. 478. A extrema vantagem do art. 478 deve ser interpretada como elemento acidental da alteração de circunstâncias, que comporta a incidência da resolução *ou revisão* do negócio por onerosidade excessiva, independentemente de sua demonstração plena" (grifou-se).

---

23 Veja-se a redação do art. 6º, inciso V, do CDC: "Art. 6º. São direitos básicos do consumidor: [...]; V – a modificação das cláusulas contratuais que estabeleçam prestações desproporcionais ou sua revisão em razão de fatos supervenientes que as tornem excessivamente onerosas". A segunda parte do dispositivo consagra, de fato, a doutrina germânica da "quebra da base objetiva do negócio jurídico", a qual representa um avanço – especialmente por dispensar a necessidade de que o fato superveniente seja extraordinário e imprevisível – em relação à vetusta teoria da imprevisão. É esclarecedora, neste sentido, a seguinte passagem de BENJAMIN Antônio Herman, MARQUES Cláudia Lima e BESSA Leonardo Roscoe (*Manual*, cit., p. 58): "A norma do art. 6º do CDC avança, em relação ao Código Civil (arts. 478-480 – Da Resolução por Onerosidade Excessiva), ao não exigir que o fato superveniente seja imprevisível ou irresistível – apenas exige a quebra da base objetiva do negócio, a quebra de seu equilíbrio intrínseco, a destruição da relação de equivalência entre prestações, o desaparecimento do fim essencial do contrato. Em outras palavras, o elemento autorizador da ação modificadora do Judiciário é o resultado objetivo da engenharia contratual, que agora apresenta a mencionada onerosidade excessiva para o consumidor, resultado de simples fato superveniente, fato que não necessita ser extraordinário, irresistível, fato que podia ser previsto e não foi. O CDC, também, não exige, para promover a revisão, que haja 'extrema vantagem para a outra' parte contratual, como faz o Código Civil (art. 478)". Na jurisprudência do STJ podem ser vistos inúmeros julgados sobre o tema na hipótese de arrendamento mercantil (*leasing*) com captação de recursos no exterior e consequente fixação do valor da prestação mensal em dólares americanos. De fato, com a chamada "maxidesvalorização" do real frente a moeda americana, fato ocorrido em janeiro de 1999, muitos consumidores pleitearam a revisão judicial de seus contratos, o que foi admitido pelo Tribunal Superior. Veja-se, como exemplo, o Recurso Especial 361.694/RS (Terceira Turma, Relª Minª Nancy Andrighi, julgado em 26.02.2002, publicado no *DJ* em 25.03.2002). A ementa afirma, no que aqui interessa: "Aplicam-se as disposições do CDC aos contratos de arrendamento mercantil. [...]. O preceito insculpido no inciso V do artigo 6º do CDC dispensa a prova do caráter imprevisível do fato superveniente, bastando a demonstração objetiva da excessiva onerosidade advinda para o consumidor". Recorde-se, ainda, que a Segunda Seção do mesmo Tribunal confirmou, por maioria, este entendimento no Recurso Especial 472.594/SP, Rel. Min. Carlos Alberto Menezes Direito, Relator para o acórdão Min. Aldir Passarinho Júnior,

Certo é que a observância dos três princípios aqui estudados leva a uma nova configuração da relação contratual, ainda que esta esteja regulada pelo Código Civil, tal como se observa, em regra, no direito agrário. Neste sentido, pode ser observado que o STJ já teve oportunidade de afirmar a incidência dos três princípios apresentados.

Inicialmente, destacou-se que a função social do contrato não pode servir de fundamento para a sua revisão quando esta puder implicar em desrespeito à função primordial daquele, que é a função econômica. De fato, as partes devem considerar as possíveis modificações do mercado de determinado produto, em especial quando se tratar de produto destinado ao mercado externo, com seu valor cotado em moeda estrangeira.[24]

Em relação ao princípio da boa-fé objetiva, pode ser recordado que a reiterada conduta de uma das partes pode criar, na outra, a legítima expecta-

---

julgado em 12.02.2003, publicado em 04.08.2003. Afirma a ementa: "Admissível, contudo a incidência da Lei nº 8.078/90, nos termos do art. 6º, V, quando verificada, em razão de fato superveniente ao pacto celebrado, consubstanciado, no caso, por aumento repentino e substancialmente elevado do dólar, situação de onerosidade excessiva para o consumidor que tomou o financiamento".

24 Foi o que afirmou o STJ por ocasião do julgamento do Recurso Especial 803.481/GO (Terceira Turma, Relª Minª Nancy Andrighi, julgado em 28.06.2007 e publicado no *DJ* em 01.08.2007). No caso, tratava-se de pedido de revisão de cláusulas contratuais dos contratos de compra e venda, a preço certo, de safra futura de soja celebrados por produtor rural (pessoa física) e sociedade anônima especializada na comercialização de produtos agrícolas. O produtor argumentava que em razão de fatos imprevisíveis houve a elevação extraordinária do dólar frente ao real, o que tornava sua obrigação excessivamente onerosa, pleiteando um aumento no valor unitário da saca de soja ou, alternativamente, uma redução no número de sacas, mantendo-se o valor originariamente contratado. O TJGO admitiu a revisão contratual, fundamentando-a nos princípios da boa-fé objetiva, da probidade e da função social do contrato. O STJ, por sua vez, deu provimento ao recurso especial interposto pela sociedade empresária, tendo a Relatora afirmado, em seu voto, que "pelos motivos expostos acima, não vejo como o objeto principal do contrato, qual seja, a venda e compra de safra futura a preço certo, possa violar tais princípios. A função social infligida ao contrato não pode desconsiderar seu papel primário e natural, que é o econômico. Este não pode ser ignorado, a pretexto de cumprir-se uma atividade beneficente. Ao contrato incumbe uma função social, mas não de assistência social. Por mais que o indivíduo mereça tal assistência, não será no contrato que se encontrará remédio para tal carência. O instituto é econômico e tem fins econômicos a realizar, que não podem ser postos de lado pela lei e muito menos pelo seu aplicador. A função social não se apresenta como objetivo do contrato, mas sim como limite da liberdade dos contratantes em promover a circulação de riquezas. [...]. Desta forma, não há como admitir que, tendo ignorado ou calculado mal tais variáveis, ou, pior, estando arrependida com o preço acordado no ato da contratação, a parte pretenda, sob o manto da função social do contrato, pleitear a resolução deste".

tiva de sua manutenção. De fato, em nome da lealdade e confiança que deve existir entre as partes, por aplicação da boa-fé objetiva, qualquer mudança de comportamento deve ser previamente comunicada à outra, sob pena de manutenção do vínculo contratual na forma originariamente contratada.[25]

Por fim, merece destaque o fato de o STJ já ter admitido que a aplicação do artigo 478 do Código Civil também pode levar à revisão do contrato e não, simplesmente, à sua resolução. Contudo, ainda se exige que o fato superveniente seja extraordinário e imprevisível, o que, como dito, poderá tornar impossível esta revisão.[26]

---

25 Neste sentido pode ser visto interessante acórdão do STJ proferido por ocasião do julgamento do Recurso Especial 953.389/SP, Terceira Turma, Rel[a] Min[a] Nancy Andrighi, julgado em 23.02.2010, publicado no *DJ* em 11.05.2010. O caso versava sobre contrato de locação de automóveis celebrado entre uma grande empresa farmacêutica e determinada locadora de veículos. Findo o prazo inicial do contrato, somente alguns veículos foram devolvidas pela locatária, que permaneceu pagando o mesmo valor do aluguel em relação aos veículos não devolvidos sem que houvesse oposição da locadora, a qual continuou emitindo faturas e dando quitação. Passado algum tempo, esta propõe ação para obter a diferença entre a tarifa contratada e a "tarifa de balcão" então adotada pela locadora. A Turma confirma o entendimento adotado pelo TJSP e afirma, na própria ementa, que "o instituto da 'supressio' indica a possibilidade de se considerar suprimida uma obrigação contratual, na hipótese em que o não-exercício do direito correspondente, pelo credor, gere no devedor a justa expectativa de que esse não-exercício se prorrogará no tempo".

Especificamente em relação ao direito agrário pode ser recordado o acórdão proferido pela Terceira Turma do STJ ao julgar o Recurso Especial 866.414/GO, apresentado na próxima nota. Na ocasião entendeu-se não haver violação à boa-fé objetiva uma vez que "na celebração do contrato as partes eram capazes e experientes, o objeto lícito e o preço combinado compatível com o mercado à época da contratação. O superveniente aumento do valor da saca de soja, além de envolver risco inerente à natureza do contrato, não pode ser atribuído à recorrente. O fato de que não houve adiantamento de valor no momento do contrato é imputável ao recorrente. Não houve desigualdade entre as partes. Tampouco qualquer elemento concreto que afaste a boa-fé da recorrente, na celebração do contrato".

26 Neste sentido pode ser visto o acórdão proferido por ocasião do julgamento do Recurso Especial 866.414/GO (Terceira Turma, Rel. Min. Humberto Gomes de Barros, julgado em 06.03.2008 e publicado no *DJ* em 26.11.2008). No caso, tratava-se de contrato de compra e venda de safra futura de soja, com preço fixo, celebrado por produtor rural (pessoa física) e sociedade anônima. Aquele alegou que houve um aumento imprevisível do custo de produção e queda na produtividade, acarretando-lhe excessiva onerosidade, pelo fato de a produção ter sido atingida pela praga denominada "ferrugem asiática". A sentença reconheceu a procedência do pedido de "desconstituição" do contrato de compra e venda, o que foi confirmado pelo TJGO. A Terceira Turma, contudo, deu provimento ao recurso especial por entender que não havia imprevisibilidade, tratando-se, ao contrário, de risco inerente ao negócio. É o que afirma o Relator em seu voto: "A obrigação assumida pelo recorrido era de execução diferida, ou seja, para ser cumprida em momento futuro (*emptio rei sperata*). A saca de soja, de acordo com as

Em que pese o avanço representado pelo vigente Código Civil em relação à sistemática excessivamente liberal do diploma anterior, é necessário recordar que o diploma civil não é o único aplicável à relação contratual que envolva o produtor rural. De fato, pode este ser vítima de um produto que lhe acarrete danos à sua saúde ou segurança ou se ver na contingência de contrair um empréstimo para o desempenho de sua atividade profissional. Nos dois casos podem ser, em tese, aplicadas as normas protetivas do Código de Defesa do Consumidor, uma vez que este diploma apresenta dois outros conceitos de consumidor, os chamados "consumidores por equiparação".

---

condições do mercado, poderia estar além ou aquém do preço estimado na época da tradição da mercadoria. Não há imprevisão se o risco é inerente ao negócio jurídico. Ao contratarem, as partes assumiram riscos calculados: a oscilação do preço de mercado da soja e a queda da produtividade. Tais elementos foram considerados na fixação do preço do negócio. Para obviar desajustes dessa natureza existe o contrato de seguro agrícola". Este entendimento foi confirmado no ano seguinte pela mesma Terceira Turma no Recurso Especial 977.007/GO (Relª Minª Nancy Andrighi, julgado em 24.11.2009, publicado no *DJ* em 02.12.2009). Neste julgamento, contudo, a Relatora teve ocasião de afirmar que o artigo 478 admite também a revisão do contrato, – e não somente a sua resolução, – respeitados, no entanto, os requisitos exigidos pela lei civil. É o que lê no seguinte trecho do seu voto: "Não obstante a literalidade do art. 478 do CC/02, entendo ser possível aplicar o instituto também na mesma direção indicada pelo CDC – e respeitados, obviamente, os requisitos específicos estipulados na Lei civil – especialmente pela necessidade de se dar valor ao *princípio da conservação dos negócios jurídicos* que foi expressamente adotado em diversos outros dispositivos do CC/02, como no parágrafo único (*sic*) do art. 157, que afasta a anulação do negócio por lesão quando '*for oferecido suplemento suficiente, ou se a parte favorecida concordar com a redução do proveito*', assim como no art. 170, que converte o negócio nulo se este '*contiver os requisitos de outro*', devendo subsistir '*quando o fim a que visavam as partes permitir supor que o teriam querido, se houvessem previsto a nulidade*'. É de ser citado, ainda, o art. 317 do mesmo Código, que guarda maiores proporções com o tema aqui versado ao estipular que '*quando, por motivos imprevisíveis, sobrevier desproporção manifesta entre o valor da prestação devida e o do momento de sua execução, poderá o juiz corrigi-lo, a pedido da parte, de modo que assegure, quanto possível, o valor real da prestação*'. No mais, o próprio art. 480 do CC/02, ao tratar da onerosidade incidente sobre contrato unilateral como o mútuo, admite que poderá ocorrer a *redução* da prestação ou a *alteração* do modo de seu cumprimento" (grifos no original).

Observe-se, por fim, que este entendimento aproxima-se daquele afirmado pelo Enunciado 366 da IV Jornada de Direito Civil, realizada em 2006 e promovida pelo Centro de Estudos Judiciários do Conselho da Justiça Federal, que prevê: "Art. 478. O fato extraordinário e imprevisível causador de onerosidade excessiva é aquele que não está coberto objetivamente pelos riscos próprios da contratação".

3. OS CONSUMIDORES EQUIPARADOS E SUA INCIDÊNCIA NO DIREITO AGRÁRIO

Como forma de garantir a eficaz proteção do consumidor o CDC, além do já estudado conceito de consumidor em sentido estrito, adotou três outros conceitos, fazendo surgir os entes equiparados a consumidor. Estes conceitos estão nos artigos 2º, parágrafo único, 17 e 29 do diploma consumerista.

O primeiro dispositivo trata da coletividade de consumidores e afirma que "equipara-se a consumidor a coletividade de pessoas, ainda que indetermináveis, que haja intervindo nas relações de consumo". Entende-se que o dispositivo permite a tutela coletiva do consumidor, sendo certo que o próprio CDC apresenta os conceitos de direitos e interesses coletivos, difusos e individuais homogêneos (art. 81, § único, incisos I, II e III).[27] Não se conhece hipótese de aplicação da norma ao produtor rural, mas não há qualquer restrição quanto à sua incidência também nesta seara, uma vez se mostre necessária a tutela coletiva destes produtores.

Outra norma de extensão plenamente aplicável ao produtor rural é a constante do artigo 17 do CDC, a qual equipara a consumidores "todas as vítimas do evento".[28] O dispositivo é restrito à seção relativa ao "fato do produto ou serviço", a qual terá lugar quando um ou outro for *defeituoso*, isto é, quando puder acarretar danos à saúde ou segurança do consumidor em sentido estrito ou a qualquer vítima do seu uso.[29] Neste sentido, é possível sustentar a sua incidência na hipótese em que o filho do agricultor venha a sofrer danos pela inalação de um agrotóxico que, por defeito em sua embalagem, venha a contaminar o ar de determinada fazenda. Com este exemplo

---

27 Podem ser recordados os conceitos normativos de tais direitos ou interesses: "Art. 81. A defesa dos interesses e direitos dos consumidores e das vítimas poderá ser exercida em juízo individualmente, ou a título coletivo. Parágrafo único. A defesa coletiva será exercida quando se tratar de: I – interesses ou direitos difusos, assim entendidos, para efeitos deste Código, os transindividuais, de natureza indivisível, de que sejam titulares pessoas indeterminadas e ligadas por circunstâncias de fato; II – interesses ou direitos coletivos, assim entendidos, para efeitos deste Código, os transindividuais de natureza indivisível, de que seja titular grupo, categoria ou classe de pessoas ligadas entre si ou com a parte contrária por uma relação jurídica base; III – interesses ou direitos individuais homogêneos, assim entendidos os decorrentes de origem comum". O art. 82, por sua vez, estabelece os legitimados para a propositura das ações em defesa dos direitos aqui elencados e o art. 83, por fim, estabelece que "para a defesa dos direitos e interesses protegidos por este Código são admissíveis todas as espécies de ações capazes de propiciar sua adequada e efetiva tutela".

28 Eis o inteiro teor do dispositivo: "Art. 17. Para os efeitos desta Seção, equiparam-se aos consumidores todas a vítimas do evento".

29 Sobre os elementos desta responsabilidade objetiva do fornecedor perante qualquer vítima do evento seja consentido remeter a CALIXTO Marcelo Junqueira, *A Responsabilidade Civil do Fornecedor de Produtos pelos Riscos do Desenvolvimento*, Rio de Janeiro, Renovar, 2004, em especial pp. 45-47.

confirma-se que a proteção legal dispensa o elemento destinação final, estendendo a responsabilidade objetiva também aos não adquirentes do produto.

O último dispositivo que deve ser recordado é o artigo 29 do CDC, o qual dispõe: Para os fins deste Capítulo e do seguinte, equiparam-se aos consumidores todas as pessoas determináveis ou não, expostas às práticas nele previstas.

Percebe-se, assim, que também neste caso é dispensada a destinação final do produto ou serviço, mas a norma de extensão é restrita aos capítulos V e VI do CDC. O primeiro capítulo citado trata das "práticas comerciais", merecendo destaque o tratamento dado à oferta, a vedação às práticas abusivas e a norma relativa à cobrança de dívidas (art. 42).[30] O capítulo VI, por sua vez, traz normas relativas à "proteção contratual", merecendo especial destaque o disposto no artigo 51, que traz um rol não exaustivo de "cláusulas abusivas" e o artigo 52, que traz regras específicas para a hipótese de outorga de crédito ao consumidor.

Uma vez que, como dito, foi afastado o elemento teleológico do conceito de consumidor padrão, é de se perguntar se o disposto no artigo 29 pode ser aplicado indistintamente ao produtor rural. A resposta a esta questão passa novamente pelo requisito *vulnerabilidade*, sendo possível afirmar que a pessoa física estará, em regra, abrigada pela norma. Já para o produtor rural pessoa jurídica a resposta pode não ser tão imediata, uma vez que, em tese, é possível que a relação contratual seja "paritária", o que atrairá a incidência do Código Civil e não das normas constantes do CDC. É a *vulnerabilidade* de uma das partes, portanto, que irá determinar a incidência de um ou outro sistema.[31]

---

30 Recorde-se o dispositivo: "Art. 42. Na cobrança de débitos, o consumidor inadimplente não será exposto a ridículo, nem será submetido a qualquer tipo de constrangimento ou ameaça. Parágrafo único. O consumidor cobrado em quantia indevida tem direito à repetição do indébito, por valor igual ao dobro do que pagou em excesso, acrescido de correção monetária e juros legais, salvo hipótese de engano justificável".

31 Esta parece ter sido a razão que levou o STJ (Recurso Especial 914.384/MT, Terceira Turma, Rel. Min. Massami Uyeda, julgado em 02.09.2010, publicado no DJ em 01.10.2010) a afastar a incidência do CDC ao caso de pedido de revisão de cláusulas de um contrato de assunção de dívida decorrente de contrato de compra e venda celebrado entre "grande" produtor rural (pessoa física) e sociedade limitada produtora de insumos agrícolas. A sentença julgou procedente o pedido e determinou a redução do montante da dívida, o que foi confirmado pelo TJMT. A Terceira Turma, contudo, citando os precedentes recordados (REsp. 541.867/BA e CC 64.524/MT) entendeu que não havia destinação final por se tratar, na origem, da aquisição de insumos por produtor rural. Poderia, entretanto, ter ao menos admitido a incidência do art. 29 do CDC, mas tal não ocorreu talvez pelo fato de se tratar de "grande produtor rural", tal como consta da ementa: "O grande produtor rural é um empresário rural e, quando adquire sementes, insumos ou defensivos agrícolas para o implemento de sua atividade produtiva não o faz como destinatário final, como acontece nos casos de agricultura de subsistência, em que a relação de consumo e a hipossuficiência ficam bem delineadas. De qualquer forma,

Admitida a incidência do CDC, não poderá o fornecedor alegar a ausência de destinação final do produto fornecido. A hipótese mais evidente de incidência da norma é justamente a concessão de financiamento para a atividade rural, determinando que tal contrato não possa, por exemplo, colocar o consumidor em "desvantagem exagerada" (CDC, art. 51, inciso IV e § 1º)[32] nem possa fixar multa de mora em montante superior a 2% (dois por cento) do valor da prestação (CDC, art. 52, § 1º).[33] Aplaude-se, assim, o caminho trilhado pela jurisprudência, – embora com fundamentos diversos dos aqui defendidos –, a qual tem feito o controle de certas cláusulas contratuais em operações de financiamento agrícola.[34]

---

embora não seja aplicável o CDC no caso dos autos, nada impede o prosseguimento da ação com vista a se verificar a existência de eventual violação legal, contratual ou injustiça a ser reparada, agora com base na legislação comum".

32 Observe-se que o inciso IV do art. 51 do CDC constitui verdadeira "cláusula geral" – em um rol de cláusulas específicas – a impor a observância da boa-fé objetiva aos contratantes, tal como se lê: "Art. 51. São nulas de pleno direito, entre outras, as cláusulas contratuais relativas ao fornecimento de produtos e serviços que: (...); IV – estabeleçam obrigações consideradas iníquas, abusivas, que coloquem o consumidor em desvantagem exagerada, ou sejam incompatíveis com a boa-fé ou a equidade". O § 1º, por sua vez, procura esclarecer o exato significado de "vantagem exagerada", mas também adota termos amplos, evitando restringir o seu alcance, *verbis*: "§ 1º. Presume-se exagerada, entre outros casos, a vantagem que: I – ofende os princípios fundamentais do sistema jurídico a que pertence; II – restringe direitos ou obrigações fundamentais inerentes à natureza do contrato, de tal modo a ameaçar seu objeto ou o equilíbrio contratual; III – se mostra excessivamente onerosa para o consumidor, considerando-se a natureza e conteúdo do contrato, o interesse das partes e outras circunstâncias peculiares ao caso".

33 Por sua importância, o art. 52 merece transcrição: "Art. 52. No fornecimento de produtos ou serviços que envolva outorga de crédito ou concessão de financiamento ao consumidor, o fornecedor deverá, entre outros requisitos, informá-lo prévia e adequadamente sobre: I – preço do produto ou serviço em moeda corrente nacional; II – montante dos juros de mora e da taxa efetiva anual de juros; III – acréscimos legalmente previstos; IV – número e periodicidade das prestações; V – soma total a pagar, com e sem financiamento. § 1º. As multas de mora decorrentes do inadimplemento de obrigação no seu termo não poderão ser superiores a 2% (dois por cento) do valor da prestação. § 2º. É assegurada ao consumidor a liquidação antecipada do débito, total ou parcialmente, mediante redução proporcional dos juros e demais acréscimos".

34 Recorde-se aqui a decisão proferida pela Segunda Turma do STJ no Recurso Especial 1.127.805/PR, Rel. Min. Eliana Calmon, julgado em 06.10.2009, publicado no DJ em 19.10.2009. No caso, tratava-se de contrato de crédito rural securitizado e cedido pelo Banco do Brasil à União. Admitiu-se a aplicação do CDC às operações de financiamento agrícola e reconheceu-se, entre outras consequências, que não seria possível cumular a comissão de permanência com a cobrança de juros remuneratórios, correção mone-

CONCLUSÃO

A partir do que foi apresentado é possível afirmar que o CDC também pode ser aplicado a uma relação jurídica envolvendo o produtor rural. Varia, contudo, a amplitude desta incidência do diploma consumerista, o qual dificilmente é aplicado em sua integralidade, – uma vez que afastada, em regra, a destinação final –, regulando, todavia, aspectos como a tutela coletiva, a concessão de crédito e a reparação dos danos causados por defeito no produto fornecido.

É este, de fato, o possível "diálogo" entre as normas protetivas do Direito do Consumidor e o Direito Agrário.

tária e juros de mora. Também se afirmou somente ser possível cobrar multa moratória no percentual de 10% (dez por cento) nos contratos celebrados anteriormente à edição da Lei nº 9.298/96, que conferiu nova redação ao art. 52, § 1º, do CDC, reduzindo o percentual máximo para 2% (dois por cento).

Aplicou-se, em suma, o entendimento consagrado pelo mesmo STJ no verbete 297 da Súmula de sua jurisprudência dominante, o qual afirma: "297. O Código de Defesa do Consumidor é aplicável às instituições financeiras". Pode ainda ser recordado o verbete 285 do mesmo Tribunal, *verbis*: "285. Nos contratos bancários posteriores ao Código de Defesa do Consumidor incide a multa moratória nele prevista".

REGULARIZAÇÃO FUNDIÁRIA DE POPULAÇÕES TRADICIONAIS. UM MARCO JURÍDICO NORMATIVO PARA O DESENVOLVIMENTO TERRITORIAL

Maria Cecília Ladeira de Almeida

1. INTRODUÇÃO

Um dos grandes temas a serem enfrentados nestes dias é a inserção social daqueles que foram historicamente excluídos do desenvolvimento da nação, pelos mais diversos motivos. Essa inclusão exige a celebração de acordos internacionais, em razão do reconhecimento de que tal inserção é direito humano fundamental, de forma que são celebrados tratados internacionais visando à interação dos países signatários em políticas públicas sistematizadas que sejam coerentes entre si. A opção pelo modelo de "desenvolvimento de território" é uma dessas formas.

A diversidade de programas sociais existentes no Brasil, visando o resgate, a inclusão social, é tanta que, exagerando um pouco, é provável que quase todos os brasileiros se enquadrem neste ou naquele programa. Louvável de um lado, péssimo de outro. Essa diversidade, sem um norte comum, gera contradições na aplicação de tais programas, que se tornam inviáveis de serem aplicados. Como se comenta algures: "são feitos para não darem certo."

De fato, o modelo social brasileiro, especialmente o consagrado a partir da Constituição Federal de 1988, optou por uma "constituição cidadã", onde se procurou, por inúmeros dispositivos constitucionais, saldar o passivo social, deixado à margem da estrutura de desenvolvimento brasileiro nos anos que a antecederam. Saldar, inclusive, em termos legais.

Veja-se, por exemplo, o resgate das populações quilombolas, previsto no artigo 68 do Ato das Disposições Constitucionais Transitórias (ADCT) da Constituição Federal/88: "*aos remanescentes das comunidades dos quilombos* que estejam ocupando suas terras *é reconhecida a propriedade definitiva, devendo o Estado emitir-lhes os títulos respectivos*".(grifo nosso).

Tal dispositivo atendeu aos movimentos internacionais de reconhecimento das populações tradicionais e que são consagrados em diversos tratados dos quais o Brasil é signatário, como se verá adiante.

Ora, uma política de resgate social, visando a minimizar as desigualdades, pode incrementar o desenvolvimento, desde que se permita adequar uma política de crédito que garanta investimentos no próprio homem que se pretende inserir no processo produtivo, como investimento no capital humano (por exemplo, educação). Por outro lado, também pode levar a desaceleração do crescimento, na medida em que os efeitos da redefinição de recursos carreados ao Estado, mediante política fiscal, comprometam a eficiência econômica.[1]

Saldar o passivo social implica muitas vezes, como no mencionado dispositivo constitucional, promover a regularização fundiária de populações tradicionais, mas corre-se o risco, por outro lado, de alijar outros cidadãos, que até secularmente ocupam esse território, e que já contribuem com o processo produtivo nacional, estando nele incorporados.

De fato, pontifica Octavio Mello Alvarenga[2] "[...] na propriedade da terra defrontamo-nos sempre com três elementos: o sujeito apropriante, o objeto apropriado, e o conjunto de três fatores: a produção, a estabilidade e o desenvolvimento. O sujeito exerce seu poder sobre uma superfície (o prédio rústico) de maneira dinâmica [...]", em razão do princípio da função social. Quanto aos três fatores, o jusagrarista[3] esclarece que são:

> 1. *A produção.* A propriedade da terra se estabelece para a produção de alimentos. Deverá, portanto, corresponder a um cultivo adequado e racional, mantidos os padrões de respeito à natureza e defesa do *habitat. 2. A estabilidade.* O que significa entender o direito de propriedade como meio de equilíbrio social – tanto para os produtores rurais, individualmente considerados, quanto para a comunidade política. 3. *O desenvolvimento.* Parte da ideia de que a propriedade deve ser instrumento apto para a multiplicação da riqueza, devendo estar adequadamente ordenado em todos os seus elementos.

O Relatório Brundtland[4] define desenvolvimento sustentável como aquele que atende às necessidades do presente sem comprometer a possibilidade de as gerações futuras atenderem a suas próprias necessidades.

---

1 BÉNABOU, R. Unequal societies: income distribution and the social contract. *Apud* SCHYMURA, Luiz Guilherme. In: *Uma ação vital para o desenvolvimento econômico.*

2 ALVARENGA, M. Octavio Mello. *Política e Direito Agroambiental.* p. 131.

3 *Idem, ibidem,* p. 131.

4 BRUNDTLAND, Gro Harlem. *Nosso futuro comum.* Rio de Janeiro: Fundação Getulio Vargas, 1991.

O desenvolvimento a ser incrementado só pode ser entendido como o desenvolvimento sustentável, cujo conceito adotado pela Organização das Nações Unidas para a Alimentação e Agricultura (FAO),[5] em 1988, é:

> [...] o manejo e conservação da base dos recursos naturais e a orientação da alteração tecnológica e institucional, de tal maneira que se assegure a contínua satisfação das necessidades humanas para as gerações presentes e futuras. Este desenvolvimento viável (nos setores agrícolas, florestal e pesqueiro) conserva a terra, a água e os recursos genéticos vegetais e animais, não degrada o meio ambiente e é tecnicamente apropriado, economicamente viável e socialmente aceitável.

Octavio Alvarenga[6] pontifica que o desenvolvimento sustentável "[...] tem limitações impostas pelo estágio atual da tecnologia e da organização social, no tocante aos recursos ambientais e pela capacidade da biosfera de absorver os efeitos da atividade humana. Mas tanto a tecnologia quanto a organização social podem ser geridas e aprimoradas a fim de proporcionar uma nova era de crescimento econômico". Assim a organização social, que implica a inclusão de todos, é fundamental para o desenvolvimento sustentável.

Os critérios e objetivos essenciais que servem como referência na avaliação da agricultura sustentável, ainda de acordo com o jusagrarista Octavio Alvarenga,[7] dizem respeito a: 1. atender as necessidades nutricionais as gerações atuais e futuras; 2. oferecer mão de obra duradoura, ingressos suficientes e condições decentes de vida e trabalho para todos os envolvidos na atividade agrária; 3. fomentar a atividade agrária sustentável, mantendo e regenerando os recursos naturais; e 4. reduzir a vulnerabilidade do setor agrícola ante riscos naturais e socioeconômicos.

Já a estabilidade, que compreende o direito de propriedade como meio de equilíbrio social, é fundamental para o exercício da atividade produtiva na zona rural. Se o exercício da atividade agrária é feito pelo proprietário, somente com o respeito a sua garantia constitucional, o produtor rural exercerá plenamente a atividade agrária com base na função social, nos termos do artigo 5º , incisos XXII e XXIII. As incertezas do direito de propriedade que cumpre a função social geram a insegurança para o exercício da atividade e, em consequência, fragiliza a segurança alimentar almejada que, em última instância, é fator de segurança nacional.

5 Food and Agricultural Organizations, na sigla em inglês.

6 ALVARENGA, Octavio Mello. Op. cit., pp. 126-127.

7 ALVARENGA, Octavio. *Direito Agrário e meio ambiente na Constituição de 1988.* Rio de Janeiro: Forense, 1992, pp. 168-9.

Nesse sentido, o Professor Denis L *Rosenfield*[8] trouxe a colação, em artigo publicado no site da Confederação Nacional da Agricultura, comentários à sentença contida no Processo nº 2007.71.02.009430-8/RS (hoje *e-Proc* sob o nº 50069876620114047102) da 2ª Vara Federal de Santa Maria/RS, que julgou procedente a ação judicial, tendo como réu o Instituto Nacional de Colonização e Reforma Agrária (Incra), posto que a ele foi designada a regularização fundiária dos quilombos, nos termos do Decreto nº 4.887/2003:

> [...] observe-se que esses pequenos agricultores possuem propriedades entre 15 e 20 hectares, estando ali estabelecidos desde 1850, sendo o fruto da colonização alemã e polonesa dessa região. O juiz frisa que a Constituição, no artigo 68 do ADCT, dispõe o ano de 1988 como a linha divisória permitindo determinar o reconhecimento de quilombo, ou seja, áreas efetivamente sob ocupação quilombola, e não áreas ficcionais posteriormente criadas segundo outro conceito de quilombo, o quilombo conceitual, não histórico. Nas palavras do juiz: "ora, *o reconhecimento operado pelo art. 68 do ADCT é limitado às comunidades que estivessem, em 5 de outubro de 1988, ocupando áreas historicamente constitutivas de quilombos. Sendo assim, o desapossamento de terceiros, com o fito de restituir a gleba aos remanescentes de quilombo, não encontra espaço de aplicação na seara do art. 68 do ADCT, porquanto este tem como requisito indispensável a permanência de ocupação da terra pelas comunidades em questão*" (grifos nossos).

O processo está em grau de recurso.

Por outro lado, em sede do Mandado de Segurança nº 2008.70.09.002352-4/PR, tendo como impetrado também o Incra/PR, o juízo federal de Ponta Grossa/PR deu ganho de causa ao Instituto, posto que em sua sentença assim se manifesta:

> [...] A Convenção 169 da Organização Internacional do Trabalho (OIT), da qual o Brasil é signatário, assegura aos grupos e comunidades tradicionais (indígenas e tribais) prevê o direito de autodeterminação dos povos, ou seja, as próprias comunidades podem se autodefinir. A partir do Decreto nº 4.887/2003, foi concedido a essas populações o direito à autoatribuição como único critério para identificação das comunidades quilombolas. O decreto que regulamenta o procedimento de regularização fundiária definiu que "são terras ocupadas por remanescentes das comunidades dos quilombos utilizadas para a garantia de sua reprodução física, social, econômica e cultural. [...] O direito de propriedade não é um direito absoluto, ou seja, não é imaginável nos dias atuais o uso restrito de um imóvel aos interesses exclusivos do proprietário ou possuidor. A propriedade deve cumprir a sua função social. *Consoante determina o texto constitucional. O proprietário ou possuidor deve permitir que o Poder Público, por meio de agentes públicos, realize o objeto de investigação no imóvel para acolher dados*

8 ROSENFIELD, Denis Lerrer. *Arbitrariedade contida*. Disponível em: <http://www.cna.org.br>. Acesso em 26/05/2011.

e informações para verificar se a área poderá ser considerada tradicionalmente ocupada pelos remanescentes quilombolas. [...]Também não me parece adequado neste momento processual, [...] acatar a tese defendida pelos autores quanto à determinação constitucional de reconhecer apenas as terras que estejam sendo ocupadas pelas comunidades de quilombos." (grifos nossos)

Como se vê, a questão, longe de ser resgatada pelo desígnio constitucional, promove um debate mais além, com posições divergentes entre todos os envolvidos, a insegurança daquele proprietário que cumpre a função social, posto que não está isento de eventualmente ser desapropriado por interesse social, nos termos da Lei nº 4.132/62, no caso de o quilombo incidir sobre propriedades particulares. Essa constatação está prevista no próprio Decreto nº 4.887/2003, definido como constitucional, em sede de tribunais federais regionais.[9] O Decreto determina que se o quilombo estiver sobre terras devolutas deverá ser feita a regularização fundiária, conferindo o título *pro indiviso* aos mesmos, mas se a área quilombola estiver em terras particulares, estas deverão ser desapropriadas, ainda que estas cumpram a função. Então, aplica-se a Lei nº 4.132/1962.

A Ação Direta de Inconstitucionalidade nº 3.239-9/600-DF, em face do Decreto nº 4.887/2003, proposta pelo Partido da Frente Liberal (PFL), hoje Democratas (DEM), teve parecer do então Procurador-Geral da República, Cláudio Fonteles, em 17/09/2004 (Parecer nº 3.333/CF) no sentido da improcedência da ação e, até a data em que se encerra este texto, aguarda decisão final no STF, tendo como Relator o Ministro Cezar Peluso.[10]

Os programas sociais só se justificam na medida em que, saldando passivo, promovam a inclusão social. O mero assistencialismo não leva a nada, ou pior, leva ao comprometimento de políticas de desenvolvimento econômico. Na sábia lição popular, "é preciso ensinar a pescar e não somente dar o peixe."

Em 2009, assim se manifestou Cesário Ramalho da Silva[11] quanto à questão agrária, em conferência realizada no 11º Congresso de Agribusiness: "[...] precisamos resolver as questões agrárias. A ameaça ao direito de propriedade afasta os investimentos [...] A reforma agrária é um programa de estatização de terras, retirando-a da posse privada e levando-a para o público; só que o indivíduo que recebe terra dos movimentos nunca é dono da terra." De fato, a reforma agrária é programa de distribuição de propriedade e não se

9 TRF 4ª – Acórdão em sede de AI nº 2008.04.00.010160-5/PR; TRF 1ª AI nº 2007.01.00.052659-8/DF .

10 Disponível em: <http://www.stf.jus.br>. Acesso em 10/10/2011.

11 SILVA, Cesário Ramalho. Desenvolvimento socioeconômico impulsionado pelo agronegócio. In: *Anais do 11º Congresso de Agribusiness*, 24 e 25 de novembro de 2009. Rio de Janeiro: Sociedade Nacional de Agricultura/Sebrae, 2009, p. 87.

encerra na arrecadação de propriedade particular. Da mesma maneira que os programas de resgate às populações tradicionais devem respeitar a propriedade privada, assim definida em lei e cumpridora da função social.

Octavio Mello Alvarenga,[12] nesse sentido, já constatava que:

> A distribuição das terras não suprime o direito de propriedade. Antes, de certa forma, o resguarda, porque aumenta o número de seus defensores. Mas a terra, em si mesma, é apenas um início de patrimônio. Abandonado a seus próprios e precaríssimos recursos, o beneficiário da reforma produz pouco ou não produz nada [...]. Daí o louvor ao art. 187, cujo elenco, se não restar apenas uma miragem, é o mais completo, jamais colocado como pressuposto de um autêntico progresso rural.

Alvarenga, naquela época, em 1992, já compreendia o grande passo que fora a determinação constitucional do artigo 187 que exige a compatibilização da política agrícola com a regularização fundiária. É preciso a inclusão de todos no processo produtivo. Não há como incluir uns excluindo outros.

Não se pode promover a inclusão social para saldar passivo, excluindo os demais. A estabilidade é fator preponderante da propriedade da terra e consequente cumprimento da função social.

Para atender a essas populações tradicionais, foi necessário encontrar em suas próprias culturas e em consonância com o princípio da dignidade humana a fórmula de sua regulação. E a solução encontrada foi a do "território".

2. BASE CONCEITUAL DE TERRITÓRIO E DE CIDADANIA

O conceito de território vem se modificando com o correr do tempo. De base física, geográfica, passou a ser um conceito jurídico-político, que os romanos consideravam como sendo a universalidade das terras dentro dos limites de cada estado, pois etimologicamente o termo "território" provém do verbo latino *terreo, terrino* que significa intimidar, causar medo, receio.

Na definição de Hans Kelsen,[13] território é o âmbito de validade da norma jurídica. Por sua vez, León Duguit pontifica que território "é a parte do globo terrestre na qual determinado governo pode exercer o seu poder de constrangimento, organizar e fazer funcionar os diversos serviços públicos. Alexandre Gropalli,,[14] por sua vez, entende que o território "[...] é o limite

12 ALVARENGA, Octavio Mello. *Direito Agrário e meio ambiente na Constituição de 1988*. Rio de Janeiro: Forense, 1992, pp. 65-6.

13 KELSEN, Hans. *Teoria general del Derecho e del Estado*. México: Imprenta Universitária, 1958, p. 247.

14 GROPALLI, Alexandre. *Doutrina do Estado*. São Paulo: Saraiva, 1953, p. 140.

espacial dentro do qual o Estado exerce de modo efetivo e exclusivo o poder de império sobre pessoas e bens" E, ainda, segundo o internacionalista Hildebrando Accioly,[15] território é o espaço sobre o qual o Estado exerce a soberania territorial.

Hoje, esse conceito sofre outra mutação, até mesmo em razão da evolução dos direitos. Na medida em que o homem caminhou do reconhecimento dos direitos individuais para os direitos sociais e destes, para os direitos difusos, houve uma profunda transformação na consagração dos direitos relativos à condição humana.

Não há mais como negar o primado da igualdade entre os homens. O princípio da igualdade está vinculado ao princípio da liberdade que deve permear a vida em sociedade. Na lição de Norberto Bobbio,[16] essa igualdade implica o reconhecimento de que todos os cidadãos devem ter as mesmas oportunidades, devem ter idênticos acessos aos direitos que são reconhecidos como direitos fundamentais. O exercício de tais direitos pode até ser opção de cada cidadão, mas o acesso a eles é direito inarredável.

Tal reconhecimento leva a justiça humana a todos os rincões. O processo de reconhecimento dos direitos fundamentais permite a erradicação de discriminações, eliminando assim as diferenças de sexo, fé, etnia, língua, nacionalidade, opiniões políticas etc. Como constante do artigo 2º da Declaração Universal dos Direitos do Homem: "toda pessoa tem capacidade para gozar os direitos e as liberdades estabelecidos nesta Declaração, sem distinção de qualquer espécie, seja de raça, cor, sexo, língua, religião, opinião política ou de outra natureza, origem nacional ou social, riqueza, nascimento, ou qualquer outra condição."

Os mesmos princípios estão consagrados na Constituição brasileira, não só no artigo 5º, onde declara que todos são iguais perante a lei, mas também mais adiante, quando promove correções expressas de situações de outrora discriminação, como no inciso I do mesmo artigo, quando coloca a mulher em mesmo pé de igualdade do homem, ou, ainda, no artigo 68 da ADCT, onde determina a regularização fundiária dos remanescentes das populações quilombolas, esta em total sintonia com a Convenção e Recomendação sobre Povos Indígenas e Tribais, de 1957 da Organização Internacional do Trabalho (OIT); Convenção Internacional sobre a Eliminação de todas as Formas de Discriminação Racial, da ONU, em 1969 e na Convenção nº 169, da OIT, sobre povos indígenas e tribais em 2004.

15 ACCIOLY, Hildebrando. *Manual de Direito Internacional público*. 8ª ed. São Paulo: Saraiva, 1968.

16 BOBBIO, Norberto. *Teoria geral da política*. Rio de Janeiro: Campus-Elsevier, 2009, p. 491.

Da mesma forma a Declaração do Rio de Janeiro sobre Meio Ambiente e Desenvolvimento (ECO-92) que, além de proclamar o necessário desenvolvimento sustentável, no princípio 22 recomenda que:

> Os povos indígenas e suas comunidades, assim como outras comunidades locais, desempenham o papel fundamental na ordenação do meio ambiente e no desenvolvimento devido a seus conhecimentos e práticas tradicionais. Os Estados deveriam reconhecer e prestar o apoio devido a sua identidade, cultura e interesses e velar pelos que participarão efetivamente na obtenção do desenvolvimento sustentável.

E, ainda, na Agenda 21, são feitas diversas recomendações sobre tais temas, como a promoção do desenvolvimento rural e agricultura sustentável, no capítulo 14, o reconhecimento e fortalecimento do papel das populações indígenas e suas comunidades, no capítulo 26 e, no capítulo 32, trata do fortalecimento do papel dos agricultores, onde se interagem todos os atores sociais da atividade agrária.

Mas, voltando ao tema da evolução dos direitos, em todas as fases da história da humanidade há a constatação de que o ser humano anseia por vida digna, por cidadania.

E se o conceito de território sofreu a interferência do tempo, o mesmo se dá com o conceito de cidadania.

De sua mais remota conceituação de ligação entre o soberano e seus súditos livres, na lição de Jean Bodin,[17] passando pela cidadania liberal, fruto da Revolução Francesa de 1789, calcada nos direitos naturais individuais, hoje, o conceito de cidadania caminha para uma titularidade difusa e universal, na medida em que constatamos a evolução dos direitos, como já dito na lição de Norberto Bobbio.[18]

A cidadania é um direito fundamental que deve ser reconhecida a todos, permitindo assim a inter-relação dos cidadãos, vinculados, pois, aos mesmos direitos fundamentais. Isto nos leva à ideia de solidariedade entre os cidadãos, esses atores sociais que não podem estar fora das mais diversas relações sociojurídicas. Qualquer forma de exclusão social é, sem sombra de dúvida, um retrocesso. Não mais se concebe que tais atores sociais, maiorias ou minorias, não sejam sujeitos de todos e quaisquer direitos. É a "cidadania inclusiva."

Sendo assim, diversos grupos passaram a ter seus direitos reconhecidos e garantidos no ordenamento jurídico, calcados não só na ideia de igualdade,

---

17 BODIN, Jean. *Les six livres de la republique*. Paris: Librairie Generale Française, 1993.

18 BOBBIO, Norberto. *A era dos direitos*. Rio de Janeiro: Campus-Elsevier, 1992.

mas também, especialmente, na concepção de solidariedade, onde cada cidadão interage com a coletividade e, por óbvio, com o Estado.

Assim, em 2008, foi criado o Programa de Territórios da Cidadania:[19]

> [...] visando priorizar ações governamentais em regiões e sub-regiões onde os investimentos públicos e privados não têm sido suficientes para garantir o atendimento às necessidades básicas da população, bem como para acelerar processos locais e sub-regionais que ampliem as oportunidades de geração de renda de maneira desconcentrada e com a observância da sustentabilidade em todas as suas dimensões. Trata-se de programa de apoio e estímulos a processos de desenvolvimento organizados territorialmente com certo grau de endogenia, descentralizados e sustentáveis, articulados em redes de apoio e cooperação solidária que, gradualmente possam integrar populações e territórios do Brasil aos processos de crescimento e de desenvolvimento em curso.

A opção por territórios rurais como espaço de articulação e gestão de políticas públicas é oriunda, principalmente, da necessidade de se adotarem concepções inovadoras para se enfrentar problemas que, apesar dos avanços conseguidos, persistem atingindo fortemente algumas regiões e grupos sociais. É o combate à pobreza, à exclusão social, à degradação ambiental e às desigualdades sociais e econômicas que precisam ser erradicadas do meio rural. No Brasil, pretendia-se atingir 120 territórios até o ano 2010, conforme informativo do Ministério do Desenvolvimento Agrário (MDA). Por exemplo, no estado de São Paulo, foram instituídos três territórios: Pontal do Paranapanema, Sudoeste Paulista e Vale do Ribeira, enquanto no Rio de Janeiro o Norte e o Noroeste do estado foram assim considerados.[20]

Já na Secretaria de Desenvolvimento Territorial[21] o conceito adotado é aquele segundo o qual território é:

> Um espaço físico, geograficamente definido, geralmente contínuo, compreendendo a cidade e o campo, caracterizado por critérios multidimensionais – tais como o ambiente, a economia, a sociedade, a cultura, a política e as instituições – e uma população com grupos sociais relativamente distintos, que se relacionam interna e externamente por meio de processos específicos, onde se pode distinguir um ou mais elementos que indicam identidade e coesão social, cultural e territorial.

---

19 *Territórios da cidadania.* Proposta do MDA para redução da desigualdade social no meio rural brasileiro. p. 3.

20 Disponível em: <http://www.territoriosdacidadania.gov.br>. Acesso em 03/11/2011.

21 Secretaria do Desenvolvimento Territorial. Disponível em: <http://www.mda.gov.br/sdt>. Acesso em 17/04/2009.

É bom lembrar que esse conceito de território, aqui tratado, não implica ferir o disposto no artigo 1º, *caput*, da Constituição quando, em cláusula pétrea, determina a união indissolúvel da República Federativa do Brasil. Assim, o conceito de território quilombola, ianomâmi etc. não gerará um "estado paralelo", mas apenas uma forma de atuação conjunta de políticas públicas visando o desenvolvimento de determinado perímetro onde foram constatadas dificuldades socioeconômicas de desenvolvimento.

No pontificado de Bobbio,[22] o futuro da democracia depende dessa solidariedade, do resgate daqueles que ficaram à margem da sociedade em razão de etnia, sexo, religião, posições políticas etc.

É nesse sentido que o estado deve criar e/ou incrementar políticas públicas voltadas para tal resgate. A inclusão social daqueles que ficaram ao largo dos "interesses da maioria" é imperiosa. Assim, as chamadas "minorias" devem ser beneficiárias com a efetivação da atuação do Estado para que se integrem, pois, sem essa inclusão, todos perdem.

Todavia, é interessante observar que tais atores sociais são, muitas vezes, excluídos por eles próprios. Orlando Villas-Bôas Filho, na obra *Teoria dos sistemas e o direito brasileiro*, com muita precisão pontifica o que muitas vezes esta autora vivenciou.

Transcrevo aqui as ponderações do citado autor no sentido de que o problema da exclusão social muitas vezes reverbera na esfera do direito em termos de indiferença dos próprios excluídos e não em termos de eliminação. Essa indiferença afeta negativamente a capacidade de impor os direitos já reconhecidos ou a serem reconhecidos. "[...] A indiferença relativa aos programas jurídicos compromete a generalização congruente das expectativas normativas".[23]

E isto pode ser constatado com a inicial indiferença dos remanescentes de populações quilombolas com o direito de regularização dos territórios que habitam a partir de 1988. Direitos estes conquistados no Brasil, pelo menos desde o citado ano, quando da promulgação da Constituição Federal. Sua indiferença, desconhecimento, desconfiança, muito tem levado à frustração da aplicação de políticas públicas de imediata inclusão social, pois a não organização social do grupo leva à não regularização e, por esta, à impossibilidade da aplicação de políticas públicas de toda ordem: educacional, de gênero, de fomento à produção, de comercialização de produtos etc. Por outro lado, também leva à frustração dos beneficiários mais engajados, que descobrem que, mesmo com seus direitos reconhecidos legalmente, sua implementação e eficácia estão longe de serem concretizadas.

---

22 BOBBIO, Norberto. *O futuro da democracia*. 9ª ed. São Paulo: Paz e Terra,

23 VILLAS-BÔAS FILHO, Orlando. *Teoria dos sistemas e o Direito brasileiro*. São Paulo: Saraiva, 2009. p. 331.

Tais figuras, longe de políticas públicas geram um contingente de párias "... destituídos de direitos básicos que gravitam à margem das prestações dos subsistemas sociais, dentre os quais o jurídico."[24] Conclui o autor, Villas Boas, que tais figuras perdem "...o direito de ter direitos" e, ainda, "... A exclusão serve de óbice à plena consecução da função do sistema jurídico".[25]

Essa distorção de sua própria posição no contexto social foi constatada por uma pergunta feita por uma quilombola ao indagar sobre os eventuais direitos de sua comunidade junto à autarquia responsável pela regularização fundiária, o Incra. Ao término da conversa, já de saída, ao se despedir da funcionária da competente repartição, esta se aproximou e deu-lhe um beijo, como de forma habitual de despedida. Qual não foi o seu espanto quando a senhora quilombola perguntou: "mas eu não sabia que podia beijar!", como se não tivesse direito a esta forma mais que normal de saudação...

Mas, voltando ao tema, se é devida a inclusão dos excluídos é preciso respeitar o direito adquirido dos que já estão incluídos. Esta é a equação que o Estado e suas políticas públicas devem resolver, atendendo ao preceito constitucional: *aos remanescentes das comunidades dos quilombos que estejam ocupando suas terras é reconhecida a propriedade definitiva, devendo o Estado emitir-lhes os títulos respectivos*. Assim, a grande questão é se devem ser reconhecidas as comunidades que em 1988 estivessem ocupando seu território ou todas as comunidades que se autodeterminem e sejam após, ratificadas pelo Incra, mediante o laudo antropológico e Portaria do Presidente do Instituto? Já se viu, nos acórdãos acima trazidos, a colação, as divergências jurisprudenciais sobre o tema.

Situação que merece ser debatida é a dos quilombos que comprovadamente foram excluídos, expulsos de suas terras antes de 1988, por motivos os mais diversos, inclusive por questões de interesse público, como os da área da base de lançamentos de Alcântara/MA, terem direito a retornar a elas ou não. Em todas, as disputas judiciais estão longe de ter um fim.

Somente uma decisão que atenda a ponderação de todos esses direitos envolvidos deverá trazer solução aos impasses: 1. somente as áreas que estavam efetivamente ocupadas quando da promulgação da Constituição Federal, em 5 de outubro de 1988, devem ser regularizadas como áreas quilombolas; 2. as comunidades que foram alijadas comprovadamente de seus territórios, antes da Constituição, têm direito de retornar ao reconhecimento de seu território; 3. a propriedade que cumpre a função social e, portanto, seu ocupante está inserido no processo produtivo nacional, deverá ser de-

24 *Idem, ibidem*, p. 333.

25 *Idem, ibidem*, p. 335.

sapropriada quando nela se constate área remanescente de quilombo; 4. As comunidades quilombolas que estão em unidades de conservação de preservação integral devem ser remanejadas para outras regiões, em violação aos preceitos de "território".

Em 20 de julho de 2010, foi sancionada a Lei nº 12.288, que instituiu o Estatuto da Igualdade Racial, que, entre diversos temas como educação, saúde, moradia, esporte e lazer e liberdade de crença, dispõe sobre o acesso a terra nos artigos 27 ao 34.

O artigo 31 determina que "aos remanescentes das comunidades dos quilombos que estejam ocupando suas terras é reconhecida a propriedade definitiva, devendo o Estado emitir-lhes os títulos respectivos."

No artigo 32 há a regra de que as políticas públicas devem ser voltadas para o "desenvolvimento sustentável dos remanescentes das comunidades dos quilombos, respeitando as tradições de proteção ambiental das comunidades."

E o artigo 33, por sua vez determina que "para fins de política agrícola, os remanescentes das comunidades dos quilombos receberão dos órgãos competentes tratamento especial diferenciado, assistência técnica e linhas especiais de financiamento público, destinados à realização de suas atividades produtivas e de infraestrutura".

E, se o acesso a terra é garantido, a produção agrícola também o é, com a peculiaridade de se "*respeitar as tradições de proteção ambiental das comunidades*" (art. 32) (grifo nosso).

Dessa forma, é preciso compatibilizar as tradições de proteção ambiental das comunidades com a proteção ambiental já consolidada na legislação brasileira. Assim, surge nova equação, pois em muitos casos as tradições de proteção ambiental das comunidades não estão em consonância com a atual legislação ambiental.

Uma vez que o Estatuto é destinado à população negra, nos termos do *caput* de seu artigo 1º, é preciso observar que as soluções para esse segmento da população brasileira podem e devem ser utilizadas, por analogia, pelas outras populações tradicionais como faxinais, caiçaras, ribeirinhos etc, que também merecem reconhecimento, nos termos dos tratados internacionais que o Brasil firmou.

3. NECESSIDADE DE POLÍTICAS PÚBLICAS

Pelas ponderações acima, percebe-se que são necessárias, em todo o mundo, políticas públicas que visem à inserção social de toda ordem, em face das convenções internacionais protecionistas às populações tradicionais. Na verdade, aqui se constata mais uma evolução. A democracia representativa passou a ser participativa e caminha para uma democracia solidária. Não se pode falar em pessoas iguais, uma ao lado da outra, mas uma interagindo com a outra. Este é o novo sentido da democracia. "Todos são convocados a defender o que lhes é comum", conforme pontifica Fabio Konder Comparato.[26]

Vários doutrinadores têm se manifestado nesse sentido, como Ricardo Zeledón y Zeledón, cujo pensamento, em constante evolução, tem oferecido diversas obras sobre Direito Agrário, que, partindo do Direito Agrário empresarial, hoje fala do Direito Agrário como direito humano fundamental. E a regularização fundiária das populações tradicionais pertence à sede do Direito Agrário.

Em *Sistemática del Derecho Agrario*, o jusagrarista fala das novas dimensões da humanidade estabelecidas por meio da solidariedade.[27]

"A solidariedade é o compromisso permanente para alcançar o bem comum. Influencia todos os âmbitos da ordem da vida humana, particularmente a convivência social. No mundo dos mais necessitados a violação dos mais elementares direitos humanos é uma constante, especialmente na zona rural", pontifica Zeledón y Zeledón.

Em toda a vasta obra legada por Octavio Mello Alvarenga se constata seu compromisso com o direito de todos os atores sociais que estão envolvidos com a atividade agrária. Também se observa sua preocupação com o exercício da atividade agrária e a estabilidade no direito de propriedade que cumpre a função social, como já mencionado acima e que são fundamentais para o desenvolvimento sustentável do país. Suas preocupações e questionamentos foram de tal ordem, que nos mais de 30 anos em que esteve à frente da centenária Sociedade Nacional da Agricultura (SNA) fez dela uma tribuna para que todos os atores sociais envolvidos na atividade agrária ali se apresentassem para o mais franco, sério e amplo debate.

De fato, o êxodo rural e a falta de políticas urbanas de absorção de tais populações criam situações de enfrentamento dentro e fora das fronteiras políticas dos diversos países. Isso sem contar que o êxodo rural desmedido, causado por falta de políticas públicas dirigidas a zona rural, está incrementando a fome no mundo e, em consequência, aumentando o número de excluídos.

Voltando a lição de Zeledón y Zeledón:[28] da pobreza do campo, da falta de oportunidade para os rurícolas, da ausência de trabalho, do levantamento armado ou da guerra, se servem também grandes males como o narcotráfico, pois a cultura de drogas constitui uma alternativa para esses setores margi-

26 COMPARATO, Fabio Konder. *Ética*. São Paulo: Companhia das Letras, 2006, p. 577.

27 ZELEDÓN Y ZELEDÓN, Ricardo. *Sistemática del Derecho Agrário*. Medellin: Centro Editorial Universidad Cooperativa de Colombia, p. 86.

28 ZELEDÓN Y ZELEDÓN, Ricardo. Op. cit., p. 87.

nais, abandonados, que optam por uma vida de ilegalidade ou clandestinidade como única saída para a sua situação econômica.[29]

Onde o Estado não atua, o crime se expande. E isto é provado diariamente na mídia.

Se a agricultura é atividade central da população mundial, conforme declaração da Rio-92, é preciso que sejam criados mecanismos imediatos para incrementar o exercício da atividade agrária, visando a levar cidadania ao homem do campo de maneira que estanque o êxodo rural e incremente a produção agrícola, como política de estratégia de desenvolvimento e de segurança nacional para cada país.

4. A OPÇÃO POR "TERRITÓRIO"

Nesse sentido, o conceito de território como forma metodológica de ataque contra a exclusão social na zona rural tem sido a opção de diversos países como México, Guatemala e Brasil.

A concepção, então, de território ganha contornos além do até então conhecido. Território passa a ser, conforme pontifica Rafael Echeverri Peri[30], em seu trabalho *Identidade e território no Brasil*:

> A dimensão política do espaço – quando este é referido reconhecido e identificado – enquanto unidade da gestão política que o distingue e a ele atribui existência, de certa forma institucionalizada. Nem sempre o território constitui-se numa entidade territorial, a exemplo de município, província, departamento ou estado. É suficiente ser reconhecido como unidade que pode controlar ou interagir enquanto a institucionalidade que expressa – pode ser a bacia de um rio, a união de organizações territoriais, um espaço com nítidas características étnicas ou um espaço definido por redes econômicas bem caracterizadas.
>
> Dessa forma, o território pode, inclusive, chegar a constituir-se num espaço descontínuo. O elemento central da reflexão que nos ocupa é o fato de a identidade – como expressão de traços diferenciadores e distintivos da população pertencente a um espaço – converter-se no espírito essencial, básico e estruturante do território. Além de descrever e caracterizar o território, o mais importante é que a identidade orienta e ordena as estratégias de desenvolvimento ao definir e dar suporte ao caráter das forças motoras que possibilitam avançar na conquista do bem-estar.

A diversidade sociocultural do Brasil permite adotar essa metodologia como forma de atacar os mais variados problemas fundiários do país. Pensando nos diversos povos que habitam o Brasil, é possível falar que mes-

---

29 Tradução livre da autora.

30 PERI, Rafael Echeverri. *Identidade e território no Brasil*. Disponível em: <http://www.iica, Acesso em 20/11/2009. p. 10.

mo dentro de tais comunidades existe uma diversidade espantosa. A nação indígena é formada por diversos grupos, etnias que não têm nada em comum, por exemplo. Da mesma forma os ancestrais das comunidades quilombolas, e assim por diante.

A territorialidade retoma sua importância no contexto dos estudos do desenvolvimento rural, na medida em que a própria antropologia a reconhece como parte integrante de todos os grupos humanos. Robert Sack, citado por Paul E. Little,[31] define territorialidade "como o esforço coletivo de um grupo social para ocupar, usar, controlar e se identificar com uma parcela específica de seu ambiente biofísico, convertendo-a assim em seu território ou *homeland*."

A opção pelo território deve integrar a todos visando o desenvolvimento de todos. Desenvolvimento que não significa apenas o crescimento econômico, mas também a equidade, o respeito à diversidade, promovendo, enfim, a justiça social, anseio de todos.

5. MARCO JURÍDICO PARA DESENVOLVIMENTO DO TERRITÓRIO

O objetivo de um marco jurídico para o desenvolvimento do território, em termos de políticas aplicadas às atividades agrárias, deve apresentar as bases de um instrumento legal capaz de informar todas as ações públicas e privadas, consagrando, sob o primado da lei, os princípios basilares de democracia solidária, da igualdade e da liberdade, que exige a inserção social de todos os atores que compõem o território, integrando e respeitando as diversas formas de vida, sejam elas quais forem. Tal marco deve informar a legislação em todos os seus níveis: federal, estadual ou municipal, promovendo a harmonização das mesmas.

Não tem sentido que leis de esferas de poder diferentes sejam contraditórias entre si ao regularem o mesmo assunto. Não pode o ator social ficar encalacrado entre duas normas que, em vez de se complementarem, se contradizem. Ficar preso entre políticas públicas que impedem sua atuação. É o "feito para não dar certo" aplicado ao caso concreto, como já acima mencionado.

O respeito a todos os cidadãos do país, a inserção social, o respeito às minorias etc. exigem um marco jurídico que, como um "apelo ao direito", necessita de uma linguagem comum onde todos sejam contemplados, sem que ninguém fique à margem da norma legal, até mesmo porque eventual-

31 LITTLE, PAUL. *Territórios sociais e povos tradicionais no Brasil*: por uma antropologia da territorialidade. Brasília: Ed. UnB, 2002.

mente não reconheça a si próprio como detentor de direitos, como na lição de Orlando Villas-Bôas Filho, já trazido à colação.

Assim, esse marco jurídico deve conter normas que respeitem a diversidade dos atores que vivem no território e que os façam ter respeito mútuo. Ditar normas que permitam superar as questões da estrutura fundiária, promovendo o zoneamento que crie reservas e/ou prioridades para o exercício da atividade agrária, ao lado das áreas urbanas e de expansão urbana. Promover políticas visando à educação dos atores, resgatando suas formas de expressão seculares e mediante assistência técnica, social e financeira de inserção, sem comprometer suas tradições. O reconhecimento de formas de agricultura não convencionais, próprias dos diversos atores existentes no território, permitindo a coexistência harmoniosa da agricultura familiar com estratégias do agronegócio, permitindo a segurança alimentar. Criar normas tributárias que beneficiem aqueles atores que são efetivos produtores rurais, ao mesmo tempo em que penalizem aqueles que não cumprem a função social da terra, por qualquer que seja o seu requisito.

O marco jurídico deve fomentar a inserção social de todos os atores do território, os que devem ser inseridos e os que já ali se encontram. Permitir a concretização da democracia solidária, democracia que consiste nos valores de tolerância e de diálogo entre todos os povos, conforme preleciona Norbert Rouland.[32]

Uma “cláusula de igual proteção” talvez seja a síntese desse marco judicial tão almejado.

Por tal cláusula, não se pretende que todos sejam tratados rigorosamente iguais, pois nem todos são rigorosamente iguais. Tal cláusula, adotada nos Estados Unidos, visa combater toda e qualquer forma de discriminação. Ninguém poderá ser tratado como um cidadão de segunda categoria. Sua singularidade deve ser tratada igualmente pelos demais componentes do território, bem como pelo Estado que não pode menosprezar tal cidadão. Todos têm direito de não serem discriminados pelo que representam em razão de suas características próprias, conforme ensina Eduardo Appio:[33] a “discriminação impede o acesso aos bens culturais indispensáveis para a participação do processo político, afetando de forma intensa a essência de sua cidadania”.

O apoio aos produtores rurais, qualquer que seja a sua origem, que cumprem a função social da terra, e que contribuem para o fortalecimento do país, é a solução mais correta.

---

32 ROULAND, Norbert, PIERRE-CAPS, Stépane et POUMARÈDE, Jacques. *Direito das minorias e dos povos autóctones*. Brasília: Ed. UnB, 2004, p. 11.

33 APPIO. Eduardo. *Direito das minorias*. São Paulo: Revista dos Tribunais, 2009, pp. 217, 222-3.

6. CONCLUSÃO

O primado da lei é consagrado praticamente em toda a totalidade da família romano-germânica, desde o século XIX, quando praticamente todos os Estados que adotam o sistema legal romano-germânico elaboraram sua legislação escrita. Tal fenômeno continua a ser objetivo dos juristas desse sistema.

"A lei, pelo rigor de redação que comporta, parece ser a melhor técnica para enunciar regras claras, numa época em que a complexidade das relações sociais obriga a conferir prioridade, entre elementos de uma solução justa, às preocupações de precisão e clareza [...]."

A lição de René David,[34] todavia, deixa um alerta para a questão do marco legal. O jurista deve se lembrar da enorme diversidade de culturas abarcadas pelos territórios onde pretende aplicar políticas públicas e, em muitas dessas comunidades, a palavra escrita não serve para nada (até mesmo porque o maior valor é a palavra falada). Assim, o primado da lei escrita pode estar descaracterizando as formas tradicionais que tanto se quer preservar.

Alerta Octavio Mello Alvarenga[35] que "[...] não se pode omitir certas realidades, emergente de maneira diversa nos distintos 'brasis' [...] a eficiência produtiva de uma família rural guarda relação direta com uma série de fatores, desde os de ordem educacional (conhecimento de técnicas e de administração) até os dependentes do Poder Público (crédito, vias de transporte e facilidades para comercialização) [...] " permitindo ao produtor rural aptidão suficiente para ter renda que garanta o sustento de sua família e seja base de seu desenvolvimento.

Na mesma esteira, a Senadora Kátia Abreu,[36] ao comentar a atuação de certas organizações não governamentais em relação aos debates sobre a votação do Código Florestal, lembra que:

> [...] tentar equalizar e adotar regras únicas para um território com a extensão continental do Brasil e seis biomas diversos como são o Cerrado, a Caatinga, o Pantanal, o Pampa, a Mata Atlântica e a Amazônia é mistificar as regras ambientais e envenenar a opinião pública contra um dos pilares mais sólidos, modernos e competitivos do desenvolvimento do país.

---

34 DAVID, René. *Os grandes sistemas do Direito Contemporâneo*. São Paulo: Martins Fontes, 1993, p. 119.

35 ALVARENGA, Octavio Mello. *Direito Agrário e meio ambiente na Constituição de 1988*. Rio de Janeiro: Forense, 1992, p. 97.

36 ABREU, Kátia. *O código das ONG's*. Disponível em: <http://www.cna.org.br>. Acesso em 26/06/2011.

Desta forma, é preciso propor uma estratégia de desenvolvimento para o país, partindo de algumas políticas públicas essenciais, cujos objetivos estejam perfeitamente delimitados e sejam observadas as peculiaridades das diversas regiões, para então í-la irradiando em outras tantas.

Abrir diversas frentes desconectadas entre si não é a melhor solução. Carrear recursos para todos os programas não resolve nada, quando os mesmos não se interagem. É preciso que haja uma coordenação entre eles e a estratégia de "territórios" talvez seja uma opção razoável, pois ali, no perímetro desse cosmos, são vistas e analisadas todas as questões que envolvem o desenvolvimento integrado.

É também necessário lembrar ao jurista que na elaboração do marco jurídico não se pode confundir crescimento econômico com desenvolvimento. O crescimento econômico pode ser nacional, mas vinculado a apenas uma parcela da população. Não há desenvolvimento sem respeito à integração dos diversos atores que compõem a sociedade que pretende ser regularizada por normas jurídicas dela mesma emanadas.

Assim, não se pode pretender a inclusão de uns com a exclusão de outros tantos.

É preciso observar o patrimônio cultural, o perfil social e as potencialidades das gerações presentes e das que virão. Verificar o potencial de recursos ambientais utilizáveis. Constatar a população já incluída e a que deve ser incluída por tais políticas públicas aqui discutidas, para não criar sociedades paralelas, mas uma sociedade única com suas diversidades.

Esse marco jurídico não pode, em nome do desenvolvimento, tentar uniformizar. Deve ser respeitada a diversidade dos povos que compõem a nação brasileira. Qualquer que seja o seu perfil: população urbana, população rural, povos autóctones, indígenas, quilombolas, caboclos, caiçaras etc.

Na medida em que se incrementa a integração visando à igualdade de tratamento na diversidade de cada grupo, a liberdade irrestrita vai sendo reduzida, para assegurar os direitos de todos numa sociedade diversificada.

É de se observar que tal uniformidade não pode ser criada artificialmente pelo Estado. É preciso que nesse marco jurídico haja proteção legal das políticas de fomento visando a sensibilização dos diversos grupos para eles próprios se aceitarem como sujeitos de direitos e a sensibilização dos outros envolvidos no território para a convivência harmoniosa.

A harmonização de políticas públicas a todos os envolvidos é ao mesmo tempo o grande segredo do desenvolvimento social e o grande problema a ser enfrentado visando a esse mesmo desenvolvimento do país.

Todos os envolvidos, proprietários, ocupantes a qualquer título, beneficiários de políticas de inclusão social, têm direitos fundamentais. Tais direitos são relativos, pois se todos os têm e eles são de mesmo *status*, é preciso que eles não colidam uns com os outros. Portanto, é necessário resolver o conflito pela ponderação de interesses (*balancing*).

Leandro Mitidieri,[37] em estudo sobre ponderação de direitos relativos ao tema aqui enfrentado, pondera que devem ser observados para o *balancing* a pretensão de que a solução se aplique a outros casos assemelhados, a chamada pretensão de universalidade; a harmonia de todos os elementos, para que nenhum seja deixado à margem da solução; e a preservação dos direitos fundamentais contra soluções que os agridam.

É preciso ainda lembrar-se dos seguintes parâmetros, na lição de Ana Paula de Barcellos, citados por Mitidieri:[38] 1. regras têm preferência sobre princípios; 2. normas que realizam diretamente direitos fundamentais dos indivíduos têm preferência sobre normas relacionadas indiretamente com tais direitos fundamentais. Normas que asseguram o mínimo existencial (sobrevivência, bem-estar mínimo e cidadania são o mínimo existencial individual) têm preferência sobre normas que realizam direitos fundamentais coletivos e, estas, por sua vez, sobre normas que realizam direitos fundamentais difusos; 3. "Os direitos fundamentais de primeira e segunda geração prevalecem sobre os direitos fundamentais de terceira e quarta geração."[39]

Na colisão de direito de propriedade privada e direito à propriedade coletiva dos quilombos a antinomia é aparente, se resolve pela subsunção pela especialidade, vale dizer, como "o artigo 68 é dispositivo especial de reconhecimento de propriedade originária e o artigo 5º, *caput*, inciso XXII é norma de garantia geral, não é preciso falar em ponderação" mas apenas em subsunção. Todavia, o cumprimento da função social pelo proprietário é fator a ser sopesado nos casos concretos. Em que pese as regras hermenêuticas sobre a ponderação de interesses, a garantia da segurança alimentar e, com isso, a segurança nacional, merecem ser apreciadas para que não haja solução de continuidade. Como dito no início deste estudo, o resultado para um ou outro lado também pode levar à desaceleração do crescimento, na medida em que os efeitos da redefinição de recursos carreados ao Estado, mediante política fiscal, comprometam a eficiência econômica.[40]

Se o direito das populações tradicionais é direito de segunda geração, posto que direito fundamental coletivo relativo à dignidade humana, e o meio ambiente é direito de terceira geração, posto que direito difuso, então a área quilombola deve ser reconhecida em áreas de preservação ambiental

37 MITIDIERI, Leandro. *Remanescentes de quilombos, índios, meio ambiente e segurança nacional*: ponderação de interesses constitucionais. p. 5. Disponível em: <http://www.cpisp.org.br>. Acesso em 03/07/2011.

38 BARCELLOS, Ana Paula de. *Ponderação, racionalidade e atividade jurisdicional*, *apud* Mitidieri, p. 5.

39 MITIDIERI, Leandro. Op cit., p. 6.

40 BÉNABOU, R. Unequal societies: income distribution and the social contract. *Apud* SCHYMURA, Luiz Guilherme. In: *Uma ação vital para o desenvolvimento econômico*.

(até mesmo porque se essa área hoje é tida como preservada foi em razão da comunidade quilombola).

Só assim se alcançará o verdadeiro desenvolvimento, com condições de vida e resgate da cidadania de todos os atores envolvidos e com ele a paz.

NOTAS:

POVOS AUTÓCTONES são aqueles instalados em territórios há tempos imemoriais ou considerados como tal. Remetem a um traço essencial e geral de povos assim qualificados: ao seu laço original a um território, base de muitas de suas reivindicações. O radical grego da palavra significa terra. A origem vem da geologia, pois terrenos autóctones são aqueles que permaneceram no local, como os alóctones que são instáveis, como os parautóctones que só se estabilizam depois de algum tempo (ROULAND, Norbert. *Direito das minorias e dos povos autóctones*. Brasília: Ed. UnB, 2004. p. 458).

ETNIA, nas ciências humanas, visa, sobretudo, aos elementos culturais, mais do que aos biológicos. Na França tem conotação negativa, como substantivo de raça (ROULAND, Norbert. Op. cit., p. 459).

MINORIA. “A corte superior dos USA considera que determinadas classes de pessoas não têm acesso à mesma representação política que os demais cidadãos ou, ainda, que sofrem histórica e crônica discriminação por conta de características essenciais e sua personalidade que demarcam a sua singularidade no meio social” (APPIO, Eduardo. *Direitos das minorias*. São Paulo: RT, p. 200).

A DIFERENÇA ENTRE MINORIA E AUTÓCTONES está fundamentalmente calcada no conceito de minoria. Nasceu na Europa, das guerras de religião às modificações de fronteiras ocorridas após as duas guerras mundiais. Os direitos reconhecidos às minorias são essencialmente individuais, enquanto os direitos reconhecidos aos autóctones são coletivos. Os próprios autóctones não querem ser confundidos com minorias, pela própria definição de autóctone. Todavia, globalmente, a legislação de proteção às minorias é aplicável aos autóctones. Estes têm condições de reivindicar os direitos coletivos e a qualidade de povo a fim de poder invocar o direito a autodeterminação.

BIBLIOGRAFIA

ABREU, Katia. O código das ONG's. In: *Jornal Correio Braziliense*, 26.05.2011. Disponível em: <http://www.cna.org.br>. Acesso em 26.06.2011.

ACCIOLY, Hildebrando. *Manual de Direito Internacional público*. 8ª ed. São Paulo: Saraiva, 1968.

ALVARENGA, Octavio Mello. *Direito Agrário e meio ambiente na Constituição de 1988*. Rio de Janeiro: Forense, 1992.

APPIO, Eduardo. *Direito das minorias*. São Paulo: Revista dos Tribunais, 2009.

BARCELLOS, Ana Paula de. *Ponderação, racionalidade e atividade jurisdicional*. Rio de Janeiro: Renovar, 2005.

BOBBIO, Norberto. *A era dos direitos*. Rio de Janeiro: Campus-Elsevier, 1992.

__________. *O futuro da democracia*. 9ª ed. São Paulo: Paz e Terra,

__________. *Teoria geral da política*. Rio de Janeiro. Campus-Elsevier. 2009

BODIN, Jean. *Les six livres de la Republique*. Paris: Librairie Generale Française, 1993.

BRUNDTLAND, Gro Harlem. *Nosso futuro comum*. Rio de Janeiro: Fundação Getulio Vargas, 1991.

DAVID, Rene. *Os grandes sistemas de Direito Contemporâneo*. São Paulo: Martins Fontes, 1993.

GROPALLI, Alexandre. *Doutrina do Estado*. São Paulo: Saraiva, 1953.

KELSEN, Hans. *Teoria general del Derecho y del Estado*. México: Imprenta Universitária, 1958.

KONDER COMPARATO, Fabio. *Ética*. São Paulo: Companhia das Letras, 2006.

LITTLE, Paul. *Territórios sociais e povos tradicionais no Brasil*: por uma antropologia da territorialidade. Brasília: Ed. UnB, 2002.

MITIDIERI, Leandro. *Remanescentes de quilombos, índios, meio ambiente e segurança nacional*: ponderação de interesses constitucionais. Disponível em: http://www.cpisp.org.br. Acesso em 03/07/2011.

PERI, Rafael Echeverri. *Identidade e território no Brasil*. Disponível em: <http://www. iica, Acesso em 20/11/2009.

ROSENFIELD, Denis Lerrer. Arbitrariedade contida. Artigo publicado no jornal O Estado de S. Paulo em 22/11/2010. Disponível em: http://www.cna.org.br. Acesso em 26/05/2011.

ROULAND, Norbert, PIERRE-CAPS, Stépane et POUMARÈDE, Jacques. *Direito das minorias e dos povos autóctones*. Brasília: Ed. UnB, 2004.

SCHYMURA, Luiz Guilherme. Uma ação vital para o desenvolvimento econômico. In: *Sociedade e economia – estratégias de crescimento e desenvolvimento*. SICSÚ, João e CASTELAR, Armando (Org.). Instituto de Pesquisa Econômica Aplicada (Ipea), da Secretaria de Assuntos Estratégicos do Ministério de Estado Extraordinário de Assuntos Estratégicos. Brasília: 2009.

SILVA, Cesário Ramalho. Desenvolvimento socioeconômico impulsionado pelo agronegócio. In: *Anais do 11º Congresso de Agribusiness*. 24 e 25 de novembro de 2009. pp. 85-7. Rio de Janeiro: Sociedade Nacional da Agricultura/Sebrae, 2009.

VILLAS-BÔAS FILHO, Orlando. *Teoria dos sistemas e o Direito brasileiro*. São Paulo: Saraiva, 2009.

ZELEDÓN Y ZELEDÓN, Ricardo. *Sistemática del Derecho Agrario*. Medellin: Centro Editorial Universidad Cooperativa de Colombia, 2005.

LA UNIDAD ECONÓMICA EN LA ARGENTINA. ANTECEDENTES. PROBLEMÁTICA ACTUAL EN LA PROVINCIA DE SANTA FE

Nancy Malanos

SUMARIO: 1. Antecedentes. **2.** La unidad económica y el Código Civil argentino. **3.** La problemática en la Provincia de Santa Fe. **4.** La suspensión de la ley 9.319 y sus consecuencias. **5.** Conclusión.

1. ANTECEDENTES

Desde la antigüedad se ha tratado de encontrar la medida ideal para la propiedad de la tierra, solución que pretendió encontrarse en un sistema rígido para determinar la extensión máxima de la tierra que, legítimamente, podía poseerse sin que constituyera un latifundio.[1]

Analizando a grandes rasgos la legislación agraria argentina, observamos que ella fijó límites máximos a la propiedad rústica. Así, la ley 817 de Avellaneda estableció la división del territorio en secciones que a la vez subdividía en lotes de 100 hectáreas; la ley 1.256 de 1882, dividiendo entre tierras agrícolas y pastoriles, fijó para las primeras unidades entre 25 y 400 hectáreas y para las segundas una extensión de 40.000 hectáreas; la ley 4.167 de 1902, también distinguiendo según el destino, dispuso la extensión de lotes con destino agrícola en no más de 100 hectáreas y siendo pastoriles en lotes no mayores a las 2.500.

En cuanto al *principio de unidad económica*, fue *contenido en la primera ley de colonización 12.636/36*. Su artículo 21, al regular la subdivisión de predios rústicos para su adjudicación a los colonos, disponía que la misma debía efectuarse en lotes:

> *cuya superficie quedará subordinada a la naturaleza y topografía del terreno y deberá calcularse en cada región teniendo en cuenta que el agricultor pueda realizar la mayor parte de la labor agrícola utilizando su trabajo personal y el de su familia, y con capacidad productiva suficiente para cubrir sus principales*

1 BREBBIA, Fernando P. y MALANOS, Nancy L., *Derecho Agrario*. Buenos Aires: Editorial Astrea, 1997, p. 219.

> *necesidades de vida y acumular un capital que le permita mejorar sus condiciones sociales y económicas y la técnica de la explotación.*

Con este criterio, *la unidad económica dejaba de constituir una medida preestablecida.* Comienza a resultar "*variable en función de un cúmulo de hechos y circunstancias*"[2] las que hacen que la superficie varíe de un lugar a otro, basándose, precisamente, en la consideración de los distintos elementos (o factores) que la integran[3].

Posteriormente *el principio de la unidad económica aparece establecido en forma expresa* en el *decreto reglamentario de la ley 13.246/48 de arrendamientos y aparcerías rurales,*[4] que lo define como "*todo aquel predio que por su superficie, calidad de tierra, ubicación, mejoras y demás condiciones de explotación, racionalmente trabajado por una familia que aporta la mayor parte del trabajo necesario, permita subvenir a sus necesidades y a una evolución favorable de la empresa*".

Luego la ley 14.392, que reemplazó el régimen de colonización de la 12.636, dispuso que las tierras adquiridas por el Consejo Agrario Nacional serían subdivididas en lotes que constituyeran unidades económicas de explotación, *estableciendo el concepto de unidad económica con igual redacción que el decreto reglamentario de la ley 13.246.*

2. LA UNIDAD ECONÓMICA Y EL CÓDIGO CIVIL ARGENTINO

El artículo 2.326 del Código Civil entiende que son *cosas divisibles "aquellas que sin ser destruidas enteramente pueden ser divididas en porciones reales, cada una de las cuales forma un todo homogéneo y análogo tanto a las otras partes como a la cosa misma".*

Con este criterio se posibilitó la división incontrolada de la tierra, al ser ésta una cosa divisible por su naturaleza; o, dicho de otro modo, por ser posible su división física.

---

2 VÁZQUEZ, Víctor M. *En torno al concepto de unidad económica en jurisprudencia argentina.* Buenos Aires, 1962. T. VI.

3 Pérez Llana explicaba acerca de los mismos: el *técnico*, referido a la explotación racional; el *agroecológico*, vinculado a las condiciones de la tierra, superficie, calidad; el *económico*, que relaciona la producción y el consumo, o lo que es lo mismo decir entre lo que produce una familia trabajando la tierra y lo que consume y necesita para su subsistencia y progreso; el *sociológico*, que tiene en cuenta como unidad de trabajo a la familia tipo; el *jurídico*, representando la concreción justa del derecho de propiedad; PÉREZ LLANA, Eduardo. *Derecho Agrario*. Tercera edición (Puesta al Día). Santa Fe: Editorial Castellví S.A., 1959, p. 116.

4 Artículo 30 decreto 7.786/49.

Pero *la reforma a nuestro Código Civil*[5] *introdujo* un *segundo párrafo a la norma* referida estableciendo que: *"No podrán dividirse las cosas cuando ello convierta en antieconómico su uso y aprovechamiento. Las autoridades locales podrán reglamentar, en materia de inmuebles, la superficie mínima de la unidad económica".*

Por lo tanto las cosas, sean muebles o inmuebles, no podrán ser divididas, aunque sea posible su partición en porciones reales que formen un todo homogéneo y análogo tanto respecto de las otras partes como respecto de la cosa misma, cuando la división (posible físicamente) convierte en antieconómico su uso y aprovechamiento.[6]

Analizando el segundo párrafo de este artículo 2.326 diremos que:

1. la facultad que se otorga a las provincias para reglamentar la superficie mínima de la unidad económica es una facultad delegada por la reforma del Código Civil y no por la Constitución Nacional;

2. debe tratarse de predios rústicos, ya que en cuanto a la propiedad urbana -en la que también existen limitaciones- el caso se resuelve a través del artículo 2.611 del mismo Código Civil que dispone que: *"las restricciones impuestas al dominio privado sólo en el interés público, son regidas por el derecho administrativo"*; es decir que el régimen de las restricciones a la propiedad urbana está reglamentado en ordenanzas municipales.

3. no toda la propiedad rural es objeto de esta norma, sino *sólo la tierra destinada o susceptible de destinarse a la explotación agropecuaria en cualquiera de sus especializaciones*. No pueden, en consecuencia, establecerse unidades económicas en predios que no son aptos para la explotación agropecuaria.

4. no existiendo en el Código Civil normas especiales para los predios rústicos, tampoco encontramos en él criterio alguno para distinguir entre propiedad urbana y rural. Por ello, se entiende que *puede adoptarse por analogía* (tal lo dispuesto por el artículo 16 del citado cuerpo legal) *el concepto que de planta urbana nos brinda el actual decreto reglamentario de la ley 13.246/48 de arrendamientos rurales y aparcerías*[7], cuando entiende por tal *"el núcleo de población donde exista edificación y cuyo fraccionamiento se encuentre efectivamente representado por manzanas, solares o lotes, cuente o no con servicios municipales y esté o no comprendido dentro de lo que la municipalidad respectiva considere como ejido del pueblo"*. Por ende, y *a contrario sensu, es predio rural lo que no se considera como planta urbana.*

5 Ley 17.711/68.

6 BREBBIA Y MALANOS, Op. cit., p. 215.

7 Decreto 8.330/1963.

Por otra parte, debe aclararse que *la reglamentación de la unidad económica implica una limitación o restricción al dominio*, por lo que *se cuestiona la ubicación que se le ha dado* **a** *esta disposición*. En consecuencia, no debiera estar incluida en el 2.326 (Libro Tercero, Título I *"De las cosas consideradas en sí mismas, o en relación a los derechos"*) sino en el Libro Tercero, Título VI *"De las restricciones y límites del dominio"*.[8]

También, por ser una limitación al dominio, parte de la doctrina entiende que no tendría que ser una facultad delegada a las provincias ya que por el 75 inciso 12 de nuestra Constitución Nacional todo lo referido al derecho de fondo le corresponde a la Nación.

La misma reforma introduce, en concordancia, *este mismo criterio en materia sucesoria*. Así, *el artículo 3.475 bis*, en su segundo párrafo establece: *"La división de bienes no podrá hacerse cuando convierta en antieconómico el aprovechamiento de las partes, según lo dispuesto en el artículo 2.326"*.

De este modo, *ni por actos entre vivos ni por disposiciones de última voluntad los predios rústicos son pasibles de división cuando se torne antieconómico su uso y aprovechamiento.*

De más está decir, que la tierra excesivamente fraccionada resulta insuficiente para cubrir las necesidades del productor rural y le impide una explotación racional y una evolución económica favorable. Lo que no solamente incide en su economía familiar sino también en detrimento de los intereses generales del país que están asentados en la producción agraria.

3. LA PROBLEMÁTICA EN LA PROVINCIA DE SANTA FE

La provincia de Santa Fe, en base a la facultad otorgada por el artículo 2.326 del Código Civil ya analizado, *reglamentó la superficie mínima de la unidad económica en su jurisdicción.*

La primera ley,[9] a efectos de fijar esa superficie mínima, consideraba la división política de la provincia; es decir, en departamentos. Ello no era adecuado porque no se tenían en cuenta los distintos factores que conforman a la unidad económica y a los cuales ya nos hemos referido.[10]

Posteriormente, *en el año 1983, se dictó la ley 9.319* que fuera reglamentada once años después; pese a que el último artículo de la ley, el 14,

8 BREBBIA Y MALANOS, Op. cit., p. 225.

9 Ley

10 *Supra*, cita 1, p. 2.

disponía que el Poder Ejecutivo reglamentaría la ley dentro de los 120 días de su promulgación.

Nuestra ley comienza por definir a la unidad económica como *"la superficie mínima de conformación adecuada, que asegure la rentabilidad de la empresa agraria de dimensión familiar y un adecuado proceso de reinversión que permita su evolución favorable".*

A tales efectos, es decir para posibilitar que esa superficie de conformación adecuada cumpla con los objetivos propuestos, *la ley prohíbe la división de los inmuebles rurales por debajo de las superficies mínimas que establece*, salvo que se demuestre que con dicha división no se afecta la unidad económica. En consecuencia, se *divide a la provincia en 9 Regiones Agroeconómicas*, tomado en consideración las *características de cada una de ellas.*[11]

Autorizando en algunos casos la subdivisión de los inmuebles rurales -ya se trate de supuestos de anexión a otra propiedad del mismo titular para constituir una unidad económica o mejorar la situación preexistente –,[12] *y enunciando taxativamente excepciones a la aplicación de la ley* -por ser divisiones referidas a zonas urbanas o suburbanas; fracciones afectadas a obras y servicios públicos o a actividades comerciales o industriales; lotes para el asentamiento de viviendas, centros deportivos o turísticos; transmisión de la totalidad del inmueble cuando no constituya una unidad económica o cuando las superficies resultantes de la división sean iguales o mayores a la determinada para la zona respectiva –,[13] *la misma ley permite demostrar -con estudios agroeconómicos e informes técnicos mediante- que la división de un determinado inmueble rural, en superficies inferiores a las establecidas, no implica la pérdida del carácter de unidad económica.*[14]

---

11 Es decir, *"la capacidad de uso de los suelos, los factores climáticos y socioeconómicos para el desarrollo de las distintas actividades agropecuarias"*; ver CONSIDERANDO del Decreto 0242 reglamentario de la unidad económica en Revista Argentina de Derecho Agrario y Comparado, año 3, nº 4, Secretaría de Posgrado y Servicios a Terceros de la Facultad de Ciencias Jurídicas y Sociales de la Universidad Nacional del Litoral, Santa Fe, Setiembre de 1994, p. 168.
Dichas Regiones se encuentran descriptas en el Anexo "A" de la reglamentación y sus superficie mínimas van desde las 20 has., para las zonas aledañas *"a las ciudades de Rosario, Coronda, Santa Fe y albardón costero"* donde *"la actividad predominante es la hortícola" (Región 9), hasta las 2.500 has. en la Región 1*, donde predomina la *"ganadería extensiva en forma discontinua por el hidroformismo permanente y las periódicas inundaciones".*

12 Artículo 5º ley 9.319.

13 Artículo 6º ley 9.319.

14 Artículo 7º ley 9.319.

Pero además, la reglamentación *permite solicitar subdivisiones* para la realización de *actividades agropecuarias de tipo intensivo,*[15] pudiendo ser autorizadas *hasta un máximo de 3 hectáreas.*

Para todas estas solicitudes, se establece el *procedimiento que se tramita ante el órgano de aplicación de la ley.* En algunos supuestos bastará con un *estudio técnico sintético* y en otros se exigirá el *estudio agroeconómico analítico* según las pautas del Anexo B de la reglamentación; dichos informes deben ser realizados por un Ingeniero Agrónomo o Forestal, dependiendo de las características del predio a subdividir.

También se prevé un *recurso de apelación, contra la resolución denegatoria a la solicitud de subdivisión que agote la vía administrativa*, ante la Cámara Civil y Comercial correspondiente a la ubicación del predio, o a cualquiera de sus partes si el mismo se encontrara en más de una competencia territorial.

4. LA SUSPENSIÓN DE LA LEY 9.319 Y SUS CONSECUENCIAS

Sancionada la *ley 12.749* en el año 2007,[16] se produjo en Santa Fe, y *durante dos años, la suspensión de la ley 9.319* que, en líneas generales, hemos explicado.

Esa nueva ley *permitió, durante el mencionado lapso, disponer o subdividir a los inmuebles rurales en fracciones inferiores a la unidad económica*, siempre que, *a la fecha de la promulgación de la misma*, dichos inmuebles *estuvieran inscriptos en condominio o se encontrare iniciado un proceso sucesorio del cual derivara su adjudicación en condominio.*[17]

La situación de condominio existente en la Provincia de Santa Fe puede verse en el gráfico que se reproduce a continuación. Del mismo, surgen los datos oficiales que comprenden el período 1994 – 2003.[18]

15 Se consideran intensivas las actividades que no revistan el carácter de corrientes. El artículo 1° de la reglamentación indica que son corrientes aquellas que "por la difusión lograda en los últimos tres (3) años, adquiere carácter estable.

16 Publicada en el B. O. de la Provincia de Santa Fe el 23 de octubre de 2007.

17 Artículo 1° de la ley 12.749. La suspensión por dos años debía contarse desde la promulgación de la ley.

18 Se exceptúa el año 1995 que no pudo ser entregado por el sistema; Fuente: Servicio de Catastro e Información territorial de la Provincia (S: C: I: T).

AÑO	Cant. de Fincas	Fincas con 1 prop.	Fincas con 2 prop.	Fincas con 3 o más prop.	Condominios	%
1994	146.213	100.765	24.467	20.981	**45.448**	**31,08**
1996	147.478	99.462	26.129	21.887	**48.016**	**32,56**
1997	148.355	98.854	27.118	22.383	**49.501**	**33,37**
1998	149.623	98.862	27.903	22.858	**50.761**	**33,93**
1999	150.279	98.244	28.627	23.408	**52.035**	**34,63**
2000	151.101	98.255	29.128	23.718	**52.846**	**34,97**
2001	152.204	98.240	29.786	24.178	**53.964**	**35,45**
2002	153.196	97.459	30.615	25.122	**55.737**	**36,38**
2003	154.218	96.922	31.397	25.899	**57.296**	**37,15**

Dictada la ley 12.749, con los mencionados objetivos de solucionar problemas de trámites sucesorios o de sistemas de explotación en condominio,[19] *y habiéndose producido el vencimiento de su vigencia*, el *Colegio de Ingenieros Agrónomos de la 1ra. Circunscripción de Santa Fe* brindó un *Informe Estadístico analizando, parcialmente, el resultado de este proceso de subdivisión sobre las tierras productivas de la provincia.* Y decimos parcialmente, por cuanto, como el mismo Colegio dejó aclarado, el estudio se basó en los 550 expedientes aprobados hasta ese momento.[20]

Dicho *análisis estadístico*, como se expone seguidamente, clasificando los datos por Departamentos y haciendo un relevamiento del total provincial, demuestra que *este proceso comprometió a casi 50.000 has en toda la Provincia y que el promedio de la superficie de las parcelas pasó de 84 a 27 has.* Resultados que también indican que, durante la suspensión de la ley 9.319, *593 campos resultaron divididos en 1.836.*

19 "Documento Analítico. Agrónomos advierten los riesgos de subdividir indiscriminadamente", en Diario El Litoral, Sección Campo Litoral, Santa Fe, 3 de octubre de 2009.

20 Es decir, hasta octubre de 2009.

Dpto.	Expediente c/ resolución	Inmuebles Parcela inicial	Superficie Afectada Has.	Inmuebles Parc finales	Has por parc inicial	Has por parc final
9 de Julio	8	8	3.332	24	417	139
Belgrano	57	57	4.393	175	77	25
Caseros	46	47	2.387	132	51	18
Castellanos	37	47	3.769	144	80	26
Constitución	53	55	3.333	170	61	20
Garay	4	4	981	14	245	70
Gral. López	54	58	3.505	168	60	21
Gral Obligado	4	6	214	23	36	9
Iriondo	54	56	3.253	198	58	16
La Capital	13	16	1.280	43	80	30
Las Colonias	39	43	2.165	125	50	17
Rosario	12	12	861	38	72	23
San Cristobal	24	28	3.740	72	134	52
San Javier	14	18	2.746	68	153	40
San Jeronimo	33	33	1.970	84	60	23
San Justo	18	19	4.774	49	251	97
San Lorenzo	23	23	1.280	84	56	15
San Martin	53	57	4.070	198	71	21
Vera	6	6	1.877	27	313	70
Pcia. Santa Fe	552	593	49.930	1.836	84	27

El Colegio de Ingenieros Agrónomos también ha señalado que *cuando terminen los trámites pendientes*, serán *200.000 las hectáreas provinciales afectadas* sobre las que se deberá graficar.[21]

5. CONCLUSIÓN

Entre las *conclusiones a las que estos Ingenieros Agrónomos arriban*, como consecuencia de los datos indicados, podemos resaltar, *más allá de la dificultad para llevar a cabo una explotación racional en parcelas muy reducidas o en las que la subdivisión haya dado como resultado fracciones asimétricas*, la *preocupación por el aspecto social comprometido* al indicarse la *"aceleración de la expulsión de la gente del campo, que con fracciones tan chicas no podrá subsistir"*. Como lógica consecuencia, *el fenómeno de concentración de la tierra podrá verse profundizado* toda vez que los pequeños productores deban liquidar sus explotaciones.[22]

Consecuencias todas ellas no deseadas, pero que, a decir verdad, *no se deben exclusivamente a la aplicación de la ley 12.749*. La realidad nos muestra, y no puede dejar de advertirse, que *muchos de los campos presentados para la subdivisión, ya se encontraban subdivididos de hecho por los mismos condóminos*.

En definitiva, *las cifras parciales referidas, no sólo reflejan nuevos pedidos de subdivisión* por la aplicación de la 1ey en cuestión, *sino la realidad ya existente en las tierras productivas de nuestra provincia.*

Para mitigar estas consecuencias que nadie desea, la *aplicación de la siembra directa como sistema*[23] puede, sin lugar a dudas, *ayudar al interés general de contar con explotaciones agropecuarias que sean sustentables*; es decir, *explotaciones que permitan una producción agraria que sea viable tanto desde el punto de vista económico como desde el social y el ambiental.*

21 "Documento Analítico", Op. cit.

22 Informe Estadístico Aplicación Ley 12.749.

23 La siembra directa, como sistema, implica no solamente la labranza cero. Debe implementarse una adecuada rotación de cultivos, un manejo integrado de plagas. En Argentina, el 70% de la superficie de agricultura es siembra directa, en el resto del mundo, sólo el 7%; ver www.aapresid.com.ar

O PAGAMENTO DO IMPOSTO SOBRE A PROPRIEDADE TERRITORIAL RURAL (ITR) COM TÍTULOS DA DÍVIDA AGRÁRIA (TDA)

Ricardo Pedro Guazzelli Rosario

SUMÁRIO: 1. Introdução. **2.** Imposto sobre a Propriedade Territorial Rural (ITR). **3.** Títulos da dívida agrária (TDA). **4.** Pagamento do ITR com TDA. **5.** Conclusão. Bibliografia. Anexos.

1. INTRODUÇÃO

O Imposto sobre a Propriedade Territorial Rural, também chamado de Imposto Territorial Rural (ITR), é estabelecido com uma característica fiscal de arrecadação e uma propriedade extrafiscal, que procura garantir o cumprimento da função social da propriedade rural pelo aumento progressivo de sua alíquota para os imóveis considerados menos produtivos.

A abrangência do tema do ITR é muito grande, constituindo debates acerca da produtividade do imóvel, de questões de desapropriação, de cumprimento da função social da propriedade, de planejamento tributário, de política agrícola e de questões ambientais, entre outras subdivisões, que poderiam compor, e efetivamente compõem, alguns livros sobre o tema.

Com certeza não é essa pretensão deste artigo. Este trabalho, editado em uma publicação conjunta em homenagem ao agrarista Octavio de Mello Alvarenga, procura ser objetivo, sintético, ao abordar um tema que deveria estar mais presente no dia a dia dos agraristas, o pagamento de até 50% do ITR com títulos da dívida agrária (TDA).

Assim, este artigo tem como objetivo apresentar como é possível fazer parte do pagamento do ITR com TDA. Não entraremos em outras discussões relativas ao ITR, mas alguns temas terão de ser brevemente apontados para compreensão geral.

Para tanto, a metodologia utilizada foi a pesquisa bibliográfica em doutrina e, considerando a característica econômica e financeira do tema, também em sites da internet relativos à questão como os da Central de Custódia e de Liquidação Financeira de Títulos (Cetip), do Tesouro Nacional e da Receita Federal do Brasil, entre outros.

O trabalho está organizado em três temas principais: a caracterização do ITR, seguida da apresentação dos TDA, finalizando com a explanação da possibilidade do pagamento parcial do ITR com TDA.

2. IMPOSTO SOBRE A PROPRIEDADE TERRITORIAL RURAL (ITR)

A origem do imposto remonta ao tempo dos faraós, que cobravam a quinta parte da produção de seus súditos, sistema esse que perdurou pelos séculos e culminou hoje com uma infinitude de números e tipos de impostos.

No Brasil não é diferente. Entre os diversos impostos, há o ITR, que tem como fato gerador o domínio ou a posse de imóvel destinado à produção de atividades agropecuárias não importando sua localização. Dessa forma, o contribuinte é o proprietário de imóvel rural, podendo ser tanto pessoa física quanto pessoa jurídica.

É um imposto de competência exclusiva da União, de acordo com o artigo 153, inciso VI, da Constituição Federal. Atualmente, devido à Lei nº 11.250 de 27 de dezembro de 2005, existe a possibilidade de convênio com os municípios que visa à delegação das atribuições de fiscalização, inclusive a de lançamento dos créditos tributários e de cobrança, mas a discussão desse tema não é objeto desse trabalho.

O ITR apresenta duas funções. A primeira, iminente de todo e qualquer tributo, é a de arrecadar o erário para os cofres públicos; a segunda, que no caso é mais importante, é a função extrafiscal[1] que procura garantir o cumprimento da função social da propriedade.

A função social da propriedade é uma doutrina caracterizada pela sua adequação em relação aos aspectos econômico-produtivos, ambientais, sociais e trabalhistas.[2] Tem origem na doutrina de Léon Duguit, afirmada pela encíclica *Rerum Novarum*, constitucionalizada na nossa Carta Magna no artigo 186 e no atual Código Civil no artigo 1.228.

Uma forma de garantir o cumprimento da função social da propriedade é a utilização correta do ITR.[3] Para tanto, a legislação do ITR permite o uso de alíqotas progressivas visando a atingir essa finalidade. Deste modo, a alíquota varia de acordo com a área da propriedade, com o seu grau de utili-

1 MACHADO, Hugo de Brito. *Curso de Direito Tributário*. São Paulo: Malheiros Editores, 2001. p. 61.

2 CAMARGOS, Luciano Dias Bicalho. *O imposto territorial rural e a função social da propriedade*. Belo Horizonte: Del Rey, 2001. p. 43.

3 DOSSO, Taisa Cintra. *Reforma agrária e desenvolvimento sustentável*: aspectos obrigacionais e instrumentos legais de proteção. Dissertação de Mestrado. Faculdade de Historia, Direito e Serviço Social. Franca, Unesp, 2008.

zação, o grau de eficiência obtido nas diferentes explorações e a área total no país do conjunto de imóveis do mesmo proprietário, utilizando como base de cálculo o valor da terra nua (VTN).[4]

Atualmente isso é garantido pelo artigo 153, § 4º, inciso I, da Constituição Federal:

> Art. 153. Compete à União instituir impostos sobre:
> [...]
> VI – propriedade territorial rural;
> § 4º O imposto previsto no inciso VI do *caput*: (Redação dada pela Emenda Constitucional nº 42, de 19/12/2003)
> I – será progressivo e terá suas alíquotas fixadas de forma a desestimular a manutenção de propriedades improdutivas; (Incluído pela Emenda Constitucional nº 42, de 19/12/2003)

Cabe ressaltar que as alíquotas, segundo a Lei nº 9.393/96, variam entre 0,03% a 20%, porém, deve ser sempre observado que estas alíquotas devem buscar cumprir a função social da propriedade, e não ser objeto de um confisco, pois não é essa a finalidade do ITR, e a União tem outros meios para a aquisição de terras rurais.

A título de informação o ITR correspondeu a 0,1% da arrecadação tributária da União nos exercícios fiscais de 2001 a 2003. Sua arrecadação tributária não tem um valor expressivo ao redor de cem milhões de dólares anuais desde 1996. Como proporção da arrecadação federal, o ITR tem a seguinte trajetória: 1996, 0,27%; 1997, 0,18%; 1998, 0,17%; 1999, 0,18%; 2000, 0,15%; 2001, 0,11%; 2002, 0,11%; e 2003, 0,11%. Os dados de 2006 afirmam uma proximidade na arrecadação de R$ 300 milhões, sobre um total de R$ 141,1 bilhões de tributos arrecadados incidentes sobre a propriedade e renda do capital.[5]

O próximo item tratará da outra ponta conceitual do objeto deste trabalho caracterizado pelos TDA.

3. TÍTULOS DA DÍVIDA AGRÁRIA (TDA)

Os TDA são títulos criados pelo Governo Federal, destinados de acordo com a Constituição Federal e da legislação pertinente, a atuar como meio de pagamento das indenizações devidas aos que sofreram a ação expropriatória

4 CAMPOS, Dejalma. *Imposto Sobre a Propriedade Territorial Rural (ITR)*. São Paulo: Atlas, 1993.

5 IPEA. *Receita Pública*: quem paga e como se gasta no Brasil. Comunicado da Presidência nº 22, 30 de julho de 2009. Disponível em: <http://www.ipea.gov.br/sites/000/2/pdf/comunicado_da_presidencia_n22.pdf>. Acesso em 30/06/2011.

da União, nos casos de desapropriação de imóveis rurais por interesse social, para fins de reforma agrária; e das aquisições por compra e venda de imóveis rurais destinados à implantação de projetos integrantes do Programa Nacional de Reforma Agrária (PNRA), nos termos das Leis nº 4.504, de 30 de novembro de 1964 (Estatuto da Terra) e nº 8.629, de 25 de novembro de 1993.

A base legal é a Constituição Federal em seus artigos 126, 184, 185 e 186; o Estatuto da Terra (Lei nº 4.504, de 30 de novembro de 1964); a Lei nº 7.647/88; a Medida Provisória 2.183-56, de 24 de agosto de 2001, que altera o Estatuto da Terra; e o Decreto nº 578 de 24 de junho de 1992.

É importante aqui trazer os dispositivos acima apresentados, uma vez que é de fundamental importância o conhecimento da letra da lei. A Constituição Federal, em seu Capítulo III, que estabelece a Política Agrícola e Fundiária e da Reforma Agrária, apresenta em seus artigos 184, 185 e 186 a seguinte disposição *in verbis*:

> Art. 184. Compete à União desapropriar por interesse social, para fins de reforma agrária, o imóvel rural que não esteja cumprindo sua função social, mediante prévia e justa indenização em títulos da dívida agrária, com cláusula de preservação do valor real, resgatáveis no prazo de até vinte anos, a partir do segundo ano de sua emissão, e cuja utilização será definida em lei.
> § 1º As benfeitorias úteis e necessárias serão indenizadas em dinheiro.
> [...]
> § 4º O orçamento fixará anualmente o volume total de títulos da dívida agrária, assim como o montante de recursos para atender ao programa de reforma agrária no exercício.
> Art. 185. São insuscetíveis de desapropriação para fins de reforma agrária:
> I – a pequena e média propriedade rural, assim definida em lei, desde que seu proprietário não possua outra;
> II – a propriedade produtiva.
> Parágrafo único. A lei garantirá tratamento especial à propriedade produtiva e fixará normas para o cumprimento dos requisitos relativos à sua função social.
> Art. 186. A função social é cumprida quando a propriedade rural atende, simultaneamente, segundo critérios e graus de exigência estabelecidos em lei, aos seguintes requisitos:
> I – aproveitamento racional e adequado;
> II – utilização adequada dos recursos naturais disponíveis e preservação do meio ambiente;
> III – observância das disposições que regulam as relações de trabalho;
> IV – exploração que favoreça o bem-estar dos proprietários e dos trabalhadores.

Além da Carta Magna, o maior diploma agrário do país, o Estatuto da Terra, já apresentava os primeiros esboços de regulamentação dos TDA, disciplinando o pagamento de até 50% do ITR com tais títulos, de acordo com o artigo 105, *in verbis*:

> Art. 105. Fica o Poder Executivo autorizado a emitir títulos, denominados Títulos da Dívida Agrária, distribuídos em séries autônomas, respeitado o li-

> mite máximo de circulação equivalente a 500.000.000 de OTN (quinhentos milhões de Obrigações do Tesouro Nacional). (Redação dada pela Lei nº 7.647, de 19/01/1988)
>
> § 1º Os títulos de que trata este artigo vencerão juros de seis por cento a doze por cento ao ano, terão cláusula de garantia contra eventual desvalorização da moeda, em função dos índices fixados pelo Conselho Nacional de Economia, e poderão ser utilizados:
>
> a) em pagamento de até cinquenta por cento do Imposto Territorial Rural;

Por fim, o Decreto nº 578/92, regulamentador dos TDA, consolidou a possibilidade de tal pagamento em seu artigo 11, *in verbis*:

> Art. 11. Os TDA poderão ser utilizados em:
>
> I – pagamento de até cinquenta por cento do Imposto sobre a Propriedade Territorial Rural;

O TDA é um título de responsabilidade do Tesouro Nacional, emitido para a promoção da reforma agrária, atualmente exclusivamente sob a forma escritural, custodiado na Cetip.[6] Antes de 1992 os títulos eram emitidos de forma cartular, ainda vigente, contudo, eles devem ser revertidos para a forma escritural.

A mudança da forma cartular para a escritural foi fundamental para a regularização e controle da emissão dos títulos, e o seu consequente recebimento pelo Tesouro Nacional, garantindo a segurança jurídica de tais papéis. O procedimento para conversão do título cartular para escritural deve ser feito pelos detentores de tais papéis que devem apresentá-los ao Instituto Nacional de Colonização e Reforma Agrária (Incra), para o reconhecimento da sua autenticidade, e para solicitar a sua escrituração (cancelamento da cártula que será substituída pelo título escritural) a baixa de controles e posterior encaminhamento à Secretaria do Tesouro Nacional, com vistas à sua escrituração na Cetip.[7]

Os TDA são títulos de rentabilidade pós-fixada pela Taxa de Referência (TR) do Banco Central do Brasil. O valor nominal dos TDA é atualizado no primeiro dia de cada mês, calculado com base na TR referente ao mês anterior.[8]

---

6 COSIF. Cosif Eletrônico. *Manual de Títulos e Valores Mobiliários (MTVM) –.Título da dívida agrária*. Disponível em: < http://www.cosif.com.br/mostra.asp?arquivo=mtvm_tda>. Acesso em 30/06/2011.

7 TESOURO NACIONAL. *Títulos da dívida agrária*. Disponível em: <http://www.tesouro.fazenda.gov.br/servicos/faq/includes/antigo_htm/07_sai_faq_dp_divida_agraria1.asp>. Acesso em 28/06/2011.

8 COSIF. Op. cit.

Quando do lançamento dos TDA, as suas transferências serão processadas de forma escritural, mediante registro dos respectivos direitos creditórios, em sistema centralizado de liquidação e de custódia, por intermédio do qual serão também creditados a remuneração de juros e os valores referentes aos resgates do principal previstos.[9]

Os TDA poderão ser transferidos, por lançamentos, mediante ordem do alienante e do alienatório à instituição financeira que o represente no sistema de liquidação e de custódia, vedado o fracionamento do título.[10]

São elementos indispensáveis ao título sua denominação específica como título da dívida agrária, a quantidade de títulos, a data do lançamento, a data do vencimento e o valor nominal em reais. O prazo de vencimento de cada série pode variar entre 5 (cinco), 10 (dez), 15 (quinze) ou 20 (vinte) anos.[11]

Assim, semelhante a um precatório, é caracterizado o TDA. A seguir será apresentado o item principal deste trabalho, o pagamento parcial do ITR com TDA.

4. PAGAMENTO DO ITR COM TDA

Tendo como base o fundamento legal do artigo 105 do Estatuto da Terra e reafirmada pelo Decreto Regulamentador dos Títulos da Dívida Agrária, os proprietários de terra podem pagar até 50% do ITR com TDA. Mas aqui surgem as perguntas.

Por que pagar 50% do ITR com TDA?

Que benefícios os proprietários podem ter com tal procedimento? E o Governo Federal, por que oferecer tal instrumento?

Como então proceder para realizar o pagamento de até 50% do ITR com TDA?

A partir dessas perguntas espera-se esclarecer proprietários, operadores do direito, organizações com a finalidade de orientar os produtores, órgãos governamentais e estudantes com relação ao tema principal deste trabalho.

Iniciando pelas primeiras perguntas. Por que pagar 50% do ITR com TDA? Que benefícios os proprietários podem ter com tal procedimento? Estas indagações apresentam similaridades em suas respostas, por isso são apresentadas em conjunto.

Como apresentado anteriormente, os TDA são títulos do governo com valor variável, corrigido pela TR; com isso, é emitido com um valor nominal que muda mensalmente.

---

9 *Idem Ibidem.*

10 *Idem Ibidem.*

11 *Idem Ibidem.*

No ato de pagamento do ITR, o proprietário utilizará os TDA que terão um valor corrigido naquele ato. O deságio apresentado no momento dessa operação garante ao proprietário uma redução no valor pago em seu imposto. Esta redução de valor pode variar aproximadamente entre 10% e 15% do valor total do ITR.

Aqui encontramos o benefício para o proprietário que é a redução do valor no pagamento do seu ITR. Esse valor é variável em razão do valor do seu ITR: quanto maior o valor do ITR, geralmente é maior a redução de seu imposto, já que o beneficiado tem a possibilidade de adquirir maior número de TDA e, assim, se beneficiar mais do deságio.

Muitos proprietários rurais são receosos de tal procedimento porque muitos TDA já foram emitidos no passado sem o devido lastro e, atualmente, essa cultura continua enraizada no pensamento. Por isso, não é comum que se opte por esse procedimento, ficando os proprietários sem o benefício.

A segunda pergunta é por que o Governo Federal oferece tal instrumento? Em curto prazo, esta estratégia orçamentária pode não ser muito bem vista, uma vez que, como apresentado anteriormente, o proprietário rural, beneficiado, paga literalmente menos imposto, ou seja, os cofres públicos recebem valor menor do que o esperado.

Todavia, em longo prazo, é uma estratégia muito sábia. Os TDA que, de acordo com sua emissão, tem de ser pagos quando do vencimento de seu prazo, rendendo continuamente os juros expressos em sua emissão pela correção da TR, serão recebidos antes de seu vencimento, reduzindo assim os seus juros e o valor que seria pago futuramente pela União.

Ou seja, o aceite dos TDA como parte do pagamento do ITR permite o recolhimento de tal título antes de seu vencimento fazendo que não renda todos os juros previstos na sua emissão. Mais uma vez, em curto prazo, a União recebe um valor menor em dinheiro, porém em longo prazo não precisará pagar tantos juros anuais, já que retirou aqueles títulos do mercado.

A última pergunta: como então proceder para realizar o pagamento de até 50% do ITR com TDA?

A Declaração do Imposto sobre a Propriedade Rural (DITR) deve ser feita normalmente, o recibo da declaração deve ser enviado a uma Corretora de Valores e Títulos Mobiliários (CVTM) que possua TDA e tenha conhecimento da operação, uma vez que não são todas que têm essa *expertise*.

Deve ser preenchido o requerimento dirigido ao Delegado da Receita Federal de acordo com o modelo apresentado no Anexo I da Instrução Normativa Conjunta SRF/STN nº 1, de 25 de outubro de 2001 (também representado como Anexo I neste trabalho).

Além do Anexo I devem ser enviados outros documentos:

I – autorização à instituição financeira custodiante para realizar a transferência dos títulos aos respectivos beneficiários;

II – documento de transferência (DOC), conforme modelo constante do Anexo II da Instrução Normativa referida, assinado pelo representante da instituição financeira custodiante dos títulos (Anexo II);

III – documentos comprobatórios do preço (cópia da tela "4B") e características do TDA (cópia da tela "43"), obtidos do Sistema de Moedas de Privatização (MOP) da Cetip;

IV – cópia da nota fiscal ou do documento que comprova a aquisição dos TDA;

V – requerimento para transferência de TDA – Anexo III (Anexo III deste trabalho também);

VI – cédula de identidade do proprietário ou do representante legal; e

VII – contrato social, no caso de empresa rural.

Com essa documentação entregue à Receita Federal do Brasil, nos prazos estabelecidos em acordo com a entrega anual da DITR, deve ser aberto um processo administrativo para regulamentar a baixa do pagamento do imposto pelo contribuinte.

Ao mesmo tempo a Cetip analisa a transferências dos TDA e envia para a Receita Federal o comprovante de quitação de tais títulos

Após essa confirmação da Cetip, a Receita Federal deve encaminhar ao requerente o comprovante de quitação e encerramento do processo.

A principal peculiaridade é em relação à distribuição dos TDA entre a União e os municípios onde se localizam os imóveis. De acordo com a Constituição Federal e a legislação agrária, o ITR é imposto de competência da União, mas cujos 50% do valor arrecadado são transferidos para o município do imóvel.

Assim, todo o requerimento dirigido a Receita Federal do Brasil deve distribuir os TDA em 50% para a União e 50% para o município.

Todavia, de acordo com a Lei nº 11.250 de 27 de dezembro de 2005, atualmente existe a possibilidade de cada município estabelecer um convênio com a Receita Federal do Brasil e, de acordo com as diretrizes da lei e das respectivas instruções normativas, este município passa a receber 100% do valor arrecadado pelo ITR. Este procedimento não será aqui discutido, apenas é apontado, pois o requerente deve verificar se o município onde está o seu imóvel apresenta tal convênio e, caso positivo, nos documentos para o pagamento parcial do ITR com TDA deverá constar que o município reterá 100% do valor arrecadado.

Outra peculiaridade é relativa ao ganho de capital nesta operação, ou seja, em alguns casos, os proprietários com a operação de pagamento de 50% do ITR com TDA podem apresentar ganho de capital, caracterizado pela diferença positiva entre o valor de alienação de bens ou direitos e o respectivo custo da aquisição de um mesmo ativo financeiro, que no caso são os TDA.

Quando isto ocorre, deve ficar refletido na próxima declaração de imposto de renda, não importando ser de pessoa física ou de pessoa jurídica.

Um ponto negativo neste processo é a falta de treinamento da Receita Federal com relação a todo e qualquer procedimento que envolva o ITR, o que muitas vezes prejudica o contribuinte, por exemplo, com o envio de "avisos de cobrança" enquanto o processo do pagamento de ITR com TDA ainda não terminou.

5. CONCLUSÃO

Após a apresentação de conceitos básicos relativos ao ITR e aos TDA, apresentou-se a possibilidade de pagamento de até 50% de um com os outros.

É patente que o pagamento parcial do ITR com TDA é benéfico tanto para o proprietário quanto para o Governo Federal. Dessa forma, o pagamento parcial do ITR com TDA deveria ser muito estimulado.

Cabe ressaltar que geralmente para as pequenas propriedades que pagam menos de R$ 2.000,00 (dois mil reais) o procedimento em tela, devido à burocracia, não é recomendado, mas pode ser feito.

Os técnicos da Receita Federal deveriam ser mais bem capacitados para toda e qualquer questão relativa ao ITR, apesar de tal tributo ser de pouca arrecadação para o Fisco. O tratamento conferido a este tema em geral não é suficiente, especialmente em conjunto com o tema apresentado, o pagamento do ITR com TDA.

Este trabalho apresenta um cunho prático, ao explicar um procedimento que pode ser realizado pelo proprietário rural e pelo gestor do agronegócio, que é o pagamento parcial do ITR com Toda. Esperamos que tal procedimento possa ser propagado.

BIBLIOGRAFIA

BRASIL. *Constituição da República Federativa do Brasil.* Disponível em:<http://www.planalto.gov.br/ccivil_03/constituicao/constitui%C3%A7ao.htm>. Acesso em 25/06/2011.

BRASIL. Lei nº 4.504, de 30 de novembro de 1964. Dispõe sobre o Estatuto da Terra. Disponível em: <http://www.planalto.gov.br/ccivil_03/leis/L4504.htm>. Acesso em 25/06/2011.

BRASIL. Decreto nº 578, de 24 de junho de 1992. Dá nova regulamentação ao lançamento dos títulos da dívida agrária. Disponível em: <http://www.planalto.gov.br/ccivil_03/decreto/D0578.htm>. Acesso em 25/06/2011.

BRASIL. Lei nº 9.393, de 19 de dezembro de 1996. Dispõe sobre o Imposto sobre a Propriedade Territorial Rural (ITR), sobre pagamento da dívida representada por títulos da dívida agrária e dá outras providências.

Disponível em: <http://www.planalto.gov.br/ccivil_03/leis/L9393.htm>. Acesso em 25/06/2011.

CAMARGOS, Luciano Dias Bicalho. *O imposto territorial rural e a função social da propriedade*. Belo Horizonte: Del Rey, 2001.

CAMPOS, Dejalma. *Imposto Sobre a Propriedade Territorial Rural (ITR)*. São Paulo: Atlas, 1993.

COSIF. Cosif Eletrônico. *Manual de Títulos e Valores Mobiliários (MTVM) –. Título da dívida agrária*. Disponível em <http://www.cosif.com.br/mostra.asp?arquivo=mtvm_tda>. Acesso em 30/06/2011.

DOSSO, Taisa Cintra. *Reforma agrária e desenvolvimento sustentável*: aspectos obrigacionais e instrumentos legais de proteção. Dissertação de Mestrado. Faculdade de Historia, Direito e Serviço Social. Franca, Unesp, 2008.

IPEA. *Receita pública*: quem paga e como se gasta no Brasil. Comunicado da Presidência. Nº 22. 30 de julho de 2009. Disponível em: <http://www.ipea.gov.br/sites/000/2/pdf/comunicado_da_presidencia_n22.pdf>. Acesso em 30/06/2011.

MACHADO, Hugo de Brito. *Curso de Direito Tributário*. São Paulo: Malheiros Editores, 2001.

RECEITA FEDERAL DO BRASIL. Instrução Normativa Conjunta SRF/STN nº 1, de 25 de outubro de 2001. Dispõe sobre o pagamento de até cinquenta por cento do Imposto sobre a Propriedade Territorial Rural (ITR) com Títulos da Dívida Agrária (TDA). Disponível em:

<http://www.receita.fazenda.gov.br/legislacao/ins/2001/InsConjuntas/inConjSRFSTN012001.htm>. Acesso em 25/06/2011.

RECEITA FEDERAL DO BRASIL. Instrução Normativa Conjunta RFB/STN nº 1.032, de 11 de maio de 2010. Altera a Instrução Normativa Conjunta SRF/STN nº 1, de 25 de outubro de 2001, que dispõe sobre o pagamento de até 50% (cinquenta por cento) do Imposto sobre a Propriedade Territorial Rural (ITR) com Títulos da Dívida Agrária (TDA). Disponível em:

<http://www.receita.fazenda.gov.br/legislacao/ins/2010/InsConjuntas/inConjRFBSTN10322010.htm>. Acesso em 25/06/2011.

TESOURO NACIONAL. Títulos da Dívida Agrária. Disponível em: <http://www.tesouro.fazenda.gov.br/servicos/faq/includes/antigo_htm/07_sai_faq_dp_divida_agraria1.asp>. Acesso em 28/06/2011.

ANEXOS
I

ANEXO I

MINISTÉRIO DA FAZENDA SECRETARIA DA RECEITA FEDERAL	IMPOSTO SOBRE A PROPRIEDADE TERRITORIAL RURAL **ITR**	REQUERIMENTO/AUTORIZAÇÃO PARA PAGAMENTO

PAGAMENTO DE ATÉ 50% DO ITR COM TDA ESCRITURAL

REQUERIMENTO

Ilmo. Sr. Delegado/Inspetor da Receita Federal,

Da DRF/IRF ______________________________

____,

inscrito no CPF/CNPJ sob o nº ____________________, solicita pagar até 50% (cinquenta por cento) do Imposto sobre a Propriedade Territorial Rural - ITR com Títulos da Dívida Agrária - TDA, que se encontram custodiados na Instituição Financeira

______________________________ conta na CETIP nº ____________________. Para pagamento serão utilizados

__________ (______________________________) TDA.

Local	Data	Assinatura

AUTORIZAÇÃO

Autorizo a Instituição Financeira ______________________________

____________________, Conta na CETIP nº ____________, a transferir __________

(______________________________) Títulos da Dívida Agrária - TDA, de minha propriedade, aos beneficiários abaixo, na forma de Documento de Transferência - DOC.

Código TDA	Quantidade de TDA	Município/União

Local	Data	Assinatura

Aprovado pela IN SRF/STN nº 01

ANEXO II

MINISTÉRIO DA FAZENDA SECRETARIA DA RECEITA FEDERAL DO BRASIL	IMPOSTO SOBRE A PROPRIEDADE TERRITORIAL RURAL ITR	CETIP S.A. BALCÃO ORGANIZADO DE ATIVOS E DERIVATIVOS

DOCUMENTO DE TRANSFERÊNCIA – DOC

SECURITIZAR	PAGAMENTO DE ATÉ 50% DO ITR COM TDA

1. INSTITUIÇÃO FINANCEIRA

CONTA CETIP	NOME DA INSTITUIÇÃO FINANCEIRA

2. IDENTIFICAÇÃO DO CONTRIBUINTE

NOME		CPF / CNPJ	
ENDEREÇO	NÚMERO	COMPLEMENTO	
BAIRRO / DISTRITO		TELEFONE	
MUNICÍPIO		CEP	UF

3. BENEFICIÁRIO – UNIÃO

CONTA CETIP	NOME	ATIVO (nº de série do TDA)	QUANTIDADE
27019005	SECRETARIA DO TESOURO NACIONAL		

4. BENEFICIÁRIO – MUNICÍPIO

CONTA CETIP	NOME	ATIVO (nº de série do TDA)	QUANTIDADE
00010100	BANCO DO BRASIL (POR ORDEM DO MUNICÍPIO)		
MUNICÍPIO DE LOCALIZAÇÃO DO IMÓVEL RURAL			UF

5. REPRESENTANTE DA INSTITUIÇÃO FINANCEIRA

LOCAL	DATA	ASSINATURA

Aprovado pela IN RFB/STN nº 1.032

ANEXO III

MINISTÉRIO DA FAZENDA SECRETARIA DA RECEITA FEDERAL DO BRASIL	IMPOSTO SOBRE A PROPRIEDADE TERRITORIAL RURAL ITR	REQUERIMENTO PARA TRANSFERÊNCIA DE TÍTULOS DA DÍVIDA AGRÁRIA – TDA

____________________, ____ de _________ de _____

Senhor Diretor,

Referimo-nos ao pagamento de Imposto sobre a Propriedade Territorial Rural (ITR) com Títulos da Dívida Agrária (TDA), em conformidade com o disposto no artigo 105 da Lei nº 4.504, de 30/11/1964, no Decreto nº 578, de 24/06/1992, e na Instrução Normativa Conjunta SRF/STN nº 1, de 25 de outubro de 2001.

_______________________________________, inscrito no CPF/CNPJ sob o nº _____________________, pleiteou junto ao Ministério da Fazenda (MF) o direito de pagar até 50% (cinquenta por cento) de ITR do exercício de _______ com TDA, conforme documentação constante no processo nº__________________.

Dessa forma, solicitamos a transferência dos TDA, custodiados na ____, conta CETIP nº__________ ao (s) beneficiário(s) abaixo discriminado(s):

BENEFICIÁRIOS	CÓDIGO TDA	QUANTIDADE
UNIÃO		
MUNICÍPIO		

Solicitamos, ainda, que sejam enviados os documentos comprobatórios a esta Delegacia da Receita Federal do Brasil, após a conclusão das operações pertinentes.

Atenciosamente,

Aprovado pela IN RFB/STN nº 1.032

JUSTIÇA AGRÁRIA: NÃO TENHAM MEDO

Ronaldo de Albuquerque

A Justiça é cara, lenta e não está ao alcance da população. Magistrados, advogados, professores e cidadãos lutam para conseguir uma Justiça eficiente e rápida – esse é o pensamento dominante entre quantos se compenetram de que, da firmeza e rapidez dos julgamentos, depende a própria estabilidade do Estado. Para isso, o Poder Judiciário merece reorganizar-se, desde que haja vontade política. Para tanto, o primeiro passo é o de ter independência financeira, para proporcionar a facilitação do acesso do cidadão à Justiça e poder criar varas especializadas, a exemplo do que sucede com a área trabalhista. Necessita, também, de uma boa Justiça, conforme diz, em artigo[1], o Ministro Célio Borja, como sendo "o conjunto de meios de que se vale o Juiz para prestar, corretamente, os seus serviços aos indivíduos e à sociedade". Afirma, ainda, que em alguns países ricos a organização da Justiça é tão boa que ajuda os juízes a serem bons.

Em 1939, a Comissão Elaboradora do Projeto de Organização da Justiça do Trabalho, integrada por figuras representativas da cultura jurídica, manifestou-se, francamente, pelo reconhecimento dos Tribunais do Trabalho como instituições judiciárias. Em consequência, não hesitaram os membros da Comissão Constitucional em incluí-los no capítulo referente ao Poder Judiciário.

Assim se enuncia Castro Nunes, autor erudito da *Teoria e prática do Poder Judiciário*: "A Justiça do Trabalho é [...] especial, autônoma no mecanismo de suas instâncias, distinta da justiça comum, sem perder com isso seu caráter judiciário".

Os litígios que emergem das relações entre o capital e o trabalho destacam-se pela multiplicidade dos seus aspectos. O Poder Público deve ampliar a esfera de atividades nos direitos sociais que correspondem a novas obrigações positivas do Estado, principalmente nas classes que intervêm na produção, criando-se estruturas jurídicas (Justiça Agrária) para regular a melhor repartição do produto social. A criação da Justiça Agrária parece uma ideia nova no Brasil, mas não é. Em 1922, o então Presidente de São Paulo, Washington Luís, sugeriu à Câmara dos Deputados um projeto sobre

1 Publicado na edição do jornal *O Globo*, de 1º/04/1987.

o assunto. Foi aprovada uma lei em 10 de outubro do mesmo ano e regulamentada pela Lei nº 3.448/22. Em 1937, 15 anos depois, Joaquim Luís Osório, catedrático de Direito Constitucional da Faculdade de Pelotas, autor do primeiro projeto do Código Rural Brasileiro, publicou um trabalho sobre Direito Rural. Ele preconizou a Justiça Agrária como indispensável ao desenvolvimento e ao progresso do setor primário do país. As divergências entre o capital e o trabalho, no meio agrário, encontram no Juiz Agrário o intérprete do Direito Agrário, visando alcançar equilíbrios duráveis e justos para o bem comum. As demandas no campo não podem ser resolvidas por uma Justiça em que ainda predomine qualquer tendência tradicional, de natureza civilista, subjugada por padrões e definições totalmente ultrapassadas pela realidade agrária.

Em 1968, acompanhado do Dr. Ivo Frey, visitamos o Instituto de Direito Agrário e Comparado, entidade de renome internacional do Direito Agrário em Florença, Itália, onde fomos recebidos pelo Professor Giangastone Bolla, um dos maiores cultores do Direito Agrário. Alertou-nos, durante a visita, que "será necessário proceder, gradualmente, as reformas fundiárias e agrárias e as adaptações dos institutos jurídicos ao novo dinamismo da agricultura". Esclareceu que o Tribunal Agrário da Itália julga as questões agrárias, totalmente divorciadas da égide do Direito Civil.

O Direito Agrário patrocina, em todos os países de civilização cristã, a personalidade da exploração agrícola, na sua realidade econômico-jurídica, na sua continuidade técnico-administrativa e no seu valor social e humano. Para isso, o papel que cabe ao profissional do direito é muito importante na procura de soluções justas e convenientes, para possibilitar ao mundo agrário a sua elevação material, moral, cultural e espiritual. O Instituto dos Advogados Brasileiros tem como um dos seus objetivos a produção de conhecimento em diversas áreas jurídicas, por isso criou a Comissão de Direito Agrário. Ela apresentou proposta ao Ministério da Educação para a instituição, obrigatória, nas Faculdades de Direito, de uma cadeira de Direito Agrário. Outros assuntos, como a criação da Justiça Agrária no país, estão sendo discutidos na Comissão.

Por que esse medo da Justiça Agrária? Medo da Lei, do Direito e da Justiça. Paira sobre a Justiça Agrária um clima de descrédito e prevenção, pois anunciam que com a criação da instituição ela se converteria em um órgão tutelar da conveniência dos pequenos lavradores e do Movimento dos Sem Terra (MST), fugindo, assim, aos seus desígnios. Ideia inexata. Não se justifica, também, a alegação de falta de verbas ou de grandes despesas que se faria em face da implantação da Justiça Agrária. Oportuna a afirmativa de C. J. Assis Ribeiro:

> Acontece, porém, que o problema da organização e do funcionamento do Poder Judiciário não pode ser apreciado em termos tais, isto é, em termos de despesas.

> O destino da comunidade nacional, em grande parte, para constituir elemento de vida do organismo do Estado, depende do harmônico funcionamento do Poder Judiciário e essa harmonia decorre, inegavelmente, da especificação da Justiça[2].

Ela seria um fator de estabilidade e prestaria ao país contribuição inestimável, preservando a sua autoridade, criando no campo um ambiente de pacificação e de ordem. Preconceitos absurdos, que tenderiam a desaparecer à medida que a Justiça Agrária for impondo, com o tempo, a confiança pública. Confiem na prudência, no bom senso, na honorabilidade, no espírito de justiça, nas decisões dos magistrados incumbidos de aplicar o Direito Agrário. Além de sua função julgadora, tem a missão, por meio da mediação, de ajudar a resolver conflitos com a pacificação das partes envolvidas. É lícito presumir que a Justiça Agrária contribuirá para a preservação de um clima de ordem e paz no campo, em benefício do Brasil. É uma lida contínua de ideias que se agitam num ambiente de cultura, elevação moral e patriotismo.

Por prova ou exemplo, relaciono, de 1964 até hoje, publicações oficiais, pareceres, livros, artigos, revistas técnicas, com comentários sobre o Direito Agrário e opiniões sobre a criação da Justiça Agrária:

- 1964:

a) Estatuto da Terra – Lei nº 4.504, de 30 de novembro de 1964. A criação de uma legislação autônoma de Direito Agrário significou um fato importante na legislação brasileira. Foi um grande passo à frente como instrumento harmônico de enfrentar os diferentes aspectos, não só da reforma agrária, mas também do desenvolvimento agrário;

b) Octavio Mello Alvarenga – Pela Criação da Justiça Agrária. *Revista do Instituto Brasileiro de Direito Agrário*, nº 1, p. 87, quando bem observa:

> Se ao legislador de 1964 pareceu lógico e consequente a inclusão do Direito Agrário na Carta Magna do país, bem assim a edição de um Estatuto da Terra, creio que ao legislador de agora cabe a tarefa, por todos os motivos patriótica, de completar uma orientação constituinte coetânea com as solicitações do meio judiciário, concretizando imediatamente as medidas necessárias à institucionalização da Justiça Agrária brasileira.

- 1965:

a) Alberto Ballarin Marcial – Derecho Agrário. Editorial da *Revista de Derecho Privado*, Madri. O grande mestre do Direito Agrário espanhol vaticinava com grande autoridade:

---

2 Monografia apresentada ao Instituto dos Advogados Brasileiros, em 1976.

> De la Fe em el D.a. instrumento de reformas sociales (reformas agrárias) en contra de la tesis de la violencia como único camino posible, deriva esta gran misión para el agrarista: la de mirar constantemente al futuro em busca de um ordem más justo. Su papel no es el de mero intérprete de leyes; por su profunda formación humanista, su contacto, em muchos casos particularmente intenso, com la realidad; sobre todo por el estilo y la índole de su tarea habitual que es la composición de intereses, está em las mejores condiciones para elaborar y ofecer a los governantes, a los parlamentares, a la discusión científica o pública soluciones de política legislativa que serán, tal vez, intrínsecamente superiores a las que provengan de otros campos mucho más unilaterales, como los de la Sociologia, la Economia o la Técnica (p. 433);

b) Juan Jose Sans Jarque – Normativa de la concentración parcelaria y de la ordenacionatual: reforma de estructuras agrárias. Separata de la *Revista Derecho Español y Americano* nº 9. Advertia (p. 15) que o Direito Agrário "es matéria em los programa da estúdio y de trabajo de la instituiciones y entidades dedicadas a la enseñanza y a la investigación, y formando parte, em el campo universitario y científico, que aqui nos interesa como matérias especiales de la nueva disciplina del Derecho Agrário";

– 1966:

a) Fernando Pereira Sodero – O Direito Agrário Como Fundamento Da Reforma Agrária. Conferência na Universidade Federal do Rio Grande do Sul (UFRGS). Refere-se com ênfase à célebre Declaração de Costa Rica, na qual se estabeleceu que o regime legal da terra nas nações americanas, qualquer que seja ele, deve ser regido por um direito especial e autônomo, o agrário. Assim diz:

> Este ramo que nós agora definimos como um sistema de normas, de direito público e de direito privado, que visa a regular especificamente o direito do homem à propriedade da terra, a posse e uso desta, o estatuto do empresário e sua atividade e a produção agrária, segundo princípios gerais, peculiares a este ramo jurídico, é diferente do Direito Civil, tem como elemento constitutivo essencial a atividade agrária como indústria genética de produção, diferente das outras indústrias extrativas, de transformação ou de serviços.

– 1967:

a) Cesar Cantanhede – A Agropecuária. Conferência na Escola Superior de Guerra. Defendeu a criação da Justiça Agrária, com as seguintes palavras: "Possa ser obtida a criação de uma Justiça Rural para garantir um conjunto de relações jurídicas capazes de atender integralmente ao princípio constitucional básico que trata da função social da propriedade";

b) Jean Megret – É uma incoerência de se ter no Direito Civil toda uma vasta legislação agrária de conceituação específica. Megret condena tal absurdo, nestes termos: "Le Droit Civil a été qualifiè d'antidroit rural. Le droit rural c'est essentielllement le droit de la concentration ou de la collectivisation dês biens de production et de l'organisation de l'économie agricole. Ses deux pôles essentiels sont le droit dês structures de commercialisation et d'organisation dês marches" (G. Farjat, *Droit Économique*, 1971, PUF, p. 62-63);

c) Carlos Mario Pereira da Silva – Afirma no seu consagrado livro *Condomínio e incorporações* (Rio de Janeiro: Forense, p. 39) a necessidade de serem criados órgãos jurisdicionais especializados para aplicação da matéria jurídica agrária, no estudo e na divulgação do Direito Agrário e da Justiça Agrária:

- 1968:

a) Fernando Pereira Sodero – *Definição de Direito Agrário*. Foi escrita a lápis, para mim, num bloco quando estávamos reunidos, no Rio de Janeiro, redigindo a proposição para a criação da Justiça Agrária, para ser apresentada no II Congresso Nacional de Agropecuária, nos seguintes termos: "Direito Agrário é o conjunto de princípios e de normas, de Direito Público e de Direito Privado, que visa a disciplinar as relações emergentes da atividade rural, com base na Função Social da Terra";

b) Armando Salgado Mascarenhas – Secretário de Economia do Estado da Guanabara. Discurso pronunciado em nome dos Secretários de Estado e Delegados do II Congresso Nacional de Agropecuária: "É justo, pois, consignar as nossas esperanças – razão das nossas perseveranças – no progresso alcançado pela implantação de uma Justiça Rural no Brasil, autônoma, rápida e eficaz. Instrumento indispensável à realização da Reforma Agrária Nacional";

c) Proposição elaborada pelo Grupo de Trabalho encarregado de apresentar ao II Congresso Nacional de Agropecuária. Recomendações e sugestões, visando à criação da Justiça Agrária. Membros do grupo: Ivo Frey, Ronaldo de Albuquerque, Fernando Pereira Sodero, Aroldo Moreira, Octavio Mello Alvarenga, Sérgio Ludovico Bertoni, José Francisco da Silva e Raul Renato Cardoso de Mello Filho;

d) Ivo Frey e Ronaldo de Albuquerque – *Consolidação do Direito Agrário e criação da Justiça Agrária*. Trabalho jurídico apresentado ao Ministério da Agricultura com o título *A Secretaria de Economia do Estado da Guanabara e a Carta de Brasília*. Consta do parecer o alerta de que ocioso seria insistir na imprescindibilidade de ser criado o instrumento judiciário específico para conhecer e dirimir os problemas emergentes das atividades no campo, como foi dito ao apresentarem a proposição, em nome do Governo do Estado da Guanabara. A observação deu origem à criação de uma Comissão de Alto Nível para a tomada das providências preliminares objetivando a criação da Justiça;

e) Composição da Comissão Especial, criada pela Portaria nº 322/68 do Ministério da Agricultura: Octavio Mello Alvarenga – Instituto Brasileiro de Reforma Agrária (Ibra)(Presidente), José Xavier da Cunha – Instituto Nacional do Desenvolvimento Agrícola (Inda), Francisco Galdino Pereira de Mendonça – Confederação Nacional da Agricultura, Ivo Frey e Ronaldo de Albuquerque – Secretaria de Economia da Guanabara, Carlos Alberto Ferreira de Souza – Confederação Nacional dos Trabalhadores na Agricultura e Carlos Ferdinando Mignone – Instituto Brasileiro de Direito Agrário. A Comissão, por meio de exposição de motivos sugeriu ao Ministério da Agricultura a especialização da Justiça Agrária, para disciplinar ou regular as relações específicas da atividade rural;

f) Ivo Frey, advogado e assessor jurídico da Secretaria de Economia do Estado da Guanabara – Aspectos Legais da Justiça Agrária. Palestra proferida na Fundação Getulio Vargas no curso patrocinado pela Associação Latino-Americana de Direito Agrário (Alada). Dizia: "A especialização (ou autonomia) do Direito Agrário e o sentido novo que informa suas instituições já bastariam para reclamar um mecanismo judiciário capaz de aplicá-lo corretamente, de forma a atingir-se o ideal da justiça social";

g) Ata de fundação da Alada, em 28 de março de 1968. O principal objetivo da instituição seria o de fomentar o estudo, a investigação, o ensino e a divulgação do Direito Agrário na América Latina, emprestando especial destaque aos estudos comparativos;

h) Publicação da revista quadrimestral da Alada, nº 1, junho de 1968. Colaboradores: Alberto Ballarin Marcial, Jean Megret, Arlino Thompson de Carvalho, Octavio Mello Alvarenga, Ivo Frey, Carlos Ferdinando Mignone e Jaul Pires de Castro;

i) Ronaldo de Albuquerque e Ivo Frey – *Relatório de missão no estrangeiro – Estudos e observações*. No capítulo referente à Justiça Agrária, citaram o ponto de vista do Dr. Ivo Arzua Pereira, Ministro da Agricultura, em entrevista sobre o assunto: "considero, ainda, muito acertada a criação de uma Justiça Agrária, um órgão que funcionaria com autonomia especializada em resolver litígios ligados aos contratos de serviços agrícolas", e depois de reconhecer que as tentativas anteriores ficaram sem resultados práticos, afirma que, desta vez, a Justiça Agrária sairá "porque é um ponto de honra da administração, com o apoio do Presidente da República, interessado no assunto" (*O Globo*).

– 1969:

a) J. Motta Maia – *Iniciação à reforma agrária*. Livraria e Editora Mabri. Diz (p. 128) que "apesar das grandes dificuldades que antepõem à efetivação dessa ideia, acreditamos que ela acabará triunfando mais cedo do que se pensa. Esse é o exemplo de outros países e a autonomia do Direito Agrário impõe a criação de uma jurisdição especial, como no pensamento de Calamandrei: [...] il proceso segue il diritto come l'ombra segue il corpo" (in *Diritto Agrario e processo civile*, Padova, 1939, vol. IV, p. 15);

b) J. Motta Maia – Reflexões sobre a conveniência e viabilidade de uma justiça especializada no meio rural. Separata de *Jurídica*, *Revista do Instituto do Açúcar e do Álcool*;

c) Edgar Teixeira Leite – Conveniência e Viabilidade de uma Justiça Especializada no Meio Rural. Conferência no Instituto dos Advogados Brasileiros;

d) Editado o primeiro número da *Revista da Associação Latino-Americana de Direito Agrário*. Apresentação de Octavio Mello Alvarenga – Diretor Executivo da Alada. Assinaram trabalhos de doutrina os seguintes juristas: Giangastone Bolla, Alberto Ballarin Marcial, Jean Megret, Manuel Mauricio, Juan José Sanz Jarque, Enrique Torres Llosa, Victor H. Martinez, Themistocles Brandão Cavalcanti, Octavio Mello Alvarenga, J. Motta Maia, Ivo Frey, Ronaldo de Albuquerque, Carlos Ferdinando Mignone e Mauro da Fonseca Pinto Nogueira;

e) *Rivista di Diritto Agrario* (Itália) – Cronache Dell'istituto de Diritto Agrario Internazionale e Comparato – Visita de una missione dello stato de Guanabara – composta pelos Drs. Ronaldo de Albuquerque e Ivo Frey. Foi publicado, na referida revista, o Relatório de missão no estrangeiro – Estudos e observações (p. 344), elaborado pelos citados agraristas;

f) Armando Salgado Mascarenhas, Secretário de Economia do Estado da Guanabara. Palestra proferida na Fundação Getulio Vargas, no curso de Direito Agrário e Política Agrícola, organizado pela Alada. Referiu-se à reforma agrária, com ênfase na recuperação das chamadas populações subnormais, nos seguintes termos: "Partimos do ponto de vista de que as favelas, em si, não representam um problema. São antes uma consequência socioeconômica de solução distorcida dada a uma dúvida. Assim é que se existisse em nosso país uma reforma agrária produzindo frutos generosos, a questão favela estaria muito minimizada". Com relação à tensão social no campo, assim se pronunciou:

> Com ela, Justiça Agrária, diminuirão sensivelmente os estados latentes de tensão social, eis que convencerem-se os obreiros rurais que a titulação de suas propriedades, a situação de sua posse, as obrigações dos contratos de exploração da terra, as relações de trabalho, serão conhecidas e julgadas, com perfeito conhecimento de causa por Juízes também agrários, isto é, plenamente conscientes das peculiaridades dos problemas submetidos à sua apreciação e em prazos breves;

g) C. J. Assis Ribeiro sustentou em palestra no curso de Direito Agrário e Política Agrícola, na Fundação Getulio Vargas que: "A viabilidade legal da Justiça Agrária não pode ser estudada como um teorema, como houvesse uma matemática jurídica, já que o Direito não é, nem deve ser, o fruto da vontade do legislador, mas, sim, o produto, o resultado da ação sociológica, o reflexo das categorias da realidade nacional";

h) Octavio Mello Alvarenga, na qualidade de Presidente da Comissão Especial instituída pela Portaria nº 322, de 7 de outubro de 1968 do Ministério da Agricultura, sendo Ministro da Agricultura o Dr. Ivo Arzua Pereira. Apresenta Exposição de Motivos, com destaque para o seguinte tópico: "Nunca, porém, será ocioso acentuar que a especialização da Justiça, para disciplinar ou regular as relações específicas da atividade rural, é uma necessidade urgente, já encarecida por juristas nacionais que se tem dedicado ao exame e equação da problemática agrária brasileira".

– 1974:

a) Octavio Mello Alvarenga – *Direito Agrário* (Rio de Janeiro: Forense). Na p. 209, faz oportunos comentários sobre a necessidade de se criar uma Justiça especializada com juízes conhecedores da matéria agrária. Dizia ele: "Adaptando-se o caso ao binômio Direito Agrário e Justiça Agrária, podemos dizer que temos os automóveis (isto é, legislação especializada), mas não temos ainda motoristas (isto é, juízes especializados). O Direito Agrário é de amplíssimo espectro. O Brasil ainda insiste em confiá-lo aos juízes comuns".

– 1975:

a) Octavio Mello Alvarenga – *Justiça e Direito Agrário*. Estudo jurídico elaborado pela Sociedade Nacional de Agricultura (SNA). Cita Nelson Hungria: "Cumpre ter em vista que todo ramo da Direito tem exigências próprias, que diferem dos outros, porque diverso é o setor da realidade social a que se refere".

– 1980:

a) *Justiça Agrária especializada*. Memorial ao Governo da União. Trabalho jurídico da Sociedade Nacional da Agricultura, no qual se procura enfeixar ideias e sugestões com vistas a agilizar pendências agrárias, sobretudo aquelas concernentes a regularização fundiária em nosso país.

– 1985:

a) Wellington Lopes. *Justiça Agrária*. Trabalho jurídico impresso pelo Ministério da Reforma e do Desenvolvimento Agrário. Comenta com muita ênfase:

A criação de uma Justiça Agrária é indispensável. As correntes doutrinárias contrárias a sua criação, ou de natureza conservadora e obstrucionista ou de natureza demagógica e agitacionista não merecem acolhidas por serem extremistas. Também a alegação da falta de verbas ou de grande despesa que se faria em face da implantação de tal Justiça não mais se justifica;

b) Octavio Mello Alvarenga – *Manual de Direito Agrário* (Rio de Janeiro: Forense). Na p. 335, com a inteligência arguta e a sensibilidade humana que tanto o caracterizavam, dizia:

> Caso, porém, se chegue à conclusão de que deve o Brasil retornar aos princípios enunciados na Exposição de Motivos que o governo Castelo Branco enviou ao Congresso Nacional ao propor o Estatuto da Terra, então tudo terá de ser reformulado desde as bases, e a instituição de uma judicatura agrária, mais do que nunca, se apresente essencial, num país em que a distância entre os que possuem muito e os que não possuem coisa alguma cada vez mais se acentua. Num país em que os médios e pequenos proprietários abandonam o campo por desestímulo continuado, embora a eles se deva o maior percentual de produção. Num país ao qual falta uma lei orgânica que regule as questões fundiárias, tributárias, de crédito rural emergindo também as normas de preservação dos recursos naturais e de garantia do meio ambiente. Já se viu como se vão acumulando tais normas legais. Teremos condições de colocá-las em prática, com o Poder Judiciário tal como está montado no Brasil?

c) Rafael Augusto de Mendonça Lima – Artigo publicado na revista *A Lavoura*, novembro de 1985, p. 54. Assim define a criação do Direito Agrário:

> O Direito Agrário brasileiro nasceu com a Lei nº 4.504, de 30 de novembro de 1964, o Estatuto da Terra, onde foram introduzidos princípios de política agrária, que se tornaram, em consequência, princípios do Direito Agrário, já aceitos pelos Direitos de outros países, como Espanha, França, México, Argentina etc. São princípios do nosso Direito Agrário: a justiça social, a função social da terra, o acesso à propriedade da terra, a permanência na terra daquele que a tornar produtiva, a preservação dos recursos naturais renováveis, condições de progresso social e econômico dos que exercem a atividade agrária e justas relações de trabalho. Na verdade, o Estatuto da Terra disciplina duas políticas, a saber: a) a política de reforma agrária; e b) a política de desenvolvimento agrário.

– 1987:

a) Projeto de Constituição, da Comissão de Sistematização, tendo como presidente Afonso Arinos e relator Bernardo Cabral. A Justiça Agrária foi contemplada na Seção V do Capítulo IV, alusivo à organização do Poder Judiciário: "Art. 211. A lei disporá sobre a organização, a competência e o processo da Justiça Agrária e a atuação do Ministério Público, observados os princípios desta Constituição [...]". Nada aconteceu no Congresso Nacional. Nenhuma referência à Justiça Agrária.

– 1989:

a) Sonia Helena Novaes G. Moraes – O Projeto Laranjeira para a criação de uma Justiça Agrária. *Revista Reforma Agrária*, ano 19, nº 3, p. 86, reconhece que "a regulamentação dos dispositivos constitucionais é importantíssima, assim como a busca de um novo quadro, onde os embates poderão surgir. Esse novo quadro poderia ser a Justiça Agrária especializada. E isto quer dizer que a atenção ao seu perfil continua sendo um ponto crucial";

b) Raymundo Laranjeira Barbosa – Projeto para a criação de uma Justiça Agrária. *Revista Reforma Agrária*, ano 19, nº 3, p. 87. Aborda que o anteprojeto por ele apresentado ao Ministro da Justiça "cuidaria de estar nos limites da Carta de 1988 e, assim, trabalharia com a hipótese do seu art. 126, relativa às questões agrárias afetas à Justiça Comum";

c) Octavio Mello Alvarenga – O Direito Agrário como Fator de Integração Ibero-Americana. Palestra proferida na Associação dos Ex-Alunos da Escola Nacional de Administração. Ouro Preto-MG. Aludiu à tese de que a filosofia que é própria da legislação agrária brasileira é a mesma que inspira todas as leis de reforma agrária e de desenvolvimento rural dos demais países ibero-americanos, nos seguintes termos:

> Quando o então Diretor Geral do Instituto Interamericano de Ciências Agrícolas, Engenheiro Agrônomo José Emilio Gonçalves Araujo, referiu-se ao desenvolvimento agrícola na problemática rural latino-americana, observou-se que estando em função de instituições legais de origem e práticas urbanas, elas serviriam de empecilho à aplicação de controles jurídicos eficazes nas relações contratuais agrárias, acrescentando: "la modernización tecnológica que no está asociada a uma transformación social, puede convertirse em um factor negativo del mismo desarrolo, al no ser considerado este como um processo de promoción humana;

d) O Ministro da Justiça designou uma Comissão de Juristas, formada por Octavio Mello Alvarenga, Raymundo Laranjeira Barbosa e Otávio Mendonça para apresentarem um Anteprojeto de Lei Complementar regulamentando dispositivos constitucionais agrários.

– 1995:

a) Octavio Mello Alvarenga – *Política e Direito Agroambiental (comentários à nova Lei de Reforma Agrária – Lei nº 8.629, de 25 de fevereiro de 1993)*. Rio de Janeiro: Forense. A Lei nº 8.629/93 é uma lei complementar à Constituição, pois regulamenta determinações da Carta Magna. O autor comenta artigo por artigo da citada lei, fazendo a análise jurídica da matéria, bem como notas históricas, sociológicas e econômicas da questão agrária à luz da legislação brasileira e estrangeira;

b) Senador Edson Lobão – Emenda à Constituição nº 47/95, que institui a Justiça Agrária. Defendeu a proposta, com a seguinte argumentação:

> O assunto da especialização de uma justiça de terras merece tratamento sério, isento e objetivo, não se prestando a ficar ao sabor das conveniências de pessoas ou grupos de interesses. É de se considerar que a realidade do campo é essencialmente diversa da realidade urbana. As relações de trabalho e de prestação de serviços são peculiares, as necessidades e as reivindicações são diferenciadas, merecendo tratamento e disciplina específicos. Emerge clara a ideia de que uma nova Justiça só atenderá às exigências da sua criação na medida em que os aplicadores da lei estiverem aptos a exercê-la, imbuídos da filosofia e identificados com os princípios que informam o Direito Agrário. A especialização da Justiça Agrária possibilitará que os magistrados decidam com maior rapidez, segurança e certeza, pois que a jurisprudência terá condições de ser unificada através das súmulas, editadas por um só corpo jurídico.

– 1996:

a) Paulo Torminn Borges – *Institutos básicos do Direito Agrário.* São Paulo: Saraiva, 1996, p. 145. Lamentava a não instituição da Justiça Agrária na Constituição de 1988, com as seguintes palavras: "Isto de varas especializadas ou entrâncias especiais [...] é engodo. Não resolve nem ajuda. Precisamos, isto sim, é de juízes especializados, isto é, juízes com cabeça de agraristas, juízes com mentalidade agrarista".

– 1997:

a) Geraldo Bezerra de Menezes – *Intérpretes do Brasil.* Cromos, p. 51. Na batalha em prol da dissolução da "política colonial de três séculos de senzala", Joaquim Nabuco deixou transparente que não aspirava, por mera questão sentimental, à abolição da escravatura Objetivava dar aos escravos, fora o direito de liberdade, inerente à pessoa humana, "algumas braças de terra que eles possam cultivar como próprias, protegidos por leis executadas por uma magistratura, independente e dentro das quais tenham um reduto inexpugnável, para honra de suas filhas e da dignidade de seu caráter, como qualquer senhor de engenho". Dizia mais o autor que Nabuco revelara-se defensor da reforma agrária, em termos cristãos, tendo em conta a preservação da dignidade e dos direitos fundamentais do homem e de sua família. Para alcançá-la, reclamava a proteção da lei, assegurada, por "magistratura independente".

– 1998:

a) Octavio Mello Alvarenga – *Agricultura brasileira – Realidades e mitos.* Faz (p. 240-241) reflexões jurídicas sobre a Justiça Agrária:

> Por que o Estatuto da Terra é pouco ou pessimamente conhecido? Por que sua decorrência mais lógica, a Justiça Agrária, até hoje não se concretizou? Um melhor conhecimento do Estatuto da Terra, o que implicaria estudos comparativos, sobretudo levando em conta a peculiaridade de o Brasil ser um país latino-americano, deveria ocorrer caso a disciplina Direito Agrário fosse obrigatória nas faculdades. E quanto à Justiça Agrária? Afinal episódios com os quais convivemos diariamente, de mortes de invasores, sequestros de proprietários, ameaças e esbulhos, não são casos típicos de uma injustiça agrária? São. E mais ainda: de gritante injustiça agroambiental são aquelas cometidas por garimpeiros, quando invadem terras indígenas, poluem as águas e praticam o contrabando. E será que jamais foi proposta a especialização para o julgamento de tais casos?

Diz mais, criticando a redação do artigo 126 da Constituição Federal de 1988:

> Todo o resultado de tanta luta e tanta esperança reduziu-se ao mais mal situado e mais mal redigido artigo da Carta Magna em vigor: o artigo 126: "para dirimir conflitos fundiários, o Tribunal de Justiça designará juízes de entrância especial, com competência exclusiva para questões agrárias." Ou seja, o constituinte, ignorando que o "agrário" é gênero e, "fundiário", uma de suas espécies, trocou as bolas:

- 2001:

a) Marcus Faver divulga pela Carta nº 2/2001 do Tribunal de Justiça do Estado do Rio de Janeiro, que os presidentes dos Tribunais Estaduais, reunidos em Florianópolis-SC, sugeriram a implantação da Justiça Agrária.

- 2003:

a) Octavio Mello Alvarenga – Capitão, meu capitão, por que agora? Artigo publicado no *Jornal do Commercio* em 4 de fevereiro:

> *Capitain, my capitain*, o soluço de Walt Whitman contagia-me, ao receber a notícia da morte de Don Vicente Casanova. Se o grande poeta americano referia-se ao comandante do navio, caído morto no convés, justo quando todos celebravam sua bem-sucedida viagem, a dor que sinto é semelhante. "O capitain, my capitain our fearful trip is done", repito para dentro, "ó comandante, terminou nossa terrível viagem, *the prixe we sought is won*, foi ganho o prêmio que sonhamos". Repito para o grande, o imenso caixão agrarista agora lançado ao mar da eternidade, que todos, sem exceção, todos quanto o conheceram em Mérida (na Venezuela), nos congressos que promoveu, nos conclaves que participou, nos livros que escreveu, na revista *Derecho y Reforma Agrária* que chegou ao nº 32, através de mil tropeços e dificuldades, todos os seus comandados estarão sentindo;

b) Rodolfo Pereira. Deputado Federal. Autor da PEC nº 122/2003. Cria os Tribunais e Juízes Agrários, Tribunal Superior Agrário, Tribunais

Regionais Agrários, Varas Judiciárias e o Ministério Público Agrário; altera a Constituição Federal de 1988.

- 2004:

a) Octavio Mello Alvarenga. Discurso proferido em São Paulo em 22 de novembro. Reunião da Academia Nacional de Agricultura quando disse: "Criminoso desleixo educacional vem banindo o ensino do Direito Agrário das Faculdades. Por maliciosa resolução do Conselho Federal de Educação, de há muito se tornou opcional uma disciplina que deveria ser obrigatória, num país com tantas questões 'rurais', ou 'agrárias'". Em seguida afirma: "Acabamos de assistir à votação da reforma do Judiciário. Como defensor de uma justiça especializada para questões agrárias pergunto-me se houve mesmo alguma 'reforma' capaz de agilizar pleitos agrários; se a nova legislação compreende um novo tipo de processo; se a tipicidade básica dos nossos problemas corresponde agora um procedimento judicial compatível";

b) Gursen de Miranda – *Justiça Agrária: criar ou não criar? Eis a questão*! Manifestação do citado jurista em reunião do Conselho da Justiça Federal, realizada na Costa do Sauípe-BA, no dia 15 de outubro de 2004:

> No Brasil, 66,7% dos constituintes de 88 entendiam como necessária a criação da Justiça Agrária. Justiça com estrutura simples, composta de Juiz Agrário, Tribunal Regional Agrário e Tribunal Superior Agrário. No primeiro Projeto de Constituição, de julho de 1987, quando trata da organização do Poder Judiciário, a Justiça Agrária foi prevista no artigo 211, na Seção V, do Capítulo IV. A articulação das "forças ocultas" do país, no entanto, e lamentavelmente, fez desaparecer a Justiça Agrária e surgiu o artigo 126. Os agraristas brasileiros entendem que o artigo 126, da Constituição da República, foi a fórmula encontrada para impedir a efetivação da Justiça Agrária no Brasil; seria uma norma jurídica de antijustiça agrária;

c) Ministro Edson Vidigal. Presidente do Conselho da Justiça Federal e do Superior Tribunal de Justiça – De acordo com o Ministro Vidigal, a proposta de ampliação da competência da Justiça Federal, em matéria agrária, foi levantada pelo Presidente da República, Luiz Inácio Lula da Silva. Ele esteve no STJ para participar do encontro internacional sobre lavagem de dinheiro e recuperação de ativos. Segundo o Ministro Vidigal, "durante a visita comentei com o Presidente Lula que a Justiça precisava de novas varas federais especializadas em lavagem de dinheiro e ele ressaltou que não apenas essas, mas também varas especializadas em questões agrárias". O Ministro Vidigal relatou que esteve reunido ontem (02/09/2004) com o Ministro da Justiça Márcio Thomaz Bastos, e com o Secretário da Reforma do Judiciário, Sérgio Renault, quando este lembrou que será necessária a inclusão de dispositivo na Constituição Federal de modo a assegurar a criação dessas varas. Comentou, na ocasião, que o texto da reforma do Poder Judiciário prevê ser da Justiça Estadual a competência para essas questões. Ressaltou urgência em se decidir a medida, para que haja tempo de incluir qualquer alteração no texto antes que seja aprovado. Pela Constituição Federal (art. 109, inc. I), a competência da Justiça Federal somente é atraída em relação à matéria agrária quando as questões envolvem entidades de Direito Público federal, como o Instituto Nacional de Colonização e Reforma Agrária (Incra), que é uma autarquia federal. Também manifestou sua opinião o Ministro Fernando Gonçalves, que considerou "razoável e salutar que haja uma Justiça Agrária, mas sem a ilusão de que a Justiça, sendo federal ou estadual, vai acabar com os conflitos". Ponderou: "reforma agrária não se faz com verbo, e sim com verbas".

- 2005:

a) Octavio Mello Alvarenga – Conferencista na II Conferência Nacional Sobre a América Latina na Camara di Commercio di Milano – Regione Lombardia, em 18 de outubro de 2005. Faz menção ao professor Giangastone Bolla, em perfeita consonância com o que vinha defendendo há muitos anos:

> O mestre mostra que a reivindicação de autonomia do Direito Agrário reproduz uma tendência histórica das castas agrícolas terem suas fontes normativas próprias (*consetudini*), órgãos jurisdicionais próprios (magistrados agrícolas) códigos, leis orgânicas ou estatutos próprios. Conceitua-o que este ramo do direito é "essencizalmente um diritto privato sociale que confere desenvolvimento orgânico tanto à agricultura como à economia privada e pública".

- 2006:

a) Mary Del Priori e Renato Venâncio – Autores do livro: *Uma história da vida rural brasileira*. Rio de Janeiro: Ediouro. Patrocinado pela SNA. Na p. 20, fazem referência a Octavio Mello Alvarenga, quando ele dizia: "Duvido que o MST chegue ao ponto que chegou caso tivessem sido implantadas as metas do Estatuto da Terra". Mencionam, na p. 210, que "em fins da década de 1980, perde-se a chance de estruturar uma Justiça Agrária especializada, tema ventilado ao tempo da Assembleia Nacional Constituinte, com lances curiosos que vão desde sua adoção no anteprojeto elaborado pela Comissão Afonso Arinos até o completo naufrágio da ideia";

b) Octavio Mello Alvarenga – Palestra na Academie d' Agriculture da França. Tece conceitos muito interessantes sobre a invasão da propriedade de Fernando Henrique Cardoso, Presidente da República, pelo MST:

> De acordo com os promotores de justiça a "ocupação" do estabelecimento agrícola não configurou delito. Teve a finalidade de pressionar o governo a programar a reforma agrária prevista na Constituição Federal e que o MST, como

movimento que pretende profunda transformação social, sua luta não acaba com a conquista da terra. Afinal, por que essa radicalização? A primeira razão talvez esteja no fato de as faculdades de direito não manterem cátedras obrigatórias de Direito Agrário. Dessa forma, à carência de uma desejável formação intelectual, se soma o número considerável de estudos e interpretações que um ala de jovens advogados vai adotando como normas no Ministério de Desenvolvimento Agrário. Tal repartição federal, hoje com dotação orçamentária superior ao próprio Ministério da Agricultura, equaciona a situação agrária brasileira, sob uma ótica aproximada da que adotava Stalin, no seu antológico *Questões do Leninismo*:

c) Luis Couto – Deputado Federal. Parecer do relator da PEC nº 143/2003 da Comissão de Constituição e Justiça e de Redação da Câmara dos Deputados: "[...] tanto a PEC nº 122/2003 quanto a PEC nº 143/2003 são inconstitucionais em face do art. 60, § 4º, inc. III, da Constituição, por violarem a cláusula pétrea da separação entre os Poderes, na medida em que usurpa competência atribuída pelo constituinte originário ao Poder Judiciário para se auto-organizar."

- 2007:

a) Gustavo Elias Kallás Rezek – Autor do livro *Imóvel rural*. Curitiba: Juruá. Nas p. 148/148 cita Fernando Castro da Cruz que reconhecia: "o Direito Agrário no Brasil caminha, ainda tateando o chão da esperança. Faltam-lhe os Códigos de Direito Agrário e de Processo. Falta-lhe um Tribunal próprio. Faltam-lhe os respectivos currículos nas Faculdades de Direito". Comenta:

> Poucos são os especialistas na matéria para fornecer os necessários subsídios ao legislador. A questão principal está na vontade política dos governantes e na estrutura pessoal e financeira dos órgãos encarregados da efetivação da política fundiária. Não há o necessário aporte de recursos, a burocracia é excessiva, e a corrupção ainda ronda o serviço público, juntamente com o emprego partidário da máquina administrativa;

b) Augusto Ribeiro Garcia – Justiça Agrária pode funcionar bem. Artigo de 16 de setembro. Para o citado jurista:

> A ideia da criação de uma Justiça especializada é uma antiga reivindicação dos juristas, procuradores do Incra, advogados agraristas e todos os que atuam nessa área. As razões dessa iniciativa são estritamente de natureza acadêmico-pedagógica e processual. De cunho meramente prático. Isto porque, embora o Direito Agrário tenha autonomia como o civil, o comercial, o trabalhista etc., não existem juízes nem pessoal especializados. Todas as ações de natureza agrária tramitando na Justiça brasileira são julgadas por juízes civilistas. E isso traz transtornos para as partes, porque a realidade e as circunstâncias que envolvem essas ações não são as mesmas do meio urbano;

c) Octavio Mello Alvarenga – Ofício nº 006/2007, como Presidente da SNA, ao Presidente da República solicitando o indispensável apoio à criação da Justiça Agrária especializada no Brasil;

d) Gercino José da Silva Filho – Ouvidor Agrário Nacional. Diz, em carta de 06/08/2007, dirigida ao Presidente da SNA, reportando ao ofício nº 06/2007, mencionado no item "b" *supra*, que o Executivo Federal, criou a Comissão Nacional de Combate à Violência no Campo, por ele presidida. Pretende criar varas agrárias especializadas na resolução dos conflitos agrários em todas as unidades federativas;

e) Câmara de Deputados, Brasília – O Juiz Agrário de Santa Catarina, em 07/12/2007, participou de audiência pública sobre a mediação realizada pelo magistrado no megaconflito ocorrido entre criadores de aves e as agroindústrias em Santa Catarina. A bem-sucedida experiência deu ensejo à criação, pelo Tribunal de Justiça de Santa Catarina, do Programa de Mediação de Grandes Conflitos Sociais, inédito no Brasil e que vem sendo buscado por vários outros Estados;

f) Ronaldo de Albuquerque – Parecer para a Academia Nacional de Agricultura, em 08/08/2007, sobre o Direito Agrário e a Justiça Agrária. Afirmou:

> No nosso país os estudiosos do Direito Agrário vêm concluindo pela necessidade de o Direito Agrário Positivo, na realidade jurídica brasileira, ter uma aplicação condizente com sua alta peculiaridade. O exemplo do Direito Comparado mostra-nos que assim tem acontecido em outros países onde os conflitos decorrentes do Direito Agrário são exercidos em Tribunais Especiais, bastando que se citem, entre tantos outros, a Holanda (Land Tribunal), Argentina (Fuero Rural), Alemanha, França etc.;

- 2008:

a) Sabino Castelo Branco – Deputado Federal. Autor da PEC nº 246/2008. Cria a Justiça Agrária e as Varas Agrárias; altera a Constituição Federal de 1988.

- 2009:

a) Jones Gattass Dias – Juiz auxiliar da Corregedoria do Tribunal de Justiça do Mato Grosso. Notícia da Coordenadoria de Comunicação do TJ/MT. Segundo o Magistrado:

> A instalação da nova vara especializada em Direito Agrário é resultado da necessidade de uma estrutura específica para cuidar de processos complexos que envolvem litígios coletivos. Há também uma recomendação nacional da Ouvidoria Agrária Nacional para instalação de varas especializadas. Além disso, a própria Constituição Federal determina, em seu artigo 126, que "para dirimir conflitos

fundiários, o Tribunal de Justiça proporá a criação de varas especializadas, com competência exclusiva para questões agrárias";

b) I Encontro do Fórum Nacional para Monitoramento e Resolução dos Conflitos Fundiários Rurais e Urbanos, em Campo Grande-MS –A proposta sugerida por juízes de diversos estados também teve adesão da procuradora-geral do Incra, Gilda Diniz dos Santos. De acordo com ela, um dos gargalos apontados para a implantação de assentamentos no país é a demora do Judiciário em emitir pareceres sobre os processos de desapropriação;

c) Gilson Dipp, Ministro do Superior Tribunal de Justiça – Disse, no I Fórum Nacional para Monitoramento e Resolução dos Conflitos Fundiários Rurais e Urbanos, que "é favorável a criação de varas agrárias. As existentes hoje, sobretudo nos estados do sul, são varas federais mais ou menos especializadas que não têm ainda competência exclusiva para tratar de questões fundiárias;"

d) Octavio Mello Alvarenga, Presidente da Comissão de Direito Agrário, criada pelo Instituto dos Advogados Brasileiros – Em entrevista ao *Jornal do Commercio*, de 30/07/2009, afirmou: "[...] os membros da Comissão vão se empenhar na elaboração de uma proposta para garantir a obrigatoriedade do ensino de Direito Agrário em todas as universidades brasileiras". Também fez referência à recomendação do Conselho Nacional de Justiça aos Tribunais para que priorizem a tramitação das ações sobre esse tema e a criação de um Fórum Nacional para Monitoramento e Resolução dos Conflitos Fundiários Urbanos e Rurais. Na avaliação de Alvarenga, essa é uma boa medida, pelo menos, inicialmente. "A primeira etapa talvez seja essa: a de endossar a ideia de se criar varas agrárias dentro da estrutura atual do Judiciário brasileiro. Seria uma maneira de caminharmos para a criação dos Tribunais";

e) Henrique Maués, Presidente do Instituto dos Advogados Brasileiros – Sugere, em 04/08/2009, a criação de Tribunal Agrário para agilizar conflitos no campo.

- 2010:

a) Ronaldo de Albuquerque – Artigo no *Jornal do Commercio* de 08/02/2010: "Chegamos à conclusão de que o processo da reforma agrária jamais pode estar desvinculado da ação do jurista, com sensibilidade necessária, para compreender que o Direito tem de acompanhar forçosamente a realidade social, sob pena de não se concretizar a Justiça";

b) Ações Avançadas para Consolidação da Reforma Agrária – *Balanço da gestão da Procuradoria Federal Especializada (PFE) do Incra de 2003 a 2010 e perspectivas. Fortalecimento do Direito Agrário e criação da Justiça Agrária*, p. 108 e 109:

> Uma justiça rápida e eficiente é o que mais almeja uma sociedade. Uma justiça que atenda não somente ao homem da cidade é o que mais desejam aqueles que labutam incansavelmente no tema da reforma agrária. Por outro lado a criação e a implantação da Justiça Agrária no Brasil, certamente, trarão mais harmonia nas relações no âmbito agrário, com a solução dos conflitos oriundos do campo por pessoa especializada, sem a improvisação existente hoje, evitando-se, assim, fatos como os de Corumbiara, em Rondônia e Eldorado dos Carajás, no Pará. É importante, assim, que a realidade da sociedade agrária, especialmente as relações jurídicas agrárias, seja analisada com mentalidade agrarista, por pessoas conscientes das peculiaridades agrárias e sensíveis aos valores, aspirações e necessidades do homem do campo.

Na p. 85, da mesma publicação, faz referência à criação do Fórum Especial de Debates Incra 40 anos: Reforma Agrária, Direito e Justiça:

> É uma construção conjunta do Incra e de sua Procuradoria Federal Especializada (PFE), por ocasião da comemoração de 40 anos de existência da autarquia e com o propósito de criar um ambiente interdisciplinar favorável ao aprofundamento das discussões sobre a execução da reforma agrária, em face do Direito e da Justiça, visando a encontrar soluções ou efetuar um conjunto de ações que possam proporcionar a diminuição da violência no campo. Para atingir tais objetivos, o Fórum aposta no fortalecimento do Direito Agrário, criação da Justiça Agrária e reconhecimento da reforma agrária como atividade precípua de Estado capaz de afastar as desigualdades sociais.

Citamos, acima, a opinião de alguns ilustres juristas, de 1964 a 2010, favoráveis à criação da Justiça Agrária no Brasil. Para que se torne vitoriosa a tese dependerá, logicamente, da posição doutrinária assumida por juristas, vontade política e princípios éticos. A ideia da Justiça Agrária, como vimos, dia a dia, se aprofunda, se sublima, se adapta a evolução da vida agrária e as necessidades humanas. Assim sendo, digo: a luta continua, com fé e sem temor.

INSEGURANÇA JURÍDICA NA AQUISIÇÃO DE PROPRIEDADES RURAIS POR EMPRESA BRASILEIRA COM CAPITAL MAJORITÁRIO ESTRANGEIRO: EFEITOS DO PARECER CGU/AGU 01/2008

Rudy Maia Ferraz
Anaximandro Doudement Almeida
Fábio de Salles Meirelles Filho

SUMÁRIO: 1. Introdução. **2.** Alguns antecedentes históricos. **3.** Aquisição de Terras por Estrangeiros no Direito. **4.** Aquisição, arrendamento e exploração de terras. **5.** Parecer CGU/AGU 01/2008. **6.** Conclusão. Bibliografia. Outras fontes.

1. INTRODUÇÃO

A Constituição Federal de 1988 prevê que a lei regulará e limitará as aquisições e os arrendamentos de propriedade rural por pessoa física ou jurídica estrangeira e estabelecerá os casos que dependerão de autorização do Congresso Nacional. No âmbito da legislação infraconstitucional, a Lei nº 5.709/1971, que regula a aquisição de imóvel rural por estrangeiro residente no País ou pessoa jurídica estrangeira autorizada a funcionar no Brasil, teve aplicação quase pacífica, sem necessidade de demandas judiciais, razão pela qual praticamente não se encontra jurisprudência sobre a matéria.

Todavia, a edição do parecer nº 01/2008 da Consultoria-Geral da União (CGU) – aprovado pelo parecer LA nº 01/2010 do Advogado Geral da União (AGU), ratificado pelo Presidente da República e publicado no Diário Oficial da União (DOU) em 23.08. 2010 – despertou um novo debate interpretativo ao concluir pela recepção do § 1º do artigo 1º da Lei nº 5.709/71 pela Constituição Federal de 1988, após rever os Pareceres GQ-181, de 1998, publicado no DOU em 22.01.99, e GQ-22, de 1994.

O parecer CGU/AGU nº 01/2008, em síntese, equipara pessoa jurídica brasileira da qual participem, a qualquer título, pessoas estrangeiras, físicas ou jurídicas, que tenham a maioria do seu capital social e residam ou tenham sede no Exterior à empresa estrangeira.

Cabe lembrar que o parecer tem efeito normativo de aplicação obrigatória para toda a administração pública, pois foi aprovado pelo Advogado-Geral da União (AGU), Ministro Luís Inácio Lucena Adams, e ratificado pelo então Presidente da República, Luiz Inácio Lula da Silva, publicado no Diário Oficial da União (DOU) em 23 de agosto de 2010, conforme estabelece o § 1º do artigo 40 da Lei Complementar nº 73/93, *in verbis:*

> Art. 40. Os pareceres do Advogado-Geral da União são por este submetidos à aprovação do Presidente da República.
> § 1º. O parecer aprovado e publicado juntamente com o despacho presidencial vincula a Administração Federal, cujos órgãos e entidades ficam obrigados a lhe dar fiel cumprimento.

Nesse contexto, pretende-se, neste trabalho, apreciar outras normativas, mesmo que sumariamente, que afetam a aquisição e arrendamento de terras a estrangeiros, bem como ponderar possíveis impactos econômicos e sociais.

A parte deste estudo estriba-se em esgrimir e contraditar o parecer nº 01/2008 da CGU/AGU, tecer considerações e formular conclusões.

2. ALGUNS ANTECEDENTES HISTÓRICOS

É inegável que a ocupação territorial brasileira está intimamente ligada ao ingresso de estrangeiros no País. Mesmo sem uma política de imigração bem definida, durante o século XIX, houve no Brasil diversas concessões de sesmarias para estrangeiros residentes no Brasil:[1]

> O Príncipe Regente, legislando por intermédio de Decreto, em 25.11.1808 assegurou a concessão de sesmarias aos estrangeiros residentes no Brasil, conforme justificativa a seguir transcrita: "Sendo conveniente ao meu real serviço e ao bem público aumentar a lavoura e a população, que se acha muito diminuta neste Estado, e por outros motivos que me foram presentes: hei por bem que aos estrangeiros residentes no Brasil se possam conceder datas de terras por sesmarias pela mesma forma com que segundo as minhas reais ordens se concederem aos meus vassalos sem embargo de quaisquer leis ou disposições em contrário" (In Vade-Mecum Agrário, v.1. Brasília: Edição, Ministério da Agricultura, INCRA, 1978, p. 14 apud ROCHA, Olavo Acyr de Lima. O Imóvel Rural e o Estrangeiro, SP, LTr, 1999, p. 22).[2]

Lado outro, verifica-se preocupação do governo em estabelecer colônias de militares em áreas de fronteiras do Império:

> Assevera Linhares Lacerda: pelo disposto no artigo 1º da Lei nº 601 combinado com o artigo 82 do decreto do Governo Imperial nº 1.318, de 30 de janeiro de 1854, baixado em virtude das autorizações concedidas por aquela Lei, ficou reservada à defesa do país, para nela estabelecer o Governo de colônias militares, isto é, núcleos de população brasileira, numa zona de dez léguas de terras devolutas contíguas aos limites do Império com países estrangeiros, área em que aos colonos militares colonos brasileiros, conseqüentemente, poderiam tais

1 BRAZ, Eduardo; GOYOS JUNIOR, Durval de Noronha; SOUZA, Adriano Boni de. *Direito Agrário Brasileiro e o Agronegócio Internacional.* São Paulo: Observador Legal, 2007. p. 203.

2 Idem.

terras serem gratuitamente concedidas (*Apud* CYSNEIROS, Vicente Cavalcanti. O Estrangeiro e a Propriedade Rural, Porto Alegre: Fabris, 1965, p. 27).[3]

O fato é que, durante esse período, não houve definição de uma política clara e planejada de imigração, ou seja, o estímulo ou desestímulo à vinda de estrangeiros para o Brasil obedeceu a um movimento pendular.[4]

É importante destacar que as Constituições republicanas anteriores (CF de 1891, art. 72; CF de 1934, art. 113; CF de 1937, art. 122; CF de 1946, art. 141; e CF 1967, art. 150) asseguravam tanto a estrangeiros, quanto a brasileiros, a inviolabilidade dos direitos fundamentais: vida, liberdade, segurança e propriedade.

Todavia, foi o Ato Complementar nº 45, de 30 de janeiro de 1969, que instituiu a primeira limitação rigorosa para a aquisição de terras por estrangeiros, *in verbis*:

> **Art. 1º.** A aquisição de propriedade rural no território nacional somente poderá ser feita por brasileiro ou por estrangeiro residente no país.
> Parágrafo único. O disposto neste artigo não se aplica aos casos de transmissão *causa mortis*.
> **Art. 2º.** Para os efeitos dêste Ato, considera-se residente no país o estrangeiro que nêle possua permanência definitiva.
> **Art. 3º.** Lei especial determinará as condições, restrições, limitações e demais exigências a que ficará sujeita a aquisição de imóvel rural por pessoa estrangeira natural ou jurídica, tendo em vista a defesa da integridade do território nacional, a segurança do Estado e a justa distribuição da propriedade.
> **Art. 4º.** Êste Ato Complementar entrará em vigor na data de sua publicação, revogadas as disposições em contrário.

Dessa forma, o referido Ato determinou a edição de uma Lei para estabelecer condições, restrições, limitações e demais exigências que ficariam sujeitas a aquisição de imóvel rural por pessoa física ou jurídica, tendo em vista a defesa da integridade do território nacional, a segurança do Estado e a justa distribuição da propriedade.

Tal Lei foi materializada nos termos do Decreto-Lei nº 494, de 10 de março de 1969, com ligeira modificação introduzida pelo Decreto-Lei nº 924, de 10 de outubro de 1969. Ambos foram substituídos pela Lei nº 5.709, de 07 de outubro de 1971, que regulamenta a aquisição de imóvel rural por estrangeiro residente no país ou pessoa jurídica estrangeira autorizada a funcionar no Brasil, e seu Decreto Regulamentador nº 74.965, de 26 de novembro de 1974.

---

3 Idem.

4 Idem.

Cabe lembrar que à época da Lei n.º 5.709/1971 e do Decreto n.º 74.965/1974, vigia a Constituição Federal de 1967, com a redação dada pela Emenda Constitucional n.º 1 de 1969, que, no §34 do seu artigo 153, era muito restritiva em relação à apropriação privada de imóvel rural, tanto para brasileiro, quanto estrangeiro residente.

> **Artigo 153.** A Constituição assegura aos brasileiros e aos estrangeiros residentes no País a inviolabilidade dos direitos concernentes à vida, à liberdade, à segurança e à propriedade, nos termos seguintes: [...].
> **§ 34.** A lei disporá sobre a aquisição da propriedade rural por brasileiro e estrangeiro residente no país, assim como por pessoa natural ou jurídica, estabelecendo condições, restrições, limitações e demais exigências, para a defesa da integridade do território, a segurança do Estado e justa distribuição da propriedade. [grifo nosso]

A Constituição Federal, de 05 de outubro de 1988, em seu art. 190, faz restrições relativamente aos *estrangeiros*, pessoa física ou jurídica, por motivos de segurança nacional e de ordem pública, no que se refere à aquisição ou ao arrendamento de propriedade rural: *"A lei regulará e limitará a aquisição ou o arrendamento de propriedade rural por pessoa física ou jurídica estrangeira e estabelecerá os casos que dependerão de autorização do Congresso Nacional."* Resta claro que as condicionantes são específicas para a pessoa estrangeira, seja ela física ou jurídica, e não a pessoa jurídica nacional.

Pós a promulgação da Constituição Federal de 1988, anota-se que o art. 23 da Lei nº 8.629, de 25 de fevereiro de 1993 estende os efeitos da Lei nº 5.709/1971 aos arrendamentos e dá competência ao Congresso Nacional para autorizar tanto a aquisição ou o arrendamento além dos limites de área e percentual fixados na Lei nº 5.709/1971, como a aquisição ou arrendamento, por pessoa jurídica estrangeira, de área superior a 100 (cem) módulos de exploração indefinida.[5]

---

5 O mencionado limite corresponde ao quantitativo de 500 a 10.000 hectares, dependendo do tamanho do módulo de exploração indefinida do município. De acordo com o INCRA, o Módulo de Exploração Indefinida (MEI) é uma unidade de medida, expressa em hectares, a partir do conceito de módulo rural, para o imóvel com exploração não definida. A dimensão do MEI varia entre 5 e 100 hectares, de acordo com a Zona Típica de Módulo (ZTM) do município de localização do imóvel rural. As ZTMs são regiões delimitadas pelo INCRA, com características ecológicas e econômicas homogêneas, baseada na divisão microrregional do IBGE – Microrregiões Geográficas – MRG, considerando as influências demográficas e econômicas de grandes centros urbanos. É possível, assim, a aquisição ou arrendamento de até 250 a 5.000 hectares, dependendo do tamanho do módulo em cada município, que varia de 5 a 100 hectares. Os referidos módulos estão previstos na Instrução Especial Incra nº 5-A, de 1973, com as alterações efetuadas pela Instrução Especial Incra nº 50, de 1997.

A Carta Magna de 1988 consigna um preceito bastante abrangente para brasileiros e estrangeiros, no que diz respeito a direitos e deveres individuais e coletivos. Nesse sentido, o *caput* do artigo 5º versa: *"Todos são iguais perante a lei, sem distinção de qualquer natureza, garantindo-se aos brasileiros e aos estrangeiros residentes no País a inviolabilidade do direito à vida, à liberdade, à igualdade, à segurança e à propriedade, nos termos seguintes."*

Dessa forma, a Constituição estabelece o direito de propriedade como uma das garantidas fundamentais, não importando se nacional ou estrangeiro residente.

Nesse diapasão, o primeiro ponto de discussão é o alcance dessa norma constitucional à pessoa jurídica estrangeira, visto que o texto constitucional igualou estrangeiros residentes no país a brasileiros. Melhor seria se o dispositivo dissesse "domicílio", ao invés de "residência".[6]

3. AQUISIÇÃO DE TERRAS POR ESTRANGEIROS NO DIREITO COMPARADO

O direito comparado é, sem dúvida, instrumento de estudo indispensável num mundo globalizado, especialmente em novas áreas da ciência jurídica, como as que cuidam das questões ambientais, do direito do agronegócio e do comércio.

Em relação aos países sul-americanos, a Constituição Argentina prevê a liberdade dos estrangeiros em comprarem terras em seu território, sem limitação de tamanho, salvo as terras que se situem em áreas de fronteiras que necessitam de aprovação do Governo Argentino para a sua aquisição.[7]

Já o Paraguai prevê, em sua legislação, que os estrangeiros não podem comprar terras em área de fronteira, nem provenientes da reforma agrária. No resto, as aquisições são livres e sem limitação.[8]

Na maior economia do mundo, os Estados Unidos (EUA), a legislação federal determina que cada estado tenha sua legislação. Alguns exigem tempo mínimo de residência, outros limitam o tamanho máximo da terra. Em oito estados dos EUA não há restrição nenhuma.[9]

---

6 MARQUES, Benedito Ferreira. Direito Agrário Brasileiro. 7ª Edição. São Paulo: Atlas, 2007. p. 107.

7 *http://www2.camara.gov.br/agencia/noticias/administracao-publica/151417-compare-a-legislacao-atual-brasileira-com-a-de-outros-paises.html*, consultado em 19 abril de 2011.

8 Idem.

9 Idem.

Por fim, a maioria dos países europeus não restringe a aquisição de terras por estrangeiros, como na Alemanha e na França. Já na Itália os estrangeiros não podem adquirir terras na fronteira, para outras terras, não há restrição.[10] Na Europa, a questão principal é a disponibilidade de terras.

Portanto, partindo das macro-comparações, deve-se evidenciar aqueles que têm a mesma matriz jurídica que o nosso, isto é, sejam da mesma "família" da civil *law*.

Entre esses, devem ser selecionadas as "cabeças de estirpe", ou seja, aqueles ordenamentos jurídicos que influenciam os demais da mesma família. Assim, considerando as regras do direito privado (civil) como um todo, alcançam-se os ordenamentos jurídicos da França e da Alemanha. Entretanto, em face das fortes influências exercidas sobre nosso direito, pode-se ampliar esse estudo comparativo ao ordenamento jurídico da Itália.

Nessa mesma trilha, e ainda na família civil *law*, pode-se selecionar o ordenamento jurídico da Argentina para desenvolvimento do estudo comparado.

Diante do exposto, concluiu-se que o país possui uma das legislações mais restritivas ao domínio e posse de terras por estrangeiros, especialmente pela equiparação de empresa brasileira cuja maioria do capital social esteja nas mãos de estrangeiros não-residentes ou de pessoas jurídicas estrangeiras com sede no Exterior a empresas estrangeiras.

4. AQUISIÇÃO, ARRENDAMENTO E EXPLORAÇÃO DE TERRAS POR ESTRANGEIRO

Apesar da nova ordem jurídica, a base de nossa legislação ordinária é a Lei nº 5.709, de 07 de outubro de 1971, que regula a aquisição de imóvel rural por estrangeiro, pessoa física ou jurídica, e seu Decreto Regulamentador nº 74.965, de 26 de novembro de 1974. Normas editadas sob a égide da Emenda Constitucional nº 1 de 1969.

As principais restrições e condições para a aquisição de terras por estrangeiro, previstas na Lei nº 5.709/1971, que retratam o contexto da Emenda Constitucional nº 1 de 1969, podem ser resumidas a seguir.

Quanto à aquisição de terra por pessoa física estrangeira, a limitação fundamental estatuída pela mencionada Lei é a constante do seu art. 3º, que estabelece que a aquisição de imóvel não poderá exceder a 50 (cinquenta) módulos de exploração indefinida em área contínua ou descontínua, vejamos:

10 Idem.

> Art. 3º. A aquisição de imóvel rural por pessoa física estrangeira não poderá exceder a 50 (cinqüenta) módulos de exploração indefinida, em área contínua ou descontínua.

Dessa forma, o Poder Executivo é o responsável por baixar normas para a aquisição de área compreendida entre 3 (três) e 50 (cinquenta) módulos de exploração indefinida (art. 3º, § 2º da citada lei). A aquisição será livre, independendo de qualquer autorização ou licença, apenas quando se tratar de imóvel com área não superior a 3 (três) módulos, conforme § 1º do art. 3º da lei em tela.

Em relação à pessoa jurídica estrangeira, as exigências legais para o acesso à terra são mais severas: as empresas estrangeiras poderão adquirir imóveis rurais, no Brasil, se as aquisições ou arrendamentos se vincularem às finalidades da sociedade, expressas em Estatuto, condicionada à aprovação de projeto pelo Ministério da Agricultura, e oitivas, ao órgão federal de desenvolvimento regional ou o Ministério da Indústria e Comércio, dependendo da natureza do empreendimento. (Art. 5º, §§ 1º e 2º).

Já o arrendamento ou compra de terras por pessoas jurídicas estrangeiras se limita a 100 (cem) módulos de exploração indefinida, conforme estabelece a Lei nº 5.709, de 1971, combinada com o art. 23 da Lei nº 8.629, de 1993, que dispõe sobre a regulamentação dos dispositivos constitucionais relativos à reforma agrária.

O § 2º do artigo 23 da Lei nº 8.629/93 traz as hipóteses de autorização do "Congresso Nacional" para a aquisição ou arrendamento de imóveis rurais, bem como, por dedução, o limite de aquisição e arrendamento por pessoa jurídica estrangeira da Lei nº 5.709, de 1971:[11]

> § 2º Compete ao Congresso Nacional autorizar tanto a aquisição ou o arrendamento além dos limites de área e percentual fixados na Lei nº 5.709, de 7 de outubro de 1971, como a aquisição ou arrendamento, por pessoa jurídica estrangeira, de área superior a 100 (cem) módulos de exploração indefinida.

Assim, a autorização do Congresso Nacional, em relação à aquisição ou arrendamento de terras por estrangeiro, se torna imprescindível quando: a) a

11 O Instituto Nacional de Colonização e Reforma Agrária (INCRA) publicou a INSTRUÇÃO NORMATIVA Nº 76, DE 23 DE AGOSTO DE 2013, que dispõe sobre a aquisição e arrendamento de imóvel rural por pessoa natural estrangeira residente no País e pessoa jurídica estrangeira autorizada a funcionar no Brasil, e dá outras providências. O procedimento de autorização para aquisição ou arrendamento, por pessoa jurídica estrangeira, de área superior a 100 (cem) módulos de exploração indefinida pelo Congresso Nacional foi tratado, inserido no bojo do procedimento definido pelo poder executivo, conforme art. 24 da IN nº 76/2013 e art. 7º da Instrução Normativa Conjunta nº 1/2012.

pessoa física pleitear área superior a 50 (cinqüenta) módulos de exploração indefinida; e b) pessoa jurídica requerer área superior a 100 (cem) módulos de exploração indefinida.

Convém destacar que os limites não se restringem a um quantitativo de hectares por pessoa estrangeira, pois o art. 12 da Lei nº 5.709/71, estabelece limitação adicional, segundo o qual a soma das áreas rurais pertencentes a pessoas estrangeiras físicas ou jurídicas não poderá ultrapassar a um quarto da superfície dos municípios onde se situem, ou seja, 25% (vinte e cinco por cento) do território do município.

As pessoas jurídicas que se constituírem sob a forma de sociedade anônima, que se dediquem a loteamentos rurais, que explorem diretamente áreas rurais ou que foram proprietárias de imóveis rurais não vinculados às suas atividades estatutárias, terão as ações obrigatoriamente nominativas, proibindo, portanto, ações ao portador. Se for pessoa jurídica estrangeira que explore atividade de colonização de terras, no mínimo 30% (trinta por cento) da área total deverá ser ocupada por brasileiros.[12] Portanto, trata-se de limite específico por município.

O legislador também foi cauteloso ao definir que as pessoas da mesma nacionalidade somente poderão adquirir ou serem detentoras de até 10% (dez por cento) da superfície de um município, conforme determina o § 1º do art. 12 da Lei nº 5.709, de 1971, salvo se o adquirente tiver filho brasileiro ou for casado com pessoa brasileira sobre regime de comunhão de bens (Lei nº 5.709/71, art. 12, § 2º, inc. III). Portanto, trata-se de limite por nacionalidade.

Cumpre assinalar, ainda, que a alínea h, do artigo 13 do Decreto nº 70.436, nº 70.436, de 18 de abril de 1972[13], que regulamentou o Decreto Legislativo nº 82, de 24 de novembro de 1971, prevê que os estrangeiros de nacionalidade portuguesa, com residência permanente no país, poderão adquirir, sem restrições imóveis rurais no território nacional.[14]

Já nas áreas consideradas indispensáveis à segurança nacional e à faixa de fronteira, a própria Lei nº 5.709/1971 impôs, em seu artigo 7º, o condicionamento da aquisição de imóvel em áreas de segurança nacional a um assentimento prévio, vejamos:

> Art. 7º. A aquisição de imóvel situado em área considerada indispensável à segurança nacional por pessoa estrangeira, física ou jurídica, depende do assentimento prévio da Secretaria-Geral do Conselho de Segurança Nacional.

---

12 MARQUES, Benedito Ferreira. Direito Agrário Brasileiro. p. 109.

13 Aprovou a convenção sobre igualdade de direitos e deveres entre brasileiros e portugueses.

14 MARQUES, Benedito Ferreira. Direito Agrário Brasileiro. p. 109

Por outro lado, a Lei nº 6.634/1979, em seu art. 1º, passou a considerar como área indispensável à Segurança Nacional a faixa interna de 150 km (cento e cinqüenta quilômetros) de largura, paralela à linha divisória terrestre do território nacional, que passou a ser designada como Faixa de Fronteira.

O art. 2º da Lei nº 6.634/1979 estabelece, por meio do chamado assentimento prévio do Conselho de Defesa Nacional (antigo Conselho de Segurança Nacional), uma série de condições ao estabelecimento de diversos empreendimentos na região da faixa de fronteira (área de 150 quilômetros indispensável à segurança nacional), entre os quais a aquisição de terras por estrangeiro:

> Art. 2º. Salvo com o assentimento prévio do Conselho de Segurança Nacional, será vedada, na Faixa de Fronteira, a prática dos atos referentes a:
> V – transações com imóvel rural, que impliquem a obtenção, por estrangeiro, do domínio, da posse ou de qualquer direito real sobre o imóvel;

Atualmente os empreendimentos devem se submeter ao Assentimento Prévio da Secretaria-Executiva do Conselho de Defesa Nacional (CDN). Entre as competências constitucionais daquele Conselho, destaca-se o disposto no art. 91, §1º, inciso III da Constituição Federal: propor os critérios e condições de utilização de áreas indispensáveis à segurança do território nacional e opinar sobre seu efetivo uso, especialmente na faixa de fronteira e nas relacionadas com a preservação e a exploração dos recursos naturais de qualquer tipo.

Quanto aos procedimentos registrais a aquisição e o arrendamento de terra por pessoa, física ou jurídica, estrangeira deve ocorrer, obrigatoriamente, por escrituras públicas. Assim, os Cartórios de Registro Imobiliário são obrigados a manter livros próprios de cadastros especiais das terras adquiridas por estrangeiros. Devem, ainda, informar trimestralmente, sob pena de perda do cargo, a relação das aquisições de áreas rurais por pessoas estrangeiras, às Corregedorias da Justiça do Estado a que tiverem subordinadas, bem como ao Ministério da Justiça. Caso haja terras registradas em Faixa de Fronteira, essa comunicação também deverá ser feita ao Conselho de Defesa Nacional.[15]

Ademais, são nulos de pleno direito, os atos de transmissão de imóveis rurais aos estrangeiros sem a prévia observância das regras legais estabelecidas. Nesse sentido o Prof. Benedito Ferreira Marques, expõem de forma clara as conseqüências, *in verbis*:

> São nulos, de pleno direito, os atos de transmissão de imóveis rurais a estrangeiros sem a observância das regras legais estabelecidas. Os tabeliães ou oficiais de registro de imóveis que as inobservarem responderão civilmente pelos danos

15 MARQUES, Benedito Ferreira. Direito Agrário Brasileiro. p.110.

> que causarem aos contratantes, sem prejuízo da responsabilidade criminal por prevaricação ou falsidade ideológica. Os alienantes serão obrigados a restituir aos adquirentes o preço recebido.
> Com exceção dos casos previstos na legislação de colonização, onde os estrangeiros se estabeleçam como agricultores imigrantes, é proibida a doação de terras pertencentes à União ou aos Estados.[16]

Nesse ponto, destaca-se a decisão da Corregedoria Geral de Justiça, de 13/07/2010, vinculada ao Conselho Nacional de Justiça[17] que, motivada pelo parecer nº 01/2008 da Consultoria-Geral da União (CGU), determinou aos cartórios extrajudiciais de notas e de registro de imóveis observem rigorosamente as disposições da Lei n.º 5.709 de 1971 quando se apresentarem ou tiverem de lavrar atos de aquisição de terras rurais por empresas brasileiras com participação majoritária de estrangeiros, pessoas físicas ou jurídicas, *in verbis*:

> Ante o exposto, considerando as razões enunciadas pela Procuradoria da República e levando em conta a manifestação do Consultor-Geral devidamente aprovado pelo Advogado-Geral no âmbito da AGU tanto como atento às recomendações do Tribunal de Constas da União, esta Corregedoria Nacional de Justiça em face dos serviços judiciários auxiliares -- nomeadamente os serviços notariais e registrais -- deve recomendar fortemente a imediata adoção pelas Corregedorias locais ou regionais junto aos Tribunais respectivos que determinem aos Cartórios de Registro de Imóveis e Tabelionatos de Notas que façam observar rigorosamente as disposições da Lei nº 5.709 de 1971 quando se apresentarem ou tiverem de lavrar atos de aquisição de terras rurais por empresas brasileiras com participação majoritária de estrangeiros, pessoas físicas ou jurídicas.
> Para o atendimento da orientação agora adotada, as Corregedorias locais promoverão em 60 dias a adaptação de suas normas a serem cumpridas pelos Oficiais de Registro, disciplinando também o oportuno envio pelos Cartórios de Registro de Imóveis da relação das aquisições já cadastradas anteriormente na forma da lei referida.

Nesse ponto, cumpre salientar que o Conselho Nacional de Justiça (CNJ), por intermédio da Corregedoria Nacional de Justiça editou a Recomendação nº 43, de 17 de abril de 2015, que, atendendo um pedido de providências formulado pelo Ministério Público Federal, determinou que todos *"os contratos de arrendamentos de imóvel rural serão necessariamente formalizados por escritura pública, quando celebrados por pessoa física estrangeira residente no Brasil, pessoa jurídica estrangeira autorizada a funcionar no Brasil e*

---

16 Idem.

17 CNJ. Corregedoria Nacional de Justiça. Min. Gilson Dipp. Pedido de providências nº 0002981-80.2010.2.00.0000. DOU

pessoa jurídica brasileira da qual participe, a qualquer título, pessoa estrangeira física ou jurídica que resida ou tenha sede no exterior e possua maioria do capital social".

Há que se mencionar, ainda, que os imóveis arrendados ou adquiridos por estrangeiros estão sujeitos ao exame do cumprimento da função social da propriedade, conforme estabelece os artigos 184, 185 e 186 da Constituição Federal. Assim, o estrangeiro não poderá deixar o imóvel sem uso, devendo destiná-lo à sua função precípua que é de produzir alimentos. Caso o estrangeiro queira destinar a área adquirida para preservação, deverá gravá-la com perpetuidade como Área de Reserva Particular do Patrimônio Natural (RPPN), submetendo o reconhecimento ao Instituto Brasileiro do Meio Ambiente e dos Recursos Naturais (Ibama) e aos ditames da Lei nº 9.985, de 18 de julho de 2000 e Decreto nº 1922, de 5 de junho de 1996.

Em síntese, percebe-se a existência de ampla legislação infraconstitucional capaz de incrementar qualquer processo de fiscalização sobre os atos de aquisição de terras por estrangeiros.

5. PARECER CGU/AGU 01/2008

A edição do Parecer CGU/AGU nº 01/2008 ensejou um ambiente de insegurança jurídica para os investimentos no agronegócio brasileiro, pois, ao entender pela recepção do § 1º do art. 1º da Lei nº 5.709/1971, prestou interpretação divergente de dois outros pareceres da própria (AGU: GQ-22/1994; e CG nº 181/1998).

É importante registrar que o texto originário da Constituição de 1988 distinguia "empresa brasileira", como gênero, de "empresa brasileira de capital nacional", como espécie, estabelecendo alguns privilégios para as últimas, ou autorizando que a lei o fizesse. Esses conceitos e normas encontravam-se no art. 171 do Texto Magno, inteiramente revogado pela EC nº6/1995:

> Art. 171. São consideradas:
> I – empresa brasileira a constituída sob as leis brasileiras e que tenha sua sede e administração no País;
> II – empresa brasileira de capital nacional aquela cujo controle efetivo esteja em caráter permanente sob a titularidade direta ou indireta de pessoas físicas domiciliadas e residentes no País ou de entidades de direito público interno, entendendo-se por controle efetivo da empresa a titularidade da maioria de seu capital votante e o exercício, de fato e de direito, do poder decisório para gerir suas atividades.
> (Revogado pela Emenda Constitucional nº 6, de 15/08/95).

Em 1994, a Consultoria-Geral da União (CGU) emitiu parecer GQ-22/1994, a pedido do Ministério da Agricultura, Abastecimento e Reforma

Agrária, e argumentou que só poderia haver restrições à compra de terras por empresas brasileiras de capital estrangeiro caso esse impedimento estivesse expresso no texto constitucional de 1988, o que não ocorria, segundo o entendimento da época, *in verbis*:

> À vista do exposto, verifica-se que a doutrina pesquisada está acorde com a posição por mim manifestada. **Parece-me que a interpretação conjunta dos arts. 171 e 190 da Constituição leva, seguramente, à conclusão de que o § 1º do art. 1º da Lei nº 5.709, de 1971, não foi recepcionado pela Carta Magna, por colidir frontalmente com ela.** Por outro lado, o art. 23 da Lei nº 8.629, de 1993, não socorre interpretação em sentido contrário. De fato, a referência desse dispositivo legal à Lei nº 5.709, de 1971, só pode ser entendida em relação aos dispositivos desta última que tenham sido recepcionados pela Constituição de 1988, o que não é o caso do § 1º do art. 1º.
> Entendimento contrário levaria à inconstitucionalidade da última lei. Observe-se, ainda, que o art. 190 da Constituição, que a Lei, entre outras normas constitucionais, visou regular, não ampara, como se viu, a tese. É de concluir-se, portanto, que não cabe autorização do Congresso Nacional no caso de aquisição ou arrendamento de propriedade rural por empresa brasileira, controlada por pessoas físicas ou jurídicas estrangeiras. [grifo nosso]

Após a Emenda Constitucional nº 6, de 1995, passou-se a ter tão-somente o conceito de "empresa brasileira", que é aquela "constituída sob as leis brasileiras e que tenha sua sede e administração no País". É o que dispõe o Código Civil de 2002 em seu artigo 1.126: "*É nacional a sociedade organizada de conformidade com a lei brasileira e que tenha no País a sede de sua administração*".

Com a revogação do art. 171, parte da doutrina passou, então, a entender que o § 1º do artigo 1º da Lei nº 5.709/1971 teria sido repristinado, *in litteris*:

> Fica, todavia, sujeita ao regime estabelecido por esta Lei *a* pessoa jurídica brasileira da qual participem, a qualquer título, pessoas estrangeiras físicas ou jurídicas que tenham a maioria do seu capital social e residam ou tenham sede no Exterior

Como consequência, o então Advogado-Geral da União, Dr. Geraldo Quintão, determinou o reexame do parecer GQ-22, por meio do parecer CG nº 181/1998, para analisar os efeitos da Emenda Constitucional nº 6, de 1995:

> O raciocínio que teria levado à nova análise da questão pode ser resumido da seguinte forma: se o art. 171 (CF) que constitucionalizava o conceito de empresa brasileira e fixava sua distinção de empresa brasileira de capital nacional havia sido revogado, estaria eliminada a barreira que impedia a fixação, por lei, de restrição à atuação das empresas brasileiras.

Esse último parecer não só concluiu pela impossibilidade de repristinação do §1º do art. 1º da Lei nº 5.709/1971, bem como ratificou o parecer n° AGU/LA-04/94, *in verbis*:

> A Emenda Constitucional nº 6, de 15 de agosto de 1995, em seu art. 3º, revogou o art. 171 da Constituição. **Essa revogação, pura e simples, qualquer que seja a interpretação que se dê, para outros fins, ao dispositivo constitucional, não tem o condão de repristinar a norma que se entendera revogada.** Desse modo, continua revogado o § 1º do art. 1º da Lei nº 5.709/71, permanecendo inalterada a conclusão do referido Parecer n° AGU/LA-04/94.[grifo nosso]

Assim, não existe atualmente base constitucional para diferenciar entre si empresas brasileiras, sendo ilegítima qualquer previsão de tratamento diferenciado estribado na origem do seu capital ou nacionalidade do controlador.

Nas duas primeiras manifestações, a Advocacia-Geral da União sustentou que as restrições impostas aos estrangeiros na aquisição de imóveis rurais no Brasil não era extensível às empresas brasileiras controlas por estrangeiros domiciliados ou não no país.

Em outras palavras, a AGU entendia que o parágrafo 1º do artigo 1º da Lei nº 5.709/71 não havia sido recepcionado pela Constituição Federal de 1988, mesmo após a edição da Emenda Constitucional nº 6/1995, que revogou o artigo 171 da Carta Magna. Portanto, o parágrafo 1º da referida lei estaria definitivamente afastado do ordenamento jurídico, pois do contrário ficaríamos diante de verdadeira repristinação, o que é vedado por lei.[18]

Por outro lado, o parecer CGU/AGU nº 01/2008, publicado no Diário Oficial da União de 23 de agosto de 2010, propôs novo entendimento quanto à recepção ou não do § 1º do artigo 1º da Lei nº 5.709/71 pela Constituição Federal, a saber:

> Como visto, a divergência, ao menos a partir de 1998, consiste no entendimento sustentado neste Parecer quanto à recepção do § 1° do art. 1° da Lei n° 5.709, de 1971, tanto pela redação original da Constituição de 1988, quanto pela redação alterada em decorrência da promulgação da Emenda Constitucional nº 6, de 1995.

Cumpre destacar que, por determinação legal (art. 40 da Lei Complementar nº 73/1993), esse último parecer vincula toda Administração Pública Federal.

Destaca-se, ainda, que o parecer CGU/AGU nº 01/2008 concluiu por uma nova classificação de pessoas jurídicas brasileiras, a saber:

18 § 3º do artigo 2º do Decreto-Lei nº 4.657, de 4 de setembro de 1942 (Lei de Introdução ao Código Civil Brasileiro).

> 268. Explico. Há no cenário empresarial nacional atual, adotado como filtro de análise o estabelecido na Lei nº 5.709, de 1971 e na Lei nº 8.629, de 1993, especialmente para os fins de aquisição e arrendamento de imóveis rurais, ao menos quatro espécies de pessoas jurídicas:
> a) pessoas jurídicas brasileiras, com brasileiros detendo a maioria do capital social;
> b) pessoas jurídicas brasileiras com a maioria de seu capital social detida por estrangeiros, pessoas físicas ou jurídicas, residentes ou com sede no Brasil;
> c) pessoas jurídicas brasileiras com a maioria do capital social detida por estrangeiros, pessoas físicas, residentes no exterior, ou jurídicas, com sede no exterior; e
> d) pessoas jurídicas estrangeiras autorizadas a funcionar.
> 269. Supondo aprovado o novo Parecer AGU, os limites e restrições à aquisição e ao arrendamento de imóveis rurais previstos, respectivamente, na Lei nº 5.709, de 1971, e na Lei nº 8.629, de 1993, passariam a abranger, além das pessoas jurídicas estrangeiras previstas na alínea "d" do item anterior, as pessoas jurídicas brasileiras previstas na alínea "c".

E concluiu:

> 271. Para que as restrições abranjam, também, as pessoas jurídicas previstas nas alíneas "a" e "b" do item nº 268, será necessário projeto de lei debatido e aprovado pelo Congresso Nacional e sancionado pelo Exmo Sr. Presidente da República.

Portanto, somente se enquadram nas limitações e restrições estabelecidas pela Lei nº 5.709/71 e pela Lei nº 8.629/93: as pessoas jurídicas brasileiras com a maioria do capital social detida por estrangeiros, as pessoas físicas residentes no exterior, ou as jurídicas, com sede no exterior; e as pessoas jurídicas estrangeiras autorizadas a funcionar no Brasil.

A divergência da equiparação à estrangeiros de pessoas jurídicas brasileiras com maioria do capital social em poder de estrangeiros chegou ao Supremo Tribunal Federal (STF), por meio da Ação Civil Ordinária (ACO) 2463, impetrada pela União e pelo Instituto Nacional de Colonização e Reforma Agrária (Incra) em face do Estado de São Paulo, bem como pela Arguição de Descumprimento de Preceito Fundamental (ADPF) 342, onde a Sociedade Rural Brasileira questiona a incompatibilidade com a Constituição Federal de dispositivos da Lei nº 5.709/1971, por violar os preceitos fundamentais da livre inciativa, do desenvolvimento nacional, da igualdade, de propriedade e de livre associação.

Na exordial da ACO 2463, ao fundamentarem sobre a recepção do §1º do artigo 1º da Lei nº 5.709/1971, os autores alegam principalmente aspectos da soberania nacional e a burla para estabelecer mais restrições às empresas brasileiras equiparadas a estrangeiros, conforme os seguintes excertos:

> Nesse contexto, **os dispositivos constitucionais em análise devem ter como norte a soberania nacional. Com efeito, seria inócuo que a lei, para defender**

o país e a soberania nacional, impusesse restrições à aquisição de imóveis rurais em face de estrangeiros, se estes últimos pudessem burlar tais restrições, através de pessoas jurídicas brasileiras cujo capital social majoritário lhes pertencesse.

[...]

Pois bem: **não se considera integral e substancialmente brasileira**, por seus aspectos empresariais e societários, **uma pessoa jurídica cuja maioria do capital social pertença a estrangeiros residentes fora do País ou a Pessoas Jurídicas sediadas no Exterior**, haja vista que, em regra, tais empresas são controladas por estrangeiros, estando nas mãos deles o poder de escolha dos dirigentes, bem como efetiva gestão sobre is interesses e rumos da empresa.

Logo, tal empresa pode e deve ser tratada de maneira especial e até mesmo restritiva, se necessário, quando em comparação com as pessoas jurídicas brasileiras cujo capital social seja predominantemente nacional. A medida, portanto, não excede o singelo e necessário tratamento diferente que deve ser dado aos desiguais. [grifo nosso]

É patente que tal posicionamento, além de repristinar o §1º do artigo 1º da Lei nº 5.709/1971, reforça a ideia de tipologia de pessoas jurídicas brasileiras: a) pessoas jurídicas brasileiras, com brasileiros detendo a maioria do capital social; b) pessoas jurídicas brasileiras com a maioria de seu capital social detida por estrangeiros, pessoas físicas ou jurídicas, residentes ou com sede no Brasil; e c) pessoas jurídicas brasileiras com a maioria do capital social detida por estrangeiros, pessoas físicas, residentes no exterior, ou jurídicas, com sede no exterior.

Todavia, esse entendimento desconsidera os efeitos da Emenda Constitucional 6/95, que suprimiu o art. 171 da Constituição de 1988.

Nesse contexto, José Afonso da Silva (2001) assevera que, com a revogação do art. 171, há somente empresas brasileiras e empresas não-brasileiras, e a diferença entre elas é exclusivamente formal. Dessa forma, para ser brasileira basta que a empresa estrangeira ou multinacional (ou parte dela) se organize aqui segundo as leis brasileiras e tenha sede no Brasil para ser reputada brasileira, pouco importando a nacionalidade de seu capital e a nacionalidade, domicílio e residência das pessoas que detêm o seu controle, *litteris*:

[...] Pois bem, com a revogação desse art. 171, desapareceu o conceito de empresa brasileira de capital nacional, ficando apenas o conceito de empresa brasileira tal como constava do seu inciso I, correspondente ao de sociedade nacional do revogado Decreto-lei 2.627/40, que decorre da nova redação do art. 170, IX, e também do art. 176 § 1º. **Assim, temos, agora, empresas brasileiras e empresas não-brasileiras, com diferença exclusivamente formal entre elas, pois basta que a empresa estrangeira ou multinacional (ou parte dela) se organize aqui segundo as leis brasileiras e tenha sede aqui para ser reputada brasileira, pouco importando a nacionalidade de seu capital e a nacionalidade, domicílio e residência das pessoas que detêm o seu controle**, de tal sorte que toda a discussão que as edições anteriores deste livro empreendiam a respeito do controle efeito e sua titularidade direta ou indireta que cabia as pessoas físicas domiciliadas e residentes no País perdeu sentido em face da nova conceituação. Suprimindo o conceito de empresa brasileira de capital nacional, com a revogação do art. 171, igualmente suprimidos ficaram is privilégios e preferências que a acompanhavam e que não se transferem para as empresas constituídas sob as leis brasileiras e com sede e administração no País, a não ser as indicadas nos citados arts. 170, IX, e 176, §1º.[19] [grifo nosso]

Na mesma esteira, Celso Ribeiro Bastos (*apud* Carlo José Napolitano)[20] afirma que a Emenda Constitucional 06/1995 colocou um ponto final na distinção existente em relação às sociedades nacionais e de capital nacional. Desta forma, atualmente a Constituição apenas impõe, em determinadas situações de atuação econômica, que a sociedade seja constituída conforme a legislação brasileira e que tenha sua sede e administração no País, tal como fazem, por exemplo, os artigos 170, inciso IX e 176, § 1º da Constituição Federal.

Manoel Jorge e Silva Neto (2006)[21] não só destaca que não há mais como se prosseguir com a distinção antes havida entre empresa brasileira e empresa brasileira de capital nacional, como defende a absoluta paridade de tratamento na atuação dos agentes econômicos privados nacionais e estrangeiros:

> O art. 170, IX, menciona o tratamento favorecido para as empresas de pequeno porte constituídas sob as leis brasileiras e que tenham sua sede e administração no País. **A importância do dispositivo em questão reside no fato de ser a única previsão constitucional esclarecedora do que vem a ser empresa brasileira: *a constituída sob as leis brasileiras e que tenha sede e administração no País.* Com isso, notadamente após a revogação do art. 171 e seus dois incisos pela EC nº 6, de 5.8.1995, não há mais como se prosseguir com a distinção antes havida entre *empresa brasileira e empresa brasileira de capital nacional*,** que era aquela cujo controle efetivo estava em caráter permanente sob a titularidade direta ou indireta de pessoas físicas domiciliadas e residentes no País ou de entidades de direito público interno, entendendo-se por controle efetivo a titularidade da maioria do capital votante e o exercício, de fato e de direito, do poder decisório para gerir a atividade empresarial (redação revogada do art. 171, II)
> Com a revogação do art. 171 e incisos, **consagrou-se a partir daquele momento, no âmbito da atuação dos agentes econômicos privados nacionais e estrangeiros, absoluta paridade de tratamento, instituindo-se no Brasil a denominada "cláusula de tratamento nacional"**, elaborada a partir das idéias do jurisconsulto argentino Carlos Calvo, que, em suma, declara o seguinte: "(...) estrangeiros que se estabelecem em um país têm o mesmo direito à proteção que os nacionais, mas não podem reclamar proteção maior". [grifo nosso]

19 SILVA, José Afonso da. Curso de Direito Constitucional Positivo. São Paulo. Malheiros. 19ª ed. 2001. p. 776.

20 Disponível em: http://www.aedb.br/seget/arquivos/artigos08/114_A_NACIONALIDADE_DAS_SOCIEDADES_EMPRESARIAIS.pdf Acesso em: 30jun2015.

21 SILVA NETO, Manoel Jorge e. Curso de Direito Constitucional. Rio de Janeiro. Lumen Juris. 2006. p. 608/609.

Para Carlo José Napolitano,[22] a questão primordial é observar as regras de fixação de nacionalidade:

> Assunto interessante é a possibilidade de sociedades estrangeiras virem a adquirir a nacionalidade brasileira. Elas podem adquirir a nacionalidade brasileira através de sua "naturalização". Uma sociedade estrangeira pode vir a "naturalizar-se" brasileira desde que ela respeite as regras constitucionais de fixação de nacionalidade. Desta forma, a sociedade estrangeira passará a ser considerada nacional se for constituída seguindo as leis brasileiras, possuir sede e administração no Brasil.

Fábio Ulhoa Coelho, *apud* Carlo José Napolitano,[23] prega que se *"estrangeiros, residentes no exterior, e trazendo os recursos de seu país, constituírem uma sociedade empresária com sede de administração no território nacional, obedecendo aos preceitos da ordem jurídica aqui vigente, essa sociedade é brasileira, para todos os efeitos"*. Não atendendo a esses requisitos, a sociedade empresária será considerada estrangeira e para funcionar no país, dependerá de autorização do governo federal.

Portanto, a questão principal é a nacionalidade das pessoas jurídicas. Aliás, a determinação da nacionalidade da pessoa é imprescindível ao direito internacional privado.

É inegável que com a revogação do artigo 171 da Constituição de 1988, por meio da Emenda Constitucional 6/95, o critério do domicílio da pessoa jurídica é o que prevalece, e não o da nacionalidade do capital.

Ademais, a ideia de burla pode ser afastada pelo conceito de capital estrangeiro disposto no art. 1º da Lei 4.131/1962, que disciplina a aplicação do capital estrangeiro e as remessas de valores para o exterior e dá outras providências, *litteris*:

> Consideram-se capitais estrangeiros, para os efeitos desta lei, **os bens, máquinas e equipamentos**, entrados no Brasil sem dispêndio inicial de divisas, destinados à produção de bens ou serviços, **bem como os recursos financeiros ou monetários, introduzidos no país, para aplicação em atividades econômicas desde que, em ambas as hipóteses, pertençam a pessoas físicas ou jurídicas residentes, domiciliadas ou com sede no exterior.** [grifo nosso]

Nessa esteira, não há nada de ilícito em relação às empresas brasileiras com capital majoritário de estrangeiros residentes, domiciliados ou com sede no exterior, pois o nosso ordenamento acolhe o ingresso do capital estrangeiro que: a) pertença tanto a pessoas físicas quanto jurídicas residentes,

---

22 Disponível em: http://www.aedb.br/seget/arquivos/artigos08/114_A_NACIONALIDADE_DAS_SOCIEDADES_EMPRESARIAIS.pdf Acesso em: 30jun2015.

23 Idem.

domiciliadas ou com sede no exterior; b) na forma de bens, máquinas e equipamentos ou recursos financeiros ou monetários, sem o dispêndio inicial de divisas nacionais; e c) seja destinado à produção de bens ou de serviços ou à aplicação em atividades econômicas.

É certo que há algumas restrições para o capital estrangeiro ou empresas estrangeiras no Brasil em determinados setores ou segmentos, mas elas são expressamente previstas pela Constituição Federal de 1988. Assim, destacam-se as seguintes restrições ou condições constitucionais:

> – no tratamento constitucional do capital estrangeiro (art. 172);
> – na exploração de recursos minerais e hídricos art. (176, § 1º);
> – no transporte de mercadorias na cabotagem e a navegação interior (art. 178, parágrafo único);
> – na aquisição ou arrendamento de imóveis rurais por pessoa estrangeira (art. 190 c/c art. 20, § 2º);
> – de capitais estrangeiros na assistência à saúde (§ 3º, do art. 199);
> – proíbe pessoas estrangeiras de serem proprietárias de meios de comunicação, mas possibilita a participação de capital estrangeiro (art. 222, da CF).

A noção de capital é distinta do conceito de empresa. Destaca-se, assim, excerto de comentário de Eros Roberto Grau (2013),[24] que destaca que "capital estrangeiro" é conceito diverso de empresa:

> Note-se que o art. 172 menciona "capital estrangeiro". **Capital é conceito diverso do de empresa. Assim, cumpre cogitarmos de investimentos de capital estrangeiro feitos por empresas brasileiras e estrangeiras. Pois é certo que o capital das primeiras não é nacional.** Neste sentido, o art. 172 estava diretamente vinculado ao disposto no art. 171 da CB, revogado em 1995. [...] [grifo nosso]

Dessa forma, não há previsão constitucional expressa para limitar a aquisição ou arrendamento de terras para *empresa brasileira com capital social majoritário pertencente a estrangeiro*.

Apenas para contextualização, as pessoas estrangeiras, físicas ou jurídicas, possuem 0,47% da área total do Brasil (851 milhões de hectares). São cerca de 34.600 registros de imóveis pertencentes a estrangeiros em 2008, com área de cerca de 4 milhões hectares, conforme Levantamento do Núcleo de Estudos Agrários e Desenvolvimento Rural do Ministério do Desenvolvimento Agrário (MDA), no Sistema Nacional de Cadastro

24 GRAU, Eros Roberto, Comentário ao art.172. In: CANOTILHO, J.J Gomes; MENDES, Gilmar F.; SARLET, Ingo W; STREK, Lenio L. (Coords.) Comentários a Constituição do Brasil. Coordenação executiva Léo Ferreira Leoncy. São Paulo: Saraiva/Almedina, 2013, p. 1825.

Rural (SNCR) do Instituto Nacional de Colonização e Reforma Agrária (INCRA).[25]

Em que pese às preocupações enumeradas nas páginas iniciais do aludido parecer do Consultor-Geral da União quanto à necessidade de controle da participação estrangeira,[26] verifica-se que o mesmo não logrou êxito em separar o capital especulativo ou de interesses escusos do capital estrangeiro que investe e se incorpora à economia brasileira.

Na prática, o Parecer AGU 01/2008 estabelece restrições generalizadas ao capital estrangeiro, incompatíveis com a economia globalizada.

Estudo do Instituto de Pesquisa Economica Aplicada (IPEA) registrou o crescimento do investimento estrangeiro direto (IED) no setor primário (atividades agrícola, de mineração e de petróleo) superior ao dos ramos da indústria e de serviços:

> O processo de internacionalização da economia brasileira entrou numa nova era neste início de século XXI. Estudo inédito do Instituto de Pesquisa Econômica Aplicada (**Ipea**) mostra que, pela primeira vez, **o investimento estrangeiro direto (IED) nas atividades agrícola, de mineração e de petróleo – o setor primário – cresce a um ritmo superior ao dos ramos industrial e de serviços.** Até 2000, o setor primário participava com apenas 2,3% do total desses recursos. Em 2007, encostou em 14%. A arrancada coincide com o momento em que o país planeja se tornar o maior player agrícola do mundo, em meio às intensas discussões sobre produção de alimentos, biocombustíveis e mineração.
>
> Apesar de a participação do setor primário ainda ser pequena em relação à das demais atividades, houve salto de exatos 500% em sete anos, de 2,3% para 13,8% do total dos investimentos. Em números, o estoque permaneceu em US$2,4 bilhões até 2000 e pulou para US$13,1 bilhões de 2001 a 2007, com alta de 445%. A indústria recebeu US$79,7 bilhões entre 2001 e 2007, mas a expansão foi de 33,4%.[27] [grifo nosso]

Vale lembrar que na semana da publicação do referido parecer, a revista britânica *The Economist* trouxe matéria sobre a solução brasileira para a agricultura, louvando-se, em boa parte, do implemento de monoculturas em grandes

---

25 SAUER, Sérgio. LEITE, Sérgio Pereira Leite. Observatório de Políticas Públicas para a Agricultura. nº 36. Ago. 2010.

26 Entre os argumentos utilizados para modificar o entendimento da Advocacia-Geral da União, comentou-se que o Brasil correria o risco de ter seu território desnacionalizado, dados os elevados investimentos em milhares de hectares, principalmente na Amazônia; que o objetivo do comprador estrangeiro seria apenas o lucro imobiliário, e a terra seria uma reserva de valor; e que alguns investimentos seriam destinados à produção de alimentos para exportação aos países de origem do capital, para garantir abastecimento barato a seu povo.

27 Jornal O Globo, de 22 de junho de 2008. Disponível em: http://www.ipea.gov.br/003/00301009.jsp?ttCD_CHAVE=5115. Acesso em: 20 abr. 2011.

áreas, com tecnologia de ponta e elevação da produtividade. Isso é o fruto, dentre outras coisas, de investimento sério e que deve ser incentivado e protegido.

Nesses termos, é imprescindível repensar a Lei nº 5.709/71 perante o novo cenário mundial, e especialmente diante do risco de se estabelecer parcerias informais para a produção agrícola e pecuária.

Frisa-se que o tipo de restrição imposta prejudica apenas o capital produtivo, que, terá que bater às portas do Poder Judiciário, para impedir que uma legislação de mais de trinta anos, elaborada no regime militar, de exacerbado nacionalismo, volte a vigorar. O capital especulativo, por sua vez, não se submete a controles nem respeita o ordenamento jurídico pátrio.

Uma economia moderna é necessariamente integrada à economia internacional e aberta aos investimentos estrangeiros. Tempos de maior atraso relativo são verificados justamente por aqueles marcados por forte isolamento e preconceito contra os capitais e as empresas estrangeiras. Há disposição de atrair cada vez mais capital estrangeiro em todo o mundo e o atual texto Constitucional de 1988 acabou a distinção entre empresa nacional e empresa nacional de capital estrangeiro.

6. CONCLUSÃO

O Parecer 01/2008 da CGU/AGU manifestou o entendimento de que o § 1º do artigo 1º da Lei 5.709/1971 foi recepcionado pela Constituição de 1988 e, por consequência, restringiu a aquisição de terras brasileiras por pessoa jurídica brasileira da qual participem, a qualquer título, pessoas estrangeiras, físicas ou jurídicas, que tenham a maioria do seu capital social e residam ou tenham sede no Exterior.

Todavia, a atual redação da Constituição eliminou a diferenciação entre sociedades brasileiras. A Carta Magna consagra e autoriza a distinção apenas entre sociedades brasileiras e estrangeiras.

Se sociedade é constituída conforme a legislação brasileira, pouco importa a nacionalidade de seu capital e a nacionalidade, domicílio e residência das pessoas que detêm o seu controle.

Prevalece a chamada "cláusula de tratamento nacional", em que as empresas devem receber tratamento isonômico, a mesma proteção, independentemente da nacionalidade ou domicílio de seus controladores, inclusive em relação ao direito de propriedade.

Portanto, qualquer tipo de diferenciação ou modificação do conceito de pessoa jurídica brasileira, quanto ao grau de utilização de capital estrangeiro, poderá trazer insegurança jurídica e alterações profundas à parcela significativa da economia brasileira.

Cabe lembrar que eventual discriminação de estrangeiros ou seu capital, será certamente usado contra o Brasil, em virtude do princípio da reciprocidade, ínsito ao direito e às relações internacionais.

Não obstante, o governo federal sempre terá mecanismos tributários, fiscais e jurídicos para coibir e fiscalizar eventuais investimentos estrangeiros meramente especulativos, seja pela maior tributação sobre o capital estrangeiro, seja pela desapropriação de terra improdutiva.

O agronegócio brasileiro é um setor altamente internacionalizado e exportador. Resta lembrar que há também empresas brasileiras que começam a se instalar em várias partes do mundo. Por esse motivo, não faz nenhum sentido que o País erga barreiras ou restrições a empresas brasileiras com capital majoritário estrangeiro em seu território, a não ser em casos muito especiais, como os previstos expressamente pela Constituição.

Por fim, o embate jurídico será inevitável para que seja pacificado o entendimento sobre a recepção ou não do § 1º do artigo 1º da Lei nº 5.709/71 pela Constituição Federal.

FONTES BIBLIOGRÁFICAS

BRASIL. *Constituição da República Federativa do Brasil*. Disponível em: http://www.planalto.gov.br/ccivil_03/Constituicao/Constituicao.htm.. Acesso em: 10 de abr. 2011.

_________. *Decreto – Lei nº 4.657, de 04 de setembro de 1942*. Brasília. Presidência da República. Disponível em: <http://www.planalto.gov.br/ccivil/Decreto-Lei/Del4657.htm>. Acesso em: 28 mar. 2011.

_________. *Lei nº 5.709, de 07 de outubro de 1971*. Brasília. Presidência da República. Disponível em: <http://www.planalto.gov.br/ccivil/leis/L5709.htm>. Acesso em: 05 abr. 2011.

_________. *Lei nº 8.629, de 25 de fevereiro de 1993*. Brasília. Presidência da República. Disponível em: <http://www.planalto.gov.br/Ccivil_03/Leis/L8629.htm>. Acesso em: 26 jan. 2011.

_________. *Decreto nº 74.965, de 26 de novembro de 1974*. Brasília. Presidência da República. Disponível em: <http://www.planalto.gov.br/ccivil/decreto/1970-1979/D74965.htm>. Acesso em: 26 mar. 2011.

_________. Conselho Nacional de Justiça. Corregedoria Nacional de Justiça. Pedido de providencias nº 0002981-80.2010.2.00.0000. Ministro Gilson Dipp. D.O.U. 13 de julho de 2010.

_________. Advocacia Geral da União. Parecer nº 01, de 03 de setembro de 2008. D.O.U. em 23 de agosto de 2010. Disponível em: http://www.agu.gov.br/sistemas/site/templateimagemTextoThumb.aspx?idConteudo=148958&id_site=3>. Acesso em 20 jan. 2011.

_________. Câmara dos Deputados. http://www2.camara.gov.br/agencia/noticias/ADMINISTRACAO-PUBLICA/151417-COMPARE-A-LEGISLACAO-ATUAL-BRASILEIRA-COM-A-DE-OUTROS-PAISES.html. Acesso em 19 abr. 2011.

BORGES, Paulo Torminn. O imóvel rural e seus problemas jurídicos. 2ª ed. São Paulo: Saraiva, 1981.

BRAZ, Eduardo; GOYOS JUNIOR, Durval de Noronha; SOUZA, Adriano Boni de. *Direito Agrário Brasileiro e o Agronegócio Internacional*. São Paulo: Observador Legal, 2007.

GRAU, Eros Roberto, *Comentário ao art.172*. In: CANOTILHO, J.J Gomes; MENDES, Gilmar F.; SARLET, Ingo W; STREK, Lenio L. (Coords.) Comentários a Constituição do Brasil. Coordenação executiva Léo Ferreira Leoncy. São Paulo: Saraiva/Almedina, 2013, p. 1825.

MARQUES, Benedito Ferreira. Direito Agrário Brasileiro. 7ª Edição. São Paulo: Atlas, 2007.

SAUER, Sérgio. LEITE, Sérgio Pereira Leite. *Observatório de Políticas Públicas para a Agricultura*. nº 36. Ago. 2010.

SILVA, José Afonso da. *Curso de Direito Constitucional Positivo*. São Paulo. Malheiros. 2001. p. 176.

SILVA NETO, Manoel Jorge e. Curso de Direito Constitucional. Rio de Janeiro. Lumen Juris. 2006. p. 608/609.

ZIBETTI, Darcy Walmor. Aquisição e exploração de imóvel rural por estrangeiro, *in* BARROSO, Lucas Abreu; MIRANDA, Alcir Gursen de; SOARES, Mário Lúcio Quintão. *O direito agrário na Constituição*. Rio de Janeiro: Forense, 2005.

OUTRAS FONTES

ARGENTINA. Constituição Argentina. Disponível em: <http://www.senado.gov.ar/web/interes/constitucion/capitulo1.php> . Acesso em: 20 abr. 2011.

BRASIL. Câmara dos Deputados. Disponível em:

http://www2.camara.gov.br/agencia/noticias/administracao-publica/151417-compare-a-legislacao-atual-brasileira-com-a-de-outros-paises.html, consultado em 19 abr. de 2011.

BANCO MUNDIAL. Rising Global Interestin Farmland. 2010. p. XXXIV. Disponível em: <http://siteresources.worldbank.org/INTARD/Resources/ESW_Sept7_final_final.pdf>. Acesso em: 17 abr. 2011.

Jornal O Globo, de 22 de junho de 2008. Disponível em: <http://www.ipea.gov.br/003/00301009.jsp?ttCD_CHAVE=5115>. Acesso em: 20 abr. 2011.

NAPOLITANO, Carlo José. A Nacionalidade das Sociedades Empresariais. Disponível em: http://www.aedb.br/seget/arquivos/artigos08/114_A_NACIONALIDADE_DAS_SOCIEDADES_EMPRESARIAIS.pdf Acesso em: 30jun2015.

O DIREITO À TERRA E À MORADIA PARA OS POBRES: TITULAÇÃO OU POLÍTICAS DE INCLUSÃO SOCIAL?

Sônia Helena Novaes Guimarães Moraes

1. DESAFIOS CONCEITUAIS

Em pesquisas e trabalhos sobre o tema proposto, aos quais me dedico há anos, o direito à propriedade da terra para a produção familiar, ou o direito à moradia urbana para populações marginalizadas, nos remetem ao enfrentamento de situações jurídicas precárias e comprometedoras do desenvolvimento e da qualidade de vida das comunidades regionais e locais.

O conteúdo do direito à propriedade tem sua expressão no arcabouço legal existente em cada país e, por não ser um instituto imutável, tem evoluído nestes últimos anos, porém, na sua prática, não tem sido suficiente para o enfrentamento da carência social, pois que depende da vontade política das administrações públicas, que deveriam priorizar as situações de risco das populações de baixa renda.

É um enorme desafio encontrar alternativas eficazes e bem fundamentadas, legalmente falando, além de legitimamente aceitas pelos movimentos sociais reivindicatórios de seus direitos básicos, como é o direito à moradia ou à terra de produção familiar.

Para encontrar brechas e apontar alternativas de solução às situações encontradas na prática, optamos por entender um Direito de Propriedade em sua multiplicidade, decomposto em suas várias formas de expressão, de acordo com cada relação jurídica específica de um sujeito com determinado objeto que comporte um direito de apropriação.

Além do mais, aprende-se no estudo das leis que o conteúdo de um instituto jurídico – e o direito à propriedade não foge a essa regra – pode e deve evoluir de acordo com as necessidades que se apresentam, e segundo as pressões sociais de cada momento de uma determinada sociedade, ou, melhor dizendo, segundo a correlação de forças sociais e políticas existentes em determinado estado.

É fato que não se pode compreender um direito tão amplo, como o da propriedade, somente na sua positividade expressa na letra da lei de um país. Obviamente, o conteúdo de um instituto legal vai refletir seu estágio de desenvolvimento, bem como sua estrutura econômica, política e social.

No caso do Brasil, nem sempre, ou quase nunca, os ditames das normas legais e, principalmente, quando se trata do direito de propriedade da população pobre e marginalizada, refletem efetividade na sua prática. Há um enorme débito social no que concerne ao acesso de famílias de agricultores à terra, para a produção de alimentos, e geração de trabalho e renda, assim como há um déficit, maior ainda, de moradias para as populações pobres que se amontoam em situações precárias de vida, saúde, saneamento básico, emprego, educação, transporte, alimentação e nutrição, na periferia das grandes metrópoles.

Considero importante citar neste contexto de análise teórica os ensinamentos do eminente jurista, Professor Fabio Konder Comparato,[1] que tece com extrema clareza considerações sobre o regime da propriedade ao longo da história, e que são fundamentais para a argumentação que quero construir neste trabalho, a saber:

> [...] até o século XIX não havia um conceito unitário de propriedade no Ocidente. Coexistiam várias situações ditas de propriedade, de diversa natureza e regimes diferentes: o domínio sobre bens públicos, bens da coroa ou bens particulares; privilégios e regalias nobiliárquicas; créditos e pretensões ligadas à terra [...]. A grande arma ideológica do capitalismo [...] consistiu em unificar todas essas díspares propriedades debaixo de um único conceito e de dar a esse instituto unitário um regime simples e absoluto. Todo o direito exclusivo de usar, gozar e dispor de coisas móveis ou imóveis passou a apresentar a mesma natureza. O valor e o interesse social da coisa própria pouco importam. Quer ela seja um bem de consumo individual, a residência de uma família operária, os instrumentos de trabalho de um artesão, um latifúndio ou ações de controle de um império industrial, o regime jurídico é idêntico: o proprietário deve ser protegido contra invasões, subtrações, esbulhos e reivindicações indébitas. A lei, em sua olímpica igualdade, protege indiferentemente a incolumidade de ricos e pobres, em sua esfera jurídica própria.

Em outras palavras, essa situação de um conceito unificado do direito de propriedade no Ocidente não mais consegue dar conta, nos dias de hoje, de regular e de dar soluções urgentes, necessárias e diferenciadas, principalmente quando se trata de garantir em definitivo o acesso à terra de famílias de

1 *Impropriedades constitucionais*. Folha de S. Paulo, 1º cad., p. 3, março de 1986.

trabalhadores despossuídos nas áreas rurais, e o acesso à habitação popular de grande contingente de marginalizadas nos centros urbanos.

Assim como a evolução tecnológica faz nascer outros direitos sobre bens intelectuais, imateriais ou incorpóreos que devem ser muito bem garantidos e protegidos nas suas especificidades desde o ato de sua nascença, principalmente porque são provenientes da mais íntima criatividade humana, outros bens como o direito à uma vida digna em habitação própria ou em terra de produção próprias, devem ter, igualmente, um regime diferenciado e amplo de proteção, bem diverso da proteção a propriedades privadas que concentram poder econômico, e muitas vezes, essas sim, se tornam as maiores geradoras de desigualdades e exclusão social. Exemplificam-se bem tais situações com a especulação imobiliária que se espalha por toda e qualquer região do planeta onde existam áreas de concentração de riquezas e de desenvolvimento econômico desenfreado.

O grande capital especulativo reserva e infla o custo de terrenos em localizações privilegiadas, inviabilizando espaços ao assentamento digno e sustentável às populações de baixa renda. Falta pulso ou opção política pelos pobres, falta inversão de prioridades em favor dos despossuídos. Faltam intervenções corajosas por parte dos governantes, para impor limites à especulação imobiliária, urbana e rural, por meio de um planejamento de inclusão social e sustentabilidade ambiental.

Toda essa argumentação é para eleger um ponto inicial deste debate: acredito que é fundamental que se reconheça a diferenciação do direito de propriedade da terra ou da habitação familiar que carrega uma função social e humanitária na sua essência. Na verdade, é um direito que ultrapassa a ideia da propriedade privada, é um direito e um dever do Estado, é também de interesse público e nacional.

Dada a realidade das relações econômicas, comerciais e financeiras de dimensões supranacionais, talvez seja conveniente a sugestão de uma conceituação do direito à terra e à habitação das populações pobres dos países subdesenvolvidos, como um verdadeiro *direito internacional ao desenvolvimento justo e sustentável,* direito a ser, severa e rigidamente, respeitado nessas relações entre os povos. Exemplo gritante de desrespeito às moradias e terras de camponeses pobres ocorre na China. São os investimentos provenientes de capital internacional que promovem, com a anuência e total apoio das autoridades locais, a expulsão sumária de um número crescente de famílias, geralmente camponeses pobres e idosos, sem quaisquer direitos ou indenizações. A precariedade dessas posses e o uso tradicional das terras cedem lugar à instalação de plantas industriais, que jamais poderão absorver a mão de obra deslocada, sem possibilidade de capacitação de acordo com as novas demandas tecnológicas projetadas.

Não se trata apenas do direito e do dever dos estados em garantir tais direitos à posse da terra ou à habitação popular, sejam eles de forma privada ou comunitária. Creio que o importante é pensar no planejamento para que tais direitos se efetivem e permaneçam no tempo e no espaço, de preferência de acordo com as vocações territoriais aonde, originalmente, venham a se dar. Premissa constante na proposta inicial desta conferência.

Vale ainda lembrar, no campo teórico, dos desafios conceituais do direito de propriedade para os pobres, que "as verdadeiras alterações não virão da ideologia, mas sim da pressão das necessidades."[2] É preciso acreditar nisso.

Assim sendo, certamente deverá ser proveniente das pressões sociais e econômicas que os princípios da diferenciação do conteúdo de cada tipo de direito à propriedade poderão evoluir e efetivamente virem a atender às expectativas das populações excluídas.

Adiante, faremos menção à legislação brasileira sobre o assunto, assim como um breve relato sobre o tema ora em discussão, relacionado à experiências e programas por mim coordenados em administração municipal (local) e federal.

2. A LEGISLAÇÃO BRASILEIRA DE REFORMA AGRÁRIA E REFORMA URBANA

A) NAS ZONAS RURAIS: O DIREITO AGRÁRIO E O ESTATUTO DA TERRA

No Brasil, desde 1964, existe uma lei, o Estatuto da Terra,[3] que prevê a tipificação da propriedade agrária, define seu conteúdo e impõe limites ao exercício do direito à propriedade privada da terra com base na função social que o proprietário do bem deve cumprir. Ou seja, teoricamente, o imóvel rural só deverá ser protegido, e assim ficar livre da possibilidade de sua desapropriação, para fins de reforma agrária se, simultaneamente, cumprir, segundo critérios e graus de exigência, estabelecidos em lei ordinária, o seguinte: I – aproveitamento racional e adequado; II – utilização adequada dos recursos naturais disponíveis e preservação do meio ambiente; III – observância das disposições que regulam as relações de trabalho; IV – exploração que favoreça o bem-estar dos proprietários e dos trabalhadores.[4] Importante notar que essa conceituação vigente na legislação brasileira é a base jurídica e democrática para o acesso à terra de milhares de famílias de *trabalhadores rurais sem terra*, assim como à moradia e ao trabalho. As determinações constantes da Constituição Federal, do Estatuto da Terra e da legislação re-

2 LÉVY, Jean Philippe. *História da propriedade*. Coleção Práxis, Lisboa, Editorial Estampa, nº 21, 1973.

3 Lei nº 4.504 de 30 de novembro de 1964.

4 Art. 186 da Constituição Federal do Brasil de 1988.

gulamentar no Brasil, são os instrumentos da reforma agrária e da criação dos assentamentos para a população do campo. No entanto, a efetividade dos planos nacionais de reestruturação fundiária depende, há mais de 40 anos, de decisão política dos governantes e da organização dos movimentos sociais de pressão, além da conscientização das populações urbanas pela necessidade da democratização do acesso à terra no país. A dependência da intervenção administrativa do Estado e dos processos judiciais para a expropriação de terras encontra forte resistência por parte das elites proprietárias, que lançam mão de todo tipo de recurso processual para continuarem a exercer e concentrar poder econômico e político, ainda que descumpra as condições de uso da terra definidas por lei no Brasil.

B) NAS ÁREAS URBANAS: O DIREITO URBANÍSTICO E O ESTATUTO DA CIDADE

A partir da promulgação da Constituição Brasileira de 1988, características similares às do programa de acesso à terra no campo chegaram aos espaços territoriais urbanos com proposta avançada de *reforma urbana.* Foram muitos anos de luta dos movimentos populares pela moradia para que fosse introduzido no Título VII – Da Ordem Econômica e Financeira, o Capítulo II, Da Política Urbana, inexistente até então em outra Carta Magna em toda a história administrativa do país. A regulamentação dos dispositivos (artigos 182 e 183 da Constituição de 1988), no entanto, demorou nada menos do que 11 anos, ao longo dos quais houve intensas negociações entre a sociedade civil, os movimentos populares e os parlamentares para, finalmente, ser aprovado pela Lei Federal nº 10.257 em 10 de julho de 2001, o Estatuto da Cidade. Um dos aspectos louváveis contidos no artigo 183 da CF é a instituição do usucapião urbano, possibilitando a regularização fundiária em áreas ocupadas irregularmente e na maioria das vezes por populações de baixa renda, aglomeradas em favelas, vilas, alagados, áreas de invasões, ou até em loteamentos especulativos e clandestinos.

Comentar as principais características da inovadora legislação urbana do Brasil seria assunto para um trabalho de fôlego. Portanto, vamos apenas ressaltar alguns aspectos que consideramos mais relevantes aos objetivos destas breves considerações.

O Estatuto da Cidade trouxe aos estudos jurídicos a oportunidade de aprofundamento nas áreas específicas do Direito Urbanístico e do planejamento urbano. A obrigatoriedade da execução de planos diretores municipais a todos os municípios brasileiros, com base nos princípios da função social da cidade e da propriedade urbana, foi ampliada na sua abrangência a todo o território municipal, ou seja, englobando suas áreas urbanas e rurais. Relativamente a essa relação do urbano e do rural, o Estatuto da Cidade é claro e especifica a necessidade de "integração e complementaridade entre as atividades urbanas e rurais tendo em vista o desenvolvimento socioeconômico do município e do território sob sua área de influência"(inciso VII do artigo 2º).

Outro destaque na execução da política urbana é a criação do "direito de superfície", que permite ao proprietário urbano conceder a outrem o direito de uso do solo, do subsolo ou do espaço aéreo relativo ao terreno, sob condições contratadas. É medida interessante para a utilização do terreno para moradias, com menores custos e por tempo a ser pactuado entre as partes.

A presente lei urbanística tem muitos outros aspectos meritórios por regular e direcionar a política urbana pela "adoção de padrões de produção e consumo de bens e serviços e de expansão urbana, compatíveis com os limites de sustentabilidade ambiental, social e econômica"[5], além de determinar a gestão democrática da cidade, com efetiva participação dos cidadãos na elaboração dos planos diretores a partir de órgãos colegiados de política urbana. Por fim, nesta rápida apresentação, vale destacar ainda as medidas contra a especulação imobiliária, que ocorre frequentemente nos grandes centros urbanos no Brasil, com a estocagem de terrenos ociosos. Para combater esse mal a lei urbana prevê, compulsoriamente, o parcelamento de áreas, a edificação ou sua expropriação, além de impostos territoriais e prediais progressivos no tempo. A desapropriação de imóveis, com pagamento em títulos da dívida pública com prazo de resgate de até dez anos, também foi introduzida nessa normatização.

É fato, portanto, que atualmente o instrumental para a solução de problemas urbanos não falta, mas a prática dessa política com todos os requisitos de planejamento, sustentabilidade e, principalmente, com a preocupação do bem-estar coletivo e da gestão participativa e compartilhada com a população, ainda está por ser arquitetada em sua vigência.

Fica uma conclusão importante. No Brasil há ferramentas legais quase suficientes e modernas. Mais na legislação urbana, menos na legislação agrária. Mas, sem vontade política dos gestores públicos e a devida pressão social, o desenvolvimento equilibrado e a justiça social ainda tardarão a se tornarem realidade.

3. POLÍTICAS PÚBLICAS PARA A POPULAÇÃO POBRE

A) UMA EXPERIÊNCIA MUNICIPAL

Ao iniciar a exemplificação de duas experiências na administração pública, devo introduzir algumas observações preliminares de modo a justificar

5 OLIVEIRA, Isabel Cristina Eiras de. *Estatuto da cidade*: para compreender... Rio de Janeiro: Ibam/Duma, 2001.

o enfoque mais amplo, porém, correlacionado-as entre as questões da pobreza urbana e do desenvolvimento rural sustentável.

Como pesquisadora, sempre me dediquei aos estudos do Direito do Estado, da Administração Pública e do *Direito Agrário sob a ótica dos direitos humanos*. E foi essa experiência de trabalhos ligados à questão agrária, das famílias de despossuídos, que me deu condições de constatar as razões da urbanização caótica do país, tanto pela falta de planejamento no deslocamento populacional de trabalhadores rurais, quanto pela excessiva e rápida modernização e mecanização das propriedades rurais, que ajudaram a promover maciça expulsão da mão de obra do campo para as cidades.

O relatório de análise sobre a política pública, que menciono a seguir, mostra resumidamente a situação encontrada na Prefeitura Municipal de Campinas/SP (correlata à situação de outros centros urbanos do país) onde foi criada equipe de trabalho, por mim coordenada, com a função de desenvolver projetos de inclusão social e geração de trabalho e renda.

Obviamente, já era sabido que não bastavam programas habitacionais para a compra da casa própria se as inúmeras famílias de baixa renda não estavam inseridas de modo estável no mercado de trabalho. Muitas áreas de habitação popular situavam-se em locais sem qualquer infraestrutura de transporte, de difícil acesso aos postos de trabalho; outras, edificadas em isoladas regiões vizinhas à zona rural da cidade, onde o emprego era escasso, principalmente em razão do abandono da prática da agricultura, motivada pela especulação imobiliária.

Portanto, a tarefa não se limitou ao atendimento das famílias marginalizadas dentro das áreas urbanas. A abrangência do programa teve por objetivo a reanimação das atividades agrícolas nas áreas rurais e periurbanas, de modo a promover a integração dessas áreas (rurais e periurbanas) na vida da cidade e com os moradores da cidade.

A prioridade era criar condições às famílias para sua imediata inserção no mercado de trabalho, fato que a atividade agrícola poderia atender, por não exigir altas qualificações, gerando emprego e renda. E, além disso, cuidar da segurança alimentar e nutricional dos trabalhadores de baixa renda, preservando sua saúde e qualidade de vida.

Interessante salientar que muitas famílias, habitantes de favelas e ocupações urbanas, mas oriundas das áreas rurais e cujo passado de um modo ou de outro foi ligado às atividades agropecuárias, desejariam um lote de terra em programas da reforma agrária, se assim houvesse essa hipótese de volta massiva ao campo. Outros aceitariam emprego nas atividades agrícolas, ainda que fossem em propriedades alheias ou em áreas arrendadas pela administração pública para produção de alimentos.

Vale ressaltar que à época (nos anos de 2001 a 2004), o cenário no Brasil refletia uma situação econômica e social de crise, basicamente causada pelo desmonte do Estado em relação às políticas públicas das décadas anteriores. O diagnóstico de nossa equipe de trabalho contextualizou a questão da pobreza e do desemprego na metrópole, como se segue:[6]

> [...] Para agravar o quadro, na última década do século XX os municípios brasileiros assistiram a uma inversão radical das expectativas criadas quando da promulgação da Constituição Federal de 1988 – de maior descentralização de recursos e poder para exercer políticas públicas locais.
>
> As políticas macroeconômicas dos anos 90, orientadas pelos cânones do pensamento neoliberal dominante, pelo então governo federal, tais como os cortes de gastos e investimentos públicos, as privatizações dos setores de infraestrutura, de energia, transportes e telecomunicações, as aberturas comerciais e financeiras, além da reestruturação produtiva, provocaram uma forte desestruturação da capacidade de intervenção do Estado e das políticas públicas ocasionando um forte impacto, tanto na disponibilidade de recursos aos municípios, quanto na ampliação vertiginosa das demandas sociais e locais de serviços públicos.
>
> Foram extintas a maioria das políticas de atendimento a direitos sociais dos trabalhadores, duramente conquistados, nas esferas federais e estaduais, resultando num insuportável aumento do desemprego, da violência, da falência de serviços essenciais e do caos social, no cotidiano da vida dos munícipes.
>
> O mesmo ocorreu com as políticas compensatórias voltadas para os pobres, que foram simplesmente suprimidas, ou no máximo, subsistiram vinculadas a necessidades clientelísticas da administração anterior do governo federal – sem nenhuma articulação e estratégia de política que garantisse resultados, mesmo que ínfimos.
>
> Particularmente perversos foram os efeitos nos grandes centros urbanos do país, onde a reestruturação produtiva afetou drasticamente o emprego industrial, fazendo com que houvesse uma mudança no perfil da miséria, ou seja, acrescentou-se às grandes massas de famílias abaixo da linha de pobreza, sem educação formal e qualificação para o mercado de trabalho, um novo e enorme contingente de famílias de tamanho reduzido, com vários anos de educação formal e qualificadas em profissões antes remuneradoras e agora sem colocação em atividades economicamente produtivas.
>
> A aplicação dessa política também nas esferas municipais levou as grandes metrópoles brasileiras a um quadro de endividamento explosivo, desestruturação da máquina administrativa e da qualidade dos serviços públicos, que foram privatizados para grupos de lobistas, e que acabaram alvo de denúncias e processos contra a corrupção – contribuindo para agravar ainda mais a desconfiança do cidadão no Poder Público e na política como espaço de solução para os problemas da coletividade.
>
> Esse cenário sombrio foi reforçado e reafirmado por uma crise política e ideológica que sacrificou valores morais e éticos e estimulou um pensamento de descrença profunda e generalizada cada vez mais arraigado na sociedade. A situação de indigência, com a consequente perda dos laços familiares e das raízes da vida rural, jogou perigosamente milhares de pessoas muito próximas da

---

6 Trecho do relatório escrito por Antonio Oswaldo Storel Jr. e Sônia H. Novaes G. Moraes entregue ao prefeito da cidade de Campinas/SP em abril de 2001.

condição de barbárie, sinalizando riscos reais de ruptura do tecido social com consequências imprevisíveis.

Diante de todo esse quadro, os movimentos sociais, premidos pela falta de moradias, de emprego e de inclusão social, passaram a ocupar espaços ociosos, reservados pela especulação imobiliária, no entorno da cidade. A violência urbana, à época, atingiu índices inaceitáveis (foram os mais elevados na história da cidade). O prefeito recém-eleito, Antônio da Costa Santos foi assassinado no dia 10 de setembro de 2001, e sua vice, que assumiu em seguida, Izalene Tiene, enfrentou todo tipo de adversidades para empreender programas sociais de ajustes, que tiveram relativo sucesso na redução da pobreza e da violência na metrópole.

Por outro lado, uma característica interessante da cidade de Campinas é que embora sendo uma verdadeira metrópole, com um milhão de habitantes, possuía então, 51 % de seu território na área rural e 49% no perímetro urbano.

A população, no entanto, se concentrava na área urbana, tendo apenas 1,7% do seu total fixado nas zonas rurais.

Em razão destes dados, e de outros, trazidos pelo diagnóstico das demais secretarias da administração municipal, atuação iniciada por nossa equipe de trabalho, vinculada diretamente ao gabinete do(a) prefeito(a), teve por objetivo o papel de fortalecer os segmentos marginalizados da população, criar condições objetivas de atingirem a plena cidadania pelo atendimento de suas necessidades básicas de alimentação, emprego e renda, não se limitando ao acesso à moradia. Assim sendo, a equipe estruturou-se contando com a possibilidade do aproveitamento das atividades das áreas rurais e das atividades produtivas na terra para:

- buscar formas de estancar a migração campo-cidade, fixar o agricultor familiar na terra, pelo fomento de novas práticas da produção agrícola sustentável, preservação dos recursos florestais e hídricos, principalmente nas áreas situadas no entorno da cidade; com isso, criar condições de conter o crescimento urbano sobre as áreas rurais remanescentes, inviabilizar a especulação imobiliária e aumentar a capacidade de geração de emprego no campo, principalmente ao se tratar de mão de obra com pouca qualificação e de difícil acesso a postos de trabalho em empresas de alta tecnologia;
- incentivar, por meio da prática da agricultura urbana e da criação de hortas comunitárias em terrenos públicos ou privados, a geração de trabalho e renda para a população pobre e desempregada, preferencialmente em áreas próximas a suas habitações ou aos conjuntos habitacionais em construção e projeção;
- fortalecer a intervenção do Poder Público municipal na política alimentar e de abastecimento da cidade, de forma a garantir acesso permanente e digno

a uma alimentação de qualidade e em quantidade suficiente para atender as necessidades nutricionais dos alunos em idade escolar e da população de baixa renda em geral.

As três vertentes do programa, intimamente vinculadas, demonstraram a viabilidade de se revalorizar o espaço rural, as áreas periurbanas e urbanas, com a prática de atividades agrícolas como forma de garantir qualidade de vida e alimentação saudável a qualquer morador da cidade – além de se manter o equilíbrio ambiental pela preservação de áreas verdes de produção de alimentos saudáveis.

Mais ainda, ao mesmo tempo em que se buscou evidenciar a importância da revalorização das áreas rurais para inclusão social, bem como suas atividades produtivas, esclareço que também estava no programa levar ao campo os benefícios da vida na cidade, no aspecto do desenvolvimento da plena cidadania dos moradores das áreas rurais.

Os serviços públicos do município devem estar presentes e à disposição da população rural em todas as suas modalidades: acesso à saúde, à educação, transporte, saneamento, lazer, segurança e outros direitos. E conseguimos implementar diversos programas nesse sentido, com resultados surpreendentes.

Muitas famílias de pequenos produtores que planejavam abandonar suas áreas acabaram por encontrar novo sentido para continuarem em suas pequenas propriedades ou sítios, tornando-os produtivos novamente.

Assim, resumidamente, menciono essa experiência, que pode ser compreendida como programa de apoio e de utilização dos espaços territoriais urbanos, mas também dos espaços rurais das grandes cidades para o desenvolvimento e a instalação digna das populações de baixa renda, em condições de atingirem o seu pleno desenvolvimento sustentável.

B) A FIXAÇÃO DA FAMÍLIA EM SEU ESPAÇO DE VIDA E PRODUÇÃO E O PAPEL DAS MULHERES NA RECEPÇÃO DAS POLÍTICAS PÚBLICAS

Foi importante buscar as formas da fixação do homem na terra para não engrossar ainda mais a miséria na cidade. De outro lado, foi preciso buscar alternativas de trabalho e renda, além de cuidar do abastecimento alimentar da população pobre, sob várias formas: reforçando a merenda escolar, criando programas de banco de alimentos e restaurantes populares e a criação de hortas comunitárias por meio do apoio e capacitação às comunidades carentes na prática da agricultura urbana, geralmente em áreas públicas do município. Todas estas práticas devem ser mantidas, pois foram e continuam sendo não só uma alternativa para a inserção social da população carente, mas também uma forma de garantir a segurança alimentar de toda a população dos centros urbanos, na medida em que estas pequenas parcelas produtoras puderam contribuir para o abastecimento alimentar e nutricional, local e regional.

Assim sendo, retomando o título deste ensaio, *O direito à terra e à moradia para os pobres*, entendidas como propriedade-moradia das populações pobres as propriedades familiares de um lote de terra em zona urbana ou rural, temos claro que elas só se manterão na posse das famílias por longo prazo se forem de fato garantidas todas as demais condições de sustentabilidade, como o emprego e a renda, educação, saúde, segurança, transporte e lazer.

Ou seja, de nada servirá um título de propriedade sem uma estrutura completa a ser rigorosamente arraigada e consolidada nas áreas onde se propuser reformas, urbanas ou agrárias, para a inserção da população marginalizada.

Esta é uma das razões que a legislação agrária brasileira, já desde 1964, determina que o imóvel rural cumpra a função social, quando atende ao bem-estar do homem do campo, além de, simultaneamente, seguir critérios racionais de produtividade, preservação e conservação ambiental e respeito às normas que regulamentam as relações laborais.

Outra questão a ser levantada neste contexto é a questão da segurança da mulher, sempre a parte mais frágil da família empobrecida nos países em desenvolvimento.

Em recente artigo[7] o Professor José Francisco Graziano da Silva (representante regional da Organização das Nações Unidas para a Alimentação e Agricultura – FAO, na sigla em inglês, para América Latina e Caribe) argumenta em prol da necessidade de políticas públicas para as mulheres pobres como forma de combater a miséria e a fome: "A igualdade de acesso à terra, insumos e crédito poderia elevar a oferta de alimentos em até 4%, tirando de uma condição de subnutrição de 100 a 150 milhões de pessoas num universo de quase um bilhão de famintos, especialmente na Ásia e África." E acrescenta ainda que: ,

> Independente da latitude, as produtoras rurais têm menor acesso à terra, a sementes, fertilizantes, ferramentas, tecnologia, extensão e crédito. O desequilíbrio se reproduz no controle das criações que representam 40% da renda no campo. Em todo o mundo, aproximadamente 400 milhões de mulheres agregam o cuidado dos rebanhos aos afazeres domésticos, que incluem a responsabilidade pelos filhos e a alimentação, bem como a de assegurar o suprimento de lenha para o fogo e água limpa para consumo.

Porém, o professor lembra que, "embora desvalorizadas, elas desempenham papel cada vez mais relevante nas decisões comerciais, sendo o personagem oculto por trás das análises de contratos e compromissos de compra e

7 A força das mulheres contra a fome. Opinião, jornal *Valor Econômico* (SP), 24/3/2011.

venda assinados pelos seus companheiro", e acrescenta em seguida que "os programas de transferência de renda associaram o seu sucesso a essa aptidão administrativa, dando o cartão de benefícios à mulher da família

Vale também mencionar que no Brasil, a legislação garante a titulação dos lotes nos programas de reforma agrária em nome de ambos os cônjuges, e no caso de separação ou divórcio, a regra da administração dos órgãos públicos é pela manutenção da mulher como titular da parcela, se os filhos permanecerem com a genitora.

Ademais, no recente programa habitacional de aquisição da casa própria, lançado pelo governo federal, o Minha Casa, Minha Vida, que prevê a construção de um milhão de moradias para as classes menos favorecidas no Brasil, está estabelecido que o registro do imóvel deve ser emitido, "preferencialmente" em nome das mulheres.

Este fato decorre da existência de vários programas governamentais no Brasil com ações afirmativas em relação à mulher, tendo também por escopo promover a segurança e a estabilidade de seus filhos, que ainda no mundo de hoje são os mais vulneráveis nas sociedades patriarcais.

C) NO ÂMBITO FEDERAL: PROGRAMA DE AGRICULTURA URBANA (AGRIURBE)

Decorrente da experiência local positiva, na Prefeitura Municipal de Campinas, o atual trabalho no Instituto Nacional de Colonização e Reforma Agrária (Incra), órgão do governo federal, em São Paulo, tem sido pautado pela criação e introdução de um projeto inédito que destina verbas federais, com gestão partilhada com os poderes públicos locais e respectivos beneficiários, ao fomento da agricultura urbana e periurbana nas áreas de assentamentos da população de baixa ou de nenhuma renda.

Ainda que o Incra seja o instituto responsável pela política fundiária no Brasil, a Superintendência do Estado de São Paulo é ciente de que os problemas a serem enfrentados para a realização da política de regularização fundiária não estão circunscritos ao meio rural, sobretudo, por se tratar da realidade que se apresenta no estado mais desenvolvido e urbanizado da federação. Assim, entende que uma das estratégias para o enfrentamento da pobreza contrastante no estado é desenvolver iniciativa relacionada à atividade agrícola e, desse modo, fortalecer políticas públicas de caráter participativo e democrático.

Como já dissemos anteriormente, o êxodo crescente de grandes contingentes de trabalhadores e habitantes rurais é um dos problemas mais graves para as administrações públicas municipais, de modo particular, e para a população, de modo geral. Suas deletérias consequências são bastante conhecidas por todos e estão a amalgamar nas periferias urbanas uma complexa teia de ausências, escassez e exclusões socioeconômicas e culturais de seus moradores.

Atualmente, em São Paulo, o Incra busca potencializar suas competências para abrir novas frentes de atuação e implantar o Programa de Agricultura Urbana (Agriurbe) em modalidade de assentamento descentralizada com o fomento das atividades agrícolas em áreas urbanas e periurbanas. A forma de gestão é compartilhada com os poderes locais (prefeituras municipais), ou com organizações não governamentais, a fim de dar respostas positivas às exigências do combate à fome e às necessidades de geração de trabalho, renda e emprego junto às moradias de famílias empobrecidas.

Ainda como justificativa deste programa inovador, o que se constatou foi a existência de uma questão mais ampla – a dos usos do *território* (seja rural ou urbano) – suas desigualdades socioeconômicas e sua ocupação predatória, que sofrem hoje as consequências cruéis da questão agrária pretérita e atual não resolvida, assim como são frutos da falta de planejamento urbano das cidades e da política pública neoliberal e excludente das últimas décadas.

É fato também que a ausência do Estado em qualquer das suas esferas, federal, estadual ou municipal, na regulação ou na ocupação de seus próprios, tem permitido caminho aberto para a instalação e espacialização do crime organizado, para a violência, ou para o uso predatório, principalmente, nos centros urbanos mais populosos. No entanto, não ficam imunes ao uso irregular ou inadequado das áreas públicas e privadas, ociosas e abandonadas em qualquer municipalidade, média ou pequena.

A carência de recursos financeiros no âmbito municipal é outro gargalo à urbanização e manutenção de espaços de lazer, esporte ou recreio – diante da enorme demanda urbana por saneamento básico, saúde, educação, pavimentação, transporte coletivo, habitação, segurança, iluminação ou por serviços públicos em geral. Mas as dificuldades ao aproveitamento produtivo, em sentido amplo, de espaços institucionais públicos, acabam por aprofundar os problemas já existentes, gerando áreas de depósitos de entulho, lixo, mato servindo de criadouro de animais peçonhentos, pontos de venda de drogas, áreas de ocupação irregular ou clandestina, sem qualquer condição de uso ou de habitabilidade.

Os aspectos da degradação ambiental e da poluição em áreas urbanas ou rurais evidenciam a necessidade, cada vez mais urgente, da manutenção de áreas verdes nas cidades. Também há premência na preservação de áreas não impermeabilizadas nos centros urbanos, com a finalidade de recargas de aquíferos e prevenção de enchentes que acabam afetando as áreas rurais. Estes são fatores que reforçam a ideia de investimentos compartilhados e descentralizados com os diversos órgãos governamentais.

A promoção de atividades com o cultivo da terra, em terrenos urbanos e áreas periurbanas nos municípios, vinculadas a programas sociais de geração de trabalho, renda e alimentos é modalidade de ação conjunta ágil e de alcance significativo, levando-se em conta os diversos benefícios a serem gerados pela iniciativa junto aos assentamentos de famílias carentes.

Não é demais insistir, como já ressaltei no item anterior, que as dificuldades da mão de obra migrante do campo para as cidades já datam de décadas e, hoje em dia, atingem a expressão trágica da perda quase total de suas raízes e identidades socioculturais. São inúmeras as famílias que não conseguem se incorporar plenamente ao mercado de trabalho urbano e que vivem marginalizadas, subempregadas, e só participam da vida urbana naquilo que há de pior. Na sua maioria, vivem em favelas, em áreas de ocupação clandestina, muitas vezes sem acesso à água potável e ao saneamento básico, em áreas de risco, de desabamentos e enchentes e sem a formação escolar exigida pela sociedade atual – ou seja, excluídos de todos os direitos universais e da plena cidadania. Em contrapartida, a marginalização nas cidades não impede o contato imediato de toda a população aos meios de comunicação de massa, principalmente a TV, plugada de modo fácil em qualquer localidade mais próxima de centros e áreas urbanas.

A mídia transforma rapidamente um indivíduo em consumidor contumaz e os acenos ao consumismo inacessível a essas camadas empobrecidas – não absorvidas pelo mercado de trabalho – levam ao crime e à violência, que se estabelece no vazio da identidade perdida e pela falta de reintegração econômica e sociocultural na realidade urbana excludente.

Há alguns anos, os movimentos em defesa da regularização fundiária e pelo retorno do homem ao campo reestruturado tinham também por mote a valorização das suas raízes, que atualmente se perdem na cultura das lajes urbanas e na difícil busca pela subsistência, sem qualidade de vida e sem perspectivas reais de desenvolvimento sociocultural.

Mas o que ocorre na realidade é que a volta ao campo não é tão simples como se poderia imaginar; são décadas de atraso nos programas de reestruturação fundiária que tornam crescente a dívida social para com a população expulsa das áreas rurais.

Os fortes avanços, as pressões e a conscientização dos movimentos sociais – no campo e nas cidades – não garantem que boa parte das populações periféricas, das grandes regiões metropolitanas, terá condição ou predisposição de novo percurso cidade-campo. Deste modo, sua integração pode passar necessariamente pelo apoio e incentivo à atividade primária, com produção de alimentos. De um lado, um programa de combate à fome, segurança alimentar e nutricional, de outro, um programa de geração de trabalho e renda, nos mesmos centros urbanos, onde já possuem moradia ou pretendam possuí-la e estabelecer-se dignamente.

Os objetivos do Agriurbe, que complementa e auxilia a consolidação dos assentamentos urbanos e periurbanos nas cidades, são também os de resgatar parte do débito social das questões da reforma agrária e da regularização fundiária. Tais programas ainda estão longe de alcançarem as metas necessárias para assentar trabalhadores com segurança e desenvolvimento sustentável no Brasil e no estado de São Paulo.

Além disso, o Incra em São Paulo é ciente de que a transformação do Brasil rural, ocorrida sem a devida reestruturação fundiária para o Brasil urbanizado, reproduziu as desigualdades do campo nas cidades.

É, portanto, em razão de todos esses argumentos acima expostos que a atividade agrícola a ser fomentada pelo órgão federal nas áreas urbanas e periurbanas tem por meta o seguinte:

1. consolidação da qualidade de vida dos assentamentos de moradores pobres das cidades;
2. combate à fome e estímulo à geração de trabalho e renda, preferencialmente para a população desempregada, por meio do desenvolvimento de atividades agrícolas em áreas públicas (ou áreas declaradas de utilidade pública não utilizadas ou subutilizadas); ou ainda, em terrenos ou áreas privadas ociosas;
3. produção de alimentos e mudas (olericultura, fruticultura, mudas de espécies florestais e de interesse paisagístico, plantas ornamentais e medicinais);
4. reciclagem de lixo por meio da utilização de resíduos e rejeitos domésticos, diminuindo seu acúmulo, tanto na forma de composto orgânico para adubação, quanto na reutilização de embalagens para a formação de mudas, ou de pneus, caixas etc. para a formação de parcela de cultivo;
5. aproveitamento de áreas de vazios urbanos, não recomendáveis à urbanização, e impermeabilização do solo, mantendo terrenos limpos e voltados a produção agrícola, evitando o acúmulo de lixo e entulhos ou o crescimento desordenado de plantas daninhas, onde poderiam abrigar-se insetos peçonhentos e pequenos animais prejudiciais à saúde humana;
6. aproveitamento de áreas privadas não construídas, de áreas públicas ou de faixas de servidão de passagem de empresas concessionárias de serviços públicos;
7. aumento e preservação de áreas verdes e melhoria da qualidade de vida nos assentamentos e junto às moradias de famílias de baixa renda nos centros urbanos;
8. promoção da melhoria de hábitos alimentares pelo consumo de alimentos saudáveis, diversificados, com alto valor nutricional e de qualidade, produzidos, preferencialmente, com a utilização de técnicas agroecológicas;
9. promoção da educação ambiental por meio da capacitação no manejo da agricultura, com técnicas que evitem a utilização de práticas predatórias ao meio ambiente e aos recursos naturais, despertando e aumentando a consciência da conservação ambiental;
10. priorização dos projetos de produção de alimentos para consumo e integração dos mecanismos de comercialização de excedentes da produção prioritariamente ao abastecimento das populações de baixa renda que vivam no entorno das áreas de produção. Também é previsto que os excedentes da produção possam ser encaminhados ao banco de alimentos do município e/ ou adquiridos pelos restaurantes populares (caso haja), ou ainda, integrados a

outras unidades públicas da estrutura administrativa, como educação, saúde e promoção social;

11. adequação da produção de mudas ou plantas ornamentais para o comércio ou integradas aos projetos de arborização urbana, para implantação e manutenção de áreas verdes, parques e praças públicas em geral, para a recomposição de matas ciliares, restauração florestal, compensações ambientais, e outras finalidades correlatas;

12. produção de mudas e plantas medicinais, com finalidade fitoterápica, podendo integrar programa dos setores da saúde da comunidade, com a orientação dos órgãos públicos disponíveis no município ou em parceria com demais instituições de pesquisa e universidades do setor.

13. construção de espaços para o cultivo de hortas, mudas, plantas ornamentais, medicinais, entre outras, favorecendo a manutenção da biodiversidade, proporcionando sombreamento, odores agradáveis e contribuindo para manutenção da umidade;

14. infiltração de água no solo reduzindo o escorrimento de água nas vias públicas, e contribuindo para a diminuição da temperatura, devido à ampliação da área de vegetação e respectiva diminuição de áreas construídas; e

15. valorização da produção local de alimentos e plantas medicinais e ornamentais, com vistas a fortalecer a cultura popular e criar oportunidades para formas diversificadas de organização da comunidade.

4. CONCLUSÃO

Por fim, apesar de abordar de forma tão abreviada tema tão importante e necessário, salientamos que é preciso um conjunto de ações convergentes para que se priorizarem a conscientização social e um desenvolvimento integrado.

Se apostarmos em políticas públicas de longo prazo que garantam assentamentos rurais produtivos, verdadeiramente inseridos, social e economicamente falando, em seus municípios e regiões, e, portanto, fortalecidos; ou, um conjunto de moradias da população pobre com perspectiva de se consolidarem pelo conjunto de condições que lhes forem oferecidas como: emprego, transporte, saúde, educação, saneamento etc., haverá certamente estabilidade nestas áreas de trabalho e vivência, além de resultados efetivos de desenvolvimento social, com garantias duradouras, com ou sem títulos de propriedade da terra ou da moradia em que se encontram.

Por todo o exposto, acredito que um programa abrangente de inserção social é, muitas vezes, mais eficaz na erradicação da pobreza do que a simples questão de acesso à terra ou ao lote urbano por um título de propriedade. Claro que este acesso, por meio de um título de propriedade de um lote rural ou de um lote urbano, é um direito e é no Brasil garantido por lei.

Porém, sem as demais pré-condições de estabelecimento pode ser um título eivado de precariedades e passíveis de transferência ao menor (ou maior) problema que possa surgir, principalmente, no caso referente às famílias de assentados da reforma agrária, que unem habitação e espaço produtivo na formação da agricultura familiar diversificada em suas áreas.

As dificuldades de receberem, com agilidade, as políticas públicas adequadas, os fomentos e créditos pertinentes ao programa e, muitas vezes, também açodados pela incômoda localização vizinha de grandes propriedades monocultoras de cana-de-açúcar ou de outras culturas como a da soja, da laranja ou do eucalipto, que causam sérios impactos ambientais pelo tipo de trato e modo de produção que empregam (pulverização aérea, esgotamento de água no solo, desvio de cursos d'água etc.) são fatores que podem não garantir o sucesso da família assentada com ou sem título de propriedade. O fato que é que a inibição destes fatores de impacto negativo sobre a terra dos beneficiários da reforma agrária, por exemplo, carece de uma forte intervenção governamental e de um planejamento eficaz que implica ainda em zoneamento agrícola, ambiental e ao mesmo tempo social.[8]

Nos centros urbanos é um pouco diferente, o acesso à moradia está geralmente associado a financiamentos de longo prazo, onde a comprovação de renda mínima já é um limite à posse da casa própria. Mas, em ambos os casos, a renda obtida ou, a ser obtida no caso do lote rural, é a garantia da fixação da população pobre em condições de prosperar e se desenvolver, com cidadania e plenos direitos.

Quando nos propomos a questionar sobre o fato de que um mero título de propriedade possa preservar um bem é porque nada se garante só com ele. É à estabilidade e à inclusão social que se deve ter acesso para garantir uma vida produtiva. É preciso assegurar com severidade os direitos humanos e o exercício da plena cidadania nas comunidades pobres, ou em qualquer outra comunidade. Só assim será permanente e exitosa a inserção social dos pobres no país.

8 Ou, como bem define o professor de Economia da USP José Juliano Carvalho Filho: "um zoneamento agrosocioambiental no país".

O EMPREGADO RURAL SOB A ÓTICA DO DIREITO DO TRABALHO ATUAL

Jouberto de Quadros Pessoa Cavalcante
Francisco Ferreira Jorge Neto

1. INTRODUÇÃO

Atualmente, as fontes formais do direito do trabalho rural são: a CF/88, a qual identificou os direitos dos trabalhadores urbanos e rurais, além da Lei 5.889, de 8/7/1973 e o seu Regulamento[1] – Decreto 73.626, de 12/2/1974, e o disposto na CLT, no que não colidir com os dispositivos da Lei 5.889[2] (art. 1o, *caput*).

O marco legal, quanto à regulação formal do trabalho rural, foi a Lei 4.214, de 2/3/1963, também conhecida por Estatuto do Trabalhador Rural e que foi revogada pela Lei 5.889.

Anteriormente, o que era aplicável ao trabalho rural, eram as normas de natureza contratual previstas no Código Civil atinentes aos contratos de

1 O Decreto 73.626, no art. 4º, esclarece quais são os artigos da CLT que são aplicáveis ao trabalho rural.

2 "Encontram-se em vigor, prevendo a matéria, a Lei nº 5.889, de 8.6.1973 e seu regulamento, o Decreto nº 73.626, de 12.2.1974. Subsidiariamente, deverão ser aplicadas as normas da Consolidação das Leis do Trabalho (CLT), naquilo em que não colidirem com os supramencionados Lei e Decreto" (ALVARENGA, Octavio Mello. *Política e direito agroambiental*. Rio de Janeiro: Forense, 2ª ed., 1995. p. 142).

locação de prédio rústico (arts. 1.211 a 1.215, CC/1916) e de parceria (arts. 1.410 a 1.423, CC/1916) e dispositivos esparsos do texto consolidado.[3]

2. TRABALHO RURAL E AS ATIVIDADES INDUSTRIAIS

Trabalho rural compreende prestação de serviço entrelaçada com as atividades econômicas vinculadas à cultura agrícola e a pecuária.

Pelo texto consolidado, trabalhador rural é quem exerce funções diretamente ligadas à agricultura e à pecuária não englobando atividades que, pelos métodos de execução dos respectivos trabalhos ou pela finalidade de suas operações, se classifiquem como industriais ou comerciais (art. 7º, *b*). A rigor, o legislador consolidado não considera como trabalho rural o que envolva atividades relacionadas com a indústria e com o comércio.

Por decorrência direta do art. 7º, *b*, havia duas interpretações para se enquadrar o trabalho como rural.

A primeira vincula o trabalho à atividade executada pelo trabalhador. Por exemplo: trabalhador rural é o que labora no plantio da cana-de-açúcar, enquanto seria urbano quem labuta na industrialização da cana (usina de álcool).

A segunda relaciona o trabalho à empresa, não estabelecendo, assim, qualquer diferença pelas atividades executadas pelos trabalhadores para o mesmo empregador. O enquadramento deveria observar a atividade econômica preponderante do empregador.

Esta interpretação foi corporificada na Súmula 196 do STF: *"Ainda que exerça atividade rural, o empregado de empresa industrial ou comercial é classificado de acordo com a categoria do empregador."*

Alice Monteiro de Barros ensina que o escopo desta súmula foi de integrar o trabalhador rural ao sistema previdenciário.

A Súmula 57 do TST, editada em 24/10/1974, preconizava que os trabalhadores agrícolas das usinas de açúcar integravam a categoria profissional dos industriários, beneficiando-se, assim, dos aumentos normativos obtidos pela referida categoria. A Súmula foi cancelada pela Resolução 3 do TST, de 6/5/1993.

Mauricio Godinho Delgado[4] afirma que o antigo Estatuto do Trabalhador Rural e a atual Lei 5.889 não mais adotam o critério da atividade executada

---

3 "Antes mesmo do advento do Estatuto do Trabalhador Rural não estavam os trabalhadores rurais totalmente excluídos do campo de aplicação do Direito do Trabalho. A eles se estendiam as disposições da Consolidação relativas ao salário-mínimo (art. 76); às férias (art. 129, parágrafo único); ao aviso-prévio e às normas gerais sobre o contrato de trabalho (art. 505). A aplicação do art. 76 importava, implicitamente, reconhecer-lhes o legislador o limite de 8 horas para a jornada de trabalho ('dia normal de trabalho'). Tinham, ainda, os rurais o direito ao repouso semanal remunerado e à remuneração dos domingos e feriados (Lei nº 605, de 5.1.49)" (SÜSSEKIND, Arnaldo; MARANHÃO, Délio; VIANNA, Segadas; TEIXEIRA FILHO, João de Lima. *Instituições de direito do trabalho.* 19ª ed., v. 1, p. 188).

4 DELGADO, Mauricio Godinho. *Curso de direito do trabalho*, 9. ed., p. 373.

pelo empregado, e sim o segmento da atividade desenvolvida pelo empregador: *"Desse modo, sendo rural a empresa, rurícolas serão seus empregados que laborem no campo, ainda que não exercendo atividades tipicamente rurais; não sendo rurícola a empresa, também não serão tidos como trabalhadores do campo seus empregados. Nesta linha há, inclusive, a Súmula 196, do TST."*

No mesmo sentido, Sergio Pinto Martins[5] explica: *"A definição da CLT tem conteúdo finalístico. Se o empregado trabalhava em atividade agrícola, era trabalhador rural. Se prestava serviços em atividade industrial ou comercial, era empregado urbano. Caso o trabalhador trabalhasse numa empresa agrícola, mas não em atividade rural, não seria empregado rural, como o* office boy *da fazenda.*

Com a vigência da Lei nº 5.889/73, pode-se considerar revogada a definição contida na alínea b *do artigo 7º da CLT. Empregado rural é a pessoa física que presta serviços a empregador rural. Este é a pessoa que explora atividade agroeconômica. Esta é a distinção principal entre o empregado urbano e o rural. Não é apenas a pessoa diretamente ligada à agricultura e à pecuária que é empregado rural, pois o datilógrafo da fazenda também é empregado rural. São empregados rurais tanto os que trabalham na agricultura ou pecuária como outros trabalhadores que prestam serviço na fazenda, desde que o produto das atividades desta não se destine exclusivamente ao consumo de seus proprietários."*

Como exceção jurisprudencial ao critério da atividade econômica desenvolvida pelo empregador, temos dois verbetes:

> a) o empregado que trabalha em empresa de reflorestamento, cuja atividade está diretamente ligada ao manuseio da terra e de matéria-prima, é rurícola e não industriário (art. 2º, § 4º, Decreto 73.626), sendo que não importa que o fruto de seu trabalho[6] seja destinado à indústria. Assim, aplica-se a prescrição própria dos rurícolas aos direitos desses empregados (OJ 38, SDI-I);
> b) é considerado trabalhador rural o motorista que trabalha no âmbito e empresa cuja atividade é preponderantemente rural, considerando que, de modo geral, não enfrenta o trânsito das estradas e cidades (OJ 315, SDI-I).
> Para Mauricio Godinho Delgado,[7] a ordem jurídico-trabalhista tem fixado que a atividade industrial pelo empregador rural não elide a configuração do trabalhador como rural visto que o: *"[...] Direito do Trabalho mantém como rurícola o empregador no campo que realize também processo de industrialização em seu estabelecimento. O essencial é que sua atividade seja agroeconômica, ainda que se valha, no conjunto de seu empreendimento, de instalações e métodos*

5 MARTINS, Sergio Pinto. *Comentários à CLT.* 15. ed., p. 14.

6 "A jurisprudência tem estabelecido uma exceção em vista desse critério geral: é a que envolve empresas de florestamento e reflorestamento. Embora tais entidades sejam enquadradas, jurídica e administrativamente, como empresas públicas, serão tidos como rurícolas seus empregados que exerçam, no campo, atividades tipicamente rurais. Nesta linha, a OJ nº 38, SDI-I/TST" (DELGADO, Mauricio Godinho. Ob. cit., p. 373).

7 DELGADO, Mauricio Godinho. Ob. cit., p. 375.

industriais (ou, até mesmo, de instalações e métodos comerciais). Noutras palavras, a exploração comercial (e também comercial, é claro) realizada dentro do estabelecimento agroeconômico rege-se, para fins justrabalhistas, de maneira geral, pelo manto jurídico rurícola, nos moldes estipulados pela Lei de Trabalho Rural (art. 3º, caput *e § 1º, Lei 5.889/73)".*

Apesar da tendência da inclusão da exploração industrial como atividade econômica rural, há situações em que a empresa possui inúmeras e complexas atividades econômicas atreladas à industrialização de produtos na área rural, havendo, assim, dificuldades para a configuração como empregador rural ou urbano.

Diante das dificuldades[8] concretas, Mauricio Godinho Delgado[9] ensina que o operador de direito deverá adotar vários critérios na análise do caso concreto: *"Tais dificuldades práticas recomendam o uso, pelo profissional do Direito, de instrumental metodológico já consagrado, avaliador*

8 Casos concretos em que o operador do direito identificou dificuldades na caracterização do trabalhador como rural ou não:

"EMBARGOS. ENQUADRAMENTO COMO EMPREGADO RURAL. PRESCRIÇÃO. TORNEIRO MECÂNICO. CANA-DE-AÇÚCAR. USINA. AGROINDÚSTRIA. É de se diferenciar o trabalhador da agroindústria, se trabalha no campo e na agricultura é considerado rural, se trabalha no processo de industrialização, é considerado industriário. A v. decisão assevera se tratar o empregado que exerceu as funções de auxiliar de torneiro mecânico, plainador I, torneiro mecânico ½ oficial e torneiro mecânico, ativando-se no barracão industrial da reclamada. A atividade do empregado, em sendo industrial, não possibilita que seja enquadrado como rural. Precedente. Embargos conhecidos e desprovidos" (TST – E-ED-RR 469/2005-029-15-00.1 – Rel. Min. Aloysio Corrêa da Veiga – *DJe* 26/11/2010 – p. 552).

"RECURSO DE REVISTA DO RECLAMANTE. ENQUADRAMENTO COMO RURÍCOLA. PRESCRIÇÃO. Consoante a recente jurisprudência desta Corte, o enquadramento do trabalhador de agroindústria como rural ou urbano deve levar em consideração as atividades por ele desempenhadas, visto que, nestes casos, a atividade da empresa não pode ser definida como preponderantemente rural nem industriária. Dessa feita, tendo o Regional expressamente consignado que o Reclamante desempenhou as funções de operador de turbina de açúcar e de operador de evaporação, suas atividades estão tipicamente relacionadas à atividade industrial da Reclamada, motivo pelo qual se afigura acertado o seu enquadramento como trabalhador urbano. Logo, sendo urbano o Obreiro, deve ser aplicada a prescrição quinquenal prevista no art. 7º, XXIX, da Constituição Federal. [...] Recurso de Revista conhecido e desprovido" (TST – RR 627/2005-120-15-00.4 – Relª Minª Maria de Assis Calsing – *DJe* 11.2.2011 – p. 597).

TRABALHADOR RURAL. CARACTERIZAÇÃO. O que caracteriza o empregador rural e, por corolário, o empregado também, é a finalidade da atividade desenvolvida, ou seja, a exploração de atividade agroeconômica. Portanto, configurado o empregador rural, aquele que lhe presta serviços nas condições previstas no artigo 2º da Lei nº 5.889/1973 será empregado rural, independentemente de as suas atribuições serem relacionadas à manutenção da sede da fazenda, o que, tipicamente, seria considerado trabalho doméstico. Recurso provido (TRT – 24ª R. – RO 0/0-000-24-00.0 – Rel. Des. André Luís Moraes de Oliveira – *DJe* 19/11/2010 – p. 23).

9 DELGADO, Mauricio Godinho. Ob. cit., p. 376.

das circunstâncias envolvidas no caso concreto, em auxílio à sua operação de subsunção do fato ao modelo jurídico previsto pela Lei nº 5.889/73. Por exemplo, o critério enfatizador da localização do estabelecimento (imóvel rural ou prédio rústico, em contraponto a imóvel nitidamente urbano); a seu lado, o critério que afere a intensidade ou preponderância da atividade (agroeconômica versus *industrial/comercial); também o critério aferidor da principalidade em contraponto à acessoriedade da dinâmica examinada; até mesmo o critério que examina o caráter do procedimento industrial/comercial utilizado pelo estabelecimento, mantendo como agroeconômico certo tipo de operação rudimentar, rústica, que não agregue, de modo significativo, a sofisticação tecnológica da indústria ou do comércio (sem prejuízo de operações industriais ou comerciais sofisticadas também se enquadrem no conjunto agroeconômico, em virtude da presença dos demais elementos conducentes a tal enquadramento)."*

O legislador considera como exploração industrial em estabelecimento agrário as atividades que compreendem o primeiro tratamento dos produtos agrários *in natura* sem transformá-los em sua natureza, tais como: (a) o beneficiamento, a primeira modificação e o preparo dos produtos agropecuários e hortigranjeiros e das matérias-primas de origem animal ou vegetal para posterior venda ou industrialização; (b) o aproveitamento dos subprodutos oriundos das operações de preparo e modificação dos produtos *in natura,* referidos no item anterior (art. 2º, § 4º, I e II, Decreto 73.626).

Não será considerada indústria rural aquela que, operando a primeira transformação do produto agrário, altere a sua natureza, retirando-lhe a condição de matéria-prima (art. 2º, § 5º).

Pela análise dos §§ 2º a 5º do art. 2º do Decreto 73.626, concluímos que na visão do legislador que na atividade desenvolvida no processo de industrialização, inexistindo a transformação da matéria-prima, o trabalho prestado é disciplinado pela legislação aplicável ao rural.

Maurício Godinho Delgado[10] afirma que o disposto no Decreto 73.626 é inconstitucional quanto ao enquadramento jurídico da atividade industrial na área industrial, visto que a norma *"tem o grave defeito de fracionar o enquadramento do empregador agroeconômico, fazendo conviver no mesmo estabelecimento dois grandes segmentos jurídicos, o rurícola e o industrial (além do comercial, se for o caso)".*

Para Carlos Henrique da Silva Zangrando[11] é de se acatar a posição do regulamento: *"Já o empregado de indústria rural poderá ou não possuir o* status *de empregado rural. Se a indústria rural, ao operar a transformação do produto agrário, lhe alterar a natureza, retirando-lhe a condição de*

10 DELGADO, Mauricio Godinho. Ob. cit., p. 377.

11 ZANGRANDO, Carlos Henrique da Silva. *Curso de direito do trabalho.* t. II, p. 479.

matéria-prima, então estaremos frente a uma atividade industrial comum, e seus empregados serão regulamentados pelo regime geral da CLT (Dec. n. 73.626/74, art. 2º, § 4º). Por essa razão, a grande indústria açucareira não é considerada 'indústria rural', e sim indústria comum, pois altera a natureza da matéria-prima (cana-de-açúcar), para produzir coisa nova (o açúcar e o álcool)."

Para o TST, considera-se rurícola empregado que, a despeito da atividade exercida, presta serviços a empregador agroindustrial (art. 3º, § 1º, Lei 5.889), visto que, neste caso, é a atividade preponderante da empresa que determina o enquadramento (OJ 419, SDI-I).

3. TIPOLOGIA: TRABALHADORES

Valentin Carrion ensina que a proteção legal da Lei 5.889 é aplicável para quatro categorias de trabalhadores (empregado rural; trabalhador eventual rural; safrista; os que prestam serviços sob denominações vindas do Direito Civil – meação, parceria, arrendamento etc., porém subordinados).[12]

Como esclarece Octavio Mello Alvarenga,[13] encontram-se excluídos da proteção da Lei 5.889, por não serem empregados rurais, os seguintes trabalhadores: "*(a) empregados de propriedades rurais sem finalidade econômica (como sítios de veraneio); (b) membros da família de pequeno proprietário; (c) empregados domésticos, prestando serviços no âmbito residencial; (d) parceiros; (e) arrendatários; (f) trabalhadores eventuais, inclusive os denominados 'boias-frias'; (g) empregados em usinas de açúcar*".

Por outro lado, é comum no campo haver contratos mistos, porque nada impede que a relação jurídica de emprego rural coexista no plano do direito com outras relações jurídicas, principalmente com a parceria. É o caso do trabalhador que recebe uma área de terra ou parte da mesma propriedade para explorar, por conta própria, em parceria, trabalhando na outra área remanescente com relação de emprego.

Convém ser dito que o fato de haver diversos tipos de trabalhadores rurais, não significa, necessariamente, que a ele sejam aplicados os direitos previstos para o empregado rural. Nosso objetivo é fazer a análise dos aspectos envolvendo o empregado rural.

3.1. Empregado rural

Empregado rural é toda pessoa natural que, em propriedade rural ou prédio rústico, presta serviços de natureza não eventual a empregador rural, sob a dependência deste e mediante salário (art. 2º, Lei 5.589).

---

12 CARRION, Valentin. *Comentários à Consolidação das Leis do Trabalho*. 34. ed., p. 51.

13 ALVARENGA, Octavio Mello. Op. cit., p. 144.

Assim, são comuns para o empregado rural[14] (art. 2º, CLT) quanto para o urbano[15] (art. 3º, CLT), os seguintes elementos: pessoa natural[16] (pessoalidade), serviço não eventual, subordinação[17] e salário[18] (onerosidade).

O ponto diferenciador da definição legal de empregado urbano e rural, é que o segundo labora em imóvel rural (propriedade rural) ou prédio rústico e que os serviços são prestados a um empregador rural.

---

14 Octavio Mello Alvarenga indica para o conceito legal de empregado rural a existência dos seguintes elementos: "a) dependência – subordinação a ordens, conforme basicamente estabelece a legislação do trabalho; (b) exercício de trabalho permanente, caso em que se distingue do trabalhador eventual, avulso ou volante, contratado para determinadas tarefas [...]; (c) salário – que poderá ser pago em dinheiro, ou parte *in natura* [...]. Tais características (dependência, trabalho permanente e salário) deverão acoplar-se, necessariamente, a outra condição essencial: de que o serviço seja prestado a pessoa física ou jurídica que explore atividades agrícolas, pastoris ou na industria rural. Numa palavra: a uma empresa agrária. A natureza da empresa é que caracterizará a vinculação do empregado – e não a função por ele exercida" (Ob. cit., p. 143).

15 Empregado é a pessoa natural que presta serviços de natureza não eventual a empregador, sob a dependência deste e mediante salário (art. 3º, *caput*, CLT).

16 Somente pode ser caracterizado como empregado o ser humano. A essência do Direito do Trabalho consiste na proteção e valoração da dignidade do ser humano. A relação empregatícia é pessoal, visto que o empregado não se pode fazer substituir por outra pessoa durante a prestação dos serviços, denotando o caráter de uma obrigação personalíssima. Assevere-se, porém, que o aspecto *intuitu personae* não implica a exclusividade de possuir um único tomador de seus serviços. O trabalhador subordinado pode ter vários empregadores, desde que tenha tempo e de acordo com as peculiaridades de cada relação.

17 A subordinação pode ser vista por dois prismas: (a) o objetivo, em que a subordinação está no modo em que se dá a prestação dos serviços, e não no tocante à pessoa do empregador; (b) o subjetivo, no qual se dá destaque à sujeição do empregado ao poder diretivo do empregador. A natureza da subordinação foi discutida na doutrina. Vários eram os seus significados: econômica, técnica, social ou jurídica. A natureza da subordinação é jurídica. O empregador detém o poder de direção sobre a prestação pessoal dos serviços de seus empregados. A subordinação e o respectivo poder de direção constituem os poderes atribuídos ao empregador que envolve as faculdades de comando. Nesse ponto, temos as faculdades de direção, de controle e de punição.

18 Não há contrato de trabalho a título gratuito, ou seja, sem encargos e vantagens recíprocas. O contrato de trabalho é bilateral e oneroso, isto é, o empregado, como presta os serviços, tem direito aos salários. Representa o ganho periódico e habitual percebido pelo trabalhador que presta serviços continuados e subordinados a outrem. O contrato de trabalho subordinado é inexistente quando o esforço se dá por simples caridade, religião, amizade, solidariedade humana etc. Por exemplo: o serviço voluntário, o qual não gera vínculo empregatício, nem obrigações de natureza trabalhista, previdenciária ou afim (art. 1º, § 1º, Lei 9.608/98).

Prédio rústico é o localizado na área urbana, contudo, como nele se tem a exploração de atividade agropastoril, os trabalhadores que lá labutam são considerados como rurais.[19]

Em princípio, imóvel rural é o que está ligado com a terra. Pelo vocábulo podíamos compreender as atividades ligadas à exploração da terra, tais como: agricultura, pecuária etc.

Atualmente, para se definir a atividade do empregador rural, utiliza-se o termo agrário. Por atividade agroeconômica entendem-se as atividades (agrícola, pastoril ou pecuária), que não se destina, exclusivamente, ao consumo de seus proprietários.

Podemos, então, estabelecer como empregado rural não só aquele que esteja ligado com a terra pelo seu trabalho, como também aquele que, mesmo não trabalhando em funções típicas da lavoura ou da pecuária, tem seus serviços direcionados para a finalidade da empresa. Logo, são rurais: os motoristas, apontadores, fiscais, administradores, tratoristas, pedreiros e outros cujos serviços convergem para a atividade agroeconômica.

Quanto ao fator da localização do imóvel rural, o legislador não está a exigir a área fora dos perímetros urbanos, e sim a própria destinação do estabelecimento onde o trabalho é executado.

Nesse sentido, João Batista de Albuquerque[20] leciona: *"Alertam os estudiosos da matéria que, quando a lei fala em propriedade rural, não está a exigir área fora dos perímetros urbanos, mas à destinação do estabelecimento onde o trabalho é executado. Do mesmo modo que prédio rústico não significa rude, grosseiro, tosco, mas apenas prédio do campo, rural, campestre* (rus, ruris = *campo*)."

No mesmo sentido, Valdemar P. da Luz[21] indica: *"Questão que por um longo período mostrou-se controvertida é a que pertine ao critério a ser utilizado para o fim de caracterizar uma propriedade rural: o critério da localização ou o da destinação?*

---

19 "Já o prédio rústico é conceito utilizado pela ordem jurídica para permitir o enquadramento como rurícola daqueles trabalhadores que efetivamente exercem atividade agropastoril, para empregadores economicamente atados a tais atividades campestres, porém situados em localidades que, por exceção, ficam incrustadas no espaço urbano. Trata-se, pois, do imóvel geograficamente classificado como urbano, porém envolvido, do ponto de vista econômico e laborativo, com atividades nitidamente agropastoris. Como bem exposto pelo jurista Márcio Túlio Viana, neste conceito '[...] o que importa mesmo é a natureza da atividade empresarial. Assim, será rurícola o lavrador que cultiva uma horta em pleno centro de São Paulo" (DELGADO, Mauricio Godinho. Ob. cit., p. 374).

20 ALBUQUERQUE, João Batista de. *O empregador e o empregado rural*, p. 22.

21 LUZ, Valdemar P. *Curso de direito agrário*. 2. ed., p. 22.

Inicialmente pode-se afirmar que, até o advento do Estatuto da Terra (Lei nº 4.504/64), o critério usado para caracterizar o imóvel rural era o da localização, tido também por critério geográfico, segundo o qual todo imóvel situado fora do perímetro urbano era considerado imóvel rural.

Todavia, com a entrada em vigor do Estatuto da Terra, em 30 de novembro de 1964, passou-se a adotar, para bem caracterizar o imóvel rural, o critério da destinação, ex vi *do art. 4º, I, mediante a expressão '[...] qualquer que seja a sua localização, que se destine à exploração extrativa agrícola[...]'*

Ao depois, a Lei nº 8.629, de 25-12093, praticamente repetiu a redação do art. 4º[...] ao consignar, no também art. 4º, o seguinte: 'Art. 4º. Para os efeitos desta lei, conceituam-se: I – Imóvel rural – o prédio rústico de área contínua, qualquer que seja sua localização, que se destine ou possa se destinar à exploração agrícola, pecuária, extrativa vegetal, florestal ou agroindustrial'.

Assim é que, consoante proclama a referida norma, entende-se por imóvel rural o prédio rústico que, independentemente de sua localização, se destine, ou possa destinar-se, à exploração agrícola, pecuária, extrativa vegetal, florestal ou agroindustrial. Em consequência, a lei admite a existência de imóvel rural não só na zona rural mas também dentro do próprio perímetro urbano, desde que mantida a destinação preconizada na norma."

3.2. Parceria

De acordo com o art. 96, § 1º, da Lei 4.504/64 (Estatuto da Terra) e art. 4º, do Decreto 59.566/66 (Regulamento do Estatuto da Terra), parceria rural é o contrato agrário pelo qual uma pessoa se obriga a ceder à outra, por tempo determinado ou não, o uso específico de imóvel rural, de parte ou partes dele, incluindo, ou não, benfeitorias, outros bens e/ou facilidades, com o objetivo de nele ser exercida atividade de exploração agrícola, pecuária, agroindustrial, extrativa vegetal ou mista; e/ou lhe entrega animais para cria, recria, invernagem, engorda ou extração de matérias-primas de origem animal, mediante partilha, isolada ou cumulativamente, dos seguintes riscos: (a) caso fortuito e de força maior do empreendimento rural; (b) dos frutos, produtos ou lucros havidos nas proporções que estipularem, observados os limites percentuais legais (art. 96, VI); (c) variações de preço dos frutos obtidos na exploração do empreendimento rural.

Os princípios obrigatórios do contrato de parceria são previstos no art. 96, I a IX.

Convém ser dito que os parceiros podem estabelecer a prefixação, em quantidade ou volume, do montante da participação do proprietário, desde que, ao final do contrato, seja realizado o ajustamento do percentual pertencente ao proprietário, de acordo com a produção (art. 96, § 2º).

Saliente-se, ainda, que eventual adiantamento do montante prefixado não descaracteriza o contrato de parceria (art. 96, § 3º).

Maria Helena Diniz[22] ensina que os elementos característicos do contrato de parceria são: (a) presença do parceiro-outorgante (cedente, proprietário ou não que entrega dos bens) e do parceiro-outorgado (pessoa ou o conjunto familiar que recebe os bens de acordo com o tipo da parceria; (b) bilateral, oneroso, consensual, aleatório, *intuitu personae* e temporário; (c) partilha de riscos no caso fortuito e na força maior; (d) participação do parceiro-outorgante nos frutos, produtos ou lucros havidos que dependerá de sua maior ou menor parcela de responsabilidade na exploração.

A parceria é distinta do arrendamento: *"Na parceria rural ocorre a partilha de vantagens (produtos, frutos ou lucro), bem como de riscos de caso fortuito e de força maior. Já no arrendamento rural efetiva-se o pagamento do aluguel, pouco importando o sucesso ou a desfortuna do arrendatário."*[23]

Os tipos legais da parceria são: (a) agrícola, quando o objeto da cessão for o uso de imóvel rural, de parte ou partes do mesmo, com o objetivo de nele ser exercida a atividade[24] de produção vegetal; (b) pecuária, quando o objeto da cessão forem animais para cria, recria, invernagem ou engorda; (c) agroindustrial, quando o objeto da cessão for o uso do imóvel rural, de parte ou partes do mesmo, e ou maquinaria e implementos com o objetivo de ser exercida atividade[25] de transformação de produto agrícola-pecuário ou florestal; (d) extrativa, quando o objeto da cessão for o uso de imóvel rural, de parte ou partes do mesmo, e ou animais de qualquer espécie com

---

22 DINIZ, Maria Helena. *Tratado teórico e prático dos contratos*. v. 2. 3. ed., p. 506-507.

23 FERREIRA, Luiz Pinto. *Curso de direito agrário*. 5. ed., p. 232.

24 "Há, tão somente, produção vegetal e repartição do produto vegetal. Essa atividade de produção visa obter gêneros vegetais consumidos pelo homem, não incluindo a formação de pastagens e forrageiras, plantios de árvores para o corte e beneficiamento de madeiras, e a exploração de plantas nativas. Uma pessoa cede, portanto, a outra prédio rústico para ser cultivado de acordo com as condições do solo. O parceiro-outorgado terá de explorar a terra conforme a destinação prevista no contrato" (DINIZ, Maria Helena. Ob. cit., p. 509).

25 "Transformam-se os produtos cultivados em novos produtos. Sua finalidade seria a produção agrícola, pecuária ou florestal ou a exploração de bens vitais e sua transformação para venda. É próprio da atividade agrária 'criar' algo, trabalhando na própria natureza para dela retirar a matéria-prima de que necessita para transformá-la, fazendo-a circular e oferecendo-a ao mercado. Na parceria agroindustrial há uma cessão de uso do imóvel rural ou de maquinaria e implementos, para nele produzir ou dele explorar os bens vitais, com o único escopo de transformar o produto obtido ou o bem nela explorado, para a venda. Vende-se a matéria-prima transformada. Como se pode ver, a parceria agroindustrial permite a produção agrícola, pecuária ou florestal ou a exploração de bens vitais, com uma única finalidade: transformar tal produto (vegetal, pecuário ou florestal) para a venda" (DINIZ, Maria Helena. Ob. cit., p. 509).

o objetivo de ser exercida atividade[26] extrativa de produto agrícola, animal ou florestal; (e) mista, quando o objeto da cessão abranger mais de uma das modalidades de parceria (agrícola; pecuária; agroindustrial e extrativa) (art. 5º, I a V, Decreto 59.566).

A previsão contratual de pagamento do trabalhador, parte em dinheiro e parte em percentual na lavoura cultivada ou em gado tratado, é considerada simples locação de serviço, regulada pela legislação trabalhista, sempre que a direção dos trabalhos seja de inteira e exclusiva responsabilidade do proprietário, locatário do serviço a quem cabe todo o risco, assegurando-se ao locador, pelo menos, a percepção do salário-mínimo no cômputo das duas parcelas (art. 96, § 4º).

O art. 96, § 4º, dispõe a respeito da falsa[27] parceria, a qual deve ser tratada como se fosse contrato de emprego rural. A doutrina indica: *"A falsa parceria como um contrato de trabalho rural distingue-se nitidamente da autêntica parceria. Aldon Taglialegna salienta a situação dos hipossuficientes na zona rural: falso parceiro, tarefeiro, colono, agregado, empreiteiro etc. A tendência é enquadrar como mero trabalhador rural todo parceiro, exceto o titular de parceria economicamente expressiva. Em muitos países se assemelham tais trabalhadores agrícolas aos trabalhadores subordinados, não somente em face do direito individual como perante o direito coletivo do trabalho. Fernando Pereira Sodero assim se expressa: 'Falsa parceria. – Em algumas áreas rurais do país, entende-se ou dá-se o nome de 'parceria' a um contrato de trabalho rural, no qual o trabalhador percebe salário, parte em dinheiro e parte percentual na lavoura cultivada ou gado tratado. Nesse mesmo caso, a direção dos trabalhos e o custeio e consequente risco do*

---

26 "Na atividade extrativa extraem-se certos produtos da natureza, sem lhes alterar os caracteres ou a substância; p. ex.: cultivo de seringueiras para extração do látex; cultivo de árvores para colheita de seus frutos; criação de gado para extração de leite etc. Pode ser, portanto, vegetal ou animal" (DINIZ, Maria Helena. Ob. cit., p. 509).

27 "VÍNCULO EMPREGATÍCIO. DESCARACTERIZAÇÃO. PRINCÍPIO DA PRIMAZIA DA REALIDADE. A despeito da modalidade contratual atribuída pelas partes nos autos, para o exame da controvérsia, deve prevalecer a maneira como o trabalho foi prestado, com fundamento no princípio da primazia da realidade vigente no processo de trabalho. Logo, constatado pela fala dos litigantes, em especial, a do próprio reclamante, que tratava animais e auferia metade da produção, assumindo assim os riscos da atividade produtiva, aliada à ausência de prova de eventual subordinação, resta descaracterizado o vínculo empregatício e revelada a existência de contrato de parceria rural. Recurso ordinário conhecido e provido" (TRT – 16ª R. – ROPS 00666-2009-013-16-00-3 – Rel. José Evandro de Souza – *DJe* 10/6/2010 – p. 16).

empreendimento são de inteira e exclusiva responsabilidade do proprietário do imóvel rural.'"[28]

3.3. Arrendamento e meação

Arrendamento é o contrato agrário pelo qual uma pessoa se obriga a ceder a outra, por tempo determinado ou não, o uso e gozo de imóvel rural, parte ou partes do mesmo, incluindo outros bens, benfeitorias e/ou facilidades, com o objetivo de nele ser exercida atividade de exploração agrícola, pecuária, agroindustrial, extrativa ou mista, mediante certa retribuição ou aluguel, observados os limites percentuais da lei (art. 3º, Decreto 59.566).

As partes são denominadas: (a) arrendador, como quem cede o imóvel rural ou o aluga. O arrendador pode ser: proprietário; usufrutuário; usuário ou possuidor; (a) arrendatário, a pessoa ou conjunto familiar, representado pelo seu chefe, que recebe o imóvel ou o toma por aluguel.

O objeto do contrato de arrendamento, como indica Maria Helena Diniz,[29] é a *"terra rural para a produção de bens primários obtidos com o trabalho humano. O arrendatário deverá usar do imóvel para a destinação a que se comprometeu, sob pena de rescisão contratual e de pagar perdas e danos. Se ficou avençado que o imóvel destinar-se-á à cultura de café, irregular será utilizá-lo para pasto ou reflorestamento".*

Subarrendamento é o contrato pelo qual o arrendatário transfere a outrem, no todo ou em parte, os direitos e obrigações do seu contrato de arrendamento (art. 3º, § 2º). O arrendatário outorgante de subarrendamento será, para todos os efeitos, classificado como arrendador (art. 3º, § 3º).

Depreende-se do texto legal, o arrendamento compreende a locação de imóvel rural, sendo que o locatário planta e colhe na propriedade do locador, mediante o pagamento de um aluguel, que pode ser em dinheiro ou parte na colheita.

Os princípios que regem o contrato de arrendamento estão previstos no art. 95, Lei 4.504.

A meação é a divisão dos frutos colhidos entre o agricultor e o dono da terra, em função da exploração da terra. O agricultor recebe a metade da produção da área cultivada.

3.4. Empregado de granja ou sítio de lazer

Há nas regiões rurais pequenas propriedades, que podem ser utilizadas até mesmo para o lazer. Em tese, os que labutam nessas propriedades podem

---

28 PINTO, Luiz Ferreira. Op. cit., p. 234.

29 DINIZ, Maria Helena. Op. cit., p. 502.

ser caracterizados como empregados rurais, o que está incorreto. São trabalhadores domésticos (normalmente, conhecidos como "caseiros"), logo, a disciplina jurídica se faz pela Lei do Trabalho Doméstico (Lei 5.859/72).

O enquadramento é justificável pelos seguintes motivos: (a) na propriedade não ocorre a exploração para fins de atividade econômica; (b) pode até haver pequenas plantações, porém, geralmente, são para fins familiares ou em situações eventuais para comercialização, o que não elide o labor doméstico.[30]

3.5. Trabalhador eventual

O conceito de empregado rural exige o elemento habitualidade. Por sua vez, o trabalhador rural eventual é aquele que presta serviços de curta duração, sem se fixar a um único tomador. A existência da eventualidade se faz pelo exame do caso concreto. A doutrina assevera que a eventualidade caracteriza-se pelo fato de o trabalhador rural ter, concomitante, vários tomadores de seus serviços, não se fixando de forma jurídica a nenhum deles. É o que se chama de "bico". É comum tanto na área urbana como na rural. Como exemplos: as diaristas (área urbana) e os boias-frias (área rural).[31]

---

30 "RELAÇÃO CONTRATUAL. NATUREZA JURÍDICA. EMPREGADO DOMÉSTICO *VERSUS* EMPREGADO RURAL. Considera-se doméstico o empregado que 'presta serviço de natureza contínua e de finalidade não lucrativa à pessoa ou à família no âmbito residencial destas' (art. 1º da Lei nº 5.859/72), e empregador rural aquele que 'explore atividade agroeconômica, em caráter permanente ou temporário, diretamente ou através de prepostos e com auxílio de empregados' (Lei nº 5.889/73). Exsurge desses conceitos legais que a definição da natureza da relação contratual, se doméstica ou rural, deve levar em conta a finalidade econômica do empregador, de modo que o empregado que presta serviço em área rural sem finalidade econômica (lazer) é considerado doméstico e o que trabalha para o empregador que explore atividade agroeconômica, com obtenção de lucro ou não (finalidade econômica), é definido como rural. É condição essencial para determinar a natureza econômica da atividade rural a sua finalidade lucrativa, ainda que não se alcance efetivamente o objetivado lucro" (TRT – 12ª R. – 5ª C. – RO 00650-2009-033-12-00-7 –Relª Lília Leonor Abreu – *DJe* 6/5/2010).

31 "Trabalhador rural avulso. Relação de emprego. A prestação de serviços eventuais, em períodos alternados, sem qualquer vinculação com o tomador, não caracteriza relação de emprego, como prevista no artigo 3º da CLT" (TRT – 3ª R. – 4ª T. – RO 5.398/2003 – Rel. Caio L. de A. Vieira de Mello – *DJMG* 7/6/2003 – p. 13).

"VÍNCULO EMPREGATÍCIO NÃO CARACTERIZADO. SERVIÇOS EVENTUAIS PRESTADOS NA PROPRIEDADE RURAL. Revelando a prova dos autos que o Reclamante era 'meeiro' do Reclamado e executava apenas serviços eventuais na propriedade do mesmo, de carpintaria e de pedreiro, portanto não inseridos na atividade finalística do empregador, o que ocorria 'de vez em quando', conforme noticiado pela testemunha de sua própria indicação, portanto não se ativava durante 15 dias por mês,

3.6. Parentes do pequeno proprietário

Os trabalhadores, que laboram juntamente com o pequeno proprietário e que são ligados por laços familiares ou de parentesco, não são seus empregados rurais. Geralmente, trata-se de um esforço comum dos familiares em prol de um objetivo (= subsistência), não havendo a exploração econômica. O que há é a conjugação de esforços para extrair da propriedade algo que lhes possa dar condições de propiciar subsistência às suas vidas. É evidente que a pequena comercialização não implica a existência do contrato de trabalho rural. Em qualquer caso, sempre é recomendável a prudência na análise do caso concreto.[32]

4. EMPREGADOR RURAL

Empregador rural é pessoa natural ou jurídica, proprietária ou não, que explora atividade agroeconômica, em caráter permanente ou temporário, diretamente ou por meio de prepostos e com auxílio de empregados (art. 3º, Lei 5.889).

Os elementos do conceito de empregador rural são: (a) pessoa física ou jurídica; (b) proprietária ou não; (c) exploração da atividade econômica: (d) a exploração pode ser permanente ou temporária; (e) exercício da atividade econômica de forma direta ou por meio de prepostos e com o auxílio de empregados.

O art. 4º prevê a figura do "empregador rural equiparado" como sendo a pessoa natural ou jurídica que, habitualmente, em caráter profissional e por conta de terceiros, executa serviços de natureza agrária, mediante utilização do trabalho de outrem. É a pessoa natural ou jurídica não proprietária

---

conforme alegado na inicial. Não há como se reconhecer o vínculo de emprego, por não preenchidos os pressupostos legais para sua caracterização, ausentes, principalmente, os requisitos da não eventualidade e subordinação jurídica (não comprovada nos autos)" (TRT – 9ª R. – RO 00524-2004-093-09-00-8 – Rel. Arnor Lima Neto – *DJPR* 5/7/2005).

32 "Relação de emprego rural. Vigência. Foge, indiscutivelmente, ao campo da razoabilidade, imaginar-se que tenha ocorrido prestação de trabalho rural por quase meio século sem jamais haver auferido, a empregada, qualquer contraprestação salarial. A inércia da reclamante, na hipótese, nos leva a crer que ela própria não se fez acometer do *status* de empregada rural, senão no período reconhecido pela reclamada, à míngua de qualquer prova consistente em sentido contrário. Eventual dispêndio de atividade física, não autorizada por recíproca manifestação volitiva das partes, sequer vislumbrada tacitamente, resulta como natural comportamento cotidiano de quem reside em uma fazenda juntamente com seus familiares, mormente quando o marido, este sim, é empregado do reclamado" (TRT – 3ª R. – 1ª T. – RO 8.142/96 – Relª Mônica S. Lopes – *DJMG* 12/10/1996 – p. 5).

do empreendimento, todavia, executa serviços de natureza agrária, de forma profissional e habitual.

Os empregadores por equiparação não assumem o risco do empreendimento no qual os seus trabalhadores prestam os serviços, mas são os responsáveis pela mão de obra. A ideia desse artigo é enfatizar que, mesmo havendo a intermediação na área rural, tem-se o vínculo entre o trabalhador e o empresário, se de fato houver os requisitos para a configuração desse trabalhador como empregado.

4.1. Grupo econômico no trabalho rural

Sempre que uma ou mais empresas (art. 3º, § 2º, Lei 5.889), embora tendo cada uma delas personalidade jurídica própria, estiverem sob direção, controle ou administração (= relação de dominação[33]) de outra, ou ainda quando, mesmo guardando cada uma sua autonomia (= personalidade jurídica própria) integra grupo econômico ou financeiro rural, serão responsáveis solidariamente (solidariedade) nas obrigações decorrentes da relação de emprego.

Na área rural, a conceituação do grupo econômico é mais abrangente do que na área urbana. Além de incluir as formas da relação de dominação, pode ocorrer, também, que o grupo seja caracterizado por coordenação.

De acordo com Octavio Bueno Magano,[34] *"convém relembrar que a Lei do Trabalho Rural, além de prever a existência dos grupos constituídos por subordinação (empresa sob a direção, controle ou administração de outra), abre espaço também para os grupos compostos por coordenação. Isto se depreende da frase onde se diz que o grupo se forma mesmo quando cada uma das empresas que o integram guarde a sua autonomia. Guardar autonomia significa não se submeter a controle. Contudo, isto não quer dizer que as empresas do grupo de coordenação não fiquem sujeitas à direção única [...]*

33 A relação de dominação significa a existência de uma empresa principal e de uma ou mais empresas subordinadas ou controladas. A dominação pode concretizar-se por meio de controle, direção ou administração de uma empresa. Controle implica a possibilidade de decisão nas deliberações sociais, o poder de eleição dos administradores da empresa ou, ainda, a própria participação acionária. A participação acionária poderá até ser minoritária, porém haverá o controle desde que se visualize o direito de determinar as diretrizes a serem adotadas pela empresa controlada. Direção é a própria efetivação do controle, subordinando as pessoas e coisas à realização dos objetivos da empresa. Administrar significa orientar, organizar, logo, se tem a administração entre duas ou mais empresas, quando uma é orientada ou organizada pela outra. Exemplo: estabelecimento de rumos e metas; divisão e racionalização do trabalho; fixação de estratégias de atuação no mercado para implementar os resultados pretendidos.

34 MAGANO, Octavio Bueno. *Manual de direito do trabalho*: direito individual do trabalho. 4. ed., p. 88.

Dando a Lei do Trabalho Rural guarida ao grupo composto por coordenação, ao longo do grupo formado por subordinação, ou hierarquizado, ampliou consideravelmente a área de sua incidência, no meio rural. Assim, qualquer sociedade, urbana ou rural, posto que possuidora de reduzida participação acionária em empresa rural (figure-se dez por cento), pode ser solidariamente responsabilizada por encargos trabalhistas da última, desde que comprovada a atividade convergente de ambas, na realização de objetivos comuns".

Aliás, há julgados os quais aplicam a relação de coordenação do grupo econômico rural para os empregadores urbanos.

4.2. Consórcio de empregadores na área rural

O consórcio de empregadores na área rural consiste em uma sociedade de produtores rurais, que tem como objetivo a gestão coletiva de mão de obra. Surgiu nos Estados do Paraná, Minas Gerais e São Paulo, como forma alternativa às falsas cooperativas.

Em função desse novo fenômeno social nas relações trabalhistas ocorridas no campo, o MTE editou a Portaria 1.964, de 1º/12/99. A sua edição surgiu da necessidade de orientação aos auditores-fiscais do trabalho quanto à fiscalização em propriedades rurais em que haja prestação de trabalho subordinado a um "Condomínio de Empregadores" (ou "Pluralidade de Empregadores Rurais", ou "Registro de Empregadores em Nome Coletivo de Empregadores" ou "Consórcio de Empregadores Rurais").

O art. 1º, *caput*, enuncia: *"As Delegacias Regionais do Trabalho deverão dar ampla divulgação ao modelo de contratação rural denominado 'Consórcio de Empregadores Rurais', estimulando, para tanto, o debate entre produtores e trabalhadores rurais, por meio de suas entidades associativas ou sindicais."*

A expressão "consórcio de empregadores rurais", para os fins da referida Portaria, denota a união de produtores rurais, pessoas físicas, com a finalidade única de contratar empregados rurais (art. 1º, parágrafo único).

O consórcio assume contornos de um contrato de equipe patronal. O contrato de equipe retrata uma situação especial de trabalho, ou seja, uma organização de trabalhadores ou empregadores para a realização de um trabalho comum. Nessa nova modalidade, o que se destaca é a origem patronal, sendo que o trabalhador prestará serviços a todos os integrantes que compõem o consórcio. Por sua vez, todos os produtores rurais consorciados são responsáveis solidários em caso de inadimplemento dos direitos trabalhistas.

O consórcio de empregadores foi reconhecido pela legislação previdenciária, por intermédio da Lei 10.256/2001, a qual efetuou algumas alterações na Lei 8.212/91, a saber: (a) equipara-se ao empregador rural pessoa física o consórcio simplificado de produtores rurais formado pela união de produtores rurais, pessoas físicas, que outorgar a um deles poderes para contratar, gerir e demitir trabalhadores para prestação de serviços, exclusivamente, aos seus integrantes, mediante documento registrado em cartório de títulos e documentos (art. 25-A, *caput*); (b) o documento deverá conter a identificação de cada produtor, seu endereço pessoal e o de sua propriedade rural, bem como o respectivo registro no Instituto Nacional de Colonização e Reforma Agrária (INCRA) ou as informações (parceria, arrendamento ou equivalente e a matrícula no Instituto Nacional do Seguro Social (INSS) de cada um dos produtores rurais) (art. 25-A, § 1º); (c) o consórcio deverá ser matriculado no INSS em nome do empregador a quem hajam sido outorgados os poderes, na forma do regulamento (art. 25-A, § 2º); (d) os produtores rurais integrantes do consórcio serão responsáveis solidários em relação às obrigações previdenciárias (art. 25-A, § 3º).

4.3. Cooperativas e trabalho rural

Empregador rural equiparado é a pessoa natural ou jurídica que, habitualmente, em caráter profissional e por conta de terceiros, execute serviços de natureza agrária, mediante a utilização do trabalho de outrem (art. 4º, Lei 5.889).

Citados empregadores, mesmo não assumindo o risco do empreendimento em que os trabalhadores prestam os serviços, pela exploração da mão de obra destes trabalhadores, são tidos como empregadores por equiparação. Por analogia, temos as hipóteses das empresas locadoras de mão de obra na área urbana.

O ideal do art. 4º da Lei 5.889 é enfatizar que, mesmo havendo a intermediação na área rural, ocorrerá o vínculo entre o trabalhador e o empresário, se de fato houver os requisitos para a configuração deste trabalhador como empregado.

A cooperativa não pode fazer o elo entre o proprietário da terra e o trabalhador, pois pode ser vista como empregador rural equiparado. Portanto, a terceirização deve ser vista com restrições na área rural, mesmo quando se tratar das cooperativas.

4.4. O trabalho temporário e o trabalho rural

De acordo com o art. 4º da Lei do Trabalho Temporário (Lei 6.019/74), empresa de trabalho temporário é a pessoa física ou jurídica urbana, cuja atividade consiste em colocar à disposição de outras empresas, temporariamente, trabalhadores, devidamente qualificados, por elas remunerados e assistidos.

Como o dispositivo circunscreve o trabalho temporário para os urbanos, não há a possibilidade do reconhecimento desta modalidade de trabalhador para o trabalho rural.

Assevere-se ainda que o art. 4º, Lei 5.889, estabelece que o responsável pela intermediação da mão de obra na atividade econômica agroindustrial é considerado empregador rural por equiparação. Vale dizer, o empregador rural por equiparação é uma limitação à adoção de um outro intermediário na relação jurídica triangular rural, vedando, assim a adoção da empresa de trabalho rural na área rural.

4.5. Sucessão de empregadores

O fenômeno da sucessão[35] de empregadores (arts. 10 e 448 da CLT) é aplicável ao trabalho rural.

Alice Monteiro de Barros[36] indica: *"Na hipótese de a propriedade rural ser arrendada, opera-se a sucessão, pois há mudança de titularidade, arcando o arrendatário com os encargos trabalhistas e previdenciários. Cessado o arrendamento e voltando o imóvel rural ao proprietário, os encargos passam a este último, pois os contratos de trabalho permanecem incólumes às mudanças na estrutura jurídica da empresa. Havendo fraude ou simulação, arrendador e arrendatário responderão solidariamente. Lembre-se que a compra e venda é um exemplo de sucessão; em consequência, efetuada a venda de uma propriedade rural, os encargos trabalhistas serão transferidos para o sucessor."*

Diante do arrendamento, figura comum no trabalho rural, há julgado impondo a responsabilidade entre o sucessor e o sucedido quanto aos direitos trabalhistas dos trabalhadores rurais.

5. DIREITOS INDIVIDUAIS DO TRABALHADOR RURAL

Em função da isonomia do rural com o urbano, os direitos individuais dos trabalhadores rurais são os previstos no art. 7º, I a XXXIV, CF. Há algumas diferenciações quanto ao implemento de tais direitos, notadamente em face do disposto na Lei 5.889 e respectivo Regulamento (Decreto 73.626).

35 Sucessão trabalhista é a mudança de propriedade pela alienação, como também quando se tem a absorção de uma empresa por outra (fusão, cisão e incorporação). O mais importante no exame da sucessão trabalhista é o destaque que se dá ao seu conteúdo econômico. Não basta a simples denotação jurídica para se aquilatar o exato alcance desse instituto trabalhista. É preciso destacar que, se houver o prosseguimento da atividade econômica organizada, com a utilização dos trabalhadores pelo sucessor, justifica-se a presença da sucessão trabalhista, mantendo-se íntegros os contratos individuais de trabalho.

36 BARROS, Alice Monteiro de. Op. cit., p. 472.

Os direitos individuais não são aplicáveis somente ao empregado rural (art. 2º, Lei 5.889), mas no que couber aos demais trabalhadores rurais que prestem serviços a empregador rural (art. 17).

Amauri Mascaro Nascimento[37] ensina que: *"Por equiparação da lei (Lei nº 5.589/73, art. 17), os mesmos direitos são atribuídos a trabalhadores rurais não compreendidos na definição de empregado. A lei não esclarece a que tipo de trabalhador se refere. É possível concluir que o trabalhador a que se refere a lei é o eventual, ou seja, aquele que não é fixo, ou 'boia-fria', em algumas regiões denominado volante. É aquele cuja contratação e rateio de ganho se dão através do próprio sindicato. Tanto os eventuais como os avulsos têm os mesmos direitos do empregado rural."*

Ralph Cândia,[38] ao estudar a abrangência da legislação do rural, estabelece que: *"Além dos empregados rurais, perfeitamente enquadrados na definição do art. 2º, o diploma legal incide sobre todos que prestem serviços a empregador rural. Assim, o trabalhador por conta própria é alcançado. No conceito desse trabalhador incluem-se os arrendatários e parceiros autônomos. Também o colono será abrangido atentando-se, em ambos os casos, para as circunstâncias que caracterizam a prestação de serviços na propriedade rural, independente da subordinação ou dependência. O objetivo do texto em causa é estender a proteção especial a todos que exerçam suas atividades dentro do estabelecimento rural. Trata-se de norma de interesse público que visa proteger o trabalhador, assegurando condições mínimas de higiene e segurança do trabalho. Segundo Barretto Prado (ob. cit.), não há contradição com a sistemática do Direito do Trabalho, tendo o legislador atentado para a natural força expansiva do novo ramo da ciência jurídica."*

5.1. Idade mínima

A idade mínima para o trabalho rural é a preconizada no art. 7º, XXX, CF, ou seja, o trabalhador deve ter no mínimo 16 anos, exceto se for o caso do menor aprendiz, em que a idade é de 14 anos.[39]

37 NASCIMENTO, Amauri Mascaro. *Iniciação ao direito do trabalho*. 32. ed., p. 121.

38 CÂNDIA, Ralph. *Comentários aos contratos trabalhistas especiais*. 2. ed., p. 386.

39 "Por força da Emenda Constitucional nº 20, de 1988, veda-se o trabalho do menor de 16 anos, salvo se aprendiz e, ainda assim, se maior de 14 anos. Por outro lado, a Constituição da República assegura o salário-mínimo a todos os empregados, proibindo distinção por idade (art. 7º, IV e XXX). Assim, entendemos que está revogado o art. 11, parágrafo único, da Lei nº 5.889, de 1973, que permitia fosse pago ao empregado rural menor de 16 anos 50% do salário-mínimo estabelecido para o adulto" (BARROS, Alice Monteiro de. *Contratos e regulamentações especiais de trabalho*: peculiaridades, aspectos controvertidos e tendências. 3. ed., p. 483).

Para Alice Monteiro de Barros é razoável aplicar-se ao rural a possibilidade da contratação mediante o contrato especial de aprendizagem.

Por força da ratificação da Convenção 182 (1999), OIT, existe um rol de proibições ao trabalho infantil (lista TIP), inclusive na área rural, como: (a) na colheita de cítricos, pimenta malagueta e semelhantes; (b) em estábulos, cavalariças, currais, estrebarias ou pocilgas, sem condições adequadas de higienização; (c) no beneficiamento do fumo, sisal, castanha de caju e cana-de-açúcar; (d) na pulverização, manuseio e aplicação de agrotóxicos, adjuvantes, e produtos afins, incluindo limpeza de equipamentos, descontaminação, disposição e retorno de recipientes vazios etc.

5.2. Duração da jornada de trabalho

A jornada de trabalho do rurícola é de 8 horas diárias, totalizando 44 na semana (art. 7º, XIII, CF).

Em qualquer trabalho contínuo, de duração superior a seis horas, haverá a concessão de um intervalo para repouso e alimentação, conforme usos e costumes da região e não nos limites previstos na CLT, sendo que o mesmo não será computado na duração do trabalho. Entre duas jornadas de trabalho haverá um período mínimo de 11 horas consecutivas de intervalo (art. 5º, Lei 5.889).

A não observância dos intervalos gera o direito à percepção das horas extras pela aplicação analógica do art. 71, § 4º, CLT (Súm. 437, I).

Por força do art. 6º da Lei nº 5.889 nos serviços intermitentes, assim considerados os executados em duas ou mais etapas diárias, não serão computados, como tempo de serviço, os intervalos entre essas etapas, desde que tal hipótese seja ressalvada na CTPS e que a interrupção entre as etapas seja no mínimo de 5 horas. Executam serviços desta natureza os retireiros que começam a trabalhar por volta de 4h00 ou 5h00 e retornam à tarde.

O trabalho noturno é aquele realizado entre as 21h00 de um dia e as 5h00 do dia seguinte para os que labutam na lavoura. Para os que exercem suas atividades na pecuária, o trabalho noturno é aquele compreendido entre 20h00 de um dia e as 4h00 do dia seguinte (art. 7º, *caput*).

O adicional noturno é de 25% sobre o salário, contudo, sem a inclusão da redução da hora noturna, como ocorre no tocante ao empregado urbano (art. 7º, parágrafo único).

Ao menor de 18 anos é proibido o trabalho noturno (art. 8º).

5.2.1. Prorrogação da jornada de trabalho

A duração normal do trabalho poderá ser acrescida de horas suplementares, em número não excedente de duas, mediante acordo escrito entre o empregador e o empregado ou mediante acordo ou convenção coletiva de trabalho (art. 7º, *caput*, Decreto 73.626).

No instrumento normativo deverá constar de forma obrigatória o adicional de remuneração que será pelo menos 50% superior à da hora normal (art. 7º, § 1º).

Será dispensado o acréscimo de salário se, por força da negociação coletiva, o excesso de horas em um dia for compensado pela correspondente redução em outro dia, de maneira que não exceda o horário normal da semana (art. 7º, § 2º).

A duração da jornada de trabalho poderá exceder o limite legal ou convencionado para terminar serviços que, pela sua natureza, não podem ser adiados, ou por motivo de força maior (art. 8º, *caput*, Decreto 73.626). O dispositivo trata das situações de serviços inadiáveis e de força maior.

O excesso poderá ser exigido independentemente da negociação coletiva e deverá ser comunicado, no prazo de 10 dias, à SRTE, ou, antes desse prazo, justificado aos agentes locais, sem prejuízo daquela comunicação (art. 8º, § 1º).

Nos casos de excesso de horário por motivo de força maior, a remuneração da jornada excedente não será inferior à da hora normal. Nos demais casos de excesso, a remuneração será, pelo menos, 50% superior à da hora normal, e o trabalho não poderá exceder de 12 horas (art. 8º, § 2º). A limitação de 12 horas diárias também deve ser aplicável aos casos de força maior.

Por outro lado, diante do art. 7º, XIII e XVI, CF, toda e qualquer hora excedente dos limites diário ou semanal, seja no caso de força maior ou de serviços inadiáveis, deverá ser remunerada com adicional de 50%.

A duração da jornada de trabalho poderá igualmente exceder do limite legal ou convencionado, até o máximo de 2 horas, durante o número de dias necessários, para compensar interrupções do trabalho decorrentes de acidentes ou força maior, desde que a jornada diária não exceda de 10 horas (art. 9º, Decreto 73.626). Nessas hipóteses, a prorrogação não poderá exceder a 45 dias por ano, condicionada à prévia autorização da autoridade competente. Trata-se das horas em recuperação, como ocorre para o trabalhador urbano (art. 61, § 3º, CLT). É discutível se o pagamento deve ser remunerado ou não. Entendemos que tais horas devem ser pagas, já que eventuais paralisações não podem ser imputadas ao trabalhador, eis que a eles não pertence o risco do empreendimento.

Para o trabalhador urbano, quando se tem o pagamento do salário por produção ou por tarefa, somente lhe é devido o adicional de hora extra (Súm. 340, TST, e OJs 235 e 397, SDI-I). Contudo, para o trabalhador rural não é justo que somente receba o adicional, quando em jornada suplementar, considerando-se que o labor, geralmente, é executado sob as intempéries diárias (sol, chuva etc.). Neste sentido, temos o Enunciado 20 da 1ª Jornada de Direito Material e Processual na Justiça do Trabalho (realizada em novembro de 2007).

Pela Resolução 182, de 16/4/2012, o TST reformulou a redação da OJ 235: *"O empregado que recebe salário por produção e trabalha em sobre-*

jornada tem direito à percepção apenas do adicional de horas extras, exceto no caso do empregado cortador de cana, a quem é devido o pagamento das horas extras e do adicional respectivo."

As horas de trajeto[40] (*in itinere*) também são aplicáveis ao empregado rural.

5.3. Salário in natura

Salvo as hipóteses de autorização legal ou decisão judiciária, só poderão ser descontadas do empregado rural as seguintes parcelas, calculadas sobre o salário-mínimo: (a) até o limite de 20% pela ocupação da morada; (b) até o limite de 25% pelo fornecimento de alimentação sadia e farta, atendidos os preços vigentes na região; (c) adiantamentos em dinheiro (art. 9º, *caput*, *a* a *c*, Lei 5.889). As deduções acima especificadas deverão ser previamente autorizadas, sem o que serão nulas de pleno direito (art. 9º, § 1º).

Sempre que mais de um empregado residir na mesma morada, o desconto da moradia será dividido proporcionalmente ao número de empregados, vedada, em qualquer hipótese, a moradia coletiva de famílias (art. 9º, § 2º).

Rescindido ou findo o contrato de trabalho, o empregado será obrigado a desocupar a casa dentro de 30 dias (art. 9º, § 3º).

De acordo com o art. 16, § 2º, Decreto 73.626, considera-se por morada: a habitação fornecida pelo empregador, a qual, atendendo às condições peculiares de cada região, satisfaça os requisitos de salubridade e higiene estabelecidos em normas expedidas pela fiscalização trabalhista.

A cessão, pelo empregador, de moradia e de sua infraestrutura básica, assim como bens destinados à produção para sua subsistência e de sua família, não integram o salário do trabalhador rural, desde que caracterizados como tais, em contrato escrito celebrado entre as partes, com testemunhas e notificação obrigatória ao respectivo sindicato de trabalhadores rurais (art. 9º, § 5º). Se houver a observância dos requisitos legais, citados benefícios não integram o salário do trabalhador rural. [41]

40 "O tempo despendido pelo empregado até o local de trabalho e para o seu retorno, por qualquer meio de transporte, não será computado na jornada de trabalho, salvo quando, tratando-se de local de difícil acesso ou não servido por transporte público, o empregador fornecer a condução" (art. 58, § 2º, CLT; Súm. 90, TST).

41 "EMPREGADO RURAL. SALÁRIO-UTILIDADE. MORADIA. O § 5º do art. 9º da Lei nº 5.889, de 8 de junho de 1973, acrescentado pela Lei nº 9.300, de 1996, criou requisitos formais para que a habitação, sua infraestrutura básica e os bens destinados à produção de subsistência do empregado rural não se integrem ao seu salário. Sem a observância de tais requisitos serão tais benefícios necessariamente considerados como salário-utilidade, particularmente quanto ao rurícola, por exceção legal, independentemente do fato de serem oferecidos onerosa ou gratuitamente. Assim, a

No caso de eventual desocupação do imóvel pelo trabalhador, a rigor, a demanda deverá ser ajuizada perante o Judiciário Trabalhista (art. 114, CF).[42]

Quanto às utilidades do trabalhador rural concedidas pelo empregador, o TST possui os seguintes precedentes normativos (PN):

a) ao empregado que residir no local de trabalho fica assegurada a moradia em condições de habitação, conforme exigências da autoridade local (PN 34);

b) os empregadores são responsáveis pelos reparos nas residências que cedam aos empregados rurais, desde que os danos não decorram de culpa destes (PN 62);

c) fornecendo o empregador condução para o trabalhador, informará aos empregados, previamente, os locais e horários do transporte (PN 64);

d) quando fornecidos pelo empregador, os veículos destinados a transportar trabalhadores rurais deverão satisfazer as condições de segurança e de comodidade, sendo proibido o carregamento de ferramentas soltas junto às pessoas conduzidas (PN 71).

---

análise da pertinência da integração do valor de tais benefícios ao salário do empregado rural não mais passa, a partir da inserção do § 5º do art. 9º da Lei do Trabalho Rural, pela averiguação de serem fornecidos pelo ou para o trabalho, mas apenas pela existência de acordo escrito de que não se tratam de salário *in natura*, subscrito por duas testemunhas e comunicação ao sindicato dos rurícolas. Na hipótese, o próprio reclamante produziu prova de que a reclamada atendeu às determinações legais acima especificadas, razão pela qual não se reconhece a qualidade de salário *in natura* da habitação fornecida pela empregadora" (TRT – 23ª R. – RO 00772.2006.022.23.00-7 – Rel. Roberto Benatar – j. 10/2/2009).

---

42 "Para bem equacionar o problema, cumpre esclarecer, de início, a que título se processa a ocupação do imóvel, pelos trabalhadores, em geral. Tostes Malta distingue três situações. A primeira seria a existência de dois contratos inteiramente independentes, um de locação e outro de trabalho, como, por exemplo, se alguém celebrasse contrato de locação com dado indivíduo e, muito depois, o locatário viesse a torna-se empregado do locador. A segunda hipótese surge quando há dois contratos, um de trabalho e um de locação, mas entrosados, um tendo nascido do outro. É o caso de empresas que, possuindo imóveis nas imediações de suas fábricas, alugam-nos a seus empregados. A terceira hipótese, que é a que mais se interessa neste estudo, ocorre quando o empregado não celebra qualquer contrato expresso de locação com a empresa, recebendo a habitação a título de salário-utilidade ou como instrumento de trabalho. Essa última situação, em geral, ocorre nas relações de trabalho rural, quando o trabalhador e sua família ocupam imóvel de propriedade do fazendeiro empregador. Em geral, o rurícola recebe moradia do empregador durante o contrato, dentro do estabelecimento. Eventual locação do imóvel, citada na segunda e terceira hipóteses do exemplo acima, não deixa de ser uma decorrência de sua condição de trabalhador. Logo, como se trata de fornecimento de vantagem proveniente da relação de trabalho, entendemos que a Justiça do Trabalho é competente para dirimir o feito, com base no art. 114 da Constituição da República de 1988, com alterações introduzidas pela Emenda Constitucional nº 45, promulgada em dezembro de 2004" (BARROS, Alice Monteiro de. Ob. cit., p. 487).

e) os empregadores que se dedicarem à pecuária leiteira fornecerão, diariamente, um litro de leite aos trabalhadores que exerçam atividades insalubres (PN 106);
f) nos locais de trabalho no campo, serão mantidos pelo empregador medicamentos e materiais de primeiros socorros (PN 107);
g) os empregadores rurais ficam obrigados a construir abrigos rústicos, nos locais de trabalho, para proteção de seus empregados (PN 108);
h) serão fornecidas gratuitamente, pelo empregador, as ferramentas necessárias à execução do trabalho (PN 110).

5.4. Extinção do contrato de trabalho

A extinção do contrato de trabalho rural, sem justa causa, do chefe da unidade familiar, é extensiva à esposa, às filhas solteiras e aos filhos de até 20 anos de idade, que exerçam atividades na propriedade, mediante opção destes (PN 53, SDC).

5.5. Adicional de insalubridade e periculosidade

O trabalhador rural tem direito ao adicional de insalubridade, observando-se a necessidade de verificação, na forma da lei, de condições nocivas à saúde. Esse direito lhe foi garantido pela CF/88.

A Portaria 3.067/88 estabelece o conjunto de normas de proteção ao trabalhador rural.

O PN 50, SDC, tem exigido que o empregador rural possua o receituário agronômico de defensivos agrícolas e observe as medidas de prevenção nele contidas, dados os inúmeros produtos tóxicos usados na lavoura.

O PN 106 determina aos empregadores rurais que se dedicarem à pecuária leiteira ficarem obrigados a fornecer, diariamente, um litro de leite aos trabalhadores que exerçam atividades insalubres.

5.6. Salário-família

O salário-família é devido aos trabalhadores rurais somente após a vigência da Lei nº 8.213/91 (Súm. 344, TST).

5.7. Aviso-prévio

Durante o prazo do aviso-prévio, se a rescisão tiver sido promovida pelo empregador, o empregado rural terá direito a um dia por semana, sem prejuízo do salário integral, para procurar outro trabalho (art. 15, Lei nº 5.889).

5.8. Contrato de safra

Considera-se contrato de safra o que tenha duração dependente de variações estacionais de atividades agrárias (art. 14, parágrafo único, Lei nº 5.889/73).[43]

O contrato de safra é comum para os trabalhadores rurais. O termo "safra" refere-se à produção e colheita, como também ao lapso temporal empregado para a preparação do solo.

A expressão "contrato de safra" é incerta. Não se pode predeterminar a data para o seu término, como também não se consegue ter a completa coincidência do término do contrato para todos os empregados durante a safra.[44]

De acordo com o art. 14, *caput,* Lei nº 5.889, a indenização do safrista correspondia ao término do contrato que seria de 1/12 do salário mensal, por mês de serviço ou fração igual ou superior a 15 dias.

Como a CF/88 estabeleceu o regime do FGTS como forma de resguardo do tempo de serviço do trabalhador, o trabalhador rural somente terá direito ao levantamento dos depósitos fundiários.

No caso da rescisão antecipada, o empregado rural terá direito, além do saque dos depósitos fundiários, ao acréscimo da multa de 40%.

---

43 "CONTRATO POR PRAZO DETERMINADO. SAFRA. LAVOURA CANAVIEIRA. ABRANGÊNCIA DO PERÍODO DE PLANTIO, TRATOS CULTURAIS E COLHEITA. NULIDADE. O trabalhador contratado para trabalhar no plantio, tratos culturais e no corte da cana-de-açúcar não pode ser tido como safrista, mas sim como trabalhador permanente nas atividades do empregador rural. Daí porque o contrato por prazo determinado, na condição de safrista, que contraria a excepcionalidade dessa modalidade de contrato, conforme as regras gerais do § 1º do art. 443 da CLT, na medida em que açambarca período da safra e da entressafra, deve ser tido como nulo (CLT, art. 9º, e Lei nº 5.889/73, art. 14), reconhecendo-se, consequentemente, a indeterminação do prazo do contrato de trabalho e o acolhimento dos consectários legais decorrentes. Recurso Ordinário da reclamada ao qual se nega provimento" (TRT – 15ª R. – 10ª C. – RO 0609-2009-028-15-00-9 – Rel. José Antonio Pancotti – *DOE* 10/9/2009 – p. 611).

"CONTRATO DE SAFRA. SEGUIDO DE CONTRATO DE ENTRESSAFRA. DESCARACTERIZAÇÃO DO CONTRATO A TERMO. O trabalhador contratado sucessivamente para os serviços de safra e entressafra não se qualifica como safrista, mas empregado em atividades permanentes exploradas pelo empregador, o que configura a prestação de um único contrato de trabalho por prazo indeterminado, a teor do art. 9o da CLT" (TRT – 15a R. – 1a C. – RO 0975-2008-110-15-00-7 – Rela Tereza Aparecida Asta Gemignani – *DOE* 10/9/2009 – p. 409).

44 "Não é incomum a ocorrência de situações em que a safra, após atingido um clímax de concentração de trabalho, inicie um paulatino e cada vez mais acentuado roteiro de descenso de atividades, eventualmente provocando o rompimento de distintos contratos a termo em distintos dias do final da safra" (DELGADO, Mauricio Godinho. *Curso de direito do trabalho.* 5ª ed., p. 549).

5.9. Proteção do ensino

Toda propriedade rural que mantenha a seu serviço ou trabalhando em seus limites mais de cinquenta famílias de trabalhadores de qualquer natureza é obrigada a possuir e conservar em funcionamento escola primária, inteiramente gratuita, para os filhos destes, com tantas classes quantos sejam os grupos de quarenta crianças em idade escolar (art. 16, *caput*, Lei 5.889).

A matrícula da população em idade escolar será obrigatória, sem qualquer outra exigência, além da certidão de nascimento, para cuja obtenção o empregador proporcionará todas as facilidades aos responsáveis pelas crianças (art. 16, parágrafo único).

5.10. Trabalhador rural contratado por pequeno prazo

A Lei nº 11.718, de 20/6/2008, acresceu à Lei nº 5.889, a figura do trabalhador rural contratado por pequeno prazo.

O produtor rural na qualidade de pessoa natural terá a faculdade de proceder à contratação de trabalhador rural por pequeno prazo para o exercício de atividades de natureza temporária (art. 14-A, *caput*, Lei nº 5.889).

Contudo, o contrato que superar dois meses dentro do período de um ano fica convertido em contrato de trabalho por prazo indeterminado (art. 14-A, § 1º).

A filiação e a inscrição do trabalhador rural contratado por pequeno prazo decorrem, automaticamente, da sua inclusão, pelo empregador, na Guia de Recolhimento do Fundo de Garantia do Tempo de Serviço e Informações à Previdência Social (GFIP), cabendo à Previdência Social instituir mecanismo que permita a sua identificação.

O contrato de trabalhador rural por pequeno prazo não necessita ser anotado na CTPS ou em livro ou ficha de registro de empregados, mas, se não houver outro registro documental, é obrigatória a existência de contrato escrito com o fim específico de comprovação para a fiscalização trabalhista da situação do trabalhador.

A contribuição do segurado trabalhador rural contratado por pequeno prazo é de 8% sobre o respectivo salário de contribuição (art. 28, I, Lei nº 8.212/91).

A não inclusão do trabalhador na GFIP pressupõe a inexistência de contratação, contudo, sem prejuízo de comprovação, por qualquer meio admitido em direito, da existência de relação jurídica diversa.

O recolhimento das contribuições previdenciárias será efetuado nos termos da legislação da Previdência Social.

São assegurados ao trabalhador rural contratado por pequeno prazo, além de remuneração equivalente à do trabalhador rural permanente, os demais direitos de natureza trabalhista. Todas as parcelas devidas ao trabalhador serão calculadas dia a dia e pagas diretamente a ele mediante recibo, sendo que o FGTS deverá ser recolhido nos termos da Lei 8.036/90.

5.11. Intervalo intrajornada

A não concessão total ou parcial do intervalo mínimo para refeição e descanso (intervalo intrajornada) de uma hora ao trabalhador rural, fixado no Decreto 73.626, que regulamentou a Lei 5.889, acarreta o pagamento do período total, acrescido do respectivo adicional, por aplicação subsidiária do art. 71, § 4º, CLT (Súm. 437, I).

6. PRESCRIÇÃO DE DIREITOS

Anteriormente à CF/88, para o trabalhador urbano, o prazo prescricional era de 2 anos, sendo computado a partir da lesão ao direito (art. 11, CLT), enquanto para o empregado rural o lapso era 2 anos, a contar da extinção do contrato de trabalho (art. 10, Lei nº 5.859).

Com o art. 7º, XXIX, CF, os prazos prescricionais trabalhistas passaram a ser de: (a) 5 anos para o trabalhador urbano, até o limite de 2 anos após a extinção do contrato; (b) 2 anos após a extinção do contrato, para o trabalhador rural, não atingindo as situações já consumadas.

O prazo prescricional de 5 anos previsto no art. 7º, XXIX, é de aplicação imediata, não atingindo pretensões já alcançadas pela prescrição bienal, quando da promulgação da CF (Súm. 308, II, TST); logo, esse prazo somente é válido a partir da vigência da CF (5/10/1988).

Pela norma constitucional, a diferença básica entre o empregado urbano e o rural era que, para o segundo, a prescrição não é computada na fluência do contrato de trabalho, o que acabou por ser alterado com a EC 28, igualando os prazos prescricionais do trabalhador urbano e rural.

Assim, para o trabalhador urbano, temos 2 prazos prescricionais: (a) 5 anos, o qual é computado na vigência do contrato de trabalho, a partir da lesão a cada direito violado; (b) 2 anos, de cunho total, cujo início é a partir da extinção do contrato de trabalho.

Para o trabalhador rural, não havia o cômputo da prescrição no curso do contrato de trabalho. Com a extinção contratual, se tinha e se mantém até os dias de hoje o prazo prescricional total de 2 anos.

Em função da diferenciação de tratamento entre o urbano e o rural, a CF facultava ao empregador rural comprovar a cada 5 anos, perante a Justiça do Trabalho, o cumprimento das suas obrigações trabalhistas para com o empregado rural, na presença deste e de seu representante sindical (art. 233, *caput*).

Comprovado o cumprimento das obrigações, ficava o empregador isento de qualquer ônus decorrente daquelas obrigações no período respectivo. Caso o empregado e seu representante não concordassem com a comprovação do empregador, caberia à Justiça do Trabalho a solução da controvérsia (art. 233, § 1º).

Ficava ressalvado ao empregado, em qualquer hipótese, o direito de postular, judicialmente, os créditos que entendesse existirem, relativamente aos últimos 5 anos (art. 233, § 2º).

A comprovação poderia ser feita em prazo inferior a 5 anos, a critério do empregador (art. 233, § 3º).

Na primeira comprovação do cumprimento das obrigações trabalhistas pelo empregador rural, após a promulgação da CF, seria certificada perante a Justiça do Trabalho a regularidade do contrato e das atualizações das obrigações trabalhistas de todo o período (art. 10, § 3º, ADCT).

Com a EC 28, de 25/5/2000, houve alteração na redação do art. 7º, XXIX, CF, passando a não mais haver diferenças de prazo prescricional entre empregado urbano e rural. Diz a nova redação do texto constitucional: *"Ação, quanto aos créditos resultantes das relações de trabalho, com prazo prescricional de cinco anos para os trabalhadores urbanos e rurais, até o limite de dois anos após a extinção do contrato de trabalho."*

A EC 28 também revogou o art. 233 da CF, segundo o qual o empregador rural deveria comprovar, de 5 em 5 anos, o pagamento dos créditos trabalhistas.

Sobre o tema, em 27/9/2002, o TST (SDI-I) editou a OJ 271, a qual teve sua redação alterada em novembro de 2005, *in verbis: "O prazo prescricional da pretensão do rurícola, cujo contrato de emprego já se extinguira ao sobrevir a Emenda Constitucional nº 28, de 26/05/2000, tenha sido ou não ajuizada a ação trabalhista, prossegue regido pela lei vigente ao tempo da extinção do contrato de emprego."*

Para os contratos em curso à época da vigência da EC 28, não há prescrição total ou parcial dos direitos do trabalhador rural, desde que a demanda tenha sido ajuizada no prazo de cinco anos contados a partir da publicação desta EC, desde que tenha sido respeitado o biênio prescricional (OJ 417, SDI-I). Isto significa que a prescrição parcial quinquenal passa a fluir a partir da publicação da EC 28.

Ao empregado que exerce atividade rural em empresa de reflorestamento aplica-se a prescrição própria do rurícola (OJ 38, SDI-I).

BIBLIOGRAFIA

ALBUQUERQUE, João Batista de. *O Empregador e o Empregado Rural.* São Paulo: LTr, 1996.

ALVARENGA, Octavio Mello. *Política e Direito Agroambiental.* Rio de Janeiro: Forense, 2ª ed., 1995.

BARROS, Alice Monteiro de. *Contratos e regulamentações especiais de trabalho: peculiaridades, aspectos controvertidos e tendências.* São Paulo: LTr, 3ª ed., 2008.

CÂNDIA, Ralph. *Comentários aos Contratos Trabalhistas Especiais*. São Paulo: LTr, 2ª ed., 1990.

JORGE NETO, Francisco Ferreira; CAVALCANTE, Jouberto de Quadros Pessoa. *Direito do Trabalho*. São Paulo: Atlas, 7ª ed., 2013.

JORGE NETO, Francisco Ferreira; CAVALCANTE, Jouberto de Quadros Pessoa. *Curso de Direito do Trabalho*. São Paulo: Atlas, 2ª ed., 2011.

CARRION, Valentin. *Comentários à consolidação das leis do trabalho*. São Paulo: Saraiva, 34ª ed., 2009.

DELGADO, Mauricio Godinho. *Curso de Direito do Trabalho*. São Paulo: LTr, 5ª ed., 2006; 9ª ed., 2010.

DINIZ, Maria Helena. *Tratado Teórico e Prático dos Contratos*. São Paulo: Saraiva, 3ª ed., 1999, v. 2.

FERREIRA, Pinto. *Curso de Direito Agrário*. São Paulo: Saraiva, 5ª ed., 2002.

LUZ, Valdemar P. *Curso de Direito Agrário*. Porto Alegre: Sagra-Dc Luzzato Editores, 2ª ed., 1996.

MAGANO, Octavio Bueno. *Manual de Direito do Trabalho: Direito Individual do Trabalho*. São Paulo: LTr, 4ª ed., 1993.

MARTINS, Sergio Pinto. *Comentários à CLT*. São Paulo: Atlas, 15ª ed., 2011.

NASCIMENTO, Amauri Mascaro. *Iniciação ao Direito do Trabalho*. São Paulo: LTr, 32ª ed., 2006.

SÜSSEKIND, Arnaldo; MARANHÃO, Délio; VIANNA, Segadas; TEIXEIRA FILHO, João de Lima. *Instituições de Direito do Trabalho*. São Paulo: LTr, 19ª ed., 2000, v. 1.

ZANGRANDO, Carlos Henrique da Silva. *Curso de Direito do Trabalho*. t. II. São Paulo: LTr, 2008.

QUILOMBOS E A INTERSEÇÃO ENTRE ANTROPOLOGIA E DIREITO

COMENTÁRIOS A PARTIR DO DECRETO Nº 4.887/2003

Homero Moro Martins

SUMÁRIO: 1. Preâmbulo: o artigo 68 e a emergência dos "remanescentes". **2.** Comunidades remanescentes de quilombo: da conceituação à autoatribuição. **3.** Territorialidade. **4.** Titulação. **5.** Notas finais: os impasses e disputas persistentes aos direitos quilombolas. Bibliografia.

1. PREÂMBULO: O ARTIGO 68 E A EMERGÊNCIA DOS "REMANESCENTES"

O presente artigo pretende localizar algumas questões legais e antropológicas suscitadas por uma nova figura teórico-jurídica que, desde a promulgação da Constituição Federal de 1988, passou a integrar a seara das políticas de regularização fundiária no Brasil. Trata-se das comunidades remanescentes de quilombos, termo consagrado a partir de uma sutil modificação da conceituação disposta no artigo 68 do Ato das Disposições Constitucionais Transitórias:[1]

> Artigo 68. Aos remanescentes das comunidades dos quilombos que estejam ocupando suas terras é reconhecida a propriedade definitiva, devendo o Estado emitir-lhe os títulos respectivos.

Se a definição constitucional, e o termo "remanescentes", aqui empregado, permite imaginar que tais comunidades representam apenas reminiscências de um passado escravista, praticamente extirpadas pelo avanço da modernidade, a mobilização social e as reivindicações fundiárias de um sem número de comunidades de ascendência negra, rurais e até mesmo urbanas, em torno desta definição, vêm provando o contrário. O Instituto Nacional de Colonização e Reforma Agrária (Incra) computa, atualmente, mais de mil processos administrativos instaurados para o reconhecimento e titulação de

1 ARRUTI (2008) traça um breve histórico sobre a inclusão do artigo 68 no texto constitucional.

quilombos. Outras fontes estimam um universo de mais de 3 mil comunidades quilombolas no Brasil, abarcando mais de um milhão de famílias (CPI-SP 2009).

A realidade e a atualidade do tema e das reivindicações sociais em torno desta categoria sociojurídica advêm uma série de fatores, muitos deles específicos a cada caso, mas, entre suas motivações mais gerais, é possível mencionar: em nível global, a emergência de processos coletivos de reivindicação de identidades, pautados pelo idioma da etnicidade, no mundo pós-Guerra Fria (GEERTZ, 2001); nacionalmente, a emergência de novas e diversas formas de organização social e política das populações camponesas no Brasil, em termos não clientelistas, ampliando sua capacidade de interlocução com o aparato estatal (ALMEIDA, 2008, p. 88-90); e, mais diretamente, a possibilidade concreta aberta pelo dispositivo constitucional de fazer da questão quilombola um novo formato de regularização fundiária e acesso à terra, capaz de "reconhecer a legitimidade das modalidades de uso comum da terra" (ARRUTI, 2008, p. 323), sendo portanto mais significativo e condizente com os modos de vida tradicionais destas populações do que o modelo tradicional de reforma agrária (ALMEIDA, 2008, p. 134-141).

E, no entanto, mesmo diante da constatação da atualidade das comunidades remanescentes de quilombo, e fora iniciativas isoladas de alguns estados da federação que desenvolveram regulamentações próprias, foram necessários mais de dez anos para que o artigo 68 do ADCT fosse contemplado com uma legislação federal regulamentadora.[2]

Em 2001, a titulação das comunidades remanescentes de quilombo passou a ser objeto de decreto específico para sua execução. No entanto, o Decreto nº 3.912/2001 teve vida curta. Sua formatação era de alcance bastante limitado para efetivar uma política demandada por um crescente número de agrupamentos sociais. Entre outras limitações, este instrumento não previa a possibilidade de desapropriação de terras particulares para efetivar o direito de propriedade dos quilombolas – o que fez com que muitos dos títulos expedidos pela Fundação Cultural Palmares (FCP, autarquia então responsável pela política de titulação) fossem ineficazes juridicamente, na medida em que não estavam aptos ao registro cartorial. Além disso, estipulava que o território reivindicado pelas comunidades deveria estar ocupado desde a data da abolição – 13 de maio de 1888 – e ininterruptamente, de forma pacífica, até a data de promulgação da Constituição de 1988, para a efetivação do direito constitucional. A exigência, além de difícil verificação, desprezava, sobretudo, a diversidade de cenários históricos vivenciados pe-

2 É importante destacar que, na argumentação de alguns juristas, o artigo 68 seria autoaplicável e, portanto, não demandaria a elaboração de instrumentos regulamentadores. A respeito, *vide* ROTHEMBURG (2007).

las comunidades negras rurais, sujeitas a toda monta de processos de êxodo e expropriação tanto antes quanto após a abolição da escravatura no Brasil (ROTHEMBURG, 2001, p. 17-21).

Com estas limitações, e tendo em vista a mobilização social das instâncias de representação das comunidades quilombolas por um novo instrumento, o Decreto nº 3.912/2001 deu lugar a um novo dispositivo: o Decreto nº 4.887, de 20 de novembro de 2003.

Ao admitir a possibilidade da desapropriação como forma de obtenção dos territórios e transferir a responsabilidade institucional pela regularização fundiária da FCP junto ao Incra, o Decreto nº 4.887 representou um avanço nos instrumentos disponíveis para a regularização de territórios quilombolas. Além disso, o seu texto incorporou importantes debates dos movimentos sociais e da teoria antropológica para a interpretação de questões centrais ao tema, como a própria definição do que sejam as comunidades remanescentes de quilombo e seus territórios de ocupação tradicional.

Neste contexto, cabe colocar que o presente artigo não se propõe a uma análise exaustiva da legislação pertinente ao tema – tarefa que não só foge de minha competência, mas também já foi perpetrada em outros trabalhos, com foco mais explicitamente jurídico (por exemplo, BRAGA, 2005; CORRÊA, 2009). Antes, pretendo concentrar a análise em três aspectos, a meu ver, centrais do Decreto nº 4.887: o instituto da autoatribuição (ou autorreconhecimento) de identidade étnica, que pauta o reconhecimento das comunidades de quilombo; a identificação de suas terras com base no seu uso tradicional e na noção de territorialidade, cristalizada em relatórios de identificação; e, finalmente, a abertura da possibilidade da desapropriação por interesse social, atrelada a um modelo específico de titulação para as áreas remanescentes de quilombos.

Os dois primeiros aspectos, particularmente, implicam a observância das teorias antropológicas sobre a etnicidade e a territorialidade, e levantam a questão sobre a real penetração destas abordagens no campo jurídico e pelos operadores do direito. Situados em um interstício entre a teoria do direito e a teoria antropológica, a autoatribuição e a territorialidade são os princípios básicos que motivam o reconhecimento e titulação das comunidades quilombolas. Assim, cabe refletir sobre em que medida os entendimentos antropológicos sobre estes conceitos têm sido empregados na interpretação do direito, haja vista o vasto campo de disputas e interpretações mobilizadas em torno deles. Trata-se, no limite, de indagar até onde pode a antropologia, campo das ciências humanas que se debruça sobre os aspectos simbólicos e imateriais da vida social, nortear a compreensão dos dispositivos legais de reconhecimento vigentes, configurando-os, efetivamente, em um "direito étnico" (ROCHA, 2005, p. 97). Por sua vez, a desapropriação e a titulação, nas formas previstas pelo Decreto nº 4.887, também suscitam implicações sociológicas pertinentes à consecução do direito constitucional referente às comunidades remanescentes de quilombo. Ao final do artigo, pretendo apontar alguns dos embates e impasses interpretativos que ainda permeiam a efetivação destes direitos.

2. COMUNIDADES REMANESCENTES DE QUILOMBO: DA CONCEITUAÇÃO À AUTOATRIBUIÇÃO

A tentativa de definir conceitual e consensualmente o que são as comunidades remanescentes de quilombo vem acompanhando todo o debate e a mobilização social que se criou em torno do tema, a partir da promulgação do artigo 68. A complexidade deste debate é fruto, em parte, da própria falta de uma definição mais específica ao termo no próprio dispositivo constitucional. Editada e aprovada no "apagar das luzes" da Constituinte e de maneira quase improvisada, como admitem alguns dos participantes deste processo, a edição final do artigo 68, aparentemente, não foi capaz de contemplar os "possíveis desdobramentos práticos da constitucionalização do termo na forma de demandas fundiárias" (ARRUTI, 2008, p. 322).

Ao longo dos anos seguintes, com a crescente mobilização social em torno do conceito e o início de uma reflexão acadêmica mais sistemática sobre seus desdobramentos, tanto as primeiras lideranças quilombolas quanto a comunidade antropológica perceberam a necessidade de uma redefinição do conceito de quilombo em termos contemporâneos, de modo a superar definições meramente históricas, pautadas somente nas concepções coloniais e imperiais do quilombo.

Além disso, a própria passagem do termo constitucional "remanescentes das comunidades de quilombos" para a expressão "comunidades remanescentes de quilombo" representa, semanticamente, a evidência de uma reivindicação concreta por parte de novos – e presentes – sujeitos de direito, e não apenas agrupamentos residuais, pertencentes a um passado ainda não extirpado da vida nacional. Assim, a clássica definição colonial de quilombo, estipulada pelo Conselho Ultramarino ao Reino de Portugal em 1740 – "toda habitação de negros fugidos que passem de cinco, em partes despovoadas, ainda que não tenha ranchos levantados, nem se achem pilões nele" (cf. SCHMITT et al., 2002, p. 3) – deixa de ser suficiente para designar a pluralidade de comunidades de ascendência negra reivindicantes desta identidade e compreender sua atualidade.

Afinal, mesmo no campo da historiografia, há muito se chama a atenção para a ampla variedade de formas de organização social e resistência assumida pelos quilombos históricos (cf. REIS E GOMES, 1996). De modo análogo, muitas das comunidades que, hoje, reivindicam o reconhecimento como remanescentes de quilombos, sequer se caracterizam pelo cenário, consolidado no senso comum, de fuga e insurreição que tipifica a definição histórica do termo. Antes:

> Os grupos que hoje são considerados remanescentes de comunidades de quilombos se constituíram a partir de uma grande diversidade de processos, que incluem as fugas com ocupação de terras livres e geralmente isoladas, mas também as heranças, doações, recebimento de terras como pagamento de serviços prestados ao Estado, simples permanência nas terras que ocupavam e cultivavam no interior das grandes propriedades, bem como a compra de terras, tanto durante a vigência do sistema escravocrata quanto após a sua extinção (SCHMITT et al., 2002, p. 4).

Deste modo, as discussões que levaram à "ressemantização" do termo "quilombo" no campo da antropologia nada mais refletiram que a evidência, dada pela mobilização social, de que inúmeras coletividades, a partir de origens e estratégias específicas, e a despeito de pressões fundiárias em contrário, conseguiram compartilhar um território, um sentimento de pertença e uma identidade comuns, calcados na memória de um passado escravista, vivenciado pelos seus antepassados. Deste modo, a atualização da definição de quilombo busca também dar visibilidade a processos sociais que resultaram na exclusão e segregação da população negra e que foram eclipsados pela historiografia oficial (GUSMÃO, 1995), antes ou depois da abolição da escravatura.

Outro aspecto marcante nas redefinições contemporâneas do termo foi a tentativa de abandonar o emprego de conteúdos essencializantes, como aqueles contidos na terminologia colonial. Ao invés de pressupor descritivamente seus elementos culturais intrínsecos, as novas definições passam a considerar as comunidades remanescentes de quilombo em seu contexto relacional com outros grupos e com a sociedade envolvente. Fundamentalmente, estas interpretações ressaltam o entendimento das comunidades quilombolas contemporâneas como agrupamentos *étnicos*, na forma consagrada pelo antropólogo Fredrik Barth (1969), ou seja: como grupos que traçam fronteiras de pertencimento e distinção a partir da relação com outros grupos, ou com a sociedade envolvente, por meio de sinais diacríticos, elencados pela própria coletividade a partir de sua "bagagem" cultural compartilhada (por exemplo, uma origem e/ou um território comuns, a língua, vestimentas, práticas ritualizadas etc.).

Enormemente influente no campo antropológico, a definição dada por Barth aos grupos étnicos enseja o abandono de uma concepção estática e pressuposta da cultura em prol de uma atenção aos processos de criação e recriação das fronteiras étnicas, o que nos leva a analisar estes grupos não como entidades socioculturais imóveis, mas inseridas em relações com outros grupos e em processos diacrônicos de transformação. Desde este ponto de vista, não são características culturais prototípicas, mas sim os critérios de pertencimento e exclusão elencados por determinado grupo (e, neste sentido, arbitrários) que passam ao centro da análise, como cruciais para a compreensão de sua condição étnica:

> Não se podem definir grupos étnicos a partir de sua cultura, embora [...] a cultura entre de modo essencial na etnicidade [...]. Em suma, a cultura não é algo dado, posto, algo dilapidável também, mas algo constantemente reinventado, recomposto, investido de novos significados [...]" (CUNHA, 1986, p. 101).[3]

A percepção das comunidades quilombolas contemporâneas como grupos étnicos está na base das redefinições conceituais do termo que se seguiram à promulgação do artigo 68. Considere-se, por exemplo, a conceituação elaborada pela Associação Brasileira de Antropologia (ABA), em 1994:

> O termo "quilombo" tem assumido novos significados na literatura especializada e também para indivíduos, grupos e organizações.
> Ainda que tenha um conteúdo histórico, o mesmo vem sendo ressemantizado para designar a situação presente dos segmentos negros em diferentes regiões e contextos no Brasil. [...]
> Contemporaneamente, portanto, o termo não se refere a resíduos ou resquícios arqueológicos de ocupação temporal ou de comprovação biológica. Também não se trata de grupos isolados ou de uma população homogênea. Da mesma forma, nem sempre foram constituídos a partir de movimentos insurrecionais ou rebelados, mas, sobretudo, consistem em grupos que desenvolveram práticas de resistência na manutenção e reprodução de seus modos de vidas característicos num determinado lugar. (ABA, 1994).

De maneira análoga, outros pesquisadores também esboçaram novas definições para as comunidades quilombolas contemporâneas, partindo de uma compreensão destas coletividades como grupos étnicos. Para ALMEIDA (1999), por exemplo, o quilombo é, antes de mais nada, um *locus* de autonomia produtiva, em sua relação com a sociedade envolvente. Já segundo ANDRADE E TRECCANI (1999), o ideário do quilombo presente na historiografia (classicamente referendado em Palmares e sua interpretação como uma forma de "persistência da África no Brasil" [ARRUTI, 2008, p. 318 *apud* CARNEIRO, 1988]) como base genealógica das atuais comunidades quilombolas deve dar lugar a uma acepção mais ampla, que considera as diferentes maneiras da passagem da condição de escravidão à condição camponesa, "independentemente das estratégias utilizadas para alcançar esta condição (fuga, negociação com os senhores, herança, entre outras)".

As definições acima exemplificam a direção a partir da qual se pautou a maioria dos laudos e relatórios antropológicos que, desde então, procuraram caracterizar as comunidades remanescentes de quilombos e seus territórios. Ao conceituar os quilombos a partir do idioma da etnicidade, a teoria an-

3 E, neste sentido, ainda seguindo a autora citada, podemos depreender que toda assunção coletiva de uma identidade étnica é, também, um posicionamento político – como o demonstram as reivindicações fundiárias das comunidades quilombolas.

tropológica e as pesquisas etnográficas relacionadas ao tema enfocam sua contemporaneidade, na medida em que se afastam da visão essencialmente culturalista ou historicista, que privilegiava a abordagem dos quilombos como patrimônios culturais ou reminiscências históricas de um passado escravista.[4]

Deste modo, os debates contemporâneos pavimentaram o caminho para a construção de um instrumento legislativo – o Decreto nº 4.887 – potencialmente inovador em sua capacidade de interpretação das comunidades quilombolas contemporâneas como agrupamentos étnicos. Seguindo a máxima da antropóloga Manuela Carneiro da Cunha (1986, p. 101) acerca da identidade étnica indígena – "é índio quem se considera e é considerado índio" –, o Decreto nº 4.887 estabelece que:

> Art. 2º Consideram-se remanescentes das comunidades dos quilombos, para os fins deste Decreto, os grupos étnico-raciais, segundo critérios de autoatribuição, com trajetória histórica própria, dotados de relações territoriais específicas, com presunção de ancestralidade negra relacionada com a resistência à opressão histórica sofrida.
>
> § 1º Para os fins deste Decreto, a caracterização dos remanescentes das comunidades dos quilombos será atestada mediante autodefinição da própria comunidade.

Como se observa, é o princípio da autoatribuição que pauta a definição das comunidades quilombolas na nova legislação. Portanto, não cabe a qualquer agente externo classificar ou desqualificar determinada coletividade como remanescente de quilombo. Na esteira da teoria barthiana da etnicidade, temos aqui que a definição das fronteiras de pertencimento a um determinado grupo social é atributo exclusivo do próprio grupo.

Do ponto de vista jurídico, o texto do Decreto nº 4.887 reflete os ditames estabelecidos na Convenção 169 da Organização Internacional do Trabalho (OIT, especialmente em seu artigo 1º, inciso 2),[5] ratificada pelo

---

4 Como argumenta ARRUTI (2008, p. 317-321), a abordagem étnica representou ma mudança de paradigma na interpretação dos quilombos, antes alicerçadas quase exclusivamente na ideia de *resistência*, fosse esta cultural (na leitura histórica), política (na interpretação marxista) ou negra (na abordagem do movimento negro).

5 Conforme o artigo 1º da Convenção 169,
"1. A presente convenção aplica-se:
a) aos povos tribais em países independentes, cujas condições sociais, culturais e econômicas os distingam de outros setores da coletividade nacional, e que estejam regidos, total ou parcialmente, por seus próprios costumes ou tradições ou por legislação especial;
b) aos povos em países independentes, considerados indígenas pelo fato de descenderem de populações que habitavam o país ou uma região geográfica pertencente ao país na

Brasil pelo Decreto Legislativo nº143/2002 e do Decreto nº 5.051/2004, para o reconhecimento dos povos indígenas e tribais, aplicando este direito de modo similar às comunidades quilombolas.

Com efeito, o direito à autoatribuição é uma das maiores conquistas das comunidades remanescentes de quilombo na legislação vigente. Tendo em vista que muitas destas comunidades sofreram violentos processos de expropriação e exploração, não só durante o período escravista, mas também ao longo das décadas que sucederam a abolição, é a autoatribuição que permite a estas coletividades reformularem sua identidade a partir da memória de um passado escravista – agora sob a forma de uma identidade positiva e produtora de novos significados sociais –, a despeito de eventuais "perdas" culturais ocorridas que poderiam, aos olhos de observadores externos, descaracterizar sua condição de remanescentes de quilombos.

Importante destacar que a autoatribuição das comunidades está atrelada à chancela da FCP, que criou procedimentos próprios para atestar e cadastrar as comunidades remanescentes de quilombo no Brasil[6]. Trata-se da Certidão de Autodefinição, instrumento previsto no Decreto nº 4.887:

> Art. 4º [...]
>
> § 4º A autodefinição de que trata o § 1º do art. 2º deste Decreto será inscrita no Cadastro Geral junto à Fundação Cultural Palmares, que expedirá certidão respectiva na forma do regulamento.

Atualmente, conforme a regulamentação interna do Incra para o reconhecimento e regularização fundiária das comunidades quilombolas (Instrução Normativa nº 57), esta Certidão de Autodefinição é documento indispensável para que se proceda à realização dos estudos de identificação e demarcação territorial de uma dada comunidade remanescente de quilombo.

época da conquista ou da colonização ou do estabelecimento das atuais fronteiras estatais e que, seja qual for sua situação jurídica, conservam todas as suas próprias instituições sociais, econômicas, culturais e políticas, ou parte delas.

2. A consciência de sua identidade indígena ou tribal deverá ser considerada como critério fundamental para determinar os grupos aos que se aplicam as disposições da presente Convenção.

3. A utilização do termo "povos" na presente Convenção não deverá ser interpretada no sentido de ter implicação alguma no que se refere aos direitos que possam ser conferidos a esse termo no direito internacional".

---

6 Estes procedimentos são atualmente regulados pela Portaria FCP nº 98, de 26 de novembro de 2007.

3. TERRITORIALIDADE

Outro princípio marcante do Decreto nº 4.887 diz respeito aos critérios utilizados para a identificação territorial das comunidades quilombolas, conforme exposto nos §§ 2º e 3º do artigo 2º:

> Art. 2º [...]
> § 2º São terras ocupadas por remanescentes das comunidades dos quilombos as utilizadas para a garantia de sua reprodução física, social, econômica e cultural.
> § 3º Para a medição e demarcação das terras, serão levados em consideração critérios de territorialidade indicados pelos remanescentes das comunidades dos quilombos, sendo facultado à comunidade interessada apresentar as peças técnicas para a instrução procedimental.

Observe-se que o texto legal procura, por um lado, conferir às "terras ocupadas" pelas comunidades quilombolas um caráter funcional, sob o ponto de vista da reprodução socioeconômica e cultural do grupo. Tais terras devem ser, portanto, em quantidade minimamente adequada para que a coletividade dela retire dignamente seu sustento, em conformidade com suas práticas produtivas e culturais.

Por outro lado, determina também a consideração de "critérios de territorialidade" pertinentes aos remanescentes de quilombo, no processo de identificação territorial. Segundo LITTLE (2002, p. 3), a *territorialidade* pode ser definida como "o esforço coletivo de um grupo social para ocupar, usar, controlar e se identificar com uma parcela específica de seu ambiente biofísico, convertendo-a assim em seu 'território'". A territorialidade, portanto, abarca os processos sócio-históricos vivenciados por determinado grupo em um dado espaço, nos quais estão imbricados não só aspectos de produção material, mas também saberes locais, significados e redes de relações sociais (parentesco, aliança, antagonismos) que, somados, são elementos constitutivos da identidade coletiva daqueles que se apropriam desse território.[7]

Portanto, a partir da compreensão antropológica sobre a territorialidade, as "terras ocupadas" pelas comunidades remanescentes de quilombo devem abranger não só seus locais de moradia, mas também os espaços que foram e são imprescindíveis para a própria construção social de sua identidade étnica, frente à sociedade envolvente. Como afirma ALMEIDA (2008, p. 72), em um detalhado estudo sobre os diferentes "processos de territorialização" dos povos e comunidades tradicionais brasileiros:

> Pode-se dizer que cada grupo constrói socialmente seu território de uma maneira própria, a partir de conflitos específicos em face de antagonistas diferenciados,

7 A este conjunto de fatores, Little dá o nome de *cosmografia* (op. cit.).

> e tal construção implica também numa relação diferenciada com os recursos hídricos e florestais.

Diferentes ambientes e relações constituintes dão ensejo, também, a modos de produção específicos, que devem ser abarcados quando da demarcação dos territórios das comunidades. Um dos aspectos muito sublinhados pelas pesquisas antropológicas acerca das comunidades remanescentes de quilombos é que, via de regra, a apropriação da terra é feita de modo coletivo – um modelo que também reflete na legislação, e será abordado adiante. Mas há outras considerações importantes.

Tome-se, como exemplo, a região do Vale do Ribeira, no estado de São Paulo, local de incidência de dezenas de comunidades remanescentes de quilombos. Nesta região, historicamente, a atividade produtiva central destas comunidades é a agricultura familiar de subsistência, norteada pela técnica da *coivara.* A coivara consiste num sistema de produção caracterizado pela abertura de pequenas roças familiares (entre um e cinco hectares) pela derrubada e queima da mata, em áreas que, uma vez utilizadas, devem ser abandonadas para o "descanso", isto é, para a reconstituição de sua cobertura vegetal (a *capuava* ou *capoeira*) por um período de cerca de dez anos, quando estarão novamente propícias para o plantio (cf. AMORIM 1998, p. 15-19). Complementarmente, estas comunidades também praticam a caça, a pesca e o extrativismo.

Ora, tal economia demanda, claramente, uma extensão considerável de terras, de forma a garantir o necessário rodízio das áreas roçadas e também terrenos de mata, responsáveis pelos estoques adequados de caça e produtos extrativistas. Assim, não deve surpreender que as áreas que estas comunidades reconhecem como seus territórios extravasem em muito as terras utilizadas para moradia e produção – tendo em vista a lógica produtiva que necessita de grande contingente de áreas para o "rodízio" dos roçados e de reserva florestal para as práticas extrativistas.[8]

Os conhecimentos ambientais compartilhados, as denominações locais a trilhas, caminhos, cursos d'água e outros elementos da paisagem, além da presença eventual de reminiscências históricas (como ruínas e antigos cemitérios) também são indicadores da construção histórica de um território por uma dada coletividade. A partir de um ponto de vista semiótico, pode-se afirmar que a territorialidade não expressa apenas aspectos produtivos e

8 Mais surpreendente, talvez, seja a notável adequação ambiental da técnica da coivara quando praticada em condições demográficas adequadas. Não à toa, a região do Vale do Ribeira possui hoje a maior incidência de unidades de conservação do estado de São Paulo. No entanto, as políticas conservacionistas tendem a combater a prática da coivara, com consequências negativas não só para as populações locais, mas também, ironicamente, para o meio ambiente (cf. AMORIM, op. cit.).

econômicos, mas também processos de significação social de determinados espaços. Assim, o pertencimento a um dado território, na medida em que este se revela imbuído de significados socialmente compartilhados, acaba por constituir, via de regra, um dos sinais diacríticos mais recorrentes na constituição da identidade coletiva das comunidades quilombolas.

Na esteira destes dois princípios essenciais – a autoatribuição e a territorialidade –, o direito das comunidades quilombolas sobre seus territórios é instrumentalizado por um conjunto de peças técnicas, nomeado Relatório Técnico de Identificação e Delimitação (RTID), cujo marco central é o relatório antropológico. O RTID é a peça técnica chave de instrução dos processos administrativos de reconhecimento e titulação das comunidades pelo Incra. Sua regulamentação, atualmente, se dá pela Instrução Normativa Incra nº 57.[9]

4. TITULAÇÃO

Uma vez avançada a noção antropológica de territorialidade e sua importância decisiva para a garantia das condições de reprodução socioeconômica das comunidades remanescentes de quilombo, pode-se examinar mais atentamente as formas previstas, no Decreto nº 4.887, para a efetiva regularização fundiária destes territórios. Aqui, encontraremos uma das mais agudas inovações em relação à regulamentação anterior, dada pelo Decreto nº 3.912.

Conforme os artigos 10 a 13 do Decreto nº 4.887:

> Art. 10. Quando as terras ocupadas por remanescentes das comunidades dos quilombos incidirem em terrenos de marinha, marginais de rios, ilhas e lagos, o Incra e a Secretaria do Patrimônio da União tomarão as medidas cabíveis para a expedição do título.
>
> Art. 11. Quando as terras ocupadas por remanescentes das comunidades dos quilombos estiverem sobrepostas às unidades de conservação constituídas, às áreas de segurança nacional, à faixa de fronteira e às terras indígenas, o Incra, o Ibama, a Secretaria-Executiva do Conselho de Defesa Nacional, a Funai e a Fundação Cultural Palmares tomarão as medidas cabíveis visando garantir a sustentabilidade destas comunidades, conciliando o interesse do Estado.
>
> Art. 12. Em sendo constatado que as terras ocupadas por remanescentes das comunidades dos quilombos incidem sobre terras de propriedade dos Estados, do

9 Há uma série de críticas de pesquisadores e militantes da causa quilombola a esta Instrução Normativa (primeiramente publicada como Instrução Normativa nº 49), que estabelece numerosos critérios para a consecução do RTID – e especialmente do relatório antropológico. Por uma questão de espaço, as minúcias desta Instrução Normativa não são abordadas neste trabalho. Para uma análise crítica do conteúdo da Instrução Normativa, ver CHASIN e PERUTTI (2009). ARRUTI (2010), por sua vez, analisa o contexto de emergência deste instrumento normativo.

> Distrito Federal ou dos Municípios, o Incra encaminhará os autos para os entes responsáveis pela titulação.
> Art. 13. Incidindo nos territórios ocupados por remanescentes das comunidades dos quilombos título de domínio particular não invalidado por nulidade, prescrição ou comisso, e nem tornado ineficaz por outros fundamentos, será realizada vistoria e avaliação do imóvel, objetivando a adoção dos atos necessários à sua desapropriação, quando couber.

Um a um, os artigos listados definem as hipóteses de regularização fundiária dos territórios quilombolas identificados, de acordo com o tipo de área sobre a qual incidem – incluindo-se, conforme o artigo 11, a possibilidade de soluções conciliatórias em caso de incidência de unidades de conservação, terras indígenas ou áreas de interesse nacional sobre territórios remanescentes de quilombo.[10]

Já os artigos 10 e 12 determinam aos Municípios, Estados e União a responsabilidade pela titulação de comunidades cujos territórios estejam dispostos sobre áreas públicas pertencentes às respectivas instâncias federativas.

Mas é o artigo 13 que representa o mais decisivo avanço para a execução do dispositivo constitucional, ao prever a possibilidade de desapropriação de imóveis particulares para efetivar a titulação dos territórios quilombolas. Trata-se de uma nova interpretação para um debate jurídico iniciado com a edição do Decreto nº 3.912, que não previa a desapropriação.[11] Na linha da regulamentação anterior, Cláudio Teixeira da SILVA (2002, p. 83) estipulava que caberia ao Estado, em favor das comunidades remanescentes de quilombo, somente a conversão de um regime de posse em propriedade: "O comando constitucional exige atuação do Estado somente na emissão dos títulos de propriedade, sendo vedado a ele, em respeito ao princípio de legalidade, levar a efeito desapropriações sob o fundamento de cumprimento do art. 68 do ADCT".

Entretanto, a inviabilidade da desapropriação de títulos particulares não invalidados acarretava, em termos práticos, na ineficácia dos títulos emitidos pelo Estado em favor das comunidades quilombolas, tendo em vista que, havendo sobreposição com outros já existentes, não poderiam ser levados a

---

10 Um exemplo das possibilidades abertas por este mecanismo conciliatório se deu no estado de São Paulo, que constituiu grupo técnico para desafetar as áreas do Parque Estadual do Jacupiranga que incidiam sobre comunidades tradicionais e quilombolas. O processo, conduzido pela Fundação Florestal e pela Fundação Instituto de Terras do Estado de São Paulo (Itesp), acarretou, em 2008, na criação do Mosaico de Unidades de Conservação do Jacupiranga (Lei Estadual nº 12.180/2008), sendo as áreas ocupadas pelas mencionadas comunidades convertidas em unidades de uso sustentável.

11 O debate inclui também a já mencionada posição sustentada pelo Ministério Público Federal acerca da autoaplicabilidade do artigo 68 do ADCT, o que descartaria a necessidade de legislações complementares (cf. ROTHEMBURG, 2007).

registro cartorial – o que efetivamente ocorreu com alguns títulos expedidos pela FCP. Tratava-se de grave limitação do Decreto nº 3.912, que acabava por reduzir a consecução de um direito constitucional, em muitos casos, à mera produção de documentos desprovidos de eficácia legal.

A defesa do emprego, pelo Estado, da desapropriação, na forma prevista pelo Decreto nº 4.887, é sustentada em parecer proferido pela Advocacia Geral da União (Parecer nº AGU/MC – 1/2006), de autoria do Consultor Geral da União Manoel Lauro Volkmer Castilho:

> [...] os títulos particulares, uma vez apurada área de ocupação de remanescentes de comunidade de quilombos, são logicamente prejudicados e cederão reconhecimento da propriedade destes como decorrência da supremacia constitucional que submete a propriedade privada aos interesses nacionais e constitucionais e bem por isso sujeitam-se à "*desapropriação*" cujo sentido aqui é, em razão dessa circunstância, diverso do sentido tradicional comum porque não busca declarar a aquisição da propriedade, mas a publicização daquela preexistente pela definição constitucional de 5 de outubro de 1988 (:15).

Uma vez consagrada pelo Decreto nº 4.887 esta possibilidade, a Instrução Normativa nº 57 do Incra estabeleceu que é a desapropriação por interesse social (com base na Lei nº 4.132/1962) que deve ser empregada com a finalidade de titulação de territórios quilombolas incidentes sobre imóveis particulares.

No que se refere à titulação, o Decreto estipula, em seu artigo 17, uma série de condições inerentes ao título ofertado às comunidades remanescentes de quilombo, que cabem observar:

> Art. 17. A titulação prevista neste Decreto será reconhecida e registrada mediante outorga de título coletivo e pró-indiviso às comunidades a que se refere o art. 2º, *caput*, com obrigatória inserção de cláusula de inalienabilidade, imprescritibilidade e de impenhorabilidade.
> Parágrafo único. As comunidades serão representadas por suas associações legalmente constituídas.

Mais do que prever a inscrição de cláusulas que resguardem a propriedade quilombola de novos esbulhos e que garantam sua perenidade, este artigo estipula que a forma do título de propriedade deve ser coletiva e pró-indivisa, implicando a instauração, pela comunidade titulada, de uma pessoa jurídica representativa – a associação – que será a detentora do título.

É interessante notar que este dispositivo concretiza uma distinção fundamental entre os direitos territoriais quilombolas e indígenas, já colocada na Carta Constitucional. Enquanto as terras declaradas indígenas representam a consecução de um direito originário – "o reconhecimento de uma ocupação imemorial e anterior à própria existência do Estado Nacional" (TRECANNI, 2005, p. 118) –, o que implica na nulidade de quaisquer atos de posse ou domínio praticados sobre estas áreas,[12] a regularização de territórios quilombolas não pressupõe a nulidade de outros títulos – daí o necessário recurso à desapropriação. Ainda segundo Trecanni (op. cit.):

> Não tem qualquer sustentação jurídica a afirmação de que nossa Carta Magna teria reconhecido direitos originários às comunidades de quilombos. Consequência direta desta afirmação é que se os títulos e registros cartoriais correspondentes não apresentarem vícios intrínsecos que possam gerar sua declaração de nulidade, eles produziram efeitos jurídicos [...]; não existe a possibilidade de um apossamento administrativo por meio do qual o particular seria obrigado a deixar a terra que ocupa [...]. Eles terão que ser indenizados pela perda de sua propriedade.

Desta distinção advém o estatuto jurídico distinto de terras indígenas e terras quilombolas: enquanto as primeiras são de domínio da União, destinadas à posse exclusiva de seus destinatários (o que dispensa os povos indígenas de constituírem associações com a finalidade de usufruírem de seus direitos territoriais), os territórios remanescentes de quilombos convertem-se em uma propriedade coletiva, cujo destinatário é uma pessoa jurídica – a associação – constituída para representar esta coletividade.

5. NOTAS FINAIS: OS IMPASSES E DISPUTAS PERSISTENTES AOS DIREITOS QUILOMBOLAS

Se procuramos, ao longo deste artigo, situar a fundamentação antropológica de princípios norteadores do Decreto nº 4.887 – notadamente, a garantia à autoatribuição das comunidades quilombolas e o emprego de seus critérios de territorialidade na identificação de suas terras –, resta concluir que, longe de ser unânime ou homogênea, a interpretação aqui avançada é parte integrante de uma arena de disputas políticas e interpretativas que se dão em torno destes princípios e conceitos.

O reconhecimento das comunidades remanescentes de quilombo como comunidades étnicas, aptas a definir seus territórios conjuntamente com os agentes públicos a partir de critérios próprios de territorialidade, é contestado por parcelas contrárias à efetivação deste direito, que insistem em uma abordagem historicista e estereotipada dos termos em disputa, e também em determinadas instâncias judiciárias.

Um exemplo acabado desta perspectiva é a Ação Direta de Inconstitucionalidade (ADI) nº 3.239, proposta pelo então Partido da Frente Liberal (PFL), junto ao Supremo Tribunal Federal, contra o Decreto nº 4.887. No âmbito estritamente jurídico, a ADI contesta a regulamentação do

12 É o que estabelece o artigo 231, § 6º da Constituição Federal.

dispositivo constitucional a partir de decreto – muito embora, curiosamente, o anterior Decreto nº 3.912, de conteúdo quase inócuo para a efetivação dos direitos quilombolas, não tenha sido objeto da mesma impugnação (cf. ROTHEMBURG, 2007).

No referente ao seu conteúdo, a impugnação ao Decreto perpetrada pela ADI é feita precisamente a partir da contestação dos três princípios aqui analisados. Primeiro, questiona a constitucionalidade da desapropriação. Conforme citação da petição inicial da ADI nº 3.239, "não há que se falar em propriedade alheia a ser desapropriada para ser transferida aos remanescentes de quilombos, muito menos em promover despesas públicas para fazer frente a futuras indenizações".[13]

Em seguida, a ADI ataca a prerrogativa da autoatribuição, a despeito da já mencionada adoção da Convenção 169 da OIT pelo Estado brasileiro.

> Ainda que se admitisse a extensão do direito aos descendentes – e não remanescentes –, não seria razoável determiná-los mediante critérios de autossugestão, sob pena de reconhecer o direito a mais pessoas do que aqueles efetivamente beneficiados pelo art. 68 do ADCT e realizar, por vias oblíquas, uma reforma agrária *sui generis*.

A objeção final da ADI se refere ao emprego dos critérios de territorialidade indicados pelas comunidades para a identificação territorial:

> Sujeitar a demarcação das terras aos indicativos dos interessados não constitui procedimento idôneo, moral e legítimo de definição.
> A área cuja propriedade deve ser reconhecida constitui apenas e tão somente o território em que comprovadamente, durante a fase imperial da história do Brasil, os quilombos se formara (sic.).

Na arena de debate pela definição dos princípios transversais à legislação quilombola, inserem-se também os operadores do direito – como juízes e procuradores –, muitas vezes descartando as contribuições da teoria antropológica sobre estes termos, assumindo leituras limitadoras e até contrárias aos dispositivos legais. Um breve exemplo pode ser encontrado nos autos judiciais de desapropriação do imóvel Fazenda Maranduba, que se encontra dentro do perímetro do território quilombola reconhecida da comunidade de Caçandoca (Ubatuba-SP).

13 Cf. petição inicial da ADI nº 3.239, datada de 24 de junho de 2003. Disponível em: <http://www.stf.gov.br/portal/peticaoInicial/verPeticaoInicial.asp?base=ADIN&s1=3239&processo=3239>. Acesso em 26/08/2011.

A ação, proposta pela Superintendência do Incra em São Paulo em 2006,[14] esbarrou em dificuldades legais por conta de uma disputa interna à comunidade, que, diferentemente da previsão legal, separou-se em duas associações distintas. Por conta do cenário iminente de conflito e acusações mútuas, a Juíza Federal responsável pela ação determinou à Superintendência, em 2008, um levantamento da situação do território, com informações detalhadas sobre o que elencou como "critérios para a avaliação da condição quilombola". Estes seriam, no entendimento do juízo, a comprovação da descendência do núcleo de ex-escravos da antiga Fazenda Maranduba; a comprovação de residência no território desde 2006, ano da edição do decreto desapropriatório do imóvel; e, finalmente, a comprovação, por cada família (via apresentação de declarações de imposto de renda), de não possuírem imóveis em outras localidades.[15]

A interpretação judicial sobre a situação revela não só incompreensão sobre as condições socioeconômicas que caracterizam a comunidade em tela – por exemplo, nenhum dos integrantes da comunidade encaixava-se na faixa de rendimentos que implicava à declaração de imposto de renda –, mas também a própria desconsideração do princípio da autoatribuição estipulado no Decreto nº 4.887 – substituído aqui pro critérios arbitrariamente elencados pelo juízo.

Mas o exemplo da Caçandoca demonstra, além disso, que nem sempre o modelo de titulação previsto no Decreto nº 4.887, que destina a propriedade coletiva à comunidade por meio de uma pessoa jurídica, tem eficiência. Trata-se de um modelo único para acomodar uma ampla variedade de situações – afinal, as milhares de comunidades que hoje se identificam como remanescentes de quilombos, com suas trajetórias sócio-históricas próprias, não compõem uma mônada homogênea A existência de múltiplas associações, como no caso demonstrado, muitas vezes reflete disputas ou hierarquias internas ao grupo social na gestão territorial, "que não permitem confundi-la com modalidades de apropriação coletiva ou com formas associativas implementadas pelos órgão oficiais" (ALMEIDA, 2008, p. 165). Outras dificuldades e impasses imprevistos podem advir das tentativas de acomodação dos mecanismos tradicionais de acesso a terra com o modelo legal disponível.

Com base em toda a discussão aqui apresentada, sublinhamos duas observações finais. Primeiramente, que as definições de termos e princípios legais do direito corrente das comunidades remanescentes de quilombos:

---

14 Trata-se da primeira ação de desapropriação por interesse social com intuito de regularizar um território remanescente de quilombo.

15 Cf. despacho de 18/12/2008, autos nº 2006.61.21.003150-9, 1ª Vara Federal de Taubaté-SP.

> Dependem de um universo de intérpretes que ultrapassa em muito o campo de ação do próprio Estado, abrindo-se a um largo circuito de agentes que, ao disputarem uma determinada leitura da lei, moldam a realidade ao moldarem o direito (HÄBERLE, 1997, *apud* ARRUTI, 2008, p. 338).

O próprio conceito de "comunidade remanescente de quilombo" está no centro desta arena de disputa: enquanto, de um lado, é esgarçado a seus limites de significação por coletividades e movimentos sociais, do outro, é retido em uma concepção essencializante e historicista por opositores destes direitos (como no texto da ADI nº 3.239). E, se aqui insistimos na pertinência da interpretação dos conceitos de etnicidade e territorialidade, centrais ao Decreto nº 4.887, a partir da teoria antropológica, é por acreditar que estas leituras ainda não foram plenamente absorvidas pelos operadores do direito e pelas instâncias judiciárias, que muitas vezes se situam mais próximos das conceituações estereotípicas destes objetos legais.

É justamente aí que reside a segunda observação final, qual seja, sobre a relação possível – e desejável – entre antropologia e direito. Se o último é um campo essencialmente normativo, o cerne da disciplina antropológica está no exame da diversidade social. Assim:

> O dilema da relação entre o discurso antropológico e o discurso jurídico parece residir justamente neste ponto: aquilo que a antropologia oferece como um exemplo ou caso em meio à diversidade, o direito captura como modelo sobre o qual o seu *modus* normatizador deve operar" (ARRUTI, 2008, p. 339).

É precisamente este o caso, quando se observa a construção do instrumento legal que ampara o direito constitucional das comunidades remanescentes de quilombos. Na medida em que um amplo rol de comunidades com trajetórias distintas, mas ancoradas em um passado escravista, buscam se acomodar ao modelo legal disponível para pleitear seus direitos territoriais, o papel da antropologia é demonstrar que, em meio às definições normativas dadas pela legislação, persiste a diversidade da configuração sociocultural destas coletividades. Tanto quanto seus modos de organização social, os obstáculos fundiários e as soluções cabíveis divergem a cada caso, pois são consequência de histórias e percursos próprios. Sob a noção de terras de uso comum ou coletivo jazem, muitas vezes, esquemas de diferenciação social particulares a cada comunidade.

Por meio dos conceitos de etnicidade e territorialidade, empregados como ferramentas analíticas, a Antropologia pode contribuir com o Direito – não obstante seu caráter normativo – para uma melhor compreensão da diversidade que perfaz o universo das comunidades remanescentes de quilombo. E, desta forma, pode contribuir também na busca de soluções criativas para os impasses que se estabelecem entre as situações empíricas vivenciadas pelos agentes sociais e o arcabouço de mecanismos legais que lhes são disponíveis.

BIBLIOGRAFIA

ALMEIDA, Alfredo Wagner B. Os quilombos e as novas etnias. In: S. LEITÃO. *Direitos territoriais das comunidades negras rurais*. São Paulo: Instituto Socioambiental, 1999.

_________. *Terras de quilombo, terras indígenas, "babuaçais livres", "castanhais do povo", faxinais e fundos de pastos*: terras tradicionalmente ocupadas. 2ª ed. Manaus: PGSCA/Ufam, 2008.

AMORIM, Cleyde Rodrigues. *Relatório técnico científico sobre os remanescentes da comunidade de quilombo de Pedro Cubas – município de Eldorado/SP*. São Paulo: Itesp, 1998.

ANDRADE, Lucia; TRECANNI, Girolamo. Terras de quilombo. In: R. LARANJEIRA (Org.). *Direito agrário brasileiro*. São Paulo: LTr, 1999.

ARRUTI, José Maurício. Quilombos. In: L. SANSONE; O. A. PINHO (Orgs.). *Raça:* novas perspectivas antropológicas. 2ª ed. Salvador: ABA/EDUFBA,.

_________. Antropologia e Direito nos embates em torno dos quilombos no Brasil. Trabalho apresentado no Núcleo de Antropologia do Direito (Nadir) da Universidade de São Paulo. 2010.

BARTH, Fredrik. Introduction. In: F. BARTH (Org.). *Ethnic groups and boundaries: the social organization of cultural difference*. Bergen-Oslo: Universitets Forlaget, 1969.

BRAGA, Cláudio Rodrigues. Comentários sobre os procedimentos administrativos do Incra na titulação quilombola, à luz do Decreto nº 4.887/03 e a Instrução Normativa. In: Boletim Informativo Nuer/ Núcleo de Estudos sobre Identidade e Relações Interétnicas. Florianópolis: Nuer/ UFSC, p. 103-110. v.2, n.2, 2005.

CARNEIRO, Edson. *O Quilombo dos Palmares*. Rio de Janeiro: Companhia Nacional, 1988.

CHASIN, Ana Carolina da Matta; PERUTTI, Daniela Carolina. *Os retrocessos trazidos pela Instrução Normativa do Incra nº 49/2008 na garantia dos direitos das comunidades quilombolas*. São Paulo: Comissão Pró-Índio, 2009. Disponível em: <http://www.cpisp.org.br/acoes/upload/arquivos/ARTIGO%20IN%2049.pdf>. Acesso em 24/08/2011.

COMISSÃO PRÓ-ÍNDIO-SP. *Terra de Quilombo*. Boletim n. 5. 2ª ed. 2009.

CORRÊA, Luiza Andrade. *Comunidades quilombolas no judiciário brasileiro:* análise comparativa da jurisprudência. Monografia. São Paulo: Sociedade Brasileira de Direito Público, 2009.

CUNHA, Manuela Carneiro da. Etnicidade: da cultura residual mas irredutível. In: M. C. CUNHA. *Antropologia do Brasil:* mito, história, etnicidade. São Paulo: Brasilense/Edusp, 1986.

GEERTZ, Clifford. O mundo em pedaços: cultura e política no fim do século. In: C. GEERTZ. *Nova luz sobre a antropologia.* Rio de Janeiro: Jorge Zahar, 2001.

GUSMÃO, Neusa Maria M. O direito dos remanescentes de quilombos. *Cultura Vozes*, São Paulo, v. 98, nº6, 1995.

HÄBERLE, Peter. *Hermenêutica constitucional. A sociedade aberta dos intérpretes da Constituição:* contribuição para a interpretação pluralista e "procedimental" da Constituição. Porto Alegre: Sergio Antonio Fabris Editor, 1997.

LITTLE, Paul. Territórios sociais e povos tradicionais no Brasil: por uma antropologia da territorialidade. Série Antropologia nº 322. Brasília: UnB, 2002.

REIS, João José; GOMES, Flávio (Orgs.). *Liberdade por um fio:* história dos quilombos no Brasil. São Paulo: Companhia das Letras, 1996.

ROCHA, Maria Elizabeth Guimarães Teixeira. O Decreto nº 4.887/2003 e a regulamentação das terras remanescentes das comunidades dos quilombos. In: *Boletim Informativo Nuer/* Núcleo de Estudos sobre Identidade e Relações Interétnicas. Florianópolis: Nuer/UFSC, p. 97-102, v. 2, n. 2. 2005.

ROTHEMBURG, Walter Claudius. O processo administrativo relativo às terras de quilombos: análise do Decreto nº 3.912, de 10 de setembro de 2001. In: L. A. OLIVEIRA (Org.). *Quilombos:* a hora e a vez dos sobreviventes. São Paulo: CPI-SP, 2001.

__________. Parecer contrário ao Projeto de Decreto Legislativo nº 44, de 2007, de autoria do Deputado Federal Valdir Colato. Ministério Público Federal, 6ª Câmara de Coordenação e Revisão – Índios e Minorias. 2007. Disponível em: <http://www.cpisp.org.br/acoes/html/artigos.aspx>. Acesso em 25/08/2011.

SCHMITT, Alessandra; TURATTI. Maria Cecília M.; CARVALHO, Maria Celina P. A atualização do conceito de quilombo: identidade e território nas definições teóricas. *Ambiente & Sociedade*, ano V, nº 10, p. 1-8, 2002..

SILVA, Claudio Teixeira da. O usucapião singular disciplinado no art. 68 do Ato das Disposições Constitucionais Transitórias. *Revista de Direito Privado*, v. 3, n.11, p.79-83, 2002.

TRECANNI, Girolamo. Os diferentes caminhos para o resgate dos territórios quilombolas. In: *Boletim Informativo Nuer/* Núcleo de Estudos sobre Identidade e Relações Interétnicas. Florianópolis: Nuer/UFSC, p. 111-122, v. 2, n. 2.

DOCUMENTOS E LEGISLAÇÃO

ABA (Associação Brasileira de Antropologia). Documentos do Grupo de Trabalho sobre as comunidades Negras Rurais. *Boletim Informativo Nuer*, n.1, 1994.

ADVOCACIA GERAL DA UNIÃO. Parecer nº AGU-MC 01/2006. Procedência: Gabinete de Segurança Institucional da Presidência da República. Assunto: Interpretação da questão quilombola na Constituição de 1988. Autoria do Consultor-Geral da União Manoel Lauro Volkmer Castilho.

BRASIL. Constituição da República Federativa do Brasil. Brasília: Senado, 1988.

BRASIL. Decreto Presidencial nº 3.912/2001 de 10 de setembro de 2001. Regulamenta as disposições relativas ao processo administrativo para identificação dos remanescentes das comunidades dos quilombos e para o reconhecimento, a delimitação, a demarcação, a titulação e o registro imobiliário das terras por eles ocupadas. In: *Diário Oficial da União* nº 174 de 11/09/2001.

BRASIL. Decreto Presidencial nº 4.887/2003 de 20 de novembro de 2003. Regulamenta o procedimento para identificação, reconhecimento, delimitação, demarcação e titulação das terras ocupadas por remanescentes das comunidades dos quilombos de que trata o art. 68 do Ato das Disposições Constitucionais Transitórias. In: *Diário Oficial da União* nº 227 de 21/11/2003.

OS CONTRATOS AGRÁRIOS NOMINADOS E INOMINADOS SOB A ÓTICA CONTEMPORÂNEA E PRAGMÁTICA

Augusto Ribeiro Garcia

1. INTRODUÇÃO

Na última década que antecedeu à da edição do Estatuto da Terra (Lei nº 4.504, de 30 de novembro de 1964), o Brasil ainda poderia ser considerado um país essencialmente agrícola. Pode-se dizer mesmo que foi a partir da década de 1950 que a industrialização começou a se deslanchar, muito timidamente. A atividade produtiva do país ainda se concentrava com forte predominância na economia rural. É aí onde estava a maior massa de trabalhadores, quer sob precários vínculos empregatícios, quer sob as muitas formas abusivas de parcerias ou de arrendamentos. Eram os grandes proprietários de terras, muitos dos quais inescrupulosos, que tiravam maior proveito dessa situação.

Esse panorama não era muito diferente em vários países do continente sul-americano, onde pipocavam os movimentos pela reforma agrária. E, para complicar, o mundo vivia a época da guerra fria em que as duas potências militares de então se digladiavam na disputa pela prevalência de suas ideologias. De um lado, os Estados Unidos impondo a sua influência no continente americano em defesa do capitalismo. Do outro, a então União Soviética tentando expandir para outros continentes a experiência socialista que já dominava todo o leste europeu, parte da Ásia e chegava à ilha de Cuba, no Caribe.

Foi nesse clima que veio a lume o Estatuto da Terra, já sob a égide do regime militar, que tomara o poder havia apenas oito meses. Só que a nova lei teve o condão de ter sido elaborada por uma comissão interdisciplinar de técnicos do mais alto nível. Entre eles estavam os juristas mais destacados do país, como Fernando Pereira Sodero, Altir de Souza Maia e Igor Tenório, além de agrônomos da estirpe de José Gomes da Silva e Carlos Lorena.

Embora num regime de exceção, o Estatuto foi aprovado com o Congresso Nacional ainda funcionando.

2. O ESTATUTO DA TERRA NO SÉCULO XX E NO SÉCULO XXI

A edição do Estatuto da Terra constitui um verdadeiro divisor de águas para o ordenamento jurídico destinado a disciplinar a atividade agropastoril e extrativa no Brasil. Especialmente no tocante à posse e ao uso da terra rural, englobando aí todos os ingredientes necessários à atividade produtiva do setor agrícola.

No que diz respeito à posse da terra, a Constituição Federal hoje em vigor, no inciso XXII de seu artigo 5º, diz que é garantido o direito de propriedade. Essa propriedade, todavia, deverá cumprir a sua função social, segundo preceitua o inciso XXIII do mesmo dispositivo. E o cumprimento dessa função está muito bem definido no art. 186 da mesma Carta Magna. Para isso são exigidos apenas quatro requisitos:

> I – aproveitamento racional e adequado;
>
> II – utilização adequada dos recursos naturais disponíveis e preservação do meio ambiente;
>
> III – observância das disposições que regulam as relações de trabalho; e exploração que favoreça o bem-estar dos proprietários e dos trabalhadores.
>
> IV – Como se vê, não há nenhum segredo no cumprimento da função social, que tanto amedronta os mais conservadores.

Mas o que interessa para este breve trabalho é o capítulo que trata do uso ou da posse temporária da terra, mais especificamente os arts. 92 a 96, que cuidam do arrendamento e da parceria.

O art. 92 reza que:

> A posse ou o uso temporário da terra serão exercidos em virtude de contrato expresso ou tácito, estabelecido entre o proprietário e os que nela exercem a atividade agrícola ou pecuária, sob a forma de arrendamento rural, parceria agrícola, agroindustrial e extrativa [...]".

3. CONTRATOS AGRÁRIOS NOMINADOS

Dois anos depois do advento da lei agrária *mater*, veio a Lei nº 4.947, de 6 de abril de 1966, que fixou as normas gerais de Direito Agrário. Esta lei, em seu art. 13, faz menção direta aos contratos agrários. Mas foi o Decreto nº 59.566, de 14 de novembro de 1966, que nominou expressamente esses dois importantes institutos do Direito Agrário, em seu art. 1º. O tópico inicial desse dispositivo diz que "o arrendamento e a parceria são contratos que a lei reconhece, para o fim de posse ou uso temporário da terra [...]".

Dentro da legislação agrária, estas duas modalidades contratuais são as formas escolhidas pelo legislador como sendo os contratos agrários *típicos ou nominados*. Para esta escolha é evidente que tem a sua fundamentação lógica, quando se sabe que existem outras modalidades contratuais praticadas em larga escala no uso da terra e que foram omitidas pelo Estatuto. As mais conhecidas são, por exemplo, o comodato, a empreitada ou locação de serviços, a locação de pastos e a integração, que modernamente se denomina integração agroindustrial ou integração vertical. No Rio Grande do Sul, a locação de pastos mistura-se com o pastoreio e a invernagem, que têm outros contornos, como veremos.

Por outro lado, o Professor Benedito Ferreira Marques[1] acrescenta a estas modalidades contratuais as figuras do compáscuo, do "cambão" e do "fica".

O sempre saudoso e figura ímpar do jusagrarismo brasileiro, mestre Octavio de Mello Alvarenga, discorrendo sobre esta matéria, define os contratos agrários da seguinte maneira: "Por contrato agrário devem ser entendidas todas as formas de acordo de vontade que celebrem, segundo a lei, para o fim de adquirir, resguardar, ou extinguir direitos vinculados à produtividade da terra".

Esta é uma definição genérica, que engloba todas as modalidades de contratos agrários, mas a sua lógica está plenamente correta em nosso entendimento, pelo fato de atê-los à atividade produtiva da terra.

Todas as modalidades que não foram acolhidas no bojo do Estatuto da Terra são, portanto, os chamados contratos agrários *inominados* ou *atípicos*. Entretanto, temos mais duas modalidades contratuais criadas na última década que estão dentro do Estatuto da Terra e não são considerados contratos agrários típicos ou nominados. São elas o Condomínio Agrário e o Consórcio Agrário, que foram inseridos nos §§ 1º e 2º do art. 14 do Estatuto agrário. Esses novos contratos agrários foram criados pela Medida Provisória nº 1.283-56, de 24 de agosto de 2001, e regulamentados pelo Decreto nº 3.993, de 30 de outubro de 2001.

Razão da tipicidade – Quando o legislador quis dar o caráter de tipicidade ao arrendamento e à parceria, seu objetivo era dar uma proteção especial à parte considerada a mais fraca na relação contratual. Essa parte era o rurícola hipossuficiente, a quem o Professor Fernando Pereira Sodero dava ênfase muito especial em suas aulas no curso de pós-graduação na velha Faculdade de Direito do Largo de São Francisco.

Portanto, o legislador quis proteger os trabalhadores da terra, que não tinham sua posse e que eram exatamente os arrendatários e os parceiros-ou-

1 MARQUES, Benedito Ferreira. *Direito Agrário brasileiro*. São Paulo: Atlas, 2011, p. 179.

torgados. Não se perca de vista que isso ocorreu numa época em que ainda imperava o coronelismo no campo e a incipiente legislação trabalhista amparava apenas o trabalhador urbano. A Consolidação das Leis Trabalhistas (CLT, Decreto-Lei nº 5.452) é de 1943. Antes dela vigiam apenas algumas leis muito tímidas que remontam ao início do século XIX e que tratavam somente da forma de contratação dos colonos. É o caso, por exemplo, da Lei nº 108, de 13/10/1837, que tratava da locação de serviço dos colonos. Com a abolição da escravatura, em 1888, começava a surgir um novo horizonte com a oferta de trabalho remunerado.

Num capítulo de nossa lavra, publicado em *Trabalhador rural*,[2] obra coletiva sobre esse tema, fazíamos a seguinte afirmação: "Dentro desse clima de absoluta supremacia do proprietário da terra, foi no início do século XIX que surgiram as primeiras normas reguladoras do trabalho rural".

E elencamos ali as principais dessas leis, todas cuidando apenas do trabalho para o dono da terra, que auferia com exclusividade os lucros da produção. Jamais o trabalhador tinha acesso a terra como fonte de renda com os frutos tirados dela com seu trabalho. Isso só veio a acontecer com o advento do Código Civil de 1916, que dedicou dois tópicos relacionados com essa matéria. Em seus artigos 1.211 a 1.215, ele tratou do arrendamento rural, com a denominação de locação de prédios rústicos. E nos artigos 1.410 a 1.423, cuidou da parceria, desdobrada em agrícola e pecuária. Cuidou também da locação de serviços (arts. 1.216 a 1.236) e da empreitada (arts. 1.237 a 1.247).

Mas é sabido que a prática da atividade agropastoril nessa época ainda estava submetida aos mandos e desmandos do dono da terra ou do rebanho. Essa situação perdurou até a década de 1960, quando surgiram as duas principais leis modernas de proteção ao rurícola. A primeira foi o Estatuto do Trabalhador Rural (Lei nº 4.214, de 02/03/1963) e a outra foi o Estatuto da Terra, que veio a lume em 30 de novembro de 1964.

Portanto, num clima onde os resquícios do coronelismo ainda tinham presença marcante no meio rural, era natural que o legislador procurasse dar amparo especial ao trabalhador economicamente mais fraco. E essa preocupação se refletiu na nova lei agrária, mais precisamente nos seus artigos 92 a 96, que cuidaram do arrendamento e da parceria. Isso ficou materializado nas cláusulas obrigatórias, que deram ao arrendamento e à parceria a tipicidade de contratos agrários típicos ou nominados.

Ao imprimir a observância obrigatória das cláusulas que devem prevalecer nesses contratos, o legislador interferiu na liberdade contratual e na autonomia da vontade. Esses dois primados que vigoram no mundo dos negócios foram restringidos pela interferência do Poder Público no geren-

2 GARCIA, Augusto Ribeiro. Op. cit., Curitiba: Juruá, 2007, p. 200-212.

ciamento das relações contratuais. É o que está espelhado nas disposições do art. 13 do Decreto nº 59.566/66, que regulamentou o capítulo específico do Estatuto da Terra. Esta é a razão pela qual o arrendamento e a parceria foram reconhecidos formalmente como sendo os legítimos contratos agrários típicos. Tirando o aspecto da observância das cláusulas obrigatórias nos contratos agrários nominados, todos os demais que se ocupam da terra são, portanto, inominados ou atípicos.

4. QUESTÕES POLÊMICAS DOS CONTRATOS AGRÁRIOS NOMINADOS

Sem alongar-se muito em discussões doutrinárias, pela limitação de espaço deste trabalho, temos, portanto, que as cláusulas obrigatórias é que dão a tipicidade dos contratos agrários nominados. Pelo conteúdo de suas regras rígidas, não prevalecem nesses contratos os princípios da autonomia da vontade e da liberdade contratual. Com isso, eles se diferenciam dos inominados, que são regidos pela legislação civil na qual prevalecem aqueles princípios. Pelo seu conteúdo não se aplica o velho brocardo do *pacta sunt servanda*, de que "o que é combinado pelas partes é lei entre elas". O que for combinado em desacordo com elas é nulo de pleno direito e sem nenhum efeito. Ao passo que nos contratos inominados é plena a liberdade contratual. Entretanto, nem por isso eles perdem o caráter de contratos agrários, exceto a sujeição às regras das cláusulas obrigatórias do art. 13 do Decreto nº 59.566/66.

I. Cláusulas obrigatórias no tempo. Sendo as cláusulas obrigatórias o traço marcante e diferenciador dos contratos agrários típicos, vamos verificar que elas já estão superadas no tempo.

Muitos daqueles cuidados hoje considerados excessivos na proteção ao trabalhador direto da terra já não espelham mais a realidade dos tempos atuais. Diversos itens elencados nos artigos 95 e 96 do Estatuto da Terra e 13 do Decreto nº 59.566/66 já estão superados no tempo e não há lógica de sua permanência na legislação agrária. O arrendamento é o principal instituto que deve ser revisto. Isto é o que veremos a seguir.

Embora seja o Brasil um país de dimensões continentais, nas regiões mais desenvolvidas não existe mais aquele coitadinho puxando enxada, exceto no Nordeste. Esse velho instrumento hoje é peça de museu e só utilizado pelos saudosistas. O que se vê nas lavouras são grandes máquinas agrícolas que substituíram o trabalho braçal, inclusive na agricultura familiar. Até o pequeno produtor tem o seu tratorzinho. Quem pratica a agricultura e a pecuária, hoje, no país, são as grandes empresas agropecuárias e produtores autônomos bem estruturados. Afinal, o Brasil já está se firmando como a sétima economia do mundo. Por causa disso, toda a legislação agrária tem de se amoldar às novas realidades. Principalmente o Estatuto da Terra.

Na sua magnífica obra *O Direito Agrário e sua dinâmica*, o velho mestre Augusto Zenun[3] analisou minuciosamente o Estatuto da Terra, artigo por artigo. Criticou alguns e aplaudiu outros. Isso ocorreu no início da década de 1980. E assim o fez com a autoridade de arguto profissional militante na área do Direito Agrário e dono de uma cultura jurídica invejável. Das várias críticas que fez naquela época, muitas são atualíssimas e com elas compactuamos.

Na mesma linha de raciocínio e idênticas condições está outra magnífica obra do advogado gaúcho Vilson Ferretto,[4] intitulada *Contratos Agrários – Aspectos polêmicos*. As lições do novel doutrinador também têm o condão de reunir a cultura jurídica com a prática cotidiana na aplicação das normas agraristas.

A análise que vamos fazer desses pontos polêmicos se escuda em nosso modesto entendimento como agraristas de formação e de experiência profissional de mais de 30 anos na militância por esses brasis tão diferentes nas suas diversas regiões. Doutrinariamente, nos serviremos basicamente das duas obras mencionadas e de outras, em menor profundidade no tema em discussão.

II. Forma dos contratos agrários. Essa questão da formalização dos contratos agrários fixada pelos arts. 92 do Estatuto da Terra e 11 do Regulamento é uma espécie de faca de dois gumes. Isto porque, hoje, na era da informática e da globalização, não é admissível falar em contrato verbal no mundo dos negócios. Mas, por outro lado, à luz da realidade desses brasis tão diversos, isso até que é possível, mesmo porque tanto o Estatuto da Terra quanto o Código Civil permitem a produção de prova testemunhal

Por outro lado, o Regulamento (arts. 73 a 79) exige que os contratos de arrendamento e parceria rural sejam registrados no Instituto Nacional de Colonização e Reforma Agrária (Incra) e fiscalizados por aquele órgão. Ora, não se registra o que não é escrito. Em nosso *Manual prático de arrendamento e parceria rural*,[5] alertamos para esse fato. Por tal motivo, recomenda-se que prevaleçam as duas formas, por questão de cautela.

O mestre Zenun, depois de tecer longas e esclarecedoras críticas sobre as formas dos contratos agrários, afirma que "[...] não nos anima o propósito de aceitar apenas a forma verbal, que é bastante duvidosa e ensejadora de mil e uma dificuldades, além de não valer-se o arrendatário do direito de

3 ZENUN, Augusto. *O Direito Agrário e sua dinâmica*. Uberara: Vitória, 1984. Vol. 2.

4 FERRETTO, Vilson. *Contratos agrários – Aspectos polêmicos*. São Paulo: Saraiva, 2009.

5 GARCIA, Augusto Ribeiro. Op. cit., p. 405.

preferência [...]" E conclui com esta afirmação: "Portanto, somos pela forma escrita e, em último caso pela forma tácita, que se prova pelas circunstâncias e pelos fatos [...]".

III. Cláusulas obrigatórias. Muitas das exigências de observância obrigatória contidas no art. 13 do Regulamento estão fora da realidade ou já existe legislação específica em abundância tratando do mesmo assunto. É o caso, por exemplo, de toda a legislação ambiental, que é muito mais abrangente e que disciplina genericamente o uso da terra. E, por extensão, o da atividade agrária e suas práticas agrícolas.

Entre as principais leis que cuidam da questão ambiental, basta citar aqui apenas duas, que englobam toda a temática relativa ao uso dos recursos naturais e aos danos causados ao meio ambiente. Ambas, por analogia, suprem as disposições do Estatuto da Terra e seu Regulamento. São elas a Lei nº 6.938, de 31 de agosto de 1981, que instituiu a Política Nacional do Meio Ambiente (Lei Ambiental), e a Lei de Crimes Ambientais (nº 9.605), de 12 de fevereiro de 1998.

Pelas disposições dessas duas leis, torna-se quase desnecessária a inclusão de cláusula restritiva nos contratos agrários porque a proteção do meio ambiente está instituída na legislação específica, inclusive na Carta Magna de 1988 (art. 225). Por analogia, sua observância está inserida em todas as práticas que envolvem os recursos naturais (solo, água e ar). Persistir seria "chover no molhado".

IV. Proibições. Ainda dentro das disposições das cláusulas obrigatórias estão as proibições, abrangendo diversos itens que, pelas razões elencadas acima, não têm mais em existir nos dias de hoje. Os mais evidentes são a prestação de serviços gratuitos, obrigatoriedade de beneficiamento de produtos em locais determinados pelo parceiro outorgante; obrigatoriedade de aquisição de gêneros em estabelecimentos indicados pelo parceiro outorgante; exclusividade de venda de frutos ou produtos ao parceiro outorgante ou ao arrendante; e pagamentos em vales, ordens ou borós.

Comentando todas as disposições do art. 93 e seus incisos, o mestre Zenun[6] traça suas severas críticas a elas, consideradas inadmissíveis por ele já no início de década de 1980. Veja-se que muitas dessas situações nos dias atuais são, realmente, coisas inimagináveis. Todavia, *por cautela*, nada impede que tais figuras continuem dentro da legislação agrária, mesmo que muitas delas pareçam letras mortas.

V. Preço do arrendamento e forma de seu pagamento. Estes são os dois itens mais polêmicos do Estatuto da Terra e seu Regulamento, a come-

6 Op. cit., pp. 420-432.

çar pela forma de sua fixação, que não obedece a nenhuma lógica da realidade de sua prática. O Estatuto (art. 95, inc. XII) e seu Regulamento (arts. 17, § 1º, e 18) dizem que o preço do arrendamento não poderá ser superior a 15% do valor cadastral (leia-se Imposto sobre a Propriedade Territorial Rural – ITR) do imóvel. Ora, isso é uma ficção, quando se sabe que o valor do imóvel declarado pelo proprietário, tanto no Cadastro do Incra quanto na Receita Federal, nunca é o seu valor real de mercado. Ele não espelha a realidade porque a prática costumeira nunca obedeceu a essas disposições.

O sempre festejado mestre Zenun,[7] depois de longo e bem fundamento comentário sobre o tema, sentencia que "este preço deve ser livre, pois se trata de contrato de locação de prédio (rústico) – e não de serviço –, pelo que, sendo capazes os contratantes, não há como impor limitação."

A proibição da fixação do preço acima de 15% do valor declarado (tributável) do imóvel e do seu pagamento em frutos ou percentuais do produto, na prática já é letra morta há muito tempo. Por mais que as partes queiram se aproximar da lei, a prática e os costumes regionais não permitem essa aproximação. Isso foi o que levou à prática velada dos "contratos de gaveta" para a formalização dos contratos "verdadeiros". Tanto quanto ao preço do arrendamento quanto à forma de seu pagamento. Essa prática foi utilizada por muito tempo pelas usinas de açúcar do Sudeste e pelos produtores de soja e algodão do Centro-Oeste. Atualmente, para evitar os possíveis embates judiciais, pratica-se o "*contrato casado*", camuflado do pomposo nome de "*venda de safra futura*". As partes celebram o contrato verdadeiro entre elas e depois fazem um contrato paralelo de acordo com os seus interesses. É uma espécie de cumplicidade recíproca na qual nenhuma delas leva a outra às barras dos tribunais.

Por causa dessas restrições legais anacrônicas, os contratos agrários praticados dessa forma tornaram-se híbridos, misturando cláusulas de arrendamento com parceria. Essa é a razão pela qual proprietários e arrendatários se valem dos aditivos contratuais – a maioria ainda de gaveta – e dos contratos casados. Dessa forma, não há como a fiscalização flagrá-los.

Na região Centro-Oeste, tanto na agricultura quanto na pecuária, a moeda corrente é a arroba de boi ou a saca de soja. No Rio Grande do Sul a situação é idêntica com relação à pecuária, conforme cita Vilson Ferretto.[8]

Assim como a parceria agroindustrial deixou de existir no Estatuto da Terra por não se adequar mais às suas disposições, em virtude das novas realidades da economia, a questão da fixação do preço do arrendamento e da forma de seu pagamento também terá de ser revista. Ela não se amolda mais às novas realidades do país.

7 Op. cit., p. 450.

8 Op. cit., p. 123-126.

Ademais, a fixação do valor do arrendamento em quantia certa em dinheiro, no Brasil, não tem muita lógica, por dois motivos bem conhecidos. O primeiro deles é quanto à oscilação da economia, que nem sempre é estável por um período longo. Com isso, não é possível prever um preço fixo por longo tempo. O segundo motivo é quanto à renda do arrendatário. Na maioria das vezes o arrendatário é descapitalizado e só apura sua renda ao término de cada safra. Essa é razão pela qual o preço do arrendamento é sempre fixado em percentual do produto, em evidente desacordo com a lei. Mas é a maneira mais cômoda para os contratantes.

VI. Cotas das parcerias. Pelas mesmas razões expostas acima, as cotas da parceria também são outra peça de ficção. Seus percentuais são fixados pelos arts. 35 e 96, inc. VI, do Regulamento. Mesmo levando em conta que esses percentuais tenham sido alterados pela Lei nº 11.443, de 5 de janeiro de 2007, sua prática continua obedecendo às condições do mercado. Na prática sempre foi de acordo com os interesses das partes. No entanto, é salutar que suas disposições continuem dessa forma, pelo fato de que esses contratos são praticados diferentemente. Sua manutenção é justificada pelo fato de que, na parceria, o parceiro outorgado normalmente é a parte mais fraca da relação contratual.

VII. Prazos. O Estatuto da Terra (art. 95, I e I) e o Regulamento (art. 13, inc. II, *a*) estabelecem os prazos mínimos que devem prevalecer em cada tipo de cultura, no arrendamento, e também nas modalidades de parceria pecuária. Esses prazos têm a sua razão lógica de existir. Todavia, no arrendamento da terra agricultável, constatam-se alguns casos em que essa imposição legal é desnecessária. É o que ocorre, por exemplo, naquelas culturas de pequeno ciclo que não comportam a utilização da mesma terra por mais de duas, ou, no máximo, três safras, pois a infestação de pragas e doenças no solo exige a rotação de culturas, sob pena de malogro total das safras seguintes. Todas as culturas suscetíveis ao nematoide estão no rol das que não comportam a repetição de safras no mesmo solo. E, sendo os produtores profissionais de uma única espécie de cultura, eles são obrigados a passar para uma terra nova. Augusto Zenun[9] compartilha deste entendimento, embora faça ressalva quanto à honestidade do arrendatário ao permanecer no imóvel por mais tempo depois de vencido o contrato.

Quanto às demais culturas, a exigência do prazo mínimo é indispensável tanto para o arrendatário quanto para o parceiro-outorgado. No caso do arrendamento essa exigência é de grande interesse para o arrendatário, principalmente quando ele faz elevados investimentos no preparo do solo e de sua adubação. Não seria justo tanto dispêndio para pouca utilização.

9 Op. cit., p. 436.

VIII. Benfeitorias. Questão que gera muita controvérsia entre as partes, principalmente no arrendamento, por ocasião do término do contrato. Caso não exista um contrato bem feito, a maioria dos casos vai parar nos tribunais. O Estatuto da Terra (art. 95, inc. VIII) e o Regulamento (arts. 24 e 25) dizem que o arrendatário tem direito à indenização das benfeitorias necessárias e úteis, ao término do contrato. Também será indenizado das voluptuárias quando autorizadas pelo arrendante e terá o direito de permanecer no uso e gozo das vantagens oferecidas pelo imóvel enquanto não for indenizado por elas.

O conceito de benfeitoria é uma questão muito subjetiva e difícil de ser definida com precisão. É também muito relativa, dependendo de quem a analisa e de onde ela se localiza. Uma pista de pouso de aeronave, por exemplo, nas regiões Sul, Sudeste e Nordeste poderá perfeitamente ser considerada voluptuária, enquanto nas regiões Norte e Centro-Oeste elas são de grande utilidade. O mesmo ocorre com radioamador e outros itens de menor relevância. Portanto, esses fatos devem ser levados em conta na conceituação quando a indenização for discutida.

A lei diz também que o arrendatário tem o direito de reter o imóvel e nele permanecer enquanto não for indenizado pelas benfeitorias realizadas nele. Esse direito tem o condão de repor ao arrendatário aquilo que ele desembolsou em prol das melhorias do imóvel pertencente ao arrendatante, único beneficiário delas após a sua entrega. Todavia, pode ocorrer a má-fé por parte do arrendatário caso ele se utilize de expedientes escusos para permanecer mais tempo no imóvel. Essa possibilidade sempre ocorre em desfavor do arrendante na hipótese de a pendência ser levada à via judicial. Embora o rito processual seja especial, pelo fato de ser processado de acordo com as regras do art. 275, inc. II, *a*, do Código de Processo Civil (CPC – procedimento sumário), os prazos do processo nunca são cumpridos com rigor. Isso procrastina a ação e o período da safra se exaure sem que o arrendante possa auferir do imóvel.

5. CONTRATOS AGRÁRIOS INOMINADOS

Embora existam várias modalidades contratuais classificadas como contratos agrários atípicos ou inominados, trataremos aqui de apenas três dos mais praticados na atividade rural. São eles a empreitada, a locação de pastos e o comodato.

O art. 39 do Regulamento do Estatuto da Terra tem a seguinte redação:

> Art. 39. Quando a posse temporária da terra for exercida por qualquer outra modalidade contratual, diversa dos contratos de arrendamento e parceria, serão observadas pelo proprietário do imóvel as mesmas regras aplicáveis a arrendatários e parceiros, e, em especial, as condições estabelecidas no art. 38 *supra*.

Em primeiro lugar, vemos que o texto acima faz menção expressa sobre a prática desses contratos no uso da terra. Dos três aqui arrolados apenas a locação de pastos não é utilizada em outras atividades que não a pecuária. Os outros dois têm dupla utilidade. Só que o tópico final desse artigo remete o proprietário do imóvel para a observância das condições do art. 38 do Regulamento, que nada mais são do que disposições das cláusulas obrigatórias.

Ora, se for para observar essas cláusulas ao pé da letra, esses contratos passam a ser agrários típicos, embora não o sejam.

Empreitada – A empreitada, ou locação de serviços, é tratada pelo art. 610 do Código Civil, portanto fora da legislação agrária. O que a caracteriza é a ausência da subordinação. Embora o empreiteiro deva realizar os serviços de acordo com o combinado, ele não tem nenhum vínculo trabalhista ou de qualquer outra natureza com o dono dos serviços. Este apenas fiscaliza a execução da empreitada, mas isso não significa que a fiscalização seja uma ordem. Ela é apenas uma exigência do correto cumprimento do contrato. Por isso, a empreitada jamais comportará a observância das cláusulas obrigatórias. O empreiteiro age com autonomia empresarial de outra natureza, assumindo sozinho os riscos de sua empreitada. Também não tem vínculo com o dono dos serviços no resultado de sua atividade rural. É um mero prestador de serviços. Mas nem por isso a empreitada na atividade agrária deixa de ser um contrato agrário atípico pelo fato de ela ser exercida no uso da terra. E, como tal, tem de respeitar as normas de boas práticas agrícolas e de conservação dos recursos naturais.

Embora o empreiteiro não seja o dono da terra, também tem de respeitar a legislação trabalhista, porque, nos dias atuais, os importadores de produtos agrícolas não compram nada que for produzido com a utilização de mão de obra infantil ou de trabalho análogo ao de escravo.

Locação de pastos – A locação de pastos também é chamada de contrato de pastagem e, no Rio Grande do Sul, de pastoreio e de invernagem. Só que, tecnicamente, o pastoreio e a invernagem diferenciam um pouco da locação de pastos, conforme veremos adiante.

Esta é uma modalidade contratual muito utilizada na atividade rural, embora sua prática seja mais de caráter informal, pela sua simplicidade. Poucos doutrinadores se ocupam dela, mas nem todos se detêm com maior profundidade na análise de suas peculiaridades.

Ela é praticada em sua maioria por meio de um ajuste verbal que normalmente é feito entre vizinhos ou pecuaristas que se veem obrigados a procurar pastos para o seu rebanho, em decorrência de secas ou estiagem prolongadas e até de inundações. Ela tem sempre um caráter emergencial e de pouca duração. Vilson Ferretto[10] também reconhece esses detalhes, dizendo ser esse contrato "[...] geralmente de caráter verbal e de pouca duração, utilizado mais em situações emergenciais, para atender necessidades prementes e momentâneas do criador, seja por excesso de lotação em seu campo, seja em razão de seca ou estiagem prolongada [...]". A maioria não ultrapassa um ano. E esta é a sua principal peculiaridade. É sempre praticada em apenas parte do imóvel e seu preço é fixado por cabeça de bovino.

A outra característica da locação de pastos é que o proprietário do imóvel locado não transfere a posse dele para o dono do rebanho, salvo a indireta, conforme ressaltam Oswaldo Opitz e Silvia Opitz.[11] É que neste caso é apenas o gado que usa o imóvel para pastar e beber água. O proprietário do imóvel fica com a posse direta dele e pode reavê-lo a qualquer tempo, assim que terminar a emergência do pecuarista, dono do rebanho. Só que esta emergência não pode ser muito prolongada sob pena de o contrato ser configurado como arrendamento, conforme veremos a seguir.

Prazo na locação de pastos – Outro fator determinante da locação de pastos é a questão do prazo. A doutrina dominante é no sentido de que, ultrapassado o prazo de um ano, ela poderá subordinar-se ao regime estatutário. E, neste caso, tomará os contornos do arrendamento e da parceria, cujas consequências poderão ser altamente prejudiciais ao dono do imóvel, que socorreu o pecuarista numa emergência. Quando esse prazo ultrapassar o período de um ano ou mais, por inércia das partes ou por qualquer outro motivo, poderá ficar caracterizado como arrendamento. E, neste caso, o contrato estará subordinado ao rigorismo estatutário e não mais à legislação civil. Se a matéria for levada à apreciação judicial e o magistrado entender que se trata de parceria pecuária, o prazo mínimo será de cinco anos. Isto é o que estabelece o art. 13, inc. II, letra "a", do Regulamento, por tratar-se pecuária de grane porte. A jurisprudência é sempre nesse sentido. Todavia, se nenhuma das partes for em busca do Judiciário, esta hipótese não se configurará.

Comodato – Segundo preceitua o art. 579 do Código Civil, *o comodato é o empréstimo gratuito de coisas não fungíveis. Perfaz-se com a tradição do objeto*. Idêntica redação era a do Código Civil de 1916, em seu art. 1.248. Sua inclusão no rol dos contratos agrários atípicos ou inominados na atividade agrária se dá pelo fato de que nela ele é praticado no uso da terra, nos termos do art. 39 do Regulamento. Contudo, ele não se subordina aos requisitos do art. 38 do mesmo diploma legal, exceto no tocante à observação das boas práticas agrícolas e à conservação dos recursos naturais. Isto porque o

10 Op. cit., p. 11-12.

11 OPITZ, Oswaldo, e OPITZ, Silvia. *Contratos no Direito Agrário*. 5ª ed. São Paulo: Saraiva, p. 285-288.

comodatário é obrigado a utilizar o imóvel como se seu fosse, não podendo utilizá-lo senão de acordo com o contrato ou a natureza dele, sob pena de responder por perdas e danos. Esta é a síntese das disposições do art. 582 do Código Civil. Essa responsabilização, no tocante aos recursos naturais, pode custar muito caro ao infrator, na hipótese de ele ser incurso nas penalidades da Lei de Crimes Ambientais (Lei nº 9.605/98).

Ele pode ser contratado por prazo determinado ou indeterminado e o proprietário do imóvel não poderá exigir nenhuma retribuição pelo uso da terra sob pena de ficar configurado vínculo empregatício.

Comodato condicionado – Embora a lei diga que o comodante não poderá cobrar nada do comodatário, essa proibição pode não subsistir quando persistirem algumas situações especiais para que o comodato seja concretizado. Essa hipótese pode parecer uma heresia jurídica, mas existe. Isto ocorre, por exemplo, quando o imóvel dado em comodato for localizado em região longínqua, cujo acesso dependa da travessia de um rio e da abertura de estrada até a gleba. No contrato de ajuste fica consignado que o comodante nada cobrará do comodatário pela utilização do imóvel por determinado tempo, mas este deverá providenciar os meios de acesso por conta própria. Dessa forma, ele construirá a ponte sobre o rio e abrirá a estrada, nada podendo cobrar por isso do comodante, mesmo porque o art. 584 do CC diz que "o comodatário não poderá jamais recobrar do comodante as despesas feitas com o uso e gozo da coisa emprestada".

Portanto, a teor do art. 39 do Regulamento, todas as três modalidades de contratos analisadas acima são contratos agrários atípicos ou inominados.

6. OS CONDOMÍNIOS E OS CONSÓRCIOS AGRÁRIOS

Passaremos agora a examinar mais duas modalidades contratuais que não eram abrangidas pela legislação agrária até dez anos atrás e das quais a doutrina ainda não tomou conhecimento. Estamos falando dos Condomínios Agrários e dos Consórcios Agrários, que foram inseridos no bojo do Estatuto da Terra. Elas foram criadas pela Medida Provisória 2.183-56, de 24 de agosto de 2011, que adicionou os §§ 1º e 2º em seus arts. 14 e 95-A. Este último dispositivo instituiu o Programa de Arrendamento Rural.

Para compreensão do que sejam esses novos institutos jurídicos agrários, melhor será ver a nova redação dada ao art. 14 do ET pela Medida Provisória nº 1.282-56. Eis a íntegra:

> Art. 14. O Poder Público facilitará e prestigiará a criação e a expansão de empresas rurais de pessoas físicas e jurídicas que tenham por finalidade o racional desenvolvimento extrativo agrícola, pecuário ou agroindustrial, e promoverá a ampliação do sistema cooperativo e a organização de outras modalidades associativas e societárias que objetivem a democratização do capital.

> § 1º Para a implementação dos objetivos referidos neste artigo, os agricultores e trabalhadores rurais poderão constituir entidades societárias por cotas de responsabilidade limitada, em forma consorcial ou condominial, com a denominação de "consórcio" ou "condomínio", nos termos dos arts. 3º e 6º desta Lei.
> § 2º Os atos constitutivos dessas sociedades deverão ser arquivados na Junta Comercial, quando elas praticarem atos de comércio, e no Cartório de Registro das Pessoas Jurídicas, quando não envolver essa atividade.

A história dos condomínios e dos consórcios agrários está vinculada a um prêmio concedido anualmente pela Organização das Nações Unidas para a Alimentação e Agricultura (FAO, na sigla em inglês) e pelo Banco Mundial em todo o mundo por meio de um programa chamado Banco de Ideias. Esse prêmio consiste em uma bolsa concedida aos três melhores projetos em prol da agricultura e do combate à fome. Em 2001, uma equipe de técnicos do Instituo de Economia Agrícola da Fundação Getulio Vargas (FGV) do Rio de Janeiro apresentou um projeto sobre arrendamento rural para pequenos produtores agrícolas e trabalhadores profissionais sem terra. O trabalho ficou entre os três melhores e seus autores ganharam uma polpuda ajuda em dinheiro para desenvolvê-lo e executá-lo.

Naquele mesmo ano o Ministério do Desenvolvimento Agrário estava desenvolvendo um programa semelhante, chamado Programa de Arrendamento Rural. Ao tomar conhecimento do projeto dos técnicos da FGV, o governo propôs a fusão dos dois que, então, deveriam ser desenvolvidos em conjunto no âmbito governamental. Com isso, os técnicos da FGV foram contratados para a execução dessa nova proposta. Foi, então, que fomos contratados para coordenar a parte jurídica do projeto e apresentar um anteprojeto de lei a ser enviado ao Congresso. Os técnicos da FGV (economistas e agrônomos) coordenavam a viabilidade econômica enquanto as questões jurídicas ficavam sob nossa responsabilidade.

Ao ser apresentado o plano de ação do projeto, foram fixados os objetivos sobre os quais ele deveria ser desenvolvido, basicamente as disposições dos artigos 186 da Constituição Federal e 2º do Estatuto de Terra. Assim, foram estabelecidos seis itens como metas a serem perseguidas:

> I – cumprir e fazer cumprir a função social da propriedade rural, nos termos dos artigos 186 da Constituição Federal, 2º, 3º, 12 e 14 do Estatuto da Terra e 9º da Lei nº 8.629, de 25 de fevereiro de 1993;
> II – promover o bem-estar social dos trabalhadores da terra;
> III – combater a pobreza no campo;
> IV – promover a redução das desigualdades regionais e sociais, nos termos do art. 170, inc. VII, da Constituição Federal;
> V – pugnar pela justa distribuição da renda e pela justiça social; e
> VI – valorizar o trabalho como instrumento de produção de renda.

Depois de quase um ano de trabalho de campo e reuniões realizadas em diversas regiões do país com trabalhadores rurais, em universidades e com lideranças do setor, a proposta de anteprojeto de lei finalmente foi concluída. A reunião final foi realizada na sede da Seccional da Ordem dos Advogados do Brasil (OAB) em São Paulo e contou com a participação de todos os técnicos[12] e de uma equipe de juristas[13] de todo o país, especialmente convidados para os debates finais da minuta do projeto.

Inicialmente, era intenção do governo inserir no projeto de lei uma tributação diferenciada para beneficiar os profissionais da terra enquadrados nesse programa. Mas a questão tributária é tratada por lei complementar e sua votação depende da aprovação de dois terços do Congresso. Como na época isso não seria possível em curto prazo, essa parte foi retirada do projeto e sua aprovação foi feita por meio da Medida Provisória nº 1.283-56, de 24 de agosto de 2001. Essa MP adicionou, então, os §§ 1º e 2º ao art. 14 do Estatuto da Terra, que foi o nascedouro dos condomínios e dos consórcios agrários. Ela adicionou também ao ET o art. 95-A, que instituiu o Programa de Arrendamento Rural do governo, cujo *caput* tem a seguinte redação: "Fica instituído o Programa de Arrendamento Rural, destinado ao atendimento complementar do acesso a terra por parte dos trabalhadores rurais qualificados para participar do Programa Nacional de Reforma Agrária, na forma estabelecida em regulamento".

E seu parágrafo único diz que "os imóveis que integrarem o Programa de Arrendamento Rural não serão objeto de desapropriação para fins de reforma agrária enquanto se mantiverem arrendados, desde que atendam aos requisitos estabelecidos em regulamento".

Regulamentação – Somente com a regulamentação do art. 95-A do ET foram dados todos os contornos estruturais nas formas de exequibilidade dos condomínios e consórcios agrários. Isso foi feito por meio do Decreto nº 3.993, de 30 de outubro de 2001, cuja compreensão poderá ser melhor avaliada pela leitura da íntegra de seus nove artigos transcritos abaixo:

> Art. 1º O Programa de Arrendamento Rural para a Agricultura Familiar tem por objetivo o atendimento complementar de acesso a terra por parte dos agricultores e trabalhadores rurais, mediante a sistematização da oferta de negócios agropecuários para a realização de parcerias e arrendamentos rurais.
> Art. 2º Para a implementação dos objetivos do Programa, os agricultores e trabalhadores rurais poderão constituir entidades societárias por cotas em forma con-

12 Mauro de Rezende Lopes, Ignez Guatimosim Vidigal Lopes (coordenadores), Guilherme e Soria Bastos Filho, Daniela de Paula Rocha e Gregory Honczar.

13 Augusto Ribeiro Garcia (coordenador-chefe), Altir de Souza Maia (MG), Darcy Walmor Zibetti (RS), Fabiano Lopes Ferreira (MG) e José Jorge Nogueira (SP), convidados.

sorcial ou condominial, com a denominação de "consórcio" ou "condomínio", nos termos do art. 14 da Lei nº 4.504, de 30 de novembro de 1964.

§ 1º Para efeitos deste Decreto, adotam-se as seguintes definições:

I – condomínio: agrupamento de pessoas físicas ou jurídicas constituído em sociedade por cotas, mediante fundo patrimonial preexistente, com o objetivo de produzir bens, comprar e vender, prestar serviços, que envolvam atividades agropecuárias, extrativistas vegetais, silviculturais, artesanais, pesqueiras e agroindustriais, cuja duração é por tempo indeterminado;

II – consórcio: agrupamento de pessoas físicas ou jurídicas constituído em sociedade por cotas, com o objetivo de produzir, prestar serviços, comprar e vender, quando envolver atividades agropecuárias, extrativistas vegetais, silviculturais, artesanais, pesqueiras e agroindustriais, cuja duração é por tempo indeterminado;

III – bolsa de arrendamento: local no qual são estabelecidos os contatos de oferta e procura de terras, máquinas, equipamentos agrícolas e animais, para parcerias e arrendamentos, e onde se presta assessoria para a organização e contratação destes negócios.

§ 2º O fundo patrimonial do condomínio agrário de que trata o inciso I do § 1º poderá ser integralizado com bens móveis, imóveis ou moeda corrente, como dispuser o seu estatuto.

§ 3º O estatuto social do consórcio ou condomínio estabelecerá a forma de adesão, de remuneração e de distribuição dos resultados.

Art. 3º O arrendamento rural objeto do Programa poderá incidir sobre a terra nua, bem como sobre as benfeitorias úteis e necessárias à exploração do imóvel arrendado, além daquelas indispensáveis à habitação dos arrendatários.

§ 1º Os imóveis susceptíveis de arrendamento ou parceria deverão apresentar potencialidade de exploração sustentável de seus recursos naturais e infraestrutura produtiva capaz de, com baixo nível de investimento adicional, dar o suporte socioeconômico às famílias demandantes.

§ 2º A utilização de áreas protegidas relativas à conservação dos recursos naturais e à preservação e proteção do meio ambiente deve ser realizada em consonância com os preceitos legais.

§ 3º As áreas deverão estar livres de invasões, litígios e penhoras ou quaisquer outros ônus ou impedimentos legais que possam inviabilizar a celebração do contrato.

Art. 4º O arrendatário ao amparo do Programa deverá, individualmente ou como membro de um consórcio ou condomínio, enquadrar-se nas normas da agricultura familiar, ficando vedado arrendar área superior ao limite de área de quatro módulos fiscais da região, ou manter, simultaneamente, mais de um contrato de arrendamento de terra, para se beneficiar dos créditos e outros instrumentos da espécie.

Art. 5º Poderão participar do Programa, como arrendatários, grupos organizados de:

I – trabalhadores rurais não proprietários de estabelecimento rural, que comprovadamente possuam experiência na atividade agropecuária;

II – famílias que vivem em condições de subemprego, residentes nas periferias das cidades, que comprovem experiência na atividade agropecuária;

III – agricultores proprietários de imóveis cuja área seja, comprovadamente, insuficiente para gerar renda capaz de lhes propiciar o próprio sustento e de sua família;

IV – filhos maiores de pequenos proprietários rurais que desejam iniciar seu próprio empreendimento rural;

Art. 6º O arrendamento rural nas condições estabelecidas pelo Programa dar-se-á com observância do disposto no art. 13 do Decreto nº 59.566, de 14 de novembro de 1966.

Art. 7º Fica estabelecido que os imóveis rurais que integrarem o Programa não serão objeto de desapropriação para fins de reforma agrária enquanto mantiverem arrendados e desde que atendidos os requisitos constitucionais de cumprimento da função social a que se destinam.

Art. 8º O Ministério do Desenvolvimento Agrário baixará os atos que se fizerem necessários para o cumprimento deste Decreto, cabendo ao Conselho Nacional de Desenvolvimento Rural Sustentável (CNDRS) a implementação do Programa em nível estadual e municipal.

Art. 9º Este Decreto entra em vigor na data de sua publicação.

Formalização – Pela limitação do espaço deste trabalho, não será possível discutir aqui o conteúdo dessas novas figuras jurídicas, embora o art. 2º e seus parágrafos do decreto regulamentar já deem uma pequena visão do que sejam elas. Mas o que realmente define o que sejam esses contratos é a sua formalização, que pode ser feita por meio de um estatuto ou de um simples contrato social na forma de qualquer sociedade comercial.

A forma estatutária é recomendável para um condomínio ou consórcio formado por um agrupamento maior de condôminos consorciados, que comporta uma diretoria bem estruturada e diversificada. Ao passo que o contrato social é aconselhável quando ele se destinar a um grupo menor, cuja diretoria se limitará nas tradicionais figuras indispensáveis de um presidente, um vice, um secretário e um tesoureiro.

É no estatuto ou no contrato social que devem ser fixados os objetivos para os quais eles foram criados, conforme se verifica nos quadros abaixo:

OBJETIVOS DO CONDOMÍNIO

Agrupar produtores e trabalhadores rurais em torno de um empreendimento produtivo e lucrativo.

Simplificação empresarial.

Democratização do capital.

Capacitação profissional.

Facilitar o acesso a terra.

Alavancamento da renda.

Cumprimento da função social da propriedade rural.

CARACTERÍSTICAS DO CONDOMÍNIO

1- Atividade agrária – todas as áreas produtivas, preferencialmente.

2- Simplicidade gerencial.*

3-Caráter econômico e produtivo.

4-Lucratividade.

5- Permanência – duração indeterminada.

CARACTERÍSTICAS DO CONSÓRCIO

1-Atividade agrária – todas as áreas. De serviços, preferencialmente.*

2-Flexibilidade gerencial.

3-Caráter econômico e produtivo.

4-Lucratividade.

5-Transitoriedade – duração indeterminada.

6-Finalidade específica para a aquisição de bens ou realização de obras.

Qualquer que seja a natureza do contrato – condomínio ou consórcio –, da sua formalização deverá sempre constar aqueles objetivos enumerados nos quadros acima. Embora eles tenham duração por tempo indeterminado, o condomínio é praticado sempre em caráter mais duradouro e permanente. Já o consórcio, pela sua própria natureza, poderá ter duração mais curta, embora não obrigatória. É que ele é adotado mais nos empreendimentos de curta duração, como numa empreitada de obras ou de aquisição de máquinas, por exemplo. Terminada a obra ou adquiridas as máquinas, ele poderá se extinguir ou não, enquanto o condomínio é feito para dar suporte a uma empresa que se supõe tenha vida longa.

Por tudo o que se viu, embora os consórcios e condomínios agrários estejam dentro do Estatuto da Terra e tenham todas as características da agrariedade, são, portanto, contratos agrários atípicos ou inominados.

Por tratar-se de matéria nova ou mesmo por desinteresse dos doutrinadores, ainda não temos bibliografia cuidando do tema, a não ser alguns trabalhos esparsos de nossa lavra. Mas a bibliografia específica e mais acurada está concretizada em nossa obra *Condomínios e Consórcios Agrícolas*, que em breve estará nas livrarias.

7. CONCLUSÃO

Por tudo o que se disse na análise dos tópicos discutidos ao longo deste texto, pode-se concluir que o Estatuto da Terra precisa passar por uma criteriosa revisão para se atualizar às novas realidades do século XXI. O capítulo que requer mais urgência é o relativo à posse e ao uso temporário da terra, cuja aplicabilidade das cláusulas obrigatórias já está em desacordo com o que se pratica hoje no meio rural.

Por outro lado, os contratos agrários inominados estão em franca evolução em razão das novas exigências dos tempos atuais. Mas a grande novidade ficou com os Condomínios e com os Consórcios Agrários, que surgem como novas modalidades societárias, das quais a doutrina sequer tomou conhecimento. Enquanto isso, estão sendo praticados por pequenos e grandes produtores rurais para enfrentar a competitividade e os desafios dos novos tempos.

BIBLIOGRAFIA

ALVAREGA, Octavio de Mello. *Curso de Direito Agrário*: contratos agrários. Brasília: Fundação Petrônio Portell, 1982, pp. 9 .

FERRETTO, Vilson. *Contratos agrários – Questões polêmicas*. São Paulo: Saraiva, 2009.

GARCIA, Augusto Ribeiro. *Manual prático de arrendamento e parceria rural*. Globo, 1986.

__________. *Trabalhador rural*. Obra coletiva. Curitiba: Juruá, 2007.

MARQUES, Benedito Ferreira. *Direito Agrário brasileiro*. São Paulo: Atlas, 2011.

OPITZ, Oswaldo e OPITZ, Silvia. *Contratos no Direito Agrário*. 5ª ed. Porto Alegre: Síntese, 2000.

SODERO, Fernando Pereira. *Direito Agrário e reforma agrária*. São Paulo: Legislação Brasileira, 1969.

ZENUN, Augusto. *O Direito Agrário e sua dinâmica*. Uberaba: Vitória, 1984. Vol. 2.

ZIBETTI, Darcy Walmor. Colaborou na redação final do anteprojeto da MP nº 1.283-56, como convidado.

PROBLEMATIZAÇÕES SOBRE A DICOTOMIA PÚBLICO-PRIVADO NO PROCESSO AGRÁRIO

Luiz Edson Fachin
Marcos Alberto Rocha Gonçalves

I. INTRODUÇÃO

Para apreender o tema em pauta impende fazer algumas aclarações propedêuticas.

A travessia que se operou do absolutismo das dicotomias (como aquela que opunha o público ao privado, o coletivo ao sujeito, a norma ao princípio, o Estado Liberal ao Estado Social), próprio do pensamento binário da racionalidade cartesiana que fundou o olhar ocidental da modernidade, para a superação dessas fronteiras artificiais encontra, agora, um cenário de complexidade, apreendido pela constitucionalização do Direito, especialmente do Direito Privado. O presente reintroduz espaços distintos (ora desprovido da espacialidade pública, ora exposto na vitrine da publicização) e ao mesmo tempo beneplacita uma mirada aberta e plural sobre este tema, presente, em certa medida, nos procedimentos e nas discussões envolvendo o processo agrário.

Eis aí um cenário preambular que se elucida ainda mais em Paulo Lôbo quando sustenta que a constitucionalização do direito privado (caracterizada pelo enquadramento dos institutos jurídicos aos princípios e à ordem constitucional sistematicamente arranjada) não implica a sua caracterização como direito público. Isso porque, não há entre os sujeitos da relação jurídica sujeição fundada no *ius imperium* do Estado.[2]

---

1 Os autores registram agradecimento ao pesquisador Felipe Frank, acadêmico de Direito da UFPR, pela contribuição com as pesquisas que consubstanciaram o presente estudo.

2 LÔBO, Paulo Luiz Netto. Constitucionalização do Direito Civil. Disponível em: http://jus.uol.com.br/revista/texto/507/constitucionalizacao-do-direito-civil. Acesso em: 20/07/2011.

Tomando-se por base o fenômeno da constitucionalização e, em boa medida, a crítica conduzida por Paulo Lôbo, torna-se claro que a *publicização* ora referida não se encerra na relação jurídica de direito público estrita; abrange a relação jurídica entre particulares cuja garantia genérica do Estado não se presta única e exclusivamente de forma passiva, mas, sim, sob a forma incisiva da intervenção, que se manifesta em determinadas relações privadas. Afastar, assim, por completo a diferença entre público e privado corresponde ao mesmo reducionismo que adotar, acriticamente, a total separação entre as espacialidades pública e privada. Repensar o Direito, em geral, e o Direito Agrário, em particular, sob um prisma crítico, conduzido metodologicamente por uma hermenêutica sistemática e dialeticamente aberta, cujo esteio reside no confronto entre aquilo que é legalmente regulamentado e aquilo que é politicamente realizado, implica problematizar a polêmica dicotomia, amplamente discutida e, em certa medida, tida por superada, entre o público e o privado, abrindo espaço para a sua aceitação e ponderação a partir da problemática da funcionalização.

II. A FUNCIONALIZAÇÃO DA DICOTOMIA PÚBLICO-PRIVADO

Levados a efeito os esclarecimentos iniciais necessários e que servem de contextualização, cumpre prosseguir.

A trajetória percorrida pela funcionalização do Direito não guarda um sentido unitário; seu significante passa ao longo das mais diversas ideologias e composições jurídicas, podendo representar desde um princípio hermenêutico-constitucional até um mero limite externo aos institutos jurídicos. Norberto Bobbio, por exemplo, focaliza a função como uso, *prestação da parte ao todo*; relaciona, portanto, meios e fins da prestação dirigida à totalidade.[3]

Saliente-se aí, nesse passo, um elemento estruturante, como se explica. A função não é pensada como finalidade do Direito, mas apenas como um meio para a realização de um fim maior. Embora esta teoria atribua à função um papel que transcende o mero limite, imposto pelo tear de impedimentos a condutas não desejadas, revela-se, noutro norte, pouco prospectiva. Não admite, por exemplo, que a prestação funcionalizada seja dirigida especificamente à parte, ao cidadão, à pessoa concreta individualmente considerada.

Função, mais do que limite, mais do que meio, pode ser, segundo a tese de Carlos Eduardo Pianovski, finalidade, um verdadeiro *contributo* que se apresenta indistintamente ao todo e à parte como concretização do desiderato

3 BOBBIO, Norberto. *Da estrutura à função*. Barueri: Manole, 2007. p. 103.

principiológico-programático esteado na Constituição e que é, em boa medida, capitaneado pelos Direitos Fundamentais.[4]

Na conjuntura hodierna da investigação jurídica, a função social se estende ao ordenamento trazendo consigo a regulação de institutos jurídicos específicos, como, por exemplo, a propriedade, e a necessária contraprova destes à realidade e aos fundamentos últimos da República, dentre os quais destacamos a *dignidade da pessoa humana.*

Para Celso Antônio Bandeira de Mello, a despeito da abrangência do conceito de *função,* há em seu significante um significado nuclear, cuja síntese se dá, à conta de dever, para satisfazer o interesse de outrem. Vale dizer, "é o exercício no interesse alheio de um poder exercido em conta de dever legal".[5] Atente-se que, quando esse interesse diz respeito a uma pessoa humana concreta, ele precisa atender um *mínimo existencial* para poder, materialmente, desenvolver a própria personalidade deste ser humano[6], projetando-se aos demais sujeitos em um panorama correlacional, e simultaneamente social.

Regular, pois, institutos e procedimentos não se confunde com impor-lhes limites objetivos; transcende-se esta perspectiva para se oferecer uma diretriz voltada ao atendimento de necessidades concretas, extraídas a partir de um ser humano dotado de concretude existencial, que não se limita ao tenro portfólio encartado pelo Direito. Impende destacar que a administração pública, não obstante os princípios próprios que a submetem ao controle difuso do cidadão e que a vinculam a uma racionalidade pública, submete-se à *Função Social.* Mais do que cumprir com o desiderato esculpido na lei, importa-lhe um dever de eficácia material para com o sujeito concreto, em especial nos casos que envolvem conflitos de titularidade(s).

Essa eficácia substancial (que não se confunde com eficiência estatal) pode ser observada sob diversos enfoques, entretanto, o mais largo aporte por ela trazido à funcionalização do Direito Agrário diz respeito à concretização de direitos fundamentais por meio da desapropriação por interesse social para fins de reforma agrária, cujo norte não pode residir em metas e valores abstratos, mas, sim, calcar-se no valor da pessoa humana enquanto tal. Trata-se de atender ao sujeito de necessidades, apto a demandar eficácia real das políticas públicas.

4 PIANOVSKI RUZYK, Carlos Eduardo. *Institutos fundamentais do Direito Civil e liberdade(s): repensando a dimensão funcional do contrato, da propriedade e da família.* Rio de Janeiro: GZ, 2011.

5 MELLO, Celso Antônio Bandeira de. *Grandes temas de Direito Administrativo.* São Paulo: Malheiros, 2009, p. 117.

6 FACHIN, Luiz Edson. *Estatuto Jurídico do Patrimônio Mínimo.* 2ª Ed. Rio de Janeiro: Renovar, 2006.

Essa eficácia seria, por assim dizer, auferida a partir do resultado social proporcionado pela desapropriação realizada. Destaque-se que esta pode balizar-se pelo particular, sujeito concreto, que possui necessidades básicas que são atendidas de modo viável pelo Estado.

Saber, entretanto, quais as necessidades específicas dos sujeitos concretos e programar-se para atendê-las exige submeter as escolhas públicas e o procedimento de desapropriação, bem como seus critérios legais, à contraprova da realidade sobre a qual eles pretendem impactar. Nesse sentido, a função apenas é plenamente entendida em face de um exame concreto, contextualizado espacial e temporalmente, levando-se em conta os aspectos centrais do fenômeno sob exame.

A diluição das fronteiras público-privadas, portanto, não implica a negação dessa dicotomia, mas sua funcionalização. Desloca-se, pois, as funções públicas e institucionais, outrora pensadas apenas sobre a supremacia do interesse público, para as funções pessoais, hodiernamente pensadas em benefício do livre desenvolvimento da personalidade humana.[7]

Essa liberdade, entretanto, não pode ser confundida com uma liberdade meramente formal, pautada num Estado-Guardião; deve ser material, concreta, aferida a partir da realização de políticas públicas cujo resultado social compõe a apreensão eficacial do Direito Agrário pela Constituição qualificada pelo traço da solidariedade.

Verifica-se que estamos diante de um *fenômeno paralático*, o qual comporta dois lados incompatíveis dentro de um mesmo nível, mas que, justamente por serem dois lados a rigor do mesmo fenômeno, nunca poderão se encontrar:[8] daí a importância do aplicador do Direito, que terá de se valer dos princípios segundo um juízo crítico de ponderação, devendo sempre estar atento à conformação real da relação privada de base, sobre a qual incide o princípio sob análise.

Firmar, assim, um posicionamento sobre a função social no processo agrário está para além da racionalidade cartesiana dicotômica, cujo desiderato implica reducionismos sem precedentes e torna o Estado Social simples opositor do Estado Liberal, sem compor-lhe um diálogo dialético, que permita a estruturação das falhas de cada um deles a fim de se pensar num possível direcionamento, que, mesmo assim, não se encontrará livre de críticas ou soslaios. Eis, aí, nosso posicionamento e nossa singela contribuição à reflexão contemporânea sobre o tema.

---

7 PIANOVSKI RUZYK, Carlos Eduardo. *Institutos fundamentais do Direito Civil e liberdade(s): repensando a dimensão funcional do contrato, da propriedade e da família.* Rio de Janeiro: GZ, 2011, p. 165 e ss.

8 ZIZEK, Slavoj. *A visão em paralaxe.* São Paulo: Boitempo, 2008. p. 16.

Complexa é a tarefa de imprimir a eficácia do Estado Liberal ao resultado social do *Welfare State*, quiçá impossível se pautada em termos e estruturas estanques e simplificadoras. É essa dificuldade que possivelmente esgueira as reflexões impendidas sobre o assunto e que torna a analisar, ainda que criticamente, esse fenômeno por apenas uma de suas faces paralaticamente inarrostáveis.

Tomados tais elementos como pressupostos, é possível, nessa toada, singrar para a atuação jurisdicional.

III. CARACTERES DICOTÔMICOS DO PROCESSO EM GERAL: A CONTEMPORÂNEA FUNÇÃO DO JUIZ

A função jurisdicional reconstruída a partir das concepções próprias do Estado Social clama pela aproximação ontológica do direito material e processual. Neste sentido, o arcabouço instrumental do Estado-juiz representa-se pela atuação na concretização do direito material.

Tal compreensão emerge da evidente influência da repersonalização do Direito, atuando diretamente na compreensão contemporânea do ramo plano processual (direito processual civil) que informa a atuação jurisdicional. Modernamente compreendido como conjunto autônomo e estanque de regras apenas procedimentais, com o Estado Social o direito processual assume-se como instrumental permeável pelos demais ramos do direito, com objetivo principal de atender às funções sociais próprias do Estado, dentre elas e especialmente aquela afeita à terra.

Esta funcionalização do processo, na esteira da funcionalização do próprio Direito, volta-se à realização dos pleitos materiais que demandam a atuação da norma jurídica, sendo para isso informado e alimentado em sua concretização e interpretação pelos princípios constitucionais.

Afasta-se, pois, a neutralidade estéril própria do pensamento liberal, ao se reconhecer que o fenômeno jurídico deve ser compreendido em sua complexidade multifacetada. A estrutura conceitual do processo e da disciplina jurídica que o estuda é apreendida a partir das questões materiais as quais se relaciona, afastando-se da estrita legalidade de modelo positivista.

No plano processual verifica-se a passagem para a atuação fundada na Constituição. Dito de forma diversa: é a matriz constitucional que concretiza a função do Estado juiz, como evidente método valorativo de atuação pública, segundo a incidência das normas e princípios constitucionais.

Tal viragem aponta, portanto, para a concretização das normas de direito processual, por meio da atuação jurisdicional, a partir da fundamentação estruturada pela carga axiológica dos princípios conectados aos direitos fundamentais.

Como centro desta compreensão está, na perspectiva do processo agrário, o princípio da efetividade social do processo, tomando-se em conta as consequências próprias das demandas agrárias.

Ao Estado-juiz se atribui poder-dever de perscrutar a igualdade material entre os sujeitos, dentre e fora do processo. Significa dizer, portanto, que a atuação do princípio da efetividade determina a relevância bifronte do processo agrário: de um lado, o interesse particular individual, de outro, o interesse social coletivo afeito ao acesso a terra e às possibilidades dele decorrentes.

Impõe-se à jurisdição o olhar atento não apenas ao procedimento e suas regras instrumentais, posto não serem estas um fim em si mesmo. Para que a prestação jurisdicional seja efetiva, há de haver uma submissão da técnica processual e seu relevante papel na organização da prestação jurisdicional e a tutela propriamente pretendida.

Ao juiz demanda-se não apenas uma decisão. Pretende-se a atuação processual que melhor atenda a tutela relevante para o direito envolvido no litígio, especialmente vinculada ao albergamento dos direitos e garantias fundamentais.

Como bem aponta Lênio Streck,[9] tal concepção atribui ao Estado-juiz, representado pelo Poder Judiciário, espaço de importante localização, uma vez que a interpretação e aplicação dos princípios Constitucionais conferem o resultado da atuação do direito processual civil na materialidade constituída.

Não mais se pretende que ao juiz seja atribuída a função de apenas declarar a lei; tal mister não basta. Nos termo que aponta Luiz Guilherme Marinoni.[10] o que se demanda é a construção da norma jurídica surgida da interpretação conjugada da Constituição e seus principio com a realidade material.

Tal ordem de ideias é decorrente, ainda, da percepção da aplicabilidade imediata que se atribui à norma constitucional, servindo o direito processual como técnica que viabiliza tal aplicação.

No plano do processo agrário, importa considerar na atuação do Estado a necessária solução ao caso concreto que melhor atenda aos macro-interesses envolvidos, tomando-se como baldrame a principiologia constitucional.

Afasta-se a mera aplicação lógico-dedutiva das regras para dar lugar à construção causal da norma concreta e eficaz que melhor respalda o projeto solidarista constitucional. Nas palavras de Cândido Rangel Dinamarco, trata-se da função "sociopolítico-jurídica"[11] do processo, meio pela qual também se exige a atuação prospectiva do Estado.

Neste sentido, a atuação própria do Estado-juiz nos processos agrários, tomando em conta a eficácia pretendida pelas garantias fundamentais e pelos princípios constitucionalmente configurados, presta-se a formatar o pano de

---

9 STRECK, Lênio Luiz. *Jurisdição constitucional e hermenêutica:* uma nova crítica do direito. Rio de Janeiro: Forense, 2004. p. 102.

10 MARINONI. Luiz Guilherme. *Teoria Geral do Processo.* Vol. 01. 3ª ed. São Paulo: RT, 2008.

11 DINAMARCO, Cândido Rangel. *Instituições de Direito Processual Civil. Vol III.* 3ª ed. São Paulo: Malheiros. 2003.

fundo para a compreensão das especificidades deste espaço do direito processual, especialmente ao que toca o entrelaçamento e conflito entre interesses públicos e privados, como na sequencia se expõe.

IV. ESPECIFICIDADES DO PROCESSO AGRÁRIO

A natureza paralática da dicotomia público-privado pode ser evidenciada, também, no processo agrário. Experimenta-se nesta disciplina os entremeios de seus próprios institutos, que hora se apresentam sob a ótica privada e hora se apresentam sob a ótica pública, exigindo do jurista a necessária sensibilidade para trabalhar simultaneamente estes aspectos dentro de um complexo contexto jurídico-sócio-econômico, norteado à realização da dignidade da pessoa humana concretamente considerada.

A desapropriação, conceituada por Antônio Bandeira de Mello como "*o procedimento através do qual o Poder Público compulsoriamente despoja alguém de uma propriedade e a adquire, mediante indenização, fundado em um interesse público*",[12] pode ser dividida em dois tipos: (i) a desapropriação por interesse público (art. 182, § 4º, III, CF); e (ii) a desapropriação por interesse social para fins de reforma agrária (art. 184 a 186, CF). Notadamente, envidaremos esforços em apreciar criticamente apenas a segunda modalidade de desapropriação, limitando-nos, ainda, às discussões acerca dos seus aspectos técnicos que possibilitem evidenciar a sua complexa natureza paralática.

Preliminarmente, algumas aclarações e tomadas de posição se fazem necessárias. Segundo o texto constitucional, compete única e exclusivamente à União desapropriar terras que não cumpram com sua *função social* para realizar a imperiosa reforma agrária.

Não obstante a Constituição beneplacite o direito fundamental à propriedade (art. 5º, XXII), ela o condiciona ao atendimento da função social (art. 5º, XXIII), prescindindo de tutela constitucional a propriedade que não a atenda.[13] Nesse sentido, a função social se apresenta, segundo a posição que aqui se sustenta, como elemento estrutural da propriedade, ao lado dos direitos dominiais de usar, gozar e dispor do bem.[14]

Conforme já pudemos expor, o termo *função social* não guarda um sentido unitário, podendo ser compreendido das mais diversas formas a depender do posicionamento doutrinário adotado. Entretanto, partindo-se de uma perspectiva civil-constitucional cujo desiderato repousa na concretude dos

---

12 MELLO, Celso Antônio Bandeira de. *Curso de Direito Administrativo.* 27ª Ed. São Paulo: Malheiros, 2010, p. 865.

13 TEPEDINO, Gustavo. *Comentários ao Código Civil.* São Paulo: Saraiva, 2011, p. 244

14 *Ibidem,* p. 248.

fatos e da dignidade humana, verifica-se que o norte funcional não pode ser interpretado como mero limite externo aos institutos jurídicos, devendo se apresentar como *contributo concreto,* dirigido ao todo e ao indivíduo, indistintamente, sendo ele elemento estrutural do próprio instituto funcionalizado, tendo, no caso da propriedade, por norte balizador o artigo 186, CF, sistematicamente interpretado.

Feitas estas observações preliminares, passar-se-á à investigação dos aspectos do instituto da desapropriação que revelam a sua complexidade paralática – ora apresentada sob o enfoque do direito público, ora sob o enfoque do direito privado – para que seja possível uma composição crítica acerca dos interesses envolvidos.

Não obstante seja afirmado que "*o grande princípio que informa a desapropriação é o de que o interesse público (social, coletivo, de todos) prevalece sobre o interesse privado*",[15] verifica-se que a desapropriação para fins de reforma agrária envolve interesses particulares e, mais do que isso, dirige-se à satisfação das necessidades concretas de indivíduos dotados de vicissitudes e que se encontram segregados da sociedade em decorrência da sua condição de não-proprietário.

Assim, a natureza paralática da desapropriação pode ser evidenciada desde seu fundamento, desde sua *função social*, que não se presta unicamente ao todo, mas conforma um *contributo concreto* também à parte, ao indivíduo concretamente considerado.

Além deste aspecto, pode-se arrolar como exemplos desta paralaxe elementos do próprio instituto. A indenização, por exemplo, compõe, nas palavras de Carlos Frederico Marés, a "*velha medida do liberalismo",*[16] uma vez que ela *"mantém a integridade do patrimônio individual*".[17] Nesse sentido, a indenização seria, a princípio, um aspecto eminentemente privado. Entretanto, se interpretarmos o instituto de maneira sistemática, ver-se-á que, na composição do preço a ser pago pela propriedade destinada à reforma agrária, o direito do particular em receber pela perda de sua propriedade conforma, paralaxamente, uma sanção pública pelo descumprimento da função social.

A justeza na composição do preço da indenização – para além dos critérios legais da localização, da aptidão agrícola, da dimensão, da ancianidade das posses e das benfeitorias do imóvel (art. 12, Lei nº 8629/1993) – deve relevar, à luz da teoria de João Paulo de Faria Santos.[18] o descumprimento

---

15 ROCHA, Olavo Acyr de Lima. *A desapropriação no Direito Agrário.* São Paulo: Atlas, 1992, p. 68.

16 MARÉS, Carlos Frederico. *A função social da terra.* Porto Alegre: Sergio Antonio Fabris, 2003, p. 113.

17 Idem Ibidem.

18 SANTOS, João Paulo de Faria. *Reforma Agrária e Preço Justo – a indenização na desapropriação agrária sancionatória.* Porto Alegre: Sergio Antonio Fabris Editor, 2009, p. 96 e ss.

da função social a fim de se reparar eventuais lucros cessantes arcados pela sociedade e de se evitar o enriquecimento sem causa do particular que não cumpriu com as obrigações inerentes à sua condição de proprietário.

Outro exemplo desta complexa paralaxe que envolve os institutos do processo agrário pode ser extraído do Código Civil, mais precisamente de seu artigo 1.228, §§ 4º e 5º.

A princípio pensado para regular relações estritamente privadas, este instituto, de nomenclatura controversa, atua como defesa do possuidor em face do proprietário, no caso de reivindicação do domínio. Entretanto, pode ele consistir importante instrumento à reforma agrária, caso, além do cumprimento dos requisitos dispostos no Código Civil – quais sejam, extensa área, posse ininterrupta e de boa fé por mais de cinco anos, considerável número de pessoas e realização de obras e serviços de interesse social e econômico relevante –, sejam os possuidores destinatários da reforma agrária.

Nesse sentido, evidencia-se aqui uma zona de intersecção entre o público e o privado, com atuação direta e expressa do Estado-juiz fundada nos princípios constitucionais (diretamente ou através dos seus evidentes reflexos na norma de direito privado), que não se limita à compreensão e à interpretação isolada de suas características mais evidentes, exigindo, a partir de uma relação eminentemente privada, a implementação eficaz de uma política pública voltada à reforma agrária.

É necessário, pois, observar tal instituto sob um prisma paralático, sem enclausurá-lo.

Destaque-se que a aplicação deste instituto independe da participação prévia da administração pública, por vezes incapaz de realizar as políticas de reforma agrária, e, em contrapartida, exige do Judiciário uma intensa participação para a constatação de aplicabilidade do instituto, em especial ao que toca a condução do processo.[19]

Eis que o público é arrostado ao privado, sem, entretanto, excluir ou ser excluído, revelando, assim, a paralaxe dos institutos jurídicos de Direito Agrário na complexa submissão do Direito à contraprova da realidade.

V. CONCLUSÕES

Conjugados os elementos anteriormente expostos, emergem alguns aspectos finais.

19 Quanto a este dispositivo legal, importa observar que, na hipótese de serem os possuidores destinatários da reforma agrária, a interpretação sistemática do ordenamento aponta para a exigência da participação do Estado, na lide. A forma de atuação, contudo, demanda reflexão que extrapola o âmbito do presente artigo.

Impende, pois, concluir. Consideramos a função um elemento fenomenológico paralático informador do ordenamento jurídico importa reler o próprio Direito Agrário, o qual não pode ser visto separadamente de um *contexto social*, como se dele diferisse. Cumpre levar em conta não apenas a norma, o que inclui a própria Constituição, mas também o próprio resultado social alcançado a partir da realização de procedimentos de interesse social para fins de uma reforma agrária voltada à construção da própria personalidade humana e da história daqueles que dialeticamente se relacionam, como é o caso, à guisa de exemplo, do artigo 1.228, §§ 4º e 5º, do Código Civil e da já conhecida ação de desapropriação, isso sem olvidar outros tantos procedimentos, que vão da ação discriminatória às ações possessórias.

É somente por meio da função como ação constitutiva do próprio sujeito que se alcançará a imperiosa sensibilidade jurídica à renovação do Direito, reconhecendo-se as necessidades do presente e conformando-lhes um modo de olhar socialmente eficaz. Eis um desafio que afasta reducionismos e simplificações, que, segundo as palavras de Clèmerson Merlin Clève, exige do jurista a dura tarefa de sujar as mãos na lama da realidade para construir um Direito emancipatório e socialmente eficaz, livre de tecnicismos e cavos discursos.[20] Assim, tendo-se em mira a realidade que ao Direito Agrário se apresenta, impende ao jurista, segundo as imperiosas lições de Octavio Mello Alvarenga, desvelar os mitos que subjazem à práxis agrarista.[21]

Para tanto, enfim, menos que juízos definitivos trata-se, contemporaneamente, da primazia assumida pela problematização, quer como fim, quem como método. Afinal, o discurso e a prática, do Direito em geral, e do Direito Agrário em especial, respondem a esse dúplice mister.

VI. REFERÊNCIAS BIBLIOGRÁFICAS

ALVARENGA, Octavio Mello Alvarenga. *Agricultura brasileira: realidade e mitos.* Rio de Janeiro: Revan, 1998.

BOBBIO, Norberto. *Da estrutura à função.* Barueri: Manole, 2007.

CLÈVE, Clèmerson Merlin. A Teoria Constitucional e o Direito Alternativo. In: LEMBO, Cláudio. *Uma vida dedicada ao Direito: homenagem a Carlos Henrique de Carvalho, o editor dos juristas.* São Paulo: RT, 1995.

20 CLÈVE, Clèmerson Merlin. A Teoria Constitucional e o Direito Alternativo. In: LEMBO, Cláudio. *Uma vida dedicada ao Direito: homenagem a Carlos Henrique de Carvalho, o editor dos juristas.* São Paulo: RT, 1995. p. 37.

21 ALVARENGA, Octavio Mello Alvarenga. *Agricultura brasileira: realidade e mitos.* Rio de Janeiro: Revan, 1998.

DINAMARCO, Cândido Rangel. *Instituições de Direito Processual Civil. Vol III.* 3ª ed. São Paulo: Malheiros. 2003.

FACHIN, Luiz Edson. *Estatuto Jurídico do Patrimônio Mínimo.* 2ª Ed. Rio de Janeiro: Renovar, 2006.

LÔBO, Paulo Luiz Netto. *Constitucionalização do Direito Civil.* Disponível em: http://jus.uol.com.br/revista/texto/507/constitucionalizacao-do--direito-civil. Acesso em: 20/07/2011.

MARÉS, Carlos Frederico. *A função social da terra.* Porto Alegre: Sergio Antonio Fabris, 2003.

MARINONI. Luiz Guilherme. *Teoria Geral do Processo.* Vol. 01. 3ª ed. São Paulo: RT, 2008.

MELLO, Celso Antônio Bandeira de. *Curso de Direito Administrativo.* 27ª Ed. São Paulo: Malheiros, 2010.

MELLO, Celso Antônio Bandeira de. *Grandes temas de Direito Administrativo.* São Paulo: Malheiros, 2009.

PIANOVSKI RUZYK, Carlos Eduardo. *Institutos fundamentais do Direito Civil e liberdade(s): repensando a dimensão funcional do contrato, da propriedade e da família.* Rio de Janeiro: GZ, 2011.

ROCHA, Olavo Acyr de Lima. *A desapropriação no Direito Agrário.* São Paulo: Atlas, 1992.

SANTOS, João Paulo de Faria. *Reforma Agrária e Preço Justo – a indenização na desapropriação agrária sancionatória.* Porto Alegre: Sergio Antonio Fabris Editor, 2009.

STRECK, Lênio Luiz. *Jurisdição constitucional e hermenêutica:* uma nova crítica do direito. Rio de Janeiro: Forense, 2004.

TEPEDINO, Gustavo. *Comentários ao Código Civil.* São Paulo: Saraiva, 2011.

ZIZEK, Slavoj. *A visão em paralaxe.* São Paulo: Boitempo, 2008.

OS CRITÉRIOS FIXADOS PELO STJ NO INCIDENTE DE DESLOCAMENTO DA COMPETÊNCIA PARA JULGAMENTO DE VIOLAÇÕES DE DIREITOS HUMANOS

Flávio Galdino

SUMÁRIO: 1. Introdução: o Poder Judiciário e os conflitos no campo. **2.** O incidente de deslocamento da competência. **3.** Os critérios construídos pelo STJ nos dois casos submetidos à sua apreciação. **4.** Conclusão.

1. INTRODUÇÃO: O PODER JUDICIÁRIO E OS CONFLITOS NO CAMPO

As questões acerca dos litígios na esfera rural brasileira têm suscitado relevantíssimas controvérsias, incluindo o campo jurídico, mas não se limitando a ele. Com efeito, além de acesas controvérsias políticas, o tema é objeto de densos estudos históricos, sociológicos e antropológicos. Na restrita órbita do Direito, essas questões têm merecido atenção de estudiosos do Direito Administrativo, do Direito Civil, do Direito Penal etc. Por evidente, os estudiosos do Direito Agrário dedicam-se com especial ênfase a tais temas. Trata-se, por simples exemplos, de questões envolvendo a desapropriação de áreas não exploradas, usucapião e função social da posse e da propriedade, criminalização de condutas e tantas outras.

Interessa-nos aqui um determinado setor desses estudos jurídicos: a *jurisdição*, tópico usual dos estudos constitucionais e processualísticos. Mais especificamente, interessa-nos a questão de saber como a distribuição da jurisdição entre os órgãos judiciários (a *competência*) atualmente influencia e como pode influenciar positivamente a solução de conflitos ocorridos no campo brasileiro.

No Brasil, diversos autores dedicaram-se às várias nuances da distribuição da competência para apreciação dos multifacetados conflitos agrários. A esse propósito, tem-se reiteradamente propugnado pela constituição entre nós de uma justiça agrária (também chamada por alguns de *justiça rural*).

O insigne Octavio Mello Alvarenga, sem qualquer favor, um dos próceres dos estudos brasileiros do Direito Agrário, foi entusiasta defensor da criação de uma justiça especializada em questões agrárias no Brasil.[1] À sua memória, em sincera homenagem, são dedicadas as linhas que se seguem.[2]

Na verdade, numerosos estudiosos defendem a tese de que as peculiaridades dos conflitos agrários e a inoperância das jurisdições tradicionais quanto a tais conflitos justificariam a criação de uma justiça especializada – a justiça agrária[3] – normalmente destacando-se potenciais competências cíveis, a exemplo do que se verifica em outros ordenamentos jurídicos que integram a família romano-germânica (o chamado sistema do *civil law*).

A tese não conseguiu o consenso necessário na Constituição de 1988, não tendo sido prevista no texto constitucional vigente a Justiça Agrária especializada.

Ainda que não tenha sido estabelecido o consenso necessário durante a Constituinte, nem tampouco formada a força política indispensável a uma alteração institucional deste porte, a Constituição Federal de 1988 foi emendada para prever a possibilidade de criação de órgãos judiciais especializados em questões agrárias no âmbito das justiças estaduais (art. 126, com a redação dada pela Emenda Constitucional nº 45/2004 – antes se falava de modo pouco técnico na *designação* de juízes).

De fato, em algumas unidades da federação foram criados órgãos judiciários com competência específica para esses litígios. Especialmente em estados nos quais as atividades econômicas agrárias apresentam destacado relevo econômico, a criação de varas agrárias tem procurado dotar o Poder Judiciário de especialização na solução dos respectivos conflitos.

Assim, por exemplo, nos estados do Pará, de Santa Catarina e de Minas Gerais, onde já há varas agrárias (antes designadas varas de conflitos fundiários). Mais recentemente, tem sido desenvolvida também a especialização

1 No seio da sua vasta produção do Direito Agrário, referimos aqui um estudo dos mais influentes: ALVARENGA, Octavio Mello. Justiça Agrária e realidade brasileira. In: *Revista do Instituto dos Advogados Brasileiros*, v. 8, nº 44, p. 207- 219, 1974.

2 Alguns dos temas versados aqui já haviam sido objeto das nossas considerações em um estudo anterior, premiado pela Comissão Ibero-Americana de Ética Judicial em 2009, publicado em GALDINO, Flávio. Princípio da imparcialidade judicial. In: TORRES, Ricardo Lobo; KATAOKA, Eduardo Takemi; GALDINO, Flávio. *Dicionário de Princípios Jurídicos*. Rio de Janeiro: Elsevier, 2011, p. 539-595, esp. p. 563.

3 Veja-se BORGES, Marcos Afonso. Justiça social – Justiça agrária. In: *Revista Forense*, v. 283, p. 1 – 14, 1983; LARANJEIRA, Raymundo. A competência para o julgamento das causas agrárias. In: STROZAKE, Juvelino José (Org.). *A questão agrária e a justiça*. São Paulo: Editora Revista dos Tribunais. 2000, p. 386-436; MENDONÇA, Octavio. Justiça agrária, paz social e desenvolvimento econômico. In: *Revista de Informação Legislativa*, v. 55, p. 101-120, 1977; COUTO, Jose Pedro do. Estruturação do juízo agrário estadual, segundo exegese do art. 126 da Carta Politica. In: *Julgados da Justiça de Rondônia*, v. 8, p. 73- 111, 1992; FACHIN, Luiz Edson. Justiça e injustiça agrária. In: *Revista de Direito Agrário e Meio Ambiente*, v. 1, p. 80-84, 1986.

do Poder Judiciário em matéria ambiental, de certa forma assimilando competências que poderiam ter sido atribuídas a órgãos judiciários agrários. No estado de São Paulo foi criado até mesmo um órgão de segundo grau de jurisdição com competência ambiental: a Câmara Especial do Meio Ambiente, integrante do Tribunal de Justiça local.

Em Porto Alegre, no estado do Rio Grande do Sul, por exemplo, foi criada uma vara com competência ambiental – nesse caso, apontam-se duas nuances interessantes: (i) a mesma vara concentra competência ambiental e agrária; e (ii) embora a Constituição Federal faça referência à criação de varas agrárias no âmbito das justiças estaduais, a vara ambiental e agrária de Porto Alegre é federal – e, com efeito, não parece haver impedimento jurídico a que a Justiça Federal promova a criação de varas especializadas nessas matérias (como, de fato, já existia na Justiça Federal no estado da Bahia desde 1987).

Na seara específica do direito processual penal, os problemas relacionados ao exercício da jurisdição são intensos e muito complexos. Em muitos rincões do nosso país, o poder econômico ainda converte-se de modo hegemônico em poder político e, quase por via direta de consequência, em influência sobre o Poder Judiciário. No mais das vezes, cuida-se de influências indevidas.

Diversos estudiosos[4] apontaram e criticaram o modo de funcionamento desse poder hegemônico na esfera rural brasileira, com constante tendência à corrupção das instituições – corrupção entendida em sentido amplo e abrangendo também o compadrio e o chamado tráfico de influência –, inclusive das instituições judiciárias.

A influência de uma esfera de poder em outras esferas tende a ser inadequada, pois cada esfera das relações humanas deve ser governada por valores próprios e interesses específicos.[5] A dominância de uma determinada esfera tende a ser realmente deletéria. A partir de uma simplória análise filosófico-política – dado que o presente artigo não pretende aprofundar essa discussão –, é o que acontece quando o poder econômico decorrente do agronegócio impõe dominação sobre as demais esferas públicas e privadas.

Em paralelo, a ausência do Estado institucionalizado (e da segurança que ele deveria proporcionar) permite o crescimento da violência privada. A omissão pública em relação a prestações sociais elementares – como saúde, alimentação e educação – compromete o exercício da democracia e permite

4 Destaca-se aqui LEAL, Victor Nunes. *Coronelismo, enxada e voto*. 3ª ed. Rio de Janeiro: Nova Fronteira, 1997. Ainda sobre a situação jurídica do campo brasileiro, *vide* LIRA, Ricardo Pereira. *Campo e cidade no ordenamento jurídico brasileiro*. Rio de Janeiro: Riex Editora, 1991.

5 Para maior aprofundamento, veja-se, por todos, WALZER, Michael. *Spheres of justice – A defense of pluralism and equality*. New York: Basic Books, 1983.

a expansão da violência privada organizada como forma de dominação social. Não raro, essa violência é protagonizada por agentes públicos, que privatizam as suas atividades em benefício próprio e de outros detentores do poder econômico. O Poder Judiciário, cooptado ou sob permanente ameaça, não possui condições de independência necessárias ao seu funcionamento imparcial.

Com efeito, o Poder Judiciário não tem sido capaz de fazer frente de modo eficiente e justo à persecução dos delitos praticados por essas esferas de *poderes paralelos* – especialmente pelo chamado *crime organizado* –, que acabam por se constituir em verdadeiras violações de direitos humanos praticadas de forma sistemática contra determinados grupos sociais.

Em ambos os casos, em razão dessas *condições locais* (influência política indevida e/ou ameaças perpetradas pela violência privada institucionalizada), verifica-se que os órgãos judiciários encontram-se desprovidos da imparcialidade e da independência necessárias ao julgamento dos conflitos agrários, especialmente na órbita penal, o que realmente impede o exercício justo e eficiente da jurisdição.

A história judiciária brasileira recente registra que incontáveis casos envolvendo graves violações de direitos humanos tiveram procedimentos e julgamentos questionáveis perante os poderes judiciários estaduais (tanto em primeiro quanto em segundo grau de jurisdição), sendo certo que as referidas *condições locais* foram entendidas como fatores determinantes do insucesso, notadamente das persecuções penais dirigidas à apuração de delitos que teriam sido praticados pelos grupos políticos e econômicos dominantes.

Ainda que não tenha sido considerada adequada até o momento a criação de uma justiça fundiária ou agrária especializada, concebeu-se uma forma alternativa de proteger a sociedade contra essas graves violações de direitos humanos perpetradas na esfera criminal, que assume a premissa de que a jurisdição estadual, em razão de suas próprias condicionantes (igualmente *locais*), eventualmente não se mostra capaz de julgar tais casos com a indispensável imparcialidade.

A partir da perspectiva da internacionalização dos direitos humanos e da correspectiva responsabilidade internacional da União,[6] interessante levantamento realizado em dezembro de 2003 indicava que, dos 90 (noventa) casos promovidos contra o Brasil perante a Comissão Interamericana de Direitos Humanos, apenas dois decorriam de alegadas violações ocorridas no âmbito

6 Seja permitido remeter a um estudo anterior sobre o tema: GALDINO, Flávio. A federalização da competência para julgar ações relativas aos direitos humanos: os direitos humanos como centro de gravidade da ordem jurídico-polítca. In: *Arquivos de Direitos Humanos*. Rio de Janeiro: Renovar, 2000, v. 2, p. 537-573. *Vide* ainda PIOVESAN, Flávia. Federalização dos crimes contra os direitos humanos. In: *Revista Brasileira de Ciências Criminais*. São Paulo: Instituto Brasileiro de Ciências Criminais, v. 13, nº 54, p. 169-183, 2005.

da União – todos os demais casos diziam respeito a alegadas violações que teriam sido perpetradas na esfera dos Estados federados.[7]

Essa situação, a par de um deletério sentimento geral de impunidade – com inevitável enfraquecimento do fator de prevenção que a persecução penal pretende causar –, gerou um movimento social com reverberação no parlamento e que redundou na edição da Emenda Constitucional nº 45/2004 (a chamada Reforma do Judiciário), por conta da qual, dentre diversas outras alterações e inovações,[8] viabilizou-se o expediente que permite o deslocamento da competência para processamento e julgamento de crimes envolvendo direitos humanos para a Justiça Federal (nos termos do art. 109, § 5º, da CF).

A reforma nutria a expectativa principal de que o processamento das causas perante os órgãos da Justiça Federal será capaz de assegurar maior proteção às vítimas de violações de direitos humanos do que os julgamentos levados a efeito perante as esferas judiciárias estaduais – muito particularmente, espera-se que os órgãos judiciários federais tenham melhores condições de atuar com imparcialidade.

2. O INCIDENTE DE DESLOCAMENTO DA COMPETÊNCIA

O aludido dispositivo constitucional (Constituição Federal, art. 109, § 5º) criou o incidente de deslocamento de competência, tendo sido objeto de algumas críticas negativas – algumas deveras agudas[9] – e de outros tantos elogios.[10]

---

7 Novamente PIOVESAN, Flávia. Federalização dos crimes contra os direitos humanos. In: *Revista Brasileira de Ciências Criminais*. São Paulo: Instituto Brasileiro de Ciências Criminais, 2005, v. 13, nº 54, p. 169-183, esp. p. 178-180.

8 Sobre a reforma do Judiciário de 2004 há abundante bibliografia. Veja-se, por todos, RENAULT, Sérgio Rabello Tamm, e BOTTINI, Pierpaolo. *Reforma do Judiciário – Comentários à Emenda Constitucional nº 45/2004*. São Paulo: Saraiva, 2005; e DINO, Flávio; MELO FILHO, Hugo; BARBOSA, Leonardo e DINO, Nicolao. *Reforma do Judiciário – Comentários à Emenda nº 45/2004*. Rio de Janeiro: Impetus, 2005.

9 Conforme a crítica de SARLET, Ingo Wolfgang, FURIAN, Leonardo e FERNSTEINSEIFER, Tiago. A reforma do Judiciário e a assim designada federalização dos crimes contra os direitos humanos. In: *Arquivos de Direitos Humanos*. Rio de Janeiro: Renovar, 2005, v. 7, p. 81-145. *Vide* também CARVALHO, Luis Gustavo Grandinetti Castanho de. *Processo Penal e Constituição – Princípios constitucionais do processo penal*. 4ª ed. Rio de Janeiro: Lumen Juris, 2006, p. 117 e ss., e KARAM, Maria Lúcia. *Competência no processo penal*. 4ª ed. São Paulo: Editora Revista dos Tribunais, 2005, p. 67-68.

10 Por exemplo, PIOVESAN, Flávia. Federalização dos crimes contra os direitos humanos. In: *Revista Brasileira de Ciências Criminais*. São Paulo: Instituto Brasileiro de Ciências Criminais, 2005, v. 13, nº 54, p. 169-183; e FACHIN, Luiz Edson. A tutela efetiva dos direitos humanos fundamentais e a reforma do Judiciário. In: RENAULT, Sérgio Rabello Tamm, e BOTTINI, Pierpaolo. *Reforma do Judiciário – Comentários à Emenda Constitucional nº 45/2004*. São Paulo: Saraiva, 2005, p. 225-241.

No terreno das críticas negativas sustentou-se, com inegável autoridade, que o novo dispositivo constitucional padecia (ou padece) de substancial inconstitucionalidade, incidindo em violação aos limites materiais de reforma constitucional (por ameaça ao pacto federativo, nos termos do art. 60, § 4º, inc. I da Constituição Federal).

Além disso, haveria também violação do princípio constitucional da proporcionalidade (ou postulado da proporcionalidade, como sugere determinado setor da doutrina), eis que a nova norma constitucional em questão não passaria pelos testes referentes aos subprincípios de adequação e necessidade.[11]

Haveria, ainda, violação do princípio constitucional da legalidade, pois que a referência a "graves violações de direitos humanos", constante do art. 109, § 5º da CF (com a redação dada pela Emenda Constitucional nº 45/2004), traria inconsistência suficiente para "fulminar a norma".[12]

Em complemento, sustenta-se que essa inovação viola em especial o princípio constitucional do juiz natural, que seria uma espécie de *princípio-direito-garantia-cláusula pétrea* que consiste em elemento nuclear do Estado Democrático de Direito.[13] Como se demonstra a seguir, essa crítica

11 SARLET, Ingo Wolfgang, FURIAN, Leonardo e FERNSTEINSEIFER, Tiago. A reforma do Judiciário e a assim designada federalização dos crimes contra os direitos humanos. In: *Arquivos de Direitos Humanos*. Rio de Janeiro: Renovar, 2005, v. 7, p. 81-145, *passim*. Sobre o princípio da proporcionalidade como princípio operacional, veja-se GALDINO, Flávio. *Direitos não nascem em árvores – Introdução à teoria dos custos dos direitos*. Rio de Janeiro: Lumen Juris, 2005.

12 SARLET, Ingo Wolfgang, FURIAN, Leonardo e FERNSTEINSEIFER, Tiago. A reforma do Judiciário e a assim designada federalização dos crimes contra os direitos humanos. In: *Arquivos de Direitos Humanos*. Rio de Janeiro: Renovar, 2005, v. 7, p. 81-145, esp. p. 107 e ss. Contra, DINO, Flávio; MELO FILHO, Hugo; BARBOSA, Leonardo e DINO, Nicolao. *Reforma do Judiciário – Comentários à Emenda nº 45/2004*. Rio de Janeiro: Impetus. 2005, p. 131; na citada: "À luz desses elementos, sobram razões para a não adoção de um critério de 'tipificação fechada' dos direitos humanos que, se violados, deverão ser submetidos a exame na órbita federal. O caráter expansivo dos direitos do homem justifica inteiramente, pois a opção do constituinte reformado por uma 'cláusula aberta' a ser adensada em cada caso concreto".

13 SARLET, Ingo Wolfgang, FURIAN, Leonardo e FERNSTEINSEIFER, Tiago. A reforma do Judiciário e a assim designada federalização dos crimes contra os direitos humanos. In: *Arquivos de Direitos Humanos*. Rio de Janeiro: Renovar, 2005, v. 7. p. 81-145, esp. p. 118 e ss. No mesmo sentido, entendendo haver violação de cláusulas pétreas da Constituição Federal, inclusive da garantia do juiz natural: CUNHA, Leonardo José Carneiro da. Anotações sobre a garantia constitucional do juiz natural. In: FUX, Luiz; NERY JÚNIOR., Nelson e WAMBIER, Teresa Arruda Alvim (Coord.). *Processo e Constituição – Estudos em homenagem ao Professor José Carlos Barbosa Moreira*. São Paulo: Editora Revista dos Tribunais, 2006, p. 500-516, esp. p. 514; LOPES JR., Aury. *Direito Processual Penal e sua conformidade constitucional*. 6ª ed. Rio de Janeiro: Lumen Juris. 2010, p. 115; GRECO, Leonardo. A reforma do Poder

improcede – na verdade, não comungamos de nenhuma dessas críticas antes referidas.

Segundo esse entendimento, por violar cláusula pétrea, a proposta legislativa de edição dessa norma constitucional sequer deveria ter sido objeto de deliberação parlamentar. Ainda na conformidade desse entendimento assaz crítico, uma vez aprovada pelo parlamento, essa Emenda Constitucional (isto é, esta parcela da Emenda Constitucional nº 45/2004) poderia ser considerada um exemplo acadêmico de norma constitucional inconstitucional.

O principal fundamento da crítica baseada na alegada violação do princípio do juiz natural, também designado como princípio da naturalidade, parece residir no poder discricionário que a norma em questão atribuiu ao Procurador-Geral da República para provocar o incidente de deslocamento de competência, que seria incompatível com a exigência de predeterminação do órgão julgador (o qual, por sua vez, constitui o núcleo do direito fundamental ao juiz natural).

O presente artigo sustenta que a inovação constitucional que prevê o deslocamento da competência para processar e julgar delitos contra os direitos humanos não viola o princípio do juiz natural e, muito menos, a exigência de imparcialidade dos julgadores. Na verdade, o presente artigo sustenta que a garantia do juiz natural é instituída para promover e proteger a imparcialidade judicial e, nas situações em que a imparcialidade não esteja sendo adequadamente atendida, é possível mitigar a aplicação do princípio do juiz natural.

Na verdade, este artigo não comunga das críticas anteriores, mas não pretende refutá-las topicamente. Pretende-se apenas demonstrar que o princípio do juiz natural pode e deve ser ponderado com outros princípios, eventualmente promovendo-se estes últimos em detrimento da eficácia do primeiro – notadamente naquelas situações em que a atenuação da incidência do princípio do juiz natural presta-se a promover a imparcialidade judicial. Nesse sentido, afirma-se que o sacrifício imposto ao juiz natural pela possibilidade de federalização de determinadas ações criminais que versam sobre graves violações de direitos humanos é justificado pela promoção desses direitos humanos, que é maximizada pela eficiência na persecução penal de ofensores de direitos humanos e, em última análise, pela promoção da imparcialidade desses julgamentos.

Judiciário e o acesso à justiça. In: *Revista Dialética de Direito Processual* nº 27, p. 67-87, esp. p. 82, onde afirma que "não se protegem direitos humanos violando direitos humanos", 2005. No mesmo sentido: JARDIM, Júlia Silva. Podemos tutelar direitos humanos violando direitos fundamentais?. In: BASTOS, Marcelo Lessa e AMORIM, Pierre Souto Maior Coutinho de. *Tributo a Afrânio Silva Jardim*. Rio de Janeiro: Lumen Juris, 2010, p. 283-314.

O fato é que no caso em exame necessita-se de um exercício de ponderação entre os subprincípios que integram a imparcialidade judicial, quais sejam, a equidistância, a independência e a naturalidade[14]. Com efeito, ainda que a justiça estadual seja *naturalmente* a competente para apreciar determinados conflitos, é necessário verificar também o atendimento às exigências de que a justiça seja exercida de forma equidistante e independente. Se, no caso concreto, não é possível assegurar tais condições, a naturalidade deve ceder em alguma medida em prol do ideal maior que ela mesma persegue, a obtenção de julgamentos imparciais. Portanto, o exercício de ponderação se impõe.

Assim, em um primeiro plano, enfrenta-se a questão da predeterminação. A crítica é no sentido de que o órgão judicial para processamento e julgamento da causa (que encerraria grave violação dos direitos humanos) estaria sendo escolhido em momento posterior ao suposto fato delituoso em questão. O argumento não procede, com todas as vênias devidas. Com efeito, acaso acolhido o incidente suscitado pelo Procurador-Geral da República, será novamente distribuído o feito, agora a um órgão integrante da Justiça Federal, que gozará dos mesmos critérios de predeterminação que o órgão estadual.

Destarte, em que pese a alteração quanto ao órgão julgador, a segunda escolha terá sido feita observando os mesmos critérios gerais, abstratos e impessoais que devem nortear a escolha dos órgãos jurisdicionais em geral (nesse caso, dentre os órgãos integrantes da Justiça Federal).[15] A situação não difere em nada daquelas situações em que, por exemplo, um órgão julgador da Justiça Estadual declina *ex officio* da competência para um órgão da Justiça Federal. A diferença está na *causa* do *declínio*, mas não na forma por meio da qual ela é efetivada, que deve sempre atender aos parâmetros do juiz natural.

Também não procede a crítica à discricionariedade atribuída ao Procurador-Geral da República (nem muito menos o argumento "pragmático" de que a norma que prevê o deslocamento ensejaria perseguições a

---

14 Sobre o tema, com amplas referências bibliográficas, seja permitido remeter ao nosso GALDINO, Flávio. Princípio da imparcialidade judicial. In: TORRES, Ricardo Lobo; KATAOKA, Eduardo Takemi; Galdino, Flávio. *Dicionário de Princípios Jurídicos*. Rio de Janeiro: Elsevier, 2011, p. 539-595, esp. p. 552.

15 Correta RODRIGUES, Geisa de Assis. Anotações sobre o princípio constitucional do juiz natural. In: DIDIER JR., Fredie; WAMBIER, Luiz Rodrigues e GOMES JÚNIOR, Luiz Manoel (Coord.). *Constituição e processo*. Salvador: Jus Podivm, 2007, p. 173-198, esp. p. 190: "No caso da possibilidade de deslocamento do julgamento de crimes lesivos aos direitos humanos, também resta intacto o juiz natural, porque o que a norma justamente objetiva é criar o novo critério de alteração de competência, a partir de padrões gerais e impessoais" (pela constitucionalidade do dispositivo). *Vide* ainda, quanto ao plano civil, a convergente opinião de DINAMARCO, Cândido Rangel. *Instituições de Direito Processual Civil*. 5ª ed. São Paulo: Malheiros Editores, 2005, v. I, p. 574.

desafetos políticos).[16] Em primeiro lugar, às mais elevadas autoridades são atribuídos certos poderes discricionários; o próprio Procurador-Geral da República possui o poder discricionário de promover a ação direta de inconstitucionalidade e a ação declaratória de constitucionalidade (CF, art. 103, inc. VI) e esse poder parece ser induvidosamente mais importante do que o de provocar o aludido incidente de deslocamento de competência para processamento de determinadas causas criminais em que se discuta a violação de direitos humanos. A discricionariedade é um atributo natural das mais elevadas autoridades republicanas.

Em segundo lugar, a aludida "discricionariedade" encontra-se submetida ao controle do Superior Tribunal de Justiça (STJ) (CF, art. 109, § 5º), isto é, o deslocamento da competência para a Justiça Federal depende de um ato complexo que resulta em uma decisão de um Tribunal Superior acerca da caracterização da grave violação de direitos humanos, decisão essa que, consoante as demais, deve ser devidamente motivada (nos termos da Constituição Federal, art. 93, inc. IX). Quando muito, há discricionariedade no que diz respeito à formulação do pedido de instauração do incidente deslocamento de competência, nunca em relação à decisão judicial ou ao deslocamento propriamente dito.

Em terceiro lugar, o fato de uma terceira pessoa estranha ao feito (o Procurador-Geral da República) dispor do poder de provocar alteração da competência não representa por si só violação do princípio do juiz natural. Assim, por exemplo, admite-se que o ingresso espontâneo da União Federal, manifestando discricionariamente interesse no resultado do litígio, em um determinado processo que tramita perante a Justiça Estadual, desloca a competência (até mesmo para apreciar o tal interesse da União Federal, nos termos da Súmula nº 150 do Superior Tribunal de Justiça)[17] para a Justiça Federal.

Ou seja, a existência de discricionariedade não é causa de inconstitucionalidade, muito menos eventual patologia na utilização do instrumento pode ser considerada causa de inconstitucionalidade do instrumento (como seja, para perseguição de desafetos políticos, conforme aventado pela crítica antes referida).

---

16 SARLET, Ingo Wolfgang, FURIAN, Leonardo e FERNSTEINSEIFER, Tiago. A reforma do Judiciário e a assim designada federalização dos crimes contra os direitos humanos. In: *Arquivos de Direitos Humanos*. Rio de Janeiro: Renovar, 2005, v. 7, p. 81-145, esp. p. 124.

17 Superior Tribunal de Justiça, Súmula nº 150: "Compete à Justiça Federal decidir sobre a existência de interesse jurídico que justifique a presença, no processo, da União, suas autarquias ou empresas públicas".

Por fim, igualmente as tentativas dos críticos de estabelecer diferenças[18] entre o desaforamento e o incidente de deslocamento de competência não colhem os efeitos desejados. Em ambos os casos, há evidente preocupação com a observância dos deveres de imparcialidade[19] e de independência dos julgadores e em ambos os casos a solução encontrada é o deslocamento do julgamento para outro órgão jurisdicional que se entende gozar daqueles predicados. Pode-se até mesmo dizer que o incidente de deslocamento de competência de que se está a tratar constitui uma hipótese particular de desaforamento.

Aliás, acerca do desaforamento (previsto no Código de Processo Penal, art. 427, com a redação dada pela Lei nº 11.689/2008) o Supremo Tribunal Federal possui interessante precedente determinando a "ponderação entre o princípio do juiz natural e a garantia de imparcialidade do órgão julgador",[20] que é justamente a mesma operação normativa que se sugere neste estudo em relação ao incidente de deslocamento de competência previsto na Constituição Federal. Em que pese a fórmula encontrada para expressar o fenômeno seja sujeita a controvérsias e críticas, é correta a decisão naquilo que afirma a ideia de que o princípio do juiz natural pode ser mitigando quando sua aplicação não encontrar uma solução que assegure a efetiva imparcialidade do órgão julgador para o julgamento de um determinado processo.

A similitude entre o desaforamento e o incidente de deslocamento de competência é tão manifesta que em um julgamento relevante do Superior Tribunal de Justiça[21] em que se postulava o deslocamento, um dos ministros suscitou a possibilidade de se deferir o desaforamento (que seria, segundo o

---

18 SARLET, Ingo Wolfgang, FURIAN, Leonardo e FERNSTEINSEIFER, Tiago. A reforma do Judiciário e a assim designada federalização dos crimes contra os direitos humanos. In: *Arquivos de Direitos Humanos*. Rio de Janeiro: Renovar, 2005, v. 7, p. 81-145, esp. p. 132.

19 Por exemplo: STJ, Quinta Turma, *habeas corpus* nº 83.966-RJ, Rel.ª Min.ª Jane Silva (Desembargadora convocada do TJ/MG), julgado unânime em 18/10/2007, que se refere a "dúvida sobre a imparcialidade do júri" nos termos do atual art. 427 do Código de Processo Penal (CPP, antigo art. 424) e autoriza o deslocamento para a comarca da capital ao invés de distrito próximo ao da culpa como forma de assegurar que o julgamento seja imparcial. Sobre o desaforamento, veja-se ainda SCHREIBER, Simone. *A publicidade opressiva de julgamentos criminais*. Rio de Janeiro: Renovar, 2008, p. 222 e ss; e PRADO, Geraldo. *Sistema acusatório – A conformidade constitucional das leis processuais penais*. 2ª ed. Rio de Janeiro: Lumen Juris, 2001, p. 183.

20 STF, Segunda Turma, *habeas corpus* nº 93.038-RJ, Rel. Min. Joaquim Barbosa, julgado unânime em 05/08/2008.

21 STJ, Terceira Seção, Incidente de Deslocamento de Competência nº 2-PB, Rel.ª Min.ª Laurita Vaz, julgado por maioria em 27/10/2010, voto do Ministro Celso Limongi: "Poder-se-ia, quando muito, determinar o desaforamento da ação penal [...] diante das dificuldades enfrentadas no juízo de origem".

entendimento manifestado, uma medida menos "gravosa" do que o deslocamento de competência).

À luz das considerações precedentes, sustenta-se aqui que o incidente de deslocamento de competência não viola o princípio constitucional do juiz natural e promove de modo adequado a imparcialidade dos julgadores.

3. OS CRITÉRIOS CONSTRUÍDOS PELO STJ NOS DOIS PRIMEIROS CASOS SUBMETIDOS À SUA APRECIAÇÃO

No momento em que este artigo é redigido (2011), apenas dois incidentes de deslocamento de competência foram formulados pelo Procurador-Geral da República e julgados pelo Superior Tribunal de Justiça. Considerando-se que já se passaram quase seis anos da sua instituição, pode-se afirmar *prima facie* que o instituto tem sido utilizado com elevadíssima parcimônia pelo Procurador-Geral da República.

O primeiro pedido formulado foi indeferido pelo Superior Tribunal de Justiça, mantendo-se a competência da Justiça estadual do Pará. O segundo pedido formulado foi deferido por aquela Corte, afastando-se a competência da Justiça estadual da Paraíba (e também a eventual competência da Justiça do estado de Pernambuco).

Em ambos os casos, é lícito afirmar que os incidentes foram suscitados em processos nos quais se poderia divisar a existência de conflitos tipicamente agrários. Com efeito, tratava-se de homicídios que, de acordo com as acusações formuladas pelo Ministério Público, teriam sido cometidos no âmbito de conflitos agrários – a esfera penal agravada pela grave violação de direitos humanos seria uma das principais facetas desses complexos conflitos.

O primeiro incidente julgado[22] foi apresentado em um caso de grande repercussão, ocorrido no estado do Pará: o homicídio da missionária Dorothy Stang, reconhecida mundialmente pela sua destacada atuação na promoção e proteção dos direitos humanos – por isso mesmo conhecido como *Caso Dorothy Stang* e teve exposição internacional. Na verdade, a atuação da senhora Stang devia-se justamente ao fato de haver incontáveis denúncias de violações de direitos humanos no estado do Pará, as quais, segundo alegado, não eram investigadas ou punidas ou reparadas adequadamente, sustentando-se que o aparato estatal, inclusive o Poder Judiciário estadual, não ostentava os padrões de independência e imparcialidade desejados.

Sem embargo da grande repercussão e do clamor nacional e internacional pela apuração adequada dos fatos, a Procuradoria-Geral da República entendeu que a justiça paraense não estava conseguindo oferecer padrões

22 STJ, Terceira Seção, Incidente de Deslocamento de Competência nº 1-PA, Rel. Min. Arnaldo Esteves de Lima, julgado unânime em 08/06/2005.

adequados de persecução penal e formulou perante o Superior Tribunal de Justiça o pedido de deslocamento de competência para a Justiça Federal (i.e., para a Seção Judiciária Federal do estado do Pará).

Sendo o primeiro caso submetido à sua apreciação, o Superior Tribunal de Justiça procurou desde logo fixar parâmetros objetivos de análise das condições oferecidas pela justiça local para apuração do crime. Quanto à questão da suposta violação de princípios constitucionais, em especial do princípio do juiz natural, o Tribunal entendeu que seria possível compatibilizar o instituto com outros princípios constitucionais, a partir de operações de ponderação dirigidas pela aplicação do princípio da proporcionalidade. A Corte afirma expressamente que o incidente "não afronta o princípio do juiz natural, nem se constitui em tribunal de exceção".

Em síntese, quanto ao caso concreto, o Superior Tribunal de Justiça entendeu que de fato estava-se diante de uma violação de direitos humanos, fixando corretamente uma exegese bastante ampla para o conceito constitucional – nessa linha, um homicídio simples pode ser considerado uma violação de direitos humanos que enseja a aplicação do instituto em comento.

Entretanto, o Tribunal entendeu que não havia evidências objetivas de que as autoridades locais do estado do Pará estivessem negligentes ou que não tivessem condições reais de proceder à persecução penal, de modo que não haveria risco concreto de descumprimento de obrigações assumidas pelo Brasil na órbita internacional quanto à promoção e proteção dos direitos humanos.

O Tribunal fixou o entendimento de que, em regra, deve-se assumir que os Estados-membros possuem condições objetivas de proteger os direitos humanos. Excepcionalmente, contudo, é possível que não consigam adimplir tal obrigação em determinado caso concreto, situação em que estará autorizado o deslocamento da competência. No caso concreto, analisadas as evidências, concluiu-se que o estado do Pará estava sendo eficiente na persecução penal dos acusados pelo delito (*verbis*: "não se conclui pela exceção, mas sim pela regra") e rejeitou-se o pedido de deslocamento da competência.

Apenas nesse mister a decisão em comento demanda aprofundamento, que certamente virá nos próximos casos. Ao mesmo tempo em que se afirmou a interpretação ampliativa do conceito de direitos humanos, afirmou-se também expressamente em voto concorrente[23] que, por se tratar de uma situação excepcional, deve ser interpretada de modo estrito ("tratamento estrito").

---

23 STJ, Terceira Seção, Incidente de Deslocamento de Competência nº 1-PA, Rel. Min. Arnaldo Esteves de Lima, julgado unânime em 08/06/2005,voto concorrente do Ministro Nilson Naves. Sobre este caso, *vide* a análise de FERRAZ, Sérgio. Parecer sobre a Emenda Constitucional nº 45/2004. In: *Revista da Ordem dos Advogados do Brasil*, v. 80, p. 125-135, 2005, onde, dentre outras afirmações com as quais não concordamos, sustenta que a interpretação deve ser restritiva.

Independentemente da correção da decisão proferida no caso concreto – que não se questiona aqui –, parece que o Tribunal andou bem nos três aspectos analisados e decididos, entendendo corretamente que (i) o incidente de deslocamento de competência não corporifica violação do princípio do juiz natural, (ii) o conceito de "violação de direitos humanos" para fins de aplicação do dispositivo constitucional deve sofrer exegese expansiva, e (iii) a aferição deve partir de análise objetiva de comportamentos comissivos ou omissivos dos órgãos envolvidos no caso (judiciais ou não) que denotem parcialidade, negligência ou ineficiência na condução do caso.

Assim, a partir da jurisprudência que se inicia com esse importante precedente, que transitou em julgado sem a interposição de recurso pelo Ministério Público Federal, o deferimento do incidente de deslocamento de competência depende de três requisitos cumulativos, a saber: (i) a grave violação de direitos humanos, (ii) a obrigação de se assegurar o cumprimento de obrigações decorrentes de tratados internacionais, e (iii) a incapacidade de o Estado-federado levar a cabo satisfatoriamente a persecução penal, oferecendo, acrescente-se aqui, um julgamento proferido por um órgão judicial independente e imparcial. No caso concreto, o pedido de deslocamento de competência não atendeu ao terceiro requisito estabelecido.

Consoante também corretamente afirmado em voto concorrente no mesmo julgamento do Superior Tribunal de Justiça,[24] não importa o passado de violações e de ineficiências dos organismos judiciários: a análise dos requisitos deve ser casuística, atendo-se ao caso concreto sob análise. Assim, embora o estado do Pará alegadamente tivesse falhado em diversos casos anteriores envolvendo situações semelhantes, concluiu-se que no caso concreto as autoridades paraenses estavam conseguindo adimplir padrões adequados na persecução penal dos acusados daquele delito individualmente considerado.

De certa forma e afirmando a possibilidade de aplicação analógica, a Corte aplicou o mesmo entendimento que vem sendo construído há décadas com referência ao desaforamento: deve ser analisada objetivamente a existência de condições para processamento e julgamento imparciais. Não se verificando a presença de tais condições, resta autorizado o deslocamento da competência para a justiça federal.

Ou seja, em conclusão, ao invés de consubstanciar violação da imparcialidade (juiz natural), o incidente de deslocamento de competência protege e promove a imparcialidade judicial.

---

24 STJ, Terceira Seção, Incidente de Deslocamento de Competência nº 1-PA, Rel. Min. Arnaldo Esteves de Lima, julgado unânime em 08/06/2005, voto concorrente do Ministro Gilson Dipp.

E isso fica ainda mais evidente no julgamento do segundo caso suscitado pelo Procurador-Geral da República perante o Superior Tribunal de Justiça,[25] em que este Tribunal reafirmou expressamente os requisitos necessários ao deslocamento da competência estabelecidos no julgamento anterior, os dois primeiros previstos no texto constitucional e o terceiro entendido como um consectário lógico dos anteriores.

No caso concreto, investigava-se e exercia-se persecução penal em face de integrantes de um grupo de extermínio atuante na zona limítrofe entre os estados da Paraíba e de Pernambuco que, dentre outros diversos crimes graves, alegadamente haviam praticado diversos atentados e, ao final, assassinado um advogado e parlamentar local que investigava o grupo de modo incisivo (o caso acabou sendo conhecido pelo seu nome: Manoel Bezerra de Mattos Neto).

No curso das investigações do caso, diversas testemunhas sofreram atentados e três delas foram assassinadas, em atos imputados ao mesmo grupo criminoso. Os juízes estaduais e promotores de justiça locais haviam sido seriamente ameaçados.

O crime foi considerado pelo Superior Tribunal de Justiça[26] uma grave violação de direitos humanos justamente porque vitimou um agente do estado ocupado especialmente da persecução de grupos de extermínio e obviamente sujeitaria o país a sanções internacionais caso não fosse adequadamente investigado.

Nesse caso, ao contrário do ocorrido no primeiro precedente, os governos locais reconheceram a incapacidade de produzirem condições adequadas para a investigação e persecução criminais. Na verdade, esses governos concordaram com um pedido formulado pelo Ministro da Justiça ao Procurador-Geral da República para que suscitasse o incidente de deslocamento de competência. Não poderia haver evidência mais objetiva da incapacidade de se levar a efeito a persecução penal do que o reconhecimento governamental.

Ainda que tenha havido voz discordante no julgamento do Superior Tribunal de Justiça,[27] estava assim atendido o terceiro requisito referido acima, pois configurada a incapacidade de o estado federado dar resposta adequada às violações de direitos humanos ocorridas naquele caso concreto (ou melhor, naqueles casos concretos, pois se tratava da persecução penal de pessoas acusadas de delitos em série, que podem ser entendidos como violações

25 STJ, Terceira Seção, Incidente de Deslocamento de Competência nº 2-PB, Rel.ª Min.ª Laurita Vaz, julgado por maioria em 27/10/2010.

26 STJ, Terceira Seção, Incidente de Deslocamento de Competência nº 2-PB, Rel.ª Min.ª Laurita Vaz, julgado por maioria em 27/10/2010, voto da Relatora.

27 STJ, Terceira Seção, Incidente de Deslocamento de Competência nº 2-PB, Rel.ª Min.ª Laurita Vaz, julgado por maioria em 27/10/2010, voto do Ministro Celso Limongi.

sistemáticas de direitos humanos). Dentre outras características, considerou-se que os estados não seriam capazes de assegurar condições para o exercício imparcial da jurisdição.

Como se vê, o incidente de deslocamento de competência é um bom exemplo de que a proteção e a promoção do princípio da imparcialidade permitem e às vezes impõem a ponderação entre os vários matizes desse princípio, por vezes afastando-se a causa do seu juiz natural original, que eventualmente não tenha condições de exercer imparcialmente a jurisdição.

Essa conclusão formulada acerca do princípio do juiz natural – no sentido de que ele não é violado pelo incidente de deslocamento de competência –, vale, *mutatis mutandis*, para a mesma argumentação em torno ao princípio do promotor natural.

Com efeito, argumenta-se em sede doutrinária que o incidente de deslocamento de competência representaria violação ao princípio do promotor natural, porquanto retiraria do órgão estadual com atribuição (Ministério Público estadual) uma determinada causa, que passaria a ser processada pelo órgão do Ministério Público federal atuante perante o juízo federal para o qual se deslocasse a competência. Na verdade, alega-se que essa violação compromete o sistema acusatório como um todo,[28] mas interessa-nos aqui somente a questão envolvendo a alegada violação do princípio do promotor natural.

A nossa posição aqui é a mesma. Assumida a premissa de que se deve observância ao princípio do promotor natural, parece claro que o deslocamento da competência jurisdicional e, por via de consequência, da atribuição ministerial, não afeta negativamente a imparcialidade judicial. Pelo contrário: se existe um princípio do promotor natural é justamente com o escopo de promover-se a atuação imparcial ou impessoal dos órgãos ministeriais. Se a efetivação do promotor em um determinado caso a partir de parâmetros que assegurem a sua naturalidade não for suficiente para garantir a atuação imparcial ou impessoal, a naturalidade deve ser relativizada. E o incidente de deslocamento de competência é uma das formas de resolver esse tipo de problema – e a solução, seja consentido grifar, parece satisfatória.

Nesse sentido, consoante observado acima, cumpre lembrar que em diversas oportunidades, não só os órgãos investigativos (policiais), mas também os da persecução penal alegadamente integram a estrutura política estadual que inviabiliza a correta investigação de uma grave violação dos direitos humanos. Não é demais registrar, à guisa de ênfase, que em ambos os casos referidos acima, havia alegação de que os estados federados não eram

---

28 Por todos, JARDIM, Júlia Silva. Podemos tutelar direitos humanos violando direitos fundamentais?. In: BASTOS, Marcelo Lessa e AMORIM, Pierre Souto Maior Coutinho de. *Tributo a Afrânio Silva Jardim*. Rio de Janeiro: Lumen Juris, 2010, p. 283-314, esp. p. 294 e ss.

capazes de assegurar as necessárias condições de imparcialidade aos órgãos estaduais do Ministério Público responsáveis pela persecução penal.

4. CONCLUSÃO

O objetivo precípuo do presente artigo é a análise da orientação que se vem firmando na jurisprudência do Superior Tribunal de Justiça acerca do incidente de deslocamento de competência para crimes que envolvam violações de direitos humanos, nos termos previstos no art. 109, § 5º da Constituição Federal.

Em que pesem as críticas agudas – inclusive quanto à constitucionalidade do referido dispositivo –, o Superior Tribunal de Justiça, nos dois casos em que teve a oportunidade de apreciar pedidos dessa natureza, procurou delinear os contornos do instituto, fixando com a objetividade possível os respectivos requisitos aplicativos.

A interpretação ampla do conceito de violação de direitos humanos e a exigência de evidência objetiva da impossibilidade de se assegurar a eficiência e a imparcialidade do julgamento no âmbito estadual autorizam o deslocamento da competência para a Justiça Federal das causas criminais onde tal espécie de violação seja discutida.

Na ausência de uma justiça especializada – e provavelmente mesmo que ela existisse –, de acordo com o nosso entendimento, o incidente de deslocamento de competência e a sua aplicação pelo Superior Tribunal de Justiça concorrem para a efetivação de julgamentos imparciais nos conflitos agrários, concorrendo de forma consistente para a tão almejada pacificação do campo brasileiro.

A NECESSÁRIA REFORMA DO CÓDIGO FLORESTAL

Luciano de Souza Godoy

A agricultura brasileira vai bem. O Brasil é hoje um dos principais atores mundiais na produção de soja, milho, café, etanol, carne bovina, algodão e frutas. Até vinho e espumantes são produzidos e exportados. Os agricultores brasileiros fazem o seu papel, mesmo com condições adversas nos transportes para escoamento da produção, com esparsos e caros financiamentos e sem uma sustentável política de seguro agrícola para cobrir os prejuízos das intercorrências do clima.

Ao mesmo tempo, questionamentos ambientais trazem preocupação e intranquilidade em razão da insegurança na definição do marco regulatório ambiental da agricultura brasileira. Qual a regra sobre reserva legal e área de preservação ambiental (APP) a ser observada? A legislação será novamente alterada? Quem não observou a lei terá anistia? Quem seguiu a norma e se enquadrou será prestigiado? São dúvidas e mais dúvidas nessa questão.

A atual legislação, consolidada no Código Florestal de 1965, é ultrapassada e desvinculada da realidade econômica do setor produtivo primário, mesmo já tendo sido alterada várias vezes nos últimos anos. Determina a instalação e conversação de uma reserva legal em cada propriedade rural, independentemente do seu tamanho, com área equivalente a 20% à sua extensão nos estados do Centro-Sul do país, destacada no documento imobiliário e informada ao órgão ambiental do estado. A essa reserva legal, somam-se as áreas de APP como as matas à beira de rios, encostas, topo de morros e nascentes, por exemplo.

Os pequenos e médios proprietários rurais são castigados por um excessivo rigor burocrático dos órgãos ambientais, submetem-se às restrições desproporcionais à dimensão da sua gleba, muitas vezes sendo obrigados a recuperar e deixar inertes áreas destinadas no passado à produção agrícola.

Mesmo assim, não parece que o sistema seja eficiente para a preservação e conservação ambiental do bioma. Criam-se "pílulas" de preservação, isto é, áreas nativas desvinculadas uma das outras, sem integração, cada uma situada em uma diferente propriedade rural. Não vejo como esse sistema de "pílulas" de preservação possa atender ao elemento ambiental da função social da propriedade, princípio e norma previstos na Constituição da República.

A preservação ambiental aliada a uma produção agropecuária sustentável é o desejo de todos que querem o desenvolvimento do país. De outro lado, é inaceitável a visão preconceituosa e radical para com os produtores rurais, especialmente os pequenos e médios, que não possuíam o conceito do ilícito ao explorarem economicamente as áreas hoje consideradas como reserva legal e APP.

Não preservar a reserva legal ou as APP pode caracterizar crime, justificar a abertura de inquérito policial e ação penal. No interior de São Paulo, onde vivi e trabalhei por vários anos, constantemente a Polícia e o Ministério Público intimam os agricultores a se manifestarem sobre a preservação da reserva legal e das APP, em total falta de sintonia com a realidade econômica do setor produtivo primário.

Há uma indevida criminalização dos agricultores brasileiros que, durante anos, exploraram suas terras, trazendo emprego e progresso ao país, sem nunca terem sido informados sobre a ilicitude do fato.

O Governo e o Parlamento brasileiro podem dar tranquilidade ao setor agrário brasileiro, ou melhor, podem definir o marco regulatório ambiental da agricultura brasileira com bom-senso, harmonizando os interesses do setor produtivo primário com a desejada preservação ambiental. Essa definição trará um ambiente econômico estável para propiciar investimentos, elevação da produtividade, produção de riqueza e desenvolvimento a todos e ao país.

Para que isso ocorra, sugiro duas providências.

Em primeiro lugar, deve ocorrer a aprovação das alterações ao Código Florestal brasileiro conforme o relatório do Deputado Aldo Rebelo, já aprovado em agosto de 2010 na Comissão Especial do Código Florestal.

Dentre as alterações propostas, vejo como fundamental aos pequenos agricultores a aprovação da dispensa da constituição de reserva legal para áreas consideradas pequenas propriedades rurais, com até quatro módulos fiscais, o que significa a isenção de reserva legal para propriedade com até aproximadamente 80 hectares no estado de São Paulo.

Também é importante a alteração do Código Florestal para considerar incluídas na área de reserva legal as APP, como as matas ciliares e de encostas. Em pequenas propriedades, somando-se ambas, chegam-se a percentuais de 50% a 70% da área do imóvel como destinada à preservação total.

As alterações mencionadas do Código Florestal terminariam com a exigência de criação das mencionadas "pílulas" de preservação ambiental.

Não faz sentido desviar da produção, da geração de emprego e riqueza as terras férteis do interior de São Paulo, atualmente produtivas e consolidadas como áreas de intensa produção agrícola. Levá-las à inércia em nome da preservação ambiental, criando-se "pílulas de preservação" é um contrassenso, um atentado à inteligência.

Em segundo lugar, as ações governamentais de incentivo à agricultura e de preservação ambiental do meio rural deveriam ser centralizadas em um novo e único órgão, uma nova Agência Nacional de Política Agrária, autarquia federal a ser criada, a partir da estrutura dos Ministérios da Agricultura e do Desenvolvimento Agrária e das autarquias como Instituto Nacional de Colonização e Reforma Agrária (Incra) e Instituto Brasileiro do Meio Ambiente e Recursos Naturais Renováveis (Ibama). Uma estrutura de fiscalização, normatização e regulação nos moldes das outras agências traria eficiência para se estabelecer um novo marco regulatório ambiental do setor rural brasileiro. Há bons técnicos nos órgãos federais e estaduais de promoção da política agrária e da política ambiental. Carecem de estrutura adequada, de uma legislação orgânica e sensata com vistas à promoção da preservação ambiental nas propriedades rurais, valor importante e necessário, aliado ao aprimoramento da produção agropecuária que abastece as cidades de alimentos e matéria-prima de origem vegetal ou animal.

A FUNÇÃO SOCIOAMBIENTAL DA PROPRIEDADE: A COMPENSAÇÃO AMBIENTAL COMO DECORRÊNCIA DO PRINCÍPIO DO USUÁRIO PAGADOR

Maurício Jorge Pereira da Mota

SUMÁRIO: 1. Introdução. **2.** A compensação ambiental. **3.** A natureza jurídica da compensação ambiental. **A.** A compensação ambiental como preço público. **B.** A compensação ambiental como tributo. **C.** A compensação ambiental como obrigação econômica decorrente da função socioambiental da propriedade. **4.** A compensação ambiental como instituto concretizador da função socioambiental da propriedade. **5.** Conclusão.

1. INTRODUÇÃO

A definição e concretização dos direitos fundamentais de terceira geração, e, em particular, os direitos relacionados ao meio ambiente, vêm propondo novos desafios e impasses para o direito, muito porque tais direitos decorrem de um novo contexto social, cultural, econômico e histórico, de onde derivam novos problemas e demandas que até então nunca haviam sido enfrentados. Questões como o custo do uso dos recursos naturais, a plena reparabilidade dos danos ambientais, o direito ao meio ambiente saudável das gerações futuras, a equidade intergeracional, o objeto a ser preservado nos diversos ecossistemas, toda essa complexidade exige não só uma rigorosa definição do que seja a natureza e o gênero de direito a esta associado, mas também o debate e a proposta de soluções concretas para esses impasses.

Se concebermos o direito como os antigos gregos, ou seja, como algo decorrente da ordem da natureza e ordenado por um determinado princípio e, mais do que isso, como aquilo que cabe a uma determinada sociedade segundo uma apropriação resultante da disciplina da *polis*, um produto ou resultado, de acordo com uma justa medida – nem mais, nem menos, do que lhe corresponde no todo social –, podemos vislumbrar um princípio de resposta à questão das externalidades ambientais.

Em outras palavras, muito embora o meio ambiente não se configure como um titular autônomo de direitos, o seu uso – cada vez mais exaustivo e exponencialmente degradante – leva à reflexão acerca da atribuição de uma justa medida do uso dos bens ambientais, que na maioria das vezes não consegue ser adequadamente resguardado pelos instrumentos jurídicos tradicionais disponíveis. Assim, a disciplina da compensação ambiental, mesmo sem estar precisamente delineada em tese, vem se afigurando doutrinariamente como uma retribuição adequada pelo exercício concentrado e particular de um direito difuso ao meio ambiente ecologicamente equilibrado (art. 225 da CF/88). A lógica do instituto decorre, fundamentalmente, do reconhecimento de que a propriedade possui uma função socioambiental, capaz de instruir e conformar a noção de "usuário pagador".

A função socioambiental da propriedade, nesse diapasão, funcionaliza o exercício do direito de propriedade a interesses extraproprietários, como a preservação do meio ambiente, consoante o que dispõe o *caput* do artigo 1.228 do Código Civil. Nesse sentido, entende-se que os custos devem integrar previamente a própria concepção do direito (subjetivo) fundamental, isto é, os custos devem ser trazidos para o respectivo conceito, conduzindo a uma noção pragmática de direito subjetivo fundamental. O reconhecimento de que todos os direitos envolvem custos quase sempre elevados e de que os recursos públicos são insuficientes para a promoção de todos os ideais sociais – impondo-se o sacrifício de alguns deles – implica também o reconhecimento de que tais direitos devem ser exercitados com responsabilidade.

No presente estudo, procurar-se-á identificar que a propriedade cumpre também uma função socioambiental e esta contribui para a construção da noção de compensação ambiental como uma decorrência do princípio do usuário-pagador.

2. A COMPENSAÇÃO AMBIENTAL

A compensação ambiental foi introduzida no ordenamento jurídico brasileiro pela Resolução Conama nº 10/1987 – a qual, quase dez anos depois, foi revogada e substituída pela Resolução Conama nº 02, de 18 de abril de 1996. De início a compensação ambiental tinha um alcance menor do que o atual, sendo exigida apenas dos empreendimentos que pudessem destruir florestas e outros ecossistemas (e não o meio ambiente como um todo, o que deixava de lado, por exemplo, o meio ambiente cultural e do trabalho), em favor da implantação de uma estação ecológica (e não das unidades de conservação do grupo de proteção integral). Nesse sentido, a Resolução Conama nº 02/1996 ampliou o objeto da compensação ambiental, permitindo que os recursos desembolsados pelo empreendedor a esse título fossem aplicados em outras unidades de conservação públicas de proteção integral (de uso indireto) que não, exclusivamente, as estações ecológicas.

Finalmente, o art. 36 da Lei nº 9.985, de 18 de julho de 2000 (que institui o Sistema Nacional das Unidades de Conservação – SNUC), disciplinou o instituto da compensação, em termos legais. A regulamentação deste artigo veio pelo Decreto nº 4.340, de 22 de agosto de 2002 e pela Resolução Conama nº 371, de 5 de abril de 2006 (que, inclusive, revogou expressamente a Resolução Conama 02/1996). Cumpre mencionar também os atos normativos baixados pelo Instituto Brasileiro de Meio Ambiente e Recursos Naturais Renováveis (Ibama) com vistas à criação e implantação da Câmara de Compensação Ambiental (Portarias nº 7, de 19 de janeiro de 2004, e nº 44, de 22 de abril de 2004) e gestão da compensação ambiental (Instrução Normativa nº 47-N, de 31 de agosto de 2004).

Uma das maiores preocupações atuais entre os empreendedores refere-se a identificar quais empreendimentos devem ou não apresentar Estudo Prévio de Impacto Ambiental (Epia)/Relatório de Impacto sobre o Meio Ambiente (Rima).[1] *Isto porque, no critério adotado atualmente pela Lei nº 9.985/2000, só se cogita a exigência da compensação ambiental para aqueles empreendimentos de significativo impacto ambiental que, no procedimento de licenciamento ambiental, devem promover o Epia/Rima. No entanto, a confusão não procede, vez que, como se destacou, a lei determina que os empreendimentos que realizarem Epia/Rima estão sujeitos à compensação ambiental, de modo que, a contrario sensu,* aqueles empreendimentos dispensados do Epia/Rima não precisam se preocupar com a compensação ambiental de que trata o art. 36 da Lei do SNUC.

Na ADI nº 3.378/DF, a Confederação Nacional da Indústria (CNI), autora da referida ação, alegou, em síntese, que:

> a) o art. 36 da Lei nº 9.985/2000 feria o princípio da legalidade, pois delegava a órgão administrativo a fixação da compensação ambiental devida pelo empreendedor;
>
> b) essa delegação promovida pelo ato normativo questionado seria ilegítima, pois estaria violando o princípio da divisão e harmonia entre os poderes;
>
> c) a compensação seria paga apenas por empreendimentos que conseguiram licenciamento ambiental, ou seja, aqueles em que não há dano significativo, não sendo razoável a cobrança da compensação;
>
> d) a indenização representa reparação pelos danos causados, sendo imprescindível a prévia ocorrência e a prévia valoração desses danos sob pena de locupletação por parte do Estado, com violação ao princípio da proporcionalidade; e
>
> e) haveria ofensa aos arts. 5º, inc. II, e 37, *caput*, da CF/1988.

---

1 O Estudo Prévio de Impacto Ambiental (Epia) consiste em estudo multidisciplinar que indica os pontos favoráveis e desfavoráveis de determinado empreendimento e sugere medidas de mitigação dos impactos ambientais. Este estudo materializa o princípio da prevenção. O Relatório de Impacto sobre o Meio Ambiente (Rima) deverá conter as conclusões do estudo, demonstrando em linguagem acessível a toda a comunidade as vantagens e desvantagens, ambientais, sociais e econômicas. Deve se valer de quadros, tabelas, recursos audiovisuais e simulações que facilitem a sua compreensão. Como norma, ficarão à disposição das pessoas interessadas.

A decisão do Supremo Tribunal Federal, da lavra do Ministro Carlos Ayres Britto, começa por salientar que *todos têm direito ao meio ambiente ecologicamente equilibrado, bem de uso comum do povo e essencial à sadia qualidade de vida, impondo-se ao Poder Público e à coletividade o dever de defendê-lo e preservá-lo para as presentes e futuras gerações* (art. 225, *caput*, da CF).

Deste modo, os bens, embora tenham titularidades específicas (públicas ou particulares), em seu aspecto ambiental são de utilização comum de todos[2], o que se coaduna com sua natureza de direito difuso. Portanto, sendo o uso dos bens, ambientalmente considerados, comum a todos, incumbe a todos os envolvidos (particulares e Poder Público) compartilhar as despesas concernentes à prevenção do significativo impacto ambiental decorrente do empreendimento, a par das medidas oficiais também adotadas para tal fim. Isso porque a responsabilidade incumbe, na forma da Constituição, simultaneamente ao Poder Público e ao particular, se este utilizou os recursos naturais do entorno ou afetou o ecossistema mais intensamente, a ponto de construir empreendimento que cause significativo impacto ambiental. Cabe ao particular, na proporção da atividade por ele despendida – apurada por meio de Epia/Rima –, reinternalizar tais custos no bojo de seu empreendimento, por meio do respectivo compartilhamento ou compensação, na medida de sua utilização maior, em detrimento dos demais titulares do mesmo direito difuso ao meio ambiente ecologicamente equilibrado e das futuras gerações.

A compensação-compartilhamento será estabelecida por arbitramento do órgão ambiental licenciador e foi instituída pela própria lei, não havendo assim que se falar em contrariedade ao princípio da legalidade. A compensação ambiental, no dizer do acórdão do STF, densifica o princípio do *usuário-pagador*,[3]

2 "O proprietário do bem socioambiental, ou seja, daquele bem essencial para a manutenção da vida de todas as espécies e de todas as culturas, fica sujeito aos comportamentos apontados. Há um direito à preservação do bem, que é superior ao direito individual de propriedade. É o que chamamos de direito socioambiental de titularidade difusa. A proteção volta-se para o bem, pouco importando a sua titularidade no caso concreto. Por isso, o bem público está sujeito às mesmas regras do bem privado e os direitos socioambientais são exercidos sobre bens alheios. O bem socioambiental comporta dupla titularidade, a do próprio bem considerado materialmente e a sua representatividade em relação aos demais, compondo o chamado meio ecologicamente equilibrado. Teremos um direito de titularidade individual, o direito de propriedade, e o direito difuso para garantia socioambiental. Tais direitos devem conviver em harmonia". LEMOS, Patrícia Faga Iglecias. *Meio ambiente e responsabilidade civil do proprietário:* análise do nexo causal. São Paulo: Revista dos Tribunais, 2008, p. 82.

3 O princípio do usuário pagador está expresso na Lei nº 9.433, de 8 de janeiro de 1997, que prevê que os recursos ambientais são escassos (art. 1º) e que, aquele que os utiliza mais, em detrimento dos outros, deve arcar com o correlativo ônus pelo seu uso intensivo.

que representa um mecanismo de assunção da responsabilidade social partilhada pelos custos ambientais derivados da atividade econômica.

Do mesmo modo, o Tribunal afastou a alegação de delegação ilegítima de poderes ao Poder Executivo para fixação do *quantum* da compensação, importando no estabelecimento de obrigação ao particular sem amparo em lei. Isto se deve ao fato de que a compensação-compartilhamento, além de realizar a finalidade prevista no art. 225, *caput*, CF/1988, não seria fixada de modo arbitrário pelos órgãos ambientais do Poder Executivo, mas estaria quantificada objetivamente, de acordo com a compostura (retribuição da maior utilização, como se vê) do impacto ambiental que vier a ser dimensionado estritamente nos dados técnicos do Epia/Rima. Portanto, a própria lei criou um critério objetivo, o *quantum* de impacto ambiental, que não é determinado *a priori*, mas é determinável a partir do estudo técnico do Epia/Rima.

Insiste o aresto que a inexistência de efetivo dano ambiental não importa em isenção do empreendedor de obrigação de partilha dos custos de medidas preventivas. Isto ocorre porque o princípio do usuário pagador implica que o só fato da alteração ambiental negativa da totalidade do meio ambiente circundante em decorrência do empreendimento já importa em utilização diferenciada, e, consequentemente, no dever de compensar os demais, dado o caráter de compartilhamento indivisível do meio ambiente entre todos e também com as próximas gerações. Em um empreendimento que cause significativo impacto ambiental, tem-se o conflito entre dois direitos fundamentais, o direito à livre-iniciativa/desenvolvimento econômico e o direito ao meio ambiente ecologicamente equilibrado. Da composição necessária entre esses dois direitos resulta uma situação jurídica que implica a consecução da obra, mas, também, na alteração adversa das características do meio ambiente que existia anteriormente. Esse desnível entre a realidade ambiental antes existente e a atual deve ser compensado. Nestes casos, o impacto ambiental é significativo e o meio ambiente deve ser recomposto.

Assim, para o STF, a alegação de irrazoabilidade da situação e quebra de isonomia, porque a compensação seria paga apenas por empreendimentos que conseguiram licenciamento ambiental (ou seja, aqueles em que, em princípio, o dano poderia ser mitigado), não tem procedência, dado que mesmo sendo lícita a atividade existe o dever de compensação. Inspirando-se na decisão, é de se cogitar que ainda que a atividade seja lícita, como na construção de obras públicas, por exemplo, quando esta atinge o direito de alguns de igualdade na distribuição dos encargos públicos, é gerado o dever de ressarcimento. Do mesmo modo, em se tratando de um direito difuso de todos ao meio ecologicamente equilibrado, quando o direito da coletividade se vê diminuído pela alteração adversa das características do meio ambiente, embora lícita, há o dever de compensação que se instrumentaliza pela compensação ambiental legal. O usufruto maior do meio ambiente por parte de alguns importa no usufruto menor por parte dos demais, daí a obrigação de compensação devido ao compartilhamento do mesmo direito.

O acórdão ressalta a eficácia do meio empregado, o compartilhamento, para densificar a responsabilidade do empreendedor perante a coletividade difusa, titular do mesmo direito ao meio ambiente ecologicamente equilibrado, sendo o desiderato de tudo a permanência da higidez do meio ambiente, apesar das necessidades próprias ao desenvolvimento humano.

A decisão rejeitou expressamente, ainda, a argumentação do Ministro Marco Aurélio de que a compensação ambiental tenha natureza indenizatória. Sua natureza é compensatória, dado que visa à preservação do meio ambiente, no sentido de um desenvolvimento sustentável. O montante de recursos a ser destinado deve ser fixado de acordo com o grau de impacto ambiental, revelado em perícia técnica (Epia/Rima), que permita escaloná-lo, sem relação necessária com o custo total do empreendimento. A decisão também previu que deve haver um nexo de causalidade entre a preservação almejada e o impacto ambiental gerado pelo empreendimento. O Supremo considerou, assim, não procedente a alegação de que a compensação tivesse natureza indenizatória. Logo, para a imposição legal da compensação ambiental, não seria imprescindível a prévia ocorrência e valoração dos danos ambientais, uma vez que esta não representa reparação pelos danos causados.

Assim, na nova interpretação do Supremo Tribunal Federal, a compensação ambiental tem um limite material no potencial de impacto ambiental e na suscetibilidade ambiental da área de localização do empreendimento ou atividade. A decisão do Supremo, ainda a ser esclarecida mediante apreciação de embargos de declaração, direciona-se no sentido da conciliação entre o direito ao desenvolvimento e a preservação do meio ambiente, constituindo a compensação em medida mitigadora quando a prevenção de impactos não é possível e a minimização dos mesmos não é suficiente. Uma vez que o empreendimento precisa utilizar-se dos recursos ambientais de maneira mais intensa para ser realizado, o que fragiliza a fruição do direito ao meio ambiente ecologicamente equilibrado dos demais titulares do mesmo direito difuso indivisível, cabe ao empreendedor compartilhar os custos desse ônus, imposto a toda a coletividade, por meio da compensação ambiental.

A decisão do Supremo Tribunal Federal, por meio de uma declaração parcial de inconstitucionalidade com redução de texto, suprimiu, ainda, a apriorística fixação de percentual mínimo sobre o custo do empreendimento, no montante de meio por cento dos custos totais previstos para a implantação do empreendimento, prevista no § 1º do art. 36 da Lei nº 9.985/2000. Tal disposição permite que o órgão licenciador defina o valor do financiamento compartilhado em estrita conformidade com os dados técnicos do Epia/Rima, aptos a apurar, com a necessária precisão, o grau de impacto ambiental provado pela implantação do empreendimento. Entendeu o Pretório Excelso que o custo do empreendimento não é o critério adequado para a determinação do *quantum* da compensação ambiental, mas sim o impacto (perda) do meio ambiente, apurável por meio do Epia/Rima.

Nada obstante, a importante decisão não discorre sobre aquilo que lhe subjaz: o reconhecimento de que a compensação ambiental representa uma contrapartida, financeira ou de outra natureza, pelo impacto nos bens ambientais decorrente do desenvolvimento de um empreendimento ou de uma atividade econômica. Além disso, a compensação cumpre o papel de compensar os demais titulares do direito difuso ao meio ambiente ecologicamente equilibrado pelas externalidades provocadas pela nova instalação. Em suma, trata-se de um instrumento econômico, imposto por norma legal, de gestão do meio ambiente. A seu turno, deve-se observar que o julgamento do Supremo reconhece, ainda que implicitamente, que o direito subjetivo deve incluir a perspectiva dos custos. A função socioambiental da propriedade funcionaliza o exercício do direito de propriedade a interesses extraproprietários, como a preservação do meio ambiente, consoante o que dispõe o *caput* do art. 1.228 do Código Civil.

Os custos devem integrar previamente a própria concepção do direito (subjetivo) fundamental, isto é, os custos devem ser trazidos para o respectivo conceito, conduzindo a um conceito pragmático de direito subjetivo fundamental. O reconhecimento de que todos os direitos possuem custos quase sempre elevados, sendo custeados por escassos recursos captados na coletividade de indivíduos singularmente considerados, e de que os recursos públicos são insuficientes para a promoção de todos os ideais sociais – impondo o sacrifício de alguns deles –, implica também o reconhecimento de que os direitos devem ser exercitados com responsabilidade.[4]

O acórdão, não obstante intua as considerações sociais e existenciais acerca da função socioambiental da propriedade, aferra-se na discussão do tema da existência prévia de dano, como se de responsabilidade civil se tratasse. Na verdade, o tema é outro. Trata-se da apuração pelo Epia/Rima dos custos do direito difuso ao meio ambiente. Se o empreendimento necessariamente provoca um impacto ambiental negativo significativo e se este não pode ser prevenido ou mitigado sem que o próprio empreendimento não se desfaça (pense-se em uma hidrelétrica), a totalidade da coletividade – detentora do mesmo direito difuso ao meio ambiente – deve ser compensada. Isto deverá se dar em consonância com os custos desse direito, que nada mais é do que a diferença entre o que existia anteriormente e o impacto ambiental gerado pelo empreendimento.

Desse modo, as perguntas que devem ser feitas, para a plena inteligibilidade do decisum, *são aquelas relativas aos fundamentos teóricos da fun-*

4 GALDINO, Flávio. *Introdução à teoria dos custos dos direitos:* direitos não nascem em árvores. Rio de Janeiro: Lumen Juris, 2005, p. 213-214.

ção socioambiental da propriedade. A primeira delas concerne à existência de um direito dos homens à apropriação em comum dos bens ambientais e à destinação de tais bens a uma finalidade comum a partir da função socioambiental da propriedade. A seguir, caracterizado que a finalidade comum e preservação do meio ambiente são ínsitas ao direito de propriedade e que a sua consubstanciação é a fruição igualitária em comum do mesmo direito transindividual e indivisível, a segunda pergunta a ser respondida pode ser assim formulada: sendo a primeira premissa verdadeira, por que a compensação ambiental não seria um instituto de responsabilidade civil, como parece indicar o voto do Ministro Marco Aurélio no mencionado precedente[5]? Apesar de o voto do ilustre ministro apontar nesse sentido, a conclusão do acórdão é peremptória em outro, como expresso no voto do Ministro Relator:

> Entendo que o art. 36 da Lei nº 9.985/2000 densifica o princípio do usuário-pagador, este a significar um mecanismo de assunção da responsabilidade social (partilhada, insiste-se) pelos custos ambientais derivados da atividade econômica. [...]
>
> Nessa ampla moldura, é de se inferir que o fato de, aqui e ali, inexistir efetivo dano ambiental não significa isenção do empreendedor em partilhar os custos das medidas preventivas. Isto porque uma das vertentes do princípio usuário-pagador é a que impõe ao empreendedor o dever de também responder pelas medidas de prevenção de impactos ambientais que possam decorrer, significativamente, da implementação de sua empreitada econômica. [...]
>
> Porque a compensação ambiental se revela como instrumento adequado ao fim visado pela Carta Magna: a defesa e a preservação do meio ambiente para as presentes e futuras gerações, respectivamente. [...] Não há outro meio eficaz para atingir essa finalidade constitucional senão impondo ao empreendedor o dever de arcar, ao menos em parte, com os custos da prevenção, controle e reparação dos impactos negativos ao meio ambiente [...] porque o encargo financeiro imposto (a compensação ambiental) é amplamente compensado pelos benefícios

---

5 "De início surge o conflito do § 1º do artigo 36 da Lei nº 9.985/2000 com os §§ 2º e 3º do artigo 225 da Carta Federal. Enquanto estes versam sobre situações já ocorridas – a circunstância de a atividade desenvolvida pela pessoa natural mostrar-se agressiva ao meio ambiente, contendo o § 3º a alusão até mesmo a infratores, a sanções penais e administrativas, a indenizações por danos causados – a norma atacada despreza, por completo, esses fatos geradores do ônus a ser imposto, que ganha contornos compensatórios. Prevê que o empreendedor, na fase embrionária do planejamento da atividade, visando à obtenção de licença, destinará recursos para implantação e manutenção de unidade de conservação do grupo de proteção integral, sendo o dispêndio realizado segundo preceitos da lei e o regulamento respectivo. Em síntese, há imposição de desembolso para obter-se a licença, sem mesmo saber-se da extensão de danos causados. Mais do que isso, em desprezo total ao princípio da razão suficiente, estabelece, como base de incidência do percentual a ser fixado pelo órgão licenciador, os custos totais previstos para a implantação do empreendimento e não o possível dano verificado (fls. 259)."

> que sempre resultam de um meio ambiente ecologicamente garantido na sua higidez (fls. 252).

Respondidas essas indagações, deve-se esclarecer, ainda, em que consiste a noção do usuário pagador – consoante a análise econômica do direito –, qual a natureza jurídica da compensação ambiental e, por fim, como esta se constitui em um instituto concretizador da função socioambiental da propriedade.

3. A NATUREZA JURÍDICA DA COMPENSAÇÃO AMBIENTAL

Controversa se apresenta na doutrina a natureza jurídica da compensação ambiental prevista na Lei nº 9.985/2000, regulamentada pelo Decreto nº 4.340/2002. Dissentem os autores em classificá-la como preço público, tributo ou indenização.[6] Inicialmente cabe excluir a ideia de simples responsabilidade civil, na modalidade reparação de danos antecipada, porque, como vimos, a compensação ambiental vai muito além desse instituto, abrangendo também a precaução, a prevenção e o diferimento do dano no tempo.

A) A Compensação Ambiental como Preço Público

Ricardo Carneiro defende a tese de que a compensação ambiental seria um preço público, pelo qual o empreendedor estaria remunerando a União pela exploração ou pelo uso de um bem a ela pertencente[7]. Teríamos, então, uma modalidade de compensação financeira pelo uso do patrimônio público, com a mesma natureza (preço público) da Compensação Financeira pela Extração Mineral (CFEM), prevista no art. 20 da Constituição Federal. Nos termos da lei, assegura-se aos Estados, ao Distrito Federal e aos Municípios, bem como a órgãos da administração direta da União, participação no resultado da exploração de petróleo ou gás natural, de recursos hídricos para fins de geração de energia elétrica e de outros recursos minerais no respectivo território, plataforma continental, mar territorial ou zona econômica exclusiva, ou compensação financeira por essa exploração[8]. Preço público, na reali-

6 GUERRA, Sérgio. Compensação ambiental nos empreendimentos de significativo impacto. In: WERNECK, Mário et al. (Coords.). *Direito ambiental visto por nós advogados*. Belo Horizonte: Del Rey, 2005, p. 135-145.

7 CARNEIRO, Ricardo. A reserva particular do patrimônio natural (RPPN) como beneficiária da compensação ambiental prevista na Lei nº 9.985/2000. In: FIGUEIREDO, Guilherme José Purvin de (Coord.). *Direito Ambiental em debate.* Rio de Janeiro: Esplanada, 2004, v. 1, p. 279-289.

8 BRASIL. Supremo Tribunal Federal. Primeira Turma. Recurso Extraordinário nº 228.800-DF. Rel. Min. Sepúlveda Pertence. Acórdão de 24/09/2001. *DJ* 16/11/2001.

dade, é receita originária, que provém da exploração do patrimônio público ou do desempenho de atividades comerciais, financeiras ou industriais, direta ou indiretamente, pelos órgãos da Administração Pública, com arrimo no artigo 173 da Constituição. A compensação ambiental, contudo, não objetiva a cobrança pelo uso de um bem público, pois o meio ambiente não é um bem do Poder Público, mas sim um direito fundamental de todos, intangível, cuja alteração gera uma obrigação de reparação do direito comum compartilhado.

Não caberia também se falar em preço público porque há uma diferença marcante entre a compensação ambiental (art. 36 da Lei nº 9.985/2000) e a figura chamada pela Lei nº 7.990/89 de "compensação financeira". No caso da exação prevista na Lei nº 7.990/89, a obrigação é de recolher determinada quantia aos cofres públicos (preço), enquanto a compensação ambiental, conforme interpretação do STF, engendra uma obrigação que pode ser cumprida sem que recursos do empreendedor sejam recolhidos diretamente ao erário. A obrigação do empreendedor é de *apoiar a implantação e manutenção de unidade de conservação* (art. 36, *caput*, da Lei nº 9.985/2000). Após quantificada em dinheiro essa obrigação (alíquota definida de acordo com o grau de impacto ambiental), a mesma pode ser cumprida diretamente pelo empreendedor (sem o ingresso de recursos nos cofres públicos) mediante "elaboração, revisão ou implantação de plano de manejo", "aquisição de bens e serviços necessários à implantação, gestão, monitoramento e proteção da unidade, desenvolvimento de estudos etc." (art. 33 do Decreto nº 4.340/2002). Tudo isso é incompatível com a noção de preço público.

B) A Compensação Ambiental como Tributo

Também não se coaduna a compensação ambiental com natureza de taxa. Consoante o art. 77 do Código Tributário Nacional, taxa é espécie do gênero tributo, cujo fato gerador é o exercício do poder de polícia ou a utilização efetiva ou potencial de serviços públicos efetivos ou divisíveis,

p. 021. Bens da União (recursos minerais e potenciais hídricos de energia elétrica): participação dos entes federados no produto ou compensação financeira por sua exploração (CF, art. 20, e § 1º): natureza jurídica: constitucionalidade da legislação de regência (Lei nº 7.990/89, arts. 1º e 6º e Lei nº 8.001/90). 1. Tratar-se de prestação pecuniária compulsória instituída por lei não faz necessariamente um tributo da participação nos resultados ou da compensação financeira previstas no art. 20, § 1º, CF, que configuram receita patrimonial. 2. A obrigação instituída na Lei nº 7.990/89, sob o título de "compensação financeira pela exploração de recursos minerais" (CFEM) não corresponde ao modelo constitucional respectivo, que não comportaria, como tal, a sua incidência sobre o faturamento da empresa; não obstante, é constitucional, por amoldar-se à alternativa de "participação no produto da exploração" dos aludidos recursos minerais, igualmente prevista no art. 20, § 1º, da Constituição. Disponível em: <http://www.stf.jus.br>. Acesso em: 25/01/2009.

prestados ao contribuinte ou postos à sua disposição. Como a compensação ambiental é exigida no âmbito do licenciamento ambiental, alguns autores a entendem como tributo, passível de enquadramento como taxa de polícia.[9] Isso ocorre porque o licenciamento ambiental é uma atividade de polícia do Estado e, como tal, tem seu custo repassado para todo empreendedor – e não apenas para aquele cujo empreendimento seja causador de impacto significativo não mitigável/não evitável e sujeito ao Epia/Rima –, mediante cobrança da taxa de polícia que, no âmbito federal, é chamada de custo de análise.

Não obstante, o valor pago a título de compensação ambiental não se confunde com a taxa de polícia cobrada pelo licenciamento ambiental, já que não é exigida dos empreendedores pelo fato de utilizarem a "máquina estatal" de polícia, mas em virtude de gerarem, com sua atividade, impacto ambiental significativo e inafastável. O licenciamento ambiental, sim, é uma atividade compulsória, de controle e regramento do uso dos recursos ambientais, ou seja, exercício regular do poder de polícia administrativo. Logo, a contraprestação paga pelo contribuinte quando apresenta o projeto para licenciamento tem natureza jurídica de taxa. A compensação ambiental, ao revés, não tem o caráter retributivo próprio das taxas, haja vista se tratar de uma forma de reparação de danos a que está sujeito o empreendedor e não uma forma de remuneração do Poder Público por atividade por ele exercida.

Do mesmo modo, a compensação ambiental não se reveste da natureza jurídica de taxa de serviço. As taxas de serviço devem ter como fato gerador serviços públicos específicos e divisíveis, prestados ao contribuinte ou postos à sua disposição. Serviços específicos são aqueles que podem ser destacados em unidades autônomas de intervenção, de utilidade ou de necessidade públicas; e divisíveis, quando suscetíveis de utilização, separadamente, por parte de cada um dos usuários. Se a taxa de serviço só pode ser instituída para remunerar um serviço público singular e divisível, onde não houver serviço público não haverá causa para a cobrança da taxa correspondente. Deste modo, a compensação ambiental não é uma taxa de serviço porque não se vislumbra a prestação de serviço público propriamente dito nem no licenciamento ambiental, nem tampouco no ato da exigência da compensação ambiental. Se a compensação ambiental, conforme se demonstrou, não configura serviço público capaz de ensejar cobrança de taxa, muito menos ainda

9 "Diante de todo o exposto, podemos chegar à conclusão de que a "compensação ambiental" criada pela Lei nº 9.985/2000 e regulamentada pelo Decreto nº 4.340/2002 é um verdadeiro tributo, haja vista se tratar de uma prestação exigida por lei, de caráter pecuniário, compulsória, decorrente de expedição de licenciamento ambiental com significativo impacto, ainda que nos meandros da licitude, e cobrada por um órgão público ambiental". SALIBA, Ricardo Berzosa. A natureza jurídica da "compensação ambiental": vícios de inconstitucionalidades. In: *Revista Interesse Público*. Porto Alegre: Notadez, nº 29, p. 197-214, 2005

nos casos de implantação de unidades de conservação, tendo em vista que este se trata de um serviço público prestado pelo Estado, mais precisamente pelo órgão de meio ambiente, que possui caráter geral e indivisível, posicionando--se, desse modo, no extremo oposto dos casos de incidência de taxa.

Outros autores defendem a tese de que a compensação ambiental seria uma modalidade de contribuição de intervenção no domínio econômico (Cide), de competência exclusiva da União, cuja previsão está disciplinada no artigo 149 da Constituição Federal. Essa espécie tributária teria uma função de estímulo de determinado setor econômico, num dado momento em que se entenda necessária a presença interventiva do Estado. Por isso, inclusive, sua cobrança deve ser temporária, e não contínua, até porque, como se sabe, na própria Constituição não há nenhum dispositivo que prescreva seja esse tributo cobrado para a manutenção duradoura de alguma ordem. Tal contribuição serve, precipuamente, como um instrumento de intervenção e não de financiamento.

Sustentam Édis Milaré e Priscila Santos Artigas que, se uma categoria de empreendimentos cujo conjunto se integra em decorrência de causarem significativos impactos ao meio ambiente, formando um conjunto específico capaz de afrontar o princípio da defesa do meio ambiente (insculpido no art. 170, inc. VI, da Constituição Federal), legitima-se a intervenção do Estado a exigir a contribuição estampada no art. 149 da Carta Magna. Isso se enquadraria perfeitamente no princípio do poluidor pagador, ao determinar que dado setor econômico, ao arcar com a Cide, insira em sua cadeia produtiva os custos dos impactos causados ao meio ambiente. De todo modo, entendem os autores que para a instituição desse tributo inominado é exigida a edição de lei complementar, bem como o respeito aos princípios da legalidade e da tipicidade da tributação, incompatíveis com a possibilidade e liberdade de fixação das alíquotas pelo Poder Executivo, previstas no art. 36 da Lei nº 9.985/2000, e com a adoção de conceitos indeterminados em matéria de fato gerador e base de cálculo.[10]

A compensação ambiental somente se constituiria em uma Cide se o Poder Público exigisse de indústrias e demais atividades econômicas sujeitas ao licenciamento ambiental (segmento produtivo) o pagamento de valores monetários (Cide) pelo fato de desenvolverem atividades econômicas altamente degradadoras (fato gerador), com o objetivo de empregar os valores amealhados no custeio de sua intervenção na ordem econômica, na modalidade incentivo, para benefício ou controle do mesmo segmento produtivo que pagou o tributo, mas não é esse o caso. Mesmo se entendendo que

10 MILARÉ, Edis; ARTIGAS, Priscila Santos. Compensação ambiental: questões controvertidas. In: *Revista de Direito Ambiental*. São Paulo: Revista dos Tribunais, nº 43, p. 101-114, jul.-set. 2006

as contribuições de intervenção no domínio econômico são utilizadas pela União para direcionar os contribuintes a certos comportamentos, comissivos ou omissivos, úteis ao interesse coletivo, como instrumento de extrafiscalidade, não se pode aceitar a compensação ambiental como uma Cide. A compensação ambiental não quer direcionar ou desestimular nenhum comportamento do empreendedor. Sua finalidade é diminuir de alguma forma o prejuízo suportado pela coletividade em virtude dos impactos ambientais não mitigáveis de seu empreendimento.[11]

C) A Compensação Ambiental como Obrigação Econômica Decorrente da Função Socioambiental da Propriedade

A compensação ambiental, na realidade, tem natureza jurídica de obrigação econômica de reparação pelo uso do meio ambiente, entendido esse como um direito intangível de todos à determinada qualidade de vida, à preservação do meio ambiente ecologicamente equilibrado. Isso está expresso no *caput* do art. 225 da Constituição Federal, que prevê que todos têm direito ao *meio ambiente ecologicamente equilibrado*, bem de uso comum do povo e *essencial à sadia qualidade de vida*, impondo-se ao Poder Público e *à coletividade* o dever de defendê-lo e preservá-lo para as presentes e futuras gerações. Expressa ainda o mesmo artigo, em seu § 3º, que as condutas e atividades consideradas lesivas ao meio ambiente sujeitarão os infratores à obrigação de reparar os danos causados.

A compensação ambiental se subsume no âmbito do princípio do usuário- pagador.[12] O princípio do usuário-pagador consiste no fato de o usuário dos recursos naturais sofrer a incidência de um custo (instrumento econômico) devido à utilização dos bens naturais. Os recursos naturais são bens da coletividade e o uso destes garante uma compensação financeira para a mesma, não importando se o meio ambiente corre risco ou não de ser poluído. Quando alguém usa um bem que não lhe pertence – e os bens ambientais, por pertencerem a todos, não pertencem a ninguém com exclusividade – deve dar uma retribuição aos titulares deste bem ou, no caso de bens difusos, aos seus gestores.

Sendo os bens ambientais de uso comum de todos, quem se utiliza dos componentes ambientais de forma incomum deverá pagar a conta pelo uso invulgar, ainda que os "devolva" nas mesmas ou em melhores condições

---

11 BECHARA, Érika. *Uma contribuição ao aprimoramento do instituto da compensação ambiental na Lei nº 9.985/2000*. Tese de Doutorado. São Paulo: Pontifícia Universidade Católica (PUC), 2007, p. 209-212.

12 Dispõe o art. 4º, inc. VII da Lei nº 6.938/81 que a política nacional do meio ambiente visará à imposição "ao usuário, da contribuição pela utilização de recursos ambientais com fins econômicos".

do que quando o tomou por empréstimo. Considera-se que, pelo menos por algum momento, teria havido um cerceamento do uso normal do bem ambiental ou, por outro lado, se privilegiou para algum usuário o uso invulgar de um bem que a todos pertence.[13] Antonio Herman Benjamin esclarece que o usuário deve pagar pelo uso do bem ambiental que é de todos para evitar a situação que chama de "subsídio". Isso porque, se o recurso é coletivo e uns poucos o estão utilizando sem qualquer compensação pelo seu esgotamento ou uso, a conta está sendo coberta pelo público em geral. E, ainda mais grave, a mesma coletividade que não está sendo compensada pelo uso do bem está suportando as despesas com medidas destinadas a protegê-los.[14]

Consoante a análise econômica do direito, qualquer atividade econômica tem custos, mas somente os privados (custos de matéria-prima, mão de obra, insumos etc.) seriam internalizados pelo agente, absorvendo parte dos seus custos sociais. Por outro lado, existiriam outros custos, a exemplo da poluição decorrente do exercício da atividade industrial, que não estariam sendo contabilizados como custos pelo agente poluidor, mas sendo impostos a outros agentes. Assim, haverá externalidade negativa se a atividade de um agente, como um empreendimento, ferir o bem-estar de outros. Isso ocorrerá, por exemplo, quando a poluição da água por agrotóxicos torná-la imprópria para consumo humano, bem como para a dessedentalização de animais, se essa perda não for compensada de alguma forma, a exemplo do pagamento de indenizações, multas, ou qualquer outra forma de ressarcimento dos prejuízos sofridos. Deve ser diferenciado, contudo, o direito de uso de determinados bens ambientais tangíveis e o direito intangível de todos à higidez do meio ambiente equilibrado.

Esses direitos de uso de bens ambientais tangíveis, como o direito sobre os recursos hídricos e o subsolo, são direitos difusos, de toda coletividade – portanto nem públicos, nem privados –, pertencentes indivisivelmente a um número indeterminável de pessoas, ligadas entre si por circunstâncias de fato. Porém, embora sejam difusos esses direitos, incumbindo ao Poder Público e à coletividade o dever de preservá-los (art. 225, CF), a Constituição atribuiu a dominialidade dos bens que lhes servem de suporte fático ao Poder Público, como é o caso da água (art. 20, inc. III, CF, que trata da União, art. 26, inc. I, CF, que trata dos Estados-membros, e art. 1º, inc. I, da Lei nº 9.433/97) e do subsolo (art. 176, CF). Deste modo, dada a dominialidade do bem tangível, em relação a esses bens o Poder Público pode estabelecer um preço público pelo seu uso e gerir e administrar esses recursos para fazer

---

13 RODRIGUES, Marcelo Abelha. *Elementos de Direito Ambiental*. 2ª ed. São Paulo: Revista dos Tribunais, 2005, p. 228.

14 BENJAMIN, Antonio Herman V. e. Responsabilidade civil por dano ambiental. In: *Revista de Direito Ambiental*, São Paulo, Revista dos Tribunais, nº 3, p. 19, 1998.

frente às suas obrigações de preservação dos recursos ambientais (art. 225, *caput*, CF).

É o que ocorre no caso da Lei nº 9.433/97 (arts. 12 e 19) e no Código de Mineração (art. 20, inc. II, Decreto-Lei nº 227/67, alterado pela Lei nº 9.314/96).[15] Em ambas as situações, como a Constituição estabelece a dominialidade dos bens que servem de suporte fático ao direito difuso da coletividade sobre os recursos naturais ao Poder Público, justifica-se a cobrança de preço público (por exploração do uso do patrimônio atribuído), cobrança esta que constitui ingresso em pecúnia nos cofres públicos.

Situação distinta é a do direito difuso de todos à higidez do meio ambiente (art. 225, *caput*, CF) porque nessa hipótese trata-se de um bem jurídico intangível, um direito, ausente toda espécie de patrimonialidade. O direito em referência é atribuído a todos, incumbindo ao Poder Público e à coletividade a sua guarda (art. 225, *caput*, CF). Deste modo, sendo um direito difuso cuja atribuição é dada a todos e a responsabilidade pela guarda é uma responsabilidade de todos, a atuação do princípio do usuário pagador sobre esse direito se apresenta de maneira diversa. A violação do direito difuso de todos à higidez do meio ambiente ocorre quando um dos coobrigados utiliza-se do direito comum de maneira desarrazoada, ocasionando um significativo impacto ambiental e, deste modo, compromete o direito dos demais titulares à mesma fruição. Trata-se, como bem salientou a decisão do Supremo Tribunal Federal, de uma obrigação de compartilhamento de direito difuso comum,[16] a ensejar o dever de ressarcimento dos demais, o que ocorre por meio do mecanismo da compensação ambiental, como a prevista no art. 36 da Lei nº 9.985/2000.

---

15 Cf. ADI nº 2.586-DF, relatada pelo Ministro Carlos Velloso. Acórdão de 15 de maio de 2002. *DJ* 01/08/2003, p. 101. Disponível em: <http://www.stf.jus.br>. Acesso em 27/01/2009.

16 Como expresso no voto do Ministro Carlos Ayres Britto na ADI nº 3.378-DF: "entendo que o art. 36 da Lei nº 9.985/2000 densifica o princípio do usuário-pagador, este a significar um mecanismo de assunção da responsabilidade social (partilhada, insiste-se) pelos custos ambientais derivados da atividade econômica". "Nessa ampla moldura, é de se inferir que o fato de, aqui e ali, inexistir efetivo dano ambiental não significa isenção do empreendedor em partilhar os custos das medidas preventivas. Isto porque uma das vertentes do princípio usuário-pagador é a que impõe ao empreendedor o dever de também responder pelas medidas de prevenção de impactos ambientais que possam decorrer, significativamente, da implementação de sua empreitada econômica. [...] A compensação ambiental se revela como instrumento adequado ao fim visado pela Carta Magna: a defesa e a preservação do meio ambiente para as presentes e futuras gerações, respectivamente [...] Não há outro meio eficaz para atingir essa finalidade constitucional senão impondo ao empreendedor o dever de arcar, ao menos em parte, com os custos da prevenção, controle e reparação dos impactos negativos ao meio ambiente [...] porque o encargo financeiro imposto (a compensação ambiental) é amplamente compensado pelos benefícios que sempre resultam de um meio ambiente ecologicamente garantido na sua higidez."

Nessa perspectiva, deve-se pensar o custo como parte do conteúdo do próprio direito. Se a finalidade do direito é assegurar a sobrevivência da humanidade em longo prazo, com uma efetiva higidez do meio ambiente assegurada a todos, caberá ao princípio ecológico orientar a noção de segurança jurídica e liberdade social. O Estado deverá estabelecer mecanismos de uso sustentável do meio ambiente, que, simultaneamente, assegurem as necessidades dos cidadãos atuais sem sacrificar as necessidades das gerações vindouras, sob pena de acentuar a precariedade das condições de vida.

Verifica-se, então, que o direito de propriedade dos empreendimentos está funcionalizado, consoante os arts. 170, inc. VI e 225, § 3º, da Constituição Federal, a interesses extraproprietários, sobretudo o interesse difuso de todos à higidez do meio ambiente. Este é o sentido da chamada função socioambiental da propriedade. Seu uso só é permitido naquilo que não implique um significativo impacto ambiental, conforme estabelece o art. 170 da CF. Ocorrido este, existe o dever de ressarcimento dos demais coobrigados, atingidos em seu direito difuso à higidez do meio ambiente.

Portanto, a compensação ambiental tem natureza jurídica de obrigação econômica de reparação pelo uso do meio ambiente, entendido esse como um direito intangível de todos a determinada qualidade de vida, à preservação do meio ambiente ecologicamente equilibrado. Ela decorre da função socioambiental da propriedade e será devida toda vez que o uso da propriedade ultrapassar um determinado nível, causando um impacto ambiental significativo, violando, dessa maneira, o direito de todos à higidez do meio ambiente. Esse significativo impacto ambiental será apurado por meio do Epia/Rima, facultando aos proprietários todas as garantias do contraditório e da ampla defesa na apuração desse impacto ambiental.

A compensação ambiental do art. 36 da Lei nº 9.985/2000 é devida no caso de *dano ambiental inevitável e irreversível*, devidamente constatado no licenciamento ambiental. A compensação é devida porque o uso intensivo do meio ambiente exige, desde logo, uma reparação – mesmo porque não será possível exigir, mais adiante, depois da concretização do impacto negativo, a reversão ao quadro anterior, ou seja, a reparação *in natura.*

Sendo uma limitação ao exercício da propriedade, decorrente de causas distintas de aplicação do princípio do usuário pagador, a compensação ambiental é cumulável com o preço público cobrado pelo uso do bem ambiental. Assim, o empreendedor pode ser forçado a pagar uma determinada quantia (preço público) como usuário-pagador de um bem ambiental e, concomitantemente, outro *quantum* como causador de impacto ambiental significativo não evitável (compensação ambiental). É o caso, por exemplo, de uma indústria potencialmente poluidora que despeja seus efluentes líquidos, após o devido tratamento, nos corpos d'água receptores. Por este despejo, pagará à Agência Nacional das Águas (ANA) uma certa quantia, a título de retribuição pelo uso da água; pelos impactos não elimináveis apurados no licenciamento ambiental, pagará a retribuição pelo uso do bem ambiental, que não é mais gratuito. Na segunda hipótese, a forma de exercício do direito de propriedade, dificulta a todos a fruição do direito difuso ao meio ambiente hígido e obriga ao ressarcimento. A avaliação do *quantum* a ser ressarcido é determinada pelo valor do direito ambiental, mas só na medida do impacto causado.

Sendo uma obrigação de caráter econômico e com função de prevenção de danos que podem se mostrar irreversíveis, é irrelevante o fato de ainda não ter ocorrido o dano. O exercício do direito de propriedade do empreendimento só é permitido se ele se compatibilizar com a sua função socioambiental. Não é possível exercitar um direito de propriedade se este causa significativo impacto ambiental não mitigável. Se, em decorrência da implementação de um empreendimento, e mesmo após a adoção de medidas de minimização e mitigação de danos ambientais, ainda restarem significativos impactos ambientais não mitigáveis, tal forma de exercício do direito de propriedade só poderá ser permitida se efetuada a devida compensação dos cotitulares do direito à higidez do meio ambiente (a coletividade). Tal direito, sendo funcional em relação ao direito de propriedade, se liga de modo indelével a ele, limitando os usos permitidos ou, alternativamente, obrigando à compensação ambiental. Deste modo, como obrigação civil de caráter econômico decorrente da função socioambiental da propriedade, a compensação ambiental apresenta as seguintes características: a) o proprietário/empreendedor é o responsável pela sua implementação; b) a legitimidade do projeto deve ser estabelecida antes das medidas compensatórias serem consideradas, ou seja, o empreendimento deve estar em consonância com todas as medidas legais exigíveis de proteção do meio ambiente; c) os impactos deverão ser evitados sempre quando possível ou então mitigados, ou, como última alternativa, compensados, de modo que não há que se falar em compra do direito de poluir (que não existe); d) os impactos deverão ser compensados em *habitats* de qualidade equivalente; e e) deve-se preferir sempre a compensação física; se esta não for possível, torna-se necessário compensar financeiramente.

Cabe, portanto, quanto à natureza jurídica da compensação ambiental, afastar as considerações que a entendem como reparação de danos ambientais futuros, ou seja, uma reparação antecipada ou *ex ante*, devida em virtude de danos não mitigáveis/não evitáveis, identificados, porém, antes mesmo de sua ocorrência concreta.[17]

---

17 É esta a posição dos seguintes doutrinadores: MACHADO, Paulo Affonso Leme. *Direito Ambiental brasileiro*. 14ª ed. São Paulo: Malheiros Editores, 2006, p. 791; RODRIGUES, Marcelo Abelha. Aspectos jurídicos da compensação ambiental. In: *Revista de Direito Ambiental*, São Paulo: Revista dos Tribunais, nº 46, 2007, p. 130-145, 2007; MELO, Ana Alice Moreira de. *Compensação ambiental*. Dissertação de Mestrado. Nova Lima/MG: Faculdade de Direito Milton Campos, 2006, p. 41; SOUZA, Paula da Rin; DORNELLES, Lia D. Chagas. Parecer/AGU/PGF/Ibama/Proge nº 286,

Para os adeptos dessa corrente, o sistema da responsabilidade civil comporta a reparação de danos futuros, ainda não causados, porém de ocorrência certa, devidamente antevista. Danos futuros não seriam meros riscos, que podem ou não se concretizar. São danos certos, porém, ainda não concretizados. Naturalmente, para esses autores, a "certeza" do dano futuro não tem a mesma força do dano atual, pois este já existe, podendo ser conhecido no concreto. Por isso, a reparação do dano futuro não se daria apenas mediante a certeza absoluta de sua ocorrência, mas sim a partir de uma certeza "mitigada", ou seja, de uma fortíssima e robusta probabilidade, que, no caso dos danos ambientais, será demonstrada pelo estudo completo, baseado em dados técnicos fornecidos por equipe multidisciplinar e contrastados com análises do órgão ambiental no procedimento de Epia/Rima.

O dano ambiental futuro, na perspectiva da responsabilidade civil, é a expectativa de dano de caráter individual ou transindividual ao meio ambiente. Por se tratar de risco, não há dano atual nem certeza científica absoluta de sua ocorrência futura, mas tão somente a probabilidade de dano às futuras gerações. Nestes casos, a constatação de alta probabilidade ou probabilidade determinante de comprometimento futuro da função ecológica ou da capacidade de uso humano dos bens ecológicos ensejaria a condenação do agente às medidas preventivas necessárias (obrigações de fazer ou não fazer), a fim de evitar danos ou minimizar as consequências futuras daqueles já concretizados. Trata-se, portanto, de um meio de comunicação voltado para tomadas de decisão jurídica com o escopo de prevenção, controle, observação e formação de vínculos obrigacionais com o futuro (interesses das futuras gerações).[18]

Verifique-se que, na hipótese, não se trata mais de reparação de dano, objeto precípuo da responsabilidade civil, mas de prevenção de dano, o que é coisa diversa. A atribuição de responsabilização civil objetiva funda-se na teoria do risco concreto, que exige a concretização de danos atuais e concretos. Não há que se falar em responsabilidade civil, em uma efetiva atribuição de responsabilidade pela produção do risco, que seja fundada na probabilidade determinante da ocorrência de dano no futuro.

Pensar em responsabilidade civil nessa hipótese significaria cogitar de uma responsabilização fundada na formação de uma nova teoria do risco, o risco abstrato, em que as decisões jurídicas tivessem como problema a produção de riscos, e cujo único elemento passível de avaliação consistisse

de 20 de junho de 2003, p. 5; BECHARA, Érika. *Uma contribuição ao aprimoramento do instituto da compensação ambiental na Lei nº 9.985/2000*. Tese de Doutorado. São Paulo: Pontifícia Universidade Católica (PUC), 2007, p. 209-212 e p. 226 e ss.

18 CARVALHO, Délton Winter de. *Dano ambiental futuro:* a responsabilização civil pelo risco ambiental. Rio de Janeiro: Forense Universitária, 2008, p. 127-128.

nas probabilidades ou improbabilidades de seu potencial lesivo. A toda evidência, a matéria, embora tenha contatos com a noção de responsabilidade civil, visa a coisa diversa: a precaução e prevenção do dano ambiental ainda não ocorrido.

Nessa hipótese, estar-se-ia saindo do campo da responsabilidade civil objetiva, que incide tão somente após a concretização do dano ambiental, ou seja, que tem um propulsão *post factum*, para se preconizar a adoção de uma teoria do risco abstrato, que tem a finalidade e a função sistêmica de permitir a tomada de decisão antes da concretização dos danos, com base na superação da distinção risco/segurança para a distinção risco/perigo (e as distinções subsequentes à face do risco, ou seja, probabilidade/improbabilidade). Teríamos então uma imputação objetiva do dano, matéria que já não poderia estar além da responsabilidade civil.

Há, portanto, para o Direito, além da reparação de danos, uma nova tarefa de investigação, avaliação e gestão de riscos ambientais. A investigação é concretizada na realização de perícias ambientais no processo judicial, enquanto a avaliação dos riscos se dá pela integração entre os conhecimentos científicos e o Direito, formando uma avaliação jurisdicional probabilística destes riscos e de sua tolerabilidade. Já a gestão do risco ambiental se dá pela imposição ao agente de obrigações de adoção de medidas preventivas ou compensatórias com o escopo de evitar a ocorrência de danos ambientais futuros ou equilibrá-los, quando inevitáveis. Considerado como obrigação econômica, esse instituto tem, pelo menos, duas funções estranhas à responsabilização civil: a função de incentivo (modificando previamente os custos e os preços da intervenção no meio ambiente) e a função de redistribuição (uma vez que as receitas vão ser utilizadas para financiar despesas públicas de proteção do ambiente).[19]

4. A COMPENSAÇÃO AMBIENTAL COMO INSTITUTO CONCRETIZADOR DA FUNÇÃO SOCIOAMBIENTAL DA PROPRIEDADE

Na esteira das considerações trazidas no presente estudo, os bens ambientais são originariamente destinados pela Constituição a todos em comum. Assim, concorrem a estes o empreendedor e todos os demais, que são utilizadores do mesmo direito difuso. Sobre a propriedade é reconhecida, como qualidade intrínseca, uma função social, fundada e justificada precisamente pelo princípio da destinação universal dos bens. O homem realiza-se por sua inteligência e sua liberdade e, ao fazê-lo, assume como objeto e

19 ARAGÃO, Maria Alexandra de Souza. *O princípio do poluidor pagador:* pedra angular da política comunitária do ambiente. Coimbra: Coimbra, 1997, p. 115.

instrumento as coisas do mundo e delas se apropria. Neste seu agir, está o fundamento do direito à iniciativa e à propriedade individual. Mediante o seu trabalho, o homem empenha-se não só para proveito próprio, mas também para o dos outros. O homem trabalha para acorrer às necessidades da sua família, da comunidade de que faz parte, e, em última instância, da humanidade inteira, colaborando, além disso, para o trabalho dos outros, numa cadeia de solidariedade que se alarga progressivamente.

A posse dos meios de produção, tanto no campo industrial quanto agrícola, é justa e legítima, se serve para um trabalho útil; pelo contrário, torna-se ilegítima quando não é valorizada ou impede o trabalho dos outros, para obter um ganho que não provém da expansão global do trabalho humano e da riqueza social, mas antes da sua repressão, da ilícita exploração, da especulação e da ruptura da solidariedade no mundo do trabalho. Semelhante propriedade não tem qualquer justificação, e não pode receber tutela jurídica. Portanto, o direito de propriedade não é um absoluto formal, mas só se justifica se a ele é dado um uso social e na medida dessa justificação, mormente naquela classe de bens que não se destinam primordialmente ao mercado, como é o caso dos bens ambientais. Nesse sentido, os bens ambientais são necessários ou úteis ao homem e não se oferecem, na natureza, em condições de uso e em quantidade bastante. A insuficiência gera a necessidade de se encontrar formas de apropriação e uso, convenientemente disciplinadas. A escassez dos bens lhes conferiu sentido econômico e exigiu técnicas jurídicas que ordenassem e disciplinassem a posição do homem, em face da coisa, e as relações entre os homens, a respeito dela. Assim, o direito de propriedade é um produto cultural, uma criação da inteligência, considerada adequada à organização da vida em sociedade, isto é, da vida social.

É na esteira deste raciocínio que se baseia a decisão do Supremo Tribunal Federal, que no percuciente voto do Ministro Relator Carlos Ayres Britto na ADI nº 3.378, estabeleceu que o art. 36 da Lei nº 9.985/2000 – que instituiu a compensação ambiental para os empreendimentos que causem significativo impacto ambiental – densifica o princípio do usuário-pagador, este a significar um mecanismo de assunção da responsabilidade social partilhada pelos custos ambientais derivados da atividade econômica. Conforme se observou oportunamente, o STF entendeu que a compensação-compartilhamento não seria fixada discricionariamente pelos órgãos públicos ambientais, mas estaria quantificada objetivamente, de acordo com a compostura do impacto ambiental que vier a ser dimensionado estritamente nos dados técnicos do Epia/Rima.

O que significa essa partição de custos ambientais dentro do direito difuso de todos à higidez do meio ambiente e como interpretar essa decisão? A compensação-compartilhamento decorrente do princípio do usuário-pagador ocorre em função da existência, na espécie, de uma externalidade ambiental negativa. As externalidades negativas têm lugar quando a utilização do meio ambiente por um agente econômico tem resultados danosos para a atividade de outro agente (no caso, os demais titulares do direito à higidez do meio ambiente), sem que haja um mecanismo de mercado de compensação financeira que obrigue o primeiro a indenizar os demais pelos danos sofridos. Como consequência, o primeiro agente tira proveito do meio ambiente, por exemplo, afetando um manguezal com o seu empreendimento, sem arcar com os custos engendrados por essa utilização. Nesse caso, os custos que correspondem aos danos que não podem ser evitados devem ser compensados à coletividade – essa é a compreensão da compensação ambiental pelo STF.

Até a decisão do Supremo, os danos ambientais que não pudessem ser evitados por meio de medidas mitigadoras no processo de licenciamento ambiental restavam sem ressarcimento ou insuficientemente compensados por meio da precificação em 0,5% do valor do empreendimento, percentual arbitrário que não tinha conexão com o impacto causado. Isso ocorria devido à particular interpretação que se dava até então a esse bem de uso comum do povo. O caráter de bem público coletivo do meio ambiente advém do fato de que seu acesso é livre em razão da inexistência de direitos claros de propriedade e do fato de que seu "consumo" por um indivíduo não impede que ele também seja utilizado por outros. Aliás, os bens e serviços ambientais são frequentemente gratuitos. Não tendo um preço, esses bens e serviços não podem ser objeto de uma alocação ótima e acabam por ser superexplorados e degradados. No caso dos bens públicos coletivos, com essa compreensão, a ausência de um "sinal-preço" impede a internalização dos custos de utilização do meio ambiente nos cálculos dos agentes. Atribuir preços aos bens e serviços ambientais é, portanto, necessário para que os agentes possam internalizar seus custos em seus cálculos privados. Essa atribuição é também tarefa tomada pelos economistas, pela chamada "valoração econômica do meio ambiente". Por isso a importância da decisão tomada, que inclui o custo na estrutura do direito difuso à higidez do meio ambiente. O problema, então, do princípio do usuário pagador, no que se refere não aos bens ambientais diretamente utilizados (como é o caso da compensação financeira pelo uso da água), mas sim àqueles indiretamente atingidos (pelo impacto ambiental) é a quantificação do seu valor, que é o valor do não uso.

Na área ambiental, a compensação do dano não deve se limitar ao valor patrimonial do meio ambiente afetado, mas deve compreender também a estimativa do valor dos serviços que o patrimônio atingido estaria produzindo ou proporcionando à comunidade, a teor análogo ao do art. 944 do Código Civil, que dispõe que a indenização mede-se pela extensão do dano, na perspectiva do desenvolvimento sustentável.

Há que se pensar a ideia de sustentabilidade no âmbito de uma economia ecológica.[20] A sustentabilidade assim concebida pode ser definida como a relação entre sistemas econômicos dinâmicos e sistemas ecológicos dinâmicos, orientada pelos seguintes requisitos: a) que a vida humana possa continuar indefinidamente; b) que o ser humano possa crescer; c) que as culturas humanas possam se desenvolver; e d) desde que os efeitos das atividades humanas permaneçam dentro de limites que impeçam a destruição da diversidade e da complexidade do contexto ambiental.[21] Isso traz a discussão para o âmbito da teoria do valor, ou seja, o de se saber qual a medida de valor aceitável para se quantificar economicamente os fenômenos ecológicos, ou seja, qual o custo do direito ao meio ambiente hígido. Em economia, a discussão sobre o fundamento do valor é secular[22] e não cabe abordá-la nos limites estreitos desse texto. Interessa-nos apenas, para a determinação dos custos do direito, o valor econômico dos recursos ambientais que tem origem em seus atributos, estejam associados ou não a um valor de uso. Consoante Tolmasquim,[23] o valor econômico total de um recurso ambiental (Vera) é o que deriva de seus atributos, com a peculiaridade de que esses atributos podem estar ou não associados a um uso. Ele apresenta a seguinte composição:

20 Na perspectiva da sustentabilidade ambiental, o tipo de processo econômico que importa é aquele que produz bens e serviços levando em conta simultaneamente todos os custos que lhes são inevitavelmente associados (conciliação/compromisso de crescimento econômico com manutenção de sistemas ecológicos). A tarefa de uma ciência da economia de fundamentos ecológicos que vê o sistema econômico como um subsistema de um sistema maior que o contém, impondo uma restrição absoluta à sua expansão. Capital (K) e recursos naturais (RN) são, neste caso, essencialmente complementares. O progresso científico e tecnológico é visto como fundamental para aumentar a eficiência na utilização dos recursos naturais em geral (renováveis e não renováveis) e, nesse aspecto, esta corrente partilha com a primeira a convicção de que é possível instituir uma estrutura regulatória baseada em incentivos econômicos capaz de aumentar esta eficiência. A questão central é, neste sentido, como fazer com que a economia funcione considerando a existência dos limites dos recursos naturais. O mecanismo de ajuste proposto pelo esquema analítico neoclássico desconsidera, por definição, a existência destes limites, supondo a possibilidade de substituição ilimitada dos recursos que se tornam escassos por recursos abundantes.

21 LIMA, Luiz Henrique. *Controle do patrimônio ambiental brasileiro:* a contabilidade como condição para o desenvolvimento sustentável. Rio de Janeiro: EdUerj, 2001, p. 140.

22 Para uma análise percuciente dessa questão, *vide*: DOBB, Maurice. *Teorias do valor e distribuição desde Adam Smith.* Lisboa: Presença, 1976.

23 TOLMASQUIM, Mauricio T. *Metodologias de valoração econômica do meio ambiente.* Rio de Janeiro: Coppe/UFRJ – PPE, 1999.

Vera = (VUD + VUI + VO) + VE[24]

Consoante Luiz Henrique Lima,[25] o valor de uso de um bem ambiental é aquele atribuído pelos indivíduos que realmente o utilizam ou usufruem. Esse bem pode ser de uso direto, como um produto que possa ser consumido diretamente (alimentos, biomassa), ou serem diretos os benefícios que esse bem possa proporcionar (a produtividade de um rebanho). O valor de uso indireto corresponde aos benefícios funcionais que o bem produz ou às funções ecológicas que desempenha (controle de enchentes), produzindo algum efeito positivo sobre outros recursos.

O valor de opção de um bem ambiental é aquele atribuído pelos indivíduos que, sem utilizá-lo no presente, pretendem conservá-lo para potencial uso futuro, tanto para si mesmos quanto para as futuras gerações. Como exemplo, pode-se citar o valor atribuído à Antártida ou à Amazônia por muitos que jamais irão utilizá-las diretamente. O conceito de valor de quase-opção também é mencionado pelo Banco Mundial que o explica como sendo o decorrente da possibilidade de que algo que hoje não aparente ter um valor significativo possa vir a tê-lo no futuro, em virtude de novas informações ou descobertas científicas. Já o valor de existência de um bem ambiental é aquele atribuído pelos indivíduos independentemente de seu uso atual ou futuro. Há vários motivos que o explicam, desde o desejo de ofertar o meio ambiente para as gerações futuras até a simpatia por espécies ou animais, fundamentada no sentimento ético de direito à existência dos não humanos. Encontram-se nesse caso os valores atribuídos à preservação de ursos panda ou baleias. O conceito de valor de existência representa uma "ponte" que liga economistas a ecologistas. A cada parcela componente do valor econômico total correspondem uma ou várias técnicas de valoração.

Dentre os vários métodos de valoração desenvolvidos – respectivamente divididos em métodos da função de produção[26] e métodos da função de de-

---

24 Em que:
VU = VUD + VUI + VO
VU = valor de uso
VUD = valor de uso direto
VUI = valor de uso indireto
VO = valor de opção
VE = valor de existência

25 LIMA, Luiz Henrique. *Controle do patrimônio ambiental brasileiro:* a contabilidade como condição para o desenvolvimento sustentável. Rio de Janeiro: EdUerj, 2001, p. 161.

26 Métodos da função da produção – são esses os métodos da produtividade marginal e de mercados de bens substitutos (custo de reposição/reparação, custos de relocalização, despesas de proteção, despesas de proteção/mitigação). Se o recurso ambiental é um insumo ou um substituto de um bem ou serviço privado, estes métodos utilizam-se de

manda[27] – destaca-se o método de valoração contingente (MVC), que procura mensurar monetariamente o impacto no nível de bem-estar dos indivíduos decorrente de uma variação quantitativa ou qualitativa dos bens ambientais. Esta abordagem baseia-se na premissa de que os consumidores podem e irão revelar sua real disposição a pagar por bens que não são de mercado dentro de um mercado hipotético. Uma das vantagens desse tipo de metodologia consiste justamente em produzir estimativas de valores que não poderiam ser obtidos por outros meios. Tais bens incluem, por exemplo, a preservação de espécies, estética ambiental, fenômenos históricos ou diversidade genética. Em comparação com outros métodos de mercado de bens complementares (preço hedônico e custo de viagem), não é necessário estimar uma curva de demanda de um benefício para se obter o valor monetário que está associado a este benefício proporcionado pelo bem ou serviço ambiental.

O interesse por este método tem crescido bastante ao longo da última década e, entre outros motivos, destaca-se o próprio aperfeiçoamento das pesquisas de opinião e, principalmente, o fato de ser a única técnica com potencial de captar o valor de existência. Por outro lado, a aplicação desta técnica não é trivial e também envolve custos elevados de pesquisa.

Neste sentido, busca-se simular cenários, cujas características estejam o mais próximo possível das existentes no mundo real, de modo que as preferências reveladas nas pesquisas reflitam decisões que os agentes tomariam de fato, caso existisse um mercado para o bem ambiental descrito no cenário hipotético. As preferências, do ponto de vista da teoria econômica, devem ser expressas em valores monetários. Estes valores são obtidos por meio das informações adquiridas nas respostas relativas ao número de indivíduos que estariam dispostos a pagar para garantir a melhoria de bem-estar, ou o quanto estariam dispostos a aceitar em compensação para suportar uma perda de bem-estar. Finalmente, conforme apresentado, existem diversas técnicas de avaliar os impactos que podem ser aplicadas sob certas circunstâncias. A escolha do melhor método depende do bem a ser valorado, dos dados disponíveis e também dos objetivos propostos.

preços de mercado deste bem ou serviço privado para estimar o valor econômico do recurso ambiental.

27 Métodos da função da demanda – métodos de mercado de bens complementares (preços hedônicos e do custo de viagem) e método da valoração contingente. Estes métodos assumem que a variação da disponibilidade do recurso ambiental altera a disposição a pagar ou aceitar dos agentes econômicos em relação aquele recurso ou seu bem privado complementar. Estimam diretamente os valores econômicos (preços-sombra) com base em funções de demanda para estes recursos derivadas de (i) mercados de bens ou serviços privados complementares ao recurso ambiental ou (ii) mercados hipotéticos.

Nada obstante, o objetivo da valoração contingente é tornar perceptíveis as preferências dos consumidores pela revelação de sua disposição a pagar (DAP) pelo bem natural. O método estima o valor da DAP com base em mercados hipotéticos. A simulação destes mercados é realizada por meio de pesquisas de campo, com questionários, que indagam a sua valoração contingente (VC) em face de alterações na disponibilidade de recursos ambientais.

A grande vantagem deste método, em relação aos demais,[28] é a sua possibilidade de ser aplicado a um espectro de bens ambientais mais amplo, e de ser a única técnica com potencial de captar o valor de existência. Por outro lado, as críticas ao método envolvem a sua limitação em captar valores ambientais que indivíduos não entendam ou desconhecem, elevados custos de pesquisa e resultados enviesados caso certos procedimentos não sejam corretamente obedecidos. Assim, os tribunais, em secular evolução, pelo desenvolver da jurisprudência foram determinando não só a extensão progressiva da indenização à totalidade dos casos de danos morais, mas também os parâmetros pelos quais estes poderiam ser estimados e avaliados.

Idêntica situação se apresentará agora na compensação ambiental na determinação da valoração dos bens ambientais por meio do princípio do usuário pagador. Caberá ao Poder Judiciário, paulatinamente, em cada caso, desenvolver um instrumental adequado de quantificação monetária do dano ambiental, tal como hoje existe para o dano moral. É sabido que estes parâmetros jamais poderão ser rígidos e inflexíveis, tais como não o são os parâmetros de quantificação do dano moral.

Não obstante, pela prática jurídica, é possível se estabelecer parâmetros de valoração que recebam a aceitação regular dos estamentos jurídicos e que, pela consensualidade, possam ser identificados como válidos nos Tribunais. Os conceitos jurídicos indeterminados são inerentes ao Direito Ambiental. A lei não é o instrumento adequado para fixar a compensação de um dano ambiental, visto que a proporcionalidade não pode jamais ser congelada pela norma. Sua aferição dar-se-á casuisticamente, de acordo com o caso concreto, sempre guardando uma pertinência lógica entre o impacto e a compensação, garantindo-se o contraditório e a ampla defesa.

A decisão do Supremo Tribunal Federal relativizou o poder discricionário dos órgãos ambientais, abrindo uma maior oportunidade para que o empreendedor interessado possa questionar os critérios adotados. Suprimidos os limites mínimos e máximos fixados pela norma, terá o empreendedor maior espaço para dialogar na escolha das medidas compensatórias da sua ativi-

28 Neste particular, outros métodos possíveis seriam o *custo de viagem* (MCV), o *valor de propriedade* ou de *preços hedônicos*, o *despesas de prevenção/mitigação*, o *despesas de proteção*, o *custos de relocalização*, o *custo de reposição/reparação* e o método de *produtividade marginal*.

dade, assim como, por outro lado, confere-se ao órgão ambiental a tarefa de decidir com base em critérios técnicos razoáveis e proporcionais. Na prática, a determinação do STF reforça a importância do Epia/Rima, uma vez que cabe ao órgão licenciador – municipal, estadual ou federal – definir o valor da compensação, de acordo com o impacto ambiental a ser dimensionado no Epia/Rima. Ainda segundo o STF, o órgão ambiental "não poderá, arbitrariamente, definir o valor (da compensação), uma vez que deverá agir sob o manto da legalidade, impessoalidade, moralidade, publicidade e eficiência. Deve, isto sim, fixar o *quantum* compensatório em estrita conformidade com os dados técnicos do Epia/Rima".

O consenso em torno da metodologia da valoração dos bens ambientais na aplicação em cada caso do princípio do usuário pagador se fará então, paulatinamente (como na determinação do dano moral), sempre com o direito ao contraditório e à ampla defesa, por meio de uma interação dialética entre o Poder Público, os empreendedores e as organizações da sociedade civil, até que se possa estabelecer uma razoável unidade em torno dos parâmetros de valoração.

5. CONCLUSÃO

De tudo o que foi exposto pode-se concluir sucintamente, no que se refere a essa emanação da função socioambiental da propriedade que é a compensação ambiental como uma decorrência do princípio do usuário pagador:

1. O meio ambiente é uma totalidade e, nesse sentido, se constitui num macrobem, sendo sua natureza é a de uma coisa comum a todos (*communium ominium*). Desta forma, a complexidade do conceito de bem ambiental, seu caráter holístico, irá suscitar novas soluções de direito. Superado o entendimento do meio ambiente como *res nullius* e revelada a insuficiência da simples patrimonialização pública sem controle de gestão dos usos do bem ambiental, cabe agora repensá-lo a partir de seu escopo, de sua função, protegendo-o em vista de suas finalidades.

2. Atualmente entende-se que o proprietário do bem socioambiental, ou seja, daquele bem essencial para a manutenção da vida das espécies, fica obrigado a um comportamento ativo, que envolve defender, reparar e preservar o meio ambiente. O proprietário não pode exercer o seu direito de forma contrária aos interesses da presente e das futuras gerações, causando danos à qualidade de vida e consequentemente ao próprio direito fundamental à vida.

3. A função socioambiental da propriedade está claramente contemplada nos arts. 225 e 170 da Constituição Federal. Correlacionando-a com o instituto da compensação ambiental, verifica-se que o direito de propriedade deverá ser exercido em função do direito de toda a coletividade a um meio ambiente

ecologicamente equilibrado. Este só merecerá tutela jurídica enquanto funcionalizar esse direito difuso de todos.

6. Na esteira destas premissas, verifica-se que a disciplina da compensação ambiental – instituto que prevê mecanismos compensatórios quando da realização de empreendimento causador de significativo impacto ambiental – foi substancialmente alterada pela decisão do Supremo Tribunal Federal na ADI nº 3.378/DF, que tinha por objeto a declaração da inconstitucionalidade do art. 36 e seus §§ 1º, 2º e 3º, da Lei nº 9.985/2000.

7. No acórdão do referido precedente, a Corte – explícita ou implicitamente – fixou o entendimento de que a compensação ambiental decorre da desconformidade para com o fim econômico-social para o qual o direito de propriedade foi instituído.

8. Por meio da noção de usuário-pagador, a compensação ambiental não se caracteriza, portanto, como uma punição, pois, mesmo não existindo qualquer ilicitude no comportamento do pagador, poderá ser implementada. Assim, para tornar obrigatório o pagamento pelo uso do recurso, pela sua poluição ou degradação não há necessidade de ser provado que o usuário e o poluidor estão cometendo faltas ou infrações – de modo que a função precípua da compensação ambiental não é a reparação dos danos causados, "voltada para o passado", própria da responsabilidade civil, mas a prevenção de danos graves e, por vezes, irreversíveis, orientada para o futuro.

9. Em conclusão, destarte, deve-se entender, em termos de prevenção, que a compreensão de que os recursos naturais são considerados bens livres e de acesso irrestrito por parte de todos acelera a escalada da degradação do meio ambiente, frente ao processo de utilização abusiva destes recursos. E um dos fatores que contribuem para a escassez dos bens ambientais é a economia do desperdício, porque não há limitação monetária para a utilização dos recursos naturais e nem um sistema de regeneração dos mesmos. A função preventiva da compensação ambiental visa a alterar esse estado de coisas.

COMUNIDADES QUILOMBOLAS, PODERES ESTATAIS E EXPANSÃO DO CAPITAL

Silvio Luiz de Almeida

Um dos pressupostos da constituição histórica da sociedade capitalista é a dissolução de laços sociais baseados em costumes e tradições. Esse processo tem o Estado como vetor principal, de tal sorte que a formação dos Estados nacionais modernos está intimamente ligada à exigência de unificação territorial e à criação de um aparelho centralizado de força capaz de forjar uma "identidade nacional", cuja função, conforme nos ensina Joachim Hirsch, é a de ofuscar e neutralizar os antagonismos de classe.[1]

A sociabilidade capitalista assenta-se sobre a relação entre indivíduos proprietários de mercadorias, separados entre si e divididos em classes e em grupos, cujo elo é estabelecido pelo Estado. O Estado "funda-se nessa individualização das pessoas, que surgem como aglomerados de competitivos proprietários de mercadorias e de bens".[2] Dessa forma, o indivíduo não tem sua identidade social determinada a partir das condições concretas de sua própria existência, mas, fundamentalmente, pelo reconhecimento jurídico do Estado, que transforma indivíduos em "sujeitos de direito", muitas vezes classificando-os de acordo com a origem ou outras características socioculturais, como a *religião*. Daí a afirmação de que o domínio estatal também se funda sobre processos discriminatórios que se manifestam no racismo, no sexismo e na xenofobia, articulados a partir das noções de "nação" e "povo", que nada mais fazem do que promover a criação do "outro".

Com efeito, se é certo que as economias capitalistas se formam a partir de relações sociais preexistentes, também é certo dizer que o Estado "reconfigura todo o complexo tecido social, reconstituindo a dinâmica de indivíduos, grupos e classes a partir da constrição da forma".[3] Essa "constrição da forma" permite ao Estado manter os indivíduos e os grupos sob controle, e ao mesmo tempo manter ocultas as determinações econômicas dos conflitos sociais. Por isso a persistência do racismo, do sexismo e da xenofobia mesmo nas sociedades capitalistas mais avançadas. Nesse sentido, afirma Alysson

1 HIRSCH, Joachim. *Teoria Materialista do Estado*. Rio de Janeiro: Revan, 2010, p. 79.

2 Idem, Ibidem, p. 80.

3 MASCARO, Alysson Leandro. *Estado e forma política*. São Paulo: Boitempo, 2013, p. 65.

Leandro Mascaro que "o Estado se planta no tecido social, recebendo o passado em sua complexidade e suas profundas contradições, mas não toma a si tal legado de modo passivo. É justamente na configuração das identidades, dos controles, dos saberes e das disciplinas das classes, das minorias e dos indivíduos que o Estado confirma o tecido social".[4]

Essa dinâmica nos permite compreender o sentido da luta das comunidades quilombolas no Brasil. Do processo de integração "nacional" levada a cabo pelo capitalismo brasileiro, faz parte a tentativa de eliminação das diferenças, na teoria, com o discurso que nega o racismo, e na prática, com a violência sistemática e institucionalizada contra a população negra e trabalhadores em geral. Entretanto, os conflitos sociais tornaram inevitável o reconhecimento de certas reivindicações populares, até para que fossem mantidas sob um controle político, dentro de um inofensivo "enquadramento normativo". E esta é situação das comunidades quilombolas que mesmo, com direitos formalmente garantidos, ainda permanecem lutando para manter sua identidade, seu modo de vida e suas terras.

Conforme a antropologia tem nos mostrado, as comunidades quilombolas têm como marcas fundamentais a *resistência* e a *territorialidade. Resistência* porque as comunidades quilombolas são o resultado da luta dos negros, inicialmente, contra a escravidão e, atualmente, contra os processos de destruição das identidades culturais e de todas as formas de vida não perfeitamente alinhadas com a reprodução do capital. É o fenômeno da *quilombagem*, feliz expressão de Clóvis Moura, que busca definir as comunidades de quilombo pela sua integração com o processo histórico e político e como *práxis*.[5]

Já a *territorialidade*, indica uma relação com a terra a partir da qual se instala o espaço de vivência e de constituição das identidades individuais e coletivas. Na dinâmica do processo de resistência com base na territorialidade é que podem ser compreendidas as comunidades quilombolas.

Dentro desse complexo jogo de contradições e conflitos próprio do capitalismo é que podem ser entendidas as enormes dificuldades pelas quais passam as comunidades quilombolas de todo o Brasil. Com sua identidade baseada em elementos concretos próprios da vida tradicional, as comunidades quilombolas representam a antítese do modo de sociabilidade atomizado que marca o capitalismo.

Essa é razão por que apesar do reconhecimento jurídico da propriedade da terra, previsto no artigo 68[6] do Ato das Disposições Constitucionais

4 Idem, Ibidem, p. 68.

5 MOURA, Clóvis. Os quilombos e a rebelião negra. São Paulo: Brasiliense, 1986.

6 Art. 68. da ADCT: "Aos remanescentes das comunidades dos quilombos que estejam ocupando suas terras é reconhecida a propriedade definitiva, devendo o Estado emitir-lhes os títulos respectivos".

Transitórias (ADCT), as comunidades ainda são alvo de ataques do capital e até mesmo dos aparelhos de Estado. Hoje, as comunidades quilombolas representam um grande entrave ao mais novo projeto de associação explícita entre o grande capital e o Estado denominado de *neodesenvolvimentismo*. Sobre o neodesenvolvimentismo, ensinam Armando Boito Junior e Tatiana Berringer:

> *O neodesenvolvimentismo é o desenvolvimentismo da época do capitalismo neoliberal.* Convém destacar seis diferenças. O neodesenvolvimentismo (*i*) apresenta um crescimento econômico que, embora seja muito maior do que aquele verificado na década de 1990, é bem mais modesto que aquele propiciado pelo velho desenvolvimentismo; (*ii*) confere importância menor ao mercado interno; (*iii*) atribui importância menor à política de desenvolvimento do parque industrial local; (*iv*) aceita os constrangimentos da divisão internacional do trabalho, promovendo, em condições históricas novas, uma reativação da função primário-exportadora do capitalismo brasileiro; (*v*) tem menor capacidade distributiva da renda e (*vi*) o novo desenvolvimentismo é dirigido por uma fração burguesa que perdeu toda veleidade de agir como força anti-imperialista. Todas essas seis características, que se encontram estreitamente vinculadas umas às outras, fazem do neodesenvolvimentismo um programa muito menos ambicioso que o seu predecessor, e tais características advêm do fato de o neodesenvolvimentismo ser a política de desenvolvimento possível dentro dos limites dados pelo modelo capitalista neoliberal. As taxas menores de crescimento do PIB são as taxas possíveis para um Estado que aceita abrir mão do investimento para poder rolar a dívida pública; o papel de menor importância conferido ao mercado interno é decorrente da manutenção da abertura comercial; a reativação da função primário-exportadora é a opção de crescimento possível para uma política econômica que não pretende revogar a ofensiva que o imperialismo realizou contra o parque industrial brasileiro; e todas essas características impedem ou desestimulam uma política mais forte de distribuição de rendas.[7]

Plínio de Arruda Sampaio Jr. explica que o projeto neodesenvolvimentista é, na verdade, o modo do capitalismo brasileiro lidar com os efeitos da crise econômica internacional, o que é feito mediante o ataque aos direitos de trabalhadores e às políticas públicas, ao que acrescentamos o aumento da violência contra indígenas e quilombolas.

> Ao omitir as terríveis contradições geradas pela crise econômica mundial, o neodesenvolvimentismo não precisa explicar os nexos inexoráveis entre o crescimento econômico impulsionado pela bolha especulativa global, a revitalização da economia exportadora baseada no latifúndio e no extrativismo, o avanço

7 BOITO JR., Armando; BERRINGER, Tatiana. *Brasil: classes sociais, neodesenvolvimentismo e política externa nos governos Lula e Dilma*. Rev. Sociol. Polit., Curitiba , v. 21, n. 47, Sept. 2013 . Available from <http://www.scielo.br/scielo.php?script=sci_arttext&pid=S0104-44782013000300004&lng=en&nrm=iso>. access on 17 Nov. 2013.

> irreversível da desindustrialização e o espectro de uma crise cambial e financeira de dimensão cataclísmica como desfecho inexorável da farra especulativa financiada pela entrada indiscriminada de capital internacional. Por mais que os trompetes toquem, a apologia da ordem não é capaz, porém, de mudar a dura realidade dos fatos. Sem competitividade dinâmica para enfrentar a concorrência dos países desenvolvidos e sem competitividade espúria para disputar mercados com os países da periferia industrializada que recorrem a relações de exploração ainda mais primitivas (China, por exemplo), só resta à burguesia brasileira uma posição ainda mais subalterna na divisão internacional do trabalho. Nesse contexto, antes de um processo sustentável de desenvolvimento, a sociedade brasileira deve esperar novos ataques aos direitos dos trabalhadores e às políticas públicas □ única variável de ajuste que resta às burguesias locais para fazer face ao acirramento da concorrência internacional.[8]

Quando se soma ao contexto econômico neodesenvolvimentista – que tem no agronegócio e na especulação financeira bases fundamentais □ o racismo que estrutura as relações sociais no Brasil, tem-se um quadro bastante explicativo da situação das comunidades tradicionais no Brasil. Por isso, não surpreende que seja por meio dos poderes do Estado "neodesenvolvimentista" que o capital venha articulando o desmonte das poucas garantias que a comunidades quilombolas conseguiram, graças à sua luta, erigir ao patamar legal. No âmbito do poder legislativo, isso se verifica pela tradicional omissão em regular questões relativas a direitos fundamentais e pelas tentativas de parlamentares que representam os interesses do capital em revogar os poucos instrumentos regulamentares existentes[9]. Já no poder executivo, além da lentidão na regularização das terras quilombolas, tem-se o descaso na prestação de serviços públicos essenciais e o uso frequente dos aparatos policiais e militares contra os quilombolas.

Mas é a partir de um poder judiciário conservador e resistente à democracia que os interesses do agronegócio e dos especuladores imobiliários vem concentrando a estratégia de ataque às garantias jurídicas dos quilombolas. Ações judiciais têm sido um meio bastante eficiente de paralisar processos de titulação de terras quilombolas, que se arrastam por décadas, fazendo com que as comunidades quilombolas permaneçam em total insegurança e precariedade.

O maior e mais recente ataque pela via do poder judiciário aos direitos dos quilombolas, por certo, está sendo instrumentalizado junto ao Supremo

8 SAMPAIO JR., Plínio de Arruda. Desenvolvimentismo e neodesenvolvimentismo: tragédia e farsa. Serv. Soc. Soc., São Paulo , n. 112, Dec. 2012 . Available from <http://www.scielo.br/scielo.php?script=sci_arttext&pid=S0101-66282012000400004&lng=en&nrm=iso>. access on 17 Nov. 2013

9 Ver projeto de Decreto Legislativo 44/2007 apresentado pelo Deputado Valdir Collato, cujo objetivo é anular o Decreto 4887/2003

Tribunal Federal, por meio da Ação Direta de Inconstitucionalidade (ADI) nº 3239. Proposta pelo Partido *Democratas*, antigo PFL, a ação contesta a validade do Decreto 4887/2003, norma que regulamenta o processo de titulação das terras quilombolas. Em síntese, o *Democratas* utiliza na ação os seguintes argumentos: a) o Decreto é autônomo, não possuindo uma base legal; b) o Decreto permite ao próprios quilombolas a definição de sua condição e dos limites de suas propriedades, situação contrária à lei e que ultrapassa os limites da regra contida no artigo 68 da ADCT; c) o Decreto criou uma regra especial de usucapião específico para as comunidades quilombolas, cujo tempo seria de 100 (cem) anos.

O argumento formal referente à violação do principio da legalidade pelo Decreto 4887/2003 não resiste a duas constatações bastante singelas. A primeira é que o artigo 68 da ADCT é norma que encerra direito fundamental e, portanto, de aplicabilidade imediata. Como já dissemos, a territorialidade é componente fundamental da condição existencial das comunidades quilombolas. Sem a relação com a terra, sem a referência espacial, não há quilombos. Por isso, garantir a propriedade da terra é preservar o modo de vida das comunidades quilombolas, e por via de consequência, garantir seus direitos fundamentais.

Assim sendo, o Decreto 4887/2003 nada mais faz do que dar concretude a um mandamento constitucional que não nos é dado pressupor □ ao menos juridicamente – que não deva ser cumprido. E ainda que a alegada autonomia do Decreto 4887/2003 pudesse ser um obstáculo à sua constitucionalidade, a Lei 9784/99, que trata dos processos administrativos da União e da Convenção 169 da OIT, tratado internacional formalmente recepcionado pelo ordenamento jurídico[10] brasileiro com status supralegal[11], fornecem a plena sustentação legal ao Decreto 4887/2003.

O Decreto 4887/2003 trata do processo administrativo específico que visa a regulamentar a titulação das terras quilombolas. Assim sendo, o Decreto 4887/2003 nada mais faz do que estabelecer os procedimentos administrativos específicos para concretizar o que o artigo 68 da ADCT, procedimentos estes realizados no limite da Lei 9784/99. A Lei 9784/99, por tratar do processo administrativo no âmbito federal, é a base normativa que faz do Decreto 4887/2003 submisso ao princípio da legalidade.

Quanto à Convenção 169 da OIT, vale destacar que o item 3, do artigo 14, da Convenção 169 da OIT, afirma que os Estados devem adotar "os procedimentos adequados no âmbito do sistema jurídico nacional para solucionar as reivindicações de terras formuladas pelos povos interessa-

---

10 A Convenção 169 da OIT foi aprovada pelo Congresso Nacional pelo Decreto Legislativo nº 143/2002 e promulgada pelo Poder Executivo por meio do Decreto 5051/2004.

11 Ver RE 466.343 e HC 87.585

dos", também não deixando dúvidas quanto à legalidade das disposições do Decreto 4887/2003.

A autoidentificação das comunidades também possui clara base legal, constante também na já mencionada Convenção 169 da OIT, mais especificamente, no artigo 1º, item 1, alínea "a" deste tratado. A definição de comunidades quilombolas, assim como sua ligação essencial com o território é há muito objeto de estudos da antropologia, embora no contexto da discussão jurídica, estruturada pelos poderes do Estado e pelo capital, não se tenha qualquer veleidade em jogar por terra todas as contribuições de outras ciências, em especial aquelas que se voltem à realidade material. Não existe uma definição jurídica de quilombola porque as comunidades quilombolas não se encerram nos ferramentais jurídicos como o "sujeito de direito". Aliás, levar a questão ao Supremo Tribunal Federal tem esta intenção: fazer com que o judiciário imponha limites à ação dos quilombolas, enquadrando-os dentro das expectativas do capital ou destruindo definitivamente seu modo de vida, duas hipótese que ao fim e ao cabo podem significar a mesma coisa. Essa é a outra face da "judicialização da política", fenômeno contra o qual a insurgência só se verifica nas raras vezes em que o direito assume viés progressista e atende parcialmente reivindicações populares como garantir o acesso à saúde e à educação.

Por fim, cabem algumas considerações sobre o argumento de que o artigo 68 da ADCT traz uma forma "especial" de usucapião. Dos argumentos utilizados até agora, esse é o que mais expressa o modo com que a argumentação jurídica, ou seja, a justificação das decisões jurídicas, não pode ser compreendida longe das relações de poder que se desenvolvem no interior da sociedade capitalista. Essa interpretação "exótica" é claramente tirada a fórceps do ordenamento jurídico. Além de duvidosa em face do texto constitucional, da doutrina e da própria jurisprudência, tal exegese leva à conclusão absurda, injusta e incompatível até mesmo com o ideário liberal de justiça de que o artigo 68 da ADCT trata como quilombolas apenas as comunidades que ocuparam ininterruptamente os respectivos territórios entre anos de 1888 até o ano de 1988. Ignora-se completamente a violência racista e a ocupação genocida de parte do território ocorrida justamente neste interregno de 100 anos, e que resultou na clivagem econômica e racial que compõe a sociedade brasileira.

Como lembra Daniel Sarmento, o maior prazo para usucapião é de 15 anos e por esta interpretação "o art. 68 da ADCT, editado para proteger um grupo étnico vulnerável, transforma-se num passe de mágica no veículo de uma odiosa discriminação perpetrada contra os integrantes deste grupo".[12]

12 SARMENTO, Daniel. *Terras Quilombolas e Constituição: a ADI 3239 e a constitucionalidade do Decreto 4887/2003*. Parecer elaborado à pedido da 6ª Câmara de Coordenação e Revisão do Ministério Público Federal, 2008, p. 34.

E por que para as comunidades quilombolas o constituinte teria criado um prazo de 100 anos? Seria certo supor que o constituinte de 1988 resolveu impor aos quilombolas um tempo de adicional de sofrimento, que não impôs aos demais brasileiros? Teria a "Constituição cidadã" expressamente formalizado o racismo? A resposta, dentro dos estreitos limites do direito, é que tal interpretação é totalmente descabida, ainda mais em se tratando de uma Constituição que de forma textual repudia o racismo e que tem como um de seus objetivos fundamentais a promoção da igualdade.

Portanto, diante da resistência da luta do movimento quilombola e dos demais movimentos sociais e da impossibilidade de travar um debate franco e aberto no campo da política, o capital e seus agentes tem levado a sua inconformidade com a titulação das terras quilombolas ao poder Judiciário. É com o aval do Supremo Tribunal Federal que se pretende legitimar um profundo retrocesso social que atingirá as comunidades quilombolas diretamente, e indiretamente toda a sociedade brasileira que, mais uma vez não conseguiu sustentar em seu sistema jurídico um padrão mínimo de proteção a direitos fundamentais de populações historicamente oprimidas. É importante assinalar que o relator da ADI 3239, o ex-Ministro Cesar Peluso, antes de sua aposentadoria no Supremo Tribunal Federal, proferiu seu voto acolhendo as teses do Partido Democratas.[13]

Os efeitos de uma decisão favorável ao pleito contido na ADI 3239 teria um efeito devastador sobre as comunidades quilombolas, podendo ser interrompidos todos os processos de titulação em andamento, anular os que já foram feitos – caso o STF entenda por não modular os efeitos da decisão – e até impedir em definitivo as titulações se a absurda tese do "usucapião especial" de 100 anos prevalecer. Não se pode ter como parâmetro os últimos julgamentos do STF sobre questões relativas aos direitos das minorias, como o caso das cotas raciais e do casamento homoafetivo, para se inferir que nesse caso os quilombolas também terão suas reivindicações ouvidas. A questão quilombola não envolve apenas aspectos de preservação de cultura ou de costumes; aqui se trata de um aspecto econômico fundamental que é o regime da propriedade privada, sendo, por isso, um tema muito mais delicado e que perpassa interesses estruturais. Ademais, é assunto que se encontra entrelaçado com a disputa de espaço territorial no Brasil em decorrência das grandes obras governamentais feitas em prol do "desenvolvimento" e da expansão do agronegócio.

É fundamental que o debate sobre a situação jurídica das comunidades quilombolas saia das sombras das tecnicalidades e das argumentações jurídicas e possa ser compreendido em sua dimensão política, pois as comunidades quilombolas simbolizam a possibilidade de uma existência não

13 O julgamento foi suspenso em 18/04/2012 com pedido de vista da Ministra Rosa Weber

estabelecida pela lógica do individualismo, da mercantilização da vida e da destruição do meio-ambiente.

BIBLIOGRAFIA

BOITO JR., Armando; BERRINGER, Tatiana. *Brasil: classes sociais, neodesenvolvimentismo e política externa nos governos Lula e Dilma.* Rev. Sociol. Polit., Curitiba , v. 21, n. 47, Sept. 2013. Available from <http://www.scielo.br/scielo.php?script=sci_arttext&pid=S0104--44782013000300004&lng=en&nrm=iso>. access on 17 Nov. 2013.

HIRSCH, Joachim. *Teoria Materialista do Estado.* Rio de Janeiro: Revan, 2010.

MASCARO, Alysson Leandro. *Estado e forma política.* São Paulo: Boitempo, 2013.

MOURA, Clóvis. *Os quilombos e a rebelião negra.* São Paulo: Brasiliense, 1986.

SAMPAIO JR., Plínio de Arruda. *Desenvolvimentismo e neodesenvolvimentismo*: tragédia e farsa. Serv. Soc. Soc., São Paulo , n. 112, Dec. 2012. Available from <http://www.scielo.br/scielo.php?script=sci_arttext&pid=S0101-66282012000400004&lng=en&nrm=iso>. access on 17 Nov. 2013

SARMENTO, Daniel. *Terras Quilombolas e Constituição: a ADI 3239 e a constitucionalidade do Decreto 4887/2003.* Parecer elaborado à pedido da 6ª Câmara de Coordenação e Revisão do Ministério Público Federal, 2008.